U0947853

國家清史編纂委員會・文獻叢刊

張之洞全集

九

電牘

◎主編／趙德馨◎副主編／吴劍杰　馮天瑜

◎本册點校／吴劍杰　薛國中

武漢出版社

第九册編輯説明

本册收録光緒二十一年七月至光緒二十五年四月，即張之洞出任湖廣總督（含署理兩江總督）期間的電牘共二千零七十六件（不含附件），包括底本《張文襄公全集》（北平文華齋一九二八年刊本）第一百四十七卷中的後五十二件至第一百五十八卷中的前五十二件，計七百二十件；另增補一千三百五十六件，其中除少量外，均録自抄本《張之洞電稿》（中國社會科學院經濟研究所圖書館藏）。凡增補各件，均在目録中相應標題的上方標示圓圈，并隨文分别注明出處。

本册由吴劍杰負責點校整理。薛國中參加了底本電牘部分的標點，張寧、黎浩參加了增補文獻的搜集。

第九册目録

電牘 光緒二十一年七月至光緒二十五年四月

光緒二十一年

致總署 光緒二十一年七月初一日丑刻發……一
總署來電 光緒二十一年六月初八日亥刻到……一
○致武昌譚制台 光緒二十一年七月初一日丑刻發……一
○致鎮江馮宫保、吕道台 光緒二十一年七月初一日巳刻發……一
○致武昌蔡道台 光緒二十一年七月初一日午刻發……一
○致鎮江吕道台 光緒二十一年七月初二日子刻發……一
○致鎮江馮宫保 光緒二十一年七月初二日丑刻發……二
○致桂林張撫台 光緒二十一年七月初二日丑刻發……二
○致武昌龍藩台 光緒二十一年七月初二日亥刻發……二
致福州邊制台 光緒二十一年七月初二日亥刻發……二
劉鎮來電 光緒二十一年七月初三日戌刻發……二
劉鎮來電 光緒二十一年六月二十九日未刻到……二
劉鎮來電 光緒二十一年七月初二日未刻到……二
光緒二十一年七月初三日申刻到……二
致泉州泉州府張守 光緒二十一年七月初三日戌刻發……三
張守來電 光緒二十一年七月初二日申刻到……三
○致厦門錢倅宗漢 光緒二十一年七月初三日戌刻發……三
○致蘇州趙撫台 光緒二十一年七月初三日亥刻發……三
○致漢口惲道台 光緒二十一年七月初三日亥刻發……三
○致武昌蔡道台 光緒二十一年七月初四日辰刻發……三
致上海黄道台 光緒二十一年七月初四日辰刻發……三
○致蘇州鄧藩台 光緒二十一年七月初四日巳刻發……四

○致漢口督銷局志道台
光緒二十一年七月初四日酉刻發……四
○致下關南瑞兵輪吴統領
光緒二十一年七月初五日申刻發……四
○致武昌蔡道台
光緒二十一年七月初六日巳刻發……四
○蔡道，趙、馮委員來電
光緒二十一年七月初十日午刻到……四
致厦門錢倅宗漢
光緒二十一年七月初六日巳刻發……四
劉鎮來電
光緒二十一年七月初五日寅刻到……四
致唐山劉欽差
光緒二十一年七月初八日寅刻發……五
致上海黄道台
光緒二十一年七月初八日寅刻發……五
○致武昌譚制台
光緒二十一年七月初八日寅刻發……五
○致武昌蔡道台
光緒二十一年七月初八日寅刻發……五
致武昌譚制台、漢口惲道台
光緒二十一年七月初八日戌刻發……五
惲道來電
光緒二十一年七月初九日亥刻到……五
○致武昌蔡道台
光緒二十一年七月初九日寅刻發……五
○致武昌蔡道台
光緒二十一年七月初九日寅刻發……六
致上海陝西撫院奎撫台
光緒二十一年七月初九日未刻發……六
○致蘇州趙撫台
光緒二十一年七月初十日戌刻發……六
○致金山衛代統章字營譚提督
光緒二十一年七月初十日戌刻發……六
○致金山衛代統章字營譚提督、江順管帶、南琛管帶
光緒二十一年七月初十日戌刻發……六
致杭州廖撫台
光緒二十一年七月初十日亥刻發……七
致漢口惲道台
光緒二十一年七月初十日亥刻發……七
○致武昌蔡道台
光緒二十一年七月十一日子刻發……七
致上海黄道台
光緒二十一年七月十一日亥刻發……七
○致蘇州趙撫台
光緒二十一年七月十二日子刻發……七
致蘇州鄧藩台
光緒二十一年七月十二日巳刻發……七
○致清江松漕台
光緒二十一年七月十三日午刻發……七

致福州張署臬台　光緒二十一年七月十四日辰刻發……八
致杭州廖撫台　光緒二十一年七月十四日辰刻發……八
致蘇州趙撫台、鄧藩台　光緒二十一年七月十四日辰刻發……八
趙撫台來電　光緒二十一年七月十五日亥刻到……八
鄧藩司來電　光緒二十一年七月十六日申刻到……八
致俄京許欽差　光緒二十一年七月十四日辰刻發……八
致上海黃道台　光緒二十一年七月十五日辰刻發……九
○致武昌譚制台　光緒二十一年七月十五日辰刻發……九
致俄京許欽差　光緒二十一年七月十五日巳刻發……九
許欽差來電　光緒二十一年七月十九日子刻到……九
○致漢口督銷局志道台　光緒二十一年七月十六日酉刻發……九
[illegible]昌蔡道台　光緒二十一年七月十六日酉刻發……一〇
光緒二十一年七月十九日未刻到……一〇
致蘇州趙撫台、鄧藩台、牙釐局朱道台　光緒二十一年七月十六日戌刻發……一〇
○致蘇州趙撫台、鄧藩台　光緒二十一年七月十六日戌刻發……一〇
致蘇州趙撫台、鄧藩台　光緒二十一年七月十六日戌刻發……一〇
○致蘇州趙撫台、鄧藩台　光緒二十一年七月十六日戌刻發……一〇
致蘇州趙撫台　光緒二十一年七月十七日戌刻發……一一
致鎮江呂道台、何道台　光緒二十一年七月十八日辰刻發……一一
○致武昌譚制台　光緒二十一年七月十八日巳刻發……一一
致蘇州趙撫台　光緒二十一年七月十九日巳刻發……一一
致蘇州趙撫台　光緒二十一年七月十九日午刻發……一一
趙撫台來電　光緒二十一年七月十八日申刻到……一二
致蘇州趙撫台　光緒二十一年七月十九日午刻發……一二
趙撫台來電　光緒二十一年七月十八日申刻到……一二

致上海黄道台 光緒二十一年七月十九日午刻發……一二
○致武昌蔡道台 光緒二十一年七月十九日未刻發……一二
○致武昌譚制台 光緒二十一年七月十九日亥刻發……一二
○致金山衛章字營譚統領 光緒二十一年七月十九日亥刻發……一三
致鎮江呂道台 光緒二十一年七月二十日未刻發……一三
○致瀘州前榆林府施子謙太守 光緒二十一年七月二十一日丑刻發……一三
○致蘇州趙撫台、鄧藩台 光緒二十一年七月二十一日丑刻發……一三
致上海黄道台 光緒二十一年七月二十一日丑刻發……一三
○致武昌譚制台 光緒二十一年七月二十一日丑刻發……一三
○譚制台來電 光緒二十一年七月二十一日酉刻到……一三
致廣州保將軍、譚制台，杭州廖撫台 光緒二十一年七月二十一日丑刻發……一三
致俄京許欽差 光緒二十一年七月二十一日戌刻發……一三
○致武昌譚制台 光緒二十一年七月二十二日戌刻發……一四
致上海製造局 光緒二十一年七月二十二日亥刻發……一四
致蘇州趙撫台、鄧藩台、朱道台 光緒二十一年七月二十三日戌刻發……一四
趙撫台來電 光緒二十一年七月二十四日未刻到……一四
○致蘇松鎮王鎮台、寶山縣、崇明縣 光緒二十一年七月二十三日戌刻發……一四
○致武昌譚制台 光緒二十一年七月二十六日未刻發……一四
○致金山衛譚統領 光緒二十一年七月二十六日戌刻發……一四
致蘇州趙撫台 光緒二十一年七月二十八日丑刻發……一四
趙撫台來電 光緒二十一年七月二十八日亥刻到……一五
致上海黄道台 光緒二十一年七月二十八日丑刻發……一五
致漢口惲道台 光緒二十一年七月二十八日丑刻發……一五
○致漢口惲道台 光緒二十一年七月二十八日丑刻發……一五
○致安慶福撫台 光緒二十一年七月二十八日丑刻發……一五

○致廣州譚制台、馬撫台
光緒二十一年七月二十八日丑刻發……一五
○致成都鹿制台
光緒二十一年七月二十八日丑刻發……一五
致總署
光緒二十一年七月二十八日寅刻發……一五
○致福州邊制台、張署臬台
光緒二十一年七月二十八日寅刻發……一六
致上海黄道台
光緒二十一年七月二十八日巳刻發……一六
○致福州邊制台
光緒二十一年七月二十八日午刻發……一六
○致浙江廖撫台
光緒二十一年七月三十日丑刻發……一六
○致山東李撫台
光緒二十一年七月三十日丑刻發……一六
致蘇州趙撫台
光緒二十一年七月三十日丑刻發……一六
趙撫台來電
光緒二十一年八月初一日未刻到……一七
○致蘇州趙撫台
光緒二十一年七月三十日巳刻發……一七
致上海黄道台
光緒二十一年七月三十日亥刻發……一七
○致武昌譚制台
光緒二十一年八月初一日亥刻發……一七
○致湖北江漢關惲臬台
光緒二十一年八月初一日亥刻發……一七
惲臬司來電
光緒二十一年八月初二日戌刻到……一七
○致武昌譚制台
光緒二十一年八月初二日子刻發……一八
○致鎮江吕道台
光緒二十一年八月初二日辰刻發……一八
致上海黄道台
光緒二十一年八月初二日辰刻發……一八
黄道來電
光緒二十一年八月初一日午刻到……一八
致俄京許欽差
光緒二十一年八月初二日辰刻發……一八
致俄京許欽差
光緒二十一年八月初二日午刻發……一八
○致漢口惲臬台
光緒二十一年八月初二日戌刻發……一八
致上海製造局阮道台、潘道台
光緒二十一年八月初二日戌刻發……一八
潘、阮道來電
光緒二十一年八月初四日戌刻到……一八
致上海葉丞大莊
光緒二十一年八月初二日戌刻發……一九

○致漢口惲臬台、武昌中協、漢陽槍礮廠

光緒二十一年八月初三日子刻發……一九

○致濟南李撫台

光緒二十一年八月初四日巳刻發……一九

○致金山衛代統章字營譚提督、金山縣令

光緒二十一年八月初四日酉刻發……一九

○致武昌譚制台

光緒二十一年八月初六日巳刻發……一九

○致蘇州趙撫台

光緒二十一年八月初六日巳刻發……一九

○致蘇州鄧藩台

光緒二十一年八月初七日巳刻發……二〇

○致成都鹿制台

光緒二十一年八月初七日巳刻發……二〇

致臺南劉鎮台淵亭

光緒二十一年八月初八日未刻譯交鄒委員寄……二〇

○致漢口鐵廠汪守、馮倅

光緒二十一年八月初十日寅刻發……二〇

致武昌譚制台

光緒二十一年八月十一日亥刻發……二〇

譚制台來電

光緒二十一年八月十三日巳刻到……二〇

○致蘇州趙撫台

光緒二十一年八月十二日寅刻發……二〇

致蘇州趙撫台

光緒二十一年八月十二日寅刻發……二一

○致鎮江瓜洲鎮高鎮台

光緒二十一年八月十二日寅刻發……二一

○致清江松漕台

光緒二十一年八月十二日寅刻發……二一

致蘇州趙撫台

光緒二十一年八月十二日巳刻發……二一

趙撫台來電

光緒二十一年八月初四日酉刻到……二一

○致蘇州趙撫台

光緒二十一年八月十二日巳刻發……二一

致俄京許欽差

光緒二十一年八月十二日亥刻發……二一

致蘇州趙撫台

光緒二十一年八月十三日巳刻發……二二

○致蘇州趙撫台

光緒二十一年八月十三日巳刻發……二二

○致鎮江呂道台

光緒二十一年八月十三日戌刻發……二二

○致湖北江漢關惲道台

光緒二十一年八月十三日戌刻發……二二

致蘇州鄧藩台

光緒二十一年八月十四日亥刻發……二二

致廈門易道台順鼎

光緒二十一年八月十四日亥刻發……二二

○致武昌譚制台、龍藩台、惲臬台
光緒二十一年八月十五日辰刻發……二二
○致福州邊制台
光緒二十一年八月十五日辰刻發……二三
○致漢口德國施總領事官
光緒二十一年八月十五日巳刻發……二三
致武昌譚制台
光緒二十一年八月十五日巳刻發……二三
○致厦門易道台順鼎
光緒二十一年八月十五日巳刻發……二三
○致蘇州趙撫台
光緒二十一年八月十五日戌刻發……二三
○致湖北漢陽槍礮廠馮委員熙先
光緒二十一年八月十六日酉刻發……二三
致蘇州牙釐局
光緒二十一年八月十七日子刻發……二四
○致武昌譚制台
光緒二十一年八月十七日子刻發……二四
○致武昌譚制台、龍藩台、瞿臬台、鹽道朱道台，牙釐局黎、彭道台
光緒二十一年八月十七日子刻發……二四
○致武昌譚制台
光緒二十一年八月十八日戌刻發……二四
○致鎮江吕道台
光緒二十一年八月十九日子刻發……二四
致户部、總署
光緒二十一年八月十九日子刻發……二四
致蘇州趙撫台
光緒二十一年八月二十一日丑刻發……二五
○致厦門易道台
光緒二十一年八月二十一日丑刻發……二五
○致福州邊制台
光緒二十一年八月二十一日丑刻發……二五
致成都鹿制台、武昌譚制台、蘇州趙撫台、杭州廖撫台
光緒二十一年八月二十二日丑刻發……二五
○致蘇州趙撫台、清江松漕台
光緒二十一年八月二十二日巳刻發……二五
○致徐州銅山縣陶令
光緒二十一年八月二十二日午刻發……二六
○致徐州銅山縣陶令
光緒二十一年八月二十三日丑刻發……二六
○致漢口漢陽槍礮廠馮倅
光緒二十一年八月二十四日亥刻發……二六
○致漢口漢陽鐵廠黄守
光緒二十一年八月二十五日亥刻發……二六
○致漢口漢陽槍礮廠汪守、馮倅
光緒二十一年八月二十五日亥刻發……二六
○馮倅來電
光緒二十一年八月二十六日申刻到……二六
○致蘇州趙撫台

光緒二十一年八月二十七日辰刻發……二六
○致蘇州趙撫台
光緒二十一年八月二十七日辰刻發……二六
○致鎮江吕道台
光緒二十一年八月二十七日巳刻發……二七
○致武昌瞿臬台
光緒二十一年八月二十七日巳刻發……二七
○致漢口惲臬台
光緒二十一年八月二十七日巳刻發……二七
○致福州邊制台、張署臬台
光緒二十一年八月二十七日午刻發……二七
○致吉安吉安府萬安縣
光緒二十一年八月二十八日亥刻發……二七
○致江西德撫台
光緒二十一年八月二十八日亥刻發……二七
○致福州邊制台
光緒二十一年八月二十九日巳刻發……二八
○致蘇州牙釐局朱道台
光緒二十一年九月初一日午刻發……二八
○朱道來電
光緒二十一年九月初二日申刻到……二八
致總署
光緒二十一年九月初一日午刻發……二八
○致安慶福撫台
光緒二十一年九月初一日未刻發……二八
致蘇州趙撫台
光緒二十一年九月初一日未刻發……二九
○致揚州江運台
光緒二十一年九月初二日戌刻發……二九
○致武昌譚制台
光緒二十一年九月初二日戌刻發……二九
○譚制台來電
光緒二十一年九月初四日亥刻到……二九
致俄京許欽差
光緒二十一年九月初二日亥刻發……二九
許欽差來電
光緒二十一年九月初二日申刻到……二九
○致福州邊制台
光緒二十一年九月初三日亥刻發……二九
○致厦門易道台
光緒二十一年九月初四日子刻發……三〇
○致厦門楊提台
光緒二十一年九月初四日子刻發……三〇
致總署
光緒二十一年九月初五日丑刻發……三〇
○致濟南李撫台
光緒二十一年九月初五日巳刻發……三〇
致俄京許欽差
光緒二十一年九月初五日午刻發……三〇
許欽差來電

光緒二十一年九月初六日午刻到……三〇
致蘇州趙撫台
光緒二十一年九月初五日亥刻發……三一
○致厦門楊提台
光緒二十一年九月初六日巳刻發……三一
○致清江清河縣侯令
光緒二十一年九月初六日巳刻發……三一
○致清江清河縣探交黄漱蘭、黄仲韜
光緒二十一年九月初六日亥刻發……三一
致蘇州趙撫台
光緒二十一年九月初七日丑刻發……三一
趙撫台來電
光緒二十一年九月初七日亥刻到……三二
致蘇州趙撫台、洋務局、陸道台、羅道台、朱道台、楊道台、劉守
光緒二十一年九月初七日丑刻發……三二
致濟南李撫台
光緒二十一年九月初七日丑刻發……三二
李撫台來電
光緒二十一年八月二十九日戌刻到……三二
邊制台來電
光緒二十一年九月初六日戌刻到……三二
○致安慶福撫台
光緒二十一年九月初八日卯刻發……三二
○福撫台來電
光緒二十一年九月初八日戌刻到……三二
致天津劉欽差
光緒二十一年九月初十日申刻發……三二
○致安慶福撫台
光緒二十一年九月初十日申刻發……三三
致蘇州趙撫台
光緒二十一年九月十一日午刻發……三三
致蘇州趙撫台、洋務局、陸道台、羅道台、朱道台、楊道台、劉守
光緒二十一年九月十二日巳刻發……三三
○致安慶福撫台、蕪湖袁道台、駐蕪釐局委員方道台碩輔
光緒二十一年九月十三日子刻發……三三
致蘇州趙撫台，陸、羅、朱、楊道台，劉守
光緒二十一年九月十三日寅刻發……三三
致蘇州趙撫台，陸、朱道台
光緒二十一年九月十三日寅刻發……三四
○致鎮江馮宫保
光緒二十一年九月十三日寅刻發……三四
○致武昌譚制台、瞿署藩台
光緒二十一年九月十三日寅刻發……三四
致蘇州趙撫台、鄧藩台、陸道台
光緒二十一年九月十三日午刻發……三四
致總署
光緒二十一年九月十三日亥刻發……三五
致蘇州趙撫台、洋務局，陸、羅、朱、楊道台，劉守

光緒二十一年九月十四日子刻發……三五
致俄京許欽差
光緒二十一年九月十四日丑刻發……三六
○致武昌瞿署藩台
光緒二十一年九月十五日亥刻發……三六
致蘇州趙撫台、鄧藩台、陸道台
光緒二十一年九月十六日午刻發……三六
致蘇州趙撫台，陸、朱道台
光緒二十一年九月十六日午刻發……三六
趙撫台來電
光緒二十一年九月十三日申刻到……三七
○致濟南李撫台
光緒二十一年九月十六日午刻發……三七
○李撫台來電
光緒二十一年九月十八日巳刻到……三七
○致廈門易道台
光緒二十一年九月十六日午刻發……三七
致俄京許欽差
光緒二十一年九月十六日戌刻發……三七
致蘇州趙撫台，陸、羅、朱、楊道台，劉守
光緒二十一年九月十七日巳刻發……三八
趙撫台來電
光緒二十一年九月十八日未刻到……三八
趙撫台來電
光緒二十一年九月十八日未刻到……三八
致蕪湖蕪湖關袁道台、米釐局方道台
光緒二十一年九月十七日午刻發……三八
○致武昌譚制台
光緒二十一年九月十八日丑刻發……三八
○致江西德撫台、翁署藩台
光緒二十一年九月十九日子刻發……三八
致蘇州趙撫台，陸、羅、朱、楊道台，劉守
光緒二十一年九月十九日卯刻發……三九
○致漢口志道台
光緒二十一年九月十九日卯刻發……三九
○志道來電
光緒二十一年九月十八日戌刻到……三九
○致蘇州趙撫台、鄧藩台
光緒二十一年九月十九日亥刻發……三九
○致蘇州趙撫台、陸道台等
光緒二十一年九月二十日辰刻發……三九
○致蘇州錢念劬
光緒二十一年九月二十日辰刻發……四〇
○致武昌譚制台
光緒二十一年九月二十日辰刻發……四〇
○致武昌譚制台
光緒二十一年九月二十日辰刻發……四〇
○致九江誠道台
光緒二十一年九月二十一日子刻發……四〇
致福州邊制台

○致漢口穆税務司 光緒二十一年九月二十一日丑刻發……四〇
○致江西德撫台、翁藩台 光緒二十一年九月二十二日巳刻發……四〇
○致揚州江運台 光緒二十一年九月二十二日午刻發……四〇
○致武昌譚制台 光緒二十一年九月二十四日戌刻發……四一
○致武昌蔡道台 光緒二十一年九月二十五日午刻發……四一
○致鎮江吕道台 光緒二十一年九月二十六日亥刻發……四一
致總署 光緒二十一年九月二十七日子刻發……四一
○致蘇州趙撫台 光緒二十一年九月二十七日丑刻發……四一
○吴撫台來電 光緒二十一年九月二十七日午刻發……四一
○致清江松漕台 光緒二十一年九月二十七日午刻到……四一
致户部 光緒二十一年九月二十七日申刻發……四一
致户部翁尚書 光緒二十一年九月二十七日申刻發……四二
光緒二十一年九月二十七日申刻發……四二
户部來電 光緒二十一年十月初三日寅刻到……四二
致總署 光緒二十一年九月二十八日丑刻發……四三
致蘇州趙撫台，陸、羅、朱、楊道台，劉守 光緒二十一年九月二十八日丑刻發……四三
○致武昌蔡道台 光緒二十一年九月二十八日丑刻發……四三
致天津王制台 光緒二十一年九月二十八日寅刻發……四三
王制台來電 光緒二十一年九月三十日未刻到……四三
○致武昌譚制台 光緒二十一年九月二十八日寅刻發……四三
○致武昌蔡道台 光緒二十一年九月二十八日午刻發……四四
○致蕪湖蕪湖道、米釐局 光緒二十一年九月二十八日午刻發……四四
○致清江松漕台 光緒二十一年九月二十九日辰刻發……四四
○致武昌譚制台排遞轉送湖南陳撫台、吴撫台 光緒二十一年九月二十九日辰刻發……四四
○致蘭州楊制台 光緒二十一年九月三十日午刻發……四四
致蘇州趙撫台，陸、羅、朱、楊道台，劉守

○致揚州江運台 光緒二十一年十月初一日丑刻發……四五
致揚州江運台 光緒二十一年十月初一日辰刻發……四五
○致鎮江吕道台 光緒二十一年十月初二日辰刻發……四五
○致武昌蔡道台 光緒二十一年十月初三日申刻發……四五
○致漢口督銷局志道台譯出專差飛送湖南吴撫台 光緒二十一年十月初四日丑刻發……四五
○致蘇州趙撫台、陸道台等、劉守，上海黄道台 光緒二十一年十月初四日未刻發……四五
○致武昌瞿署藩台、朱道台 光緒二十一年十月初五日子刻發……四六
○致濟南李撫台 光緒二十一年十月初五日午刻發……四六
○致武昌譚制台 光緒二十一年十月初五日午刻發……四六
○致成都鹿制台 光緒二十一年十月初六日辰刻發……四六
○致杭州廖撫台 光緒二十一年十月初八日午刻發……四六
致總署 光緒二十一年十月初十日子刻發……四六
光緒二十一年十月初十日丑刻發……四七
總署來電 光緒二十一年十月十一日亥刻到……四七
○致香港馬太史吉樟 光緒二十一年十月初十日丑刻發……四七
○致廣州譚制台 光緒二十一年十月初十日寅刻發……四七
○致武昌譚制台 光緒二十一年十月十一日午刻發……四七
致福州邊制台 光緒二十一年十月十二日辰刻發……四八
致天津李道台光久 光緒二十一年十月十二日辰刻發……四八
○致濟南李撫台 光緒二十一年十月十二日午刻發……四八
致蘇州趙撫台 光緒二十一年十月十二日午刻發……四八
趙撫台來電 光緒二十一年十月十三日午刻到……四八
致上海黄道台遵憲 光緒二十一年十月十三日子刻發……四八
○致鎮江吕道台 光緒二十一年十月十三日丑刻發……四九
○致武昌蔡道台 光緒二十一年十月十三日丑刻發……四九
○蔡道來電

光緒二十一年十月十五日子刻到……四九
○致武昌蔡道台
光緒二十一年十月十四日辰刻發……四九
○致杭州廖撫台
光緒二十一年十月十四日辰刻發……五〇
○廖撫台來電
光緒二十一年十月十四日寅刻到……五〇
致福州邊制台
光緒二十一年十月十四日辰刻發……五〇
○致武昌蔡道台
光緒二十一年十月十四日戌刻發……五〇
致上海製造局潘道台、阮道台
光緒二十一年十月十五日巳刻發……五〇
○致福州邊制台
光緒二十一年十月十六日辰刻發……五〇
○致武昌王藩台
光緒二十一年十月十六日辰刻發……五〇
○致蘇州胡署臬台
光緒二十一年十月十六日辰刻發……五一
致蘇州趙撫台
光緒二十一年十月十六日巳刻發……五一
○致蘇州趙撫台、鄧藩台、釐局，鎮江吕道台、揚州江運台，上海黄道台、淞滬釐金局
光緒二十一年十月十六日午刻發……五一
致上海黄道台
光緒二十一年十月十七日未刻發……五一
○致福州邊制台
光緒二十一年十月十八日丑刻發……五一
○致安徽王藩台、江西翁藩台、湖北王藩台、湖南何藩台
光緒二十一年十月十八日未刻發……五一
○致陝西張護撫台
光緒二十一年十月十九日巳刻發……五二
致上海黄道台
光緒二十一年十月二十一日子刻發……五二
致蘇州趙撫台、杭州廖撫台
光緒二十一年十月二十二日卯刻發……五二
○致下關洋務局關委員
光緒二十一年十月二十二日卯刻發……五二
致蘇州趙撫台
光緒二十一年十月二十二日亥刻發……五二
致俄京許欽差
光緒二十一年十月二十四日亥刻發……五二
致總署
光緒二十一年十月二十五日丑刻發……五三
致總署
光緒二十一年十月二十五日丑刻發……五三
○致杭州廖撫台
光緒二十一年十月二十五日丑刻發……五三
○致海州徐直牧、楊統領，通州汪直牧、張統領
光緒二十一年十月二十五日巳刻發……五三

○致鎮江呂道台
光緒二十一年十月二十六日辰刻發……五四
○致蘇州鄧藩台、上海黄道台、鎮江呂道台
光緒二十一年十月二十六日午刻發……五四
○致通州張統帶騰蛟
光緒二十一年十月二十六日戌刻發……五四
○致武昌蔡道台
光緒二十一年十月二十六日亥刻發……五四
○蔡道來電
光緒二十一年十月二十九日戌刻到……五四
○蔡道致武昌盛守電
光緒二十一年七月二十八日丑刻發……五四
致上海黄道台、製造局劉道台、阮道台、稽察委員蘇令晋
光緒二十一年十月二十六日亥刻發……五五
○致蕪湖袁道台
光緒二十一年十月二十八日丑刻發……五五
○致鎮江呂道台、蕪湖袁道台、九江誠道台、安徽王藩台、蘇州鄧藩台
光緒二十一年十月二十九日午刻發……五五
○致武昌蔡道台
光緒二十一年十月二十九日午刻發……五五
○致武昌譚制台
光緒二十一年十月二十九日未刻發……五五
○致蘇州趙撫台
光緒二十一年十月二十九日申刻發……五五
致蘇州趙撫台、鄧藩台，上海黄道台、鎮江呂道台
光緒二十一年十月二十九日申刻發……五五
致蘇州趙撫台
光緒二十一年十月二十九日申刻發……五六
○致武昌譚制台
光緒二十一年十月二十九日戌刻發……五六
○致廣州西門外三圍户部楊惇甫
光緒二十一年十月二十九日戌刻發……五六
○致清江淮安關督文
光緒二十一年十月二十九日戌刻發……五六
○致清江松漕台
光緒二十一年十月二十九日戌刻發……五六
○致清江松漕台
光緒二十一年十月二十九日亥刻發……五六
○致海州楊統領
光緒二十一年十月二十九日亥刻發……五七
○致武昌蔡道台
光緒二十一年十一月初一日未刻發……五七
○致武昌蔡道台
光緒二十一年十一月初一日未刻發……五七
○蔡道來電
光緒二十一年十一月初四日午刻到……五七
○致鎮江呂道台、萬統領本華
光緒二十一年十一月初三日子刻發……五七
○致通州張統領騰蛟、汪牧

光緒二十一年十一月初三日戌刻發……五七
致上海輪船支應所徐牧
光緒二十一年十一月初三日戌刻發……五七
徐牧來電
光緒二十一年十一月十九日寅刻到……五七
致福州邊制台
光緒二十一年十一月初四日丑刻發……五八
○致鎮江吕道台
光緒二十一年十一月初四日午刻發……五八
致武昌蔡道台
光緒二十一年十一月初四日午刻發……五八
致江陰李統領
光緒二十一年十一月初四日未刻發……五八
○致揚州江運台
光緒二十一年十一月初四日戌刻發……五八
○致通州張統領騰蛟、汪牧
光緒二十一年十一月初四日亥刻發……五八
致杭州廖撫台
光緒二十一年十一月初四日亥刻發……五九
致武昌蔡道台
光緒二十一年十一月初四日亥刻發……五九
致武昌蔡道台
光緒二十一年十一月初五日申刻發……五九
○致福州邊制台
光緒二十一年十一月初六日丑刻發……五九
○致蘇州趙撫台、鄧藩台
光緒二十一年十一月初六日丑刻發……五九
致上海黄道台、葉丞大莊
光緒二十一年十一月初六日辰刻發……五九
○致海州徐牧、徐運判、楊統領
光緒二十一年十一月初六日辰刻發……五九
○致鎮江象山礮臺徐振鵬
光緒二十一年十一月初六日辰刻發……五九
致上海輪船支應所徐牧，前開濟管帶吴其藻、李田，寰泰管帶徐振鵬，前鏡清管帶楊永年、朱聲岡，南瑞管帶吴克威
光緒二十一年十一月初六日巳刻發……六〇
致蘇州趙撫台、杭州廖撫台
光緒二十一年十一月初六日戌刻發……六〇
致總署
光緒二十一年十一月初六日亥刻發……六〇
○致徐州賈馬委員朱廣亮等
光緒二十一年十一月初六日亥刻發……六一
○致江陰林副將保
光緒二十一年十一月初七日子刻發……六一
○致蕪湖祥雲輪船李家泰、直隸州魏牧恒
光緒二十一年十一月初八日申刻發……六一
○致武昌蔡道台
光緒二十一年十一月初八日酉刻發……六一
○致鎮江吕道台

致俄京許欽差　光緒二十一年十一月初八日亥刻發……六一
致通州張殿撰　光緒二十一年十一月初八日亥刻發……六一
致蘇州牙釐局朱道台之榛、沈道台玉麒　光緒二十一年十一月初八日亥刻發……六二
致上海黄道台　光緒二十一年十一月初八日亥刻發……六二
致上海黄道台　光緒二十一年十一月初九日子刻發……六二
致上海黄道台、葉丞大莊　光緒二十一年十一月初九日丑刻發……六二
〇致江陰李統領　光緒二十一年十一月初九日丑刻發……六二
致成都鹿制台　光緒二十一年十一月初九日寅刻發……六二
致福州邊制台　光緒二十一年十一月初九日寅刻發……六三
〇致蘇州鄧藩台　光緒二十一年十一月初九日寅刻發……六三
〇致蕪湖袁道台、翔雲輪船魏委員恒，福安輪船施委員煥、李管帶　光緒二十一年十一月初九日寅刻發……六三
致蘇州前湖南撫台吴清帥　光緒二十一年十一月初九日寅刻發……六三
〇吴撫台來電　光緒二十一年十一月初九日申刻到……六三
〇致襄陽吴提台　光緒二十一年十一月初九日卯刻發……六三
〇致武昌譚制台、善後局、王藩台　光緒二十一年十一月初九日卯刻發……六四
〇致鎮江吕道台、揚州隄工局、清江清河縣侯令　光緒二十一年十一月初十日戌刻發……六四
〇致武昌譚制台　光緒二十一年十一月十一日午刻發……六四
〇致安慶福撫台　光緒二十一年十一月十一日午刻發……六五
〇致福州邊制台　光緒二十一年十一月十一日午刻發……六五
〇致成都鹿制台、武昌譚制台、杭州廖撫台　光緒二十一年十一月十一日申刻發……六五
致總署、督辦軍務處，天津王制台　光緒二十一年十一月十一日申刻發……六五
〇致蘇州鄧藩台　光緒二十一年十一月十一日申刻發……六五
〇致揚州江都縣、甘泉縣　光緒二十一年十一月十二日丑刻發……六五
〇致武昌蔡道台　光緒二十一年十一月十二日申刻發……六五
致蘇州趙撫台　光緒二十一年十一月十二日申刻發……六五

趙撫台來電 光緒二十一年十一月十三日戌刻到……六六
○致鎮江呂道台 光緒二十一年十一月十三日未刻發……六六
○致清江松漕台 光緒二十一年十一月十三日戌刻發……六六
○致揚州賈馬委員朱光亮 光緒二十一年十一月十三日亥刻發……六六
○致清江謝道台、餉械局吳守、健勝營楊統領 光緒二十一年十一月十四日子刻發……六六
○致武昌蔡道台 光緒二十一年十一月十四日丑刻發……六六
○致漢口江漢關瞿道台、督銷局志道台 光緒二十一年十一月十四日丑刻發……六六
○致武昌王藩台 光緒二十一年十一月十四日寅刻發……六六
致上海黄道台 光緒二十一年十一月十四日巳刻發……六七
致蘇州趙撫台，商務、洋務局各道台 光緒二十一年十一月十四日午刻發……六七
○致江陰李統領 光緒二十一年十一月十四日午刻發……六七
○致漢口江漢關瞿道台、督銷局志道台 光緒二十一年十一月十四日午刻發……六七
○致成都鹿制台 光緒二十一年十一月十四日午刻發……六七
致鎮江呂道台 光緒二十一年十一月十四日未刻發……六七
○致廣州譚制台 光緒二十一年十一月十四日亥刻發……六七
○致清江賈馬委員胡副將煦 光緒二十一年十一月十四日亥刻發……六八
○致蘇州牙釐局朱道台、上海松滬釐局福道台 光緒二十一年十一月十五日巳刻發……六八
致上海輪船支應所徐牧 光緒二十一年十一月十五日申刻發……六八
致蘇州趙撫台 光緒二十一年十一月十五日酉刻發……六八
致蘇州趙撫台、上海黄道台 光緒二十一年十一月十六日辰刻發……六八
○致清江王統領心忠 光緒二十一年十一月十六日亥刻發……六八
致上海葉丞大莊 光緒二十一年十一月十六日亥刻發……六八
○致荊州周道台 光緒二十一年十一月十七日午刻發……六九
○致蘇州前湖南撫台吳清帥 光緒二十一年十一月十九日丑刻發……六九
○致江陰林統領 光緒二十一年十一月十九日丑刻發……六九

致上海黃道台、津海關盛道台、上海縣黃令、委員葉丞、招商局沈道台、電報局經守
光緒二十一年十一月十九日申刻發……六九
致鎮江呂道台
光緒二十一年十一月二十一日未刻發……七〇
○致鎮江呂道台
光緒二十一年十一月二十一日申刻發……七〇
致京兩江制台劉
光緒二十一年十一月二十一日戌刻發……七〇
致俄京許欽差
光緒二十一年十一月二十二日子刻發……七一
○致蘇州趙撫台
光緒二十一年十一月二十二日子刻發……七一
○致成都鹿制台
光緒二十一年十一月二十二日子刻發……七一
○鹿制台來電
光緒二十一年十一月二十二日申刻到……七一
○致廣州譚制台
光緒二十一年十一月二十三日辰刻發……七一
致荊州周道台
光緒二十一年十一月二十三日辰刻發……七一
○致常州惲臬台
光緒二十一年十一月二十三日巳刻發……七一
○致無錫常州府桐守、無錫縣
光緒二十一年十一月二十三日巳刻發……七一
○致泰州趙牧
光緒二十一年十一月二十四日丑刻發……七二
○致常州陽湖縣李令
光緒二十一年十一月二十四日丑刻發……七二
○致杭州廖撫台
光緒二十一年十一月二十四日巳刻發……七二
○致清江謝道台
光緒二十一年十一月二十六日丑刻發……七二
○致江陰李統領、沈守敦和、礮務委員
光緒二十一年十一月二十六日午刻發……七二
○致武昌譚制台
光緒二十一年十一月二十七日寅刻發……七二
○致蘇州趙撫台、鄧藩台、牙釐局
光緒二十一年十一月二十八日午刻發……七三
○致蕪湖袁道台
光緒二十一年十一月二十八日午刻發……七三
○致安慶俞庶三主政
光緒二十一年十一月二十八日申刻發……七三
致俄京許欽差
光緒二十一年十一月二十八日申刻發……七三
○致安慶福撫台
光緒二十一年十一月二十八日酉刻發……七三
致上海輪船支應所徐牧、開濟兵輪李管帶
光緒二十一年十一月二十八日酉刻發……七四
徐牧來電

光緒二十一年十一月十九日辰刻到……七四
李管帶、徐牧來電
光緒二十一年十一月二十日未刻到……七四
○致清江餉械局吴守、丁副將大文、淮揚道謝道台
光緒二十一年十一月二十九日午刻發……七四
致南昌德撫台
光緒二十一年十一月三十日寅刻發……七四
德撫台來電
光緒二十一年十二月初一日酉刻到……七四
致蘇州陸鳳石祭酒
光緒二十一年十一月三十日寅刻發……七四
○致荆門州龍泉書院吴星階侍御
光緒二十一年十一月三十日寅刻發……七四
致通州汪牧
光緒二十一年十一月三十日未刻發……七五
○致清江謝道台、清河縣侯令
光緒二十一年十一月三十日戌刻發……七五
○致蘇州陸鳳石祭酒
光緒二十一年十一月三十日亥刻發……七五
致上海黄道台
光緒二十一年十二月初一日申刻發……七五
致鎮江陳統領
光緒二十一年十二月初一日亥刻發……七五
○致寶山縣沈令
光緒二十一年十二月初一日亥刻發……七五
○致荆州周道台
光緒二十一年十二月初一日亥刻發……七六
○周道來電
光緒二十一年十二月初五日寅刻到……七六
○致揚州江運台
光緒二十一年十二月初二日午刻發……七六
致上海縣
光緒二十一年十二月初二日申刻發……七六
致海門廳王丞通州飛遞
光緒二十一年十二月初三日午刻發……七六
○致蘇州趙撫台、鄧藩台、陸道台，上海黄道台、鎮江吕道台、揚州江運台、安慶福撫台、蕪湖袁道台、南昌德撫台、九江誠道台
光緒二十一年十二月初三日午刻發……七六
○致徐州詹守、招募練兵委員季令逢辛
光緒二十一年十二月初三日申刻發……七六
○致揚州江運台
光緒二十一年十二月初四日辰刻發……七七
致蘇州鄧藩台、寶山縣沈令
光緒二十一年十二月初四日辰刻發……七七
致蘇州趙撫台、洋務商務局陸祭酒，上海黄道台、鎮江吕道台
光緒二十一年十二月初四日辰刻發……七七
○致武昌譚制台
光緒二十一年十二月初四日辰刻發……七七

○致武昌兩湖書院汪山長穰卿
光緒二十一年十二月初四日辰刻發……七七
○致漢口瞿道台
光緒二十一年十二月初四日辰刻發……七七
○致濟甯許河台
光緒二十一年十二月初四日辰刻發……七八
○致杭州廖撫台
光緒二十一年十二月初四日辰刻發……七八
○致鎮江馮宫保
光緒二十一年十二月初四日巳刻發……七八
致廣州譚制台
光緒二十一年十二月初四日巳刻發……七八
致徐州募勇委員季令逢辛、常州募勇委員方令道濟、海州募勇委員羅倅繼琛、通州募勇委員林令丙修
光緒二十一年十二月初五日酉刻發……七八
○致武昌譚制台
光緒二十一年十二月初六日子刻發……七八
○致鎮江吕道台
光緒二十一年十二月初九日寅刻發……七八
○致清江松漕台
光緒二十一年十二月初九日寅刻發……七九
○致蘇州釐局朱道台
光緒二十一年十二月初九日未刻發……七九
致上海製造局
光緒二十一年十二月初十日未刻發……七九
○致鎮江吕道台、鎮江府彦守、丹徒縣
光緒二十一年十二月初十日酉刻發……七九
致蘇州趙撫台、鄧藩台、陸道台
光緒二十一年十二月初十日酉刻發……七九
○致揚州龍學台
光緒二十一年十二月初十日亥刻發……七九
○致徐州沈道台
光緒二十一年十二月十一日辰刻發……七九
致蘇州鄧藩台、蘇州府，上海黄道台、鎮江吕道台、揚州江運台、徐州沈道台
光緒二十一年十二月十一日午刻發……八〇
⊙致江陰李統領
光緒二十一年十二月十一日午刻發……八〇
○致山東李撫台
光緒二十一年十二月十二日亥刻發……八〇
○致清江松漕台
光緒二十一年十二月十三日子刻發……八〇
○致鎮江吕道台
光緒二十一年十二月十三日子刻發……八〇
○致通州汪牧、海門廳王丞
光緒二十一年十二月十三日子刻發……八〇
○致漢口督銷局志道台交信局飛送湖南陳撫台
光緒二十一年十二月十三日子刻發……八〇
致上海葉丞大莊
光緒二十一年十二月十三日子刻發……八〇

○致武昌譚制台
光緒二十一年十二月十四日寅刻發……八一
○致漢口瞿道台
光緒二十一年十二月十四日寅刻發……八一
○致蘇州牙釐局朱道台、上海淞滬局福道台
光緒二十一年十二月十四日寅刻發……八一
○致鎮江萬統領本華
光緒二十一年十二月十四日寅刻發……八一
○致通州張統領騰蛟
光緒二十一年十二月十四日寅刻發……八一
○致蘇州趙撫台、洋務局，陸、羅、朱道台
光緒二十一年十二月十四日寅刻發……八一
○致通州曹鎮台、汪牧
光緒二十一年十二月十四日寅刻發……八一
致武昌譚制台
光緒二十一年十二月十四日寅刻發……八二
致俄京許欽差
光緒二十一年十二月十四日午刻發……八二
○致鎮江呂道台
光緒二十一年十二月十四日酉刻發……八二
致上海陸鳳石祭酒
光緒二十一年十二月十五日巳刻發……八二
○致廣州譚制台、廣東錢局薛令
光緒二十一年十二月十五日亥刻發……八二
○譚制台來電
光緒二十一年十二月十七日酉刻到……八二
致總署
光緒二十一年十二月十六日丑刻發……八二
致上海葉丞大莊
光緒二十一年十二月十六日寅刻發……八三
致上海黃道台
光緒二十一年十二月十六日午刻發……八三
致廣東錢局薛委員
光緒二十一年十二月十六日午刻發……八三
致荊州周道台
光緒二十一年十二月十六日亥刻發……八四
○周道來電
光緒二十一年十二月十八日寅刻到……八四
○致武昌譚制台
光緒二十一年十二月十六日亥刻發……八四
○致揚州江運台
光緒二十一年十二月十六日亥刻發……八四
致蘇州趙撫台、牙釐局朱道台
光緒二十一年十二月十八日午刻發……八四
致蘇州趙撫台
光緒二十一年十二月十八日未刻發……八四
致通州汪牧
光緒二十一年十二月十八日未刻發……八四
致揚州江運台
光緒二十一年十二月十九日午刻發……八五

○致成都鹿制台　光緒二十一年十二月十九日亥刻發……八五
○鹿制台來電　光緒二十一年十二月二十一日子刻到……八五
○致揚州江運台　光緒二十一年十二月二十日未刻發……八五
○致南昌德撫台　光緒二十一年十二月二十一日午刻發……八五
致蘇州趙撫台、鄧藩台、吴臬台、陸祭酒　光緒二十一年十二月二十一日未刻發……八五
趙撫台來電　光緒二十一年十二月二十三日戌刻到……八六
致蘇州趙撫台　光緒二十一年十二月二十一日未刻發……八六
致蘇州趙撫台、牙釐局朱道台，上海淞滬局福道台　光緒二十一年十二月二十一日申刻發……八六
趙撫台來電　光緒二十一年十二月二十四日子刻到……八七
致蘇州趙撫台、清江松漕台、安慶福撫台、南昌德撫台　光緒二十一年十二月二十二日卯刻發……八七
趙撫台來電　光緒二十一年十二月二十三日午刻到……八七
致總署、蘇州趙撫台、杭州廖撫台、武昌譚制台、成都鹿制台　光緒二十一年十二月二十二日亥刻發……八八
致蘇州趙撫台、洋務局　光緒二十一年十二月二十二日亥刻發……八八
○致鎮江馮宫保　光緒二十一年十二月二十二日亥刻發……八八
致上海黄道台遵憲、容道台閎、葉丞大莊　光緒二十一年十二月二十三日卯刻發……八八
致蘇州趙撫台　光緒二十一年十二月二十三日卯刻發……八八
○致南昌德撫台　光緒二十一年十二月二十三日午刻發……八九
○致安慶福撫台　光緒二十一年十二月二十三日午刻發……八九
致總署　光緒二十一年十二月二十三日未刻發……八九
○致成都鹿制台　光緒二十一年十二月二十四日辰刻發……八九
致蘇州鄧藩台、上海黄道台、鎮江吕道台、清江謝道台，揚州江運台、揚州府　光緒二十一年十二月二十四日巳刻發……九〇
致俄京許欽差　光緒二十一年十二月二十四日巳刻發……九〇
致俄京許欽差　光緒二十一年十二月二十四日申刻發……九〇
○致揚州江運台　光緒二十一年十二月二十四日申刻發……九〇

致清江松漕台 光緒二十一年十二月二十四日戌刻發……九〇

致上海署松海防廳葉丞 光緒二十一年十二月二十四日戌刻發……九〇

致福州邊制台 光緒二十一年十二月二十五日午刻發……九一

⊙致成都鹿制台、武昌譚制台、福州邊制台、蘇州趙撫台、杭州廖撫台 光緒二十一年十二月二十五日午刻發……九一

○致九江誠道台 光緒二十一年十二月二十五日申刻發……九一

○致清江松漕台、淮揚道謝道台 光緒二十一年十二月二十五日申刻發……九一

致武昌王藩台 光緒二十一年十二月二十五日戌刻發……九一

致蘇州陸祭酒 光緒二十一年十二月二十五日亥刻發……九一

○致崇明陳鎮台、王統領衍慶 光緒二十一年十二月二十六日子刻發……九二

○致安慶于藩台、盛京依將軍 光緒二十一年十二月二十六日亥刻發……九二

致揚州江運台 光緒二十一年十二月二十七日寅刻發……九二

○致蕪湖袁、方道台 光緒二十一年十二月二十七日寅刻發……九二

致上海松海防廳葉丞、寶山沈令 光緒二十一年十二月二十七日卯刻發……九二

○致九江誠道台 光緒二十一年十二月二十七日巳刻發……九三

○致清江松漕台、謝道台 光緒二十一年十二月二十七日亥刻發……九三

致上海黃道台遵憲、容道台閎、松海防廳葉丞 光緒二十一年十二月二十七日亥刻發……九三

黃道、容道、葉丞來電 光緒二十二年正月初一日戌刻到……九三

致南昌德撫台 光緒二十一年十二月二十七日亥刻發……九三

德撫台來電 光緒二十一年十二月二十八日亥刻到……九三

○致鎮江萬統領本華 光緒二十一年十二月二十七日亥刻發……九三

致蘇州陸祭酒 光緒二十一年十二月二十八日丑刻發……九三

○致鎮江呂道台 光緒二十一年十二月二十八日午刻發……九四

致蘇州陸祭酒 光緒二十一年十二月二十八日未刻發……九四

陸祭酒來電 光緒二十二年正月初一日申刻到……九四

○致上海黃道台、署松海防廳葉丞

光緒二十一年十二月二十八日未刻發……九四
○致清江劉制台
光緒二十一年十二月二十八日未刻發……九四
○致揚州江運台
光緒二十一年十二月二十八日申刻發……九四
○致揚州江運台
光緒二十一年十二月二十八日申刻發……九四
○致煙臺東海關道李道台
光緒二十一年十二月二十八日申刻發……九五

光緒二十二年

○致揚州江運台
光緒二十二年正月初二日丑刻發……九五
○致漢口江漢關穆稅務司
光緒二十二年正月初二日亥刻發……九五
○致大通督銷局李道台
光緒二十二年正月初四日卯刻發……九五
○致蘇州趙撫台
光緒二十二年正月初五日丑刻發……九五
○致揚州江運台
光緒二十二年正月初五日丑刻發……九六
致上海黃道台
光緒二十二年正月初五日丑刻發……九六
致上海黃道台
光緒二十二年正月初五日丑刻發……九六
致上海黃道台公度
光緒二十二年正月初七日酉刻發……九六
致上海黃道台
光緒二十二年正月初八日酉刻發……九六
○黃道來電
光緒二十二年正月初九日戌刻到……九七
致蘇州陸祭酒
光緒二十二年正月初九日卯刻發……九七
陸祭酒來電
光緒二十二年正月二十日申刻到……九七
致蘇州吴清卿中丞
光緒二十二年正月初九日卯刻發……九七
致通州張殿撰
光緒二十二年正月初九日卯刻發……九八
○致南昌德撫台
光緒二十二年正月初九日卯刻發……九八
○致福州陳閣學
光緒二十二年正月初九日辰刻發……九八
致上海盛道
光緒二十二年正月初九日午刻發……九八
○致鎮江吕道台、江陰舒統領、余分統光德
光緒二十二年正月初十日巳刻發……九八
○致揚州、鎮江劉制台
光緒二十二年正月初十日午刻發……九八

○致蘇州洋務局羅道台
光緒二十二年正月初十日申刻發……九八
○致江陰李鎮先義、余分統光德
光緒二十二年正月初十日申刻發……九九
○致清江鄧統領正峰
光緒二十二年正月十一日丑刻發……九九
○致清江松漕台
光緒二十二年正月十一日丑刻發……九九
○致通州汪牧、海門王丞
光緒二十二年正月十一日丑刻發……九九
○致江陰舒統領永勝、江陰縣劉令
光緒二十二年正月十一日巳刻發……九九
致瓜洲高鎮台
光緒二十二年正月十一日巳刻發……九九
○致通州汪牧并送海門王丞
光緒二十二年正月十一日酉刻發……一〇〇
○致蘇州趙撫台、鄧藩台
光緒二十二年正月十一日亥刻發……一〇〇
○致瓜洲高鎮台
光緒二十二年正月十二日子刻發……一〇〇
○致武昌譚制台
光緒二十二年正月十二日酉刻發……一〇〇
○致武昌譚制台
光緒二十二年正月十三日卯刻發……一〇〇
○致武昌惲藩台
光緒二十二年正月十三日卯刻發……一〇〇
惲臬司來電
光緒二十二年正月十四日酉刻到……一〇〇
致武昌銀元局司道、蔡道台
光緒二十二年正月十三日卯刻發……一〇一
致總署
光緒二十二年正月十三日午刻發……一〇一
趙撫台來電
光緒二十二年正月十四日到……一〇一
○致南昌德撫台
光緒二十二年正月十三日午刻發……一〇一
○致武昌譚撫台
光緒二十二年正月十四日丑刻發……一〇二
○致蘇州鄧藩台
光緒二十二年正月十五日丑刻發……一〇二
致蘇州趙撫台、洋務局
光緒二十二年正月十六日未刻發……一〇二
○致蘇州趙撫台
光緒二十二年正月十七日辰刻發……一〇二
○致清江松漕台、謝道台
光緒二十二年正月十七日辰刻發……一〇二
致蘇州趙撫台
光緒二十二年正月十七日辰刻發……一〇二
○致安慶福撫台、于藩台、趙臬台
光緒二十二年正月十九日巳刻發……一〇三

致武昌王藩台、惲臬台、蔡道台，漢口瞿道台
光緒二十二年正月十九日巳刻發……一〇三
○致蘇州書局轉交江南委員寶子年大令名豐
光緒二十二年二月初六日午刻發……一〇三
○致蘇州吴清帥、吴誼卿
光緒二十二年二月初六日午刻發……一〇三
○致廣州譚制台
光緒二十二年二月初七日午刻發……一〇三
致江甯劉制台，蘇州趙撫台、洋務局
光緒二十二年二月初七日未刻發……一〇三
致俄京許欽差
光緒二十二年二月初七日未刻發……一〇四
○致荆州曹道台
光緒二十二年二月初七日申刻發……一〇四
○致蘇州錢守恂
光緒二十二年二月初七日申刻發……一〇四
○致蘇州洋務司轉交黄道遵憲
光緒二十二年二月初七日申刻發……一〇四
○致蘇州趙撫台、錢守恂，上海黄道台、劉守慶汾
光緒二十二年二月初七日申刻發……一〇四
○致江甯劉制台
光緒二十二年二月初七日申刻發……一〇四
○致上海招商局沈道台并轉致余鎮虎恩
光緒二十二年二月初十日午刻發……一〇四
○致廣州譚制台，錢局熊、薛委員
光緒二十二年二月初十日亥刻發……一〇五
○致天津王制台
光緒二十二年二月十一日子刻發……一〇五
○致上海招商局沈道台
光緒二十二年二月十一日子刻發……一〇五
○致江甯劉制台
光緒二十二年二月十一日子刻發……一〇五
致荆州曹道台、余守
光緒二十二年二月十一日子刻發……一〇五
○致漢口瞿道台
光緒二十二年二月十一日子刻發……一〇五
○致漢口江漢關瞿道台
光緒二十二年二月十一日子刻發……一〇五
○致天津王制台
光緒二十二年二月十一日未刻發……一〇六
致俄京許欽差
光緒二十二年二月十二日子刻發……一〇六
○致江甯劉制台
光緒二十二年二月十二日未刻發……一〇六
致俄京許欽差
光緒二十二年二月十二日申刻發……一〇六
○致荆門吴山長、徐牧
光緒二十二年二月十二日亥刻發……一〇六
○致荆門徐牧
光緒二十二年二月十二日亥刻發……一〇六

○致荆州曹道台
光緒二十二年二月十二日亥刻發……一〇六
致安慶福撫台、于藩台
光緒二十二年二月十三日巳刻發……一〇七
○致荆州曹道台
光緒二十二年二月十三日巳刻發……一〇七
致荆州曹道台
光緒二十二年二月十四日未刻發……一〇七
○致荆州曹道台
光緒二十二年二月十四日未刻發……一〇七
致江甯劉制台、蘇州趙撫台
光緒二十二年二月十五日酉刻發……一〇七
○致蘇州黄道台遵憲
光緒二十二年二月十五日酉刻發……一〇七
○致蘇州趙撫台
光緒二十二年二月十五日酉刻發……一〇七
○致漢口電局專送漢陽縣薛令
光緒二十二年二月十五日戌刻發……一〇八
○致江甯劉制台
光緒二十二年二月十六日午刻發……一〇八
○致江甯劉制台、沈守敦和
光緒二十二年二月十七日丑刻發……一〇八
○致荆州曹道台
光緒二十二年二月十七日申刻發……一〇八
○致俄京許欽差
光緒二十二年二月二十一日亥刻發……一〇八
致總署
光緒二十二年二月二十三日丑刻發……一〇八
○致上海署海防廳葉丞
光緒二十二年二月二十三日未刻發……一〇八
○致上海黄道台
光緒二十二年二月二十四日未刻發……一〇九
○致俄京許欽差
光緒二十二年二月二十四日戌刻發……一〇九
○致福建邊制台
光緒二十二年二月二十五日午刻發……一〇九
○致總署
光緒二十二年二月二十六日未刻發……一〇九
○致天津王制台
光緒二十二年二月二十六日未刻發……一〇九
○致上海江海關黄道台
光緒二十二年二月二十七日亥刻發……一〇九
○致上海楊彝卿
光緒二十二年二月二十八日子刻發……一〇九
○致蘇州吴清帥、費太史芑懷、寶令子年
光緒二十二年二月二十八日子刻發……一一〇
致俄京許欽差
光緒二十二年二月二十九日申刻發……一一〇
致俄京許欽差
光緒二十二年三月初一日亥刻發……一一〇

許欽差來電
光緒二十二年三月初一日到……一一〇
○致天津王制台
光緒二十二年三月初二日巳刻發……一一〇
○致廣州西門外二圍楊惇甫
光緒二十二年三月初二日巳刻發……一一〇
致廣州譚制台、欽州馮宮保
光緒二十二年三月初二日巳刻發……一一〇
致江甯劉制台、廣州譚制台
光緒二十二年三月初二日午刻發……一一一
致俄京許欽差
光緒二十二年三月初二日午刻發……一一一
○致上海署海防廳葉丞
光緒二十二年三月初二日午刻發……一一一
致柏林許欽差
光緒二十二年三月初二日亥刻發……一一一
○致總署
光緒二十二年三月初二日亥刻發……一一一
致蘇州趙撫台
光緒二十二年三月初三日亥刻發……一一二
致總署
光緒二十二年三月初三日亥刻發……一一二
○致俄京許欽差
光緒二十二年三月初五日未刻發……一一二
○致廣州譚制台
光緒二十二年三月初五日亥刻發……一一二
○致漢口江漢關道瞿道台
光緒二十二年三月初五日亥刻發……一一二
○致蘇州趙撫台
光緒二十二年三月初六日辰刻發……一一二
致總署
光緒二十二年三月初六日辰刻發……一一三
致蘇州黃道台公度
光緒二十二年三月初六日午刻發……一一四
○致蘇州趙撫台
光緒二十二年三月初八日丑刻發……一一四
○致荆門州徐牧
光緒二十二年三月初八日午刻發……一一四
○徐牧來電
光緒二十二年三月初九日丑刻到……一一四
○致平番魏撫台
光緒二十二年三月初八日午刻發……一一四
○致平番吴副將元愷
光緒二十二年三月初八日亥刻發……一一四
○致柏林許欽差
光緒二十二年三月初八日亥刻發……一一四
○致漢口瞿道台
光緒二十二年三月初九日巳刻發……一一五
○致沙市曹道台、鎮南後營劉遊擊水金
光緒二十二年三月初九日巳刻發……一一五

○致宜昌土税局喬道台
光緒二十二年三月初十日巳刻發……一一五
致蘇州劉守慶汾
光緒二十二年三月十二日戌刻發……一一五
○致江甯劉制台
光緒二十二年三月十四日巳刻發……一一五
○致總署
光緒二十二年三月十四日午刻發……一一五
致天津王制台
光緒二十二年三月十五日亥刻發……一一六
○致天津王制台
光緒二十二年三月十五日亥刻發……一一六
○致蘇州劉守慶汾
光緒二十二年三月十六日午刻發……一一六
○致蘇州趙撫台
光緒二十二年三月十六日午刻發……一一六
○致蘇州電報局
光緒二十二年三月十六日午刻發……一一六
○致蘇州趙撫台
光緒二十二年三月十六日午刻發……一一六
○致蘇州吴清帥
光緒二十二年三月十六日午刻發……一一六
○致蘇州趙撫台
光緒二十二年三月十六日午刻發……一一六
○致開封劉撫台
光緒二十二年三月二十一日丑刻發……一一六

光緒二十二年三月二十一日丑刻發……一一七
○致荊州曹道台
光緒二十二年三月二十一日戌刻發……一一七
○致工部
光緒二十二年三月二十一日戌刻發……一一七
○工部來電
光緒二十二年三月二十一日午刻到……一一七
致蘇州黄道台公度
光緒二十二年三月二十一日亥刻發……一一七
○致荊門徐牧
光緒二十二年三月二十三日戌刻發……一一七
○致蘇州吴清帥、費屺懷太史、寶委員豐
光緒二十二年三月二十四日戌刻發……一一七
○吴撫台來電
光緒二十二年三月二十六日巳刻到……一一七
○致總署
光緒二十二年三月二十五日子刻發……一一七
致天津王制台
光緒二十二年三月二十六日未刻發……一一八
○致廣州德華堂王道台秉恩
光緒二十二年三月二十六日未刻發……一一八
致天津王制台
光緒二十二年三月二十六日申刻發……一一九
○致漢口江漢關瞿道台
光緒二十二年三月二十八日巳刻發……一一九

○致安慶福撫台
光緒二十二年三月二十八日巳刻發……一一九
○致蘇州吴清帥
光緒二十二年三月二十八日亥刻發……一一九
○致蘇州寶委員豐
光緒二十二年三月二十八日亥刻發……一二〇
○鄒委員致上海長春棧寶委員電
光緒二十二年四月二十五日辰刻發……一二〇
○致蘇州費屺懷太史
光緒二十二年三月二十八日亥刻發……一二〇
致京南書房
光緒二十二年三月二十九日巳刻發……一二〇
○致安慶福撫台
光緒二十二年三月二十九日未刻發……一二一
○致九江專送黄梅縣潘令、督修隄工委員李丞雯
光緒二十二年三月二十九日未刻發……一二一
○致荆州荆州府余守
光緒二十二年四月初一日巳刻發……一二一
○致南昌德撫台
光緒二十二年四月初一日戌刻發……一二一
○致宜昌川鹽加抽局惲道台
光緒二十二年四月初三日辰刻發……一二一
○致漢口瞿道台
光緒二十二年四月初三日亥刻發……一二二
致俄京中國欽差李中堂
光緒二十二年四月初四日午刻發……一二二
○致江甯劉制台、上海道
光緒二十二年四月初四日午刻發……一二二
○致荆州曹道台
光緒二十二年四月初四日午刻發……一二二
○致安慶于藩台
光緒二十二年四月初四日午刻發……一二二
致荆州曹道台
光緒二十二年四月初四日亥刻發……一二二
○致上海晋升棧王道秉恩
光緒二十二年四月初四日亥刻發……一二二
致江甯劉制台
光緒二十二年四月初五日亥刻發……一二三
致荆州曹道台
光緒二十二年四月初六日酉刻發……一二三
○致安慶于藩台
光緒二十二年四月初六日酉刻發……一二三
○致漢口江漢關瞿道台
光緒二十二年四月初九日辰刻發……一二三
○致開封劉撫台
光緒二十二年四月初九日巳刻發……一二三
○致蘇州趙撫台
光緒二十二年四月初九日未刻發……一二三
○致蘇州洋務委員劉守慶汾電
光緒二十二年四月初九日未刻發……一二三

○致漢口瞿道台　光緒二十二年四月初九日申刻發……一二四

○致上海晋升棧王道秉恩　光緒二十二年四月十二日巳刻發……一二四

○致京督辦處差委陳養源觀察允頤　光緒二十二年四月十五日巳刻發……一二四

○致江甯劉制台　光緒二十二年四月十五日巳刻發……一二四

致荆州曹道台　光緒二十二年四月十五日申刻發……一二四

○致宜昌存守、荆州委員魏令遠猷　光緒二十二年四月十七日午刻發……一二四

○魏令來電　光緒二十二年四月十七日亥刻到……一二四

○致天津王制台　光緒二十二年四月十七日午刻發……一二五

○致天津王制台　光緒二十二年四月十七日午刻發……一二五

○致上海江海關黄道台　光緒二十二年四月十七日亥刻發……一二五

○致上海晋升棧王雪岑觀察　光緒二十二年四月十八日子刻發……一二五

○王道來電　光緒二十二年四月二十一日未刻發……一二五

○致天津王制台　光緒二十二年四月二十一日巳刻發……一二五

致俄京許欽差　光緒二十二年四月二十一日午刻發……一二五

○致總署　光緒二十二年四月二十三日巳刻發……一二六

○致漢陽鐵廠盛道台　光緒二十二年四月二十四日戌刻發……一二六

○蔡道致大冶運道局李委員電　光緒二十二年四月十七日午刻發……一二六

致荆州曹道台、余守、錢守　光緒二十二年四月二十五日戌刻發……一二六

致杭州廖撫台　光緒二十二年四月二十六日亥刻發……一二六

○致九江電局轉送黄梅縣督工委員祺守厚、李丞雯、潘令　光緒二十二年四月二十六日亥刻發……一二六

○致襄陽吴提台　光緒二十二年四月二十六日亥刻發……一二七

○致蘭州陶制台　光緒二十二年四月二十七日辰刻發……一二七

○致襄陽清道台　光緒二十二年四月二十七日辰刻發……一二七

○致沙市委員錢守恂　光緒二十二年四月二十七日辰刻發……一二七

致俄京許欽差　光緒二十二年四月二十八日亥刻發……一二七

○致荊州曹道、余守、錢守
光緒二十二年四月二十八日亥刻發……一二七
○致安慶福撫台
光緒二十二年五月初一日丑刻發……一二七
○致漢陽鐵廠盛道台
光緒二十二年五月初三日戌刻發……一二八
致沙市洋務局錢守
光緒二十二年五月初四日午刻發……一二八
○致俄京許欽差
光緒二十二年五月初六日亥刻發……一二八
○致漢口招商局盛道台
光緒二十二年五月初七日酉刻發……一二八
致天津王制台
光緒二十二年五月初七日亥刻發……一二八
○致山海關方鎮友升
光緒二十二年五月初七日亥刻發……一二八
○致總署
光緒二十二年五月初八日巳刻發……一二八
○總署來電
光緒二十二年五月初七日酉刻到……一二八
致沙市洋務局錢守、曹道、余守
光緒二十二年五月初九日午刻發……一二九
○致金陵劉制台
光緒二十二年五月初九日午刻發……一二九
○劉制台來電
光緒二十二年五月初十日戌刻到……一二九
○致俄京許欽差
光緒二十二年五月初九日未刻發……一二九
致天津王制台
光緒二十二年五月初九日申刻發……一二九
○致俄京許欽差
光緒二十二年五月十一日未刻發……一二九
○致蘇州吴清帥、費屺懷太史、寶委員豐
光緒二十二年五月十二日酉刻發……一二九
○吴撫台來電
光緒二十二年五月十三日申刻到……一三〇
○致金陵劉制台
光緒二十二年五月十四日酉刻發……一三〇
○致上海招商局沈道台
光緒二十二年五月十六日子刻發……一三〇
致江甯劉制台
光緒二十二年五月十六日亥刻發……一三〇
○致上海招商局沈道台、羅委員珍材
光緒二十二年五月十六日亥刻發……一三〇
○致上海江海關黃道台
光緒二十二年五月十七日午刻發……一三〇
○黃道來電
光緒二十二年五月二十日巳刻到……一三〇
○致俄京許欽差
光緒二十二年五月十七日午刻發……一三〇

致俄京許欽差
光緒二十二年五月十七日申刻發……一三一
○致漢口江漢關瞿道台
光緒二十二年五月十七日酉刻發……一三一
○致上海盛道台
光緒二十二年五月二十一日亥刻發……一三一
○致荆州曹道台
光緒二十二年五月二十二日辰刻發……一三一
○致南昌德撫台
光緒二十二年五月二十三日巳刻發……一三一
○致安慶福撫台
光緒二十二年五月二十三日巳刻發……一三一
○致蘇州寶委員豐
光緒二十二年五月二十三日巳刻發……一三一
○致九江轉送黄梅縣潘令、李丞
光緒二十二年五月二十三日亥刻發……一三二
○致上海葉丞大莊
光緒二十二年五月二十五日辰刻發……一三二
○致上海盛道台
光緒二十二年五月二十五日巳刻發……一三二
○致天津王制台
光緒二十二年五月二十六日巳刻發……一三二
○致天津王制台
光緒二十二年五月二十六日巳刻發……一三二
○黎元洪致天津水師學堂劉國楨電
光緒二十二年五月二十六日亥刻發……一三二
○致荆州曹道台
光緒二十二年五月二十六日午刻發……一三三
致龍州蘇督辦
光緒二十二年五月二十六日亥刻發……一三三
○致上海盛道台
光緒二十二年五月二十六日亥刻發……一三三
○致天津王制台
光緒二十二年五月二十九日未刻發……一三三
致柏林許欽差
光緒二十二年五月二十九日亥刻發……一三三
○致總署
光緒二十二年五月二十九日亥刻發……一三三
○致上海盛道台
光緒二十二年六月初三日辰刻發……一三三
○致漢口江漢關瞿道台
光緒二十二年六月初三日戌刻發……一三四
○致荆州曹道台
光緒二十二年六月初五日辰刻發……一三四
○致金陵劉制台
光緒二十二年六月初五日亥刻發……一三四
○劉制台來電
光緒二十二年六月二十四日申刻到……一三四
○致上海盛道台
光緒二十二年六月初六日辰刻發……一三四

○致上海盛道台　光緒二十二年六月初六日巳刻發……一三四
○致廣西史撫台　光緒二十二年六月初七日巳刻發……一三四
致福州邊制台　光緒二十二年六月初七日巳刻發……一三五
○致天津王制台　光緒二十二年六月初七日申刻發……一三五
○王制台來電　光緒二十二年六月初八日戌刻到……一三五
○致天津王制台　光緒二十二年六月初七日戌刻發……一三五
○王制台來電并致湖南陳撫台　光緒二十二年五月三十日申刻到……一三五
○致上海盛道台　光緒二十二年六月初七日戌刻發……一三五
○致户部　光緒二十二年六月初七日亥刻發……一三六
○致總署　光緒二十二年六月初八日酉刻發……一三六
○致天津王制台　光緒二十二年六月初九日亥刻發……一三六
○致總署　光緒二十二年六月初十日亥刻發……一三六
致柏林許欽差　光緒二十二年六月初十日亥刻發……一三六
○致漢口瞿道台　光緒二十二年六月十一日午刻發……一三六
○致蕪湖袁道台　光緒二十二年六月十一日亥刻發……一三六
○袁道來電　光緒二十二年六月十三日申刻到……一三七
○致上海長春棧寶委員豐　光緒二十二年六月十二日酉刻發……一三七
○致蘇州吴清帥　光緒二十二年六月十二日亥刻發……一三七
○致京兵部大堂徐　光緒二十二年六月十二日亥刻發……一三七
○致荆州余守、問津輪船　光緒二十二年六月十二日亥刻發……一三七
○致上海長春棧寶委員豐　光緒二十二年六月十三日酉刻發……一三七
○致上海盛道台　光緒二十二年六月十三日亥刻發……一三八
致天津王制台　光緒二十二年六月十三日亥刻發……一三八
○致欽州馮宫保　光緒二十二年六月十七日子刻發……一三八
○致鎮江裕新洋行羅參將　光緒二十二年六月十七日子刻發……一三八

○致宜昌土税局喬道台 光緒二十二年六月十八日午刻發……一三八
○致上海盛道台 光緒二十二年六月十九日巳刻發……一三八
○致俄京許欽差 光緒二十二年六月十九日巳刻發……一三九
○許欽差來電 光緒二十二年六月二十四日午刻到……一三九
○致上海江海關黄道台 光緒二十二年六月二十一日巳刻發……一三九
○致荆州俞、曹道台，舒、余守 光緒二十二年六月二十一日戌刻發……一三九
致上海盛道台 光緒二十二年六月二十一日戌刻發……一三九
○致上海長春棧寶委員 光緒二十二年六月二十二日未刻發……一三九
致天津王制台 光緒二十二年六月二十三日丑刻發……一三九
致天津王制台 光緒二十二年六月二十三日丑刻發……一四〇
○致天津王制台 光緒二十二年六月二十三日丑刻發……一四〇
致上海盛道台 光緒二十二年六月二十三日丑刻發……一四〇
○盛道來電 光緒二十二年六月二十三日寅刻發……一四〇
光緒二十二年六月二十五日酉刻到……一四一
致廣州譚制台 光緒二十二年六月二十四日戌刻發……一四一
○致天津王制台 光緒二十二年六月二十六日酉刻發……一四一
○王制台來電 光緒二十二年六月二十七日丑刻到……一四一
致西安魏撫台 光緒二十二年六月二十七日辰刻發……一四一
致欽州馮宫保 光緒二十二年七月初二日巳刻發……一四一
○致俄京許欽差、輪墩龔欽差、巴黎慶欽差 光緒二十二年七月初二日巳刻發……一四一
○致總署 光緒二十二年七月初三日辰刻發……一四二
○致上海招商局沈道台 光緒二十二年七月初四日亥刻發……一四二
○致天津王制台 光緒二十二年七月初四日亥刻發……一四二
○致京兵部大堂徐 光緒二十二年七月初四日亥刻發……一四二
致天津王制台 光緒二十二年七月初七日未刻發……一四二
王制台來電 光緒二十二年七月初九日到……一四二

○致煙臺王廉生祭酒　光緒二十二年七月初八日未刻發……一四二
○致福州邊制台　光緒二十二年七月初八日亥刻發……一四三
○致上海盛道台　光緒二十二年七月初十日午刻發……一四三
○盛道來電并稟天津王制台　光緒二十二年七月十一日巳刻到……一四三
○致漢口瞿道台　光緒二十二年七月十一日午刻發……一四三
○致田家鎮陶副將、黄中書、楚材測海兵輪周提督、僉副將、章遊擊　光緒二十二年七月十一日申刻發……一四三
○致漢口瞿道台　光緒二十二年七月十三日子刻發……一四三
致荆州俞道台　光緒二十二年七月十三日巳刻發……一四三
致上海盛道台　光緒二十二年七月十三日未刻發……一四四
致上海盛道台　光緒二十二年七月十三日未刻發……一四四
致天津王制台　光緒二十二年七月十三日未刻發……一四四
○致西安魏撫台　光緒二十二年七月十四日丑刻發……一四四
○致江甯蕪湖道袁道台　光緒二十二年七月十四日辰刻發……一四四
○袁道來電　光緒二十二年七月十三日申刻到……一四四
○致黑龍江恩將軍　光緒二十二年七月十四日午刻發……一四五
○致黑龍江恩將軍　光緒二十二年七月十五日戌刻發……一四五
○恩將軍來電　光緒二十二年七月二十日亥刻到……一四五
○致漢口瞿道台　光緒二十二年七月十五日亥刻發……一四五
○致黑龍江恩將軍　光緒二十二年七月十八日未刻發……一四五
○致蘇州趙撫台　光緒二十二年七月十八日亥刻發……一四五
○趙撫台來電　光緒二十二年七月十九日戌刻到……一四五
○致天津王制台　光緒二十二年七月十九日午刻發……一四五
○致蘇州南倉橋吴清帥　光緒二十二年七月十九日亥刻發……一四六
○致荆州俞道台　光緒二十二年七月十九日亥刻發……一四六
○致開封劉撫台　光緒二十二年七月十九日亥刻發……一四六

致荆州俞道台　光緒二十二年七月十九日亥刻發……一四六
○致荆州俞道台　光緒二十二年七月二十日巳刻發……一四六
○致總署　光緒二十二年七月二十日巳刻發……一四六
○致蘇州張子密　光緒二十二年七月二十一日丑刻發……一四六
○蘇州來電　光緒二十二年七月二十二日子刻發……一四六
致俄京許欽差、倫敦龔欽差、巴黎慶欽差　光緒二十二年八月初一日申刻到……一四七
○致京王廉生祭酒　光緒二十二年七月二十二日子刻發……一四七
○致西安魏撫台　光緒二十二年七月二十三日巳刻發……一四七
○致天津偵探委員直隸候補縣丞巢鳳岡　光緒二十二年七月二十三日午刻發……一四七
○致荆州俞道台　光緒二十二年七月二十三日未刻發……一四七
○致總署　光緒二十二年七月二十三日亥刻發……一四七
○致户部　光緒二十二年七月二十五日巳刻發……一四七
光緒二十二年七月二十五日巳刻發……一四七
○致漢陽鐵廠盛道台　光緒二十二年七月二十五日戌刻發……一四七
○致總署　光緒二十二年七月二十六日未刻發……一四八
致蘇州趙撫台、杭州廖撫台　光緒二十二年七月二十八日丑刻發……一四八
○致俄京許欽差　光緒二十二年七月二十八日丑刻發……一四八
致荆州俞道台　光緒二十二年七月二十九日午刻發……一四八
致荆州俞道台　光緒二十二年八月初一日子刻發……一四八
致荆州俞道台　光緒二十二年八月初一日子刻發……一四九
○致京吴侍郎廷芬　光緒二十二年八月初一日寅刻發……一四九
○致京湖北委員竇子年　光緒二十二年八月初一日寅刻發……一四九
○致上海盛道台　光緒二十二年八月初一日申刻發……一四九
○致漢口瞿道台　光緒二十二年八月初一日……一四九
○致上海盛道台　光緒二十二年八月初四日亥刻發……一四九
致蘇州趙撫台、杭州廖撫台

光緒二十二年八月初四日亥刻發……一四九
致天津王制台
光緒二十二年八月初四日亥刻發……一五〇
○致户部
光緒二十二年八月初四日亥刻發……一五〇
○致京南書房王
光緒二十二年八月初四日亥刻發……一五〇
致天津盛道台
光緒二十二年八月初五日午刻發……一五〇
○致天津盛道台
光緒二十二年八月初五日午刻發……一五〇
○致荆州俞道台
光緒二十二年八月初五日午刻發……一五〇
○致宜昌土税局喬道台
光緒二十二年八月初六日辰刻發……一五〇
致荆州府舒守
光緒二十二年八月初六日辰刻發……一五〇
○致成都鹿制台、福州邊制台
光緒二十二年八月初六日辰刻發……一五一
○鹿制台來電
光緒二十二年八月初十日丑刻到……一五一
○邊制台來電
光緒二十二年八月十四日申刻到……一五一
致天津盛道台
光緒二十二年八月初九日申刻發……一五一
致天津王制台
光緒二十二年八月初十日未刻發……一五一
致荆州俞道台
光緒二十二年八月初十日未刻發……一五一
致荆州俞道台
光緒二十二年八月初十日未刻發……一五二
○致蘇州趙撫台
光緒二十二年八月初十日未刻發……一五二
○致宜昌署宜昌府丁守
光緒二十二年八月十二日午刻發……一五二
○致俄京許欽差
光緒二十二年八月十四日酉刻發……一五二
○致總署
光緒二十二年八月十七日午刻發……一五二
○致廣州譚制台、廣東錢局
光緒二十二年八月十八日巳刻發……一五二
致總署
光緒二十二年八月十九日午刻發……一五二
○致荆州俞道台
光緒二十二年八月十九日午刻發……一五三
○致天津王制台
光緒二十二年八月二十日巳刻發……一五三
○致俄京許欽差
光緒二十二年八月二十日巳刻發……一五三
○致安慶于藩台、趙臬台
光緒二十二年八月二十日戌刻發……一五三

光緒二十二年八月二十一日亥刻發……一五三
○致安慶于藩台
光緒二十二年八月二十三日巳刻發……一五三
○致蕪湖袁道台
光緒二十二年八月二十三日巳刻發……一五三
○致蘇州前嘉定縣張子密
光緒二十二年八月二十三日巳刻發……一五四
致京盛道台
光緒二十二年八月二十五日亥刻發……一五四
○致蕪湖袁道台
光緒二十二年八月二十五日亥刻發……一五四
○致京甜水井盛道台
光緒二十二年八月二十九日巳刻發……一五四
○致京甜水井盛道台
光緒二十二年八月二十九日巳刻發……一五四
○致蕪湖袁道台
光緒二十二年八月二十九日巳刻發……一五四
○致蕪湖袁道台
光緒二十二年八月二十九日巳刻發……一五五
致天津李中堂
光緒二十二年八月三十日子刻發……一五五
○致京盛道台
光緒二十二年八月三十日子刻發……一五五
○致京盛道台
光緒二十二年九月初二日辰刻發……一五五
○致安慶于藩台
光緒二十二年九月初二日辰刻發……一五五
○于藩台來電
光緒二十二年九月初四日酉刻到……一五五
○致襄陽吴提台
光緒二十二年九月初三日午刻發……一五五
○吴提台來電
光緒二十二年九月初六日午刻到……一五五
○致上海黄道台
光緒二十二年九月初三日午刻發……一五五
○致宜昌傅鎮台
光緒二十二年九月初三日午刻發……一五六
○致成都鹿制台
光緒二十二年九月初三日亥刻發……一五六
○致京盛道台
光緒二十二年九月初五日午刻發……一五六
○致宜昌丁守、東湖許令
光緒二十二年九月初五日未刻發……一五六
○致荆州舒守、江陵張令、安陸史守、鍾祥劉令
光緒二十二年九月初五日未刻發……一五六
○致宜昌趙道台、傅鎮台
光緒二十二年九月初五日亥刻發……一五六
○致廣州錢局熊委員、薛委員
光緒二十二年九月初五日亥刻發……一五六
○致荆州俞道台

光緒二十二年九月十一日巳刻發……一五六
○致宜昌趙道台
光緒二十二年九月十一日未刻發……一五七
○致上海義昌成樊委員
光緒二十二年九月十三日亥刻發……一五七
致荆州俞道台
光緒二十二年九月十五日辰刻發……一五七
○致蕪湖米釐局方道台
光緒二十二年九月十五日巳刻發……一五七
○方道來電
光緒二十二年九月十五日亥刻到……一五七
致天津王制台
光緒二十二年九月十五日亥刻發……一五七
○致京盛京卿
光緒二十二年九月十五日亥刻發……一五七
○盛京卿來電
光緒二十二年九月十八日丑刻到……一五八
○致江甯劉制台
光緒二十二年九月十七日巳刻發……一五八
○致天津王制台
光緒二十二年九月十八日午刻發……一五八
○致户部
光緒二十二年九月十八日未刻發……一五八
○致宜昌鹽局彭道台
光緒二十二年九月二十日辰刻發……一五八
○致俄京許欽差
光緒二十二年九月二十日申刻發……一五八
致荆州俞道台
光緒二十二年九月二十一日丑刻發……一五八
○致宜昌趙道台
光緒二十二年九月二十五日未刻發……一五九
○致京盛杏蓀京卿
光緒二十二年九月二十五日未刻發……一五九
○致天津王制台
光緒二十二年九月二十九日午刻發……一五九
○王制台來電
光緒二十二年九月二十九日亥刻到……一五九
○致京湖北蔡道台
光緒二十二年十月初二日巳刻發……一五九
○致襄陽縣梅令
光緒二十二年十月初二日巳刻發……一五九
致京盛杏蓀京卿
光緒二十二年十月初二日亥刻發……一五九
○致宜昌彭道台
光緒二十二年十月初三日申刻發……一六〇
○致俄京許欽差
光緒二十二年十月初四日亥刻發……一六〇
○致京盛杏蓀京卿
光緒二十二年十月初七日丑刻發……一六〇
致天津王制台

光緒二十二年十月初七日丑刻發……一六〇

○致京盛京卿
光緒二十二年十月初七日午刻發……一六〇

致天津王制台
光緒二十二年十月初七日午刻發……一六一

致俄京許欽差
光緒二十二年十月初七日午刻發……一六一

致荆州俞道台
光緒二十二年十月初九日午刻發……一六一

致京通州盛杏蓀京卿
光緒二十二年十月初十日丑刻發……一六二

致天津王制台
光緒二十二年十月初十日丑刻發……一六二

致天津王制台
光緒二十二年十月初十日丑刻發……一六二

○盛京卿來電
光緒二十二年十月十二日未刻到……一六二

致廣州譚制台、許撫台、張藩台
光緒二十二年十月初十日巳刻發……一六三

○譚制台等來電
光緒二十二年十月十四日亥刻到……一六三

○致京通州盛京卿
光緒二十二年十月初十日午刻發……一六三

○致西安魏撫台
光緒二十二年十月十二日丑刻發……一六三

○致蘇州趙撫台
光緒二十二年十月十四日丑刻發……一六三

○趙撫台來電
光緒二十二年十月十五日酉刻到……一六三

○致天津盛京卿
光緒二十二年十月十四日丑刻發……一六四

○致貴州嵩撫台
光緒二十二年十月十四日巳刻發……一六四

○嵩撫台來電
光緒二十二年十月十四日申刻到……一六四

○致蘇州趙撫台
光緒二十二年十月十五日巳刻發……一六四

致荆州俞道台
光緒二十二年十月十五日亥刻發……一六四

○俞道來電
光緒二十二年十月十九日戌刻到……一六五

○致俄京許欽差
光緒二十二年十月十六日未刻發……一六五

○致總署
光緒二十二年十月十七日午刻發……一六五

致天津盛京卿、王制台
光緒二十二年十月二十日丑刻發……一六五

○王制台來電
光緒二十二年十月二十一日午刻到……一六五

○致宜昌土税局趙道台

光緒二十二年十月二十日丑刻發……一六五
致天津王制台 光緒二十二年十月二十二日丑刻發……一六六
○致天津盛京卿 光緒二十二年十月二十二日丑刻發……一六六
○致天津盛京卿、王制台 光緒二十二年十月二十二日酉刻發……一六六
○致宜昌趙道台 光緒二十二年十月二十四日亥刻發……一六六
致總署 光緒二十二年十月二十六日未刻發……一六六
總署來電 光緒二十二年十月二十八日……一六六
○致成都鹿制台 光緒二十二年十月二十六日戌刻發……一六六
○致總署 光緒二十二年十月二十六日亥刻發……一六六
○致宜昌土税局趙道台 光緒二十二年十月二十七日戌刻發……一六七
致成都鹿制台 光緒二十二年十月二十八日子刻發……一六七
○致天津太常少堂盛 光緒二十二年十月二十八日酉刻發……一六七
致荆州俞道台、梁令敦彦、魏令遠猷 光緒二十二年十月二十八日戌刻發……一六八
致荆州俞道台、梁令敦彦、魏令遠猷 光緒二十二年十月二十八日戌刻發……一六八
○致沙市洋務局梁令敦彦 光緒二十二年十月二十八日亥刻發……一六八
○梁委員來電 光緒二十二年十一月初一日亥刻到……一六八
致荆州俞道台、梁令、魏令 光緒二十二年十月二十九日辰刻發……一六九
○致天津盛督辦 光緒二十二年十一月初一日丑刻發……一六九
○致蘇州趙撫台、杭州廖撫台、四川鹿制台 光緒二十二年十一月初二日子刻發……一六九
致荆州俞道台、梁令、魏令 光緒二十二年十一月初二日巳刻發……一六九
致總署 光緒二十二年十一月初二日亥刻發……一七〇
總署來電 光緒二十二年十一月初六日……一七〇
○致宜昌趙道台 光緒二十二年十一月初二日亥刻發……一七〇
致杭州廖撫台、蘇州趙撫台 光緒二十二年十一月初二日亥刻發……一七〇
致成都鹿制台 光緒二十二年十一月初二日亥刻發……一七〇
○致南京桂署藩台 光緒二十二年十一月初八日亥刻發……一七〇

光緒二十二年十一月初八日亥刻發……一七〇
○致武穴轉田家鎮礮臺鄧提督
光緒二十二年十一月十一日午刻發……一七〇
○致蘭溪速送黄州龐學台
光緒二十二年十一月十五日辰刻發……一七一
致荆州俞道台、梁令、魏令
光緒二十二年十一月十五日未刻發……一七一
○俞道來電
光緒二十二年十一月二十日戌刻到……一七一
致上海盛京堂
光緒二十二年十一月十五日未刻發……一七一
○致萬縣電局飛送來鳳土藥局侯令昌錦
光緒二十二年十一月十六日未刻發……一七一
○致漢口緝捕局傅守
光緒二十二年十一月十六日未刻發……一七一
○致宜昌趙道台
光緒二十二年十一月十六日戌刻發……一七二
致總署
光緒二十二年十一月十九日丑刻發……一七二
○致天津聶提台
光緒二十二年十一月二十日午刻發……一七二
○致宜昌趙道台
光緒二十二年十一月二十一日未刻發……一七二
○致上海盛京堂
光緒二十二年十一月二十二日……一七二
○致襄陽黎道、王守并南漳游擊
光緒二十二年十一月二十五日亥刻發……一七二
致成都鹿制台
光緒二十二年十一月二十六日丑刻發……一七三
○致成都鹿制台
光緒二十二年十一月二十六日丑刻發……一七三
○致俄京許欽差
光緒二十二年十一月二十八日丑刻發……一七三
○致俄京許欽差
光緒二十二年十二月初一日巳刻發……一七三
○致上海長春棧湖北委員張令清、黄千總福華
光緒二十二年十二月初二日辰刻發……一七三
○張令、黄千總來電
光緒二十二年十二月初三日亥刻到……一七三
○致襄陽道、府
光緒二十二年十二月初三日酉刻發……一七四
○黎道、王守來電并稟撫台
光緒二十二年十二月初一日戌刻到……一七四
○黎道、王守來電并稟撫台
光緒二十二年十二月初七日酉刻到……一七四
○致荆州俞道台、漢口蔡道台
光緒二十二年十二月初五日子刻發……一七四
○致總署
光緒二十二年十二月初五日子刻發……一七四
○致荆州將軍、俞道台

光緒二十二年十二月初九日未刻發……一七五
○致荊州俞道台、沙市梁令敦彦
光緒二十二年十二月初十日巳刻發……一七五
○梁令來電
光緒二十二年十二月十四日酉刻到……一七五
致户部
光緒二十二年十二月十一日午刻發……一七五
致江甯劉制台
光緒二十二年十二月十一日午刻發……一七五
○致江甯劉制台
光緒二十二年十二月十一日午刻發……一七五
○致上海長發棧張令清、黃千總福華
光緒二十二年十二月十二日丑刻發……一七五
○致上海長春棧張令清、黃千總福華
光緒二十二年十二月十二日申刻發……一七六
○致西安魏撫台
光緒二十二年十二月十三日辰刻發……一七六
○致荊州俞道台、梁令敦彦
光緒二十二年十二月十三日辰刻發……一七六
○致福州裕將軍
光緒二十二年十二月十三日酉刻發……一七六
○致宜昌趙道台
光緒二十二年十二月十三日酉刻發……一七六
致襄陽吴提台、黎道台、王守
光緒二十二年十二月十五日未刻發……一七六
致練兵處
光緒二十二年十二月十五日亥刻發……一七六
○致宜昌傅鎮台
光緒二十二年十二月十五日亥刻發……一七七
致宜昌傅鎮台
光緒二十二年十二月十七日辰刻發……一七七
○致宜昌惲、趙道台
光緒二十二年十二月十七日辰刻發……一七七
○致西安魏撫台
光緒二十二年十二月十七日午刻發……一七七
○致俄京許欽差
光緒二十二年十二月十七日戌刻發……一七七
致上海盛京堂
光緒二十二年十二月十七日亥刻發……一七七
○致江甯尊經書院蒯履卿翰林
光緒二十二年十二月十七日亥刻發……一七七
○致江甯尊經書院蒯翰林
光緒二十二年十二月十八日辰刻發……一七八
致江甯劉制台
光緒二十二年十二月二十日亥刻發……一七八
○致雲南唐督辦
光緒二十二年十二月二十日亥刻發……一七八
○致蘇州南倉橋吴清帥
光緒二十二年十二月二十二日辰刻發……一七八
○吴撫台來電

致濟南李撫台　光緒二十二年十二月二十五日丑刻到……一七八
致杭州廖撫台　光緒二十二年十二月二十二日亥刻發……一七八
○李撫台來電　光緒二十二年十二月十四日申刻到……一七八
致大理馮宫保　光緒二十二年十二月二十四日巳刻發……一七九
○致上海盛京堂　光緒二十二年十二月二十四日巳刻發……一七九
○致俄京許欽差　光緒二十二年十二月二十四日巳刻發……一七九
○許欽差來電　光緒二十二年十二月二十八日申刻到……一七九
○致天津王制台　光緒二十二年十二月二十四日巳刻發……一七九
○致上海盛京堂　光緒二十二年十二月二十五日亥刻發……一七九
○致安慶于藩台　光緒二十二年十二月二十七日巳刻發……一七九
○致上海長發棧張委員清、黄委員福華　光緒二十二年十二月二十八日子刻發……一八○
○致廣州陳、馬兩位分教　光緒二十二年十二月二十八日酉刻發……一八○
○致上海盛京堂　光緒二十二年十二月二十八日亥刻發……一八○
○致沙市官運局張倅賡颺　光緒二十二年十二月二十九日戌刻發……一八○
○致老河口土税局張令　光緒二十二年十二月三十日卯刻發……一八○
致江甯劉制台　光緒二十二年十二月三十日卯刻發……一八○
致江甯劉制台　光緒二十二年十二月三十日卯刻發……一八一
○致總署　光緒二十二年十二月三十日亥刻發……一八一

光緒二十三年

致保康縣宜昌趙道鈔送　光緒二十三年正月初二日子刻發……一八一
○致安陸史守、張令延鴻　光緒二十三年正月初二日子刻發……一八一
○致江甯劉制台　光緒二十三年正月初三日巳刻發……一八一
○致杭州廖撫台　光緒二十三年正月初四日巳刻發……一八二
致俄京許欽差　光緒二十三年正月初四日未刻發……一八二

○許欽差來電
光緒二十三年正月二十一日午刻到……一八二
⊙致蘇州南倉橋吴清帥
光緒二十三年正月初六日亥刻發……一八二
致俄京許欽差
光緒二十三年正月初九日寅刻發……一八二
致俄京許欽差
光緒二十三年正月初九日亥刻發……一八三
○許欽差來電
光緒二十三年二月初二日申刻到……一八三
致蘇州趙撫台、江甯劉制台
光緒二十三年正月初十日巳刻發……一八三
⊙致江甯桂道台香亭
光緒二十三年正月初十日巳刻發……一八三
○致江甯劉制台、蘇州趙撫台
光緒二十三年正月十一日子刻發……一八三
⊙致上海盛京堂
光緒二十三年正月十二日子刻發……一八四
○致襄陽黎道台、王太守
光緒二十三年正月十二日午刻發……一八四
○黎道、王守來電并稟撫台
光緒二十三年正月初七日子刻到……一八四
致上海盛京堂
光緒二十三年正月十四日申刻發……一八四
○盛京堂來電
光緒二十三年正月十五日午刻到……一八四
致上海盛京堂
光緒二十三年正月十四日戌刻發……一八五
致上海盛京堂
光緒二十三年正月十四日戌刻發……一八五
○致江甯劉制台
光緒二十三年正月十六日午刻發……一八五
⊙致四川王藩台
光緒二十三年正月十六日申刻發……一八五
致上海盛京堂
光緒二十三年正月十七日亥刻發……一八五
⊙致荆州俞道台
光緒二十三年正月十七日亥刻發……一八五
○致天津王制台
光緒二十三年正月十七日亥刻發……一八六
致上海盛京堂
光緒二十三年正月十八日辰刻發……一八六
致天津王制台
光緒二十三年正月十八日辰刻發……一八六
○致上海盛京堂
光緒二十三年正月十八日辰刻發……一八六
⊙致江甯尊經書院蒯履卿太史
光緒二十三年正月十九日子刻發……一八六
⊙致江甯桂道台香亭
光緒二十三年正月十九日子刻發……一八六

致天津王制台、上海盛京堂 光緒二十三年正月十九日午刻發……一八六

致俄京許欽差 光緒二十三年正月十九日午刻發……一八七

○致俄京許欽差 光緒二十三年正月十九日午刻發……一八七

致迪化饒撫台 光緒二十三年正月十九日申刻發……一八七

⊙致虎門何提台 光緒二十三年正月二十日亥刻發……一八七

○致京刑部左堂李苾園侍郎 光緒二十三年正月二十一日子刻發……一八七

⊙致成都鹿制台 光緒二十三年正月二十一日子刻發……一八七

○致江蘇趙撫台 光緒二十三年正月二十一日子刻發……一八八

⊙致漢口蔡道台 光緒二十三年正月二十二日申刻發……一八八

○致安陸史守等 光緒二十三年正月二十二日亥刻發……一八八

⊙致上海盛京堂 光緒二十三年正月二十三日辰刻發……一八八

○致上海絲業會館施子英太守 光緒二十三年正月二十三日辰刻發……一八八

致俄京許欽差 光緒二十三年正月二十三日巳刻發……一八九

致蘇州趙撫台、聶藩台 光緒二十三年正月二十四日巳刻發……一八九

致施南額守、來鳳峽路局侯令萬縣電局專差飛送 光緒二十三年正月二十五日未刻發……一八九

○致京練兵處 光緒二十三年正月二十六日亥刻發……一八九

○致漢口蔡道台 光緒二十三年正月二十六日亥刻發……一八九

○致安陸史守 光緒二十三年正月二十七日亥刻發……一八九

致上海盛京堂 光緒二十三年正月二十七日亥刻發……一九〇

致上海華若汀先生 光緒二十三年正月二十七日亥刻發……一九〇

○致俄京許欽差 光緒二十三年正月二十九日未刻發……一九〇

○致俄京許欽差 光緒二十三年正月二十九日未刻發……一九〇

○致江甯劉制台 光緒二十三年二月初一日亥刻發……一九〇

○致江甯劉制台 光緒二十三年二月初三日亥刻發……一九〇

⊙致上海盛京堂 光緒二十三年二月初三日亥刻發……一九一

⊙致上海德國總領事施
光緒二十三年二月初三日亥刻發……一九一
⊙致老河口土稅司張令國蘭、陶令翊中，電局并專差送署鄖陽鎮樊
光緒二十三年二月初三日亥刻發……一九一
⊙致襄陽黎道台
光緒二十三年二月初三日亥刻發……一九一
致宜昌傅鎮台、惲道台，籌賑公所
光緒二十三年二月初五日子刻發……一九一
致漢口江漢關蔡道台
光緒二十三年二月初五日未刻發……一九一
○致上海盛京堂
光緒二十三年二月初五日未刻發……一九二
盛京堂來電
光緒二十三年二月初五日到……一九二
⊙致漢口蔡道台
光緒二十三年二月初五日亥刻發……一九二
○致漢口江漢關蔡道台
光緒二十三年二月初七日午刻發……一九二
致襄陽黎道台、釐金局，老河口土稅局、川鹽官運局
光緒二十三年二月初八日申刻發……一九二
⊙致襄陽梁星海太史
光緒二十三年二月初八日申刻發……一九二
⊙致襄陽黎道台
光緒二十三年二月初八日申刻發……一九二
○致京德國公使
光緒二十三年二月初九日亥刻發……一九三
致上海盛京堂
光緒二十三年二月初十日辰刻發……一九三
○致上海盛京堂
光緒二十三年二月初十日辰刻發……一九三
致上海盛京堂
光緒二十三年二月初十日亥刻發……一九三
○盛京堂來電
光緒二十三年二月十二日午刻到……一九三
⊙致襄陽黎道台
光緒二十三年二月十二日亥刻發……一九四
⊙梁令致武漢電局電
光緒二十三年二月十二日亥刻到……一九四
⊙致漢口蔡道台
光緒二十三年二月十三日丑刻發……一九四
⊙致襄陽黎道台
光緒二十三年二月十三日巳刻發……一九四
致荊州俞道台、荊江水師後營張提督，宜昌傅鎮台、惲道台、趙道台、丁守、水師前營龍副將
光緒二十三年二月十四日寅刻發……一九四
○致江甯劉制台
光緒二十三年二月十四日寅刻發……一九四
○劉制台來電
光緒二十三年二月十四日酉刻到……一九四

⊙致荊州俞道台，宜昌趙道台、惲道台
光緒二十三年二月十四日寅刻發……一九五

⊙致成都鹿制台
光緒二十三年二月十四日寅刻發……一九五

○致漢口蔡道台
光緒二十三年二月十四日寅刻發……一九五

⊙致荊州俞道台、荊江水師後營張提督，宜昌傅鎮台、趙道台、惲道台、丁守、水師龍副將
光緒二十三年二月十四日申刻發……一九五

致天津王制台、上海盛京堂
光緒二十三年二月十五日未刻發……一九五

致宜昌傅鎮台、趙道台、惲道台、丁守、水師龍副將
光緒二十三年二月十五日亥刻發……一九五

致成都鹿制台
光緒二十三年二月十五日亥刻發……一九六

致上海盛京堂
光緒二十三年二月十五日亥刻發……一九六

⊙致荊州俞道台、荊江水師後營營官
光緒二十三年二月十五日亥刻發……一九六

⊙致上海盛京堂
光緒二十三年二月十六日午刻發……一九六

致上海盛京堂
光緒二十三年二月十六日戌刻發……一九六

○致俄京許欽差
光緒二十三年二月十六日亥刻發……一九七

○致漢口蔡道台
光緒二十三年二月十七日亥刻發……一九七

○蔡道來電
光緒二十三年二月十七日申刻到……一九七

⊙致上海華若汀先生
光緒二十三年二月十八日午刻發……一九七

○致漢口蔡道台
光緒二十三年二月十八日亥刻發……一九七

⊙致揚州江運台
光緒二十三年二月十八日亥刻發……一九七

⊙致常州陽湖縣張子密
光緒二十三年二月十九日丑刻發……一九八

○致荊州俞道台
光緒二十三年二月十九日申刻發……一九八

⊙致上海盛京堂
光緒二十三年二月二十日子刻發……一九八

○致江甯劉制台、杭州廖撫台
光緒二十三年二月二十日子刻發……一九八

⊙致廣州王湘岑、李鐵船、李芷香
光緒二十三年二月二十日辰刻發……一九八

⊙蔡道等致上海義昌成樊時勛
光緒二十三年二月十四日戌刻發……一九九

○致總署
光緒二十三年二月二十日午刻發……一九九

⊙致上海盛京堂

光緒二十三年二月二十日午刻發……一九九
致荊州俞道台，宜昌傅鎮台、趙道台、惲道台
光緒二十三年二月二十日亥刻發……一九九
⊙致宜昌丁守、東湖許令
光緒二十三年二月二十日亥刻發……一九九
○致荊州祥將軍
光緒二十三年二月二十二日亥刻發……二〇〇
⊙致漢口蔡道台
光緒二十三年二月二十二日亥刻發……二〇〇
○致江甯劉制台
光緒二十三年二月二十三日巳刻發……二〇〇
致宜昌傅鎮台、趙道台、惲道台、丁守，川鹽局凌道台、馮令
光緒二十三年二月二十四日丑刻發……二〇〇
○致上海盛京堂
光緒二十三年二月二十四日丑刻發……二〇〇
○盛京堂來電
光緒二十三年二月二十四日戌刻到……二〇一
○致江甯劉制台
光緒二十三年二月二十四日丑刻發……二〇一
⊙致漢口蔡道台
光緒二十三年二月二十四日丑刻發……二〇一
○致天津王制台
光緒二十三年二月二十四日寅刻發……二〇一
⊙致荊州俞道台
光緒二十三年二月二十四日亥刻發……二〇一
致漢口蔡道台
光緒二十三年二月二十四日亥刻發……二〇二
致漢口蔡道台
光緒二十三年二月二十五日丑刻發……二〇二
致宜昌趙道台
光緒二十三年二月二十六日子刻發……二〇二
⊙致宜昌傅鎮台、趙道台、惲道台、丁守，宜昌電報局
光緒二十三年二月二十六日子刻發……二〇二
○致上海施紫英
光緒二十三年二月二十六日子刻發……二〇二
○致宜昌趙道台
光緒二十三年二月二十六日亥刻發……二〇二
○致上海盛京堂
光緒二十三年二月二十六日發……二〇二
○致安陸史守專差飛送唐心口韓守、李令
光緒二十三年二月二十七日巳刻發……二〇三
⊙致漢口招商局施丞
光緒二十三年二月二十八日子刻發……二〇三
○致宜昌趙道台、惲道台
光緒二十三年二月二十八日子刻發……二〇三
⊙致荊州俞道台
光緒二十三年二月二十八日巳刻發……二〇三
○致江甯劉制台、上海盛京堂
光緒二十三年二月二十八日巳刻發……二〇三

○致漢口招商局施丞
光緒二十三年二月二十八日戌刻發……………二〇四
⊙致荊州江口釐局胡令
光緒二十三年二月二十八日戌刻發……………二〇四
⊙致上海盛京堂
光緒二十三年二月二十八日戌刻發……………二〇四
⊙盛京堂來電
光緒二十三年二月二十八日巳刻到……………二〇四
○致施南府額守、來鳳經費局侯令昌錦
光緒二十三年二月二十九日巳刻發……………二〇四
○致宜昌趙道台
光緒二十三年二月二十九日巳刻發……………二〇四
○致宜昌趙、惲道台速送巴東傅鎮台
光緒二十三年二月二十九日巳刻發……………二〇五
○致宜昌趙道台、惲道台
光緒二十三年二月二十九日巳刻發……………二〇五
○致安陸電局陳委員
光緒二十三年二月二十九日巳刻發……………二〇五
○致上海盛京堂
光緒二十三年二月二十九日巳刻發……………二〇五
○致俄京許欽差
光緒二十三年二月二十九日亥刻發……………二〇五
⊙致荊州道、府、縣
光緒二十三年二月三十日辰刻發……………二〇五
○致宜昌趙道台
光緒二十三年二月三十日辰刻發……………二〇六
⊙致襄陽王守、張道台、黎道台
光緒二十三年二月三十日辰刻發……………二〇六
⊙致上海湖北撫台譚
光緒二十三年三月初一日子刻發……………二〇六
⊙致上海盛京堂
光緒二十三年三月初一日子刻發……………二〇六
○致上海盛京堂
光緒二十三年三月初一日丑刻發……………二〇六
○盛京堂來電
光緒二十三年三月初三日申刻到……………二〇七
⊙致漢口招商局施丞
光緒二十三年三月初一日亥刻發……………二〇七
○致宜昌趙道台、惲道台
光緒二十三年三月初二日辰刻發……………二〇七
致宜昌趙道台、惲道台、傅鎮台
光緒二十三年三月初二日巳刻發……………二〇七
○致宜昌川鹽局凌道台、馮令，釐金局龍令
光緒二十三年三月初二日巳刻發……………二〇八
○致宜昌趙道台、惲道台
光緒二十三年三月初二日亥刻發……………二〇八
○致漢口蔡道台
光緒二十三年三月初三日未刻發……………二〇八
○致漢口蔡道台、余守
光緒二十三年三月初三日戌刻發……………二〇八

○致漢口蔡道台 光緒二十三年三月初三日戌刻發……二〇八
○致宜昌趙道台、惲道台，漢口蔡道台、漢陽余守 光緒二十三年三月初四日午刻發……二〇八
○致襄陽黎道台、王守 光緒二十三年三月初四日酉刻發……二〇八
○致宜昌趙道台、惲道台，成都鹿制台 光緒二十三年三月初四日酉刻發……二〇九
⊙致宜昌趙道台 光緒二十三年三月初四日亥刻發……二〇九
○致漢口招商局施丞 光緒二十三年三月初四日亥刻發……二〇九
○致上海盛京堂 光緒二十三年三月初四日亥刻發……二〇九
○致宜昌丁守、荊門州諸直牧 光緒二十三年三月初五日子刻發……二〇九
致荊州俞道台、舒守、張令 光緒二十三年三月初五日辰刻發……二〇九
○致漢口蔡道台、荊州俞道台 光緒二十三年三月初五日午刻發……二一〇
○致宜昌趙道台 光緒二十三年三月初五日午刻發……二一〇
○致漢口蔡道台 光緒二十三年三月初六日戌刻發……二一〇
⊙致上海經道 光緒二十三年三月初七日子刻發……二一〇
○致宜昌趙道台，惲、凌道台 光緒二十三年三月初七日辰刻發……二一〇
○致總署 光緒二十三年三月初八日未刻發……二一一
○致漢口蔡道台 光緒二十三年三月初八日未刻發……二一一
⊙致漢口蔡道台 光緒二十三年三月初八日未刻發……二一一
○致俄京許欽差 光緒二十三年三月初九日巳刻發……二一一
⊙致上海製造局蘇令晋 光緒二十三年三月初九日戌刻發……二一一
⊙致江甯劉制台 光緒二十三年三月初十日亥刻發……二一一
○致俄京許欽差 光緒二十三年三月十一日子刻發……二一一
⊙致漢口蔡道台 光緒二十三年三月十二日子刻發……二一二
○致俄京許欽差 光緒二十三年三月十二日丑刻發……二一二
⊙致江甯劉制台 光緒二十三年三月十二日亥刻發……二一二
○致京户部右堂陳 光緒二十三年三月十三日丑刻發……二一二

○致俄京許欽差　光緒二十三年三月十四日午刻發……二一二
⊙致漢口蔡道台　光緒二十三年三月十四日酉刻發……二一二
致天津王制台　光緒二十三年三月十七日午刻發……二一二
⊙致漢口蔡道台　光緒二十三年三月十九日午刻發……二一三
致天津王制台　光緒二十三年三月十九日午刻發……二一三
○致天津王制台　光緒二十三年三月二十日申刻發……二一三
總署來電　光緒二十三年三月十八日未刻到……二一四
⊙致宜昌趙道台、惲道台　光緒二十三年三月二十日亥刻發……二一四
○致天津王制台　光緒二十三年三月二十一日午刻發……二一四
○致吴淞速送寶山縣沈　光緒二十三年三月二十一日亥刻發……二一五
○致俄京許欽差　光緒二十三年三月二十二日午刻發……二一五
○致宜昌趙、惲道台並飛送施南府傅鎮台、額守　光緒二十三年三月二十二日午刻發……二一五
○致老河口光化縣梁令、土税局陶令、官運局杜倅，鄖縣張道、許守　光緒二十三年三月二十二日午刻發……二一五
致上海陳次亮户部　光緒二十三年三月二十二日戌刻發……二一五
致總署　光緒二十三年三月二十二日發……二一五
○致漢口蔡道台　光緒二十三年三月二十三日酉刻發……二一六
○蔡道來電　光緒二十三年三月二十三日亥刻到……二一六
⊙致安陸唐心口彭守、李令、周太史　光緒二十三年三月二十四日巳刻發……二一六
○致俄京許欽差　光緒二十三年三月二十四日戌刻發……二一七
○致俄京許欽差　光緒二十三年三月二十四日戌刻發……二一七
⊙致宜昌趙道台、惲道台、川鹽局凌道台、馮令、丁守　光緒二十三年三月二十四日亥刻發……二一七
致督辦軍務處　光緒二十三年三月二十五日子刻發……二一七
⊙致户部　光緒二十三年三月二十五日子刻發……二一七
○致吴淞洋操營務處沈道台　光緒二十三年三月二十五日子刻發……二一七
⊙致老河口速送鄖陽張道台、許守　光緒二十三年三月二十五日子刻發……二一七

⊙致天津王制台
光緒二十三年三月二十五日子刻發……二一七
○致天津王制台
光緒二十三年三月二十五日午刻發……二一七
○致天津王制台
光緒二十三年三月二十八日申刻發……二一八
⊙致宜昌惲道台
光緒二十三年三月二十八日亥刻發……二一八
○致安陸唐心口周太史、彭守、李令、梁令
光緒二十三年三月二十九日亥刻發……二一八
○致安陸鍾祥縣劉令
光緒二十三年三月三十日辰刻發……二一八
○致江甯劉制台
光緒二十三年三月三十日申刻發……二一八
⊙致上海長發棧湖北候補府汪
光緒二十三年四月初一日巳刻發……二一九
○致天津王制台
光緒二十三年四月初三日午刻發……二一九
致漢口蔡道台
光緒二十三年四月初三日戌刻發……二一九
○致俄京許欽差
光緒二十三年四月初四日子刻發……二二〇
○許欽差來電
光緒二十三年四月十四日亥刻到……二二〇
○致漢口蔡道台
光緒二十三年四月初四日午刻發……二二〇
⊙致户部
光緒二十三年四月初四日戌刻發……二二〇
致總署
光緒二十三年四月初四日亥刻發……二二〇
○致宜昌趙道台、惲道台
光緒二十三年四月初五日子刻發……二二一
○致京湖北撫台譚
光緒二十三年四月初五日子刻發……二二一
○致京户部右堂陳
光緒二十三年四月初五日子刻發……二二一
○致宜昌惲道台
光緒二十三年四月初五日子刻發……二二一
⊙致漢口蔡道台
光緒二十三年四月初五日申刻發……二二二
○致天津王制台
光緒二十三年四月初七日子刻發……二二二
⊙致吴淞沈道台敦和
光緒二十三年四月初七日巳刻發……二二二
⊙致上海長發棧湖北候補府汪
光緒二十三年四月初八日申刻發……二二二
○致天津王制台
光緒二十三年四月初九日午刻發……二二二
致天津王制台
光緒二十三年四月初九日未刻發……二二二
○致安陸唐心口彭守、李令、梁令

⊙致安陸鍾祥劉令
光緒二十三年四月初九日戌刻發……二二三
○致漢口蔡道台
光緒二十三年四月初十日丑刻發……二二三
⊙致漢口蔡道台
光緒二十三年四月初十日申刻發……二二三
⊙致上海時務報館汪穰卿
光緒二十三年四月初十日亥刻發……二二三
⊙致宜昌趙道台、惲道台
光緒二十三年四月初十日亥刻發……二二三
⊙致宜昌趙道台、惲道台
光緒二十三年四月十一日子刻發……二二三
⊙致漢口蔡道台
光緒二十三年四月十一日巳刻發……二二三
○致宜昌趙道台
光緒二十三年四月十一日申刻發……二二四
⊙致江甯劉制台
光緒二十三年四月十一日亥刻發……二二四
⊙致蘇州南倉橋吴清翁
光緒二十三年四月十二日未刻發……二二四
○致京福建臬台張
光緒二十三年四月十二日未刻發……二二四
○致京户部右堂陳
光緒二十三年四月十二日亥刻發……二二四
○致俄京許欽差
光緒二十三年四月十三日亥刻發……二二四
致天津王制台
光緒二十三年四月十五日丑刻發……二二四
致俄京許欽差
光緒二十三年四月十六日午刻發……二二五
致天津王制台
光緒二十三年四月十六日亥刻發……二二五
致襄陽黎道台、王守、蔡令
光緒二十三年四月十七日未刻發……二二五
○致宜昌趙、惲道台
光緒二十三年四月十七日未刻發……二二五
致施南傅鎮台、額守、董令宜昌、萬縣專差飛送
光緒二十三年四月十九日辰刻發……二二五
致宜昌趙道台、惲道台，施南傅鎮台
光緒二十三年四月十九日辰刻發……二二六
○致襄陽黎道台、王守、委員汪令
光緒二十三年四月十九日辰刻發……二二六
⊙致宜昌趙道台、惲道台
光緒二十三年四月十九日辰刻發……二二六
致巴黎慶欽差
光緒二十三年四月十九日午刻發……二二六
⊙致襄陽黎道台、王守、蔡令
光緒二十三年四月二十一日亥刻發……二二六
○致襄陽黎道台、王守
光緒二十三年四月二十二日巳刻發……二二六
○致俄京許欽差
光緒二十三年四月二十二日巳刻發……二二七

光緒二十三年四月二十三日亥刻發……二二一七
○致俄京許欽差
光緒二十三年四月二十四日亥刻發……二二一七
⊙致武穴武黃同知陳丞
光緒二十三年四月二十五日子刻發……二二一七
○致宜昌趙道台
光緒二十三年四月二十五日子刻發……二二一七
⊙致武穴土藥分局鄭巡檢隆驤
光緒二十三年四月二十五日午刻發……二二一七
⊙致上海時務報館汪穰卿
光緒二十三年四月二十九日戌刻發……二二一八
致京陳少司農、張次珊侍御
光緒二十三年五月初三日巳刻發……二二一八
○致宜昌趙道台、惲道台
光緒二十三年五月初四日子刻發……二二一八
○致荆州俞道台、龍守兆霖
光緒二十三年五月初四日巳刻發……二二一八
致巴黎慶欽差
光緒二十三年五月初五日亥刻發……二二一八
⊙致江甯劉制台
光緒二十三年五月初五日亥刻發……二二一八
致宜昌趙、凌、惲三道台
光緒二十三年五月初八日巳刻發……二二一九
○致京通政司少堂楊虞裳
光緒二十三年五月初八日巳刻發……二二一九
⊙致上海時務報館汪穰卿
光緒二十三年五月初八日巳刻發……二二一九
○致柏林許欽差
光緒二十三年五月初九日巳刻發……二二一九
○致荆州俞道台
光緒二十三年五月十二日戌刻發……二二一九
○致宜昌趙、惲道台
光緒二十三年五月十二日戌刻發……二二三〇
○致宜昌趙、惲、凌三道台
光緒二十三年五月十三日巳刻發……二二三〇
○致盛京依將軍
光緒二十三年五月十三日酉刻發……二二三〇
○致宜昌趙、惲、凌三道台
光緒二十三年五月十三日戌刻發……二二三〇
○致宜昌趙道台、惲道台
光緒二十三年五月十四日亥刻發……二二三〇
○致京陳少司農、張次珊侍御
光緒二十三年五月十五日戌刻發……二二三〇
○致柏林許欽差
光緒二十三年五月十八日戌刻發……二二三一
○致京陳少司農、張次珊侍御
光緒二十三年五月二十一日未刻發……二二三一
○致柏林許欽差
光緒二十三年五月二十一日戌刻發……二二三一
○致江甯劉制台

光緒二十三年五月二十一日戌刻發……二三一

致天津王制台
光緒二十三年五月二十一日亥刻發……二三一

⊙致漢口蔡道台
光緒二十三年五月二十二日亥刻發……二三一

致柏林許欽差
光緒二十三年五月二十二日亥刻發……二三二

致宜昌趙、惲、凌三道台
光緒二十三年五月二十四日子刻發……二三二

⊙致宜昌趙道台、惲道台
光緒二十三年五月二十四日子刻發……二三二

致天津王制台
光緒二十三年五月二十六日辰刻發……二三二

○致宜昌趙、惲、凌三道台
光緒二十三年五月二十七日辰刻發……二三二

○致上海盛京堂
光緒二十三年五月二十七日酉刻發……二三二

致荆州俞道台
光緒二十三年五月二十七日亥刻發……二三三

○致上海盛京堂
光緒二十三年五月二十八日子刻發……二三三

致上海盛京堂
光緒二十三年五月二十九日子刻發……二三三

致天津王制台
光緒二十三年五月二十九日巳刻發……二三三

⊙致上海泥城橋嚴少和
光緒二十三年五月二十九日亥刻發……二三四

⊙致齊齊哈爾恩將軍
光緒二十三年五月二十九日亥刻發……二三四

⊙致宜昌惲道台
光緒二十三年五月三十日辰刻發……二三四

⊙致宜昌趙道台
光緒二十三年五月三十日辰刻發……二三四

○致京湖南鹽道黄公度
光緒二十三年五月三十日巳刻發……二三四

⊙致宜昌趙、惲、凌三道台
光緒二十三年五月三十日亥刻發……二三四

⊙致宜昌凌道台
光緒二十三年五月三十日亥刻發……二三四

致宜昌趙、凌、惲三道台
光緒二十三年六月初一日戌刻發……二三五

○致宜昌趙、惲、凌三道台，萬縣飛遞來鳳侯令，施南傅鎮台、額守
光緒二十三年六月初四日亥刻發……二三五

⊙致天津王制台
光緒二十三年六月初四日亥刻發……二三五

○致上海盛京堂
光緒二十三年六月初四日亥刻發……二三五

○致柏林許欽差
光緒二十三年六月初六日午刻發……二三六

○致上海盛京堂
光緒二十三年六月初六日酉刻發……二三六
⊙致上海盛京堂
光緒二十三年六月初七日酉刻發……二三六
⊙致天津洪道台恩廣
光緒二十三年六月初九日亥刻發……二三六
致上海盛京堂
光緒二十三年六月初十日辰刻發……二三六
⊙致江甯劉制台
光緒二十三年六月初十日申刻發……二三六
○致宜昌傅鎮台、蒯遊擊，趙、惲、凌三道台
光緒二十三年六月十一日申刻發……二三六
⊙致上海時務報館汪穰卿
光緒二十三年六月十二日辰刻發……二三七
○致上海瑞記洋行轉交署邳州葉臨恭
光緒二十三年六月十二日辰刻發……二三七
⊙致江甯劉制台
光緒二十三年六月十二日辰刻發……二三七
致總署
光緒二十三年六月十二日午刻發……二三七
致沙市俞道台、梁令
光緒二十三年六月十二日午刻發……二三七
致宜昌趙、惲、凌三道台，施南傅鎮台、額守、董令
光緒二十三年六月十二日酉刻發……二三七
⊙致江甯劉制台
光緒二十三年六月十二日亥刻發……二三八
致上海盛京堂
光緒二十三年六月十三日巳刻發……二三八
○致上海盛京堂
光緒二十三年六月十五日丑刻發……二三八
○致天津王制台
光緒二十三年六月十五日丑刻發……二三八
○致江甯劉制台
光緒二十三年六月十五日丑刻發……二三八
⊙致上海時務報館汪穰卿
光緒二十三年六月十五日丑刻發……二三九
致宜昌趙、惲、凌三道台，黄守邦俊
光緒二十三年六月十五日未刻發……二三九
○致宜昌趙、惲、凌三道台
光緒二十三年六月十五日戌刻發……二三九
○致上海盛京堂
光緒二十三年六月十八日巳刻發……二三九
○致上海盛京堂
光緒二十三年六月十九日辰刻發……二三九
⊙致宜昌趙、惲、凌三道台
光緒二十三年六月二十一日申刻發……二四〇
⊙致上海盛京堂
光緒二十三年六月二十一日酉刻發……二四〇
○致上海盛京堂
光緒二十三年六月二十一日酉刻發……二四〇

致上海盛京堂　光緒二十三年六月二十三日子刻發……二四〇
○致宜昌趙、惲、凌三道台　光緒二十三年六月二十三日子刻發……二四〇
○致上海盛京堂　光緒二十三年六月二十三日子刻發……二四〇
致上海盛京堂　光緒二十三年六月二十三日子刻發……二四〇
○致上海盛京堂　光緒二十三年六月二十三日辰刻發……二四〇
致上海盛京堂　光緒二十三年六月二十三日午刻發……二四一
致上海盛京堂　光緒二十三年六月二十三日午刻發……二四一
○致宜昌趙道台　光緒二十三年六月二十三日亥刻發……二四一
致上海盛京堂　光緒二十三年六月二十四日辰刻發……二四一
○致荆州俞道台　光緒二十三年六月二十四日酉刻發……二四一
致上海盛京堂　光緒二十三年六月二十八日辰刻發……二四一
○致柏林許欽差　光緒二十三年六月二十八日午刻發……二四一
○致柏林許欽差　光緒二十三年六月二十八日午刻發……二四一
○致老河口飛送鄖陽督辦賑務張道台　光緒二十三年六月二十九日辰刻發……二四一
致東京裕欽差　光緒二十三年六月二十九日亥刻發……二四一
○致柏林許欽差　光緒二十三年七月初一日戌刻發……二四二
○致襄陽王守、汪倅，鄖陽張道台，房、竹查鑛委員吴令明　光緒二十三年七月初三日巳刻發……二四二
致天津王制台　光緒二十三年七月初五日寅刻發……二四二
⊙致漢陽鐵廠盛守、槍礮廠沈丞　光緒二十三年七月初六日巳刻發……二四二
○致上海盛京堂　光緒二十三年七月初六日酉刻發……二四二
⊙致荆州祥將軍　光緒二十三年七月初七日巳刻發……二四二
致上海盛京堂　光緒二十三年七月初七日巳刻發……二四三
⊙致江甯劉制台　光緒二十三年七月初七日酉刻發……二四三
⊙致上海施紫英太守　光緒二十三年七月初七日酉刻發……二四三
○致宜昌趙、惲、凌三道台　光緒二十三年七月初八日子刻發……二四三

光緒二十三年七月十二日酉刻發……二四三
○致宜昌趙、惲、凌三道台，施南傅鎮台、額守、魯守、董令、蔡令國楨
光緒二十三年七月十二日酉刻發……二四三
⊙致長沙江學台
光緒二十三年七月十二日亥刻發……二四四
⊙致湖南陳撫台
光緒二十三年七月十二日亥刻發……二四四
致上海盛京堂
光緒二十三年七月十二日亥刻發……二四四
⊙致宜昌中軍蒯游擊、前營蕭游擊、署前營王游擊
光緒二十三年七月十二日亥刻發……二四四
⊙致江甯劉制台
光緒二十三年七月十二日亥刻發……二四五
○致上海盛京堂
光緒二十三年七月十三日亥刻發……二四五
⊙致上海盛京堂
光緒二十三年七月十五日辰刻發……二四五
○致上海盛京堂
光緒二十三年七月十五日酉刻發……二四五
○致上海盛京堂
光緒二十三年七月十六日巳刻發……二四五
⊙致上海錢念劬
光緒二十三年七月十六日戌刻發……二四五
○致上海時務報館汪穰卿
光緒二十三年七月十六日戌刻發……二四五
⊙致江甯劉制台
光緒二十三年七月十六日戌刻發……二四六
○致蔡令國楨宜昌賑務局飛送
光緒二十三年七月十七日辰刻發……二四六
○致宜昌趙、惲、凌三道台，施南黄守、來鳳侯令
光緒二十三年七月十七日辰刻發……二四六
致宜昌趙、凌、惲三道台
光緒二十三年七月十七日午刻發……二四六
致上海盛京堂
光緒二十三年七月十八日戌刻發……二四六
⊙致户部
光緒二十三年七月十九日辰刻發……二四七
⊙致長沙陳撫台
光緒二十三年七月二十一日戌刻發……二四七
致宜昌趙、凌、惲三道台，黄守邦俊宜昌賑務局轉
光緒二十三年七月二十四日亥刻發……二四七
致襄陽黎道台、王守
光緒二十三年七月二十四日亥刻發……二四七
致上海盛京堂
光緒二十三年七月二十四日亥刻發……二四八
○致宜昌惲道台
光緒二十三年七月二十五日子刻發……二四八
⊙致天津王制台
光緒二十三年七月二十六日亥刻發……二四八

致柏林許欽差
光緒二十三年七月二十八日酉刻發……二四八

致上海盛京堂
光緒二十三年七月二十八日亥刻發……二四九

致上海盛京堂
光緒二十三年七月二十九日子刻發……二四九

⊙致荊州俞道台
光緒二十三年七月二十九日子刻發……二四九

○致宜昌賑務局趙、惲、凌三道台并轉傅鎮台
光緒二十三年七月二十九日丑刻發……二四九

○致上海盛京堂
光緒二十三年七月三十日戌刻發……二四九

○致柏林許欽差
光緒二十三年八月初二日辰刻發……二四九

○許欽差來電
光緒二十三年八月十七日戌刻到……二四九

○致總署
光緒二十三年八月初四日酉刻發……二五○

○致上海盛京堂
光緒二十三年八月初四日酉刻發……二五○

○致荊門州諸牧
光緒二十三年八月初四日酉刻發……二五○

○致柏林許欽差
光緒二十三年八月初四日酉刻發……二五○

○致上海盛京堂
光緒二十三年八月初五日巳刻發……二五○

致荊州俞道台
光緒二十三年八月初七日午刻發……二五○

文案委員梁敦彦致荊州俞道電
光緒二十三年八月十六日午刻發……二五○

○致上海盛京堂
光緒二十三年八月初八日亥刻發……二五一

致上海盛京堂
光緒二十三年八月初八日亥刻發……二五一

○致上海盛京堂
光緒二十三年八月初九日亥刻發……二五一

⊙致黑龍江恩將軍
光緒二十三年八月十一日戌刻發……二五一

○致上海盛京堂
光緒二十三年八月十二日戌刻發……二五一

○致上海時務報館汪穰卿
光緒二十三年八月十六日午刻發……二五一

○致施南傅鎮台、路工委員蔡令國楨、宜昌賑務局巴東專差飛送
光緒二十三年八月十九日午刻發……二五一

○致施南傅鎮台、路工委員蔡令國楨、署施南府魯守巴東電局專送
光緒二十三年八月十九日午刻發……二五二

○致施南傅鎮台、魯守、額守、董令，宜昌賑務局巴東專送
光緒二十三年八月十九日午刻發……二五二

○致柏林許欽差 光緒二十三年八月十九日戌刻發……二五二

○致上海盛京堂 光緒二十三年八月十九日戌刻發……二五二

⊙致荆州俞道台 光緒二十三年八月十九日……二五二

○致上海盛京堂 光緒二十三年八月二十日戌刻發……二五二

致施南路工委員蔡令國楨、魯守巴東電局飛遞 光緒二十三年八月二十日亥刻發……二五三

○致江甯劉制台 光緒二十三年八月二十日亥刻發……二五三

⊙致長沙陳撫台 光緒二十三年八月二十一日巳刻發……二五三

○致上海盛京堂 光緒二十三年八月二十二日亥刻發……二五三

○致上海盛京堂 光緒二十三年八月二十三日戌刻發……二五三

⊙致長沙陳撫台 光緒二十三年八月二十三日戌刻發……二五三

⊙致長沙陳撫台 光緒二十三年八月二十五日戌刻發……二五三

○致上海盛京堂 光緒二十三年八月二十五日戌刻發……二五四

⊙致鄖陽樊署鎮台、賑務局張道台、許守老河口飛遞 光緒二十三年八月二十六日申刻發……二五四

○致江漢關瞿道台 光緒二十三年八月二十七日亥刻發……二五四

○致上海時務報館汪穰卿 光緒二十三年八月二十八日亥刻發……二五四

○梁敦彥致上海經道 光緒二十三年八月二十八日午刻發……二五四

○致上海盛京堂 光緒二十三年八月二十九日午刻發……二五五

○致上海盛京堂 光緒二十三年九月初三日午刻發……二五五

⊙致宜昌趙道台 光緒二十三年九月初三日戌刻發……二五五

⊙致漢口瞿道台 光緒二十三年九月初三日亥刻發……二五五

⊙瞿道來電 光緒二十三年九月初三日戌刻到……二五五

○致上海盛京堂 光緒二十三年九月初六日子刻發……二五五

⊙致宜昌趙道台 光緒二十三年九月初六日辰刻發……二五五

⊙致宜昌趙道台、凌道台，施南魯守、蔡令 光緒二十三年九月初六日辰刻發……二五五

○致柏林許欽差 光緒二十三年九月初六日巳刻發……二五六

○許欽差來電　光緒二十三年九月初六日未刻到……二五六
致總署　光緒二十三年九月初六日未刻發……二五六
致總署　光緒二十三年九月初六日未刻發……二五六
○致上海盛京堂　光緒二十三年九月初六日未刻發……二五六
致總署　光緒二十三年九月初六日申刻發……二五六
⊙致上海盛京堂　光緒二十三年九月初六日申刻發……二五七
致上海盛京堂　光緒二十三年九月初六日亥刻發……二五七
⊙致户部　光緒二十三年九月初六日亥刻發……二五七
致荆州俞道台、梁令　光緒二十三年九月初七日未刻發……二五七
○致柏林許欽差　光緒二十三年九月初七日未刻發……二五七
⊙致安陸鍾祥縣劉令　光緒二十三年九月初八日子刻發……二五七
⊙致長沙黄署臬台并送陳撫台　光緒二十三年九月初八日巳刻發……二五七
○致上海盛京堂　光緒二十三年九月初九日巳刻發……二五八
致齊齊哈爾恩將軍　光緒二十三年九月十一日亥刻發……二五八
⊙致宜昌代理宜昌府史丞、趙道台、凌道台　光緒二十三年九月十三日子刻發……二五八
○致天津坐探委員巢縣丞鳳岡　光緒二十三年九月十三日午刻發……二五八
致沙市俞道台、梁令　光緒二十三年九月十四日午刻發……二五九
致長沙陳撫台、黄署臬台　光緒二十三年九月十六日辰刻發……二五九
○陳撫台來電　光緒二十三年九月十七日申刻到……二五九
⊙致宜昌趙道台、凌道台　光緒二十三年九月十八日午刻發……二五九
○致總署　光緒二十三年九月十九日午刻發……二五九
致總署　光緒二十三年九月十九日酉刻發……二六〇
○致上海盛京堂　光緒二十三年九月二十一日亥刻發……二六〇
⊙致宜昌傅鎮台、趙道台、凌道台，施南魯守、路工委員蔡令　光緒二十三年九月二十一日亥刻發……二六一
致沙市俞道台　光緒二十三年九月二十二日子刻發……二六一
○致上海盛京堂

光緒二十三年九月二十二日寅刻發……二六一
致上海盛京堂
光緒二十三年九月二十二日酉刻發……二六一
⊙致上海測海兵輪岳參將
光緒二十三年九月二十二日酉刻發……二六一
○致户部
光緒二十三年九月二十七日午刻發……二六一
⊙致户部
光緒二十三年九月二十八日酉刻發……二六二
⊙致江甯劉制台
光緒二十三年十月初二日申刻發……二六二
○致上海盛京堂
光緒二十三年十月初三日子刻發……二六二
⊙致漢口瞿道台
光緒二十三年十月初三日辰刻發……二六二
○致上海盛京堂
光緒二十三年十月初四日丑刻發……二六二
⊙致巴東黄守
光緒二十三年十月初五日亥刻發……二六二
⊙致上海盛京堂
光緒二十三年十月初五日亥刻發……二六二
○致上海盛京堂
光緒二十三年十月初五日亥刻發……二六二
○致上海盛京堂
光緒二十三年十月初五日亥刻發……二六三
⊙致安陸鍾祥縣劉令
光緒二十三年十月初六日亥刻發……二六三
致上海盛京堂
光緒二十三年十月初六日亥刻發……二六三
○盛京堂來電
光緒二十三年十月初九日丑刻到……二六三
⊙致漢口瞿道台
光緒二十三年十月初七日申刻發……二六三
⊙致江漢關瞿道台
光緒二十三年十月初七日亥刻發……二六三
致漢口德國欽差海大臣
光緒二十三年十月初七日亥刻譯洋文發……二六三
⊙致宜昌趙、凌兩道台
光緒二十三年十月初九日丑刻發……二六四
○致宜昌傅鎮台，趙、凌兩道台，來鳳侯令、蔡令
光緒二十三年十月初九日丑刻發……二六四
⊙致江漢關瞿道台
光緒二十三年十月初九日丑刻發……二六四
⊙致宜昌傅鎮台，趙、凌兩道台，施南魯守、來鳳蔡令
光緒二十三年十月初九日亥刻發……二六四
⊙致沙市俞道台
光緒二十三年十月初十日亥刻發……二六四
致襄陽錢副將永林、李游擊福田
光緒二十三年十月十二日戌刻發……二六五
致宜昌趙、凌兩道台，黄守、朱令

光緒二十三年十月十六日辰刻發……二六五
⊙致宜昌趙、凌兩道台，鹽局馮令、土局陳令
光緒二十三年十月十六日辰刻發……二六五
○致江甯劉制台
光緒二十三年十月十七日未刻發……二六五
致宜昌趙、凌兩道台，施南魯守、蔡令
光緒二十三年十月十八日巳刻發……二六五
○致柏林許欽差
光緒二十三年十月十八日午刻發……二六五
⊙致總署
光緒二十三年十月二十日亥刻發……二六五
○致上海時務報館汪穰卿
光緒二十三年十月二十一日巳刻發……二六六
○致天津王制台
光緒二十三年十月二十二日巳刻發……二六六
⊙致上海長發棧湖北委員汪守
光緒二十三年十月二十六日亥刻發……二六六
⊙致上海長發棧湖北委員汪守轉交測海兵輪岳參將
光緒二十三年十月二十六日亥刻發……二六六
⊙致漢口盛京堂
光緒二十三年十月二十七日酉刻發……二六六
○致俄京許欽差
光緒二十三年十月二十八日巳刻發……二六六
致柏林許欽差
光緒二十三年十月二十八日亥刻發……二六六
致天津王制台
光緒二十三年十月二十八日亥刻發……二六七
致漢口盛京堂
光緒二十三年十一月初一日巳刻發……二六七
⊙致襄陽黎道台、李遊擊、錢副將
光緒二十三年十一月初一日巳刻發……二六七
○致宜昌趙道台
光緒二十三年十一月初三日申刻發……二六七
○致宜昌趙道台
光緒二十三年十一月初三日申刻發……二六七
⊙致宜昌凌道台
光緒二十三年十一月初五日午刻發……二六八
⊙致漢口盛京堂
光緒二十三年十一月初五日未刻發……二六八
⊙致江甯劉制台
光緒二十三年十一月初七日戌刻發……二六八
⊙致宜昌趙道台
光緒二十三年十一月初七日亥刻發……二六八
○致宜昌府額守、東湖縣何令
光緒二十三年十一月初八日丑刻發……二六八
⊙致宜昌趙道台
光緒二十三年十一月初八日丑刻發……二六八
⊙致宜昌趙道台
光緒二十三年十一月初八日辰刻發……二六八
致漢口盛京堂

光緒二十三年十一月初九日辰刻發…………二六八
⊙致柏林許欽差
光緒二十三年十一月初九日…………二六八
致漢口盛京堂
光緒二十三年十一月初十日午刻發…………二六八
⊙致安陸彭守、劉令
光緒二十三年十一月十二日戌刻發…………二六九
致長沙陳撫台
光緒二十三年十一月十五日巳刻發…………二六九
⊙致上海義昌成樊時勳
光緒二十三年十一月十五日巳刻發…………二六九
致長沙陳撫台
光緒二十三年十一月十六日卯刻發…………二六九
○致天津王制台
光緒二十三年十一月十六日酉刻發…………二七〇
致漢口盛京堂
光緒二十三年十一月十六日亥刻發…………二七〇
○致漢口瞿道台
光緒二十三年十一月十七日亥刻發…………二七〇
致長沙陳撫台
光緒二十三年十一月十八日丑刻發…………二七一
致長沙陳撫台
光緒二十三年十一月十八日丑刻發…………二七一
○致宜昌賑局趙道台
光緒二十三年十一月十八日戌刻發…………二七一
致施南蔡令
光緒二十三年十一月十九日巳刻發…………二七二
○致宜昌趙道台
光緒二十三年十一月十九日巳刻發…………二七二
致上海蔡道台
光緒二十三年十一月十九日巳刻發…………二七二
致總署
光緒二十三年十一月十九日…………二七二
致上海蔡道台
光緒二十三年十一月二十一日亥刻發…………二七二
致總署
光緒二十三年十一月二十一日亥刻發…………二七三
致天津王制台
光緒二十三年十一月二十一日亥刻發…………二七三
致柏林許欽差
光緒二十三年十一月二十一日亥刻發…………二七三
○許欽差來電
光緒二十三年十一月二十四日未刻到…………二七三
致江甯劉制台
光緒二十三年十一月二十九日戌刻發…………二七三
○劉制台來電
光緒二十三年十一月三十日亥刻到…………二七四
⊙致江甯劉制台
光緒二十三年十一月三十日巳刻發…………二七四
致上海沈道台敦和

○沈道來電　光緒二十三年十二月初一日寅刻發……………二七四
⊙致上海蔡道台　光緒二十三年十二月初二日亥刻到……………二七四
⊙致天津王制台　光緒二十三年十二月初一日寅刻發……………二七四
○致施南魯守、蔡令　光緒二十三年十二月初一日寅刻發……………二七五
○致宜昌傅鎮台、趙道台，施南魯守、蔡令，建始李令　光緒二十三年十二月初二日丑刻發……………二七五
○致漢口盛京堂　光緒二十三年十二月初二日丑刻發……………二七五
⊙致荆州俞道台、施南魯守　光緒二十三年十二月初二日亥刻發……………二七五
致總署　光緒二十三年十二月初三日寅刻發……………二七五
⊙致安陸電局飛遞京山隄工局惲道台、彭守、李直牧　光緒二十三年十二月初三日未刻發……………二七五
○致上海蔡道台　光緒二十三年十二月初四日巳刻發……………二七六
致日本參謀大佐神尾君光臣上海蔡道台轉蘇、杭、甯波等處探投　光緒二十三年十二月初四日巳刻發……………二七六
致上海沈道台敦和　光緒二十三年十二月初四日巳刻發……………二七六
致江甯劉制台　光緒二十三年十二月初四日巳刻發……………二七六
○致上海蔡道台　光緒二十三年十二月初五日午刻發……………二七六
○致宜昌傅鎮台、額守、東湖縣何令　光緒二十三年十二月初五日戌刻發……………二七六
○致柏林許欽差　光緒二十三年十二月初六日午刻發……………二七七
⊙致上海鐵路總公司鄭蘇龕司馬　光緒二十三年十二月初八日酉刻發……………二七七
○致安陸電局飛遞京山縣隄工局惲道台、彭守、李直牧　光緒二十三年十二月初八日酉刻發……………二七七
○致施南路工委員蔡令　光緒二十三年十二月初九日巳刻發……………二七七
⊙致宜昌凌道台　光緒二十三年十二月初九日巳刻發……………二七七
⊙致宜昌趙道台　光緒二十三年十二月初九日巳刻發……………二七七
致濟南張撫台　光緒二十三年十二月初九日巳刻發……………二七七
致江甯劉制台、天津王制台　光緒二十三年十二月初九日亥刻發……………二七八
致安陸電局飛遞京山縣隄工局惲道台、彭守　光緒二十三年十二月初十日亥刻發……………二七八
　光緒二十三年十二月十一日申刻發……………二七八

○致漢口盛京堂　光緒二十三年十二月十一日戌刻發……二七八
⊙致江甯長江提台黄　光緒二十三年十二月十一日戌刻發……二七八
⊙致江甯劉制台　光緒二十三年十二月十二日亥刻發……二七八
致襄陽黎道台　光緒二十三年十二月十三日丑刻發……二七八
○致京湖北委員汪守洪霆　光緒二十三年十二月十八日午刻發……二七八
○汪守來電　光緒二十三年十二月十九日戌刻到……二七八
⊙致宜昌凌道台　光緒二十三年十二月十八日午刻發……二七九
⊙致宜昌趙道台　光緒二十三年十二月十八日午刻發……二七九
○致柏林許欽差　光緒二十三年十二月十九日午刻發……二七九
致安陸電局飛遞唐心口隄工局惲道台、彭守、李直牧　光緒二十三年十二月二十日巳刻發……二七九
○致京德國使館海大臣　光緒二十三年十二月二十一日辰刻發……二七九
⊙致漢口盛京堂　光緒二十三年十二月二十一日戌刻發……二七九
○致天津王制台　光緒二十三年十二月二十二日申刻發……二八〇
致天津王制台　光緒二十三年十二月二十四日申刻發……二八〇
⊙致天津王制台　光緒二十三年十二月二十四日酉刻發……二八一
○致柏林許欽差　光緒二十三年十二月二十四日酉刻發……二八一
致總署　光緒二十三年十二月二十六日亥刻發……二八一
致天津王制台　光緒二十三年十二月二十六日亥刻發……二八一
⊙致上海鐵路總公司鄭蘇龕　光緒二十三年十二月二十七日巳刻發……二八一
致天津王制台、上海盛京堂　光緒二十三年十二月二十九日子刻發……二八一
致天津王制台、上海盛京堂　光緒二十三年十二月二十九日亥刻發……二八一
○王制台來電并致盛京堂　光緒二十四年正月初一日到……二八二
致長沙陳撫台　光緒二十三年十二月二十九日亥刻發……二八二

光緒二十四年

致長沙陳撫台

光緒二十四年正月初二日酉刻發……二八三
致江甯劉制台
光緒二十四年正月初二日亥刻發……二八三
○劉制台來電
光緒二十四年正月初四日丑刻到……二八三
○致上海盛京堂
光緒二十四年正月初二日亥刻發……二八四
致蘇州盛京堂、天津王制台
光緒二十四年正月初二日亥刻發……二八四
致俄京許欽差
光緒二十四年正月初二日亥刻發……二八四
○許欽差來電
光緒二十四年正月初六日午刻到……二八四
○致柏林吕欽差
光緒二十四年正月初三日巳刻發……二八五
致俄京許欽差
光緒二十四年正月初三日午刻發……二八五
○許欽差來電
光緒二十四年正月初八日酉刻到……二八五
○致蘇州閶門内内閣曹叔彦
光緒二十四年正月初四日巳刻發……二八五
○致安陸電局飛遞唐心口隄工李直牧
光緒二十四年正月初四日午刻發……二八五
⊙致户部
光緒二十四年正月初四日亥刻發……二八五
⊙致總署
光緒二十四年正月初五日戌刻發……二八五
○致天津王制台
光緒二十四年正月初五日戌刻發……二八六
致上海盛京堂、天津王制台
光緒二十四年正月初五日戌刻發……二八六
致天津王制台
光緒二十四年正月初五日亥刻發……二八六
○致上海義昌成樊時勳
光緒二十四年正月初六日戌刻發……二八六
○致安陸電局飛遞唐心口隄工局惲道台、彭守
光緒二十四年正月初七日辰刻發……二八六
○致蘇州閶門内内閣曹叔彦
光緒二十四年正月初七日辰刻發……二八六
○致柏林許欽差
光緒二十四年正月初八日巳刻發……二八六
○致上海盛京堂、天津王制台
光緒二十四年正月初八日戌刻發……二八七
○致上海盛京堂
光緒二十四年正月初八日戌刻發……二八七
致長沙陳撫台
光緒二十四年正月初九日子刻發……二八七
致荆州俞道台
光緒二十四年正月初九日子刻發……二八七
致天津徐菊人
光緒二十四年正月初九日巳刻發……二八七

光緒二十四年正月初九日亥刻發……二八七
○致上海義昌成樊委員棻
光緒二十四年正月初九日亥刻發……二八七
致上海盛京堂、天津王制台
光緒二十四年正月初十日子刻發……二八七
○致華盛頓伍欽差
光緒二十四年正月初十日巳刻發……二八八
○致安陸電局飛遞唐心口隄工局惲道台、彭守、李直牧
光緒二十四年正月初十日午刻發……二八八
致江甯劉制台
光緒二十四年正月十一日未刻發……二八八
○致宜昌傅鎮台、趙道台、凌道台，巴東縣轉交蔡令國楨、施南魯守
光緒二十四年正月十一日未刻發……二八八
○致安陸電局飛遞唐心口隄工局李直牧
光緒二十四年正月十一日未刻發……二八八
○致施南魯守、蔡令
光緒二十四年正月十一日未刻發……二八八
○致安陸電局飛遞唐心口隄工局惲道台、彭守
光緒二十四年正月十一日未刻發……二八九
⊙致江甯劉制台
光緒二十四年正月十二日申刻發……二八九
○致施南魯守、蔡令
光緒二十四年正月十二日申刻發……二八九
致長沙陳撫台
光緒二十四年正月十二日申刻發……二八九
致長沙陳撫台
光緒二十四年正月十三日酉刻發……二八九
致長沙陳撫台
光緒二十四年正月十三日酉刻發……二九〇
致上海盛京堂
光緒二十四年正月十四日午刻發……二九〇
○致上海盛京堂
光緒二十四年正月十四日午刻發……二九〇
致荆州俞道台
光緒二十四年正月十四日亥刻發……二九〇
○致安陸電局即專送唐心口隄工局惲道台
光緒二十四年正月十五日戌刻發……二九〇
○致蘇州南倉橋吴清帥
光緒二十四年正月十六日午刻發……二九〇
致太原胡撫台
光緒二十四年正月十六日午刻發……二九一
○胡撫台來電
光緒二十四年正月二十日酉刻到……二九一
○致天門梁令
光緒二十四年正月十六日午刻發……二九一
○致宜昌傅鎮台，趙、凌兩道台，施南魯守、蔡令
光緒二十四年正月十六日戌刻發……二九一

致上海盛京堂 光緒二十四年正月十六日亥刻發……二九一
致長沙陳撫台 光緒二十四年正月十六日亥刻發……二九一
致上海盛京堂 光緒二十四年正月十八日亥刻發……二九二
○盛京堂來電 光緒二十四年正月十八日戌刻到……二九二
致宜昌傅鎮台，施南魯守、建始李令 光緒二十四年正月十八日亥刻發……二九二
致長沙陳撫台 光緒二十四年正月十九日午刻發……二九二
○陳撫台來電 光緒二十四年正月二十日丑刻到……二九二
致上海盛京堂、天津王制台 光緒二十四年正月十九日戌刻發……二九二
○致華盛頓伍欽差 光緒二十四年正月二十三日巳刻發……二九三
致上海盛京堂 光緒二十四年正月二十三日午刻發……二九三
○盛京堂來電并致天津王制台 光緒二十四年正月二十六日丑刻到……二九三
○致上海長發棧湖北委員姚、張 光緒二十四年正月二十四日亥刻發……二九三
致長沙陳撫台 光緒二十四年正月二十四日亥刻發……二九四
光緒二十四年正月二十六日子刻發……二九四
陳撫台來電 光緒二十四年正月二十日申刻到……二九四
致上海盛京堂 光緒二十四年正月二十六日午刻發……二九四
盛京堂來電并致天津王制台 光緒二十四年正月三十日丑刻到……二九四
致長沙陳撫台 光緒二十四年正月二十六日亥刻發……二九四
○致宜昌傅鎮台，趙、凌道台，施南魯守、蔡令 光緒二十四年正月二十七日午刻發……二九四
○致宜昌傅鎮台，施南魯守、蔡令 光緒二十四年正月二十七日未刻發……二九五
致柏林吕欽差 光緒二十四年正月二十七日亥刻發……二九五
○致安陸電局飛遞唐心口隄工局惲道台、彭守 光緒二十四年二月初一日丑刻發……二九五
○致宜昌趙、凌兩道台，黄守邦俊、來鳳侯令 光緒二十四年二月初一日午刻發……二九五
○致天津王制台 光緒二十四年二月初一日午刻發……二九六
○王制台來電 光緒二十四年二月初一日亥刻到……二九六
○致漢口小波羅館日本大佐神尾 光緒二十四年二月初一日亥刻發……二九六

致上海盛京堂、天津王制台　光緒二十四年二月初四日戌刻發……二九六

致上海盛京堂　光緒二十四年二月初四日戌刻發……二九七

○致柏林呂欽差　光緒二十四年二月初四日戌刻發……二九七

○致上海盛京堂　光緒二十四年二月初四日亥刻發……二九七

致上海盛京堂、天津王制台　光緒二十四年二月初七日亥刻發……二九七

○致清江松漕台　光緒二十四年二月初八日子刻發……二九七

○致日本東京裕欽差轉交湖北委員姚石泉　光緒二十四年二月初八日子刻發……二九七

○致上海盛京堂　光緒二十四年二月初八日巳刻發……二九八

致長沙陳撫台　光緒二十四年二月初八日巳刻發……二九八

致上海盛京堂　光緒二十四年二月十一日未刻發……二九八

○致江甯劉制台、上海蔡道台　光緒二十四年二月十三日巳刻發……二九八

致上海盛京堂　光緒二十四年二月十六日未刻發……二九八

○致吴淞沈道台　光緒二十四年二月十七日亥刻發……二九八

○致上海盛京堂　光緒二十四年二月十八日午刻發……二九八

○致日本裕欽差轉交湖北委員姚令、張遊擊　光緒二十四年二月十八日未刻發……二九九

○姚令等來電　光緒二十四年三月初一日……二九九

○致宜昌土藥局凌道台　光緒二十四年二月十九日午刻發……二九九

○致宜昌川鹽局趙道台　光緒二十四年二月十九日午刻發……二九九

○致上海盛京堂　光緒二十四年二月二十一日酉刻發……二九九

○致安陸電局飛遞唐心口隄工局惲道台、彭守　光緒二十四年二月二十五日戌刻發……二九九

○致安陸電局飛遞唐心口隄工局惲道台　光緒二十四年二月二十五日戌刻發……三〇〇

⊙致蘇州奎撫台　光緒二十四年二月二十七日巳刻發……三〇〇

致上海盛京堂　光緒二十四年二月二十七日巳刻發……三〇〇

○致江甯劉制台、上海蔡道台　光緒二十四年二月二十七日巳刻發……三〇〇

致俄京許欽差　光緒二十四年二月二十七日午刻發……三〇〇

○致施南來鳳侯令
光緒二十四年三月初五日戌刻發……三〇〇

○致襄陽黎道台、王守、梅令
光緒二十四年三月初五日戌刻發……三〇一

○致襄陽王守
光緒二十四年三月初五日戌刻發……三〇一

○致老河口土藥局陶令、馮令、童倅
光緒二十四年三月初五日戌刻發……三〇一

致長沙陳撫台
光緒二十四年三月初七日申刻發……三〇一

致長沙陳撫台
光緒二十四年三月初七日申刻發……三〇一

致上海盛京堂
光緒二十四年三月初八日未刻發……三〇一

致長沙陳撫台
光緒二十四年三月初八日申刻發……三〇二

○致日京使館轉東京厚生館姚、張
光緒二十四年三月初八日申刻發……三〇二

○錢守致日京中國使館姚
光緒二十四年三月初二日酉刻發……三〇二

○致荆州俞道、舒守
光緒二十四年三月初八日酉刻發……三〇二

○致江甯劉制台
光緒二十四年三月初八日酉刻發……三〇二

○致京翁中堂、兵部大堂徐、刑部大堂廖
光緒二十四年三月初八日酉刻發……三〇二

致上海盛京堂
光緒二十四年三月初九日午刻發……三〇二

致沙市俞道台
光緒二十四年三月初九日午刻發……三〇二

○致老河口轉竹谿縣黨令、小河口土税局李委員際昌
光緒二十四年三月初九日亥刻發……三〇三

○致老河口轉寄均州賈中丞
光緒二十四年三月初九日亥刻發……三〇三

致上海盛京堂
光緒二十四年三月初十日辰刻發……三〇三

致上海盛京堂
光緒二十四年三月初十日午刻發……三〇三

致俄京許欽差
光緒二十四年三月初十日午刻發……三〇三

⊙致江甯劉制台
光緒二十四年三月十三日子刻發……三〇四

致杭州惲藩台
光緒二十四年三月十三日子刻發……三〇四

致長沙陳撫台
光緒二十四年三月十四日寅刻發……三〇四

○致安陸電局飛遞唐心口隄工局惲道台、彭守
光緒二十四年三月十八日亥刻發……三〇四

○致荆州俞道台、舒守
光緒二十四年三月十九日子刻發……三〇四

致安慶于藩台
光緒二十四年三月二十二日子刻發……三〇四
致江甯劉制台
光緒二十四年三月二十三日子刻發……三〇四
致長沙陳撫台
光緒二十四年三月二十三日子刻發……三〇五
○致柏林吕欽差
光緒二十四年三月二十四日子刻發……三〇五
○致宜昌凌道台
光緒二十四年三月二十四日子刻發……三〇五
○致老河口光化梁令
光緒二十四年三月二十四日子刻發……三〇五
○致安陸電局飛遞唐心口隄工局惲道台、彭守
光緒二十四年三月二十四日辰刻發……三〇五
⊙致日本厚生館徐鳳九沈丞致
光緒二十四年三月二十五日申刻發……三〇六
○致來鳳土藥局侯令
光緒二十四年三月二十六日巳刻發……三〇六
○致上海盛京堂
光緒二十四年三月二十六日巳刻發……三〇六
○致荆州俞道台、舒守
光緒二十四年三月二十七日子刻發……三〇六
○致長沙陳撫台
光緒二十四年三月二十七日申刻發……三〇六
致總署、户部
光緒二十四年三月二十八日戌刻發……三〇六
致天津王制台
光緒二十四年三月二十九日亥刻發……三〇七
致東京湖北委員姚令
光緒二十四年三月三十日巳刻發……三〇七
○致京督辦軍務處
光緒二十四年閏三月初一日子刻發……三〇七
○致江甯劉制台
光緒二十四年閏三月初一日子刻發……三〇八
○致長沙陳撫台
光緒二十四年閏三月初一日子刻發……三〇八
○致蘭州陶制台、西安魏撫台、杭州廖撫台、長沙陳撫台
光緒二十四年閏三月初一日子刻發……三〇八
○致襄陽黎道台、王守、梅令
光緒二十四年閏三月初一日子刻發……三〇八
致上海盛京堂
光緒二十四年閏三月初一日子刻發……三〇八
致安慶于藩台
光緒二十四年閏三月初一日子刻發……三〇八
○致江甯劉制台
光緒二十四年閏三月初二日亥刻發……三〇九
致荆州俞道台
光緒二十四年閏三月初三日午刻發……三〇九
○致江甯劉制台
光緒二十四年閏三月初三日亥刻發……三〇九

○致日本東京厚生館姚、張、徐
光緒二十四年閏三月初四日巳刻發……三〇九
○致荊州俞道台
光緒二十四年閏三月初五日酉刻發……三〇九
致上海盛京堂
光緒二十四年閏三月初六日申刻發……三〇九
○致長沙陳撫台
光緒二十四年閏三月初六日申刻發……三〇九
○致上海盛京堂
光緒二十四年閏三月初六日亥刻發……三一〇
○致荊州俞道台
光緒二十四年閏三月初六日亥刻發……三一〇
○致安陸電局飛遞唐心口隄工局惲道台、彭守
光緒二十四年閏三月初六日亥刻發……三一〇
致太原胡撫台、俞藩台
光緒二十四年閏三月初七日午刻發……三一〇
○胡撫台來電
光緒二十四年閏三月十三日丑刻到……三一〇
○致柏林吕欽差、俄京許欽差
光緒二十四年閏三月初七日亥刻發……三一一
○吕欽差來電
光緒二十四年閏三月十七日亥刻到……三一一
致上海盛京堂
光緒二十四年閏三月初九日亥刻發……三一一
致虎門何提台
光緒二十四年閏三月初十日辰刻發……三一一
致長沙陳撫台
光緒二十四年閏三月初十日辰刻發……三一一
致上海盛京堂
光緒二十四年閏三月初十日午刻發……三一一
致長沙黄臬台
光緒二十四年閏三月十一日戌刻發……三一二
致上海義昌成樊委員
光緒二十四年閏三月十一日亥刻發……三一二
致上海盛京堂
光緒二十四年閏三月十二日申刻發……三一二
致長沙陳撫台
光緒二十四年閏三月十四日巳刻發……三一二
○陳撫台來電
光緒二十四年閏三月十五日申刻到……三一二
致荊州舒守
光緒二十四年閏三月十四日酉刻發……三一二
致長沙陳撫台
光緒二十四年閏三月十四日酉刻發……三一二
致上海盛京堂
光緒二十四年閏三月十五日卯刻發……三一三
○致上海盛京堂
光緒二十四年閏三月十五日卯刻發……三一三
○致户部
光緒二十四年閏三月十五日辰刻發……三一三

○户部來電并致撫台
光緒二十四年閏三月二十三日午刻到……三一三
○致巴黎慶欽差
光緒二十四年閏三月十五日午刻發……三一四
致俄京許欽差
光緒二十四年閏三月十五日午刻發……三一四
致長沙陳撫台
光緒二十四年閏三月十五日戌刻發……三一四
致上海盛京堂
光緒二十四年閏三月十六日申刻發……三一四
致江甯劉制台
光緒二十四年閏三月十六日亥刻發……三一四
致太原胡撫台
光緒二十四年閏三月十七日巳刻發……三一四
○致上海盛京堂
光緒二十四年閏三月十七日巳刻發……三一四
○致上海盛京堂、長沙陳撫台
光緒二十四年閏三月十七日巳刻發……三一五
○致上海鄭丞孝胥
光緒二十四年閏三月十九日亥刻發……三一五
○致上海盛京堂
光緒二十四年閏三月十九日亥刻發……三一五
致長沙陳撫台、黄臬台
光緒二十四年閏三月二十一日午刻發……三一五
陳撫台來電
光緒二十四年閏三月二十三日午刻到……三一五
致長沙徐學台
光緒二十四年閏三月二十一日戌刻發……三一五
致上海盛京堂
光緒二十四年閏三月二十三日午刻自安慶發……三一六
○致巴黎慶欽差
光緒二十四年閏三月二十三日未刻發……三一六
○致總署
光緒二十四年閏三月二十六日發……三一六
致武昌譚署制台、漢口江漢關瞿道台
光緒二十四年閏三月二十七日卯刻自上海發……三一六
致武昌兩湖書院梁太史，紡紗局王幹臣、陳叔伊、朱强甫三君
光緒二十四年四月初八日未刻自漢口發……三一六
致總署
光緒二十四年四月十三日未刻發……三一六
總署來電
光緒二十四年四月初九日到……三一七
總署來電
光緒二十四年四月十二日到……三一七
致總署
光緒二十四年四月十三日申刻發……三一七
總署來電

光緒二十四年四月二十二日到……三一七
總署來電
光緒二十四年四月二十二日到……三一八
致上海盛京堂
光緒二十四年四月十三日申刻發……三一八
○盛京堂來電
光緒二十四年四月十五日午刻到……三一八
致荊州俞道台、札道台、蔡令
光緒二十四年四月十三日申刻發……三一八
致宜昌趙道台
光緒二十四年四月十四日巳刻發……三一八
致荊州俞道台、札道台
光緒二十四年四月十六日辰刻發……三一八
○致上海盛京堂
光緒二十四年四月十七日亥刻發……三一八
致長沙陳撫台
光緒二十四年四月十八日子刻發……三一九
○致上海盛京堂
光緒二十四年四月二十日辰刻發……三一九
○盛京堂來電
光緒二十四年四月二十一日辰刻到……三一九
致上海盛京堂
光緒二十四年四月二十日未刻發……三一九
○致户部
光緒二十四年四月二十二日申刻發……三二〇
○致上海盛京堂
光緒二十四年四月二十二日申刻發……三二一
致上海盛京堂
光緒二十四年四月二十五日巳刻發……三二一
致荊州俞道台
光緒二十四年四月二十五日亥刻發……三二一
致總署
光緒二十四年四月二十六日戌刻發……三二一
總署來電
光緒二十四年四月二十三日到……三二一
總署來電
光緒二十四年四月二十四日到……三二一
總署來電
光緒二十四年四月二十八日到……三二一
致總署
光緒二十四年四月二十六日戌刻發……三二二
○致柏林呂欽差
光緒二十四年四月二十七日辰刻發……三二二
致沙市俞道台
光緒二十四年四月二十七日午刻發……三二二
致俄京許欽差
光緒二十四年四月二十七日午刻發……三二二
○致上海盛京堂轉小田
光緒二十四年四月二十七日午刻發……三二二
致長沙陳撫台
光緒二十四年四月二十七日午刻發……三二二

光緒二十四年四月二十七日亥刻發……三二二
○致天津王制台　光緒二十四年四月三十日辰刻發……三二三
○王制台來電　光緒二十四年五月初一日申刻到……三二三
○致天津王制台　光緒二十四年四月三十日辰刻發……三二三
致上海盛京堂　光緒二十四年四月三十日辰刻發……三二三
○致柏林呂欽差　光緒二十四年四月三十日巳刻發……三二三
○致上海盛京堂　光緒二十四年五月初一日酉刻發……三二三
致天津王制台、上海盛京堂　光緒二十四年五月初二日戌刻發……三二四
○致上海盛京堂　光緒二十四年五月初三日辰刻發……三二四
致總署　光緒二十四年五月初四日亥刻發……三二四
總署來電　光緒二十四年五月初七日到……三二四
致沙市俞道台　光緒二十四年五月初七日丑刻發……三二五
○致上海盛京堂　光緒二十四年五月初七日丑刻發……三二五
致上海盛京堂　光緒二十四年五月初八日酉刻發……三二五
○致天津榮中堂　光緒二十四年五月初八日酉刻發……三二五
○榮中堂來電　光緒二十四年五月初十日午刻到……三二五
致長沙陳撫台　光緒二十四年五月初八日亥刻發……三二五
陳撫台來電　光緒二十四年五月初七日戌刻到……三二五
○致上海盛京堂　光緒二十四年五月初九日辰刻發……三二五
致上海盛京堂　光緒二十四年五月初九日巳刻發……三二五
○盛京堂來電　光緒二十四年五月初十日酉刻到……三二六
致總署　光緒二十四年五月初九日戌刻發……三二六
致總署　光緒二十四年五月初十日巳刻發……三二六
致長沙陳撫台　光緒二十四年五月初十日戌刻發……三二六
陳撫台來電　光緒二十四年五月初十日午刻到……三二七
陳撫台來電

光緒二十四年五月十二日丑刻到……三二七

○致上海盛京堂 光緒二十四年五月初十日戌刻發……三二七

致宜昌趙道台 光緒二十四年五月十二日戌刻發……三二七

致江甯劉制台 光緒二十四年五月十二日亥刻發……三二七

○致柏林吕欽差 光緒二十四年五月十三日戌刻發……三二七

致宜昌趙道台 光緒二十四年五月十三日戌刻發……三二七

○致上海盛京堂 光緒二十四年五月十三日亥刻發……三二八

致沙市俞道台、武防營蔣游擊，岳州張鎮台 光緒二十四年五月十六日午刻發……三二八

致荆州俞道台 光緒二十四年五月十七日亥刻發……三二八

○致上海盛京堂 光緒二十四年五月十八日戌刻發……三二八

○致上海盛京堂 光緒二十四年五月十八日戌刻發……三二八

致上海盛京堂 光緒二十四年五月十八日戌刻發……三二八

致長沙陳撫台 光緒二十四年五月十八日亥刻發……三二九

○致上海盛京堂 光緒二十四年五月十九日酉刻發……三二九

○致總署 光緒二十四年五月二十一日巳刻發……三二九

○致上海盛京堂 光緒二十四年五月二十二日巳刻發……三二九

致總署 光緒二十四年五月二十三日辰刻發……三二九

總署來電 光緒二十四年二月初七日到……三二九

總署來電 光緒二十四年五月二十一日到……三二九

○致上海時務報館汪穰卿 光緒二十四年五月二十五日巳刻發……三三〇

致長沙陳撫台 光緒二十四年五月二十五日巳刻發……三三〇

陳撫台來電 光緒二十四年五月二十六日酉刻到……三三〇

致廣州王道台存善 光緒二十四年五月二十六日辰刻發……三三〇

王道來電 光緒二十四年五月二十七日午刻到……三三〇

○致上海盛京堂 光緒二十四年五月二十六日巳刻發……三三〇

致荆州俞道台

○致上海盛京堂
光緒二十四年五月二十七日戌刻發……三三〇

○致浙江廖撫台、惲藩台
光緒二十四年五月二十八日巳刻發……三三一

○致長沙陳撫台
光緒二十四年五月二十八日巳刻發……三三一

致上海盛京堂
光緒二十四年五月二十八日午刻發……三三一

致漢口江漢關瞿道台
光緒二十四年五月二十八日午刻發……三三一

致長沙陳撫台
光緒二十四年五月三十日午刻發……三三一

○致户部
光緒二十四年六月初三日午刻發……三三二

○致兵部
光緒二十四年六月初四日辰刻發……三三二

○致上海盛京堂
光緒二十四年六月初六日亥刻發……三三二

○致上海盛京堂
光緒二十四年六月初七日亥刻發……三三二

致總署
光緒二十四年六月初七日亥刻發……三三二

總署來電
光緒二十四年六月二十日到……三三二

致總署
光緒二十四年六月初七日亥刻發……三三三

致沙市俞道台
光緒二十四年六月初七日亥刻發……三三三

○致上海盛道台
光緒二十四年六月初七日發……三三三

○致上海盛京堂
光緒二十四年六月初八日巳刻發……三三三

錢恂稟……三三三

○致俄京許欽差
光緒二十四年六月初九日戌刻發……三三四

致上海蔡道台
光緒二十四年六月初九日戌刻發……三三四

蔡道台來電
光緒二十四年六月初二日申刻到……三三四

蔡道台來電
光緒二十四年六月初二日申刻到……三三四

致上海蔡道台
光緒二十四年六月初十日亥刻發……三三四

蔡道台來電
光緒二十四年六月初十日亥刻到……三三四

致荆州道台
光緒二十四年六月十一日戌刻發……三三四

致長沙陳撫台
光緒二十四年六月十一日亥刻發……三三五

⊙致長沙陳撫台、黄道台
光緒二十四年六月十三日戌刻發……………三三五
⊙致上海盛京堂、鄭蘇龕
光緒二十四年六月十五日酉刻發……………三三五
⊙致上海日本總領事小田切
光緒二十四年六月十六日巳刻發……………三三五
⊙致上海鐵路總公司鄭蘇龕
光緒二十四年六月十六日巳刻發……………三三五
⊙致上海盛京堂
光緒二十四年六月十七日巳刻發……………三三五
⊙致上海鐵路總公司鄭蘇龕
光緒二十四年六月十七日巳刻發……………三三五
⊙致江甯劉制台
光緒二十四年六月十七日戌刻發……………三三五
致總署
光緒二十四年六月十九日巳刻發……………三三六
○致總署
光緒二十四年六月十九日巳刻發……………三三六
致上海盛京堂、鄭蘇龕
光緒二十四年六月十九日午刻發……………三三六
致長沙陳撫台
光緒二十四年六月十九日亥刻發……………三三六
致蘭州陶制台
光緒二十四年六月二十日戌刻發……………三三六
致荆州俞道台、江陵劉令
光緒二十四年六月二十一日亥刻發……………三三六
⊙致長沙陳撫台、黄道台
光緒二十四年六月二十五日辰刻發……………三三七
⊙致上海趙竹君
光緒二十四年六月二十五日巳刻發……………三三七
⊙致荆州俞道台
光緒二十四年六月二十八日戌刻發……………三三七
⊙致老河口土藥局馮令錫綬、李令增榮
光緒二十四年七月初二日午刻發……………三三七
○致京盛京堂
光緒二十四年七月初八日巳刻發……………三三七
致京盛京堂
光緒二十四年七月初八日巳刻發……………三三七
盛京堂來電
光緒二十四年七月十三日丑刻到……………三三七
致京盛京堂
光緒二十四年七月初八日午刻發……………三三七
盛京堂來電
光緒二十四年七月十四日亥刻到……………三三八
○致總署
光緒二十四年七月初八日午刻發……………三三八
致户部
光緒二十四年七月初九日子刻發……………三三八
户部來電
光緒二十四年七月十三日亥刻到……………三三八

致長沙陳撫台
光緒二十四年七月初九日辰刻發……三三九
總署來電
光緒二十四年七月初二日戌刻到……三三九
⊙致長沙黄公度星使
光緒二十四年七月初九日辰刻發……三三九
⊙致上海日本領事署
光緒二十四年七月初九日午刻發……三三九
致管理大學堂孫中堂
光緒二十四年七月初十日巳刻發……三三九
孫中堂來電
光緒二十四年七月二十日申刻到……三三九
⊙致上海錢念劬太守住處問趙竹君
光緒二十四年七月初十日午刻發……三四〇
⊙致長沙陳撫台、黄公度星使
光緒二十四年七月初十日午刻發……三四〇
致長沙陳撫台、黄公度星使
光緒二十四年七月十一日戌刻發……三四〇
⊙致長沙陳撫台、黄公度星使
光緒二十四年七月十二日午刻發……三四〇
○致京盛京堂
光緒二十四年七月十二日亥刻發……三四〇
致天津盛京堂
光緒二十四年七月十三日巳刻發……三四〇
盛京堂來電
光緒二十四年七月十八日子刻到……三四〇
盛京堂來電
光緒二十四年七月十八日丑刻到……三四一
⊙致宜昌趙道台
光緒二十四年七月十三日巳刻發……三四一
⊙致上海虹口義昌成樊委員
光緒二十四年七月十三日巳刻發……三四一
⊙致上海袁爽秋方伯
光緒二十四年七月二十二日午刻發……三四一
⊙致廣東張藩台
光緒二十四年七月二十二日戌刻發……三四一
致長沙陳撫台
光緒二十四年七月二十二日亥刻發……三四一
致長沙陳撫台
光緒二十四年七月二十二日亥刻發……三四一
致上海盛京堂
光緒二十四年七月二十二日亥刻發……三四二
⊙致上海蔡道台
光緒二十四年七月二十四日午刻發……三四二
致總署
光緒二十四年七月二十五日午刻發……三四二
⊙致上海趙竹君
光緒二十四年七月二十五日午刻發……三四二
⊙致上海蔡道台
光緒二十四年七月二十五日午刻發……三四二

⊙致京張玉叔　光緒二十四年七月二十五日午刻發……三四二
⊙致紹興程雨亭觀察　光緒二十四年七月二十五日午刻發……三四二
⊙致京張君立　光緒二十四年七月二十五日午刻發……三四二
⊙致福州陳閣學　光緒二十四年七月二十五日午刻發……三四二
⊙致上海日本領事署船津轉總領事小田切　光緒二十四年七月二十六日辰刻發……三四三
⊙致宜昌趙道台　光緒二十四年七月二十七日亥刻發……三四三
⊙致京孫公園興勝寺錢念劬太守　光緒二十四年七月二十八日丑刻發……三四三
致福州陳閣學　光緒二十四年七月二十八日巳刻發……三四三
致江甯劉制台　光緒二十四年七月二十九日亥刻發……三四三
○致總署　光緒二十四年七月二十九日亥刻發……三四三
致宜昌趙道台　光緒二十四年八月初一日亥刻發……三四三
○致江甯劉制台　光緒二十四年八月初一日亥刻發……三四三
○劉制台來電　光緒二十四年八月初二日到……三四四
致京錢念劬　光緒二十四年八月初三日辰刻發……三四四
錢守來電　光緒二十四年八月初二日午刻到……三四四
致長沙陳撫台　光緒二十四年八月初五日未刻發……三四四
致上海盛京堂　光緒二十四年八月初七日亥刻發……三四五
上海電局來電　光緒二十四年八月初七日丑刻到……三四五
盛京堂來電　光緒二十四年八月初十日戌刻到……三四五
致孫中堂　光緒二十四年八月初七日亥刻發……三四五
致西安魏撫台　光緒二十四年八月初九日子刻發……三四五
致成都宋芸子　光緒二十四年八月初九日亥刻發……三四五
○致上海盛京堂　光緒二十四年八月初九日發……三四五
○盛京堂來電　光緒二十四年八月初八日到……三四五
○致江甯劉制台　光緒二十四年八月初十日辰刻發……三四六

致京湖北臬台瞿
光緒二十四年八月十一日亥刻發……三四六
○盛京堂來電
光緒二十四年八月十二日到……三四六
致長沙陳撫台
光緒二十四年八月十二日亥刻發……三四六
致長沙陳撫台
光緒二十四年八月二十一日辰刻發……三四六
致荆州祥將軍
光緒二十四年八月二十一日辰刻發……三四六
致宜昌傅鎮台、額守
光緒二十四年八月二十一日亥刻發……三四七
致長沙陳撫台、俞藩台、李臬台
光緒二十四年八月二十二日戌刻發……三四七
陳撫台來電
光緒二十四年八月二十四日酉刻到……三四七
致長沙陳撫台
光緒二十四年八月二十二日亥刻發……三四八
致成都文護制台
光緒二十四年八月二十二日亥刻發……三四八
文護制台來電
光緒二十四年八月二十五日丑刻到……三四八
致長沙陳撫台
光緒二十四年八月二十四日巳刻發……三四八
陳撫台來電
光緒二十四年八月二十六日丑刻到……三四八
致長沙升任藩台俞、升任臬台李、署臬台夏
光緒二十四年八月二十七日亥刻發……三四九
致長沙陳撫台
光緒二十四年八月二十七日亥刻發……三四九
○致上海盛京堂
光緒二十四年九月初三日發……三四九
○致上海盛京堂
光緒二十四年九月初八日發……三四九
致江甯劉制台、上海蔡道台
光緒二十四年九月初十日亥刻發……三四九
劉制台來電
光緒二十四年九月十二日午刻到……三五〇
○致上海盛京堂
光緒二十四年九月十二日發……三五〇
致長沙陳撫台
光緒二十四年九月十三日子刻發……三五〇
○致上海盛京堂
光緒二十四年九月十六日發……三五〇
致施南魯守
光緒二十四年九月二十一日巳刻發……三五〇
致長沙俞撫台
光緒二十四年九月二十二日辰刻發……三五一
致上海盛京堂
光緒二十四年九月二十五日丑刻發……三五一

致荆州祥將軍
光緒二十四年九月二十五日丑刻發……三五一
○總署來電
光緒二十四年九月初七日戌刻到……三五一
致荆州祥將軍
光緒二十四年九月二十五日丑刻發……三五一
致長沙俞撫台
光緒二十四年九月二十五日戌刻發……三五一
致施南魯守、施南協都司、利川蔡令施南飛送
光緒二十四年十月初九日丑刻發……三五二
致江甯劉制台
光緒二十四年十月初十日亥刻發……三五二
劉制台來電
光緒二十四年十月十二日戌刻到……三五二
○致日本東京厚生館張道台斯栒、方鎮台友升
光緒二十四年十月十一日辰刻發……三五二
○致日本東京厚生館張道台斯栒、方鎮台友升
光緒二十四年十月十一日亥刻發……三五二
致施南魯守、蔡令
光緒二十四年十月十七日丑刻發……三五三
致江甯劉制台
光緒二十四年十月二十三日亥刻發……三五三
致天津裕制台、江甯劉制台
光緒二十四年十月二十五日亥刻發……三五三
袁京堂來電
光緒二十四年十月二十八日未刻到……三五四
許侍郎來電
光緒二十四年十月二十九日亥刻到……三五四
致宜昌傅鎮台、額守，巴東恩令、王守備宜昌飛遞
光緒二十四年十月二十六日辰刻發……三五四
○恩令、王守備來電
光緒二十四年十月二十九日申刻到……三五四
致江甯劉制台
光緒二十四年十月二十六日亥刻發……三五四
劉制台來電
光緒二十四年十月二十八日申刻到……三五四
上海曾委員來電
光緒二十四年十一月初七日酉刻到……三五五
致重慶王藩台
光緒二十四年十月二十六日亥刻發……三五五
致宜昌傅鎮台、額守、巴東恩令
光緒二十四年十月二十七日戌刻發……三五五
致宜昌傅鎮台、額守
光緒二十四年十一月初一日申刻發……三五五
致江甯劉制台
光緒二十四年十一月初二日亥刻發……三五五
致宜昌傅鎮台、趙道台、額守
光緒二十四年十一月初三日丑刻發……三五六
致宜昌傅鎮台、額守、巴東恩令
光緒二十四年十一月初四日丑刻發……三五六

致宜昌傳鎮台、額守、荊州水師前營張提督
光緒二十四年十一月初四日巳刻發……三五六

致施南楊副將、魯守，宜昌傳鎮台、額守、巴東恩令
光緒二十四年十一月初五日子刻發……三五六

致長沙俞撫台
光緒二十四年十一月初七日巳刻發……三五六

俞撫台來電
光緒二十四年十一月初七日亥刻到……三五七

致宜昌傳鎮台、陳守、東湖縣
光緒二十四年十一月初七日申刻發……三五七

致長沙俞撫台
光緒二十四年十一月初九日申刻發……三五七

致重慶王藩台
光緒二十四年十一月初九日申刻發……三五七

致總署
光緒二十四年十一月初九日發……三五八

致宜昌電局黄守邦俊
光緒二十四年十一月初十日亥刻發……三五八

○致日本神户中國領事轉交湖北委員張道台斯栒
光緒二十四年十一月初十日亥刻發……三五九

致荊州恭道台、舒守
光緒二十四年十一月十一日子刻發……三五九

致宜昌傳鎮台、額守、陳守、水師張提督，施南魯守、利川蔡令，巴東鮑游擊、王幫帶、王守備、恩令
光緒二十四年十一月十一日子刻發……三五九

致宜昌傳鎮台、趙道台、額守、陳守、東湖縣，施南魯守、楊副將、利川蔡令
光緒二十四年十一月十一日子刻發……三五九

致宜昌傳鎮台、陳守、朱守、吴副將，荊州恭道台、舒守
光緒二十四年十一月十九日未刻發……三六〇

致巴黎慶欽差
光緒二十四年十一月二十二日丑刻發……三六〇

致宜昌傳鎮台、趙道台、凌道台、陳守，巴東朱守、吴副將朱守飛遞、劉副將荊州恭道台飛送
光緒二十四年十一月二十六日寅刻發……三六〇

致長沙俞撫台
光緒二十四年十一月二十六日寅刻發……三六〇

致宜昌傳鎮台、陳守，荊州恭道台、劉副將，巴東朱守、吴副將
光緒二十四年十一月二十六日寅刻發……三六一

致荊州恭道台、宜都劉副將荊州飛遞
光緒二十四年十一月二十七日巳刻發……三六一

致總署
光緒二十四年十一月二十七日巳刻發……三六一

致宜昌傳鎮台、陳守、朱守、吴副將，長陽縣，荊州恭道台、舒守、劉副將、蔣游擊，宜都縣
光緒二十四年十二月初三日亥刻發……三六一

致長沙俞撫台
光緒二十四年十二月初三日亥刻發……三六二

光緒二十四年十二月初三日亥刻發……三六二
致長沙俞撫台
光緒二十四年十二月初五日子刻發……三六二
致長沙俞撫台
光緒二十四年十二月初五日亥刻發……三六二
○致日本神户中國領事轉交湖北委員張道斯栒、鄺縣丞國華
光緒二十四年十二月初五日亥刻發……三六三
致荊州祥將軍
光緒二十四年十二月初九日巳刻發……三六三
致荊州恭道台、舒守，宜都蔣游擊舒守飛遞
光緒二十四年十二月初九日巳刻發……三六三
○致日本東京厚生館張道台、鄺委員
光緒二十四年十二月初十日丑刻發……三六三
○張道、鄺縣丞來電
光緒二十四年十二月十一日戌刻到……三六四
致貴州王撫台轉致新授湖北撫台于中丞
光緒二十四年十二月十一日午刻發……三六四
致上海錢念劬
光緒二十四年十二月十二日子刻發……三六四
錢守來電
光緒二十四年十二月十三日亥刻到……三六四
致荊州祥將軍、兩都統
光緒二十四年十二月十二日亥刻發……三六四
致長樂朱守、吴副將白楊渡電局送宜都飛遞
光緒二十四年十二月十六日午刻發……三六四
致漁陽關鄧提督、劉副將白楊渡電局送宜都飛遞
光緒二十四年十二月十六日午刻發……三六五
○致巴黎慶欽差
光緒二十四年十二月十八日亥刻發……三六五
致長樂朱守、吴副將、劉副將、鄧提督、蔣游擊宜都縣飛遞
光緒二十四年十二月十九日戌刻發……三六五
致總署
光緒二十四年十二月十九日發……三六六
總署來電
光緒二十四年十二月初一日子刻到……三六六
○致巴黎慶欽差
光緒二十四年十二月二十一日亥刻發……三六六
致長樂朱守、吴副將、劉副將
光緒二十四年十二月二十五日寅刻發……三六六
致天津裕制台
光緒二十四年十二月二十五日酉刻發……三六六
裕制台來電並致各省
光緒二十四年十二月二十日酉刻到……三六六
致成都奎制台、王藩台
光緒二十四年十二月二十五日戌刻發……三六七
致宜都朱守、漁陽關鄧提督，長樂劉副將、李令
光緒二十四年十二月二十七日亥刻發……三六七

光緒二十五年

○致白楊渡送宜都朱守、吴將、鄧提督

光緒二十五年正月初一日戌刻發…………三六七

致長陽竇令

光緒二十五年正月初一日亥刻發…………三六七

致荆州恭道台

光緒二十五年正月初三日巳刻發…………三六八

○致白楊渡電局送宜都飛遞長樂李令

光緒二十五年正月初三日巳刻發…………三六八

致上海盛京堂

光緒二十五年正月初三日酉刻發…………三六八

○盛京堂來電

光緒二十五年正月十一日子刻到…………三六八

○致宜昌陳守

光緒二十五年正月初三日酉刻發…………三六八

○致成都奎制台

光緒二十五年正月初五日酉刻發…………三六九

○致襄陽朱道台

光緒二十五年正月初八日酉刻發…………三六九

○致長沙俞撫台

光緒二十五年正月初八日亥刻發…………三六九

致上海盛京堂

光緒二十五年正月十一日戌刻發…………三六九

○致來鳳胡令

光緒二十五年正月十一日亥刻發…………三六九

○致宜昌趙道台

光緒二十五年正月十一日亥刻發…………三六九

○致白楊渡電局飛遞宜都李令

光緒二十五年正月十一日亥刻發…………三七〇

○致老河口萬鎮台本華

光緒二十五年正月十一日亥刻發…………三七〇

○致宜昌陳守、朱守

光緒二十五年正月十一日亥刻發…………三七〇

○致來鳳侯令

光緒二十五年正月十一日亥刻發…………三七〇

○致宜昌傅鎮台、凌道台

光緒二十五年正月十一日亥刻發…………三七〇

○致施南額守飛遞利川蔡令

光緒二十五年正月十二日戌刻發…………三七〇

○致宜昌陳守、朱守，施南額守、楊副將、黄令

光緒二十五年正月十二日戌刻發…………三七〇

致長沙俞撫台

光緒二十五年正月十三日子刻發…………三七一

致華盛頓伍欽差、倫敦羅欽差、柏林吕欽差

光緒二十五年正月十三日子刻發…………三七一

致天津裕制台、江甯劉制台

光緒二十五年正月十三日丑刻發…………三七一

○裕制台來電

光緒二十五年正月十五日亥刻到…………三七一

○劉制台來電

光緒二十五年正月十九日午刻到…………三七二

致鄖陽許守、老河口土税局馮令，宜昌凌道台、陳守，

施南額守、來鳳經費局侯令
光緒二十五年正月十五日亥刻發……………三七二
○致襄陽沈令
光緒二十五年正月十五日亥刻發……………三七二
○致老河口土藥局馮令
光緒二十五年正月十六日巳刻發……………三七二
○致宜昌陳守、朱守
光緒二十五年正月十六日巳刻發……………三七二
⊙致宜昌陳守、朱守
光緒二十五年正月十六日巳刻發……………三七二
○致長沙俞撫台
光緒二十五年正月十七日子刻發……………三七三
○致宜昌陳守、朱守
光緒二十五年正月十七日子刻發……………三七三
○致宜昌鎮、府
光緒二十五年正月十八日丑刻發……………三七三
致總署
光緒二十五年正月二十日丑刻發……………三七三
總署來電
光緒二十五年正月初五日丑刻到……………三七四
總署來電
光緒二十五年正月二十四日酉刻到……………三七四
致上海盛京堂
光緒二十五年正月二十日丑刻發……………三七四
○致長沙俞撫台
光緒二十五年正月二十一日丑刻發……………三七四
○致上海蔡道台轉張道台鴻順
光緒二十五年正月二十一日丑刻發……………三七四
○致上海蔡道台轉張道台鴻順
光緒二十五年正月二十一日巳刻發……………三七四
○致宜昌陳守
光緒二十五年正月二十一日亥刻發……………三七五
致宜昌陳守、朱守，長陽竇令、巴東恩令，施南額守、蔡令，長樂李令
光緒二十五年正月二十二日午刻發……………三七五
致江甯劉制台
光緒二十五年正月二十二日午刻發……………三七五
○致上海蔡道台
光緒二十五年正月二十二日午刻發……………三七五
○致沙市劉令
光緒二十五年正月二十四日丑刻發……………三七五
○致宜昌陳守、朱守
光緒二十五年正月二十四日丑刻發……………三七五
○致鄖陽許守
光緒二十五年正月二十四日寅刻發……………三七六
○致上海日本總領事小田切
光緒二十五年正月二十五日午刻發……………三七六
○致上海蔡道台轉張道台鴻順
光緒二十五年正月二十五日午刻發……………三七六
致宜昌陳守、朱守

光緒二十五年正月二十五日午刻發…………三七六
○致宜昌陳守、朱守
光緒二十五年正月二十七日巳刻發…………三七六
○致來鳳經費局侯令
光緒二十五年正月二十七日巳刻發…………三七六
致總署
光緒二十五年正月二十七日巳刻發…………三七六
致總署
光緒二十五年正月二十七日巳刻發…………三七七
總署來電
光緒二十五年正月初六日子刻到…………三七七
總署來電
光緒二十五年二月初四日亥刻到…………三七七
○致宜昌陳守
光緒二十五年二月初二日戌刻發…………三七七
○致長沙俞撫台、但署藩台
光緒二十五年二月初三日午刻發…………三七七
○致宜昌府陳守、長樂縣李令
光緒二十五年二月初三日午刻發…………三七八
○致上海蔡道台
光緒二十五年二月初五日亥刻發…………三七八
致上海盛京堂
光緒二十五年二月初六日巳刻發…………三七八
致巴黎慶欽差
光緒二十五年二月初七日子刻發…………三七八
致襄陽朱道台、錫守、沈令
光緒二十五年二月初七日子刻發…………三七八
○致宜昌陳守、巴東恩令
光緒二十五年二月初七日子刻發…………三七九
致總署
光緒二十五年二月初七日丑刻發…………三七九
致鄖陽許守、宜昌陳守、施南額守、老河口補税局馮令、宜昌土税局凌道台、來鳳峽路經費局
光緒二十五年二月初八日子刻發…………三七九
致上海日本總領事小田切
光緒二十五年二月初八日子刻發…………三七九
○致長沙俞撫台
光緒二十五年二月初八日寅刻發…………三八〇
○致長沙俞撫台
光緒二十五年二月初十日午刻發…………三八〇
○致施南額守轉利川蔡令
光緒二十五年二月十二日巳刻發…………三八〇
○致宜昌土藥局凌道台、陳守，長樂縣李令
光緒二十五年二月十二日巳刻發…………三八一
○致長陽竇令，長樂李令、鄧提督、劉副將，宜昌傅鎮台、陳守
光緒二十五年二月十二日巳刻發…………三八一
致西安魏撫台
光緒二十五年二月十二日巳刻發…………三八一
魏撫台來電

○致利川縣蔡令
光緒二十五年二月十四日丑刻到……………三八一
○致施南額守、朱守，來鳳經費局侯令
光緒二十五年二月十二日戌刻發……………三八一
○致宜昌陳守、長樂縣李令
光緒二十五年二月十五日子刻發……………三八一
○致上海盛京堂
光緒二十五年二月十五日子刻發……………三八一
○致上海盛京堂
光緒二十五年二月十五日子刻發……………三八二
○致浙江惲藩台
光緒二十五年二月十六日巳刻發……………三八二
○致上海盛京堂
光緒二十五年二月十八日子刻發……………三八二
○盛京堂來電
光緒二十五年二月十九日申刻到……………三八二
○致總署
光緒二十五年二月十八日子刻發……………三八二
○致施南額守、朱守滋澤，利川蔡令
光緒二十五年二月十八日亥刻發……………三八二
○致蘇州德撫台、杭州惲藩台
光緒二十五年二月十九日午刻發……………三八三
致總署
光緒二十五年二月十九日午刻發……………三八三
○致白楊渡送宜都轉長樂縣李令
光緒二十五年二月二十日未刻發……………三八三
致總署
光緒二十五年二月二十日亥刻發……………三八三
總署來電
光緒二十五年二月十五日到……………三八三
致上海盛京堂
光緒二十五年二月二十日亥刻發……………三八四
○致上海盛京堂
光緒二十五年二月二十一日亥刻發……………三八四
○致白楊渡送宜都轉長樂縣李令
光緒二十五年二月二十二日戌刻發……………三八四
○致施南朱守滋澤、利川蔡令
光緒二十五年二月二十二日亥刻發……………三八五
○致上海日本總領事小田切
光緒二十五年二月二十三日子刻發……………三八五
致巴黎慶欽差
光緒二十五年二月二十四日丑刻發……………三八五
○致襄陽朱道台
光緒二十五年二月二十四日未刻發……………三八五
○致施南額守、朱守滋澤、利川蔡令
光緒二十五年二月二十五日丑刻發……………三八五
○致長沙但署藩台
光緒二十五年二月二十五日亥刻發……………三八五
致成都王藩台
光緒二十五年二月二十六日子刻發……………三八六
王藩司來電

光緒二十五年五月二十二日午刻到……三八六
○致長沙俞撫台
光緒二十五年二月二十六日丑刻發……三八六
○致來鳳經費局馬令
光緒二十五年二月二十七日丑刻發……三八六
○致白楊渡轉宜都電綫委員朱文駿
光緒二十五年二月二十八日午刻發……三八六
致上海盛京堂
光緒二十五年二月二十八日午刻發……三八六
○致宜昌土藥局凌道台
光緒二十五年三月初二日亥刻發……三八七
○致總署
光緒二十五年三月初四日子刻發……三八七
○致襄陽朱道台
光緒二十五年三月初四日子刻發……三八七
⊙致宜昌野三關朱守滋澤
光緒二十五年三月初四日未刻發……三八七
⊙致宜昌野三關朱守滋澤
光緒二十五年三月初五日午刻發……三八七
○致上海遞松江府濮太守
光緒二十五年三月初五日亥刻發……三八七
致江甯劉制台
光緒二十五年三月初六日丑刻發……三八八
○致杭州惲藩台
光緒二十五年三月初六日午刻發……三八八
⊙致上海蔡道台
光緒二十五年三月初九日丑刻發……三八八
致江甯劉制台
光緒二十五年三月初九日丑刻發……三八八
○致安陸史守、徐令
光緒二十五年三月初九日戌刻發……三八九
○致上海沈道台敦和
光緒二十五年三月十二日丑刻發……三八九
○張遊擊致上海虹口義昌成樊時翁
光緒二十五年三月初七日子刻發……三八九
致總署
光緒二十五年三月十二日寅刻發……三八九
⊙致上海飛送松江府濮太守
光緒二十五年三月十二日辰刻發……三九〇
○致長沙俞撫台
光緒二十五年三月十二日巳刻發……三九〇
○致嘉興沈子培部郎曾植
光緒二十五年三月十三日辰刻發……三九〇
○致鄖陽鎮、鄖陽府、鄖縣
光緒二十五年三月十七日巳刻發……三九〇
○致白楊渡轉宜都送長樂縣李令
光緒二十五年三月十七日巳刻發……三九〇
○致上海盛京堂
光緒二十五年三月十七日亥刻發……三九一
致總署

光緒二十五年三月二十一日丑刻發……三九一
總署來電
光緒二十五年三月二十三日到……三九一
致上海盛京堂
光緒二十五年三月二十一日丑刻發……三九一
○致黃石港鐵山鑛局委員解守、大冶縣
光緒二十五年三月二十一日巳刻發……三九二
致長沙俞撫台
光緒二十五年三月二十三日亥刻發……三九二
○致宜昌額守、利川縣蔡令
光緒二十五年三月二十五日申刻發……三九二
○額守來電
光緒二十五年三月二十七日丑刻到……三九二
致總署
光緒二十五年三月二十九日丑刻發……三九二
○致施南利川縣蔡令
光緒二十五年三月三十日丑刻發……三九三
○致鄖陽許守、署鄖縣胡倅得立
光緒二十五年三月三十日巳刻發……三九三
○致長沙俞撫台
光緒二十五年四月初一日子刻發……三九三
○致成都奎制台
光緒二十五年四月初一日子刻發……三九三
○致雲南崧制台
光緒二十五年四月初一日子刻發……三九三
○崧制台來電
光緒二十五年四月初七日申刻到……三九三
○致太原胡撫台
光緒二十五年四月初一日子刻發……三九四
○何藩台來電
光緒二十五年四月初三日亥刻到……三九四
○致安陸史守、徐令
光緒二十五年四月初二日子刻發……三九四
○致長陽朱縣丞文駿
光緒二十五年四月初二日巳刻發……三九四
○致福州陳伯潛閣學
光緒二十五年四月初二日亥刻發……三九四
○致安陸史守、徐令
光緒二十五年四月初四日辰刻發……三九四
○致宜昌川鹽局陳道台
光緒二十五年四月初五日子刻發……三九五
○陳道來電
光緒二十五年四月初七日丑刻到……三九五
致江甯劉制台、南昌德撫台
光緒二十五年四月初八日戌刻發……三九五
劉制台來電
光緒二十五年四月初九日亥刻到……三九五
○致宜昌川鹽局陳道台
光緒二十五年四月初九日子刻發……三九五
○陳道來電

光緒二十五年四月初十日戌刻到……三九五
○致安陸史守、徐令
光緒二十五年四月十二日丑刻發……三九六
○致長沙俞撫台
光緒二十五年四月十二日酉刻發……三九六
致上海盛京堂
光緒二十五年四月十三日丑刻發……三九六
○致四川奎制台
光緒二十五年四月十三日巳刻發……三九六
○致岳州張道台
光緒二十五年四月十三日亥刻發……三九六
○致安陸史守、徐令
光緒二十五年四月十四日未刻發……三九六
致杭州惲藩台
光緒二十五年四月十四日未刻發……三九七
惲藩司來電
光緒二十五年四月十二日酉刻到……三九七
○致武穴同知陳丞、牙帖委員王令、廣濟縣鄒令
光緒二十五年四月十八日子刻發……三九七
○致成都王藩台
光緒二十五年四月十八日子刻發……三九七
○致白楊渡宜都縣李令
光緒二十五年四月十八日子刻發……三九七
○致施南額守、劉令
光緒二十五年四月十八日子刻發……三九七
致華盛頓伍欽差
光緒二十五年四月十八日亥刻發……三九八
○致上海盛京堂
光緒二十五年四月二十一日子刻發……三九八
○致長沙俞撫台
光緒二十五年四月二十二日酉刻發……三九八
○致長沙俞撫台
光緒二十五年四月二十二日戌刻發……三九八
致長沙俞撫台
光緒二十五年四月二十二日戌刻發……三九八
致江甯劉制台
光緒二十五年四月二十三日酉刻發……三九九
劉制台來電
光緒二十五年四月二十六日子刻到……三九九
○致荆州祥將軍
光緒二十五年四月二十四日辰刻發……四〇〇
致東京錢念劬
光緒二十五年四月二十八日午刻發……四〇〇
⊙致鄖陽許守、胡倅德立、胡令金鏜
光緒二十五年四月二十九日辰刻發……四〇〇

光緒二十一年

致總署 光緒二十一年七月初一日丑刻發

歌、庚、養三電及大咨謹悉。此次法船之進長江，原因川省教案，欲藉端恫喝。船官來見，不得不略與周旋。又因法助爭遼，并致稱謝，告以境内教堂洋人必爲極力保護，未結教案當爲秉公妥結，以敦友誼，固非謂盡其所欲，曲爲遷就也。乃該國公使欲乘機將五省歷年纏訟未了之教案併歸上海一處，含糊了結，此端萬不可開。蓋各省教案頭緒紛繁，或因與民間爭鬭，難分曲直，或因置買産業，糾葛不清，均須就近提訊人證，勘驗契址，詢訪紳民，衡情酌斷，方得其平，勢難於二三千里之外派員遥定。況浙江、湖南、湖北教案向不歸江南辦理，江西雖歸兼轄，亦難隔省臆斷，公牘詢商，往返稽延，斷難速了。此端一開，流弊甚大。以後凡有各省難辦之事，必須詳細推勘者，皆將併歸一處，催迫率結。且南洋只可管南數省商務，其民間詞訟豈能兼理。仍請分咨該四省督撫，各派妥員會同地方官詳細公平商辦。至江南教案，已委候補道黄遵憲馳赴上海會同上海道與該國領事議辦，一面嚴催地方官從速妥爲查辦，以期速結。豔。

總署來電 光緒二十一年六月初八日亥刻到

五省未結法國教案，江南徐州、常州、泰州，江西贛州，湖南澧州屬界溪橋，湖北利川、荆門，浙江孝豐縣屬宋坑，均係舊案，望速結。此外有無遺漏，希分咨確查，一併了結，並先電覆。庚。

致武昌譚制台〔一〕 光緒二十一年七月初一日丑刻發

海關盈餘在常關不在洋關，江省正飭查，尚未議有辦法。至江漢關不兼常稅，本無大意味，如平餘傾鎔，事太繁碎，爲數亦微。若再裁減，該關道立即束手，無以辦公。請熟籌妥酌。豔。

致鎮江馮宫保、吕道台〔二〕 光緒二十一年七月初一日巳刻發

廣忠散勇赴廣州省河者，即請尊處派得力武弁一員，偕唐丞玉藻押送。其赴北海者，請尊處亦派武弁一員，偕黄守忠押送，仍責成該營哨妥爲彈壓照料。馮軍委弁送勇到後，仍令回江，應給薪水若干，由吕道先行酌量墊發開報。粤督電已另致。所需送勇赴九江、漢口小輪已派。東。

致武昌蔡道台〔三〕 光緒二十一年七月初一日午刻發

前良濟云郭格里廠願承辦鐵路，擬先派人來華勘路。該道可速電郭廠，如欲派人，可自出薪費雇人速來勘估。東。

致鎮江吕道台〔四〕 光緒二十一年七月初二日子刻發

鄂省屢次來電，阻止散勇勿在漢口下船。廣忠散勇之須送至漢口者，究竟籍隸何處，迅速查明電覆，並飭小輪管帶，若該散

〔一〕〔三〕 録自抄本《張之洞電稿·致湖北電》。「譚制台」指署理湖廣總督譚繼洵。

〔二〕 录自抄本《张之洞电稿·致本省电》。

〔四〕 以下二電録自抄本《張之洞電稿·致本省電》。

勇籍隸湘省，仍以送至岳州爲妥。倘實係湖北人，籍隸何縣即送至何縣，斷不可在漢口下船，方免滋事。柬。

致鎮江馮宮保 光緒二十一年七月初二日丑刻發

先電敬悉。麾下辦法甚妥。唐玉藻尚未到省，如日内來，即當催令速回，如遲遲不到，即毋庸該丞押送。既經麾下派得力差弁五人偕往照料，且紀律森嚴，自必諸臻安静也。柬。

致桂林張撫台〔一〕 光緒二十一年七月初二日亥刻發

閣下乞病得請，雅懷廉退，曷深佩仰。左江鎮張春發陛見後想已回廣西，現在是否在左江本任，祈示覆。沃。

致武昌龍藩台〔二〕 光緒二十一年七月初二日亥刻發

四月准部咨，以鄂人應支養廉，自二十年十月十六日到兩江署任起，應照署任官員例，不兼本任者，半支本任，半支署任。至十二月初二日以後，峴帥簡授欽差，峴帥應支本任全廉。鄂人應照署理出差軍營員缺之例，准支本任全廉，不支署任。當即照録部文咨鄂，想早已行司。請即查明案據，將上年鄂人在湖廣任内未領養廉暨本年六月以前養廉，查照部文，核明支出，交便人寄江爲荷。沃。

致福州邊制台〔三〕 光緒二十一年七月初三日戌刻發

請速設法轉告劉鎮永福及臺灣府黎守景崧，屢次函電均悉。兩次奉旨禁止接濟臺餉械，敝處實無從設法，萬勿指望。俄國並無兩月後來援之説，不知何人訛傳。劉鎮、黎守等或行或止，聽其自酌。務望轉達，切禱。江。

劉鎮來電 光緒二十一年六月二十九日未刻到

閩粤餉無濟，臺南已無法可籌，民不許行，我公不救，兵民皆亂。福死何益，痛哭乞援，望切望速。以後或為通商口岸，或乞俄援，求善法使福行。天地父母，祇公一人，乞救福死而拯民生。兩專人來，未見覆。乞密覆。

劉鎮來電 光緒二十一年七月初二日未刻到

前數電未蒙覆示。福所以死守臺南，為大局非為私也。餉械不至，俄師渺然，我建孤忠，所在諸公必有以圖之。事急矣，生死安危，惟公是命。如克有濟，則祖宗之土地幸甚，臺灣數百萬之生靈幸甚，福亦幸甚。企立以俟，速賜覆示。

劉鎮來電 光緒二十一年七月初三日申刻到

諭福守兩月，俄即出援。今兩月有餘，南中幸無恙，今仍未見俄，欺公平。福不負命，今餉械俱絶，民兵將亂，何以戰守。福死奚惜，恐屏藩一棄，各國狡然生心。天下仰我公一人，乞為大局計，痛哭流血，乞速設法救援，守走死生，望公一言為定。為守為走，總祈代設善法，俾軍民相安無事。如不能接濟以及設法救福，亦請以一言為斷。事急矣，乞即確切示覆，以決行止。福。

〔一〕指廣西巡撫張聯桂。録自抄本《張之洞電稿·致各省電》。
〔二〕録自抄本《張之洞電稿·致湖北電》。
〔三〕指閩浙總督邊寶泉。

致泉州泉州府張守光緒二十一年七月初三日戌刻發

電悉。濟臺餉械已兩奉旨嚴禁，無法可設，已於前月初八日電請邊制軍轉電黎守。此事敝處實無能爲力，亦斷無外援。祈再電黎守，自酌行止可也。江。

張守來電光緒二十一年七月初二日申刻到

臺府黎景崧囑電稟，前奉憲諭，支持兩月，自有外援。今餉械甚乏，望救甚急。泉州府張僖稟。

致厦門錢倅宗漢[一]光緒二十一年七月初三日戌刻發

轉劉鎮台淵亭：廿七、廿八、初三三電均悉。濟臺兩奉旨嚴禁，萬萬無法可設。俄援亦無其事，不知何人訛傳。行止惟閣下自酌，鄙人實無能爲力也。祈諒。江。

致蘇州趙撫台[二]光緒二十一年七月初三日亥刻發

蘇州司局詳覆米捐暫難停免一件，想已察閲。查江省所借洋款，奏明由釐金、鹽課歸還，貨釐撥欵無餘，專恃此項米捐以資湊用，實難停免，且此係仍復舊章，並非新增。昨詳詢朱道之榛，據稱於民間尚不致受累。擬即照此會銜覆奏，特此奉達，即請裁酌。如以爲可，即會列台端前銜具奏。祈速示覆。江。

致漢口惲道台[三]光緒二十一年七月初三日亥刻發

廿九日復譚敬帥電，云海關盈餘在常關不在洋關，江省正餉查，尚未議有辦法。至江漢關不兼常税，本無大意味，如平餘傾鎔，事太繁碎，爲數亦微。若再裁減，該關道立即束手，無以辦公。請熟籌妥酌，等語。特録呈。江。

致武昌蔡道台光緒二十一年七月初四日辰刻發

日本新約第六條專論通商，鄂省想已得見，江漢關有之。現正將議詳約，奉旨飭籌補救之法。閣下可取約細閲，其中應如何豫爲防範，或示限制，或防流弊，酌擬數條，即日電覆。如能抽暇速來甯面商尤佳，此外應商辦事件尚多。即覆。文。

致上海黄道台光緒二十一年七月初四日辰刻發

内河設小輪一事，來甯具呈者甚多，然其人不盡可靠，恐難承辦，又不便數人分攬，致涉紛歧。現擬設一内河輪船總局，擇一身家殷實辦事穩妥者，爲此局總董，數人爲幫辦，令其合集衆商，以成此局，則章程畫一，責成亦專。此事即委該道總辦，迅速招集股商議章開辦，共分四路：上海至蘇州爲一路，鎮江至蘇州爲一路，鎮江至清江浦兼行江甯爲一路，上海至浙江之杭州及湖州爲一路。總局一，分局四，准其載客并拖帶貨船。釐金於上輪及到岸時兩頭分收，每年利益以一半報效充餉。行浙之輪其捐欵與浙省各半分解，不入此局者不准行駛。惟此事不歸海關，庶免於釐金有礙。向有小輪無論或經稟明，或未稟明，均統歸此局

[一] 録自抄本《張之洞電稿·致各省電》。

[二] 指江蘇巡撫趙舒翹。録自抄本《張之洞電稿·致本省電》。

[三] 以下二電録自抄本《張之洞電稿·致湖北電》。

遵章辦理。該道迅速籌議電覆。支。

致蘇州鄧藩台〔一〕光緒二十一年七月初四日巳刻發

豔電悉。南匯即照擬委王椿蔭署理。支。

致漢口督銷局志道台〔二〕光緒二十一年七月初四日酉刻發

新洲事有兩全之策否。總以辦成爲妥，務望留意設法。京發電催文芸閣早回京，望專函促之。支。

致下關南瑞兵輪吴統領〔三〕光緒二十一年七月初五日申刻發

南琛兵輪非差船可比，未經請示，何以竟派出洋，殊堪詫異。務即勿令開行。此後各兵輪遇有差事，總須先行請示，方准派往。如違，擬參不貸。

致武昌蔡道台〔四〕光緒二十一年七月初六日巳刻發

目前鄂省布局所紡紗價每包六十幾兩，湖北棉花每百斤若干兩，通州花百斤若干兩，花價及人工一切成本共需銀若干。速確電覆，勿延。歌。

蔡道，趙、馮委員來電〔五〕光緒二十一年七月初十日午刻到

歌電謹悉。布局十六號紗，每包三百斤，售價六十兩五錢，十四號者五十八九兩。數月來花價奇貴，通花每百斤實銀十三兩四錢，鄂花價同且缺。上年價不過十兩數錢，因此吃虧不少。現每日夜出紗四十包，每包攤工費銀九兩五錢，織布約用其半，紗易售，布難銷，共存布七萬餘匹，擬少織布，多售紗，俾易周轉。目下月中約需經費萬六千餘兩，餘剩不過四五千零，新花價減終難起色，亟盼招商早日承辦，包價初年似宜從減。勇、毓、嘉稟。陽。

致廈門錢倅宗漢光緒二十一年七月初六日巳刻發

轉劉鎮台淵亭：初四電悉。朝廷不得已割臺，曾有旨召各官内渡，閣下自在其内，豈能專降一旨。閣下毅然以守臺自任，壯志孤忠，豈鄙人所得勸勉。今餉乏械缺，未竟大功，而保臺數月，亦足千古，實深敬佩。奈派輪解餉，恐爲敵人藉口，貽累大局，必須與倭商明，方能辦理。惟臺向不歸江南管轄，未便越俎。如閩、粤能爲奏明辦理，則内渡後江南可酌協遣餉若干。若須先行解臺，儻有倭人藉口啟衅，鄙人豈能任此重咎耶。務祈原諒爲禱。歌。

劉鎮來電光緒二十一年七月初五日寅刻到

俄助係五月間賴鶴年云奉公命寄蔡穀嘉轉臺。無論何如，乞爲天下後世計。若難接濟，亦乞寄餉遣散五六十營弁勇。福奉命來臺，未奉命而往，民又苦留，進退維谷。乞公始終成全設法，

〔一〕〔三〕 録自抄本《張之洞電稿·致本省電》。

〔二〕〔四〕 録自抄本《張之洞電稿·致湖北電》。

〔五〕 録自苑書義等主編《張之洞全集》第八册，第六五八四頁，河北人民出版社一九九八年版。

並賞輪船，俾福安然内渡，則生啣環、死結草，斷不忘公前後大德。派員立候賜覆。再，閩督、將軍尚肯月月接濟不輟，惟無多耳。望公垂憐。福叩稟。

致唐山劉欽差[一] 光緒二十一年七月初八日寅刻發

尊恙念甚。秋氣已爽，當可漸臻康復，尚祈寬心珍衛爲幸。卧護諸將，亦足鎮定軍心耳。左道孝同前在吴清帥軍中充營務處，此人今在何處，有何差，得力否。袁道世凱今在何處，其人究竟如何，均祈詳示。陽。

致上海黄道台 光緒二十一年七月初八日寅刻發

陽電悉。内河輪船局即委葉丞大莊隨同該道辦理。務須迅速定議，以便及早定造小輪。聞倭人已在滬造多隻矣。遇。

致武昌譚制台[二] 光緒二十一年七月初八日寅刻發

魚電悉。瑞記代湖北購比柏地槍四千枝，並彈二百萬，即飭點清撥還。籌議日本新約事，自應仍摺奏。江省首當其衝，現雖籌有辦法數條，而造端宏大，須待紳商公議，尚未覆奏也。陽。

致武昌蔡道台 光緒二十一年七月初八日寅刻發

微電悉。仍電催郭廠速派鐵路工師來華，務須上等好手，萬不可以今年甫在鐵廠差滿回國之鐵路洋匠充數。令先到江甯一見。除來往盤費外，每年薪水一千鎊，彼此各出一半，可照行。錫樂巴事太多，江省現有勘路事。陽。

致武昌譚制台、漢口惲道台 光緒二十一年七月初八日戌刻發

漢口德商請添開租界一事，前將總署咨文照轉，分别咨行在案。兹上海德領事日内赴鄂，商議地段。中德交誼正篤，遼事德曾爲我出力，此時正宜與德聯絡。況漢口英商獨擅租界之利，德商所請亦非過情。如所請地段與民居無礙，似可允准，以示懷柔之意。特此奉達，即望示覆。庚。

惲道來電 光緒二十一年七月初九日亥刻到

庚電敬悉。德國在漢口開租界事，前繹德使原文，有緊接英界順流而下之語，知其注意在通濟門外地基，且舍此亦無他地。因與丁乙尼熟商，准其在彼陸續購買，並札飭府縣查勘丈量，月餘以來已得十之五六。百姓以江岸曠土，忽得予價，亦甚欣悦。此事尚為順手，惟前奉憲札飭定界限，查英界係二里餘長，現擬仿照辦理。祖翼稟。青。

致武昌蔡道台[三] 光緒二十一年七月初九日寅刻發

現派錫樂巴測勘鐵路，專候測量器具起程。務望速將鐵局所存量路鋼條兩副、量路來物而兩箇、定南針兩箇、銅規一箇，大冶鐵路處所存鐵亞獨來脱一架連架、測遠平水機器兩副連架，上二物所用長木測表三根，派專人即日搭輪帶來，并將錫樂巴存大冶

[一] 指劉坤一。
[二][三] 以下二電録自抄本《張之洞電稿·致湖北電》。

書箱、傢具等物一併帶來，千萬勿延，至要。庚。

致武昌蔡道台光緒二十一年七月初九日寅刻發

倭約第六欵補救各條已悉，均屬切當。尊恙想已大愈，念甚。一俟復元，盼速來甯。現萍煤已到若干，大爐務須七月底開爐，確能如期否，均速覆。庚。

致上海陝西撫院奎撫台〔一〕光緒二十一年七月初九日未刻發

陝西張護院、甘肅楊石帥屢電告急，回匪猖獗，懇江南協濟軍火。已撥毛瑟二千枝，彈一百萬，車礮二十尊，前膛槍二千枝，銅火四百萬，解往兩省分用矣。竊思回氛已熾，蔓延甚廣，不易剿平，甘固糜爛，陝亦可危，誠恐牽動大局，十分可慮，必須速調精兵，迅圖撲滅。除董提督福祥回甘赴援外，餘營恐未盡精鋭，董提督一軍不能兼顧兩省。查徐州鎮陳鳳樓所帶馬隊三營，共七百名，湖北提督吴鳳柱所部馬隊三營，共五百名，接劉峴帥電均已遣撤，各回本省。吴軍尚未啟行，陳軍行亦不遠。徐州自陳鎮北行後，襄陽自吴提督行後，已照數募營填紥巡防，電詢譚敬帥，亦以吴軍回襄後安置爲難。查西北征戰，馬隊得力遠勝步隊，而帶馬隊之將較難。吴提督、陳鎮皆北軍宿將，向稱得力，自去年先後北防以來，尚未立功，然已糜餉十五六萬。查該提、該鎮之軍，以戰洋兵則不足，以剿内匪則有餘。擬請朝廷即派吴提、陳鎮率此兩軍馬隊一千二百人，馳援甘肅，四十日可到，甘匪靖則陝省安。其餉需每月約一萬四五千金，江南願認供五箇月餉，但兩軍須定畫一章程。五箇月後如回匪尚未平，再行商明陝甘督撫，請旨辦理。大約數月後，該兩軍是否剿賊有效，已經顯著。如能滅賊立功，則將士均係得力，自應帶回，仍紥原防，將募填之勇裁汰。如並不得力，則徑將此數營全行遣散，免致帶回江南、湖北糜餉。此係就現有之馬隊赴陝甘之急援，藉此亦可考驗該兩軍將士優劣，以定去留，似於西北大局不無裨益。特此奉商，如以爲然，速即示覆，即當會尊銜並趙展帥銜電奏。佳。

致蘇州趙撫台〔二〕光緒二十一年七月初十日戌刻發

奎樂帥丁憂，請即由尊處奏報。蒸。

致金山衛代統章字營譚提督光緒二十一年七月初十日戌刻發

電悉。江蘇勇七百五十餘人，准一律再加一月恩餉。蒸。

致金山衛代統章字營譚提督、江順管帶、南琛管帶光緒二十一年七月初十日戌刻發

此次所裁勇内，有湖北人一百二十餘名，究竟籍隸何府州縣，速即詳晰確查電覆，以便酌定停輪登岸處所，免致在漢口登岸，因湖北屢有來文禁止漢口登岸，恐滋事也。并轉飭江順、南琛管帶暨各營官嚴束各勇，切勿在漢口停輪。如違，定行懲處，切囑。

〔一〕指奎俊。

〔二〕以下三電録自抄本《張之洞電稿·致本省電》。

蒸。

致杭州廖撫台[一] 光緒二十一年七月初十日亥刻發

蘇州通商諸事，均須速籌。江省熟習洋務商務之員甚少，開辦章程尤須周妥。素知海甯州知州李圭熟習商務，閱歷甚深，敢懇速調該牧令來江甯一見，面詢一切，即令赴蘇相度地勢，會同蘇省各官商辦各種章程。如杭州亦需該員，俟蘇州事畢，即令回杭，實深盼禱。如須奏明，弟當一面電奏，即候示覆。小輪大咨已奉到。江省現擬内河小輪章程，共分五路，以上海至杭州及湖州爲一路，每年須以餘利之半報效充餉，五路皆同。杭州一路兼涉兩省，其報效款擬兩省分半解繳。是否妥協，請酌示。蒸。

致漢口惲道台光緒二十一年七月初十日亥刻發

電悉。條約只准賃房買屋租地，各國大致相同。故洋商租契僅寫永遠租契字様，不宜明許購買。與德領事議租界時，此字務須斟酌。蒸。

致武昌蔡道台[三] 光緒二十一年七月十一日子刻發

前鄂廠所造快礮彈二千顆，是否即甘肅四生、五生快礮各六尊之彈。現造存若干顆，速電覆。蒸。

致上海黄道台光緒二十一年七月十一日亥刻發

内河小輪，可添由吴淞至崇明、海門、通州爲一路，共爲五路。此事須速議定舉辦，緣造船需時也。真。

致蘇州趙撫台[三] 光緒二十一年七月十二日子刻發

閱韓道致籌防局電稱，奉尊諭商派輪船往滸浦，裝海靖營往蕪湖一帶遣散。查此間遣送裁勇赴湘、鄂、江西各處，並轉運陜甘軍火兵差各輪，儘數派出，尚須添雇商輪湊用，實無大船可以分撥。蕪湖路尚不遠，擬飭飛霆、策電前往。該輪船小而礮大，只能拖帶，勇丁須另僱民船裝載也。至敝處所裁各營資遣回籍，租輪、煤油并勇丁住船火食，每名按日銀一錢，皆係據實奏銷，并以奉聞。真。

致蘇州鄧藩台光緒二十一年七月十二日巳刻發

圖閱悉。按圖租界距城止三里，未免太近，將來諸多不便。澹臺湖以南有無地基可爲租界，如地方平坦廣闊，正在華商馬頭之南，中亦隔河，最爲合宜。即祈查明有無窒礙，並詢商各官紳。速電覆。文。

致清江松漕台[四]光緒二十一年七月十三日午刻發

浦勝軍已裁撤，該軍右營管帶守備吴德麒已調來甯差委。據吴德麒面禀，向來兼帶貴標馬隊，派有部下哨官經理，甚屬穩妥得力。兹調該員來江，久暫不定，原兼馬隊，祈仍令吴德麒原派

[一] 指浙江巡撫廖壽恒。

[二] 録自抄本《張之洞電稿·致湖北電》。

[三]、[四] 録自抄本《張之洞電稿·致本省電》。

哨官經理，倘該員將來回浦，不至因調而失原差也。切禱。元。

致福州張署臬台光緒二十一年七月十四日辰刻發

閩教案已有眉目否。致王電已閱。此間無殺洋人之案，僅毁教堂，不能仿照。案繁不勝其鈔，且江南辦教案向來不甚得法，無用也。湖北郤有兩起此等事，總以速拏真實凶犯爲主，獲犯後方能酌議撫卹。彼族狡譎，須觀審，不真者，彼仍挑駁。若不速獲真犯，無從收拾矣。昨英文洋報論此事甚憤，望速籌了結。湖北教案皆是真犯早獲，無他法也。并望轉達潤帥。鹽。

致杭州廖撫台光緒二十一年七月十四日辰刻發

元電悉。李牧圭蒙允來甯，感甚。該牧來時必過蘇州，祈飭其過蘇時，到盤門外蘇藩司現擬租界及華商埠頭地方一看，以便到甯商酌。該牧何時可到，盼確示。聞浙省已招商兩家，設機器繅絲廠兩處，洵爲扼要。浙省向來賣絲不賣繭，不知近年賣繭者漸多否。此風一開，養蠶省工，蠶利日旺，漸可益富矣。鹽。

致蘇州趙撫台、鄧藩台光緒二十一年七月十四日辰刻發

朱道回蘇，寄呈振興商務辦法兩紙，想鑒及。尊意以爲如何，各官紳意如何。大舉一節恐不易辦，部中斷不允，惟有就息借商欵二百萬開商務局一策，或尚可行。望與各官紳籌商速示。前日文電致鄧方伯論租界宜稍遠，或在澹臺湖以南一節，是否可行，並速示。鹽。

趙撫台來電光緒二十一年七月十五日亥刻到

前函及鹽電均敬悉。商務大舉一節，誠如尊諭，不易辦，小就之法，據任紳云尚可行。惟查息借欵二百餘萬，蘇屬僅一百萬零，內有官欵三十餘萬，其餘係海關承借，能否移用，應請徑飭黄道商辦。紳意以商會局應先議設，瞬届下半年還欵之期，方有交收定所。事屬草創，在得人尤在慎始，可否速遴廉明之員，會商妥辦，盼甚。或請以大略情形，先挈翹銜入告，悉聽鈞裁。租界宜稍遠，尊見極是。澹臺湖以南已飭履勘，惟蘇與杭小異，杭河距城遠，租界祇可在大關外，蘇河逼近城下，恐費調停耳。翹。咸。

鄧藩司來電光緒二十一年七月十六日申刻到

鹽電謹悉。蘇屬息借商欵，留辦振興商務，已據任紳道鎔函覆可行，俟商妥即稟覆。查勘澹臺湖以南地，水道不甚通流，擬用原擇之地南移下三四里，當另繪圖呈核。華熙稟。

致俄京許欽差〔一〕光緒二十一年七月十四日辰刻發

德國員弁現已代雇若干員名，尚擬添雇若干，祈詳細電覆，務請添雇總兵、副將一員爲要。前因有戰事，故託克廠代雇。今事已平，宜請德國國家保薦，不必再商克廠，庶才具尤爲可靠。已來各員弁所定薪水太大，照此斷不能多雇，亦難久留。以後務請大爲核減，至禱。祈速覆。鹽。

〔一〕指中國駐俄德公使許景澄。

致上海黄道台光緒二十一年七月十五日辰刻發

十二日電悉。崇明、通海一路，出吴淞即入長江，與蘇杭内河固稍有不同，與徑出大海運行他處海口者，亦似有區别。至由吴淞行甯波、台州一路，皆由海濱來往，更非内河，均即由關局委會同妥議。咸。

致武昌譚制台〔一〕光緒二十一年七月十五日辰刻發

甘回猖獗，深恐擾動大局。聞爵堂言，楊石帥電商尊處請撥兵協剿，尊處以無可派撥復之。查吴提督鳳柱馬隊三營已奉撤回襄，尊處前電似以去留爲難。江南徐州鎮陳鳳樓馬隊三營共七百名亦奉撤回徐，而徐防已募新營填紮，其情形正與湖北之吴提督一軍相同。竊思有一策，甘省正盼援軍，馬隊利於西北，遠勝步隊，到甘亦迅速。吴、陳皆係皖北人，馬隊熟手，攻洋兵則不足，剿内匪則有餘。擬與公會銜電奏，請即飭吴、陳兩軍馬隊六營馳援甘肅，勿庸回襄、回徐，其餉月需約一萬四五千金，江南擬認三分之二，湖北或可認三分之一或四分之一。如鄂實難籌，全由江認亦可，但議定只供六箇月餉，六箇月後如回匪尚未平，再商甘督奏辦，留則甘出餉，不留則遣回。大約數月後，該兩軍剿賊是否有效，已經顯著，如能滅賊立功，則將士均係精鋭，自應帶回仍紮原防，將募填之勇裁汰。如並不得力，則徑將此兩軍全行遣散，免致帶回江南、湖北，永遠糜餉。此舉就現有之馬隊赴甘省之急援，藉此亦可考驗兩軍優劣，有無用處，以定去留，似於西北大局不無裨益。特奉商，祈速酌覆。如以爲然，當會尊銜電奏。咸。

致俄京許欽差光緒二十一年七月十五日巳刻發

現擬創修揚子江口崇、寶、沙礮臺，增改鎮江礮臺，沿江各臺均須修改。江南無熟悉形勢工程之員，不用洋將監修必不合法，且恐偷工減料，徒糜費而無實用。至少須洋員兩人，分投駐工監修，議定作法式樣，包定經費日期，方能妥速。克廠礮總兵只能代爲大略一看，無濟於事。務請向德外部商託其兵部，保薦上上等熟悉礮臺形勢工程二員，并須隨帶工程洋弁數人，迅速前來。此關長江防務大局，至禱。匯上銀二萬兩，備續募各將弁川資，祈查收。願。

許欽差來電光緒二十一年七月十九日子刻到

已訂工程好手都司一人，八月初五行。克廠又派總監工精臺學都司偕來，願留至明春，雖意在售礮，亦可因而用之。若再募千總弁各一人，足敷分駐。德兵部薦員須請示德主，可辦，難速。候酌示。澄。洽。

致漢口督銷局志道台〔二〕光緒二十一年七月十六日酉刻發

禀單均悉。所叙行用、公費兩項，照章每引每項應繳銀若干，現據改令三七攤繳，是否令該紳繳三成，抑係繳七成。向來每引行用若干，公費若干，照此辦法，該紳較他水販便宜若干，速明晰電覆。洪良朋聞已赴漢口，至沿邊緝私一層甚好，可與該紳商

〔一〕録自抄本《張之洞電稿·致湖北電》。
〔二〕以下二電録自抄本《張之洞電稿·致湖北電》。

之。諫。

致武昌蔡道台 光緒二十一年七月十六日酉刻發

鐵廠一切經費擬包與洋人，有願包者否，每年經費若干，速詢各洋匠，電覆。槍廠機器已較完否，何日開齊，槍有造成者否，惲道目疾已愈否。該道何日來甯。均盼速覆。銑。

蔡道來電[一] 光緒二十一年七月十九日未刻到

銑電謹悉。鐵廠經費，容估定另稟。槍機甚難較，至少四箇月方能開齊。槍已造成六枝，試放甚好。惲道已愈，連日共商租界事，現已就緒。十八，敬帥見德總領事。勇十九來寧。勇稟。洽。

致蘇州趙撫台、鄧藩台、牙釐局朱道台 光緒二十一年七月十六日戌刻發

內河招商設小輪，飭上海黄道籌辦。昨據電稟，已有眉目，擬分五路，分設數十艘。惟該商董等稱此時可照完釐金，將來洋人小輪行駛時，亦欲比照一律，只完正半税，以免軒輊等語。如允之，則釐金大耗。如不允，則彼不願承辦，且必盡挂洋旗，釐仍無收。此事甚爲難，應如何辦法爲妥，祈速籌示。諫。

致蘇州趙撫台、鄧藩台[二] 光緒二十一年七月十六日戌刻發

蘇州新開口岸，務宜慎之於始，必須精熟商務者妥爲豫籌。思索多日，查有浙江海甯州知州李圭，久在甯波洋關當差，曾經出洋，最爲熟習商務，已電廖中丞暫借調來蘇，會同各員籌議商約租界各事，廖中丞已允。如李牧到蘇時，請飭地方官會同履勘籌議，議有端倪後，仍令赴甯。諫。

致蘇州趙撫台、鄧藩台 光緒二十一年七月十六日戌刻發

咸、諫兩電悉。上海道所借一百二十餘萬，當即與商，想亦必允。商務局委朱道甚妥，陸道元鼎現調江蘇糧道，擬即由敝處主稿，會委陸、朱兩道暨上海道總辦商務局。惟此係小辦，僅以息借欵二百萬備用，爲數有限。擬只辦勸工機器，大意以勸工爲主，以開風氣。工作精則商務自盛矣，如製洋綢、洋酒、洋蠟、洋火柴、洋糖、洋針、洋瓷器之類。繅絲廠亦可酌設數處，取其機器廠屋成本較輕，可以多辦數種，每廠借公欵不過數萬，至多不得過十萬。此各廠除絲廠外，大約仍以設上海爲便，願設他處亦聽之。黄道已在上海法租界以南覓有工廠地一段，擬修馬路，地基合宜。至紡紗廠費太鉅，擬不辦矣。諫。

致蘇州趙撫台、鄧藩台[三] 光緒二十一年七月十六日戌刻發

開辦洋務，此間道班甚難其人。屢承尊命，茲擬姑派羅道嘉

[一] 録自苑書義等主編《張之洞全集》第八册，第六六〇三頁，河北人民出版社一九九八年版。
[二] 録自抄本《張之洞電稿·致本省電》。
[三] 以下二電録自抄本《張之洞電稿·致本省電》。

杰前往。羅曾在上海當會審差，聲名尚好，亦曾出差東洋辦事，當能妥適。擬即會委，仍請台端設法訪求明幹之員爲望。鄧方伯來稟，内遞説貼論租界之沈令，洋務尚能留心，不悉其人若何，如尚穩妥，即可派充委員。臨時或添派金陵洋務局黄道遵憲暫赴蘇會商，事畢仍令回甯。諫。

致蘇州趙撫台光緒二十一年七月十七日戌刻發

篠電悉。内惟小火輪一節，尊電謂商人刁難觀望，亦不易集兩語有誤。請改爲現接張某電稱，據上海道電，已招有商人願承辦數十隻，惟請目前照完釐金，俟洋輪行駛時，請比照洋税免完釐金，此層有窒礙，尚未議妥等語。即請斟酌覆奏。洽。

致鎮江呂道台、何道台光緒二十一年七月十八日辰刻發

速將鎮江所存外洋軍火運回省城存儲。其大礮除指定鎮江礮臺用者，須搭廠棚蓋瓦。礮彈尤要，萬不可濕。餘礮可開單稟請核定。嘯。

致武昌譚制台[一]光緒二十一年七月十八日巳刻發

洽電悉。援餉鄂認三分之一，是否合吴、陳兩軍，抑係專指吴軍，祈明示。嘯。

致蘇州趙撫台光緒二十一年七月十九日巳刻發

電旨飭議織局、小輪并釐三事，尊處既奉旨催問，内意自甚焦急。當即於十七日夜將三事分爲三電，會台銜覆奏，大意即係連日所商辦法，將及兩千言。因文繁事急，不及録稿奉商，已照録原電，專差乘輪馳送查閲。此不過大概籌議情形，其詳細辦法，仍可隨時酌改也。篠第二電示，據朱道所陳各節，極爲周密，佩甚。因所籌各節與鄙意適相符合，會銜電奏已言之，似可不必重出。至入内地辦貨須領護照，向來各省洋商皆必如此，故未言及。朱道意係防任便兩字之弊。以後如續思有數條，再將此節添入會奏何如。效一。

致蘇州趙撫台光緒二十一年七月十九日午刻發

嘯一電悉。内河小輪請比照洋輪完税一節，自係萬不可行，豈有無故自棄釐金一半之理，已電黄道駁斥。昨電奏已言之，内河小輪利在拖帶民船、剥船，運載貨物，洋輪若照長江輪船章程，本不准其拖帶民船、剥船，昨電奏即力請於議詳約時禁洋輪拖船，似當可行。洋輪既不拖貨，華輪自無可比照。華商小輪運貨，無論裝在拖船，裝在輪船，均應完釐，但須仍照舊日經過各卡之數，歸併抽收。至如何查驗，及沿途禁止起卸章程，應飭蘇、滬、金陵各釐局詳議。該商肯遵辦則准設，不遵則不准也。其洋輪不准行駛之各路，自係完釐，更不待言。既非通商口岸，洋輪自不能踵行。查長江内河，中國若多設小輪，乃利商利民、興旺地方之事。商民暢旺，釐金自必增多，利民即利國也。此次該商既請多設，故并飭上海道議之。公若慮流弊，當再詳酌，此時並非定論

[一] 録自抄本《張之洞電稿·致湖北電》。

也，但管見以爲益處甚多耳。至新約内有進吳淞江及運河以至蘇州、杭州之語，不知所言運河是否指由蘇入浙之河，抑指由鎮江入蘇州之運河，語殊含糊。已電詢總署，若係專指由蘇入杭之河，則少此一路，較易防範矣。效二。

趙撫台來電 光緒二十一年七月十八日申刻到

諫電均悉。黄道稟招商承辦小輪，擬分五路，日後照洋輪只完正半稅。翹細加忖度，流弊甚長。新約所載彼之小輪，只達蘇杭，今由蘇而鎮，而淮，而秣，約所未載。商輪創於前，彼將踵於後。即不踵行，而商輪往來帶貨，亦只完正半稅。自蘇而上，若鎮、若秣、若淮之釐金，又為商輪所奪。鄙見此時商輪只准在蘇、杭、滬三處設局，鎮、淮、秣三處緩議。是否有當，祈尊酌。餘電甚妥。翹。嘯一。

致蘇州趙撫台 光緒二十一年七月十九日午刻發

嘯二電悉。蘇州開關，必設稅務司，自以專設關道爲妥。滬上繁劇，上海道若不兼管地方，不能彈壓，似可改爲松太道，另請專設分守蘇州道，兼蘇州關監督。湖北鹽法武昌道，廣東糧道兼管廣州府，皆首道只轄一府之成案。仍請裁酌。效三。

趙撫台來電 光緒二十一年七月十八日申刻到

頃接廖中丞電，謂内河行輪無補釐金，且釐重稅輕，不啻驅華入洋，官為經理，尤恐滋弊。似莫若就蘇杭設洋關，置稅司，較為扼要等語，亦有見地。竊謂蘇若開關，糧道同城，不能兼關務。或援天津之例，以上海道專作江海關道，另請專設蘇松太道於蘇，兼理商務，諸事皆有歸束，庶可持久。姑存此論，仍乞公葢籌。翹。嘯二。

致上海黄道台 光緒二十一年七月十九日午刻發

内河小輪，利在拖運貨物，洋人小輪斷不准拖帶民船、剥船，江海輪船章程皆同，内河洋輪自應一律。洋輪既不拖貨船，與華商小輪迥然不同。該商等承辦内河小輪，無論其貨裝於拖船，裝於本輪，均應仍照數完納釐金，將向來經過幾卡釐金之數，歸併一次抽收，斷不能妄請比照洋稅。至沿途禁止起卸及開輪到岸如何查驗之法，該道即妥速議覆，以便飭釐局核議。效。

致武昌蔡道台〔一〕 光緒二十一年七月十九日未刻發

閣下何日來，鐵廠有洋人肯包否，速覆。閣下來時，可告龍方伯，將弟養廉帶來爲荷。效。

致武昌譚制台 光緒二十一年七月十九日亥刻發

鄂認援甘餉三分之一，是否合吳陳兩軍，抑係專指吳軍。昨嘯電奉詢，祈速明示，始能具奏。再，吳軍門已到滬，將來甯，擬俟其來面詢。渠願去固好，如不願，即派其馬隊三營赴甘，吳聽其回襄可也。特奉聞。詢吳後即奏，不再商矣。效。

〔一〕以下二電録自抄本《張之洞電稿·致湖北電》。

致金山衛章字營譚統領[一] 光緒二十一年七月十九日亥刻發

朱故鎮洪章生前戰績，速叙節略，由舊部聯銜具禀請奏。號。

致鎮江呂道台光緒二十一年七月二十日未刻發

頃有鎮江紳士具禀，風聞將在鎮江開欵，懇請勿開等語，實堪駭異。金陵從無此説，本部堂更無此意。夏間有人呈請在江甯所屬地方開欵，已經嚴行批駁。至鎮江則並無此説，不知何以訛傳。馮宫保來函，亦聞有此謡言，殊屬可怪。該道速出示曉諭民間，斷不可誤聽謡言，平空驚擾爲要。號。

致瀘州前榆林府施子謙太守[二] 光緒二十一年七月二十一日丑刻發

雪岑兩電想均到。若葬期尚遠，望來金陵襄助一切。係居幕府，不比在外局當差。盼甚，祈即速覆，當匯川資。號。

致蘇州趙撫台、鄧藩台[三]光緒二十一年七月二十一日丑刻發

廖中丞來電，李牧已來見，回海甯略料理即動身，計廿三四可到蘇。等語。號。

致上海黄道台光緒二十一年七月二十一日丑刻發

小輪一事，前飭議崇明、通海一路。又該道請添甯波、台州一路，并據稱此係出口，應令關局會議等語。日來所議如何。鄙意小輪出吴淞旋即入揚子江，行崇、通似無流弊，而大有益於商民。行旅即由海濱行甯、台，似亦無害。究竟於江海關洋税有無妨礙，税務司所言如何，即速查覆。號。

致武昌譚制台[四] 光緒二十一年七月二十一日丑刻發

嘯、效兩電詢鄂認三分之一，是否合指陳、吴兩軍一千二百名之餉，抑專指吴五百名之軍餉。務祈速覆，即日電奏。號。

譚制台來電光緒二十一年七月二十一日酉刻到

嘯、效兩電均悉。前電鄂認援甘餉三分之一，係合吴、陳兩軍一千二百名之餉併計，請即據以入奏。吴軍門到甯，如不願赴甘，可聽其回襄，并請一併附奏，不須再商矣。洵。號。

致廣州保將軍、譚制台，杭州廖撫台

光緒二十一年七月二十一日丑刻發

總署七月二十日來電：奉旨，張之洞請調楊樞、李圭兩員，著准其分别咨調等因。欽此。特電達。號。

致俄京許欽差光緒二十一年七月二十一日戌刻發

洽電悉。精臺學員弁請即再雇千總一人，弁一人。或由兵部保薦，或在外間訪覓，祈代酌辦，總求實有才學可靠者爲要。馬。

[一][三] 録自抄本《張之洞電稿·致本省電》。
[二] 録自抄本《張之洞電稿·致各省電》。
[四] 以下二電録自抄本《張之洞電稿·致湖北電》。

致武昌譚制台〔一〕光緒二十一年七月二十二日戌刻發

吴、陳馬隊不必赴甘，知尊處已同奉電旨，當即告吴，令其回襄，其馬隊如何辦理，統唯尊裁可也。至鐵路一節，另是一事，乃敝處奉旨飭籌蘆漢鐵路如何辦法，需費若干。七月十八日覆奏係弟單銜，與尊處無涉，其文甚長，内有護鄂督諒已奉旨，委員查勘由湖北至江西、廣東鐵路，自係朝廷有意將幹路接修至粤，此路若能開通，則中國氣脈大暢云云。因尊處六月養電廷寄准學士奏云云，故弟誤以爲尊處奉旨也。已將尊處養電原文照録覆奏，並聲明洞因此誤會，不勝惶悚等語。尊處似可不再覆，抑或須再覆，統聽裁酌。至鐵路電奏稿，當録寄一閲。漾。

致上海製造局光緒二十一年七月二十二日亥刻發

車礮鋼擋牌，經該局重繪圖樣呈覽，已兩三箇月，迄未見寄來，殊屬可怪。此件乃禦敵要策，亟應籌思一妥善之法，造成應用。務速造成寄甯爲要。養。

致蘇州趙撫台、鄧藩台、朱道台光緒二十一年七月二十二日戌刻發

二十日電旨想早已奉到。敝處專差録呈電奏稿到否，請即籌酌見示。鄙意借給公欵，至多不得過一半。棉花抽釐章程，請飭蘇、滬兩釐局議，議妥以便開辦。惟此旨有抵制外人之語，只可密示司道閲看，千萬不可轉行，切禱。漾電并悉。漾。

趙撫台來電光緒二十一年七月二十四日未刻到

漾電敬悉。電旨早奉到，尊處奏稿三紙亦讀悉。昨夜已排遞一函，餘容妥籌續達。翹。迥。

致蘇松鎮王鎮台、寶山縣、崇明縣〔二〕光緒二十一年七月二十三日戌刻發

崇明安設水綫，現派何令元秉帶同洋匠，由普陀拖帶洋剥船，於廿五晨由滬開行，沿途營縣務須派撥兵役妥爲照料，勿稍玩忽。切切。

致武昌譚制台〔三〕光緒二十一年七月二十六日未刻發

現租快利、沙市兩輪載鶴字四營勇於廿五開輪赴宜昌、沙市一帶遣散，其餘病勇將及百人，另雇民船，派澄波拖至沌口。請尊處先行派輪守候接拖前往，以免停泊滋事爲禱。宥。

致金山衛譚統領〔四〕光緒二十一年七月二十六日戌刻發

前札調該軍來甯駐紮操練，計已接到。兹已派益生租輪前往，該提督先拔二三營附載來甯，可先部勒以待。該輪明早即由甯開行也。宥。

致蘇州趙撫台光緒二十一年七月二十八日丑刻發

折漕事尊意若何，藩司意若何。竊謂此事尚易辦，改解折色，

〔一〕〔三〕録自抄本《張之洞電稿·致湖北電》。
〔二〕〔四〕録自抄本《張之洞電稿·致本省電》。

實於公家有益。是否須開徵新漕以前，定議覆奏，祈示。感。

趙撫台來電光緒二十一年七月二十八日亥刻到

感電悉。折漕事有益公家，且上年成案可循，商之藩司，亦謂易辦。尊意須開徵新漕前定議，極是。惟河、海兩運是否並停，漕督、糧道以下員弁兵丁如何處置，乞酌示。翹。勘。

致上海黄道台光緒二十一年七月二十八日丑刻發

瑞記紗機事，必須籌一妥善辦法。此時正在招商紡織之際，若已到之機退與洋商，似與政體不合。擬即委閣下督辦詳晰。已告葉丞矣，即妥商電覆。感。

致漢口惲道台光緒二十一年七月二十八日丑刻發

宥電悉。德國開租界居住華民，志在罔利免釐，萬不可行。宜援照英租界不住華民成案力争，方免流弊，并轉達敬帥。感。

致漢口惲道台〔一〕光緒二十一年七月二十八日丑刻發

湖北裁兵事，敬帥擬如何辦法，已議有大概章程否。聞省城操防營小有口舌，確否。速電覆。感二。

致安慶福撫台〔二〕光緒二十一年七月二十八日丑刻發

函奉到。裁兵事未議妥，故未能奉覆。尊意擬如何辦法，祈密示。感。

致廣州譚制台、馬撫台〔三〕光緒二十一年七月二十八日丑刻發

裁兵事，粤省擬如何辦法，已議有章程否，與提鎮商否，祈密示，以便取法。至禱。感。

致成都鹿制台〔四〕光緒二十一年七月二十八日丑刻發

裁兵事，川省擬如何辦法，已議有章程否，與提鎮商否，祈密示，以便取法。教案已議結否，賠欵共若干，有何新添保護章程。并示，切盼。感。

致總署光緒二十一年七月二十八日寅刻發

鈞函及宥電謹悉。蕪米一事，查通商章程載，銅錢、米穀例皆不准通商，現定稍寬其禁，准洋船由此口運至彼口，不准運出外國，仍須具保給照，限期繳銷，違者議罰等語。可見米穀與銅錢併重，爲國計民生所關，故特立專欵，明示限制。所謂稍寬其禁者，即隱寓或禁或否，中國可自爲主裁，不得與尋常土貨一概而論。是以上年禁米出口，各國皆無異議。查通商以來，米市本在鎮江，蕪湖運米，光緒十一年以後始漸有之，近數年洋輪始多。今體察蕪湖情形，未便弛禁，此係中國内政，自可操縱由己。況蕪湖於招商局輪船亦不准運，並非專禁洋輪，與條約實無不合。

〔一〕録自抄本《張之洞電稿·致湖北電》。
〔二〕以下三電録自抄本《張之洞電稿·致各省電》。「福撫台」指安徽巡撫福潤。
〔三〕指兩廣總督譚鍾麟、廣東巡撫馬丕瑶。
〔四〕指四川總督鹿傳霖。

鎮江即有米可載，於洋船運貨之利實無出入，何所謂受虧。況蕪湖儘有他貨可運乎。此事本年四月初五日有鎮江府丹徒縣紳商聯名公稟，請米市仍復舊章，歸於鎮江，萬勿遷於他處等語。原爲便商旅靖地方起見，故特奏明，奉旨允准。英使以此舉專爲益餉計，尚未深知鎮江民情也。此事本係仍復舊章，自不能因太古一行願於何處裝運，即强我更改政令，拂抑民情。請鈞署主持駁辯爲幸。感。

致福州邊制台、張署臬台[一] 光緒二十一年七月二十八日寅刻發

裁兵事，閩省擬如何辦法，已議有章程否，與提鎮商否，祈密示，以便取法。再，武穴教案殺斃事外無干英人兩名，撫恤每一名洋銀二萬元，代修教堂、補給失物共二萬五千元，麻城教案毆斃瑞典國教士兩名，撫恤每一名洋銀一萬五千元，補給失物等項共一萬五千元。并聞，并望轉告小帆。感。

致上海黄道台 光緒二十一年七月二十八日巳刻發

總署來電：日本林使照稱，日商擬將棉紗運進上海城内，滬關不發税單，將貨扣留，請照英約第七欵洋貨入内地領照之章辦理，並將貨物繳還等語。查此事前准六月江電，據滬道所稱各節，當飭赫德查核。旋於庚電據覆，後未接尊處覆電。今林使既以英約爲據，自應以租界所至之地爲斷，該商應照英約另欵，一離租界即完内地釐金，則發給内地税單，亦無不可。希飭關道與領事商辦，并電覆。沁。等語。查棉紗係洋貨，交納内地税，運入上海城，劉道謂必不可行，其弊何在，并即查覆。十八日。

致福州邊制台[二] 光緒二十一年七月二十八日午刻發

唐薇卿函云，前在臺灣訂購九響雲者斯得槍彈五萬，哈乞開斯槍彈八萬，格林礮彈五萬，共彈十八萬，價銀四千二百二十兩，未付定銀，亦未給價。内渡後因曾借閩省槍彈，且誤記此項槍彈前已給價，遂以撥還尊處。兹該行來索前欠，囑敝處籌給。竊謂彈既閩收，價當閩給，方能奏報。若由江南籌給，似須將前彈解還江南，乃可入奏。敝處非欲索此項彈，因唐令敝處付欵，故特電商，祈酌核示覆。儉。

致浙江廖撫台 光緒二十一年七月三十日丑刻發

知府聯豫奏調江南差委，已咨達。該守現當硤石釐差，俟將來差滿時，再遣來江，此時務望從緩爲幸。艷。

致山東李撫台[三] 光緒二十一年七月三十日丑刻發

裁兵事，東省擬如何辦法，已定議否，祈密示，以便取法。至禱。艷。

致蘇州趙撫台 光緒二十一年七月三十日丑刻發

勘電悉。内意自係河、海兩運全停，方能有益餉項。漕督似須議裁，至漕標弁兵，只可酌量分別裁留，改爲清江防勇，各省

[一] 録自抄本《張之洞電稿·致各省電》。
[二] 以下三電録自抄本《張之洞電稿·致各省電》。
[三] 指李秉衡。

衛官應一律裁汰，屯丁改歸民籍。竊謂徵解折色奏准後，一槪可行，宜速辦。至裁衛官屯丁，事繁而不難，議可早定，事可徐辦。至裁漕標兵，須妥籌，又可稍緩。三事陸續分辦，並不相妨。蘇松糧道應照尊議改爲蘇州關道，極妥，并兼分守蘇州，方有管轄商民之權。江、安糧道及他省糧道，鄙意不必裁，可爲京員及知府留一升階，仍可管收漕及兵米事。現須整頓商務，或并令兼管商務，亦甚切時用。陸道部文已到，但吴、馬兩員均未回，不能不稍候。如大致議定後，似可先奏，如奉旨允准，即可先札州縣勿收本色。鄙見是否可行，卓見如何，祈裁酌示覆。豔。

趙撫台來電 光緒二十一年八月初一日未刻到

豔電悉。卓見均極是，請即定議，挈銜入告。應否會同漕帥，祈就近電商。翹。東。

致蘇州趙撫台[一] 光緒二十一年七月三十日巳刻發

昨奉廷寄，飭查吴江縣李汾招匪縱賭、勒規索賄各節，已恭録咨會，請尊處會委妥員，馳往密查。委員即請公酌定，將銜名填寫札内印發，計日内當已達覽。委定何員，祈電示。卅。

致上海黄道台 光緒二十一年七月三十日亥刻發

口岸之外即是内地，别無非口岸、非内地名目，如曰上海城厢内外非内地。彼族將以口岸争，是并半税亦不能抽，況釐金乎。劉道前此堅持本口非内地之議，如何措辭，能有把握否。至落地税取之於華民，洋商無不知之，彼恐税重滯銷，迭控諸領事、公使，轉達英廷，英以取之華民，不便過問答之，卒不得逞，是内地可收落地税，上海城厢内外當亦可收。究竟有何窒礙，請妥酌速覆。卅。

致武昌譚制台[二] 光緒二十一年八月初一日亥刻發

據洋匠電稟，昨日馬鞍山煤井轟炸，恐有傷人，請撥勇一哨馳往彈壓。已電惲升道派員前往詳查矣。東。

致湖北江漢關惲臬台 光緒二十一年八月初一日亥刻發

據洋匠電稟，昨日馬鞍山煤井轟炸，恐傷人不少，已電敬帥派勇馳往彈壓。請閣下選派幹員，刻日赴馬鞍山詳查受傷幾人，妥爲撫恤，并將因何致轟之故，目下井機有無損壞，以後開煤有無大礙，迅即電覆。東。

惲臬司來電[三] 光緒二十一年八月初二日戌刻到

東電敬悉。遵派巡檢王恂星赴馬鞍山查明實情并傷斃人數，酌量撫恤。張令延鴻初一來信，科納下井查看，七層工程略有損壞，約須兩禮拜可以修理還原，似於礦務尚無大礙。先此馳稟，容隨后詳電。祖翼稟。冬。

[一] 録自抄本《張之洞電稿·致本省電》。
[二] 以下二電録自抄本《張之洞電稿·致湖北電》。
[三] 録自苑書義等主編《張之洞全集》第八册，第六六二九頁，河北人民出版社一九九八年版。

致武昌譚制台〔一〕 光緒二十一年八月初二日子刻發

謝鎮濬畬由署任出缺，其奏報病故及請恤各節，應請尊處會長江提台銜具奏。至瓜洲鎮底缺揀擬正陪請簡，再由敝處會同提署辦理。吴故鎮家榜成案，即飭鈔寄。冬。

致鎮江呂道台〔二〕 光緒二十一年八月初二日辰刻發

前屬釐捐局司道函詢尊處每年可津貼蕪湖關道公費若干，久未得覆。此事急須定議，速電覆。至税務司經費每月五千餘兩，係在報部正税内開支，不在此内，萬勿併計。沃。

致上海黄道台 光緒二十一年八月初二日辰刻發

先電悉。十六鋪馬路速動工開辦，萬勿稍延。再，崇明、通海一路小輪，於商民實有大益，是否於洋關税有礙，有何兩全之法。昨通州及釐卡禀，六月内倭小輪二赴通州探詢棉花價值，是倭已擅行小輪，何以江海關税司巡船全不查禁。速覆。沃。

黄道來電 光緒二十一年八月初一日午刻到

念九日有倭人在十六鋪擬築馬路處所持繩勘丈。前因該處華商萃集，面江負郭，緊鄰法界，深防法倭鬬界争索該地，故呈圖説，請先開辦，防其蠶食。兹倭既來勘丈，勢難再緩，擬即酌派滬軍營勇先行動工，以杜其口。祖絡。先。

致俄京許欽差 光緒二十一年八月初二日辰刻發

鄙人任内購礮，大礮必克虜伯，快礮必格魯森，此可允，請酌覆該廠，速購定樣礮爲要。沃。

致俄京許欽差 光緒二十一年八月初二日午刻發

現有洋廠欲來華設廠，每年包造槍萬枝，快礮二百尊，槍礮價照外洋廠價，七年後不取分文，全廠歸中國，辦法似尚省事，且不須籌設廠巨欵。祈速代查明九十三年西班牙式毛瑟槍及一二磅快礮，外洋廠價各若干，彈每千價各若干，以便比較與議，爲禱。沃。

致漢口惲臬台〔三〕 光緒二十一年八月初二日戌刻發

煤井轟炸，工匠多斃，實爲可閔。祈飭張令延鴻等查明傷人確數，優加撫恤，除公欵外，另由鄙人捐銀五百兩，已飭百川通送交尊處轉給，并速查起火實情及以後如何修復，幾日可以修好開工，示覆。沃。

致上海製造局阮道台、潘道台 光緒二十一年八月初二日戌刻發

滬局每月實能出快利槍幾枝，前聞他人云每月出百餘枝，恐不確，務據實查覆。所用槍管及各項零件是否係外洋購來，抑該局煉鋼自造，均速覆。沃。

潘、阮道來電 光緒二十一年八月初四日戌刻到

每月實造出快利槍壹百柒捌拾枝，槍管並零件均用湘鐵、兼

〔一〕〔三〕 録自抄本《張之洞電稿·致湖北電》。

〔二〕 録自抄本《張之洞電稿·致本省電》。

洋鐵，在本廠鍊成自造。學祖、祖棠稟。支。

致上海葉丞大莊光緒二十一年八月初二日戌刻發

瑞記紗機事，已電黄道籌辦，詳細由該丞面陳。現已籌有辦法否。小輪事議有妥章否，共設幾隻，崇明一路願辦者多否，若實有利無弊，仍可奏請也。昨見七月萬國公報，有洋商宗師等及華商七人，已設立有限公司，置蘇杭一路小輪，集股二十萬，拖帶民船，兼帶書信，刊有章程。此係何人主持，并查覆。我須急辦爲妙。沃。

致漢口惲臬台、武昌中協、漢陽槍礮廠〔一〕 光緒二十一年八月初三日子刻發

澄波輪船拖鶴字營勇赴沌口，前月廿六日開行，約今日可到。該輪回時，務將礮廠所造快礮、礮架、礮彈裝回甯爲要。沃。

致濟南李撫台〔二〕 光緒二十一年八月初四日巳刻發

知縣姚錫光前充天津武備學堂提調，聞於春夏間經公調東委充營務處。今該令來甯，欲求自效，其人才具性情如何，辦事有無實際，因何銷差，祈詳示。支。

致金山衛代統章字營譚提督、金山縣令〔三〕 光緒二十一年八月初四日酉刻發

冬、支兩電據稱該營拏獲會匪，訊供屬實等情均悉。該統領即將周碧成、潘龍慶並布標、僞令旗一切會匪憑據人證移送金山縣，應由該縣提同潘馮氏迅速訊取確供，即由縣稟候核辦。該縣一面查拏夥匪，嚴禁窩匿，勿稍枉縱。拏匪係營員事，訊匪辦匪係州縣事，該統領不必在金山静候。支。

致武昌譚制台〔四〕光緒二十一年八月初六日巳刻發

去年因軍務緊急，弟商明楊石帥，將甘省購到之五生、四生克虜伯礮各六尊截留，交愷字營帶赴關外，向外洋補訂十二尊備還甘省。前月甘肅回匪滋事，已電魏午莊中丞徑由天津將原礮轉還甘省。茲信義洋行來電，補購之礮已裝船，求速給價。查甘省既得原礮，續訂之礮即可留用，不知鄂省合用否，如用，請飭付價并電信義運鄂。如鄂不用，可歸江省，價由江給。祈即酌覆爲盼。語。

致蘇州趙撫台〔五〕 光緒二十一年八月初六日巳刻發

鄧藩司稟擬寶山縣堪補堪調人員各五員，開單請核，内即用班鄭仲和一員，據稟係台端遴選等語，特奉詢查。鄭令科分頗深，如該令係公所選，其人自必可用，當即以該令請補也。即候示覆。語。

〔一〕〔四〕 録自抄本《張之洞電稿·致湖北電》。
〔二〕 録自抄本《張之洞電稿·致各省電》。
〔三〕 録自抄本《張之洞電稿·致本省電》。
〔五〕 以下二電録自抄本《張之洞電稿·致本省電》。

致蘇州鄧藩台光緒二十一年八月初七日巳刻發

函悉。寶山縣缺，即照擬以即用知縣鄭仲和請補。陽。

致成都鹿制台[一]光緒二十一年八月初七日巳刻發

門人王範堂工部，名文模，品端學優，丁艱在省，聞成華書院均届關訂之期，懇推愛酌薦一席爲感。語。

致臺南劉鎮台淵亭光緒二十一年八月初八日未刻

譯交鄒委員寄

守臺之舉，出自閣下義勇，鄙人並未置詞。至守臺兩月俄即來援之説，實係訛傳。俄國在北，如何能顧及臺灣，鄙人並未發此電。今或去或留，仍請閣下自酌，鄙人不敢與聞。至協濟餉械，疊奉諭旨嚴禁，萬不敢違。愧歉萬分，務祈原諒。陽。

致漢口鐵廠汪守、馮倅[二]光緒二十一年八月初十日寅刻發

無煙藥槍彈已造成若干顆，速寄金陵。若無煙藥未到，或即將黑藥裝數十顆寄來。即覆。佳。

致武昌譚制台光緒二十一年八月十一日亥刻發

户部議覆敝處所奏湖北新鑄銀元行用辦法一摺，想已咨達。此事於正月初五日會台銜電奏，原以開鑄既須鑄本，銷路以江、皖等省爲多，故擬將鄂局歸南洋經理，江南不另設局，以免相妨。籌款行銷，南洋任之，如有盈餘，酌量津貼鄂省，係與公商明會奏。鄙意本擬餘利江、鄂各半均分，似屬妥協。蓋鑄多方有盈餘，需銀太多，不能不仰給江省，故須通力合作，此兼爲江、鄂計也。今部議鑄本由江南借撥，行銷由湖北專司，其餘利及籌欵統歸湖北。查此局月鑄三四十萬兩，漢口一隅能否全銷，俾鑄本不至久壓，鄂省閒欵能否源源接濟，俾免停機待欵。如所鑄太少，有何利益。如必藉江南、安徽各省行銷，以免停滯，似當照原議，方無窒礙。否則江南需用銀元，當照粤局成案，外省附鑄僅貼工火，利以分而益微，殊於鄂局無益，且江南可自設局矣。尊意如何，請詳籌示覆。真。

譚制台來電光緒二十一年八月十三日巳刻到

真電悉。武、漢等處向來行用銀元不多，司局欵絀，挪借亦難。儻滯銷壓本，勢難周轉，若少鑄則又利微，不免虚糜局用。不如仍照原議，籌欵行銷南洋任之，餘利江鄂各半，最為妥協。或鄂省需用銀元，可照粤局成案津貼工火，隨時酌量籌銀附鑄，亦免江南另行設局。現經部議，應將窒礙便益各情，如來電命意，請公挈銜奏咨。洵。文。

致蘇州趙撫台[三]光緒二十一年八月十二日寅刻發

真電悉，兩函均奉到，另函詳覆。李牧圭自甯赴蘇，想已見。該員嫌租界距城太遠，難保護，鄙意以爲不然。今擬給之地，距

[一] 録自抄本《張之洞電稿·致各省電》。
[二] 録自抄本《張之洞電稿·致湖北電》。
[三] 録自抄本《張之洞電稿·致本省電》。

城止六里餘，已甚近矣。如照初次所擬之地，距城止二里餘，數年之後，華民蓋屋必致接連一片，種種窒礙，設有軍務，無所措手。如爲保護，可派營勇駐紮。折漕事須速議，陸道宜速到任，吴升道願將糧道印先送回蘇最妙，祈電吴照辦。陸道數日即赴蘇。真一。

致蘇州趙撫台 光緒二十一年八月十二日寅刻發

折漕事，蘇藩司、糧道會詳太略。此事州縣總不願辦。鄙意此舉於公家有益，似乎義在必行，惟江北易辦，江南蘇屬難辦。各屬或收本色，或收折色，情形不同，須查清官紳民三層，均須籌畫周妥，方無窒礙。請飭藩司詳查切實，開清摺請尊處核示爲要。惟倉卒恐難核定，若定議折解，須先飭州縣漕糧暫緩開徵，寬其漕限，一面具奏，聽候部覆。真二。

致鎮江瓜洲鎮高鎮台[一] 光緒二十一年八月十二日寅刻發

閣下老成宿望，軍律嚴明，素所深佩，正資臂助，何以遽萌退志，斷難照辦。即偶有違和，務望寬心調養，切禱。原稟當即繳還。真。

致清江松漕台[二] 光緒二十一年八月十二日寅刻發

前奉廷寄議折漕事，尊意如何，祈示知。弟與趙展如中丞商，似不能不辦也。真。

致蘇州趙撫台 光緒二十一年八月十二日巳刻發

支電悉。江浙交界，盜匪橫行，民不聊生，即如新陽縣盜案，供出如此重情，悚愧難安。況現奉廷旨，自宜速籌良法。鄙意擬有七條。一、整頓水師將領。一、派小輪數隻，配以礮位弁勇，令至太湖、內河一帶與礮船合力追捕。一、派幹弁帶陸勇水陸協緝。一、懸重賞購覓眼綫，并購拏著匪，賞由省局出。一、蘇省辦盜章程稍拘，宜照各省近年奏准章程，凡係刼盜罪應斬決者，或道府或委員復訊後，就地正法，免其照例解勘，并即奏明，著爲定章。一、稍寬州縣盜案，照例處分，獲鄰省及鄰境盜犯，准其相抵。一、嚴州縣諱盜處分，查出者必撤必參，以前未報者准其補報。想台端必有良策，祈裁酌示覆，并告臬司。文。

趙撫台來電 光緒二十一年八月初四日酉刻到

廷寄飭商捕匪事宜，我公全局統籌，應如何布置緝拏，乞先密示大概。翹。支。

致蘇州趙撫台[三] 光緒二十一年八月十二日巳刻發

捕盜事，原奏意中似有指定緝捕大員，恐別有用意，不可受其愚也，公想已鑒及。祈密示。文二。

致俄京許欽差 光緒二十一年八月十二日亥刻發

六月廿八大咨，云已定七生半快礮二十四倍長。查近來新式

[一] 以下二電録自抄本《張之洞電稿·致本省電》。
[二] 指漕運總督松椿。
[三] 録自抄本《張之洞電稿·致本省電》。

快礮多係四十倍長，今定二十四倍長，恐非新式，能否更四十倍者，請示覆。文。

致蘇州趙撫台光緒二十一年八月十三日巳刻發

折漕事，電商松漕帥，詢其意以爲如何。頃接覆電，云折漕事敝處未奉廷寄，亦無部文，應照尊裁及中丞所議，挈敝銜會奏。椿。震。等語。特奉聞。元。

致蘇州趙撫台〔一〕光緒二十一年八月十三日巳刻發

新陽盜案小張三等十一名，敝處已批上海道復訊，如供情確實與縣委原稟相符，即在上海照章懲辦。尊處如何批示，祈速示。元。

致鎮江呂道台光緒二十一年八月十三日戌刻發

節後再來甯。元。

致湖北江漢關惲道台〔二〕光緒二十一年八月十三日戌刻發

北紗局續與良濟洋行訂定鐵梁柱等，共計英金二萬鎊，已付八千鎊，應找付一萬二千鎊，議定分三年付還，請分給印票三紙，届期仍由紗局付銀。一切由盛守面稟。元。

致蘇州鄧藩台光緒二十一年八月十四日亥刻發

單稟悉。鐵路事，内中現在籌辦者，係北方幹路。至蘇杭鐵路，鄙人電奏雖曾論及應辦，惟電旨於此節未置可否，自不能率行舉辦。聞蘇州紳士甚願修造，如有紳士具稟，則可據情轉稟也。願。

致厦門易道台順鼎光緒二十一年八月十四日亥刻發

元電悉。臺事奉旨不准過問，濟臺餉械更疊奉嚴旨查禁。此時臺斷難救，且事必不能密，萬一漏洩，徒礙大局，朝廷必然震怒，且東洋必更加詰責要求，豈不所損更多，是欲爲國家，而反累及國家也。此事關係重大，務望權其輕重，速離厦門，免生枝節爲要。願。

致武昌譚制台、龍藩台、惲臬台〔三〕光緒二十一年八月十五日辰刻發

寒電悉。敝處並無奉密旨濟劉之事，易道電實堪駭異，想係訛傳。此間兩咨奉旨查禁濟臺餉械，臺事未便過問，如果奉旨接濟，江南自當力籌，無須鄂省挪借也。此事關繫甚大，并請密告龍方伯、惲廉訪萬勿誤信易電，以致傳播，别生枝節，切禱。吴家榜案十二日文報局寄。咸。

〔一〕以下二電録自抄本《張之洞電稿·致本省電》。

〔二〕〔三〕録自抄本《張之洞電稿·致湖北電》。

致福州邊制台[一] 光緒二十一年八月十五日辰刻發

歌電悉。所云古田案懲辦頗多掣肘，且恐有意外要求，非賠款所能了等因。賠款之外，意外要求係何事，掣肘情形如何，祈速明示，以釋懸系。緣滬上訛言甚多，故特奉詢。咸。

致漢口德國施總領事官[二] 光緒二十一年八月十五日巳刻發

電悉。總署來文，租界係租與洋商之用，華商自不得同住，漢口英租界有案可援。譚制台決意删去非由中國官允准七字，正與總署及本大臣意見相同，應請貴總領事照此立約。十五。

致武昌譚制台 光緒二十一年八月十五日巳刻發

頃接德總領事電：本總領事會議約内租界非由中國官允准，華民不得同住一條，譚制台決意去非由中國官允准七字，與德欽差札飭不符。應請貴大臣即電致譚制台，或允准不删，或以此條歸欽差與總署會商，先毋置議，俾速立約，以篤邦交等語。當覆：電悉。總署來文，租界係租與洋商之用，華商自不得同住，漢口英租界有案可援。譚制台決意删去非由中國官允准七字，正與總署及本大臣意見相同，應請貴總領事照此立約，署兩江張覆。十五。等語。查華民同住，不惟釐捐有礙，亦於體制不宜。至歸總署與德使會商先毋置議一層，亦不可行。若總署不允，彼必置之不議，而約已畫押，彼將藉口無不准明文，是不准而准，不可不防。請電達總署，堅持不允，有英案可援，彼必不能相强也。咸。

致廈門易道台順鼎[三] 光緒二十一年八月十五日巳刻發

頃接湖北譚中丞電，云閣下致渠電言敝處奉密旨接濟劉軍云云，實堪駭異。敝處兩次奉旨查禁濟臺餉械，安有奉旨濟劉之事，不知何人妄造訛傳。此等謠言關繫大局，且臺民多在廈門，尤易妄爲傳播，若日本詰問朝廷，如何能善了，閣下亦必受大累。務望迅速離廈，萬勿再管臺事，以免平空生波。此乃切實忠言，千萬采納爲禱。如必不肯速行，鄙人惟有奏明請旨飭令閣下回湘矣。事關大局，千萬鑒諒，即候電覆。咸。

致蘇州趙撫台[四] 光緒二十一年八月十五日戌刻發

羅道准十七日晨行。陸道屢催，須二十三日行。陸道重在漕務，至洋務不甚著重也。黄道遵憲已飭令赴蘇會商開辦事宜，須三日後行。倭領事雖赴蘇，此時總署詳約未議定，一切不能作爲定論。陸、羅、黄之會札尊處蓋印後，如已發者則已，如未發則即留在蘇，候該員到發給可也。劉慶汾於東洋文翻譯最熟，人亦明白，可用。咸。

致湖北漢陽槍礮廠馮委員熙先[五] 光緒二十一年八月十六日酉刻發

本月初十日派翔雲赴漢陽廠裝新快礮，何日到，何日可回，

[一][三] 録自抄本《張之洞電稿·致各省電》。
[二][五] 録自抄本《張之洞電稿·致湖北電》。
[四] 録自抄本《張之洞電稿·致本省電》。

即覆。諫。

致蘇州牙釐局 光緒二十一年八月十七日子刻發

據無錫吴令稟稱：近聞各繭商添設行棧，多至四十餘處。聞赴局請帖者尚多，帖一日不截，請者一日不止。設日本人出而包攬，捐欵有礙，官絲廠幾成虚設等語。查現議繭捐向行户統收，自應給帖，不准私開。錫繭本銷東洋，但令華商請帖完釐，方售洋人，不向散户收買，則捐欵不致無著。或慮洋人在錫開行，條約内地向不准開設洋行，即謂洋人暗串華商合夥開行，自應照章查禁。且既係華人出名請帖，釐金亦自不少，似應以查禁私行，一律給帖，並查禁洋商合夥開行，議定統捐，方准售貨爲扼要。速核議電覆。頤。

致武昌譚制台[一] 光緒二十一年八月十七日子刻發

咸電悉。慶艙、吉艙兩輪有蒙混裝貨情弊，自應扣留罰辦。已于八月初九日録案咨覆，請查究，并咨湖撫查禁矣。係交文報局寄。諫。

致武昌譚制台、龍藩台、瞿臬台、鹽道朱道台，牙釐局黎、彭道台 光緒二十一年八月十七日子刻發

上年七月間具奏鐵廠經費不敷，請於釐金、鹽課項下每年匀撥十萬兩濟用，以兩年爲期，經户部會同海軍衙門於九月初十日覆奏照准咨部，敝處於十月初六日咨明，並行司道局在案。鐵局因有此的欵，是以指欵向各處挪借應急。目前外洋、上海各洋廠積欠甚鉅，歸還屆期，催索甚急，未便失信遠人。漢陽廠中亦需現欵應用，情形均甚緊急。南洋今年已借撥數十萬，一時無可再籌，不得不於奏准鄂省釐金、鹽課項下商撥。亦知鄂省用欵浩繁，今以無可籌措，故特稟商，請飭鹽道及善後、牙釐兩局將此欵二十萬兩設法籌解，以還急債而濟要需。如一時未有現欵，或先向商號轉借，或酌發台票應用，或由鐵局向商號代借，由鄂省鹽道、釐局給期票認還。總期速濟眉急，不至停爐待欵，實深感荷。并候示覆。諫。

致武昌譚制台 光緒二十一年八月十八日戌刻發

江順輪船載丁鎮勇二營於十七日開行，赴岳遣散，請先期飭地方官照料爲感。效。

致鎮江吕道台[二] 光緒二十一年八月十九日子刻發

王廉生祭酒來電：山東河患，流離可憫，請告吕觀察海寰，速集東人之官兩江實缺者捐賑，彙交台端，逕匯東撫，以濟眉急。直年英麟、懿榮等。語。特照轉。嘯。

致户部、總署 光緒二十一年八月十九日子刻發

前奉六月歌電查息借事，久已遵照如期停止，共收二百三十

[一] 以下三電録自抄本《張之洞電稿·致湖北電》。
[二] 録自抄本《張之洞電稿·致本省電》。

一萬餘兩，甯、蘇局所出百兩關票，均係在此數内。此因便商起見，故不能不稍予變通。遵照貴部原定百兩一票章程，祈轉達總署，飭總税司轉飭上海税務司簽字，感禱。再，前電奏移息借商欵爲蘇、滬招商製造，振興商務之用，内言息借二百二十六萬餘兩，係漏叙甯屬四萬餘兩。合併聲明。效。

致蘇州趙撫台 光緒二十一年八月二十一日丑刻發

商務局擬分設三處，滬一、蘇一、甯一，既取貫通，亦專責成。甯局事略少，因敝署左右須有一局，方便於指授轉行耳。蘇局委蘇松糧道及朱道總辦，滬局委上海道并阮道祖棠總辦。阮道現辦上海製造局，人素廉謹，且就便也。甯局尚未得其人，擇妥後再送會稿可也。蘇紳章程太略，兹酌擬數條，即電請核正。號。

致厦門易道台〔一〕 光緒二十一年八月二十一日丑刻發

鑠電悉。並無密旨接濟之事。此説毫無影響，不知何妄人所造，而閣下致鄂電乃云聞密旨令接濟，何大誤至此。大約尊意仍以爲真有此密旨也。即此一語，已堪駭異。電致鄂省，即難免傳播矣。彼族聞之，朝廷即不能善了，真令人焦急萬狀，何閣下乃視爲平常耶。合肥委員在鼓浪嶼偵探，豈不知耶。務望速回。國家多難，洋燄日張，再有枝節，不能堪矣。爲國爲身，均須謹慎，萬勿游移。號。

致福州邊制台 光緒二十一年八月二十一日丑刻發

哿電悉。彼族所要索者係何條目，此案教士斃幾人傷幾人，獲犯已正法者幾名，尚有辦他罪者否，祈示。此案係齋匪聚衆，憑空擾害，與良民因事憤激者不同，似多辦數人，尚不致害政體。此外，惟有極力籠絡教士爲要著。教士欣悦不作鬧，則自然無事。其次，則領事、兵船官亦須敷衍。時勢如此，不能不稍用權宜。統請裁酌。此案係委何員辦理，并示。號。

致成都鹿制台、武昌譚制台、蘇州趙撫台、杭州廖撫台 光緒二十一年八月二十二日丑刻發

總署來電：日本將派上海領事往蘇、杭、沙市等處選擇租界，宜預爲籌畫，照甯波通商場章程最妥，否則合各國爲一氣，租界較爲扼要，即飭各該地方官會同税司及各國領事先行履勘地址，劃定界限，以免各國紛紛來請。希達川、鄂督，蘇、浙撫。馬。等語。謹照轉。箇。

致蘇州趙撫台、清江松漕台〔二〕 光緒二十一年八月二十二日巳刻發

通海棉花，遵旨改産地統捐。現據江甯釐局議詳，每净花百斤統捐八百文，江蘇全省概不重徵，議於統捐内各撥蘇、滬、淮二成，由該三局行知各卡，遇有甯局護照，到地卸貨，即將原照扣存，按季送甯局，如數撥給。惟查清、淮各餉二成恐其不敷，

〔一〕以下二電録自抄本《張之洞電稿·致各省電》。
〔二〕以下三電録自抄本《張之洞電稿·致本省電》。

現與司道熟商，擬改撥清、淮四成。是否，仍請酌示。養。

致徐州銅山縣陶令光緒二十一年八月二十二日午刻發

銅山縣法教士陶、艾兩人租買民人翟錫禄房産一案，前札該縣限十日内將全案録送，乃月餘未到。此等洋務重件立待核辦，何以如此玩延。該縣接電後迅將全案録送，萬勿再延，盼切。養。

致徐州銅山縣陶令光緒二十一年八月二十三日丑刻發

租産一案，文卷能有幾何，月餘尚未對畢，足見於教案全不經心，實屬疲玩。務即日專差飛送江甯，勿延。漾。

致漢口漢陽槍礮廠馮倅〔一〕光緒二十一年八月二十四日亥刻發

前據電稟，云槍機四箇月可較好齊開。據蔡道言，七月内已較好一百二十部，何以現致蔡道電言年底方能修好齊開。又小快礮年出七十尊，是否係就現有礮機而言，抑係新添值十數萬金之快礮機到後，亦止能出七十尊。且快礮有大小之别，若五生、四生等式只算小礮，何以亦止出此數。是否洋匠所言，抑華匠所估，均即明白電覆。敬。

致漢口漢陽鐵廠黄守光緒二十一年八月二十五日亥刻發

熟鐵爐屢催未能全開，殊屬可怪。務速多雇鐵匠，輪班練習，限於年内將二十座全數開齊，不准再有遲誤，切切。即將遵辦情形電覆。徑。

致漢口漢陽槍礮廠汪守、馮倅光緒二十一年八月二十五日亥刻發

該廠今年内能造成快槍若干枝，彈若干顆，快礮若干尊，即日據實確覆，勿稍含混。切切。徑。

馮倅來電〔二〕光緒二十一年八月二十六日申刻到

徑電謹悉。槍機新安，事事待考，年内盡力趕造，可出百枝，槍彈可出十萬顆，快礮三生七、四生七可出三尊，五生七可出一尊。快礮彈因壓銅殼機器尚未補購到廠，前次所造係借用别項機器通融配造。如此時須造，礙難定數。光稟。宥。

致蘇州趙撫台〔三〕光緒二十一年八月二十七日辰刻發

金牧元烺僅見過一次，已詳詢程道儀洛、桂道嵩慶，僉稱該員心術甚好，操守謹飭，亦能辦事，曾經沈文肅明保，該兩道皆所素知等語。程道廉正卓絶，桂道老成穩妥，當非妄語。感。

致蘇州趙撫台光緒二十一年八月二十七日辰刻發

漾電悉。通海棉花統捐，甯釐局前議蘇、滬各二成，其中有

〔一〕以下三電録自抄本《張之洞電稿·致湖北電》。

〔二〕録自苑書義等主編《張之洞全集》第八册，第六六六一頁，河北人民出版社一九九八年版。

〔三〕以下三電録自抄本《張之洞電稿·致本省電》。

截長補短之處。玆當遵示，蘇、滬三成，已飭甯局遵辦。擬試辦一年，察看情形，如甯局收數過絀，應核明甯、蘇、滬三局原收之數，將減收之數按成勻攤。護照分編蘇、滬字樣，亦飭遵矣。宥。

致鎮江呂道台 光緒二十一年八月二十七日巳刻發

有電悉。義舉佩甚。尊處山東賑捐，請徑寄京交貴省直年。感。

致武昌瞿臬台[一] 光緒二十一年八月二十七日巳刻發

權藩大喜，欣賀。龍仁階何日行，王爵堂有信息否，回鄂否，祈示。感。

致漢口惲臬台 光緒二十一年八月二十七日巳刻發

部文想已到，請陛見摺想已發。何日交卸道篆北上，何人接署。想可取道金陵，祈示。感。

致福州邊制台、張署臬台[二] 光緒二十一年八月二十七日午刻發

小帆電悉。洋人止斃十一命，我若誅二十四人，似乎太多。武穴、麻城教案皆係殺兩洋人，均即辦兩華民，死罪一命一抵。此所辦之二十四人，是否領事、教士指名請辦，不知能少辦數人否。閩省案情，目前事勢不悉其詳，姑陳妄論備采。竊思若將教士極力恭惟敷衍，各大員隆以上賓之禮，許其出示刻書，徧爲傳布，力贊西教之專爲勸善，毫無壞處，諷其少殺數人，以期民教永遠相安，彼或肯減少數名，以送人情。教士肯則領事肯矣，似不可不極力設法。緣外國最重人命，教士最好作假仁義，懇以情，或可行也。統望裁酌。感。

致吉安吉安府萬安縣 光緒二十一年八月二十八日亥刻發

上海法總領事來電：江西萬安縣現有匪徒拆毀教堂，毆傷教士數人情事，請速飭地方官設法拏辦，彈壓保護等語。現值川、閩教案未了，外人正多要求，朝廷頗費調停，若該處再釀成巨案，該府縣豈能當此重咎。務速認真將教堂教士妥爲保護，速將生事匪徒拏獲懲辦，以儆愚民，切切。并將實在情形及因何起衅，即刻據實電稟，勿稍徇隱，至要。儉。

致江西德撫台[三] 光緒二十一年八月二十八日亥刻發

上海法總領事來電：江西萬安縣現有匪徒拆毀教堂，毆傷教士數人情事，請速飭地方官設法拏辦，彈壓保護等語。祈速電飭該府縣妥爲彈壓保護，至要。現值川、閩教案未了，各國藉口，動欲生事，朝廷諸事爲難，若該處再出巨案，更難措手，該地方官亦必受過。究竟該處情形若何，尊處當有所聞，祈速示覆。儉。

[一] 以下二電録自抄本《張之洞電稿·致湖北電》。
[二] 以下四電録自抄本《張之洞電稿·致各省電》。
[三] 指德壽。

致福州邊制台光緒二十一年八月二十九日巳刻發

現擬將駕時、斯美、新福建三輪變價，時、美兩輪係劉省三中丞所造，新福建係邵小村中丞所買，各原價各若干，想均咨明有案。至此三輪前轉售與德商畢第蘭擬價各若干，祈飭查明示覆，以便比較，至感。豔。

致蘇州牙釐局朱道台〔一〕光緒二十一年九月初一日午刻發

泗源溝米釐卡每石抽錢若干，自去年設局日起至目前已報之數止，共實收若干，速據實覆。現接總署電，英使屢瀆蕪關運米，不能再阻，江省米釐卡可移設在蕪關上游，擬即照辦。蕪關於九月十五日開禁，由江南委一道員在蕪設局，照大勝關、大河口、泗源溝之卡向來抽釐之數，統收分解，并令蕪湖道、稅務司協同照料稽察。務須將實數查明，速電覆，并稟撫院爲要。東。此電并録呈趙撫台。

朱道來電〔二〕光緒二十一年九月初二日申刻到

來電諭敬悉，遵即轉稟撫憲。查蘇局米章向分白、糙，每擔白捐五十文，糙捐三十五文，均按八五折收取。泗源溝卡自上年十一月廿七起，至本年八月初止，共報收錢十五萬五千六百八十二千六百零。今并甯局之大勝關、大河口移設蕪關上游，統收分解，保全蘇局大宗米釐，上勞藎籌，不勝欣幸。之榛愚見，甯局捐章不分糙白，蘇歸統收，應從一律，將來分解，請按三分之一，易於核計。是否有當，伏祈鈞裁。之榛稟。冬。

致總署光緒二十一年九月初一日午刻發

諫電謹悉。蕪湖袁道亦來甯面商。英使既固執，屢瀆鈞署，允在蕪湖上游設卡，專收米釐，自當遵辦，蕪關尤所樂從。現擬即在蕪湖關之旁，設一江省米釐局，由江南委員專抽。自蕪關裝輪下行之米，照江省鎮江上游三釐卡原收之數歸併，一起抽收，勿庸分設多卡，以免擾而節費，并飭蕪湖關道幫同照料稽察。此事尤須蕪關稅務司出力協助，若查出不完釐之米，其輪不准開行，自然毫無走漏。若稅司袖手不管，則窒礙甚多。其協助之法甚屬簡便，已與袁道商明辦法，只在稅司不作梗，并無須費力，仍在關道協助也。務望鈞署即告總稅務司電飭蕪關稅司遵辦爲禱。照此辦法，於英使所請及江省餉源、皖省關稅市面，俱無窒礙，簡要易行，且與奏案試辦一年之期相符，實深欽佩。敢請鈞署將原委電致皖撫，望并將九月十五日蕪湖開禁之期，告知英使。東。

致安慶福撫台〔三〕光緒二十一年九月初一日未刻發

總署函電，屢言英使瀆請蕪關仍准輪船運米，總署爲保釐計，令江省在蕪關上游添卡抽米釐，并令袁道來甯面商。擬即遵照總署辦法，江省委員在蕪湖設一局，專抽自蕪湖裝輪下行之米釐，即照江省原設鎮江上游三釐卡所收之數併收，大約共銀一錢，甯、蘇照舊日收數分解。查照奏案，九月十五日試辦，一年期滿，擬

〔一〕録自抄本《張之洞電稿·致本省電》。
〔二〕録自苑書義等主編《張之洞全集》第八册，第六六六九頁，河北人民出版社一九九八年版。
〔三〕録自抄本《張之洞電稿·致各省電》。

即於是日開禁，江省亦即於是日設局。特布聞奉商，詳由袁道稟。祈示覆，將來擬會台銜奏。東。

致蘇州趙撫台 光緒二十一年九月初一日未刻發

前總署來電云：感電悉，英使來瀆，堅以蕪湖係通商口岸，阻運即爲違約，不管華船運否，洋商因此受虧，必索賠。成約具在，勢難終阻。若爲保釐計，或在蕪湖上游酌地添卡，專抽米釐。除電飭蕪湖關袁道親詣稟商外，請籌定商覆。諫。等語。現與袁道商妥，擬即遵照署電辦法，由敝處委員在蕪設局，收數甯、蘇分解。此舉於江省甚有益，蓋蕪關米禁終不能不開也。特奉聞，詳具致釐局朱道電。祈示覆。東。

致揚州江運台〔一〕 光緒二十一年九月初二日戌刻發

凌運判委署未久，應俟一年期滿後，再飭金運判赴任，以昭平允。沃。

致武昌譚制台〔二〕 光緒二十一年九月初二日戌刻發

聞萬航捐銀二萬，經台端奏請開復，奉旨允准。係何時出奏，何日奉旨，此欵是否留鄂用，抑解部，均祈查明電示爲感。沃。

譚制台來電〔三〕 光緒二十一年九月初四日亥刻到

沃電敬悉。萬航捐銀五萬兩，三月廿八日出奏，四月廿八奉硃批，賞還舉人，仍照例復試。此欵已提解部庫矣。洵。支。

致俄京許欽差 光緒二十一年九月初二日亥刻發

東電悉。細思鄂廠歲止出快礮百尊，似太少，恐爲人譏議。查前定樣礮銅殼碰火各機件，俱係五生三，今擬添購機器，專造五生三快礮一種，每年出二百尊。據桂勃爾約估，須添機價三十萬馬左右，比尊電二十一萬馬，加價無多，而出礮倍之，最爲合算。又閏月尊處先電礮彈礮架須添件共十萬馬，現據桂稱，若專造五生三礮架一種，每年二百具，添機加價不過十餘萬馬，所加亦無多。請速商力拂核定加機之價，速示。沃。

許欽差來電 光緒二十一年九月初二日申刻到

力拂稱現配快礮機能年出五十尊，若需百尊，應添機價廿一萬馬。澄。東。

致福州邊制台〔四〕 光緒二十一年九月初三日亥刻發

江電悉。派輪往迓一節，實多不便。該兩輪德商已交還，此時戰事正急，若有中國輪船往，必爲彼族攔截，若言明接劉內渡，何人能與倭人言明耶。尊處如能勸其內渡，當可自行設法乘洋商輪而出，不知尊處能另設法接出否。望尊處由厦門通信，勸其速歸爲要。即示覆。江。

〔一〕録自抄本《張之洞電稿·致本省電》。
〔二〕録自抄本《張之洞電稿·致湖北電》。
〔三〕録自苑書義等主編《張之洞全集》第八册，第六六七一頁，河北人民出版社一九九八年版。
〔四〕以下三電録自抄本《張之洞電稿·致各省電》。

致厦門易道台光緒二十一年九月初四日子刻發

閣下務速行，萬勿在厦停留，致生枝節。謡言不可不防，事已至此，於大局無益有損。若再不行，只好奏明矣。祈諒。江。

致厦門楊提台光緒二十一年九月初四日子刻發

聞有俞主事明震在厦，其人不甚老成，恐久留在厦多言好事，致生枝節，關繫非輕。萬一有謡言傳播，俞主事難當重咎。聞俞與閣下曾見過，想知其住處，望速告俞速行，萬勿停留，至要。即望示覆。江。

致總署〔一〕光緒二十一年九月初五日丑刻發

八月廿二大咨謹悉。內地通商，地段無多，勢不能分給各國各租一界。既作爲各國公共通商市場，此地將歸誰管，勢不能不由中國自主，故自設巡捕，自設工務局，乃出於不得不然。現擬於內地通商場派道員駐紮專管，巡捕雇用外人，悉照西例，工務局亦照西例，選擇華洋商董商議，均歸此道員督理。如此則事權歸一，兼可杜租界免釐、租界逃犯各流弊。至日本新約內開照通商海口及內地鎮市章程辦理。查租界洋文有二義，一曰寬塞甚，洋文作Concession，譯其文義曰讓與之地，乃全段由官租給，統歸外國管轄之租界，華人不得雜居，如廣東之沙面，漢口之英租界是也。一曰塞託門特，洋文作Settlement，譯其文義曰居住之地，乃口岸之內限定地界，准洋人自向民間租買地基，建房居住，橋梁道路仍歸中國管轄之租界，華洋可以雜居，官可自設公堂拏犯斷案，此則只可名爲通商場，如甯波口岸是也。甯波章程固善，即上海、天津原約洋文之義，亦只係居住之地，本可自設公堂，拏犯斷案。至於現在津滬辦法，必須會審會拏，乃條約章程所無，由歷年失於檢點，自行讓出之權，非原約本意也。二者大有區別，中國統名之曰租界，易於相混。內地口岸必照甯波通商場辦法，方能相安。俟日本人來蘇開議時，當飭派出之員，遵示與之磋磨。惟京中議商約時，租界洋文字面勿書作Concession，致令蒙混解爲讓與之地，外間方有可争。請速咨明商辦條約大臣查照。至要至禱。支。

致濟南李撫台〔二〕光緒二十一年九月初五日巳刻發

豔電悉。尊意擬籌濟湖北水灾賑欵，慷慨義舉，甚感甚佩。該處饑民不下數萬，嗷嗷待哺，甚恐生事。鄂省庫欵如洗，無欵可籌，當道萬分爲難，敝處已設法勸捐，量爲協濟。公擬籌濟若干，祈酌定速示，當由敝處設法墊解，以期迅速濟急，若再遲則恐已轉溝壑矣。惟此係外銷，不能動支正欵，望速賜撥還爲要。粤富商多，或肯作善舉，他省恐難兼顧，且助賑則可，若他省派人赴湖北代其辦賑，則斷不可行也。請速覆。歌。

致俄京許欽差光緒二十一年九月初五日午刻發

贖遼三千萬能減否。倭執韓王，俄外部有何議論舉動。歌。

許欽差來電光緒二十一年九月初六日午刻到

遼費三國已定議，難減。俄廷密謀俟送還後，即詰倭退韓兵。

〔一〕此電於同月初九日録呈電寄江蘇巡撫趙舒翹。
〔二〕録自抄本《張之洞電稿·致各省電》。

澄。歌。

致蘇州趙撫台光緒二十一年九月初五日亥刻發

前奉豔電具悉。李鎮新燕統水師三年，捕務廢弛，盜匪日熾，且訪聞缺額甚多，積弊太深，難望整頓，已札飭李鎮撤退太湖水師統領。惟一時難得接統之人，即暫責成各營官自行整飭緝捕，暫不設統領。俟將來考核實有才具出衆、緝捕有勞績者，再行拔充統領。各營官亦未必即有良將，姑先撤李鎮示儆，以待從容考察遴選耳。惟此係指留防太湖水師七營而言，若李鎮兼統之撫標飛劃緝捕營事，隸貴衙門，應否撤換，應請公酌辦。其李鎮兼統之浙西鹽捕營，係浙軍，已咨廖中丞酌辦。來示陳光全樸勇難得，渠現帶江海緝私營，係浙軍，其汛地自沿海入長江至江陰以上，所轄已廣，若既巡江海，兼管内湖，且兼統兩省水師，恐難兼顧，容再詳商。其撤李鎮一節，已咨達。再，現帶浙西緝私水師右營游擊吴家正，本任崑山縣守備吴廣升，聞二員緝捕尚得力，請公就近考察見示爲感，惟此係偏裨才耳。歌。

致厦門楊提台〔一〕光緒二十一年九月初六日巳刻發

劉鎮是否已到厦，速確示。語。

致清江清河縣侯令〔二〕光緒二十一年九月初六日巳刻發

黄漱蘭通政體芳自汴省携家乘舟南下，日内當到清江，速探明即往見黄通政，務請其率同全眷來金陵，一面電告，萬勿錯過，至要。語。

致清江清河縣探交黄漱蘭、黄仲韜光緒二十一年九月初六日亥刻發

聞我兄携家自汴浮淮南下，到清江後，務請偕全眷同來金陵，已賃屋灑掃以俟，千萬勿却。擬留公在江南主講，不必歸浙也。語。

致蘇州趙撫台光緒二十一年九月初七日丑刻發

語電悉。陳光全既能得力，欣慰實深。查太湖水師向係敝衙門單銜札委，來示云即日改委陳光全接統，會稿另咨送，不知係委接統緝私營，抑即係委統太湖水師。竊思各省向有舊章，太湖距蘇較近，水師將領賢否，即請尊處考察遴選，應撤應换，隨時密示，自當遵辦。或電或函或咨均可，但仍由敝處札行，似於整頓捕務之實際，毫無妨礙，而於向章亦免更改。且敝處撤李新燕之札已發，内言暫令各營官自行整頓，奮勉圖功，若遽由尊處同時又行此札，似亦兩歧。若稍緩數日，即由弟處照委，似亦無妨。公能就近考核各營，求才懲惰，靖匪安民，地方之幸，亦鄙人之幸，正私衷日夜求之而不可得者，斷無不惟命是聽。惟舊章既係如此，若驟然更改，恐外間揣測，必謂督、撫存有意見，以後辦事必多窒礙。總之，有關於公事之實際，則雖舊章亦可商

〔一〕録自抄本《張之洞電稿·致各省電》。
〔二〕以下二電録自抄本《張之洞電稿·致本省電》。

明更改，若無礙於公事之實際，則似不改舊章亦可也。祈裁酌示覆。語。

趙撫台來電光緒二十一年九月初七日亥刻到

語電悉。昨委陳光全，係接統浙西鹽捕營。緣查案向由蘇札委，會浙省及尊銜，故逕行。至太湖水師應歸尊處主政，翹何敢冒昧越俎，且語電並未提及水師，請再查。整頓之意，彼此相同。公事則應按舊章，尊意極是。翹。陽。

致蘇州趙撫台、洋務局、陸道台、羅道台、朱道台、楊道台、劉守光緒二十一年九月初七日丑刻發

陸道等魚電悉。通商地段應由地方官選定，各處向來辦理均係如此，總署斷不致許其任意選擇也。閶門外地方太窄狹，且洋界太近城市，將來保護洋人，查防漢奸，均難周密。此時尚非會議之期，不必急急，況日本人現雖不願遠處，别國將來或有不願近處者。各國租界豈能不在一處。若各國洋行過形擁擠，於彼商務亦無益。望告日本領事，通商後華商必將多設行棧、機器廠，就之交易，斷無不便之處。請萬勿遽許其另擇他處，尤須專與議敝處選定距城六里之地，以後方有退步，至要。語。

致濟南李撫台光緒二十一年九月初七日丑刻發

魚電悉。義舉宏大，欽佩萬分。惟時局已變，惜哉。請作罷論可也。語。

李撫台來電光緒二十一年八月二十九日戌刻到

據赴臺偵探委員稟稱，臺南共有六七十營，苦無軍餉。劉軍與倭力戰，孤忠可憫。憲台如能設法籌濟，衡當悉索敝賦，並約閩、粤兩省，共襄兵事。惟何策可以運往，尚乞藎籌酌度賜覆，當即祗遵。舊屬秉衡謹肅。豔。同莘按：魚電稿缺。

邊制台來電光緒二十一年九月初六日戌刻到

頃聞臺南不守，劉内渡抵厦。泉。麻。

致安慶福撫台[一]光緒二十一年九月初八日卯刻發

聞署無爲州石牧鎮尚在署任，殊不相宜，望速飭交卸爲要。陽。

福撫台來電光緒二十一年九月初八日戌刻到

陽電謹悉。無為州員缺，已於八月廿日委劉倅帶接署。潤。陽。

致天津劉欽差光緒二十一年九月初十日申刻發

張國林去冬經公電調，弟又奏派北援，乃該提督一味推避堅辭，求弟、求奎中丞、求劉道電懇尊處，免其北行，情詞窘迫。因未蒙公允，始勉强就道。似此臨事規避，緩急不可恃之將，雖帶多營亦無益處，即將該員所帶新舊五營全行裁遣。本欲隱忍不言，繼思此乃選將觀人緊要處，且防各營效尤，不敢不以實告。

[一]以下二電録自抄本《張之洞電稿·致各省電》。

謹奉商，即請卓裁。佳。

致安慶福撫台[一] 光緒二十一年九月初十日申刻發

本日會銜電奏，云九月十五日，鎮江關試辦一年期滿，蕪湖關應即開禁，准輪船照舊運米。遵總署電妥商定議，在蕪湖由江南委員設局，專抽裝輪下行之米釐，於皖稅、江餉兩有裨益。局已設定，應請總署飭總稅務司轉飭蕪關稅務司協助關道。請代奏。之、福同肅。蒸。等語。謹録呈。

致蘇州趙撫台 光緒二十一年九月十一日午刻發

蘇紳所擬商務節略內，擬將蘇屬借款百萬專撥歸蘇用，似有未妥。外洋大公司股分，各國人皆有，是以力厚易辦。中國今欲振興商務，自應官紳商民通力合作，厚集其力，方能與洋商相敵。各廠設滬設蘇，但視所宜，殊難執定。若蘇款歸蘇，滬款歸滬，必致各府亦分畛域，滬商各幫籍貫不止一省，又復分幫分省，力量愈薄，安能大舉。且使有非蘇非滬之工商，能仿西法製造，而苦於力薄，欲領局款，更無可借給矣，似不分蘇、滬爲妥。惟如何方無窒礙，弟殊無善策，即請藎籌。至借款換股票，令銀主繳銷息借印據，未甚明晰，望再妥酌詳示。若早訂機器，先請由官籌墊八九萬金，似尚可行，請即酌辦。總之，應照奏案，每一家借局款至多不過十萬，若需本在十萬以內，局款不得過半，以符不得概行仰給官款之旨，已於會委各局總辦札內詳叙，想已入鑒。至甯局委桂道嵩慶，因公素知其人，發札急迫，不及先商。朱道之榛，弟深爲器賞，委兼洋務極妥。真。

致蘇州趙撫台、洋務局、陸道台、羅道台、朱道台、楊道台、劉守 光緒二十一年九月十二日巳刻發

陸道等佳電悉。倭人必欲得閶門外附城一帶，此處人煙稠密，試問將於何處購買大段地基，將欲我强令居民遷避耶。如此處居民不願將地轉售，將欲我强其變賣耶。且各國必須同在一處，兼須興造馬路等事，目下已形逼窄，將來商務興旺，必更不便。昨洋報言蘇州現擬開洋場之處，雖無甚居民，而地方寬敞，將來商務興旺正合云云，可見西人亦願得寬闊處所也。望再與議爲要。再，閶門外可設通商場之地，實有若干畝，有無祠廟、公所、高大房屋，并查示。真。

致安慶福撫台、蕪湖袁道台、駐蕪釐局委員方道台碩輔[二] 光緒二十一年九月十三日子刻發

本日總署來電：蒸電悉。蕪米弛禁，設局抽釐，昨已札赫德轉飭蕪關稅務司協助關道稽查，并照覆英使矣。文。等語。謹照轉。文。

致蘇州趙撫台，陸、羅、朱、楊道台，劉守 光緒二十一年九月十三日寅刻發

昨真電想已達。陸道等文電悉。橋道、巡捕歸地方官，可冀

[一][二] 録自抄本《張之洞電稿·致各省電》。

就範，甚慰。惟租界斷不能在附郭，於各國商務均無益，不獨民情不便也，總以竇帶橋東南大斜港以南一段爲妥。即如上海當年係一海灘，香港係一荒山，漢口租界係江邊下游空地，廣東沙面係一水中小洲，歷年逐漸擴充，日見興旺。若逼窄稠密之所，行棧不能添，馬路不能修，有何生發。且華商亦須於近接租界設廠設棧，必然之勢，不過二年，即已連成一片，雖欲阻之而不能矣。圖速效者無大利，何日本領事及稅司見不及此。此是鄙人好意，爲華洋通籌兩便，可明告之。至華商各廠，或允其即在大斜港以北，並於兩三年内必多開鋪店，以便接連貿易。蓋接連租界地價大貴，必有商民争先修造也，并允常駐防營保護。此外，如彼有不便者，皆允設法代籌爲要。至條約所言任便者，謂各項工藝製造皆可作，非謂租界不論地勢有無窒礙，民情是否允協，皆隨其意也。若彼便而民情不願，將强占民居，逼令遷讓乎。况附郭擁擠，於彼亦不便乎。此事不能不争，即或彼固執，不過一時不定而已，無所謂決裂也。現已電總署，以備與日使駁辦。望飭詳議速覆。文一。

致蘇州趙撫台，陸、朱道台光緒二十一年九月十三日寅刻發

真電想已達。陸、朱兩道真電悉，大意是將原借蘇欵六十餘萬，改爲商務局股本，借户即作爲股東，合爲一大公司，免致轉借與他商，借户不放心，又須保結之煩耳。此法甚善，正與鄙意合，即請照辦。至還欵未到期，機器須早定，擬先以官欵借墊一節，自無不可，應請撫院酌定數目。惟六十餘萬爲數有限，必須紳富自籌本添足，方與諭旨及奏案限制相符，應請飭熟商妥籌。此事卓見如何，祈示覆。文二。

致鎮江馮宫保〔一〕光緒二十一年九月十三日寅刻發

文電悉。保甲局昨日已委袁道秉楨，至陳道壽庚當另委他差，以副尊囑。文。

致武昌譚制台、瞿署藩台〔二〕光緒二十一年九月十三日寅刻發

優貢知縣李增榮，老成切實，守潔心細，委管大冶運道三年，任勞任怨，力求撙節，實爲難得。論其勞績，久應拔委，務請酌委較善一缺，以示鼓勵。至感。文。

致蘇州趙撫台、鄧藩台、陸道台光緒二十一年九月十三日午刻發

尊函及陸道稟均悉。大抵蘇屬情形，小民皆完折色，紳户多完本色。折色二千五百文之數，以之買米，州、縣尚有盈餘。陸道所擬收本解本，收折解折辦法，似尚周妥。蓋如此辦法，則紳户之向完本色者仍舊，但於州、縣買米盈餘稍減少耳。竊思州、縣有每石公費一千文，已足辦公及私用。當此時艱帑絀，州、縣自應各抒報國之忱，不宜執定舊日進項，絲毫不減也。但各州、

〔一〕指馮子材。録自抄本《張之洞電稿·致本省電》。
〔二〕録自抄本《張之洞電稿·致湖北電》。

縣每年每處收紳户本色若干，大約久有成規，此層必須查確，方不致漫無限制。再，各州縣解司庫及糧道尚有南米恤孤、糶變等項，每縣約數千石，望查明分計一州、縣所收漕數内，約占幾成，合計司道庫所收此各項，共係米若干石，或銀若干兩。若除起運七十萬石外，其餘仍徵本色，即以本色數千石專留爲解南卹、糶變之用，正足相抵。即如奉賢收本色五千石，解南恤、糶變亦五千石，則紳户向完本色之米，必可銷納其中，如此似無窒礙。況紳户雖完本色，仍有公費一千，即使不能銷納以本解折，亦不致不敷折銀貼補之用。若糧道辦公無資，可仿湖北奏定公費。總之，鄙意起運之數，總應全數折解爲是。至京倉需米，似不必江蘇代謀，每年運京之米，並不能放完，徒供耗蠹。且京師軍民並不必食江南稻米，江浙閩廣京官雖食米飯，其白色者皆係直隸所産之北稻米也。有折價到部，俸餉必改折放銀錢，聽官兵自買，即謂倉儲宜實，或采買玉田、豐潤、文安、霸州一帶北稻米，或采買粟米，尤爲價廉經久，且買存亦不必多，存倉有百餘萬石足矣。即在京、通收買，商販自至，更無須商局船價及天津剥船種種繁費也。白糧應否併折，亦可電奏請旨。白糧買價貴，州縣必願折解也。總之，各省若全改折漕，則連類而及，歲省各費合計在二百萬以外。江蘇爲各省之幟志，似宜辦成爲妥。管見是否，即請飭速查明，并請卓裁示覆，至禱。藩、糧見解若不畫一，鄧、陸兩君可各抒己見籌覆。元。

致總署〔一〕光緒二十一年九月十三日亥刻發

蘇州通商，特爲擇定城外寳帶橋東南一帶寬廣地段，距城六里，爲各國通商場，實爲華洋兩便之處。乃倭領事到蘇與洋務局員及税務司履勘，欲在閶門外附郭一帶。此處人煙稠密，萬萬不宜。彼謂寳帶橋離城太遠，不便交易，不知上海當年係一海灘，香港係一荒山，漢口租界係江邊荒地，廣東沙面係一水中小洲，歷年擴充興旺。且華商亦須於近租界處設廠設棧，不一二年即已連成一片。若閶門外附郭，人稠地窄，毫無隙地，必致强占民地，逼遷民居，騷擾不安，豈是和好通商之道。且該處地方偪窄，各國必不能同在一處，若散漫雜處民間，則難於保護稽查。又日本如占附城繁華地方，各國亦必不肯居於僻遠，紛紛援例强占，豈不將蘇州城外民居鋪户街道全行拆毁，盡讓洋人環繞乎，尤無此辦法，斷斷不行。況華洋逼促擁擠，則馬路不能修，行棧亦不能添，將來有何生發，於彼及各國商務均無益。昨洋報言蘇州現擬開洋場之處雖無甚居民，而地方寬敞，將來商務興旺正合云云，可見西人亦願得寬闊處也。倭領事如嗾其公使來鈞署妄瀆，萬望囑其飭該領事與地方官和衷議擇，務期地方無礙，民情相洽，各國商務有益，勿得不顧民情，妄爲指索，至禱。元。

致蘇州趙撫台、洋務局，陸、羅、朱、楊道台，劉守 光緒二十一年九月十四日子刻發

文電想已達。陸道等元電内云倭領仍據約不從等語，不勝駭異。新約第四條城邑二字，係渾指新開各口地方而言，非指城内也。任便二字係屬下讀，謂可任便從事各項工藝製造也。若係任

〔一〕此電於同月十七日録呈電寄江蘇巡撫趙舒翹等。

便在城邑無論何處通商工作，則日本何必派該領事來蘇擇地乎。況此約第一條首已言明所有添設口岸，均照向開通商海口、向開内地鎮市章程一體辦理。試問，向開各口何處係在城内通商，何處初開租界不在空曠之處乎，該領事豈能强解。如倭領必占附郭繁華地方，各國必不肯另居僻遠，紛紛援例强占，豈不將蘇州城外民居鋪户街道全行拆毁，盡讓洋人環繞乎。務望飭陸道等駁斥之，萬勿爲其所愚，總以原議寶帶橋東南爲妥。再，該道等勿得擅許他處，至要。總之，彼如堅執，不過回上海電公使向總署饒舌耳，無所謂決裂也。元。

致俄京許欽差光緒二十一年九月十四日丑刻發

克廠薦來總鑛師馬克斯、鐵廠總管德培二人，工夫尚好，惟性情奇傲。因合同係總管名目，自謂只歸總局節制，外廠委員概置不理，一切廠務不與駐廠委員相商，獨斷獨行，稍不如意即以停工挾制。馬尤妄誕，常與委員滋鬧，迭據專辦之員稟揭。現值用人之際，不得不稍示含容。此間係官廠，與外國公司不同。總局在省難於遥制，凡事不能不與駐廠專辦委員和衷商辦。所謂總管者，乃總管開鑛煉鐵工作事宜，華洋工匠悉聽指揮。至於進退工匠，管理廠務，仍當以專辦委員爲主，方合官廠體裁。請託克廠電誡馬、德爲禱。元。

致武昌瞿署藩台[一]光緒二十一年九月十五日亥刻發

鄂省協助快礮機二十萬兩，尚有劉捐八萬未繳，鐵局需欵甚亟，請催劉提督迅速湊繳，以濟要需，切禱。咸。

致蘇州趙撫台、鄧藩台、陸道台光緒二十一年九月十六日午刻發

元電論折漕事想已達。竊謂此事扼要一語，總以紳民向完米者，斷不令折銀，自無流弊。查蘇屬情形不同，前電尚有未盡。數處附城小民多完本色，然每石有耗米三斗，紳户即完折色，亦多短欠不清，亦有全縣俱折者。無論本折，皆係以小户之盈餘，補紳户之不足。據宜、荆兩縣稟，本折均無盈絀，此稟想已察閲。竊思若能據實奏明，向完折者照向來折征之數解，向完本者照市價糶變之數解，收本而糶米，解折者米價不宜過昂，收折而以錢易銀，解折者銀價不宜過低，自然官民俱無所累。總之，紳民之向完本色者，絶不强其完折，全數起運，但價分兩種，俱照市價而又略寬。聲明試辦一年，再爲體察，似無窒礙。至白糧七萬餘石，州、縣以爲累，應否併折，似可電奏請旨。此事須早定議，尊意若何，祈示。管見未必中理，因此係今日救時要政，既有所知，不敢不以奉商。諫一。

致蘇州趙撫台，陸、朱道台光緒二十一年九月十六日午刻發

文第二電覆商務事，晚間接同日尊電，知鄙電尚未入覽。前蘇紳節略太簡略，不明晰，令人難解，故昨電於尊函則逐條答覆，於蘇紳手摺，則只云節略不明晰，請再妥酌詳示。因不解，故請再示也。若如陸、朱兩道電之淺顯説明，不至躊躇多日矣。息借

[一] 録自抄本《張之洞電稿·致湖北電》。

欵改作股本，昨已覆，請照辦。若借户不願作商務公欵，滬欵則有所聞，蘇欵則從未接官紳函電，無由知之。至來電謂欲借公欵名目分餘利，勿惑人言云云，不勝駭愕。公欵者，紳富借户之公欵，非官欵也。因恐淆混，故會札内只言局欵，以明其與官無涉。因恐民疑，故會札内詳言於商務局總辦毫無利益，局用亦不准開支本案之欵。試思此關票所借，本利全行如期還清，乃借户之銀矣，官不過擔責成而已。既無官本，又何能分餘利乎，會稿可詳查覆閲。此事金陵絶無一人管，商無可商，問無可問，更無人言之，可惑也。總之，弟議創此舉，可謂大愚，淘神受累擔責成，不過欲以利江蘇商民耳，而反謂之欲分餘利，中國官民之不相信一至於此。古語所謂天下本無事，庸人自擾之，正可爲區區道也。附及，以博一粲。諫二。

趙撫台來電 光緒二十一年九月十三日申刻到

商務不以息借欵作股本，以私作公，人皆不願。蘇州局勢散，陸、朱二道恐拂尊意，不敢上告，其情形甚為難。前者本係翹强任筱翁作領袖借者，始勉從。現渠已奉召，力推不管。尊意既堅欲作為公欵，翹亦無術曲從。誠如來電，猝無善策，窒礙難行，惟可惜前籌一片苦心耳。尊意以蘇、滬同論，蘇為開埠之地，以蘇借之欵與蘇州商務，於理似順，使作股本，成敗聽諸本人，公家不管，於私事較易。作股本與作公欵同為興商務，於公原電奏亦無不合，如欲借公欵名目分餘利，此畫餅之談，公勿惑人言。恃愛直陳，請再思之。翹。元。

致濟南李撫台〔一〕光緒二十一年九月十六日午刻發

寄諭查陳鳳樓，想早奉到。該鎮在東境人馬約缺額幾成，滋事一節確否，與之晤談，察其尚有忠勇之意否，祈密示。到東以後之事，敝處不必涉及，但須知其爲人耳。諫。

李撫台來電〔二〕光緒二十一年九月十八日巳刻到

諫電敬悉。陳鳳樓至濰縣即經北洋調往，與衡并未晤面。人馬缺額早有所聞，惟實缺幾成不得而知。在東滋事一節已行查兗州，尚未復到。憲台正月嘯電謂此人貪，習氣重，證以衡之所聞，當可為定評也。舊屬秉衡謹肅。篠。

致厦門易道台〔三〕光緒二十一年九月十六日午刻發

江南輪已嫌多，正在設法變價，萬不可向閩索靖海小輪，致生波瀾。千萬速行，切禱。諫。

致俄京許欽差 光緒二十一年九月十六日戌刻發

願電悉。請即照定五生三快礮機，專造五生三一種。務令各件配足，年中實可出二百尊，以免再有延擱。其價當係三十一萬三千馬，能核減尤妙。諫。

〔一〕〔三〕録自抄本《張之洞電稿·致各省電》。
〔二〕録自苑書義等主編《張之洞全集》第八册，第六六九五頁，河北人民出版社一九九八年版。

致蘇州趙撫台，陸、羅、朱、楊道台，劉守 光緒二十一年九月十七日巳刻發

總署來電云：元電悉。蘇撫庚電蘇州通商擇地，略同盡籌，已復令與領事磋磨就緒，不爲遥制。日使並未來瀆。銑。等語。請將尊處致總署庚電，照轉見示。洽。

趙撫台來電 光緒二十一年九月十八日未刻到

諫、洽兩電均悉。敝處前覆總署電云，日領事欲占閶門外，翹等以太近城市，界限難清，將來保護難周，不允，彼亦不堅執。所有地方，官先擇之地距城約六七里，即各國合為一氣，亦甚寬展。彼以為遠，仍欲另擇，擬細與磋磨，不遽商定。謹先密陳等語。特奉覽。翹。嘯一。

趙撫台來電 光緒二十一年九月十八日未刻到

日本心懷叵測，償欵未到手，未必因此遽決裂。惟我所指之寶帶橋距城在六七里外，彼所願之地，距城約有兩里，亦是空曠無居民之處。翹不幸值辦此事，日夜痛心，常飭各委員勿畏其刁挾，此乃通商第一步，總不使其進之太易，致以後事難辦，與公屢次來電深意相合。前日翹飭委員與彼先説，權如歸我自主，再細商量，否則聽彼歸去。彼始不要閶門，擬相地胥、盤之間，權亦歸我自主。此現辦情形也。是否有當，祈進而教之。翹。嘯二。

致蕪湖蕪湖關袁道台、米釐局方道台 光緒二十一年九月十七日午刻發

十四日會稟閱悉。釐捐係中國内政，取之於華民，何須與領事相商，殊屬大誤。辦法大致行户屯米，出入數目應可稽查，每石抽釐一錢，令於售米時加入價内，無論華商洋商販往別口，同一市價，無分軒輊，洋商自無從取巧。米行出售，即以多收一錢之價繳交釐局，於己并無所損，售出若干，隨即赴局完釐。新關米石出口，具有保結，應易跟查，捏報漏報，加數倍示罰。販米之商無完釐之名，而米石有完釐之實，宜在行户杜弊上考究，若責令運米之商完釐，洋商照約必不准辦，商之領事何益。至米石、銅錢，約有專條，與別項土貨不同，不准洋商入内地采買。如有請領入内地采米運照者，切勿發給。同在口岸販運，有行户可問，事自易辦也。洽。

致武昌譚制台[一] 光緒二十一年九月十八日丑刻發

銑電悉。銀元完釐須有定價，方免滋弊，極是。頃與蔡道詳加核算，若交納釐税須每一大元作錢一千零五十文方合算，若一千則不敷成本，一年所虧太鉅，以後仍可隨時酌量增減飭遵也。請裁酌。洽。

致江西德撫台、翁署藩台[二] 光緒二十一年九月十九日子刻發

據萍鄉紳士來敝處公稟，該縣旱象甚重，請電商尊處籌欵十萬，以六萬平糶，四萬采辦官煤，使炭户不至歇業滋事等語，想尊處當有另稟。查來稟情辭懇迫，事關民瘼，尊處自必籌及，江

[一] 録自抄本《張之洞電稿·致湖北電》。
[二] 録自抄本《張之洞電稿·致各省電》。

南兼轄省分，救災恤鄰亦屬義不容辭。擬請兩省分任，各籌五萬，如該紳所禀，以六萬平糶以恤災民，四萬采煤以安炭户。俟明年春漲停糶之時，由該紳士將領欵就近交鄂省所派采煤委員運煤交江南各局應用抵價，即由江南將各局應發煤價扣出，解還江西。一轉移間，欵不虚糜，民沾實惠。請酌裁速覆，以便飭遵。嘯。

致蘇州趙撫台，陸、羅、朱、楊道台，劉守光緒二十一年九月十九日卯刻發

嘯二電及陸道等篠電悉。卓見堅持，佩甚。胥、盤之間似仍嫌距城太近，且有神祇壇，亦不便。似可折中立論，與商初次所擬寶帶橋東北河東一帶之地，或寶帶橋北河西原擬華商自用之地，總較胥、盤爲便。此説即作爲中丞酌中調停之意，並與言明，若占近地，則租界地段丈數斷不能多，給較遠處則可多給，以此歆動之，或易就範，統請中丞裁度。洋報謂，現擬之地雖無居民，而地方寬敞，將來商務興旺正合云云。此洋報乃西人所言，非華人言也，此説曾告倭領事否，渠如何答法。至陸道等前電云租界由華官設巡捕一節，渠理屈詞窮云云，究竟是否已允妥，并望示覆。嘯。

致漢口志道台〔一〕 光緒二十一年九月十九日卯刻發

嘯電悉。淮鹽加價，已接户部電，解魏軍，只可由江南支應局籌解覆部，鄂局收海防捐欵不可截留，兩欵不宜牽混。以前加價，該局可推之江南，以後加價，存儲候部撥，即解江亦候撥也，閏五月起，即不動用矣。嘯。

志道來電〔二〕 光緒二十一年九月十八日戌刻到

頃奉敬帥札，十五日准户部電，淮鹽加價五萬，速匯陝省魏撫糧台。仰將前項銀兩趕緊籌解等語。查加價項下，前奉憲諭提解支應局，今陝甘軍務緊急，不敢延緩，職局支絀無欵，正在批解海防頭二限銀兩，趕即截留挪解，以濟軍需。此後加價如何批解，海防如何撥抵，先行電禀請示。鈞。嘯。

致蘇州趙撫台、鄧藩台〔三〕 光緒二十一年九月十九日亥刻發

陸鳳石祭酒品學兼優，清況素著，現在里居，似宜處以講席，不知蘇屬有書院否。特奉商，即請酌裁。效。

致蘇州趙撫台、陸道台等光緒二十一年九月二十日辰刻發

金陵洋務局委員知府錢恂現請假在蘇，不日即還江甯，請飭傳該員將現議租界情形詳告，并胥、盤一帶地圖速繪大略見示，即交該員携來，并催其速回甯，以便面詢。如有要語，即告該員面陳，可較函電詳盡也。號。

〔一〕録自抄本《張之洞電稿·致湖北電》。
〔二〕録自苑書義等主編《張之洞全集》第八册，第六七〇一頁，河北人民出版社一九九八年版。
〔三〕以下二電録自抄本《張之洞電稿·致本省電》。

致蘇州錢念劬光緒二十一年九月二十日辰刻發

即速謁見中丞及糧道陸道及劉守慶汾，請其告知現議租界、倭領情形，及地勢民情，迅速回甯面陳，切要。號。

致武昌譚制台[一]光緒二十一年九月二十日辰刻發

謝提督得龍前承允派襄河水師統領，兹已回宜昌，散勇完竣，務懇仍派統水師。送勇來江，致開署（抉）［缺］，鄙衷實覺不安，幸惟鑒察，以了此局，感禱。號。

致武昌譚制台光緒二十一年九月二十日辰刻發

昨日覆部電云：∴鹽電悉。各岸淮鹽加價，自閏五月起存儲候撥，前電達在案。鄂岸加價，前已隨時解金陵支應局，現存各岸加價共五萬餘兩，内鄂岸止六千餘兩，此次奉撥三萬兩，是否無論何岸，抑專指鄂岸。至鄂省接貴部電係五萬，是否即係一欵。究竟應否解三萬抑解五萬，祈明示交何處。洞。效。等語。特先布達，俟得覆電再奉聞。號。

致九江誠道台[二]光緒二十一年九月二十一日子刻發

法領事告洋務局委員黄道云，九江有一法兵船接報，稱該地遣散北勇，甚慮擾亂，擬再派吴淞法船前往。當允以電令地方官加意彈護，不必派船，渠已允行。務須督飭營縣認真彈壓保護，至要。號。

致福州邊制台光緒二十一年九月二十一日丑刻發

飛捷所載臺勇在吴淞候輪肆鬧毆人，現飭上海道派員飭輪妥爲押送。聞後來者尚多，以後臺勇請飭厦門道分批遣送，務先期將勇數及籍貫分晰電達，以便早爲備船，部署一切，免滋事端爲幸。哿。

致漢口穆税務司[三]光緒二十一年九月二十二日巳刻發

十二日來電，言派曹委員來甯，有要事面稟，何以至今未到。速令曹來，一到即見。

致江西德撫台、翁藩台[四]光緒二十一年九月二十二日午刻發

哿電悉。承允照撥借欵五萬，具徵軫恤災黎，欽佩之至。江南所撥五萬，擬以四萬採煤，一萬借給平糶，俟明年春漲停糶之時，飭將所領一萬兩就近交鄂省所派采煤委員運煤交江南各局之用，尊處五萬即請逕發萍鄉縣給領，以免周折，將來江南自當飭各局將煤價扣出歸還。養。

［一］　以下二電録自抄本《張之洞電稿·致湖北電》。

［二］［四］　録自抄本《張之洞電稿·致各省電》。

［三］　録自抄本《張之洞電稿·致湖北電》。

致揚州江運台〔一〕光緒二十一年九月二十四日戌刻發

廿三日，據王鎮俊南、馬都司鴻利稟，二十、廿二等日，圩地婦女因不准刮掃毛鹽，聚衆千百人至棧兇鬧，店鋪因之關閉，請派營彈壓等情。查揚州有鹽捕五臺山兩營可以就近酌撥，究竟如何情形，現在已否安靜，希速派妥員督帶營勇前往，會同王鎮等妥爲彈壓，並將實在情形查明電覆。敬。

致武昌譚制台〔二〕光緒二十一年九月二十五日午刻發

聞近來鄂省錢價奇貴，每千合長平紋七錢五分之多，公原議銀元暫作價一千甚合算，不宜再多，請照原議出示，暫時每元作價一千。有。

致武昌蔡道台光緒二十一年九月二十六日亥刻發

銀元共鑄成幾萬，何以尚未運到。待用甚急，速運甯。宥。

致鎮江呂道台〔三〕光緒二十一年九月二十七日子刻發

宥電悉。到鎮起卸東、豫、蘇、皖等省之勇，分別遠近，酌量資遣回籍，甚妥。後來臺勇尚復不少，自應作正開支，日後彙總報銷可也。宥。

致總署光緒二十一年九月二十七日丑刻發

蘇州商界，日本領事屢索胥門、盤門之間，地有神祇壇，萬難許，且甚狹，難容各國租界，飭局員力駁。現擬給密渡橋至寶帶橋一段之地，於蘇城尚無窒礙，稅司以爲各國當無異言。與日本領事商，雖未面從，意似可通融，廿五日回滬，稟報該國政府。至租界必須由我設捕房、工務局，悉照甯波章程，屢與切議，該領事理屈詞窮，似亦許允，特奉聞。如日本公使至鈞署商辦時，兩事均務望堅持，必可行之。宥。

致蘇州趙撫台〔四〕光緒二十一年九月二十七日午刻發

吴清卿中丞來電，云湘省被旱甚廣，賑不易籌，已奏聞開捐。前在奉省曾借江蘇賑銀一萬，四月已撥還，乞電商趙中丞，可否借撥湘中，以應急賑，由澂勸捐歸欵。仍祈電覆。澂。養。等語。即祈裁酌電覆。感。

吴撫台來電〔五〕光緒二十一年九月二十七日午刻到

此次回籍，當閉門讀書，不便干謁當道，舟過白門，不再登岸，乞諒之。湘省被旱甚廣，賑不易籌，已奏請開捐。前在奉省曾借江蘇賑銀一萬，四月已撥還，乞電商趙中丞，可否借撥湘中，以應急賑，由澂勸捐歸欵。仍祈電覆。澂。養。

致清江松漕台〔六〕光緒二十一年九月二十七日申刻發

宥電悉。徐州中游廢弛無用，徐防尤要。盜匪日熾，沈道屢

〔一〕〔三〕〔四〕〔六〕録自抄本《張之洞電稿·致本省電》。
〔二〕以下二電録自抄本《張之洞電稿·致湖北電》。
〔五〕録自苑書義等主編《張之洞全集》第八册，第六七一八頁，河北人民出版社一九九八年版。

函力陳，故急調劉玉泉往署，未便久延。祈轉飭知。感。

致户部光緒二十一年九月二十七日申刻發

頃蘇撫趙電稱，蘇撫致貴部電，云江督意擬將江蘇省全漕概行改折，開征在即，議尚未定，是否今歲照舊辦運，抑酌量改折，請示云云。奉貴部效電，云本年將次開徵，恐難猝辦，應仍辦本色，并希轉電江督等語。閲趙電所云，殊爲駭異。查折漕一事，洞與蘇撫及司道籌議兩月有餘，鄙意大指總以民間完本完折，俱仍其舊，官紳民三者俱周妥無礙爲斷，而令全行折價解京。屢電皆持此議，並無開徵全行改折之説，此與民間開徵無涉。查江蘇藩司所屬情形不同，有全完折色者，有近城完本色四鄉完折色者，有一縣中向完本色幾成折色幾成者，間有多完本色者，大約皆有向章。若令民間一律改徵折色，必多紛擾，斷斷無此辦法。然終是折多本少，故采糧道陸元鼎之議，向來完本完折者，俱仍其舊。擬據實奏明，向完折者，照向章折徵之數解部，每石二千四五百文。向完本者，照向章正耗若干，按市價糴變之數解部。收本而由官糴米解折者，米價不宜過昂，收折而由官以錢易銀解折者，銀價不宜過低，自然官民俱無所累。總之，民間向完本者，絶不强其完折，但收本解折與收折解折之價，分爲兩種，俱照市價而又略寬，並聲明試辦一年，再爲體察，似無妨礙。若試辦無益，復舊不難。詳詢誠實州縣，均謂可行。至江甯藩司所屬州、縣，向係全完折色，若即將糧道所收折價之銀解部，更不費一言一紙。計蘇屬河海兩運共七十餘萬石，運費輕齎，由閘席竹隨漕費等項，共銀六十三萬餘兩。甯屬米十三萬餘石，運費等十六萬餘兩，合計全解折色，即可省運費八十萬，白糧在外。若白糧及浙江一律折解，兩湖采買全停，連類而及，則剥船、挑河各費，漕標、衛官各項，均可酌減，每年可省一百五十萬以外，此乃常年鉅欵。至州、縣之公費一千文，仍舊不動，並仿湖北成案奏增糧道公費。若京師發米之欵，或酌量折發，或即在京、通酌量收買北稻米、粟米存倉，勿庸由江南招商采買。倉存過多，徒供耗蠹。京城軍民並不必食大米，即南省京官、公車，所食皆北稻米也。今庫欵絀極，司農憂勞，此常年鉅欵，事又易辦，不改未免可惜，此州、縣局員沮撓耳。且朝廷之意正欲變法自强，幸得貴部主持，計諸事惟此爲易舉。若此事尚不能改，則變法之事皆將難行。管見謂此事只求於民無累，至折解以後，無論盈餘多少，皆必期辦成，如此方能破積習而堅衆志。洞爲補救時艱，仰副藎籌起見，請裁酌示覆。再據蘇藩司電，蘇屬開徵漕糧，向在十一月間。并聞。感。

致户部翁尚書[一] 光緒二十一年九月二十七日申刻發

折漕事致户部公電，想達覽。此舉於民無損，於國有益，於官亦無損，明白州、縣皆樂從，猾吏冗員過慮耳。洞必當妥辦，斷不强民擾民。好在係試辦，明年可詳酌。自强方亟，朝端惟公主持變法，此事不改，諸事觀望矣。機括甚要，謹布愚誠。感。

户部來電光緒二十一年十月初三日寅刻到

感電悉。南漕折改，本部未便臆斷，應由江督、蘇撫、浙撫

[一] 指翁同龢。

會商具奏，恭候欽定。惟倉儲必須充足，全改折色，斷不敷放。近畿連年荒歉，糧缺價昂，且籌欵購運，亦非倉猝能辦。本年冬漕只可仍運本色，明歲冬漕或運或折，由江督、蘇撫、浙撫會籌具奏，似較妥協。户。冬。

致總署光緒二十一年九月二十八日丑刻發

宥電言蘇州商界擬給密渡橋至寶帶橋一段之地，係據蘇州來電。本日委員回甯面呈地圖，詳詢情形，始知僅議給予由密渡橋至燈草橋而止，不必給至寶帶橋，寶帶二字係蘇電筆誤，請更正。此一段地在城外東南方，西自元和縣交界起，東至密渡橋止，北自密渡橋城河之南距岸十丈外起，南至燈草橋河止，較至寶帶橋地面爲小。已與税司議定，日本領事意似已允。至照甯波章程，税司已允，日本領事語意當亦可允。大抵此次議地段及甯波章程，中、倭皆託税司從中調停，税司允則日本領事必可允也。謹再奉達。感。

致蘇州趙撫台，陸、羅、朱、楊道台，劉守光緒二十一年九月二十八日丑刻發

本日錢守恂回甯面稟商界情形，並呈地圖，均悉。密渡橋西沿河一帶，留十丈作官地，不但自占水口，且將來捕房、税關、商務、公司可一氣貫注，甚善。致總署宥電，有給密渡橋至寶帶橋一段語，今悉僅至燈草橋止，非至寶帶橋也，其寶帶二字乃陸道等來電筆誤，已會銜電署更正矣。感。

致武昌蔡道台〔一〕光緒二十一年九月二十八日丑刻發

柯克里廠鐵路工師馬、戴二人到甯，望派法文繙譯一名來甯。感。

致天津王制台〔二〕光緒二十一年九月二十八日寅刻發

海軍覆敗以後，各管帶官多回津，尊處係如何辦理完結，是否分別參處查辦，抑予免議，尚有在津候差仍予録用者否。內有濟遠管帶林國祥一員，去年參案曾否開復，現係如何辦法，祈查案見示。感。

王制台來電光緒二十一年九月三十日未刻到

海軍失事各員，敝處奏參，凡管帶一併暫行革職，分別查辦，并聲明其中尚有可用之材，現李和、林穎啟、李鼎新等，均經派有差使，以水師人材難得也。林國祥在海軍中頗有聲稱，雖未開復，儘可酌用，原摺當補咨。先電覆。韶。卅。

致武昌譚制台〔三〕光緒二十一年九月二十八日寅刻發

户部來電云，效電悉，部撥淮鹽加價係兩欵，三萬一欵應由兩淮解，不拘何岸，五萬一欵應由鄂解，即存解金陵支應局部飭提回之欵，均各速解護陝撫張轉運魏軍。希電覆，並轉電鄂省。户。馬。等語。本日覆户部電，云馬電悉。各岸鹽斤加價，金陵

〔一〕録自抄本《張之洞電稿·致湖北電》。
〔二〕指直隸總督兼北洋通商大臣王文韶。
〔三〕以下二電録自抄本《張之洞電稿·致湖北電》。

局存並將次解到之數共可湊六萬兩，當儘此數速即解陝充魏軍餉，較貴部來電八萬之數僅差二萬。至鄂局五萬，五月以前早經解至金陵湊解北餉，前經電達在案，實無從籌補。閏五月以後，各岸俱遵照存儲候撥，以前之欵懇免提回，至爲感禱。洞。感。等語。謹奉達。

致武昌蔡道台光緒二十一年九月二十八日午刻發

申文及感電均悉。前由支應局先後撥發銀元局銀二十萬兩，原期鑄多用廣，接濟不窮。兹查鄂局共解銀元三批，僅合銀七萬六千餘兩，所短尚巨。鑄成後何以不隨時寄來，殊不可解。來電請飭支應局按批撥銀，來文亦有匯還字樣，意謂以元易銀，除前撥二十萬外，尚須按所解元數還以本銀，不知江南發本，鄂局繳元前數尚未解足，何得謂之匯還。即使鑄本不敷，只可禀請發給。此後文内必須更正，以符原案。且按批計數以元合銀，不免畸零，實多不妥，不如江南發銀，鄂局繳元，各自各算，江南發銀俱按整數，較爲明白簡易。此後鑄成銀元，務須隨時起解，以應急需。現已飭支應局匯銀十萬兩至漢口，即由鄂局速買銀條應用。至來電云紋銀應手，多鑄無難，此間紋銀甚便，月匯三十萬並非難事，但須速鑄速解，方能多發耳。感。

致蕪湖蕪湖道、米釐局〔一〕光緒二十一年九月二十八日午刻發

會禀悉，照辦。儉。

致清江松漕台〔二〕光緒二十一年九月二十九日辰刻發

劉欽差來電，清淮蓋占魁馬隊於本月二十七日先起程回防，正餉發至九月底止，另給恩餉一月作爲陸路盤費，係照定章辦理。漕轅發餉應自十月初一日起支，未便以一月恩餉作抵十月正餉。蓋占魁人甚勤幹，所部亦精壯，伏祈留用，以資熟習，並祈傳知謝道。若裁撤歸農，應再給恩餉一月，以昭平允。坤。徑。等語。謹照轉。儉。

致武昌譚制台排遞轉送湖南陳撫台、吴撫台〔三〕光緒二十一年九月二十九日辰刻發

接蘇州趙中丞覆電云：感電悉。吴清帥電借蘇省銀一萬撥濟湘賑，由湘勸捐歸欵，商之藩司，事屬可行。除飭司趕緊匯解外，祈轉電湘撫是荷。翹。勘。等語。謹照轉。再，清帥原電係由清帥勸捐，今覆電作由湘勸捐。并聞。艷。

致蘭州楊制台〔四〕光緒二十一年九月三十日午刻發

兩淮本年末批甘餉二萬兩，前派大使龔齊巘領解，八月十九日啓程。兹據運司禀，查照部文，此項甘餉二萬，應交陝西藩庫收存轉解，已函致陝藩司，請其截留轉解等情。特電聞，祈轉飭

〔一〕録自抄本《張之洞電稿·致各省電》。會禀事，參閲本月十七日同名電文。

〔二〕録自抄本《張之洞電稿·致本省電》。

〔三〕指陳寶箴、吴大澂。録自抄本《張之洞電稿·致湖北電》。

〔四〕指陝甘總督楊昌濬。録自抄本《張之洞電稿·致各省電》。

陝藩遵照。卅。

致蘇州趙撫台，陸、羅、朱、楊道台，劉守光緒二十一年十月初一日丑刻發

陸道等儉電悉。據錢守指圖面禀，南至燈草橋止，以河爲界，已與倭領事、税務司商明，約計西起相王廟迤南之華商公司界外，東至密渡橋，廣三里半，北起密渡橋，南至燈草橋，長一里，爲地已甚不小，各國行棧皆能容納。若燈草橋又南拓至寶帶橋，長約千丈，幾及六里矣，再以北起密渡橋，合計則將七里矣。横廣三里半，縱長七里，是積方二十四里有奇矣，從來無如此寬大租界。漢口新議定給德國租界，長三百餘丈，廣百餘丈，彼已欣然。聞蘇州止有倭英德三國來，聞法國意似不來，焉能給如此之大地哉。此電即非筆誤，即謂之筆誤亦可也。雖有擴充之説，不過備其不敷，此時總宜從緊。雖已電署甚無礙，蓋所患在初電許地太寬，故急須電署更正，以免誤告倭使。若此時許地窄，他日酌量擴充，甚活。若已電署許地過寬，先鬆後緊，更難辦矣。姑置之，何如。東。

致揚州江運台〔一〕光緒二十一年十月初一日辰刻發

儀棧提調，請尊處酌委。東。

致揚州江運台光緒二十一年十月初二日辰刻發

户部來電，甘肅需餉甚急，江蘇欠解一萬六千六百餘兩，兩淮二萬兩，希速解陝西糧台轉運。户。等語。特照轉。冬。

致鎮江呂道台光緒二十一年十月初三日申刻發

蘇商息借，據上海道禀，係滬、鎮分認，本年十一月初十期照去年户部覆准成案，鎮關應擬本銀十二萬五千三百二十五兩，息銀二萬四千五百六十三兩七錢。又甯借第二期本銀一萬一千五百六十二兩五錢，息銀二千二百六十六兩二錢五分。滬、鎮各半，照案應擬銀六千九百一十四兩三錢七分五釐。該關務即先期預爲籌備，以免貽誤。速電覆。宥。

致武昌蔡道台〔二〕光緒二十一年十月初四日丑刻發

江電悉。開平二號焦炭化驗可用，甚好，惟封河在即，官輪自運恐只能趕運一次。除飭斯美等輪趕運外，該道務速電津包船迅速運漢，每噸雖貴三兩數錢，亦所不惜，總以不至停爐爲要。切切。肴。

致漢口督銷局志道台譯出專差飛送湖南吴撫台光緒二十一年十月初四日未刻發

兩函悉。台從蒙恩回籍，值此時艱，仕不如隱也。頲兒九月二十日不禄，令愛已回金陵。弟心緒煩惱，未得作書。台駕何日啟行，過江甯時，務祈來敝署小住旬日，暢談爲幸。切盼，祈覆。洞。支。此電并望抄存一稿，如吴中丞已交卸啟程，過鄂時請轉

〔一〕以下三電録自抄本《張之洞電稿·致本省電》。
〔二〕以下二電録自抄本《張之洞電稿·致湖北電》。

送一閱。電覆差費由甯匯還。

致蘇州趙撫台、陸道台等、劉守，上海黄道台〔一〕 光緒二十一年十月初五日子刻發

本日浙江廖撫台來電，江海關賀税司已到杭，珍田明日可到。據賀云，東洋繙譯人極狡詐，傳語任意捏造，非劉守慶汾來不可。該守現在何處，請電飭即日乘輪來杭，無任感禱。盼電覆。等語。查明劉守現在何處，速飭星夜赴杭。支。

致武昌瞿署藩台、朱道台〔二〕 光緒二十一年十月初五日午刻發

紀香驄明經鉅維，弟在鄂時請當兩湖幫分校。原議今年照舊，乃本年至今並未見將書院課卷送來，祈告提調速送閲爲要，無論史學、理學、文學三門皆可。祈示覆。歌。

致濟南李撫台〔三〕 光緒二十一年十月初五日午刻發

馬玉山中丞之世兄濟生太史吉樟來電，不受奠儀公欵，欲向尊處及敝處各借兩千金等語。尊處想已接到，擬如何答覆，佽助若干，祈示知。馬世兄之意，廉介可佩，竊思玉翁歸櫬，川資所需甚鉅，奠分公欵，似無不可受之理，但擇人而受可矣。可否婉勸酌辦，并祈示覆。歌。

致武昌譚制台〔四〕 光緒二十一年十月初六日辰刻發

歌電悉。蔡鈞貪鄙狡詐，專務鑽營，洋務並不明白。光緒十年因在京購洋槍，以廢劣不可用之槍冒領鉅欵，物議沸騰，被人參劾查實，賴有人護持，得不深究。近年在江南充洋務局，弟到江後，即將其差撤退。渠告人云，若用我，我能令倭不來，若不用我，倭必來。弟不爲動，倭亦竟未來，其悖妄如此。若調此人，必致中外譁然，且致誤事。既確有所知，不敢不告，務望采納爲幸。鄂省洋務需人，望别加訪求，如蔡鈞之本領，尚不乏也。弟亦當代爲物色，俟得其人，再奉告備采。語。

致成都鹿制台〔五〕 光緒二十一年十月初八日午刻發

四川候補府司獄沈丙榮措資來甯，因有世誼，求爲録用，現尚無事可派。惟該府司獄以出省日久，恐干查閲，應請寛以假期，且俟能否安置，再爲咨調。祈速覆。庚。

致杭州廖撫台 光緒二十一年十月初十日子刻發

庚電悉。劉守慶汾已飭初七赴杭，到否。倭領極狡，萬不宜輕許。通商場地應我擇定給予，不能聽其自便。漢口德新立租界，寛三百丈，深一百丈，似不必太廣。各國租界照總署咨，應在一處，斷不能各占一所，致多窒礙。此事務望與之磋磨，斷不致因此決裂也。管見敬請裁酌。佳。

〔一〕録自抄本《張之洞電稿·致本省電》。
〔二〕〔四〕録自抄本《張之洞電稿·致湖北電》。
〔三〕録自抄本《張之洞電稿·致各省電》。
〔五〕以下二電録自抄本《張之洞電稿·致各省電》。

致總署光緒二十一年十月初十日丑刻發

傳鈔日本約稿四十欵，貪狠無理者過半，覽之痛憤，知鈞署必與駁辦。第七欵，沿江停船處，欲盡行卸載貨物、客商。查長江五關之外，煙臺約准停泊者六處，近來私自停輪者數處，除六處外，均止上下客商，並無一件貨物。倭欲破此藩籬，從此非通商口岸盡可卸載貨物，萬不可行，宜與限制。第八欵，貿易非游歷可比，貨物非行李可比，豈得牽連圖混。第十三欵，新改税則，必較舊則受虧。查和約通例，從無附税則者。税爲一國專權，損益由己，原不與和約同。惟我與各國立約，向均附税則，一時未能刪去，更未能加重彼貨，似以仍守舊税則爲宜。第十四欵，此租界運至彼租界無税。如同一口岸，自可不税，如此口租界運至彼口租界，豈可不徵。第十五欵，製造土貨正宜照舊税則加重，乃欲值百抽三，大謬。又無論貨主與經手係何國人云云，是貨入華人之手，仍不能徵他項釐税，從此中國幾不能自徵華民貨物釐税，尤謬。第十六欵，欲將製造各貨此口運彼口無税。斷無是理。第十八欵，欲將釐金章程告知彼國。抽釐乃我國內政，豈能詳告，必致事事受制。西洋各國頻探此事，均經駁斥有案。至第十九欵，明奪我官員徵收税鈔之權，第三十欵，暗移我管轄旅倭人民之權，關係尤鉅，均所必争。其他應駁之處尚多，想已籌及，兹擇其要者先達，以備辯論。至内河小輪不准拖帶船隻一條，洞早經電奏，必宜留此爲華船地步，極爲緊要關鍵，務望力争堅持。總之，凡有彼得我利益者，約内均宜添入中國商民在日本者，彼國亦一律照辦云云，以昭平允。謹候裁酌。佳。

總署來電光緒二十一年十月十一日亥刻到

佳電悉。備駁各欵，本署意見略同，已由全權另擬約本，與林使商議。聞林使寄伊國政府取覆，能否就範，俟有定議再達。真。

致香港馬太史吉樟〔二〕光緒二十一年十月初十日丑刻發

兩電悉。尊公大故，聞之驚痛。閣下廉介可佩，但賻乃古禮所有，擇人受之可也。鄙人誼應佽助，惟綿力菲薄，謹奉奠敬二百金，匯存上海百川通。抵滬後，想係由蘇州内河乘民船赴鎮江。拖輪已派。祈鑒察，節衛。佳。

致廣州譚制台光緒二十一年十月初十日寅刻發

馬玉山中丞之世兄濟生太史吉樟來電，不收奠儀、公欵，而債累川資甚多，無從籌措。竊思賻乃古禮，受之於義無害。可否請公力勸吉生勿固辭，庶免竭蹶爲難。祈示覆。佳。

致武昌譚制台〔三〕光緒二十一年十月十一日午刻發

初四日專弁咨送銀元局會奏稿，請察核書奏，想經入覽。事關兩省，不厭推求。務祈詳酌妥善，并祈定稿後迅賜咨還繕發，感禱。候覆。真。

〔二〕以下二電録自抄本《張之洞電稿·致各省電》。
〔三〕録自抄本《張之洞電稿·致湖北電》。

致福州邊制台光緒二十一年十月十二日辰刻發

奉旨調南洋兵輪填紮旅順，先到煙臺候信，因旅順不日交還，恐他國覬覦，催促甚急。查江南五兵輪，一擱淺，四應修，現趕辦，須下月方竣工，恐誤事，且太少亦不壯觀。閩有福靖、建靖兩兵輪，聞建靖已先往北洋，擬請一併派往旅順，以後局面久暫，從容再議。如可行，即望速飭北駛。特奉商，請速示覆，切禱。文。

致天津李道台光久光緒二十一年十月十二日辰刻發

初四日電悉。貴部五營奉旨裁撤，勢難再留，惟貴部在關外苦戰，戮力效命，實爲諸軍之冠，鄙人最爲敬服。原奏既有精鋭不滿千人之語，謹當遵命酌留兩營，將來設法具奏。請即挑選精鋭一千人，共編兩營，擇出色營官兩員管帶，其餘三營仍望遵旨遣散。此外，如有曾經關外力戰之營哨官，請開銜名單見示，當另籌薪水贍給之。祈示覆。文。

致濟南李撫台[一]光緒二十一年十月十二日午刻發

馬世兄處，弟送賻儀二百金，並電譚文帥勸其擇人而受。頃譚文帥覆電，云馬世兄瀕行，已囑藩臬向票號借五千金爲川資，後再設法，亦因其固辭，故有是舉也。麟。蒸。等語。特奉聞。文。

致蘇州趙撫台光緒二十一年十月十二日午刻發

屢函悉。蘇屬盜匪橫行，刑亂必用重典，救時必用權宜，方能儆暴安良。盜匪陸清恩等七人，既經取有確供，且現有活證，公於劉令葆源臨行時，既有應就地正法之語，即以爲公面諭亦無不可。劉令將該犯等正法，正恐長途疏虞，相機行權，不肯稍事拘泥，不得爲錯。此舉於懲盜安民大有裨益，乃署臬司竟敢有意攪局，何謬妄若此。劉令萬萬不可詳參，若參此員，以後又相率爲姑息縱盜矣。當此民不聊生、諭旨嚴切之際，尚不能速辦數盜，地方如何整頓乎。公於此時宜即會銜具奏，即云弟與公商明，務須嚴辦速辦，此案曾諭劉令相機辦理，以免疏虞。摺尾但將劉令記過已足，此事公與弟當爲劉令擔之可也。太湖水師咨札，想已接到，此事弟所甚願。因查案辦稿，事多歧出，敝處又適多急事，故稍遲數日，其實主見早定也。當初因來電語簡，接統二字未分晰，故奉詢商。旋得覆電，即瞭然矣。餘事種種，可駭可歎，容續達。茲寄上密電一本，祈以後照發。弟作書甚艱，電較易而速。文。

趙撫台來電光緒二十一年十月十三日午刻到

文電悉。盜案胡臬愈問愈支離，改派陸道、朱道之榛督同府縣等重訊，只略問一堂，案已昭晰無冤。翹有擬奏稿，請公提訊覆核。今讀公電，明若觀火，能見其大靖地方於片語，省無限之拖累，翹不覺爽然自失。嘗謂公動念皆關民生，誠得自天授者也，佩佩。應俟陸道等具詳，謹會尊銜奏結。翹。元。

致上海黃道台遵憲光緒二十一年十月十三日子刻發

江南教案，該道已與法總領事議有眉目。其餘四省地土產業

[一] 録自抄本《張之洞電稿·致各省電》。

詞訟案件，向不歸江南管理，且各教案頭緒紛繁，均須就近提集人證，勘驗契紙，訪詢族鄰紳民，開導調停，衡情酌斷，方得其平，豈能於數千里之外臆度强定。故擬仍由各本省辦理，並非推諉。而法使屢告總署，請由南洋辦理，即令該道商辦。惟事屬隔省，其案又皆係省外州縣，何能逐處派員。若在滬商辦，無卷據，無人證，如何開談，故四省教案實難兼辦。第念兩國睦誼素敦，不得不勉從所請，茲擬即委該道一手經理。江西教案在九江商辦，浙江教案在甯波商辦，湖南澧州一案及湖北利川、荆門兩案，均應在漢口商辦。俟各省卷宗到齊，再派該道由近而遠，次第前往，偕同各該省所派之員，會同該處領事官商辦，俟此省議結，再議他省，總期陸續辦理。惟是鈔録卷宗并催各該州縣各在本地傳集人證，查訊擬議，調和民教，往返稽延，萬不能速。且該道經手事繁，議結一省之案，尚須回甯料理局務，方能再往他省，更不能預定限期，然較之在滬辦理，尚有可措手之處。此係本大臣衡情度勢，意重友睦，曲從所請，舍此別無善法。該道可先將此意商之法總領事。望速覆，再當另文照會。文。

致鎮江吕道台〔一〕　光緒二十一年十月十三日丑刻發

元電悉。長勝軍左後兩營餘勇三百餘名，可速另搭商輪，按程發給船價，各送回籍，以免逗遛滋擾。准據實開報。元。

致武昌蔡道台〔二〕　光緒二十一年十月十三日丑刻發

京電惲崧雲見胡雲楣，言津蘆鐵路須軌萬噸，現在開平鐵軌係六十磅者，止用得十數年，若湖北能造八十磅者，可用卅年，即定購鄂軌，其價每噸外國值銀卅兩等語。此價是否能辦，抑須製軌精而價貴者，即酌議覆。文。

蔡道來電〔三〕　光緒二十一年十月十五日子刻到

文電謹悉。八十磅鋼軌易造，惟軌式甚多，津蘆鐵路擬用何式，須先寄圖預造滚軸，方能製軌。鄂廠現改西門爐，换磚去燐，將煤氣爐加高，工程甚巨，年底開煉，可成上等鋼軌。若添洋匠二名，日夜不停火，出鋼多，用費省，且免驟冷驟熱，縮漲壞爐之弊。目下未開煉，難定軌價。焦炭價貴，大約總須三十餘兩。外國卅元斷非上等鋼軌，錫樂巴能道其詳。鄂廠以造鐵貨為上算，若承辦鋼軌二千噸，與洋軌比較，可分優劣，多辦恐虧累太重，伏候憲裁。開平焦炭未到，廠用將罄，不日大爐須留火待炭。生鐵日出六十噸左右，現煉錳鐵甚順利。欵絀呼應不靈，枝節愈多，事太難辦，請催潘道速來。敬帥今日發紋銀五萬兩，飭鑄大元，以便鄂省行用。勇稟。元。

致武昌蔡道台〔四〕　光緒二十一年十月十四日辰刻發

鐵廠石磯被水沖卸旁隄，散裂欹斜，雖幸距内隄尚遠，但恐愈卸愈多，致礙廠基。務速將卸處暫行設法堵修，裂處斜處加厢支撑，一面擬議修築辦法，估定經費，稟候核定，一俟水涸，即速興修。元。

〔一〕録自抄本《張之洞電稿·致本省電》。

〔二〕〔四〕録自抄本《張之洞電稿·致湖北電》。

〔三〕録自苑書義等主編《張之洞全集》第八册，第六七三五頁，河北人民出版社一九九八年版。

致杭州廖撫台〔一〕 光緒二十一年十月十四日辰刻發

元電悉。藎籌各條，均極周密扼要，佩甚。鹽。

廖撫台來電 光緒二十一年十月十四日寅刻到

局員與日領事會勘拱辰橋地，該領事初有嫌遠意，指索松茅場及艮山門外地段，概未允許。頃據聶署藩司面稟，日内磋磨，約可於原勘地内定界，丈尺尚未允定，并語以先議辦法，后議丈尺，該領事總以無代議之權推托。甯波章程伊尤不肯允從，告以浙省只知有此章程，非自設巡捕，難於保護。至總租界之説，擬令於原勘地内劃去若干丈尺，此外，由各國自定，不離原勘地段之内。前次電達總署，聲明不敷可向北展，但能辦到自設巡捕，則自主之權在我。連日辯論，粗有端緒。玆復由聶署藩約與會議，就範與否，尚未可知。惟彼族狡譎，遲恐生變，如果悉如我議，擬即允定，并與商立議據，以免翻異。除電總署外，請酌示。壽豐。元。

致福州邊制台 光緒二十一年十月十四日辰刻發

元電悉。昨奉電旨，閩輪二艘著准其先行調往。欽此。請即派福靖速來金陵，以便配輪北駛爲要。建靖何日可竣工。至北調各輪，恐南旋久暫難定，薪糧煤炭，目前自仍是本省出，以後能令北洋分任否，祈籌示。鹽。

致武昌蔡道台〔二〕 光緒二十一年十月十四日戌刻發

布局息借晋欵利息向係何月解往，何以今年未解，務速即籌解。望即日電覆。願。

致上海製造局潘道台、阮道台 光緒二十一年十月十五日巳刻發

局欵支絀，自宜慎重度支。該道等交卸在即，更須截清欵目。乃聞該道等購物料至廿萬之多，添匠勇小工一百七十餘名之衆，設有虧空，咎將誰歸。該道等明知劉道前車之鑒，何以自蹈其轍。且聞所購物件有過貴者，有不急需者，有不堪用者，速即全行退還。所募匠勇等又多不自愛，不可用之人亦宜速行裁汰。現在劉道不久即回滬接事，勿令交代轇轕，致貽後悔。立候速覆。咸。

致福州邊制台〔三〕 光緒二十一年十月十六日辰刻發

咸電悉。請飭福靖速來金陵。前聞閩省節費，願將福靖撥歸他省，故昨詢薪糧。此事目前暫不宜提，稍遲數月，請公與王夔帥商酌爲妥。咸。

致武昌王藩台〔四〕 光緒二十一年十月十六日辰刻發

大喜欣賀。槍事津貼一萬兩，多則難籌。咸。

〔一〕 以下二電録自苑書義等主編《張之洞全集》第八册，第六七三八頁，河北人民出版社一九九八年版。

〔二〕〔四〕 録自抄本《張之洞電稿·致湖北電》。

〔三〕 録自抄本《張之洞電稿·致各省電》。

致蘇州胡署臬台[一] 光緒二十一年十月十六日辰刻發

吴臬既到滬，不久即可抵蘇，不必催矣。咸。

致蘇州趙撫台光緒二十一年十月十六日巳刻發

公文電悉。前電發後之次日，而胡署司詳參之文至矣。閲該署司兩詳，又申文夾單禀及案情節略清摺，於此案層層指駁。詳内叙許營官、劉令禀稱，係公面諭即正法。究竟劉令禀辭曰公如何諭飭。胡單禀有陸、朱等硬逼翻供，及該署司不敢謂盡屬真盜，不敢誣良爲盜等語，恐必多生波瀾。現在陸、朱兩道府縣會訊，已得大略，似宜更加研究，務得確證確據，在我方有把握。請告陸、朱兩道，須妥酌再詳。至入告更不妨稍緩，務宜斟酌盡善。此事弟宜置身題外，方能發議論，仍請公單銜具奏，一面將奏稿咨金陵，令摺差至金陵等候，弟當自具一摺極論此事，兩摺同日到京，似較周緻有益。特密布，祈示覆。咸。

致蘇州趙撫台、鄧藩台、釐局，鎮江吕道台、揚州江運台，上海黄道台、淞滬釐金局[二]光緒二十一年十月十六日午刻發

户部來電：云歌電悉。付還第二期商借，應照奏案仍由貴省地丁、關税歸還。瑞生、地亞士兩行抵借軍火，信義洋行槍礮半價，前經本部咨令在貴省鹽釐等項内設法籌還。現在庫欵支絀，各省關協餉無從改撥，京餉尤難緩解，貴督務當力任其難，全數湊集，不得另請部撥。至發給信義槍礮等項馬克折合庫平銀若干，及關票日期、所立合同，希照録送部。户。文。等語。特照轉。咸。

致上海黄道台光緒二十一年十月十七日未刻發

聞緊連租界新隄地方，有未升科地數百畝，爲該處地保冒名禀請升科，業已零星轉售。果有此事，該地保實屬膽大可惡，應即澈底追究。聞此外未升科地甚多。該道務即督同上海縣及葉丞一併切實查明，變價充公。此後如有禀請升科者，務必嚴斥，勿令朦混私占，切切。即電覆。洽。

致福州邊制台[三] 光緒二十一年十月十八日丑刻發

篠電悉。尊處裁勇三營一旗，屬派兩輪逕送岳州，本應照辦，惟南洋各兵差輪現因奉旨派赴旅順，内意嚴急，均在趕工修理，無輪可派。從前有輪時亦曾轉送臺、厦勇多次，本非難事，惟此時實無從設法，務祈諒之。敝處散勇近係搭招商輪船運往，此次尊處所散湘勇似亦可逕搭商輪，送至湖北金口，再换民船赴岳州。請先行電致譚敬帥派小輪拖送，亦是一法，請酌。示覆。洽。

致安徽王藩台、江西翁藩台、湖北王藩台、湖南何藩台光緒二十一年十月十八日未刻發

江西萍鄉平糶，在皖北三河一帶買米三萬石，由敝處發給護

[一][二] 録自抄本《張之洞電稿·致本省電》。
[三] 以下三電録自抄本《張之洞電稿·致各省電》。

照，請速轉飭沿途各卡照驗免釐放行，以惠災區。嘯。

致陝西張護撫台光緒二十一年十月十九日巳刻發

此間備解甘肅法毛瑟槍二千枝，彈二百萬，火藥二十萬斤，銅火六百萬顆，又克虜伯快礮彈一千顆，由敝處派文武員送至湖北，尊處派員或到龍駒寨，或到老河口迎提，請迅速示准，以便轉飭各該員等遵照。至敝處所派之員，仍令協解到地交納，以昭慎重。效。

致上海黄道台光緒二十一年十月二十一日子刻發

湖北銀元，前已通飭曉諭，准完釐税，商民一律行銷。近聞滬上未能暢行，且有銷燬銀元情事，確否。該道速即體察情形，傳諭各銀行、錢鋪通行使用，並飭縣嚴禁銷燬，設法暢銷，至要。仍查明電覆。號。

致蘇州趙撫台、杭州廖撫台光緒二十一年十月二十二日卯刻發

總署來電：日使來言，蘇、杭開辦通商，照約已遲一月，日本船商均集滬上，請即飭設關開辦，以便日船駛行。又謂日本租界專爲日本商民，急速開辦，不與各國相干等語。日界不與各國相干，隱寓不願公租界之意，此與咸電所言税司允照甯波章程，日領事當亦可允歧異。口岸由日所開，自可先與日領事商辦，然亦不能不統籌全局。此事本署難以遥制，應請尊處妥籌善法，力與磋磨。仍將詳細情形電覆。圖中紅綫之界，日使謂領事已允，但以界址不能靠河爲辭，界東可爲各國租界云。日使又謂杭界亦定，但租界仍由華官管理爲不願。本署告以浙江係照甯波章程，一省之中不能兩歧，且蘇、杭不能同時並辦，日使均無詞。祈轉電浙撫，如果圖已定，速寄署。箇。等語。謹照轉。箇。

致下關洋務局關委員[一]光緒二十一年十月二十二日卯刻發

九江誠道來電，日本官商十二人由漢到潯，於二十日附鄱陽輪船至甯返滬，乞轉飭保護等語。俟該輪到時，該委員即往察看照料爲要。養。

致蘇州趙撫台光緒二十一年十月二十二日亥刻發

函悉，奏稿已讀，措詞大方直截，甚妥。此奏必可邀允，似無須鄙人再奏，以免多著痕迹。且即今日繕發，亦須初六七日到，已落後矣。此案若胡道不生波瀾，必無事，若胡必欲生波，或嗾言官指摘，必交敝處查，鄙人置身題外，更可暢所欲言矣。日内擬會奏蘇省盜犯，凡糾夥持械行劫得贓罪干斬決者，照各省章程均准就地正法，於此案亦有關注。尊意以爲如何，祈示。養。

致俄京許欽差光緒二十一年十月二十四日亥刻發

沈子培部郎致尊處電云，倭以商約困華，欲其貧而生亂。歐狃利益均霑之説，默不一言，不思華倭同文，力能知歐所不知，

[一] 録自抄本《張之洞電稿·致本省電》。

至歐所不至。韓事各國注意，讓倭先發，其明驗也。中國治亂關歐太平局，望與俄密商，華倭争商約，兩大國宜有公正語限制倭人。植電。等語。謹代轉。敬。

致總署 光緒二十一年十月二十五日丑刻發

箇、敬兩電謹悉，已轉浙撫。商埠固宜速辦，然日本船商均集滬上之説未確。彼租華民十餘小輪，欲駛内河，先收載客之利，經滬道婉商緩辦，彼無辭。至口岸由日開，地段自先儘日，他國亦必接連開拓，勢所必然，不明指爲總租界，而自成總界，意似面面均到。蘇埠不允其靠城河十丈，爲縴路、馬路、電桿路燈等用，言明不建房屋。彼不出靠河較貴之地價，而得享靠河一切利益，未嘗非計，而在我則爲收權。第一下手處有此十丈地爲例，則凡租界内所有街道，盡歸我轄，工程局與捕房互相牽引，而後緝匪等事不必由領事作主。彼不願華官管租界者，爲華洋風氣不同耳。甯波辦法用洋人爲督捕，督捕由税司保薦，章程多用西法，毫無不便西人之處。但中國出錢，即權歸中國，督捕聽關道之命辦事，便收回事權矣。税司允照甯波章程，謂領事亦可允，乃税司揣情度理之詞。日使如來嬈舌，請鈞署據此理喻，内外堅持，斷無不成之理，幸甚。再。八月馬電已轉川、鄂、蘇、浙，惟蘇、杭、沙市係新開，當可用甯波章程，餘皆舊有租界，恐難改章。敬。

致總署 光緒二十一年十月二十五日丑刻發

五省教案事，前奉鈞函，當即咨催各省速結。旋派道員黄遵憲赴滬商辦，江省五案均議有眉目。餘四省教案率皆房産事，前因相距遠，雖有案卷可查，無人證可詢，臆斷難結。且恐此端一開，不問本處民情地勢，硬欲强結，故擬仍歸各省。屢承鈞電，已委黄道一手經理。現與滬法總領事商，據領事稱，願均在滬會商，儻有難決之事必須就近料理之處，届時再擬令黄道前往，或委就近領事與地方官會辦等語。現已咨調各案卷。謹覆。敬。

致杭州廖撫台[一] 光緒二十一年十月二十五日丑刻發

馬電悉。昨總署箇電，已遵轉，度鑒及。電云不能不統籌全局，而不云會議總界，别無他電，未知德領知照倭領之説何據。昨電詢總署，覆電未云有無此事，但云今月馬電等語。查馬電當即昨轉去之箇電，前説恐係倭領揑造，請尊處電詢總署，甯波章程在所必守。敬。

致海州徐直牧、楊統領，通州汪直牧、張統領[二] 光緒二十一年十月二十五日巳刻發

該營裁勇，海州即委徐牧，通州即委汪牧點名，按照實數發給恩餉。至各營長夫恩餉，亦須點驗實在人數發給，不足額者照扣。該牧即便將健勝軍騰字營長夫恩餉，會同楊、張兩統領點驗核發具報，勿得徇濫。有。

[一] 録自抄本《張之洞電稿·致各省電》。
[二] 以下四電録自抄本《張之洞電稿·致本省電》。

致鎮江呂道台光緒二十一年十月二十六日辰刻發

湖北銀元能否暢銷，速飭鎮江府丹徒縣體察情形，剴切曉諭，務令商民兩便，釐税通行，迅將銷用情形電覆爲要。宥。

致蘇州鄧藩台、上海黄道台、鎮江呂道台光緒二十一年十月二十六日午刻發

初十應付商欵本息銀六十九萬七千餘兩，昨准部電，由江省地丁、關税歸還，當經札行甯、蘇兩藩司，滬、鎮兩道照數會商分認，該司道等想已電商湊撥。究係如何分認，現已各籌若干，速即商妥電覆。距期甚迫，萬勿遲延，至要。宥。

致通州張統帶騰蛟光緒二十一年十月二十六日戌刻發

該營既飭裁撤，自應立即遵札遣散，何得多方營求，希冀留防，殊屬謬妄。該統帶速即遵照，妥爲遣撤，如再觀望或稍有不妥，定干未便。宥。

致武昌蔡道台[一]光緒二十一年十月二十六日亥刻發

鐵廠仍以外洋廠包辦爲宜，望速分電比國、德國各大廠速派洋匠前來估包，所有盤川等費不過數千金，可由官出。務望切商，勿再躭延，至要。昨接部覆，本年用欵准由江南籌防局挪用，并達知。宥。

蔡道來電[二]光緒二十一年十月二十九日戌刻到

宥電謹悉。外洋廠包辦鐵廠，上年白乃富函詢比國郭廠，據覆，以路遠不便照料推卸。德、英大廠素無來往，電令派匠估包，徒滋駭異，無濟於事，似宜有局外人居間游説撮合，事方易成。前有上海某洋行致函梁委員擬包滬局，請飭查此人，令其來鄂商辦，或由勇與漢口瑞記、禮和各洋行令居間招徠，許以酬謝，或托許欽差轉商德國各大廠，伏候裁示。聞盛道已南來，揆度時勢，似包與洋人，不如包與華人為宜。謹請察酌。勇禀。儉。

蔡道致武昌盛守電[三]光緒二十一年七月二十八日丑刻發

前見六月二十一日上諭，令各省機廠鐵廠招商承辦。此次來甯禀商帥座，帥意鐵廠經營多年，用欵甚鉅，甫著成效，事體重大，恐南洋華商無此才力。弟意令叔前三年本有承辦之議，其時廠工未竣，煤鑛未成，一切尚未就緒。今則爐機畢具，鋼鐵均已煉成，日内即將進呈，馬鞍山煤鑛自煉焦炭甚佳，足供一爐之用，參采湘煤，即可兩爐全開，較之三年前難易迥不相同，閣下所目擊。況朝廷決意開辦鐵路，將有成議，所需鋼軌鐵貨惟患出數不多，不患銷路不暢。令叔槃才碩畫，承辦此廠，必能日見興盛。帥座南洋舉辦之事甚多，鄂局未易兼顧，而且經費難籌，若得妥人承辦，維持久遠，利商即以利國，帥意頗以為然。惟三年來添置機爐工料甚多，成本益鉅，似須量籌寬緩之法。擬請閣下電商

[一] 録自抄本《張之洞電稿·致湖北電》。

[二] 録自苑書義等主編《張之洞全集》第八册，第六七五三頁，河北人民出版社一九九八年版。

[三] 録自抄本《張之洞電稿·致湖北電》。此電與上兩電内容相關，故附載於此。「盛守」指盛春頤。

令叔有無接辦之意，速覆，再行詳議。特此奉達。勇。感。

致上海黄道台、製造局劉道台、阮道台、稽察委員蘇令晋光緒二十一年十月二十六日亥刻發

頃奉十月十八日寄諭：江蘇製造軍器局仍著張之洞督飭劉麒祥認真規畫，毋庸督辦軍務王大臣督率。等因。欽此。除札行外，特先電知。該局從前賬目每多淆混，務須迅速議擬一妥善章程飛禀，候核定批示。此時萬不可率行添購物料，虚開工匠，任意開銷，并先將以前用過欵目，速即截清，開報清楚，以免牽混。如藉端濫費，本部堂斷不准銷。至江海關應撥該局之欵，每月電禀請示，方准撥發，切切。宥。

致蕪湖袁道台〔一〕光緒二十一年十月二十八日丑刻發

江西萍鄉紳士在皖北三河買平糶米三萬石，由敝處給發護照，免釐放行，已電告王藩台轉飭遵照。頃聞仍未放行，煩爲知照勿延爲禱。感。

致鎮江吕道台、蕪湖袁道台、九江誠道台、安徽王藩台、蘇州鄧藩台〔二〕

光緒二十一年十月二十九日午刻發

湖北譚制台來電，鄂省擬委員至江南購米濟賑，請照上海黄令購米運江西萍鄉濟賑成案，飭知各關卡免税釐放行等語。江蘇、安徽各關即照辦，并請轉飭各釐局知照。豔。

致武昌蔡道台〔三〕光緒二十一年十月二十九日午刻發

禀悉。部覆已准撥欵，已轉行，日内當接到。洋焦炭爐三十五座，務飭速造，限四箇月造成，至要。豔。

致武昌譚制台光緒二十一年十月二十九日未刻發

前接九月宥電，當經電詢滬局。兹據覆稱，去秋奉飭代造快礮四尊，現查一百磅子後膛快礮二尊業已造成，每尊價銀二萬二千六十四兩。其二百五十磅子長式後膛礮二尊，每尊價銀五萬四百兩，本年十一月可成一尊，二十二年二月間可成一尊等語。此項礮位如弟久任江南，必可遵指撥給，若弟回鄂，則不可知矣。竊思江南撥濟各省軍械既有案可援，不如徑由尊處奏請撥給，弟必當設法照辦，但奏内請勿言明與敝處商定爲要。豔。

致蘇州趙撫台〔四〕光緒二十一年十月二十九日申刻發

函悉。胡道自應飭回鹽道本任。所呈節略已札發陸、朱兩道。無端費此心血，可歎，誠如尊示。豔。

致蘇州趙撫台、鄧藩台，上海黄道台、鎮江吕道台光緒二十一年十月二十九日申刻發

本届應還商借本息，昨准部電，由本省地丁、關税歸還。疊經

〔一〕録自抄本《張之洞電稿·致各省電》。

〔二〕〔四〕録自抄本《張之洞電稿·致本省電》。

〔三〕以下二電録自抄本《張之洞電稿·致湖北電》。

電札交馳，飭由兩藩司、兩關道會商分認，至今尚未湊足。期近欵鉅，未便再延，亟應趕籌足數，以昭大信。茲特統爲酌量分派，滬關籌三十九萬，鎮關籌十九萬，蘇藩籌八萬，甯藩籌四萬。速遵部電指定地丁、關稅歸還之文，勿泥原案兩關分認之語。經此次派定數目，應即由該兩司、兩關照數分認，各於庫存應解各欵，除京餉外，似皆可湊墊。至動撥何欵，一面詳請奏咨。此係遵照部電辦理，必可緩解也。再，甯屬借銀四萬餘兩，此次亦應還本利一萬三千餘兩，原案尚係兩關分認，本届派認四萬兩，亦以大局所關，不能不通力籌畫，勉囑瑞方伯照辦。至三釐局及運司尚有應還十一月分瑞記洋欵三萬鎊，未便再派，各司關應體此意，分任其難，勿再諉延，至要。並達趙中丞察閲。豔。

致蘇州趙撫台光緒二十一年十月二十九日申刻發

蘇州商埠，倭領初照會索三百六十丈，繼照會索四百丈，前後兩歧，請指駁。鄙意竟慨許三百六十丈，而注意於沿河所留十丈地及工局、捕房兩端，後來各國以次遞推而東，雖分實連，於公界義亦不背。計尚有二百六十丈，必敷英、德等國之用。如各國嫌窄，自然轉向南拓，皆沿河也。有覆署電另達。豔。

致武昌譚制台〔一〕光緒二十一年十月二十九日戌刻發

兩湖書院明年經、史分校，擬請、仍請楊惇甫、汪穰卿兩君。兩君於經史各有專長，品行尤粹，尊意當以爲然。特此奉商，祈示覆。豔。

致廣州西門外二圍户部楊惇甫〔二〕光緒二十一年十月二十九日戌刻發

請早回鄂，以慰生徒之望，切盼。明年仍請閣下分校。豔。

致清江淮安關督文〔三〕光緒二十一年十月二十九日戌刻發

山東現解第二批軍硝來甯，計重九萬斤，填有敝署護照，過貴關時，祈照章驗放爲要。豔。

致清江松漕台光緒二十一年十月二十九日戌刻發

豔電悉。楊文彪營滋事，經尊處派撥馬隊前往彈壓，甚佩，此時諒可無事矣。實在情形祈示。豔。

致清江松漕台光緒二十一年十月二十九日亥刻發

豔電悉。健勝營江北勇因遣撤鬧餉，承派馬隊彈壓，感甚。查向章本地所募之勇給恩餉一月，與外省所募不同，各營均遵辦無議。該勇等不知婉懇，乃敢持刀逼索，殊屬膽玩，已電飭楊統領設法妥爲懲遣。至該營餉項，已於十五日由海分司撥銀三萬兩發給矣。豔。

〔一〕録自抄本《張之洞電稿·致湖北電》。
〔二〕録自抄本《張之洞電稿·致各省電》。
〔三〕以下四電録自抄本《張之洞電稿·致本省電》。

致海州楊統領光緒二十一年十月二十九日亥刻發

廿八日接廿五日來電，具悉。向來截撤營勇，遠處所募給恩餉兩月，近處所募給恩餉一月，各營均已遵辦無議。該中左後三營係本地所募，應照章給恩餉一月，即欲邀恩，亦應婉懇。乃江北勇竟敢藉口餉銀未到，持刀鼓噪逼索，營規何在。該統領應妥爲懲遣，勿再滋事。現承漕帥派馬隊彈壓，並據支應局禀，該營餉項已於十五日由海分司撥銀三萬兩，交餉械局發給矣。豔。

致武昌蔡道台[一]光緒二十一年十一月初一日未刻發

豔電悉。架彈三廠鐵瓦價已電瑞記，由江南撥付。白鉛護照早已飭滬關發給矣。東。

致武昌蔡道台光緒二十一年十一月初一日未刻發

新福建十月廿五日煤裝齊，由津開，斯美船廿七日裝煤過甯。駕時船此次到鄂交到煤炭若干，即電覆。東。

蔡道來電[二]光緒二十一年十一月初四日午刻到

東電謹悉。駕時運來五百五十噸，碎與短數甚多，當與開平局理論。若照此折算，反不如商運萍煤在廠用磚窑自煉為省。斯美在葉家洲擱淺，已派輪剥往拖。勇禀。先。

致鎮江呂道台、萬統領本華[三]光緒二十一年十一月初三日子刻發

勘、東兩電均悉。即飭萬統領本華酌撥營勇一哨或數棚，會商該道分紮牌灞等處，認真彈壓，並飭地方官文武派撥兵役，妥爲查禁。該道隨時相機資遣，尤爲上策，經費准開報。冬。

致通州張統領騰蛟、汪牧光緒二十一年十一月初三日戌刻發

聞騰字營勇訓練尚勤，可暫緩裁撤，仍候輪到，即行拔隊來省，駐紮省城，但須全營一律選用川勇，不准攙雜他省勇一名，如現在川勇不足數，可到省補足，宜昌招募尤易。即覆。肴。

致上海輪船支應所徐牧光緒二十一年十一月初三日戌刻發

劉道麒祥局虧事，奉旨交查。已委一道員及該牧確查，札專弁送交。肴。

徐牧來電光緒二十一年十一月十九日寅刻到

製造局積弊，在換一總辦，即添用心腹委員、司事三四十名，陳陳相因，有增無減，故員、司兩項，幾至二百，實屬冗濫。工匠除藝精匠首外，餘則久役年老，不能工作者，餼廪轉優。操礮學生原設衹百名，今改為礮營弁勇，多至六百。現計合局薪工兩項，月歀幾至三萬，每年三十六萬，已耗常年經費十分之六。剩

[一] 以下二電録自抄本《張之洞電稿·致湖北電》。

[二] 録自苑書義等主編《張之洞全集》第八册，第六七六三頁，河北人民出版社一九九八年版。

[三] 以下二電録自抄本《張之洞電稿·致本省電》。

此四成，購料買機，何能敷用。今欲整頓，必先裁汰員司，挑留工匠，撤礮營，而補學生舊額，清查積料，以免任意走漏。此大較也。陛稟。嘯。

致福州邊制台光緒二十一年十一月初四日丑刻發

接京電，旅順有今日交還之説，務祈飭催福靖即日駛赴金陵，以便配輪北駛。此事疊奉嚴旨派輪填紮旅順，未敢再遲也。祈賜覆。江。

致鎮江呂道台〔一〕光緒二十一年十一月初四日午刻發

昨據沁電稱，銀元税釐通用，已出示并飭府縣傳錢業等剴切諭遵。現鎮江每元作銀七錢定價等語。兹訪聞十月二十九日鎮江英洋作銀七錢五釐，銀元作銀六錢九分七釐。該道既經定價，何以價值懸殊，亟應稽查情形，設法曉諭各錢業，務使價值一律，以昭平允。銀元既准完納税釐，則英洋與鄂鑄銀元，關局一律同價並收，市面不容有所高下，何得任聽奸商故爲軒輊。該道速再轉飭府縣及保甲、税釐各委員，隨時體察曉諭，以期暢銷，并將市價兩歧之故速即查明電覆，至要。豪。

致武昌蔡道台光緒二十一年十一月初四日午刻發

湖北銀元雖經通飭曉諭，准完税釐，商民一律行銷。近聞滬上以銀元成色未能一律，仍未暢行，鎮江每元只作銀六錢九分零，鷹洋則作銀七錢五釐。該道速即督同洋化學師，將所出銀元詳細考驗，是否成色與鷹洋一律，如果實有參差，則非告示具文所能勉强，必須另將局章妥爲整頓，或專雇洋化學家駐局考驗，方可一律暢行。望即詳查妥議電覆。支。

致江陰李統領光緒二十一年十一月初四日未刻發

現奉旨裁撤營勇，擬將廣保軍五營裁三營，留二營，廣義軍五營裁三營，留二營，營官陳榮坤、莫善積均仍留此各帶一營，務須汰弱留强，勿稍遷就。除正餉外，各發恩餉兩月。所裁六營有應送汕頭者，有應送廣州省城及北海者，速查明籍貫人數，分别明晰電覆，以憑派輪裝送，并即解餉前往。豪。

致揚州江運台〔二〕光緒二十一年十一月初四日戌刻發

瑞記借欵，仍照合同每一期先還利銀三萬鎊，三釐局已各認四分之一，運司應攤四萬五千兩，速設法騰挪籌解。上海道滬關現有認還息借華商欵三十九萬兩，礙難代墊。勿延誤失信，并即覆。支。

致通州張統領騰蛟、汪牧光緒二十一年十一月初四日亥刻發

真電悉。該統領速遵肴電率營全行來省，不准一人自來面禀。此兩營斷不能駐通州也。支。

〔一〕 録自抄本《張之洞電稿·致本省電》。
〔二〕 以下二電録自抄本《張之洞電稿·致本省電》。

致杭州廖撫台光緒二十一年十一月初四日亥刻發

江電悉。總署廿四日敬電祇有倭使有不願總租界意一語，并無准日本在蘇州立專管租界之文。鄙意口岸由倭開，地段可先儘倭，他國亦必接連開拓，不明指爲總租界而自成總界。但重在界内所有街道、工程局、巡捕房盡歸我轄，此層斷不容含胡。已將此意電覆總署矣。支。

致武昌蔡道台光緒二十一年十一月初四日亥刻發

包辦鐵廠，先估定官本若干，令商先繳還官本一二百萬，再籌活本若干，務令與官餘本配搭均匀，將來除廠用經費外，餘利官商各半。固以華商包辦爲宜，但中華紳商類多巧滑，若無洋商多家争估比較，定必多方要挾，不肯出價。現已分電許星使及上海瑞生洋行轉詢英、德各大廠，派人來鄂看估面議。該道務并託漢口各洋行分投招徠，許以酬謝，以期早有成議爲要。鐵廠欵項難於持久，務須及早預籌，千萬勿延。支。

致武昌蔡道台光緒二十一年十一月初五日申刻發

支電想接到。既包鐵廠，則大冶鐵山及江夏、興國各煤鑛均擬一併包與商辦。望告各洋行知之爲要。歌。

致福州邊制台〔一〕 光緒二十一年十一月初六日丑刻發

支電悉。福靖既定初六開行，即請飭令駛赴上海，偕敝處所派之寰泰、開濟兩輪北駛。寰、開初十自滬開輪，不必赴金陵，以致往返躭延，至禱。現又奉旨催問，不敢再遲。歌。

致蘇州趙撫台、鄧藩台〔二〕 光緒二十一年十一月初六日丑刻發

委勘蘇滬鐵路知府沈桓因事暫請假，工急萬不可暫停。今委候補知縣沈翊清迎往崑山接勘，請飭該令速往，一二日内即須啟行，至感。札補給。語。

致上海黄道台、葉丞大莊光緒二十一年十一月初六日辰刻發

聞蘇滬鐵路多有華商願辦，何以未見具禀，不知已擬有章程，集有成欵否。望速查明，即日電覆。語。

致海州徐牧、徐運判、楊統領〔三〕 光緒二十一年十一月初六日辰刻發

歌電悉。楊軍江北勇千人，既稱相距海州亦多在數百里外，與土勇略有不同，姑從寬准加發恩餉半月。該統領即會同徐牧、徐倅妥爲遣散，勿延。歌。

致鎮江象山礮臺徐振鵬光緒二十一年十一月初六日辰刻發

現委該游擊管帶寰泰兵輪，札文到否。該管帶務即迅赴上海

〔一〕録自抄本《張之洞電稿·致各省電》。
〔二〕録自抄本《張之洞電稿·致本省電》。
〔三〕以下二電録自抄本《張之洞電稿·致本省電》。

接管，本月初九日該輪定須北駛。若期迫交代不及，即偕同前管帶吴克威前往，到旅順再交。此係奉旨調往，萬勿遲誤，至要。語。

致上海輪船支應所徐牧，前開濟管帶吴其藻、李田，寰泰管帶徐振鵬，前鏡清管帶楊永年、朱聲岡，南瑞管帶吴克威光緒二十一年十一月初六日巳刻發

昨因各輪北駛，必須學堂出身通曉水師理法之員，方能勝管帶之任，是以開濟改委李田，寰泰改委徐振鵬，鏡清改委朱聲岡，南瑞改委吴克威。現又奉旨催調，各輪自應欽遵速往。查旅順已於本月初一日退出，萬難再緩。惟現值各管帶更調之際，恐交接難以驟清，行期急迫，開、寰初九必須開行，若候交代，恐來不及。學生練勇儘可隨後續往，不如催令原管帶先行，駛赴旅順再交，新管帶亦即前往，以免躭延。南瑞、鏡清究於何日竣工，何日開行，務即嚴催，速覆。至四輪預支三箇月口糧，約共銀四萬兩，已電飭滬道照數速撥，交該所領收轉發。第新舊管帶未定，應如何酌量發給方能有著，即由徐牧妥籌酌辦電覆。又，各輪務須購覓帶水好手，勿得惜費誤事。水手水勇均須補足，舊管帶所用之人若尚可用，新管帶亦不得故意更换，以免紛擾。語。

致蘇州趙撫台、杭州廖撫台光緒二十一年十一月初六日戌刻發

總署來電：敬電論畫界收權辦法甚詳確。蘇杭通商係内地，與海口通商迥異，儻有建築馬頭，酌設巡丁，設局修理街道，均應中國自辦。總宜内外堅持，不憚駁辨，雖無甯波章程，亦可以内地創設爲詞。日使廿日來晤，已允照地方官所指之地，惟不願留出靠河十丈。續來文，又伊政府來電，仍索領事原指胥門外之地，本署駁覆後，日使復文亦云可以遷就，但爭靠河十丈。本署擬照敬電所云靠河不讓之理覆之，惟馬頭宜自指定，然後酌定關卡，使彼無所藉口。馬頭由官籌費，飭税務司承辦，或逕自辦，均候裁酌，并祈分電蘇浙。凡此扼要辦法，昨已面諭赫德轉告賀璧理矣。魚。等語。特照轉。魚。

致總署[一]光緒二十一年十一月初六日亥刻發

鄂督譚來電，論漢口德租界事。查洋人在華不守中國法律，不歸華官管轄，寄寓之地雖名曰租界，實無殊外國。條約如此，無可如何。然限以地段，洋人歸洋官自理，我猶可不與計較，若廣其租界，准華民同居，華民亦歸他人管轄，犯人越界不能任我拘拏，釐捐不能由我抽收，一切政令出自他人，斷難隱忍。上海租界，洋官竊估利權，積漸成例，以至今日掣肘多端。既往尚可不咎，來者豈能不追。故此次德國請開租界，特與鄂督譚力持不准華民同居之説。彼初猶堅執要求，該領事電詢洞處，當覆以萬不能允。彼接電後，即日畫押，可見該領事理屈，一駁即已就範。今已簽押，而德使詣署妄瀆，希圖朦混，欲獨將此條更改，不知若必華民同居，則全約須改，另訂條欵限制，如華民犯事由我自

[一] 此電於同日録呈電寄署湖廣總督譚繼洵。

斷自拏，鼇金等捐由我抽收，巡捕以及工程等局均由我設之類，彼必更不願從。西人重信，既已畫押，祈仍囑其謹守勿悔，爲禱。語。

致徐州買馬委員朱廣亮等〔一〕 光緒二十一年十一月初六日亥刻發

頃電准丁游擊留馬二百五十四，惟頭羣須先趕來甯，下羣再留爲要。初六。

致江陰林副將保 光緒二十一年十一月初七日子刻發

麻電悉。左營營官，由該副將於四營官中選留可也。派員來省領餉，在營先發一月恩餉，其餘俟到汕發清，均照辦。語。

致蕪湖祥雲輪船李家泰、直隸州魏牧恒〔二〕 光緒二十一年十一月初八日申刻發

霽電悉。已添派江泰前往協拖。三船何至重到如此，其滿載私貨可知。飭該牧等嚴查，儘數提充，倘有不實不盡之處，定惟該牧與管帶是問。庚。

致武昌蔡道台〔三〕 光緒二十一年十一月初八日酉刻發

金陵官銀號禀稱，鄂省銀元每百元實比鷹洋輕三錢五分至四錢不等，輕重所差太過，乃該道歌電稱每千兩出入至多無過一兩者。各執一詞，未解何故，速確覆。銀元局化學師是否即駱丙生，務飭令常川住局，細心化驗，勿使出入過多，致貽商民口實，轉礙行銷。至請飭滬道化驗釋疑簽單寄鄂及飭地方官多出告示，均已照辦。庚。

致鎮江呂道台〔四〕 光緒二十一年十一月初八日亥刻發

鄂鑄銀元自應與鷹洋通用，惟市價時有高下，亦須俯順商情。華洋銀元一律行用，聞該道前出告示，每元作錢一千文，近日市價僅九百五六十文，營勇換餉，有與錢業爭執滋鬧情事。如確，亟應飭令仍照鷹洋時市價值，以免藉口。又聞錢價之漲，由於夾板船販運青銅制錢出洋，以致錢少價昂。查制錢只可此口運彼口，不准出外洋，乃條約所禁。該道迅即查確禀覆，一面妥爲設法確查嚴禁，至要。庚。

致俄京許欽差 光緒二十一年十一月初八日亥刻發

前王爵堂在法爲南洋與德商訂定十響舊毛瑟五萬枝，彈二百五十萬，價銀約七十餘萬兩，訂明自立合同日起，三四箇月運到上海。久未見起運，早已逾期，價亦太貴。經敝處飭員以其逾期未到，令其廢約，并咨尊處阻其起運。近聞該行電稱，該商貪圖重價，欲日內仍將槍彈運來，并云經尊處驗證。此語恐不確，想咨文尚未接到。此項槍彈較他洋行價貴一倍，刻下軍務已平，無所用之，南洋亦無此鉅欵接收，即有此時亦斷不收也。千萬阻其起運。

〔一〕以下二電録自抄本《張之洞電稿·致本省電》。

〔二〕録自抄本《張之洞電稿·致各省電》。

〔三〕録自抄本《張之洞電稿·致湖北電》。

〔四〕録自抄本《張之洞電稿·致本省電》。

切盼示覆。庚。

致通州張殿撰[一] 光緒二十一年十一月初八日亥刻發

兩函悉。包捐事，如果上不虧餉而下不累民，鄙意極所樂爲。第向收之數，須查確，蘇、滬較遠，難得其詳，請訪詢各商，蘇、滬兩局所收通海花捐最旺之年，約收錢若干串，速示，以便參證酌定。數須切實，若各商稍有隱匿，仍難辦矣。鄙人深惡關卡擾民之弊，極願去此以恤民，惟須餉有著耳。昨奉旨併抽花釐，以杜洋弊。統捐即併抽，早已奏。若包捐則須將產地及銷路所有釐捐全包，方與併抽之旨及奏案相符，不得專認產地一處。至崇明捐可令改成一律。布捐另一事，俟花捐能包再議。祈速覆。庚。

致蘇州牙釐局朱道台之榛、沈道台玉麒 光緒二十一年十一月初八日亥刻發

該局收數內如有通海花捐，速查十年內最旺之年實可收捐錢若干串，不可稍有虛浮牽混。即日電覆，至要。庚。

致上海黃道台 光緒二十一年十一月初九日子刻發

鄂鑄銀元較准成色輕重，每罐鎔後復驗，每千兩出入至多無過一兩者，尚不及鷹洋差限之半。鷹洋成色輕重每元各不相同，鄂鑄勢難毫釐無差。乃聞滬上傳言鷹洋九成三，鄂元僅九成，市儈懸揣之詞，本不足據。惟既有訛言，應由該道覓外國有名化學師，傳集各銀行錢莊，將鷹洋與鄂鑄銀元當面各取數枚化驗，互相比較，以釋羣疑。一面多出告示，曉諭通衢，所有銀行、錢莊均各刊發簡明告示，俾共知鷹洋與鄂元成色分量相等，自然通行無滯。仍將驗單簽寫洋名寄閱。該道務須不厭煩瑣，迅即遵辦爲要。庚。

致上海黃道台、葉丞大莊 光緒二十一年十一月初九日丑刻發

南洋紡織局官商合辦，已付過官本十五萬兩，仍應補發二十五萬兩，由瑞記洋欵先行墊發，即交商董吳熙麟領收，以便迅速開工。此時只作爲借墊，此項將來均擬由滬上海灘地價籌還。若認真清理，必能湊足此數。如地價不敷，或酌招商股歸墊，隨時酌辦。札即發，札文即照此電之意。庚。

致江陰李統領[二] 光緒二十一年十一月初九日丑刻發

陽電稱，該軍所裁三營各勇丁懇求恩餉外，賞足十一月分正餉，庚電又稱加給三關半餉，三字是否二字之誤。查恩餉兩月，係奏准定案，無可再加，各營均一律遵照。該軍截餉至本月十五日止，本已從寬，如各勇實有爲難情形，准該統領酌量加以體恤，勿得譁鬨，致干嚴懲。餉銀到否，速電覆。庚。

致成都鹿制台 光緒二十一年十一月初九日寅刻發

虞電悉。蘇州已指定地段丈尺，大約縱橫三百六十丈，惟馬頭及捕房細章尚未議妥。甯波無租界名目，洋人寄居之地名曰通商

〔一〕指張謇。
〔二〕録自抄本《張之洞電稿·致本省電》。

場，其巡捕、緝匪、修馬路、築馬頭均由浙海關道募人籌欵辦理，巡捕頭募洋人充當，費由我給。其地方人民管轄之權，仍歸中國。大致不過如此，當一面摘要咨達。蘇杭新通商，擬仿照辦理，不許倭人侵我轄地之權。總署電亦云：蘇、杭通商係内地，與海口通商迥異，儻有建築馬頭，酌設巡丁，設局修理街道，均應中國自辦，宜内外堅持，不憚駁辯。雖無甯波章程，亦可以内地創設爲詞等語。租界照甯波章程一節，他國意似可允，倭尚未允，現擬仍堅持。重慶雖非新開口岸，但聞目下只有英洋行一家，尚無租界，似亦可仿照甯波章程辦理。倭領事到時，祈一律堅持爲禱。庚。

致福州邊制台 光緒二十一年十一月初九日寅刻發

江南派赴旅順之寰泰、鏡清、開濟、南瑞四輪，已派開濟管帶參將李田爲督操隊長。遠道多輪，不能無所統攝。尊處所派福靖一輪，亦擬暫歸李參將調度，以資操練，而免紛歧。此係權宜之舉，非敢越俎管轄閩船也。如尊意許可，即請電飭福靖管帶遵照。福靖初六已北行否，該管帶銜名均祈電示。庚。

致蘇州鄧藩台[一] 光緒二十一年十一月初九日寅刻發

沈翊清緩兩日赴崑山可行，勿再遲。庚。

致蕪湖袁道台、翔雲輪船魏委員恒，福安輪船施委員焕、李管帶[二] 光緒二十一年十一月初九日寅刻發

庚電悉。翔雲、福安速拖軍火三船前進，李故道家眷船候江泰拖往。李眷船如帶貨太多，亦須由關道酌量稽察，略寬則可，支離則不可。來電福和無此輪，想係福安之誤。庚。

致蘇州前湖南撫台吴清帥 光緒二十一年十一月初九日寅刻發

奉旨發下承華事略一書，交江南刊刻，並須補圖書説，共計四十圖，擬即在金陵就近督飭繪刊。惟繪圖須精於工筆人物而又多見古圖衣冠器具，式樣有本，章法古雅者。蘇州好手最多，擬懇轉請陸廉夫來甯總司繪圖事宜，並託廉夫及沈雪廬代覓，至少須十人。庚。

吴撫台來電[三] 光緒二十一年十一月初九日申刻到

古圖衣冠，畫報館恐不勝任，不如邀陸廉夫畫二十圖，胡琴涵副之，倪墨耕畫二十圖，沈雪廬副之，必可工雅。餘無可薦。澂。

致襄陽吴提台[四] 光緒二十一年十一月初九日卯刻發

劉副將恩榮因公虧累，欠還貴軍馬隊餉項，昨接譚敬帥咨，有飭局查明詳請參辦之語。當將該將廉潔受累情形據實電達敬帥，請飭該將自向尊處清結，不至專累省局。查該將在襄建造營房多

〔一〕録自抄本《張之洞電稿·致本省電》。
〔二〕録自抄本《張之洞電稿·致各省電》。
〔三〕録自苑書義等主編《張之洞全集》第八册，第六七八五頁，河北人民出版社一九九八年版。
〔四〕以下二電録自抄本《張之洞電稿·致湖北電》。

間，格外整齊，煥然一新，迥非他營草草數間棚寮之比，加以添製號衣各件，虧累已多。去歲江防緊急時，經弟飭該將自津招募安雷弁勇多名，來省往返川資又復賠累。種種皆係實事，共見共聞。嗣以貴軍北上，該將未及同行，及抵津時，其馬隊中營業已另委管帶，遂由尊處改委分統步隊。該將操守素好，不缺額，不扣餉，又因關外苦寒，捐廉發給各勇丁皮帽、毛襪等件，遂致累鉅難償。此等情形，自必早邀尊鑒。該將在襄及出師關外，均隸麾下，相處日久，誼篤同袍，自必仰蒙體恤。祈尊處與該將電商，將前項欠餉設法代爲了結，亦體恤部將之盛意。否則，該將勢窮力絀，無可告訴，恐亦糾纏不休也。弟因深知該將因公受累，不能不代爲一言。倘荷尊處了結，想敬帥必不深求，該將即可脱然無累，弟亦感佩同深矣。即候酌覆。庚。

致武昌譚制台、善後局、王藩台光緒二十一年十一月初九日卯刻發

劉副將恩榮欠還馬隊餉項，昨准十月初十日敬帥咨，飭令繳還吳軍門清欵，其挪墊各項，據實開報核銷，具見體恤部將，佩甚。頃又准十月二十六日來咨，有飭局查明詳請參辦之語，似與前咨兩歧。查去年江防緊急時，經弟飭該副將自津招募安雷弁勇多名來省，實有其事，衆目共覩。此起學生曾派九名隨愷字營北上，現甫調回江南，該將曾經稟明請欵，但弟臨行匆促，不記如何批矣。至其在襄建造營房多間，格外整齊，煥然一新，迥非他營草草數間棚寮之比，爲襄陽朱道所親見，加以添製號衣各件，虧累遂鉅。查該將所賠大宗，係此數欵，並非僅緝捕購線一事。今緝私賞犒雖發，與其餘欵似不相涉。查該將製號衣一項，乃自行要好，自不能發官欵。營房於定章之外多用，礙難報銷，然使其營房現存有用，或亦可酌量津貼。至安雷弁勇川費，關繫要公，似應核明酌發。即使一切俱不發給，但該將實係因公賠累，確有其事，實非侵蝕蠹金。該將操守最好，不缺額，不扣餉，各營皆知。今因公受累，似尚可不必參辦。至所欠馬隊餉項，似可令吳軍門與該將自行清結，省局可不管。總之，省局已發之餉不能重發而已。吳與該將出師關外日久，有同袍之誼，必能設法了結。此弟在鄂時所辦之事，知其原委，故特奉商。既深知該將廉潔受累，不能不代爲一言。鄙意此事總以省局不再發餉爲主，至此外墊欵或少發或不發，均聽尊裁，如此則事易了，而將弁隱情得蒙體恤，似屬簡便，弟亦同深感荷。弟頃已電致吳軍門，囑其善了此事矣。即候裁酌示覆。庚。

致鎮江吕道台、揚州隄工局、清江清河縣侯令[一]光緒二十一年十一月初十日戌刻發

許河台官眷到浦，該道、該局速派小輪二隻，迎拖至揚州，再派大輪接載至鎮江。問明需大輪幾隻爲要。蒸。

致武昌譚制台[二]光緒二十一年十一月十一日午刻發

蒸電悉。接八月前大咨，係言買穀實倉儲，故據局詳查案咨

[一] 録自抄本《張之洞電稿·致本省電》。

[二] 録自抄本《張之洞電稿·致湖北電》。

覆。昨接尊處九月豔電係賑糧，業已轉電各關局一體免完釐稅。茲又復電飭遵照，俟鄂省穀船過境，隨即驗照放行。請勿系念。真。

致安慶福撫台〔一〕光緒二十一年十一月十一日午刻發

佳電悉。金頤增蒙委釐差，感謝。已飭該巡檢即赴皖矣。真。

致福州邊制台光緒二十一年十一月十一日午刻發

蒸電悉。開濟、寰泰已於初九北駛。福靖何日自閩行，祈示。閩省船政局尚有通法語、工繪圖之學生，擬調四五人來江暫用，爲修蘇滬鐵路，需用甚急。祈速遣來江，每人月薪若干，祈酌示。真。

致成都鹿制台、武昌譚制台、杭州廖撫台光緒二十一年十一月十一日申刻發

滋帥馬電悉。倭人製造土貨，奪華民生計，極爲中國大害。藎慮周詳，敬佩之至。弟於三月内未定約之先，早經痛切電奏力争，未能阻止，復與敬帥及李、邊諸帥會銜電奏，力阻和議，正爲此等事，惜竟未能挽回。今約已定矣，應否再争，仍請卓裁。條約全文業經總署通咨各省，川省何以尚未接到，祈示。真。

致總署、督辦軍務處、天津王制台光緒二十一年十一月十一日申刻發

寰泰、開濟兩輪初九日已開，福靖初六日已開，均徑赴旅順，餘船接續北駛。真。

致蘇州鄧藩台〔二〕光緒二十一年十一月十一日申刻發

青電悉。沈翊清請假，勘路事速委蔣令子蕃往崑山會勘，須即日行。真。

致揚州江都縣、甘泉縣光緒二十一年十一月十二日丑刻發

許河台官眷船到揚否，該兩縣速探，應用大輪或小輪拖帶，以便派輪前往。真。

致武昌蔡道台〔三〕光緒二十一年十一月十二日申刻發

青電悉。據文應局稟稱，英國在香港、印度所鑄洋元，江南向未用過，惟麥西哥之鷹洋此間暢行，若能照鷹洋輕重一律最便。如鄂鑄輕重鋼模已定，不能更改，則只好照前幾批迅速鑄造，以應銷路，萬不可停。該道迅即妥酌電覆，一面仍速鑄造速運，鑄本飭局已匯十萬兩。文。

致蘇州趙撫台光緒二十一年十一月十二日申刻發

蘇省盜風甚熾，現請援湖北定章，凡斬決情重盜犯，州、縣

〔一〕以下三電録自抄本《張之洞電稿·致各省電》。
〔二〕以下二電録自抄本《張之洞電稿·致本省電》。
〔三〕録自抄本《張之洞電稿·致湖北電》。

獲犯訊明稟報後，飭解道、府，或委員覆審明確，稟由督撫批飭正法。三箇月彙奏一次。擬會公前銜具奏，祈示覆。湖北涂朗帥奏准章程咨江蘇有案，請查閲。文。

趙撫台來電光緒二十一年十一月十三日戌刻到

文電悉。蘇屬匪黨漸思蠢動，翹在蘇一日，決不鬆懈。公如以嚴從事，具見得為政大體，從此良民得安，匪徒知懼，其中成全正不少也。即請挈銜具奏。翹。

致鎮江吕道台〔一〕光緒二十一年十一月十三日未刻發

文電悉。近日本部堂公事極忙，謝林士奇來甯，不能接見。製造局機器不多，無可考究，望婉告美領事，囑其不必前來。元。

致清江松漕台光緒二十一年十一月十三日戌刻發

通海棉花，所有漕捐及協濟貴處之欵，十年内最旺之年約共可實收錢若干。祈速確查，即日示覆，切禱。元。

致揚州買馬委員朱光亮光緒二十一年十一月十三日亥刻發

丁游擊留馬二百五十四，但不准挑選。十二。

致清江謝道台、餉械局吴守、健勝營楊統領光緒二十一年十一月十四日子刻發

謝道、吴守元電悉。健勝五營無一真湘勇，冒領恩餉，仍屬鄰省客民，可歎可恨。瓜洲近接鎮江，非散勇之地，楊統領速即責成營哨各官，僱用民船押送太平、甯國各寄籍。倘或逗遛滋事，該統領難執其咎也。切切。元。

致武昌蔡道台〔二〕光緒二十一年十一月十四日丑刻發

兹有洋商包辦鐵廠，該道速即來甯面商一切，勿遲。該商議定後，尚須赴鄂廠看視也。元。

致漢口江漢關瞿道台、督銷局志道台光緒二十一年十一月十四日丑刻發

翔雲輪船拖帶甘肅軍火船三隻赴漢，聞均帶有私鹽私貨，翔雲夾帶緞匹尤多。該道等速即派員嚴查，毋任偷漏，至要。元。

致武昌王藩台光緒二十一年十一月十四日寅刻發

昨接來函，謂德槍將起運，經許欽差驗證等語，當即電詢許使。頃接覆電，云前日有報館人克勞什稱與王使訂約售槍，持撤遜邦兵部驗槍據，請譯蓋印而去。頃奉尊電，已函告廢約停運。仍請飭告滬行，使館但認兵部出據是實，於合同無涉，以破其詐等語。此項槍彈雖係尊處經年代定，而逾期不到，應行廢約，咎由該商自取，即使貪利不服而至瀆總署，亦不能牽涉尊處，務請放心，由敝處與之磋磨可也。元。

〔一〕以下四電録自抄本《張之洞電稿·致本省電》。
〔二〕以下三電録自抄本《張之洞電稿·致湖北電》。

致上海黄道台 光緒二十一年十一月十四日巳刻發

修築十六鋪馬路一事甚好，所擬辦法亦均妥洽，日内即奏。惟所請奏借洋藥税釐，恐難邀准。該道速即另擬借撥他項電覆，以便具奏。如萬無他法，出使經費較勝。即電覆。元。

致蘇州趙撫台，商務、洋務局各道台 光緒二十一年十一月十四日午刻發

商埠地段已定，請速飭先清葦河地趕劃十丈，填築路基，務在洋商未來之前動手。密渡橋堍設新關地基，商務公司界東工程局地基，亦須先行劃留，以示管轄商場之權志在必收。工局、關屋圖樣，當飭税司速繪。鹽。

致江陰李統領〔一〕 光緒二十一年十一月十四日午刻發

元、覃電悉。致遠喫水既深，如尚未開輪，即專送廣東省勇七百餘名先行，其北海勇六百餘名，已電飭招商局即日另派一輪裝載前往。該統領務必飭令該營哨妥速照料，諭令静候，勿任滋事，多候一日，准多發一日小口糧。即覆。鹽。

致漢口江漢關瞿道台、督銷局志道台〔二〕 光緒二十一年十一月十四日午刻發

元電想已達。祥雲、福安前後拖甘肅火藥船四隻赴鄂，日内計當抵漢。訪聞載私貨私鹽甚多，請即派妥員密查，儘數提充，並於該船未到碼頭之前數十里迎查，免致於到漢之前卸載。元。

致成都鹿制台〔三〕 光緒二十一年十一月十四日午刻發

貴標世襲一等輕車都尉岳嗣儀，去冬請假來江，委派隨轅差遣，其去冬至今應領世俸，請飭該本營發給該家屬接續承領，感甚。現已咨達尊處矣，祈電覆。鹽。

致鎮江吕道台 光緒二十一年十一月十四日未刻發

金陵、清江一帶行駛小輪，均以鎮江爲樞紐。該處又南通蘇州，自應由該關道主持其事，又必有碩望巨紳經理，方能允服。蘇局事已經本衙門批定，推陸鳳石祭酒爲領袖，由商務局照會，囑其選舉公正董事辦事，無論何人禀請行輪，統歸該局總管經理，不得獨樹一幟，致啟紛争。鎮江事同一律，紳士中何人爲鄉黨所重，願任此事，速訪詢電覆，以便迅速開辦。願。

致廣州譚制台〔四〕 光緒二十一年十一月十四日亥刻發

現裁撤粤勇一千三百餘名，籍貫分隸廣州、廉州兩處。本囑招商局雇船先送廣州，卸清後再載赴北海。今接招商局電，北海水淺，該輪不能往。現全乘致遠商輪送至廣州，其中有廉州、北海一帶勇七百餘名，請由尊處預派兵輪守候，或派員照料，飭由香港另搭商船，俟致遠到廣州時，即將北海勇過載，送赴北海一帶原籍遣散，免致在省逗留，務望派委員照料。其船價請電示，

〔一〕録自抄本《張之洞電稿·致本省電》。
〔二〕録自抄本《張之洞電稿·致湖北電》。
〔三〕〔四〕録自抄本《張之洞電稿·致各省電》。

統由江省匯還。諸費藎懷，感禱。鹽。

致清江買馬委員胡副將煦〔一〕光緒二十一年十一月十四日亥刻發

馬已到清幾羣，若干，丁游擊大文准留二百五十四，不准挑選，頂好者趕甯。

致蘇州牙釐局朱道台、上海松滬釐局福道台光緒二十一年十一月十五日巳刻發

鄂鑄銀元，奏明准完税釐，前已檄飭遵照。兹訪聞各商用銀元完釐，局卡有格外刁難需索情事。以官家所鑄尚不如英洋之通行，以致銀元市價日低，銷路不暢，此皆不肖司巡從中罔利，實堪痛恨。除札飭金陵釐局查禁外，該局迅速轉飭各分局一體查禁，曉諭局門，務令銀元與英洋同價併收，概不解錢，倘再刁難，定將該局員撤參。并即電覆，切切。咸。

致上海輪船支應所徐牧光緒二十一年十一月十五日申刻發

十月咸電，飭令阮道將製造局物料分別停購退還，匠勇人等速行裁汰。兹據阮道稱，該局數千人工食無錢可付，殊堪詫異。現飭阮道，除緊要各工萬不能裁者，照舊辦理，其餘可緩之工，不急之物，務即暫停，并以該局需欵孔急，飭由黄道撥銀一萬兩，撙節支用。現在該局仍否浮濫，該牧速即密查電覆。咸。

致蘇州趙撫台光緒二十一年十一月十五日酉刻發

蘇州設關亟宜預定，藎籌深遠，佩甚。此事應會尊銜奏請以糧道兼蘇州關監督，飭部頒關防，遇押運，或委道員代理，或委洋務局道員代理。是否妥協，請詳酌示覆。咸。

致蘇州趙撫台、上海黄道台光緒二十一年十一月十六日辰刻發

十四日總署來電云：林使來見，蘇州即准行船。本署以租界未定，税關未設，行船不便駁覆。林以租界照定，惟靠河十丈地緩議，先准行船，意欲將租界、行船析爲兩事。本署仍堅持不允。租界各事不可不争，行船先後利弊如何，請詳查速覆。林電領事與滬關商榷，希飭滬關堅持辦理。鹽。等語。特照轉。諫。

致清江王統領心忠〔二〕光緒二十一年十一月十六日亥刻發

馬隊勿庸招募，切勿前往皖北爲要。銑。

致上海葉丞大莊光緒二十一年十一月十六日亥刻發

鐵路借欵，擬先借二百萬兩，約分二十年還，但須無行用，無折扣，息止四釐半，且須言明止能以原路作保，將來建路購料以及經理鐵路，均由官自主，與借主無涉。此事係奏明辦理，望

〔一〕以下二電録自抄本《張之洞電稿·致本省電》。
〔二〕録自抄本《張之洞電稿·致本省電》。

詳告瑞記、茂生兩行，詢其確實回信，即覆。銑。

致荊州周道台[一] 光緒二十一年十一月十七日午刻發

聞尊處有學生知縣李大受熟習鐵路工程，并能測繪。現奏准修蘇杭鐵路，亟需測繪之員，望即飭令李令大受來江差遣，仍暫留原差，事竣即飭回荊，月薪若干，並希電覆。洽。

致蘇州前湖南撫台吴清帥[二] 光緒二十一年十一月十九日丑刻發

函電悉，感甚。陸廉夫、胡琴涵、倪墨耕、沈雪廬四君，請令速來甯。川資約需若干，酌示，即由甯匯寄。嘯。

致江陰林統領 光緒二十一年十一月十九日丑刻發

該軍所裁三營正餉，准算至登輪日止，按日補給。現已電催商輪往載，務飭該勇等静候爲要。嘯。

致上海黄道台、津海關盛道台、上海縣黄令、委員葉丞、招商局沈道台、電報局經守 光緒二十一年十一月十九日申刻發

本月初二日致上海道黄道電云，息借商欵，前議轉撥商務局借用。查蘇商還欵，係移歸商務局改作原借，各商股本自行籌辦，並非另借與他人，滬商還欵似可照辦。該道速即傳集原借各商，剴切勸諭，即以借本之多寡爲股分之等差，各就所還本銀全數彙齊，自行議辦一廠。如機器製造各貨，凡可以敵洋産塞漏卮者皆可，亦不必拘定紗布、繅絲兩項，如洋蠟、洋針、洋氈、洋糖、洋瓷器之類，皆極有益，總以成本較輕者多造數種爲佳，以期漸開風氣，不入官本，不雜他商。定議以後，由商自辦，官不過問，商務局但經理將還欵轉付，絶不參預其設廠貿易等事。此係欽遵電旨振興商務，意在衆擎易舉，早得觀成，多開一製造廠，即多塞一漏卮，逐漸擴充，以保華民生計，於官絶無所利。如有需官力護持者，准其禀聞，必爲設法體恤保護。此項遵旨新設之廠，税釐可酌量减輕。還欵期近，速議電覆，至要。沃。初八日致上海道黄道電，云息借商欵留爲製造等廠之用，此爲助商，並非利官，總由中國商人見小無遠慮，氣散不同心之故。洋商致富之由，全憑合衆力以成一大公司。無論如何，至少亦須留數萬，爲開各小廠之用。商中如有實在爲難必須收回現銀者，查確可免其入股，其餘務須剴切勸導，勿任其游移瞻顧，至要。凡有移此項官還息借欵開廠者，係屬遵旨振興商務，無論製造何項洋貨及仿洋式販運出洋之土貨，如洋式瓷器之類，當奏明第一年准將税釐全免，第二年後即照紗布廠章程只完一正税，通行各省，以示鼓勵。望傳諭各商知之，即覆。庚。各等語。此本部堂代謀華商生計之苦心，即以體朝廷振興商務之德意，故不憚諄諄勸導，期於有成。凡屬商民，應知感奮，即使自有爲難情形，情願收回，不願開廠，原可聽其自然。乃無知之徒，造謡妄議，訛爲不還商本，强令入股，變亂是非，淆惑衆聽，殊堪痛恨。查屢次電飭，勸令各商自

[一] 録自抄本《張之洞電稿·致湖北電》。
[二] 以下二電録自抄本《張之洞電稿·致本省電》。

辦一廠，聲明不必拘定絲布兩項，與紡織局何涉。應期還欵以示信，勸辦商務以利民，兩事並行，本不相悖。誠恐各商輕信謡傳，以致懷疑誤會，亟宜宣播於衆，俾令周知。至願辦與否，聽各該商自行籌酌可也。黄道迅速照録此次去電全文，出示曉諭，俾衆周知。不可減少一字，至要。即電覆，并轉示招商電報各局同閲。效。

致鎮江吕道台 光緒二十一年十一月二十一日未刻發

江河行小輪，最爲利商利民要務。由蘇州至鎮江、金陵、清淮等路開行小輪，已於七月十八日電奏，奉旨允准。此各路以鎮江爲樞紐，故飭該道籌辦，只須查明内無洋股，即可准。至向未通商口岸，各國和好無事，應守條約，洋輪豈能接踵前往。如有别項波瀾，蘇杭亦將創行矣，豈在華輪行否乎。所載所拖貨船，照章查驗，一體完納常税釐金，於揚由關及釐局無損，該道速即妥酌籌辦。再，商論不一，必須有鄉紳爲領袖，以免雜商蒙混淆亂。查有在籍之丁給諫立瀛，鄉望素孚，擬即商請丁紳總理鎮江商務，輪即係商務大端。蘇滬官輪局係陸鳳石祭酒總理，該道速往約，如願辦商務，當飭局照會。號。

致鎮江吕道台〔一〕 光緒二十一年十一月二十一日申刻發

七月十八日致總署電，云内河設小輪一節，飭上海道黄祖絡勸辦，衆商願者極多。現擬分爲六路，由滬至蘇爲一路，由滬至杭爲一路，由蘇至鎮江爲一路，由鎮江至清江爲一路，由滬至崇明、海門、通州爲一路，由滬至甯波、台州爲一路。後三路非日本條約所有，因商人所願，又便於民，故一併議辦。現據該道禀，已有人集股承辦，無須發給官欵，每年除該船經費外，願以餘利一半報效充餉，惟請目前照完釐金，以後如洋人小輪開行時，彼止完一正税或再完半税，相去懸絶，則華輪無人雇用，懇比照洋輪章程一律等語。竊思果如所請，則内河釐金全減爲洋税，斷不可行。查内河小輪之利，全在拖帶民船、剥船運貨，洋人小輪，自應照長江章程，不准拖帶民船、剥船。據税司言，此必可行，但能堅持舊章定約，且限制每河止准幾隻，則華輪自可照舊完釐。不知總署議約如何，伏望諭知，以便速飭定議趕造。請代奏。二十日總署來電：奉旨，張之洞、趙舒翹電奏悉。江蘇息借商欵二百二十六萬，著准其借給商務局，分十年歸還。惟開辦機器仿製洋貨，原爲抵制外人起見，該廠商人亦須自籌貲本，不可全用官欵，致外人藉口於官飭商辦，轉生枝節。小輪船專走内河，崇明、甯波兩路則涉外海，可不必辦。所請完税免釐金，萬不能准。棉花就行抽釐，甚爲扼要，著即照行。總之，此事務在得人，該督撫當協力同心，於興利之中，先籌防弊之法，是爲至要。等因。欽此。胥。各等語。謹照轉。馬。

致京兩江制台劉〔二〕 光緒二十一年十一月二十一日戌刻發

旌節南旋，獲釋仔肩，欣幸之至，敬賀。何日啟行，由何路，

〔一〕録自抄本《張之洞電稿·致本省電》。
〔二〕指劉坤一。

祈示知。箇。

致俄京許欽差光緒二十一年十一月二十二日子刻發

鄂廠槍機已修復，槍式不及九十三年者之靈便。請商力廠，就原機改配九十三年新式，并派人來鄂裝修，需費若干，速覆。箇。

致蘇州趙撫台〔一〕光緒二十一年十一月二十二日子刻發

查金山衛章字營勇裁撤滋事，敝處委員已稟覆，已咨達尊處委查，想已覆到。已具奏否，如具奏時，請將敝處查辦一節叙入爲荷。祈覆。箇。

致成都鹿制台〔二〕光緒二十一年十一月二十二日子刻發

聞重慶殺斃倭商八人，確否，犯已獲否，速示覆。箇。

鹿制台來電〔三〕光緒二十一年十一月二十二日申刻到

倭商員七人到重慶，甚安静，并無被殺之事，何謡言乃爾。霖。養。

致廣州譚制台〔四〕光緒二十一年十一月二十三日辰刻發

粤錢局購有辨銀元輕重機平三具，熟手無需此物，久置不用。鄂局初辦，如購製爲期太遲，擬借來試用，如合宜再將價繳還。可否，望電覆。漾。

致荆州周道台光緒二十一年十一月二十三日辰刻發

效電悉。蘇州通商，疊電總署援照甯波章程，中國爲設巡捕房、工程等局，名曰通商場。疊接總署覆電，甚以爲然，囑内外堅持，不憚辯駁，正與閣下論租界意合。倭使在京屢次反覆，倭領在滬在浙，妄稱總署准其立專管租界。總署來電，並無其事。倭人狡詐較西人尤甚，晤面時不可輕信，惟總宜持定彼來通商，街道、工程、巡捕盡歸我管一層。至界址宜擇一寬敞之處，將來各國立界，均可連成一氣，則雖不名總界，自成總界矣。養。

致常州惲臬台〔五〕光緒二十一年十一月二十三日巳刻發

銑電悉。尊體復元，慰甚。已電上海道派輪專候。漾。

致無錫常州府桐守、無錫縣光緒二十一年十一月二十三日巳刻發

勘估鐵路洋弁錫樂巴若到該處，務飭令趕於初六勘至鎮江，即由鎮先行回省，繪圖呈核，并有要事面商。至由鎮至甯一路，雖已派有馬悦勘估，若錫樂巴不放心時，俟回省後可再往。如能於初六前到省尤好，即覆。養。

〔一〕録自抄本《張之洞電稿·致本省電》。
〔二〕〔四〕録自抄本《張之洞電稿·致各省電》。
〔三〕録自苑書義等主編《張之洞全集》第八册，第六八〇八頁，河北人民出版社一九九八年版。
〔五〕以下四電録自抄本《張之洞電稿·致本省電》。

致泰州趙牧光緒二十一年十一月二十四日丑刻發

泰州教案已議結，教堂購産仍准管業，滋事時損傷屋宇給價修復。領事聲明，并不建造歐洲教堂，教士購買此房，因泰州係屬通衢，特備教士行道經過時需用之所。應將此意傳知紳民，毋再滋事。日内如有教士行抵泰州，應加意保護。餘詳札中。漾。

致常州陽湖縣李令光緒二十一年十一月二十四日丑刻發

該縣朱致翹基地抵給教堂欠債案，法領事聲明辦法既由黄道札詢該令，應即詢商紳士，從速禀覆，以憑核辦。漾。

致杭州廖撫台〔一〕光緒二十一年十一月二十四日巳刻發

黄漱蘭同年原在金陵主講文政書院，現將回浙，堅留不可，然景况甚清苦。杭州省城書院甚多，望爲設法位置一席，如皆已關訂，可否婉商所訂之山長移請來金陵主講文政書院，但須品學或官階稍有名望者，於金陵方相宜。此間脩火歲共千二百金，并聞。杭州書院自可仍照舊章，如此一轉移間，漱翁即有位置。務懇速籌示覆，至感。敬。

致清江謝道台〔二〕光緒二十一年十一月二十六日丑刻發

兩電均悉。泗典原抄欵數，核與來電參差。此等銀錢出入，非禀不詳，電語難明。該典商頂請作九折，合庫平銀六萬七百五十兩，是否現錢萬餘串核計在内，除提社倉典用等欵外，究竟實得錢若干。頂價九折太少，應飭再加。至該道以錢易銀，現在銀價每兩僅值一千二三百文，何得開至一五二之多，且皖工必須用錢，不如令商繳錢，逕交鳳潁道，水道想易運往。該道即速妥辦詳禀，現錢即交王道委員領運濟用。其南典房並借帳，迅飭泗州變價追收報解。宥。

致江陰李統領、沈守敦和、礮務委員光緒二十一年十一月二十六日午刻發

據來春石泰、姚委員禀稱，江陰礮臺各礮近來并未操演等語。何以不操，速即據實電覆。宥。

致武昌譚制台〔三〕光緒二十一年十一月二十七日寅刻發

尊函及鄂省京紳函均悉。鄂省各書院從前如左笏卿、胡喬年、張書城，又襄陽之張太史皆鄂人，皆弟所請也，此外周伯晋遥領黄州，余士彬現主晴川，亦皆鄂人也。周福陔先生欲赴浙而弟挽留者也，張廉卿堅留而不得，關棠、楊守敬屢請分教而不願，錢桂林暫充分教而力辭，現在鄂紳在籍者實罕矣。兩湖書院四分教，現有一湖南之鄧，一湖北之楊，已得其半，似不能藉口。自强學堂係洋務，與書院無涉，惟江漢、經心向多本省人。竊擬請黄翔雲觀察還鄂主江漢，而移李太史聯芳主荆門，請吴星階侍御兆泰

〔一〕録自抄本《張之洞電稿·致各省電》。
〔二〕以下二電録自抄本《張之洞電稿·致本省電》。
〔三〕録自抄本《張之洞電稿·致湖北電》。

回省主經心，如此則鄂紳似已無辭。如黄翔雲因喜古學自願主經心，則吴主江漢。總之，問黄所願可也。至兩湖分教，文學應仍請楊太史承禧，經學應仍請楊敦甫户部裕芬，弟當電促其來。理學擬請湘潭孝廉羅順循名正鈞，其人品高學博，最爲相宜。如羅不來，則益陽傳臚令改某部主事蕭大猷，品學均好，亦可任理學一席。史學擬請蒯履卿太史光典，博雅知名，似甚相宜，現在金陵。四分教仍是兩湖及外省各半。至譚仲修、汪穰卿已有書來辭明年館，繆小山早已言定離鄂，鄧葆之老病甚篤，必不能來。若梁星海本不願看卷，鍾山尚不肯就，九月内已辭，何論其他。特此奉商，如以爲然，即請裁酌示復，以便速訂。再，黄翔雲掌教於江南尊經，張廉卿掌教直隸蓮池，屠梅君掌教山西令德堂。鄂人主講外省，外省不以爲非，何鄂中不可請外省人耶，向來無此章程。此函京紳並未全列名，似非公論。祈鑒察。宥。

致蘇州趙撫台、鄧藩台、牙釐局[二] 光緒二十一年十一月二十八日午刻發

諫電悉。蘇州關務已會奏，稿已咨送。至開關各工程需十萬餘金，弟於蘇屬欵項未能詳知，仍請諸公籌示，以便商酌撥用。盼即覆。感。

致蕪湖袁道台[三] 光緒二十一年十一月二十八日午刻發

鄂輪楚富往拖南琛，水涸未易出淺。楚富係鐵政局之船，需用緊急，請專差飭楚富速即回鄂運鑛，并即示覆。儉。

致安慶俞庶三主政 光緒二十一年十一月二十八日申刻發

感電悉。文故令助欵，已電致福中丞聲明前意矣。儉。

致俄京許欽差 光緒二十一年十一月二十八日申刻發

宥電悉。十響槍五萬桿，每桿價十二馬，全收。彈五百六十萬，每千價六十二馬，亦姑照收，餘彈均退。至單響毛瑟，敝處并未託購，此時軍務已平，豈有尚購槍械。其另餘十響萬七千桿，運華亦必難售，請勸阻爲妥。如必欲運，務須與訂妥章，以防轉售匪人，貽害地方。或訂明到時存棧，售時稟請官給准單，方能由棧提出。至要。儉。

致安慶福撫台[三] 光緒二十一年十一月二十八日酉刻發

昨函懇飭府縣爲文故令墊欵歸柩，係因台函有知照各寅僚公同集腋，先行籌墊之説。又據俞主事稱，所籌約有千金，故請籌墊，想各寅僚之所籌與霍邱令之代認自係兩事。文故令身後苦累，既承體恤於前，如蒙再賜噓拂，各寅僚必能仰承盛德，湊足前數，感盼同深。是否，祈示覆。儉。

〔一〕録自抄本《張之洞電稿·致本省電》。
〔二〕以下二電録自抄本《張之洞電稿·致各省電》。
〔三〕録自抄本《張之洞電稿·致各省電》。

致上海輪船支應所徐牧、開濟兵輪李管帶光緒二十一年十一月二十八日酉刻發

鏡清大車，即以李錦陞充補。儉。

徐牧來電光緒二十一年十一月十九日辰刻到

南洋兵輪換一管帶則全換一船之人，非各樹私人，即徇情瞀賄，此風不革，其弊胡可勝言。即如此次鏡清大車桂道薦一人，沈道薦一人，朱聲崗無可如何，始議去李錦陞及其二車，而以沈、桂所薦之人，勻分大二車兩分薪水，似此牽就，成何體制，船務豈能整頓。擬請迅訪一熟諳船務之洋員，飭來上海，將南洋曾習船務之人，無論有差無差，一律示期考試。考定堪當大二三副、大二三車者，稟由憲台發給執照，准其各船隨時擇用。儻無執照，即不准濫充。其水手礮手亦一律附考，庶幾此後海師方有起色。陞稟。嘯。

李管帶、徐牧來電光緒二十一年十一月二十日未刻到

田遵飭傳考，鏡清大車帶來之王念鏗等不願赴考，意近規避。李錦陞送徐道建寅督局用洋機匠考過，可用，請仍充補。田、陞稟。哿。

致清江餉械局吴守、丁副將大文、淮揚道謝道台〔一〕光緒二十一年十一月二十九日午刻發

丁副將大文馬勇業經募足，即委該守就近點驗，務須人馬一律精壯，勿稍徇飾，稟報查核。至該營請領軍械，亦由該局商同丁副將酌給，飭領具報，俟馬槍購到，再行稟請發給。儉。

致南昌德撫台光緒二十一年十一月三十日寅刻發

黄漱蘭通政品學清超，海内重望，又善於誘掖後進，門下人才極盛。現將歸浙，道出金陵，鄙人極力挽留。特與台端奉商，擬請明年主講白鹿洞書院。此書院爲天下有名講席，漱翁主此，足爲士林模楷。至現主白鹿之山長，無論或訂留或改請，擬請明年來金陵主尊經書院，脩金火食共七百金，聞較白鹿爲優，當無不允，即酌加百金亦可。此鄙人爲振興白鹿書院計，特奉商，即請示覆。豔。

德撫台來電光緒二十一年十二月初一日酉刻到

鹿洞山長陶偉仲，訂定蟬聯，並已送關矣。方命之愆，尚祈鑒宥。壽。東。

致蘇州陸鳳石祭酒〔二〕光緒二十一年十一月三十日寅刻發

函悉。閣下擬邀集各商辦金陵、鎮江、蘇、杭、上海鐵路，甚善，請即速命駕來甯，面談一切，至盼。即示覆。豔。

致荆門州龍泉書院吴星階侍御〔三〕光緒二十一年十一月三十日寅刻發

請閣下明年來省主講經心書院。鄙人不日回鄂，藉可常談。

〔一〕録自抄本《張之洞電稿·致本省電》。
〔二〕指陸潤庠。
〔三〕録自抄本《張之洞電稿·致湖北電》。

請勿堅辭爲幸。豔。

致通州汪牧光緒二十一年十一月三十日未刻發

限五日内飭令通境釐捐填票各董查開十七年至二十一年京莊布捐逐年總數，并淞滬局十九年分通、海、崇進口花捐五萬六千九百九十五千，内崇明捐應劃出若干，一併切實查明禀覆。除另行札飭外，該牧即迅速查議。假如花布合併包捐，照最旺之年擬開一數，并擬章程候核定。若能合通境百貨併包，尤簡易便民，合計若干，一併查議電覆，千萬勿延。卅。

致清江謝道台、清河縣侯令〔一〕光緒二十一年十一月三十日戌刻發

各處錢價日昂，金陵市價每銀一兩僅合錢一千三百四十文。該道速將清江錢價即日確查電覆，并即督同侯令稽察情形，設法流通，以維小民生計，爲要。卅。

致蘇州陸鳳石祭酒光緒二十一年十一月三十日亥刻發

電悉。金陵蘇滬鐵路，弟已奏明舉辦，聞内意此路令峴帥仍接續辦理，請告諸商勿觀望爲禱。仍請惠臨。卅。

致上海黄道台光緒二十一年十二月初一日申刻發

頃接總署來電，云馬關約後，各國商人在滬有無新添機器製造局廠。林使堅稱内地製造，止納子口税，不納離廠税，語意挾各國以爲恐喝。此間各使實無代林使相争意，未知滬上洋商有無私議，望密查速復備議。鹽電行船先後利害如何，於此事相關，并電覆。卅。等語〔二〕。查滬上洋商止聞有怡和紗廠一家，而此廠機器今夏始到，此時斷未開工製造。此外即或尚有數家集股設廠，而在怡和之後，更無論矣。廠未開工，貨未離廠，焉有納税成例，顯係倭使捏詞要挾。望速按署電詢訪熟悉商務税務數人，逐一查明酌覆。鹽電行船先後利害，亦一併查明電覆，以便酌核電覆總署爲盼。東。

致鎮江陳統領光緒二十一年十二月初一日亥刻發

前由外洋購有四十磅子快礮十尊，存鎮江，另有四十五磅子快礮二十尊，存上海。昨飭將四十五磅子快礮撥江陰十尊，鎮江十尊，而將四十磅子快礮十尊移置金陵幕府山、雨花臺等處。較大者防江，較小者防省，正以防江較防省尤爲扼要也。惟現存象山之快礮十尊，是否即四十磅子者，即電覆。東。

致寶山縣沈令〔三〕光緒二十一年十二月初一日亥刻發

聞吴淞一帶未升科灘地甚多，新闢相近，約有數十畝。該處繁盛，地價日昂，務照上海現辦之法，迅速清查，共有無糧官地若干，一面迅速電禀，知照南洋紡織局委員葉丞大莊，會同變價，以充要需。該令辦事素稱明幹，此舉務須切實清釐，以裨公家，毋任

〔一〕以下二電録自抄本《張之洞電稿·致本省電》。
〔二〕以上電文於同月初五日轉致蘇州趙撫台。
〔三〕録自抄本《張之洞電稿·致本省電》。

地保鄉棍隱佔射利，且防售與洋商，致礙大局，是爲至要。即電覆。東。

致荊州周道台〔一〕光緒二十一年十二月初一日亥刻發

閣下前帶船政三班學生出洋，共幾人，分幾門，學習經費是否每一學生學六年爲滿，共用一萬兩。祈電覆。東。

周道來電〔二〕光緒二十一年十二月初五日寅刻到

琦帶肄業津、閩共三十三員名，在英習駕船、用礮、海圖、狀師四門，在法習造船、造橋路、深算學、深化學、使館合約五門。原擬六年，津，閩需人，有未及年限回者。學生給費每人每年共一千二百兩，船價在外。憲台選生出洋，無論飭赴何國，習何學業，總要在中國先熟悉某國語言文字，津，閩之病在此。周懋琦覆。支。

致揚州江運台〔三〕光緒二十一年十二月初二日午刻發

江南歲還瑞記洋欵本息甚鉅，鹽課、釐金均有撥欵，深恐不敷，現擬由司局會議詳請具奏另行籌捐添補。事關緊要，必須面商，望即日來省會議一切。切盼。東。

致上海縣光緒二十一年十二月初二日申刻發

仿照洋式各貨之廠，現息借各商認辦何廠，并他商所已辦者何廠，務全行開報，分別名目，即日稟道轉院，萬勿再遲。稅釐可免三年，因係新創，中國向無此種之貨，故不妨從寬也。速電覆。

致海門廳王丞通州飛遞 光緒二十一年十二月初三日午刻發

限五日內會同釐局查明十一年至二十年海門花布各貨捐每年收解總數，切實電覆。一面會同汪牧妥擬各業認包章程，迅速電稟候核。肴。

致蘇州趙撫台、鄧藩台、陸道台，上海黃道台、鎮江呂道台、揚州江運台、安慶福撫台、蕪湖袁道台、南昌德撫台、九江誠道台〔四〕光緒二十一年十二月初三日午刻發

户部來電：庫欵支絀，凡應解部之欵，希即掃數清解，備供要需，並轉飭藩、運司，鹽、糧、關道等遵照，速電覆。户。冬。等語。特照轉，望速電覆。江。

致徐州詹守、招募練兵委員季令逢辛〔五〕光緒二十一年十二月初三日申刻發

王令治觀赴鎮江招募礮隊，應募者少，旋因病歸。茲改委季

〔一〕録自抄本《張之洞電稿·致湖北電》。
〔二〕録自苑書義等主編《張之洞全集》第九册，第六八二四頁，河北人民出版社一九九八年版。
〔三〕〔四〕録自抄本《張之洞電稿·致本省電》。
〔五〕以下三電録自抄本《張之洞電稿·致本省電》。

令逢辛在徐州府屬添募礮隊二百四十名，連同前委招之馬隊二百十六名，迅即招齊，務於年内督率來甯點驗，勿延。飭守迅飭各州縣曉諭招集爲要。肴。

致揚州江運台光緒二十一年十二月初四日辰刻發

望速來省面商一切，能初七日啟行尤妙。京餉兵牌昨日已發。支。

致蘇州鄧藩台、寶山縣沈令光緒二十一年十二月初四日辰刻發

速飭沈令將交代算清，迅馳回寶山，查明海灘新漲未升科地若干，能變價若干，電禀核辦。事關緊要，勿稍延緩。支。

致蘇州趙撫台、洋務商務局陸祭酒，上海黄道台、鎮江吕道台光緒二十一年十二月初四日辰刻發

總署來電，奉旨：張之洞奏南洋創辦新軍，責成洋將操練，并金陵、上海興辦鐵路各摺，照所請行。惟洋將是否上等之材，薪水尚宜斟酌。張之洞既經創辦，條理秩然，即交劉坤一賡續成之，以爲補牢之計。至郵政一節，業經總署籌議，粗有頭緒矣。欽此。謹照轉。支。

致武昌譚制台〔一〕光緒二十一年十二月初四日辰刻發

豔電悉。現擬辦法，江漢、經心皆鄂人，兩湖分教一鄂一湘，是兩書院之中山長六人，兩湖人已居其四，似不爲少。至李太史聯芳究係陝西籍，如未訂似可婉辭，如已訂可否婉商，豫送明年全年脩金，請其明年不必到館，或即名爲程儀，此可動開欵，所遺江漢即可改請黄翔雲、吴星階兩君。昨得星階自荆門來電，已允明年就省城書院矣，至或江漢或經心，先從黄翔雲所願。總之，此兩席一黄一吴可也。所遺荆門一席，即請張太史鴻翊。此君人品純粹，教士有法，必於士林有益。至此外待館者如彭鴻翊、王榮先、曹步雲三君，如係鄂人，弟回鄂後必當均爲設法位置，每年必籌數百金薪脩。此三人孰翰林，孰部屬，係何科分、籍貫，請即示知。至兩湖書院，乃弟積年心血經營，必須精選，期於兩湖士林有益。前所擬蒯甚相宜，楊惇甫尤不宜更動也。至自强學堂，弟回鄂後擬大加整頓，非尋常館席可比，文人不皆擅長也。特奉商，統請裁酌示覆。肴。

致武昌兩湖書院汪山長穰卿〔二〕光緒二十一年十二月初四日辰刻發

請速來甯商强學會事，切盼。並望轉催鄒、葉諸君，洋務書何時可纂成。即示覆。肴。

致漢口瞿道台光緒二十一年十二月初四日辰刻發

請婉致譚仲修，可辭經心書院館，弟回鄂當爲設法另籌。肴。

〔一〕以下三電録自抄本《張之洞電稿·致湖北電》。

〔二〕即汪康年。

致濟甯許河台〔一〕光緒二十一年十二月初四日辰刻發

廿日電悉。瀛眷過江，東道簡略，過獎愧歉。公才望風力，任以畺圻，尤能展布。數年來私議切盼，今聞簡命，欣躍異常，敬賀。弟回鄂，漱老決計回浙，邀同赴鄂，不可。初七日行，并聞。肴。

致杭州廖撫台光緒二十一年十二月初四日辰刻發

東電悉。杭州書院已訂，即不必再商，漱翁本不願住杭省也。漱翁願就温州書院，近鄉里，惟温州講席脩金甚薄，聞止錢二百千。漱翁清況，想所深知，不揣奉商，擬請商之温處道宗觀察湘文，設法籌欵加增脩金火食數百金。宗觀察與漱翁有世誼，其子係漱翁門生，當肯力籌。如温州難多籌，可否台端於省城設法籌足。漱翁景況，大約歲有八百金方可敷用。此乃弟從旁體察情形之言，因公昆仲與漱翁皆係至好，故以奉商。至能行與否，統候裁酌，並非漱翁嫌脩金之不厚也。祈速籌示。肴。

致鎮江馮宫保〔二〕光緒二十一年十二月初四日巳刻發

新豐載貴部裁勇兩營赴香港换輪，已電請譚文帥派員照料，無論官輪商輪，運赴北海遣散，所需煤價輪資由江解還，勿勞藎念。支。

致廣州譚制台光緒二十一年十二月初四日巳刻發

新裁萃軍粤勇五營，駕時、斯美裝三營赴北海，餘兩營雇新豐運送。因新豐海道不熟，只能運赴香港，已於初三展輪，約初七到滬。請尊處先行委員赴港照料，並派官輪過載。如無官輪，則請飭委員代搭商輪，送回北海，妥爲遣散。所需煤價輪資，祈先飭墊，由江解繳。費神感甚，并飭電覆。支。

致徐州募勇委員季令逢辛、常州募勇委員方令道濟、海州募勇委員羅倅繼琛、通州募勇委員林令丙修光緒二十一年十二月初五日酉刻發

南洋創辦新軍，責成洋將操練，奏奉諭旨允准飭交劉部堂接續辦理，意甚諄切，以後萬無停廢之理。該委員速將所募新兵挑齊，趕於年内督帶回省點驗，俾早開練。事關奉旨要件，萬勿觀望游移，以致延誤干咎，并將招募情形先行電覆。歌。

致武昌譚制台〔三〕光緒二十一年十二月初六日子刻發

豐將軍咨請尊處飭查已故總兵胡世英籍貫，亟需覆部。將軍望之至切，託爲轉懇，務祈迅賜查覆，同深感禱，并祈先行電覆爲盼。歌。

致鎮江吕道台〔四〕光緒二十一年十二月初九日寅刻發

上海道每年多解三四萬，尊處洋關每年擬多解一萬兩，似尚

〔一〕以下二電録自抄本《張之洞電稿·致各省電》。

〔二〕録自抄本《張之洞電稿·致本省電》。

〔三〕録自抄本《張之洞電稿·致湖北電》。

〔四〕以下三電録自抄本《張之洞電稿·致本省電》。

可行，望速詳并即電覆，立待具奏。庚。

致清江松漕台 光緒二十一年十二月初九日寅刻發

據司局云，尊處布捐最旺年約收錢三萬餘串，恐係有筆誤，抑或連烏江布在内。若專以通海布計之，并除去金陵各局卡代收協濟之數，尊處所設各卡最旺年約收通海布捐錢若干，祈飭速確查電覆，至感。庚。

致蘇州釐局朱道台 光緒二十一年十二月初九日未刻發

通海商人擬包花捐，謂該處棉花從不運蘇，如蘇屬各卡查有通海花袋，情願十倍認罰等語，持之甚堅。前據電稱，蘇局歲收通海花捐一萬三千八百餘串，究竟所收捐欵是否全係通海之花，抑松常太倉各處運蘇售銷夾雜在内，速確切查覆，勿稍含混。如難查清，該商自願具結承認查有通海花過蘇屬卡，願罰十倍之説，似亦可行。佳。

致上海製造局 光緒二十一年十二月初十日未刻發

象山都圖等處二百五十磅礮亟需修理，希飭柯尼士帶匠迅速到臺修整。灰。

致鎮江吕道台、鎮江府彦守、丹徒縣[一] 光緒二十一年十二月初十日酉刻發

近來錢價日昂，據鎮江紳士、刑部主事韓弼元等禀，民間完漕艱苦，請將丹徒漕折量加減收等情。丹徒漕米，丁中丞任内於各處公費一千文之外加收五百文，其時錢價每兩換錢一千八百文故也。今年該縣錢價賤至一千二百五六十文，小民受累過重，惟該縣米價若干，能否由該縣推撫字之心，量爲減收，以恤民力。望就近體察，飭縣酌辦，自行示減，他州縣有可推廣照辦者，速一體酌行，并即電覆，至要。蒸。

致蘇州趙撫台、鄧藩台、陸道台 光緒二十一年十二月初十日酉刻發

近日錢價日漲，小民重累。甯屬漕折已飭各州縣自行酌減，蘇屬本年漕折定價若干，應否酌減，請飭藩司、糧道體察酌辦。祈示覆。蒸。

致揚州龍學台[二] 光緒二十一年十二月初十日亥刻發

來電祇悉。已派福安船到鎮守候。

致徐州沈道台 光緒二十一年十二月十一日辰刻發

允隆、允祥頂價三萬四千餘兩，迅解宿州，交皖北河工總局王守，以濟工用。真。

[一] 録自抄本《張之洞電稿·致本省電》。
[二] 以下二電録自抄本《張之洞電稿·致本省電》。

致蘇州鄧藩台、蘇州府，上海黄道台、鎮江吕道台、揚州江運台、徐州沈道台光緒二十一年十二月十一日午刻發

近日各處錢價甚昂，商民大困，禁運出海則可，若本省内地各府縣仍須流通，方無擁滯之虞。該道府等即出示曉諭，除輪船海船不准運錢出海外，其内地民船，仍准其裝錢往來，江北、江南無阻，以平市價。淮、徐等處之錢，准運江南，蘇、常等處之錢，准運江北，不得各府自分畛域。真。

致江陰李統領〔一〕光緒二十一年十二月十一日午刻發

新福建由滬運礮至澄，須用駁船。去臘有拖赴煤廠兩礮船，請飭詢章委員，該船能否駁礮，速覆瑜恩洛。

致山東李撫台〔二〕光緒二十一年十二月十二日亥刻發

江蘇補用知縣藍采錦，十四年署沛縣任内，壅銷山東綱鹽北運正引五分以上，照例降調。十五年二月二十五日交卸後，催據商人續完，已將殘引繳司，乞即賜催詳片奏開復，至感。祈示覆。文。

致清江松漕台〔三〕光緒二十一年十二月十三日子刻發

揚州保甲局王道澧電稱，揚城銅錢日少，甚至無可兑换，致軍民時常滋鬧。查錢鋪已於北路買有制錢萬串，因淮關攔禁，未能運揚，懇飛電漕憲轉行淮關，凡遇揚屬錢商販運，驗照放行，以濟眉急等語。請轉告淮關及各地方官勿阻爲要。文。

致鎮江吕道台光緒二十一年十二月十三日子刻發

真電悉。鎮關能多解若干，該道自酌擬一數。速一面電覆，并一面具禀。文。

致通州汪牧、海門廳王丞光緒二十一年十二月十三日子刻發

包捐事，電商未能詳盡，該牧、該丞等速來省面議，并帶空白印禀，俟定議，即在省繕校，以免周折。真。

致漢口督銷局志道台交信局飛送湖南陳撫台〔四〕光緒二十一年十二月十三日子刻發

蹶電悉。現已將委員在湖南勸捐欵一萬撥歸湘充賑，并已飭司開局，勸辦湘賑矣。文。

致上海葉丞大莊光緒二十一年十二月十三日子刻發

紗廠機價經吴熙麟與瑞記減定，極爲可嘉。惟此廠交吴承辦，鄙人離江南後難於照料，恐多不便，鄙人不能放心，吴亦擔承重。

〔一〕録自抄本《張之洞電稿·致本省電》。
〔二〕録自抄本《張之洞電稿·致各省電》。
〔三〕以下三電録自抄本《張之洞電稿·致本省電》。
〔四〕録自抄本《張之洞電稿·致湖北電》。

現擬改歸蘇州商務局陸鳳石祭酒辦理，江南官欵歸江蘇大紳承領，奏報較易。吴已用購地定料及棧租各欵，可核實查明開報，餘欵統存匯豐，候飭移交，望與吴婉商。聞吴現有病，雖已就痊，而兼理此廠，亦恐精神難周，如願就此推出極好，如有不願意，望力勸之。文。

致武昌譚制台[一] 光緒二十一年十二月十四日寅刻發

黄翔雲現回湖北，是否在省，望於江漢、經心兩書院中速與商明訂定一席，其所餘一席即請定吴星階爲要。至譚仲修，館局明年已別有妥善位置，已託瞿道、惲臬轉致矣。元。

致漢口瞿道台 光緒二十一年十二月十四日寅刻發

譚仲修品學優而年齒老，書院太勞，明年請定鄂省書局纂書，較爲活便，每年脩火六百金，此外弟當另爲添籌二百金，以符舊日經心脩火之數。請速轉致。元。

致蘇州牙釐局朱道台、上海淞滬局福道台[二] 光緒二十一年十二月十四日寅刻發

朱道前來甯面禀，言蘇滬加抽米捐每年除善後局津貼二成外，約可收二十四萬兩等語。究竟每年實可收銀若干，速確查覆，其蕪湖代收泗源溝米釐勿庸併計。此項米捐該局具詳，定奏明留還洋欵之項，萬勿輕動。元。

致鎮江萬統領本華 光緒二十一年十二月十四日寅刻發

該提督帶營素稱得力，前經劉部堂咨明裁撤，本擬留防，惟現又奉諭旨裁撤防營，礙難奏請。查鄂省防務需員，如願往，再當奏調。速來省面商。元。

致通州張統領騰蛟 光緒二十一年十二月十四日寅刻發

疊奉諭旨裁營，該統帶仍遵前檄，俟輪到即遣撤，截餉至上輪之日止。萬勿違延。元。

致蘇州趙撫台、洋務局，陸、羅、朱道台 光緒二十一年十二月十四日寅刻發

新開商埠沿河建造稅關、馬頭、馬路、捕房、電燈等費，除釐局籌撥外，此類用欵可奏明向江海、鎮江兩關暫借撥，將來由蘇州關稅開支撥還，釐局欵亦作爲暫借一併撥還。祈酌定，速提欵開辦，以便會銜具奏。元。

致通州曹鎮台、汪牧 光緒二十一年十二月十四日寅刻發

狼山鎮裁撤練兵餉項，准支至明年正月分止，以示體恤。元。

〔一〕以下二電録自抄本《張之洞電稿·致湖北電》。

〔二〕以下五電録自抄本《張之洞電稿·致本省電》。

致武昌譚制台光緒二十一年十二月十四日寅刻發

湖北省内省外，除水師外，現存馬步防勇若干營。各統領營官及勇丁多屬新募，祈將銜名營數電示。江南擬裁各營，内有將領好而勇丁訓練熟者，且帶有精械良馬，其中有一營係洋將教成洋操。擬調步四營、馬一營，俟到鄂商酌挑换歸併，以期人械一律精强。此事於鄂大有益，祈速示覆。元。

致俄京許欽差光緒二十一年十二月十四日午刻發

中國雜糧有包穀一種，一名蜀秫，一名玉米，一名棒子，南北皆有。聞金楷理言，此物中心之核可製糖甚佳，當與萊菔製糖相類。包穀之核乃棄物，土人用以塞酒醋瓶，或代薪，若製糖，可謂化朽爲奇。祈詢機價，并訪製法見示。又西人新法用麻紡成棉紗極精，與上等棉花所紡同，僕親見之，并請訪詢機價製法。兩事均中華大利，僕決計爲民間開此風氣。祈先將機價速賜電覆，感叩。鹽。

致鎮江吕道台[一]光緒二十一年十二月十四日酉刻發

本擬發給萃軍功牌，以示獎勵。茲已飭局如數刷印，趕急印發。願。

致上海陸鳳石祭酒光緒二十一年十二月十五日巳刻發

紗機擬即撥歸蘇州商務局，由閣下經理。前發官欵四十萬兩，除吴熙麟付過棧租等項萬餘金外，餘卅八萬餘金擬即全付機價，所短約廿二萬兩，請閣下即付現銀，以省利息六七萬金，在官則從此與洋商毫無葛藤，而商務局則止付廿二萬，即得現成大件精機，早日見利，受益甚多。已另電葉丞大莊，祈與詳商示覆爲盼。咸。

致廣州譚制台、廣東錢局薛令[二]光緒二十一年十二月十五日亥刻發

沿江各省錢價奇貴，擬由江南籌欵購銅鉛寄粵鼓鑄八分重銅錢二十萬串。粵局機器現成，從速募匠鑄造，每日最多能鑄成若干串。須能日出千串，方能應急。每月工火需費若干，請即查示。咸。

譚制台來電[三]光緒二十一年十二月十七日酉刻到

錢局機器每日僅能鑄造六百串，每日匠火經費約需銀一百四十兩，若鼓鑄二十萬串，非十四箇月不可。麟。霰。

致總署光緒二十一年十二月十六日丑刻發

頃接上海道黄祖絡電稱：上海洋人擬擴租界，前經領袖德領事晤商，經道駁阻。近又聞英國擬自滬北泥城橋界外跑馬場，直達静安寺，沿蘇州河而下，至新閘。法人由八仙橋界外起，到徐

[一] 録自抄本《張之洞電稿·致本省電》。
[二] 録自抄本《張之洞電稿·致各省電》。
[三] 録自苑書義等主編《張之洞全集》第九册，第六八五一頁，河北人民出版社一九九八年版。

家匯止，均欲劃歸租界，較原訂之界大至數倍。其中人煙稠密，間有洋屋，華民爲多。查原訂英、法、美三界，本極寬廣，洋商租用有餘，轉租華民以實之，户口已不下二三十萬。洋商收房租，洋局收捐欵，掊削不貲〔一〕。今又覬覦界外繁盛之區，圖遂其造屋放租收捐之慾壑，不獨洋貨藉可免釐，土貨漏捐亦難過問。現值機器製造弛禁，華商紛紛在該處購地建廠，彼族遂有拓界之議，在洋人坐收其利，在我國所損實多。查煙臺條欵第三端之二，内載各口岸已定租界，應毋庸議。法約第十欵雖有各口地方法人房屋間數，地段寬廣，不必議立限制，然係將指法人租地造屋，并非即言租界，參觀第八欵法人長住往來不得越領事官與地方官議定界址，可爲明證。現聞領事已詳公使與總署會議。此事應請電達總署，照約駁斥，内外堅持，以免漫無限制。而期保全釐捐，仍由該道繪圖禀咨等語。查上海爲口岸第一精華之處，華洋雜處，諸事洋人爲政，事權旁落，由來已久。近年在租界外購地拓界，漫無限制。現已奏明籌開鐵路於洋場東北，築馬路、馬頭於洋場西南，毋使侵越。詎意竟欲將此繁盛之區，全作租界，占盡上海利權，喧賓奪主，實出情理之外。查租界之設，原爲洋商建造行棧起見，果係洋商不敷居住，索地推廣，猶有可説。豈知各國本有之界極寬，洋商無幾，近二十年任意侵占，已逾原有租界甚遠。洞現正具奏以後請定限制，乃又欲假租界之名，盡收滬上華民之利，漏釐捐，擾政權。貪狡無理，關繫大局。切懇堅持，萬勿允許，至要至禱。咸。

致上海葉丞大莊光緒二十一年十二月十六日寅刻發

寶山縣沈令電禀，查出吴淞江北、江南官地及新漲灘地共二百餘畝，想已知照。可速與沈令商辦，此地是否衝要，變價約可集欵若干，速覆。咸。

致上海黄道台光緒二十一年十二月十六日午刻發

金陵下關非通商口岸，洋輪向無躉船，商民搭載往來須雇小船，上下風浪，黑夜時迫情險。下關新設躉船，本爲利濟中國商民，該道速與各公司議，停輪一次計費若干，價不必重。兩行欲點人數，然忙亂難清，故不如統論一次若干。怡和、太古及野雞船，均可停泊，先儘官船，次儘怡、太兩行，又次再及野雞船。此非口岸，乃格外優恤商民之意，怡、太兩行不得把持，費從輕減則可。速妥議電覆，以便核定，即令舉行，以免馬頭虚設，商民仍不能受其利也。勿延，切切。諫。

致廣東錢局薛委員光緒二十一年十二月十六日午刻發

南洋鑄錢事，銅貴無利，必須稍賠。惟各省制錢缺乏，有關國計民生，非大舉鼓鑄，不足以平市價。粤局鑄錢機器之多，甲於天下，會逢其適，正可藉機力以維圜法，然至少須日出千串，方能濟事。務請多募工匠，及早籌備，所需工火，有銀元分任，當可從減，不至大虧。銑。

〔一〕底本為「資」，恐誤。「貲」，計量。

致荊州周道台光緒二十一年十二月十六日亥刻發

日本領事到後，擬在何處設通商場，該道許以何處，已議定否。沙市人雜，易滋事，商場必須距街市較遠，至少亦須隔一二里，萬不可逼近居民鋪户及衝要馬頭，且必須空曠寬廣，方能容他國洋行。速繪圖貼説，即日專差送甯。諫。

周道來電[一] 光緒二十一年十二月十八日寅刻到

日本畛領事來沙，要辦租界，琦定照憲議寧波通商場辦理。畛領所指柳林地方并無鋪户，空曠寬廣，距市四里。琦允留俟杭、蘇定后再議。臘月初五日，畛領等搭快利赴宜，雇船入川，琦將彼此照覆，於念九、初六兩日繪圖詳稟鈞示，交文報局恭呈，伏乞飭查，恐人延擱。周懋琦。篠。

致武昌譚制台[二] 光緒二十一年十二月十六日亥刻發

黄翔雲如未來省，望速遣使赴蘄州原籍訂定，省城書院緣須待黄館訂妥，此間尊經書院急須訂請他人也。盼示覆。諫。

致揚州江運台[三] 光緒二十一年十二月十六日亥刻發

商捐百萬内，該司解四十七萬兩，西岸解七萬七千兩，鄂岸解三萬六千兩，湘岸解七萬六千兩，除收仍欠解二十七萬餘兩，應即催令分别趕解清欵。又通泰場商欠解三萬兩，海分司池商欠解五千兩，又平江報效庫平銀二萬兩絲毫未撥解交，尤堪詫異，均令掃數速解清，以應要需。即覆。諫。

致蘇州趙撫台、牙釐局朱道台光緒二十一年十二月十八日午刻發

近日錢少價昂，民生大困，然錢無來源，斷無善策。現擬派員在上海購買銅鉛，解交粤省錢局，代鑄制錢二十萬串，以便分發甯、蘇、淮、揚等處應用。所需鑄本，擬借撥甯藩司庫、淮運司庫、江安糧道庫、蘇釐局各四萬兩，均匯解上海道存儲，聽候委員支用。此錢局用機器鑄造，極爲精工，乃弟在粤所設。此錢隨鑄隨運，分給甯、蘇、淮、揚等處，展轉流通，以濟商民。尊意以爲然否，祈速示覆。嘯。

致蘇州趙撫台光緒二十一年十二月十八日未刻發

據駐蘇商務局詳，盛紳康等擬在蘇集商股，設局鑄銀元，又職員沈康亦稟請在上海集股鑄銀元。竊思圜法爲國家大政，古今中外，從無准民間鑄造之事。前道員范德培奉北洋札委，在滬設立商局，經劉峴帥咨批駁阻在案。盛紳等所請斷不能準，已咨請立案，並擬附片奏明。特電達，望即一律批駁爲荷。嘯。

致通州汪牧光緒二十一年十二月十八日未刻發

稟、電均悉。包捐總數本日已由釐捐局電告，惟此舉究於該處

[一] 録自苑書義等主編《張之洞全集》第九册，第六八五四頁，河北人民出版社一九九八年版。

[二] 録自抄本《張之洞電稿·致湖北電》。

[三] 録自抄本《張之洞電稿·致本省電》。

商民有無實在利益，行董是否公正殷實，不致拖欠公欵，其虧欠分賠是否可靠，并須不致多索零販鄉民，從中漁利，均須地方官切實聲明，方能定議。是以必須面詢該牧，務速即來省與司局面陳妥議，即可核定。并帶空白印禀前來，俟議定即在省繕遞批行，以期簡捷。包捐之議乃發之於紳董，屢次力陳懇請，本部堂爲恤商恤民起見，故俯順輿情，因之大費籌畫。來禀並不言明原委，竟似本部堂派令商董包捐，大非事實，亦須據實更正。嘯。

致揚州江運台光緒二十一年十二月十九日午刻發

鹽釐認還洋欵事，據閣下在省面稱，惟有加票一法，可增多鹽釐專欵，存儲備還洋欵之用。究竟何岸可加，應加若干票，迅速酌定電覆，一面即日舉辦，立待具奏。事關洋欵户部奏定之案，萬勿稍延。切切，并即覆。效。

致成都鹿制台〔一〕光緒二十一年十二月十九日亥刻發

巧電敬悉。駐滬局務及南洋撥欵，現已遵旨派員查訪，惟賴道由臺省領欵多少、運械多少，何船載往，有何册據，請由尊處轉飭逐欵登覆。仍冀先行摘要，即日電覆，以備參核，切盼。效。

鹿制台來電〔二〕光緒二十一年十二月二十一日子刻到

效電敬悉。詢據賴道禀稱，臺局兩次部撥，由滙豐收銀一百五十萬，南洋撥欵二十萬，繳二十萬，僅留支十萬，收繳均由署上海道劉麒祥經手。唐撫由臺帶出二十萬銀票一紙，除由臺、厦唐撫支取外，剩銀四萬餘兩，已由上海道繳尊處，由臺善後局解滬銀十四箱，共約四萬餘兩。又，聶臬緝槼移交一萬餘兩，均有收支繳還册據。至運解軍械，先後由駕時、斯美兩官輪共載去三船，件數容細開該管駕收條存據。先遵摘要電陳，詳細俟其逐欵開明，再咨達。霖。嘯。

致揚州江運台〔三〕光緒二十一年十二月二十日未刻發

聞許守寶書現在泰州，速飭即日來省，有要事面商，勿遲爲要。并覆。號。

致南昌德撫台〔四〕光緒二十一年十二月二十一日午刻發

江西省實缺道府各員，相距較遠，賢否未能深悉。雖有公牘可考，兼以旁加采訪，究恐未能詳確。台端考核必精，望將各員賢否逐一迅賜電示爲感。號。

致蘇州趙撫台、鄧藩台、吴臬台、陸祭酒光緒二十一年十二月二十一日未刻發

金陵至上海鐵路，屢經奉旨飭辦，并飭峴帥接續辦成，事在必行，現已定議官商合辦。甯至滬共實測路六百六十里，每里約萬金，共約需銀七百萬。官欵三百五十萬，洋欵尚存二百五十萬，若俟後年，鹽務可籌一百萬，官欵已足。至商欵須逐段招集，先

〔一〕〔四〕録自抄本《張之洞電稿·致各省電》。

〔二〕録自苑書義等主編《張之洞全集》第九册，第六八五七至六八五八頁，河北人民出版社一九九八年版。

〔三〕録自抄本《張之洞電稿·致本省電》。

辦成蘇滬一段，商已見利，再招不難。若商股不足，官仍可另籌。現擬委蘇臬司吴臬承潞爲鐵路局總辦，奏調補用道黄遵憲、奏留江蘇候補道容閎，會同總辦。商股既有一半，准其派董事入局，只能管稽核欵目，經理工料等事。商董不得攙預，商董只可與總局具稟。其官場之詳稟咨移，民間之告示，俱係官局司道出銜，商董不得攙預，商董只可與總局具稟。若修路之時及路成之後，一切章程辦法，概由官主持，布告於衆，商董如有見解，准與官局商酌，如有可采，官必聽納。一切帳目用洋員司之，以示公允。總之，商能分利，不能分權，商能查帳，不能擅路。委吴臬者，爲其實缺大員，且熟蘇省情形，黄、容皆熟洋務。吴主關涉地方官吏紳民事，黄主籌計工作，容主招商。蘇滬一段招股甚易，惟須有大紳，以便聯絡地方，并請陸祭酒會同經理，以通紳商之情。陸與督撫、司道諸事均可商酌，但不列銜耳。陸係京堂，自不便與司道一同列銜，然究係蘇紳，又不便督飭本省大小各局員，故只可諸事不列銜。現修一段在蘇屬地，弟擬定章程後，應令該局就近請公核示辦理。弟交替在即，日内即須會銜出奏，請速酌定示覆，禱盼。馬一。

趙撫台來電光緒二十一年十二月二十三日戌刻到

馬電敬悉。自滬至甯鐵路需銀七百萬，藎籌官商合辦，甚盛舉也。愚見官欵一半已有著，商欵一半，華股恐不易，儻暗附洋股，則利權仍屬外溢，既違朝議，亦非公初心。陸祭酒兩月前曾議由商集股創辦蘇滬鐵路，似有把握。昨面談，始知集股大難，蓋華商營建多而藏銀少，故招集非易。且法約曾有包辦之議，此次如不由彼經手，必滋口舌，不可不慮。鄙見須俟商股麤集，再行舉辦，否則官欵用罄，接濟無從，至中途作輟，恐利未舉而害先至，又不可不慮。況公又將去，此事成隔手，將來為難之時，翹身在題中，何以處之。論鐵路大勢，北急於南，今賴公主持先辦南路，半年來承公遇事推誠，和衷共濟，此事理應贊成，然鄙見所及，尚多窒礙，請裁酌。如以鄙慮為過，請單銜具奏。或因路在蘇境，乞會翹後銜。開辦後必事事成全，決不存應己言而敗公事之心，定荷鑒諒。翹。禡。

致蘇州趙撫台光緒二十一年十二月二十一日未刻發

啎電悉。鑄錢平價若平糶，然必有折耗，自應奏明。藎慮周密，當遵叙入。諫電蘇關開辦經費一節，尊意撥借道庫欵，極妥。至兩關此時因洋欵悉索無遺，蘇關一開即有税收，歸還甚易，似不如全在道庫，釐局暫借墊也。請酌辦，即由尊處會敝銜具奏。馬二。

致蘇州趙撫台、牙釐局朱道台，上海淞滬局福道台光緒二十一年十二月二十一日申刻發

瑞記洋欵，奏明運司及甯、蘇、滬三釐局分認，各二十五萬鎊，五年後最多之年本息約共八十二萬兩。除運司已認定自有辦法不計外，三釐局自應妥籌長策，以備收數或絀，鎊價或漲。查奏借洋欵原案，曾經聲明以後江省既認還洋欵，除京餉不欠外，請酌減協餉，並請沿江皖、西、湘、鄂五省分認，户部電覆允准。查甯局無甚協餉，惟蘇、滬兩局有淮軍餉數十萬，似可請每年共少解淮餉十二萬或十萬。又請部飭安徽、江西每年各協濟五萬，即於九江、蕪湖兩關撥解上海道備用，如此則歲省二十萬，餉力

稍紓，米釐有餘，可作別用。如以爲然，即電示覆，以便由江甯司局主稿會詳，日内速奏。再，甯司局云，向章釐局公欵四股攤派，須按收數分攤，甯釐止四十餘萬，蘇加一倍，滬加兩倍，擬詳請改撥蘇、滬多攤，甯局只認四分之一等語，所陳尚係實情。前札云各認二十五萬鎊，核計稍疏，實未平允。竊謂改撥，殊多周折，不如將蕪湖代收之米釐統歸入甯局，不必還蘇，較爲簡易，蕪湖一欵本係意外之獲也。並以奉商，祈速酌覆。馬三。

趙撫台來電 光緒二十一年十二月二十四日子刻到

查甯、蘇、滬三釐局，歲收固分多寡，而派撥亦判等差。蘇、滬年來收不抵放，翹到任通盤籌畫地方應辦之事，皆因無欵措置，無以慰吴人之望，如徒陽河道冬令淤塞不通，商賈改道江陰，而江陰口及青陽鎮又淺阻，釐收頓絀，亟思設法疏濬，循案攤徵，緩不應手，司關已竭，無非籌之釐局，必使局有餘力，方可次第興工。外人但知兩局本年尚有存儲，而未察地方之需用正繁，權衡緩急，實費苦心。蕪釐歸甯，事理欠允，已飭朱道據實覆陳。翹。漾。

致蘇州趙撫台、清江松漕台、安慶福撫台、南昌德撫台 光緒二十一年十二月二十二日卯刻發

裁兵一事，部文催覆。竊擬辦法四條：一曰官弁不可裁。綠營大小將弁，乃勇兵之升階，現當講武練兵之際，戰陣有功及緝捕出力者，惟恃保舉官階，以爲獎賞。若官缺裁減太多，無以爲鼓勵之具，實多窒礙，故由鎮將以至外額，一員皆不可裁，一也。一曰練軍不宜裁。既已挑集成軍，餉亦較優，若加訓練，尚可用，二也。一曰存營之兵不能裁。實缺將官以至都、守，若無存營之兵，則將備無所事事，於正體有礙，且餉本不多，留之亦可充緝捕彈壓之用，三也。一曰零星汛兵可裁。每汛或十餘名，或三五名，既不能操練備戰，亦不能捕盜緝匪，然合計餉亦不少。擬查明分防各汛，凡千總、把總所駐之地，關隘或鎮市，必是略關緊要，需人彈壓者，將千總本汛隨身之兵不裁，其分駐外汛並無千、把處所之兵全裁，其裁者發給一年恩餉恩米，令其自謀生理，其協防之外委、額外，一概撤歸本營當差，仍留其缺并俸廉，以爲升轉之階。馬兵全不裁，以爲兵丁拔補之階。如此辦法，兵數約可裁三成，餉米合計，江蘇每年約省十萬兩，安徽約省三萬數千兩，江西每年約省七萬兩，尚不至紛擾生事，而辦法亦甚簡易。至於營兵向來解餉解犯及看城門、倉庫等雜差，本來有名無實，州縣仍須派差派勇。以後應將營兵雜差蠲除，專心操練。至彈壓四鄉地方及一切雜差，責成州、縣自派捕役、民壯、練丁、勇丁爲之，轉可免汛兵生事，掣肘武營。公文准附驛站鋪遞，勿庸塘兵。特此奉商，即請裁酌，速電覆。如以爲然，即會台銜奏，如尊意不合，或別有卓見，亦請明示，論事無妨有異同也。出奏甚急，切盼速覆。馬。

趙撫台來電 光緒二十一年十二月二十三日午刻到

馬電謹悉。裁兵本非易事，尊議周匝之至，翹無可仰贊，即請挈銜具奏。翹。漾。

致總署、蘇州趙撫台、杭州廖撫台、武昌譚制台、成都鹿制台光緒二十一年十二月二十二日亥刻發

日本國内租界章程第五條云：街市道路乃係官民公共之地，不得編入租界内，應各知之，運貨行走毫無妨礙。儻新租之地欲在相近地方開設道路及馬頭，則必須將其地提出，凡土地乃係日本政府所轄，是以街市道路並馬頭，皆應歸日本政府常行修理。若必新開溝渠，則亦可開設，若經開設後其變爲溝渠之地租，則不應租主完納。以上云云，可備仿行辯論。特譯達。禡。

致蘇州趙撫台、洋務局光緒二十一年十二月二十二日亥刻發

總署來電，云林使照稱租界沿河十丈地方，允歸中國地方管理，惟將來别國租界如有歸其管理者，日本亦當一律，並催開關通商等因。别國租界曾否來議，必須格外詳慎，仍留沿河十丈地，毋貽口實。林使於税則動稱馬關已有明文，殊牽强，總以通行條約章程爲斷，新增各欵在各國税則之外，須俟議定，乃能開辦。一切情形并望詳覆。馬。等語。特照轉。養。

致鎮江馮宫保[一]光緒二十一年十二月二十二日亥刻發

聞貴體因閲城工感冒，以致違和，具佩盡心保障，不辭勞瘁之意。尚祈爲國珍衛，暫緩登輪。兹想已經康復矣，并望示慰。禡。

致上海黄道台遵憲、容道台閎、葉丞大莊光緒二十一年十二月二十三日卯刻發

鐵路屢奉旨，且有旨令劉峴帥接續辦理，斷無更變。今先辦蘇滬一段，洋員測量止二百里，估費約二百萬兩，今定議奏明，先辦此一段。官欵現有二百五十萬存滬，鄙意本擬官辦，因欲鼓舞商情，擬招商附股，至多不得過一百萬，若止數十萬亦可。官欵、商欵俱存匯豐、德華兩銀行，官商俱到，方能支用。商董入局，可稽核欵目，經理工料，可查帳，管帳以洋員司之。此時修工之費，後日分利之數，俱由洋員主持。路工修法，行車章程，俱官主持。商有見解可與官局商酌，但不能專擅耳。委蘇臬司吴廉訪總辦，黄道遵憲、容道閎會同總辦。吴管地方交涉彈壓，黄管工作，容管招商。但此事只招華商，不得暗招洋股，并請陸鳳石祭酒督率紳商籌辦，兼招商股。日内即出奏。上海道及黄、容兩道，葉丞，可將此電宣布於衆，有願附股者，速赴該道該丞等處報知。即刻電聞。養。

致蘇州趙撫台光緒二十一年十二月二十三日卯刻發

禡電悉。遠慮誠悃，均可感佩。惟鐵路大勢，衛畿輔，運糧械，則北急於南，收利權，塞漏卮，路短費少，則南易於北。路可分段修，商可分段招，南路利厚而速，故先造甯滬以開風氣，人人知鐵路之利，則北路不難矣。滬至蘇止二百里，蘇至鎮二百里外，鎮至甯二百里内，每段止需二百萬上下。弟原奏統籌全路

[一] 録自抄本《張之洞電稿·致本省電》。

利益經費，故必以金陵爲歸宿。若興辦之時，無妨分段建造，相機進退，有一段之欵，即辦一段之路，即有一段之利。此段成後，有欵則接辦，無欵則暫止，並非必造到金陵不能中輟也。此事斷不至有害。蘇滬一段止需二百萬，官欵已有餘，當奏明存匯豐、德華兩銀行。此段獲利最厚，商情急趨，華商百萬之股，可期必得，黄、容兩道即能招致，并不須陸祭酒招也。此段鄙意本擬全歸官辦，因欲籌全路，藉此稍集商股，且欲使商獲其利，以勸將來。然亦不必拘定官商各半，官多商少尤佳。弟雖不日交替，而曾奉有飭峴帥賡續辦成之旨，又傳聞有廷寄囑其接辦，可見朝廷注意此事，期於必成。弟籌之已熟，斷不至台端受累。仍祈再酌，速示爲禱。至法約包辦之説，數月來廷議辦鐵路，屢見諭旨，法人并未請包，當是訛傳。望勿過慮，爲幸。養。

致南昌德撫台[一] 光緒二十一年十二月二十三日午刻發

號電、馬電均請速示覆學使政績頌聲，并密示。漾。

致安慶福撫台 光緒二十一年十二月二十三日午刻發

馬電請速裁酌示覆學使政績頌聲，并密示。漾。

致總署 光緒二十一年十二月二十三日未刻發

通商公理，原以利民，非以害民。新約任便製造一語，須不背公理而後可。中國小民多恃手作謀生，若漫無限制，盡用機器以代手作，則小民生計頓絶，豈能束手待斃。請與訂明，外國向有是物進口爲中國所無者，准其任便製造，或中國商民已用機製造者，日本人亦准其任便製造。此外，凡有奪小民手作致害其生計者，皆不准製造，庶近情理。各省官紳商民爲此事紛紛呼籲，現正議通商詳約，務請力與辯論。亦知彼族貪妄不肯遽許，然事關民生，總必稍留界限，能争回一分，則爲億萬小民多留一分生計，彼斷不至因此決裂。用敢不避煩瀆，謹合詞電達，懇請鑒察裁酌。之洞、寶泉、傳霖、繼洵、舒翹、壽豐同肅。漾。

致成都鹿制台[二] 光緒二十一年十二月二十四日辰刻發

頃據上海道黄道來電，川省洋務局電川中擬開辦紡紗，聞兩江有紗機出售，託其探詢等語。查兩江所購紗機四萬零七百錠，機器精良，備用零件較他廠尤備，其價英金九萬鎊，本擬官設廠開辦，因弟不日離江南，正在招商承辦，今川省購辦正好。此項機價江南付過官欵四十萬，尚短廿二萬兩上下，若川省付此廿二萬又棧租萬餘金，即可得此現成極精機器，其江南官欵四十萬兩，可分兩年從容歸還。若能照辦，則川、江兩有裨益。弟交替在即，亟須將此事議定，務祈飭局即日妥籌定議示覆爲盼。再，聞朱裕源有機器一分，亦開價六十二萬。其機係四萬錠，零件較官機所少甚多，且恐須現銀，不如江南官機之便也。至川局是官是商，湊本若干，并祈電覆。敬。

[一] 以下二電録自抄本《張之洞電稿·致各省電》。
[二] 録自抄本《張之洞電稿·致各省電》。

致蘇州鄧藩台、上海黃道台、鎮江呂道台、清江謝道台，揚州江運台、揚州府光緒二十一年十二月二十四日巳刻發

近來錢少價昂，民生大困。時近歲暮，百事窒礙，民情惶擾。本部堂、本部院體念民艱，公同商酌，現已於司道各局共籌撥銀十六萬兩，委員領赴上海採買上等外洋紫銅白鉛，運至廣東錢局附鑄制錢二十萬串，剋期鑄成，陸續解滬，分撥甯、蘇、淮、揚等處行用。展轉流通，來源既裕，市價自平。並籌撥鉅欵交湖北銀元局代鑄大小銀元來江，以資利用。現在解來銀元已數十萬，以後源源運濟，與制錢同用，利商便民，市面自有起色。誠恐各商民鋪户未能周知，屯積居奇，藉端抬價，合行電飭。電到該司道，速即出示曉諭，以安民心，切切。督、撫院。漾。

致俄京許欽差光緒二十一年十二月二十四日巳刻發

江南奏設陸軍、鐵路學堂，須延教習，陸軍五，鐵路三。均德人，官不必尊，求善教。又奏設儲材學堂，分律法、農政、工藝、商務四綱，求各訪一教習，似律、農宜德法，工、商宜英德，然不拘。又，奏拓同文館，須德、法教習各一，英文擬近求，月薪以二百金爲度，稍溢亦可。感禱。經費已籌定，具奏事必成。漾。

致俄京許欽差光緒二十一年十二月二十四日申刻發

先、效電均悉。將極合用，惟僕即回鄂，斷難强江省留用。鄂力遜江甚，竟難統用，擬留二都司，辭一將、兩千總。知尊處極爲難，望婉達德兵部道歉，祈鑒諒。如必不行，示知再設法。敬。

致揚州江運台[一]光緒二十一年十二月二十四日申刻發

洋欵加票事已議有眉目否，速具詳，並先電示，切盼。敬。

致清江松漕台光緒二十一年十二月二十四日戌刻發

漾電悉。藎慮周詳，佩甚。營兵蠲除雜差，武職免處，汛兵裁後，盜案武職免參，自應如此。惟不通驛站之處，武營文件甚少，可聲明准其附地方官所設鋪司等遞送，塘兵似可盡裁。至來示兵少之營與兵强者互相均勻一節，事太紛繁。鄙意所擬裁者，乃零星汛兵，即使向係兵强地方，若止十餘人或三五人，恐亦無用，且如此勻算改撥，必須細查細算，恐數月亦難核定。此次不過奏陳大概辦法，其詳細數目及未盡事宜，須俟議准後再詳酌，此時似不宜因小節致延時日也。部文奉旨催覆奏甚急，弟日内必須覆奏，祈速示覆。敬。

致上海署松海防廳葉丞光緒二十一年十二月二十四日戌刻發

灘地事，該丞速與上海、寶山兩縣會禀。請分別變價，分爲

[一] 録自抄本《張之洞電稿·致本省電》。

兩稟，一會上海縣，一會寶山縣，切速勿延。只云變價，不宜云升科，緣升科官太喫虧。速酌覆。敬。

致福州邊制台光緒二十一年十二月二十五日午刻發

鹿滋帥屢次來電，切囑各省聯銜電奏，力爭新約任便製造一條，恐其多造土貨，妨我小民生計。知公必以爲然，已會台銜電奏，另電録原文奉閲，祈鑒。敬。

致成都鹿制台、武昌譚制台、福州邊制台、蘇州趙撫台、杭州廖撫台[一]

光緒二十一年十二月二十五日午刻發

本月廿三日聯銜電總署云：通商公理，原以利民，非以害民。新約任便製造一語，須不背公理而後可。中國小民多恃手作謀生，若漫無限制，盡用機器以代手作，則小民生計頓絶，豈能束手待斃。請與訂明，外國向有是物進口爲中國所無者，准其任便製造，或中國商民已用機製造者，日本人亦准其製造。此外，凡有奪小民手作致害其生計者，皆不准製造，庶近情理。各省官紳商民爲此事紛紛呼籲，現正議通商詳約，務請力與辯論。亦知彼族貪妄不肯遽許，然事關民生，總必稍留界限，能爭回一分，則爲億萬小民多留一分生計，彼斷不致因此決裂。用敢不避煩瀆，謹合詞電達，懇請鑒察裁酌。之洞、寶泉、傳霖、繼洵、舒翹、壽豐同肅。漾。等語。特奉達。有。

致九江誠道台光緒二十一年十二月二十五日申刻發

嚴核關税一案，尊處詳請於解餉水脚節提銀三千兩歸公等情，江西德中丞是否已經具奏，望即刻速覆。有。

致清江松漕台、淮揚道謝道台[二] 光緒二十一年十二月二十五日申刻發

葦蕩兩營兵一千一百餘名，專管樵採，無關戰守，歲需餉亦當不少，部文催議裁兵，此項兵能酌裁若干否，祈速裁酌電覆，并飭將每兵月餉月米若干查示。有。

致武昌王藩台光緒二十一年十二月二十五日戌刻發

毛瑟槍彈事，經許星使調停，與該商議明原合同作廢，另立新約，收槍五萬枝，每槍減價三馬，收彈五百六十萬顆，餘彈全退，共價銀九十四萬七千二百馬，撥存德華，俟槍彈運到，全付現銀，不用藩票。該商另有槍萬七千枝，准其進口，另售與官。已飭上海道於本月十七日將該價如數撥存德華銀行，貨到即可付清。昨據上海道電稱，槍彈已到香港，正初可以到滬，則此事已善爲辦結矣。知念，奉慰。有。

致蘇州陸祭酒光緒二十一年十二月二十五日亥刻發

徑電悉。鐵路事，台駕在甯，曾將辦法令錢守詳商，尊意許可。到滬後來電來函，俱云商情甚願，並囑弟先行電奏，以慰商情。茲已定議，即日出奏，來電忽云商情未悉洽，未解其故，即

[一] 以下二電録自抄本《張之洞電稿·致各省電》。
[二] 録自抄本《張之洞電稿·致本省電》。

請明示。或慮洋商附股耶，中丞來電亦有恐容道招商有洋股之語。今擬招商一事，即請專歸台端經理，自易稽查。已電飭容道，令其無庸招商矣。此外，章程、商情如有不便之處，請以實告，並請籌示妥善辦法，無不樂從。鄙意期於大舉有成，並無成見。盼速覆。有。

致崇明陳鎮台、王統領衍慶〔一〕光緒二十一年十二月二十六日子刻發

霆慶營散勇，聞有兩營因索夫價滋鬧，王統領亟宜酌量撥給，以免藉口。陳鎮速即會同王統領妥爲彈壓，催令上輪，如再滋事，該統領難執其咎也。宥。

致安慶于藩台、盛京依將軍〔二〕光緒二十一年十二月二十六日亥刻發

前承囑儘欵庫平三萬兩，代購格魯森五生七二十倍口徑過山快礮十尊并彈。兹據禮和洋行單開，此項快礮連車件全不連擋牌，每尊價德銀六千二百五十馬克，又分圈開花彈每顆價二十馬克零十分，礮十尊、彈一千顆，共價八萬二千六百馬克，外加裝箱運保費至天津十七分半，德銀一萬四千四百五十馬克，統共德銀九萬七千零五十五馬，約合規銀三萬一二千兩。四箇月運到天津交貨，定時付價三之一，起運時三之一，貨到時三之一。惟限於欵項，每礮止能配彈一百，未免太少。適該行有此項礮之水漬被退彈二千顆，雖經水濕，銅殼鋼彈尚屬未損，彈内火藥拆驗數顆，亦未受潮，多屬可用，故囑該行將此水漬礮彈二千顆不加價值一併運津，該行已經應允，如此每礮可有彈三百，尚屬相宜。如尊意以爲然，請即次棠方伯派員赴滬與該行訂立合同，并即示覆。宥。

致揚州江運台光緒二十一年十二月二十七日寅刻發

據詳新加鄂、湘引票一節，已悉，所有票費銀兩，務飭局催令認引各商於年内即日繳解，須銀繳齊，并有商名，方敢入奏。或先繳正月十五日以前期票亦可，如能由該司籌墊尤佳，緣有要需立待撥用。此欵電匯上海，須有著、能撥用即可。商既願辦，似可曉諭各商速定，繳銀即定矣。速籌電覆。宥。

致蕪湖袁、方道台〔三〕光緒二十一年十二月二十七日寅刻發

廿八日作恩關，照准。宥。

致上海松海防廳葉丞、寶山沈令光緒二十一年十二月二十七日卯刻發

蘇滬鐵路既興，吴淞繁盛必不亞於上海，尤以清理官地爲要。該處共十二圖，漲灘向未升科，亟須清丈，以杜盜賣。將上海地價内撥借銀二千兩，作清丈經費。即遵辦，速電覆。宥。

〔一〕録自抄本《張之洞電稿·致本省電》。

〔二〕〔三〕録自抄本《張之洞電稿·致各省電》。

致九江誠道台〔一〕光緒二十一年十二月二十七日巳刻發

該關節提前項銀兩，可速請江西撫院具奏。本衙門覆奏此事，已聲明九江節省三千兩，由江西奏矣。宥。

致清江松漕台、謝道台〔二〕光緒二十一年十二月二十七日亥刻發

葦蕩營事，請速酌覆。峴帥何日抵清江，想有確信，并速示。感。

致上海黄道台遵憲、容道台閎、松海防廳葉丞光緒二十一年十二月二十七日亥刻發

鐵路事，華商確實附股者已有幾家，可集人若干，速覆。局中辦事章程，商董有何議論，肯放心否，如何方能踴躍，并據實覆。感。

黄道、容道、葉丞來電光緒二十二年正月初一日戌刻到

感電謹悉。鐵路招股，遵諭宣布，滬商尚無入股。電詢粤商，亦無應者。察訪商情，意謂官商頗難合辦，雖蒙憲台鼓勸保護，羣情信服，然無一定之章，無共事之權，誠慮他人接辦，棄信失利，如招商、電報局，皆官權重而商利輕，即其前車，以故各懷觀望。職道等竊擬此事如專歸商辦，定能集股，若因官欵現存，似可暫由官辦，或先就官欵先築淞滬一段，商人見其章程善，利息厚，自必踴躍争附，將來再議官商合辦，事權如一，將官存二百萬，招商二百萬，擴充蘇滬及杭鎮甯各路，諒可成事。是否有當，伏候鈞裁。遵憲、閎、大莊同稟。豔。

致南昌德撫台光緒二十一年十二月二十七日亥刻發

裁減汛兵事，乃籌擬大概辦法，其所省餉數，亦係約略之辭，聲明係約計之數，將來須再詳晰核計奏辦。尊意究竟如何，或會銜或否均可。望明示。感。

德撫台來電光緒二十一年十二月二十八日亥刻到

感電謹悉。裁減制兵籌議辦法，極為欽佩，請挈敝銜會奏。特覆。壽。儉。

致鎮江萬統領本華〔三〕光緒二十一年十二月二十七日亥刻發

來電悉。該軍勇丁係外省募來，准一體給恩餉兩月。感。

致蘇州陸祭酒光緒二十一年十二月二十八日丑刻發

鐵路事，弟雖籌全局，商人可先辦蘇滬小局也。至詳細章程，將來開辦尚須斟酌盡善，即請酌示。現派委各員，除吴臬司係地方官外，其餘候峴帥到後另行酌委。閣下清望素高，若得出爲領袖，衆情必洽。從前既承屢次許諾，已具奏摺，內言章程俟詳商妥酌，皆活筆也。務望勿辭，成此盛舉爲禱。至商情如何方踴躍，

〔一〕録自抄本《張之洞電稿·致各省電》。

〔二〕〔三〕録自抄本《張之洞電稿·致本省電》。

亦祈酌示。只須定有限制，即略予商權，亦無不可，儘可從容商酌也。即盼速電覆。勘。

致鎮江呂道台〔一〕光緒二十一年十二月二十八日午刻發

感電悉。萃軍江西等省勇四十五名，每名船價五元，即由該道墊發，如數報銷。勘。

致蘇州陸祭酒光緒二十一年十二月二十八日未刻發

瑞記紗機，現已遵照尊電，飭上海道將機價全數由官付清，共計九萬鎊，時價約合銀六十一萬餘兩。其棧租修擦零費，由商自籌，撥歸閣下辦理。此項機器較他廠尤精，備用零件最多，商局將來獲益多矣。祈即示覆爲盼。惟上海四通八達，購花運銷均較蘇州内地爲便，廠似仍設滬上爲宜。蘇、滬相距咫尺，將來一通鐵路，更爲便捷，閣下照料尚屬不難。尊意以爲然否，即望電覆。勘。

陸祭酒來電光緒二十二年正月初一日申刻到

勘兩電悉。鐵路事并備參酌，無所不可，惟商情不一，能否踴躍，實難預揣耳。紗機極荷美意，價全付清，自必領受。但現在蘇州息借各户紛沓具呈，不願入股。移滬之説，擬請與峴帥商酌再定，若遷蘇，亦尚有為難處。庠。豔。

致上海黄道台、署松海防廳葉丞光緒二十一年十二月二十八日未刻發

瑞記紗機，現仍擬撥歸蘇州商務局陸祭酒辦理。官先將機價全數付清，所有棧租修擦雜用，由商自籌。此項機價九萬鎊，除已付過官欵四十萬兩外，尚短約二十萬兩，即由該道仍由瑞記欵内全數付清。此項洋欵六十萬，除由葉丞務於地價欵内籌足十萬兩，即行歸還外，查有湘鄂兩岸鹽票加價銀三十萬兩，據運司詳，明年正月内十五日可解清，亦係外銷欵項，俟隨時解到，即可匯滬撥還。其餘二十萬兩，俟續繳地價，隨時歸還可也。即電覆。勘。

致清江劉制台〔二〕光緒二十一年十二月二十八日未刻發

聞台旆抵浦，欣慰。大約何日到省，何日接篆，祈即確示，以便恭候。敬賀年喜。儉。

致揚州江運台光緒二十一年十二月二十八日申刻發

魏姓報效槍礮廠經費三萬，速詳到，立待具奏。即覆。儉。

致揚州江運台光緒二十一年十二月二十八日申刻發

該司籌墊加票銀五萬兩，迅速匯解上海道存儲候撥，不必解甯。儉。

〔一〕録自抄本《張之洞電稿·致本省電》。

〔二〕以下三電録自抄本《張之洞電稿·致本省電》。

致煙臺東海關道李道台[二] 光緒二十一年十二月二十八日申刻發

舍親王太夫人係王廉生祭酒之母，家居福山縣。現有急需，弟欲匯寄三百金，煙臺無票號，奉懇暫借三百金，并懇速遣使送往，交王信卿太守查收，數日内交票號專人寄還，至感。祈電覆。

光緒二十二年

致揚州江運台[二] 光緒二十二年正月初二日丑刻發

魏款三萬，解金陵籌防局轉解湖北槍礮局。沃。

致漢口江漢關穆稅務司[三] 光緒二十二年正月初二日亥刻發

聞貴稅司將請假回國，本部堂回任後，或有借重之處，能勿去否。沃。

致大通督銷局李道台[四] 光緒二十二年正月初四日卯刻發

該局應解節省各費及報效欵尚多，速即解甯，有急需待用。即刻覆。江。

致蘇州趙撫台光緒二十二年正月初五日丑刻發

倭人請借華旗先行小輪，已電滬道駁阻矣。請即電知總署。

〔一〕録自抄本《張之洞電稿·致各省電》。
〔二〕録自抄本《張之洞電稿·致本省電》。
〔三〕録自抄本《張之洞電稿·致湖北電》。
〔四〕以下三電録自抄本《張之洞電稿·致本省電》。

支。

致揚州江運台光緒二十二年正月初五日丑刻發

湘、鄂票價三十萬兩，務速催，初十日交齊，全數匯交上海道黄道，聽候撥用，切望勿任延緩，至要。豪。

致上海黄道台光緒二十二年正月初五日丑刻發

日本商約詳細章程未定，倭輪豈能竟借華旗先開。尚無税釐章程，如何完捐。儻現章與將來新章或有參差，彼以現章爲便，據爲成例，將若之何。再，倭輪不知是否欲拖貨，抑止載貨，若拖貨則長江向章不許，輪船拖船尤不可許，務即嚴行駁阻爲要。支。

致上海黄道台光緒二十二年正月初五日丑刻發

趙撫台來電：黄道屢以倭人小輪願借華旗開駛，遵章完捐，翹持力阻之議，囑其電請尊裁，必有以折之也。昨劉守慶汾來禀，踵陳前説，並謂倭人有云不允此請，即自用日旗開行。翹非膠執不化，因與公前奏蘇州開埠，洋輪入内不准拖民船剥船，今若許其暫用華旗拖貨完捐，將來彼即據爲成例，無可議阻，是自壞其藩籬。況倭人租界甫定，房屋未造，雖小輪運貨無多，而無馬頭可上，無房屋可儲，種種轇轕，必撓畫界將成之局，關係甚鉅。近來交涉一道，處無可如何之時，原有從權通融者，通融而無流弊，何不可許。明知遷就一時，事仍不了，何敢擅諾，貽他事口實。查歷來開埠通商，皆俟約章議妥後行，從無此等辦法。彼果不循成案，枝節叢生，翹惟竭其心力，餘非所計。在黄道創遵章完捐之説，欲緩其行，初不意彼竟乘隙而入。馬關第六欵未經商定行船章程，外國船隻照内地水路現行章程，按内地行船，除江路之外，别無章程。蘇州平時既非通商口岸，衹准遊歷，就有現行章程可照，已電飭黄道，專此駁難。吾公移節在即，務求指示方略，以匡未逮。翹體察情勢，難免齟齬，應否先行電知總署，並乞裁示。峴帥抵秣，亦懇轉達等語。務即駁阻爲要。豪。

致上海黄道台公度光緒二十二年正月初七日酉刻發

鐵路事，商既不願與官合辦，假如全歸商辦，真正華商能集成鉅欵否，即使有人承辦，其言究可靠否，如商辦，係何人爲首承攬此事。速將實情確覆。陽。

致上海黄道台光緒二十二年正月初八日酉刻發

魚電悉。瑞記借欵，除金陵支應局去臘撥三十萬兩外，其前由陸道領存生息一百十萬兩應作存。又吴熙麟領紡織官本四十萬兩，又二十萬兩，共六十萬兩，由運司撥票價抵還三十萬，本月十五日必匯到。由滬灘地價抵還三十萬，又金陵機器局加造八萬兩泰來槍，我七千兩，官電工費二萬兩，瑞記軍火價九萬四千二百餘兩，又籌防局撥存生息十萬兩。以上五欵，均歸籌防局撥還。支應所借支北上四輪餉欵四萬三千八百餘兩，由該關在應撥防費内扣收。又存匯豐賠船欵七萬五千兩，俟駕時、斯美兩船變價抵還，均不應動支洋欵。至上海縣資遣臺勇及南琛裝勇火食兩項一千八百餘兩，應於續撥支應局三十萬兩内扣收作存。共計領存撥還各欵應一百九十二萬餘兩，該道庫實應存八十三萬四千二百餘兩，統核應作存欵規銀二百九十五萬四千三百餘兩。其運司票價係庫平，應按規銀申算確數報查。除飭各局、所遵辦外，該道即將截存銀數備案，此後無論何項，不得動撥洋欵，務即遵照，迅速算清分晰稟報，并即電覆。庚。

黄道來電[一] 光緒二十二年正月初九日戌刻到

庚電敬悉。瑞欵遵照結算，應作存銀二百七十五萬四千三百餘兩，緣瑞記紡機找價二十萬，該行因所短尚多，未肯具領結算。前折未經列放，將來應在地價欵内動支付給，不再列放，現已分晰稟報。祖絡。佳。

致蘇州陸祭酒 光緒二十二年正月初九日卯刻發

虞電悉。紗機非必設滬，既能運蘇，自以設蘇爲妥。想是有人過慮，謂瑞記機價恐不肯多減，故尊意恐後有葛藤耶。查此項機價統由上海黄道及葉丞付清，已札黄、葉無論該行肯減價多少，全歸敝處清結，斷不與尊處相涉。至機價官本六十餘萬，自全廠出貨後，每年核計餘利若干，官本應分餘利若干。全廠出貨以後兩年之内，官應分之餘利，暫緩繳官，留爲局中添補活本，以資周轉，第三年起，再分十年帶繳。前議官付機價四十萬，故擬緩繳官利三年。今官付六十萬，數加一半，故緩兩年也。即至少以一分息計，兩年之息已十二萬矣，分半息則十八萬矣。分十年帶繳，爲期尤寬，似於商股大有益。至造廠約須二十萬，買花活本不過二十萬即可周轉，斷不用百萬之多。若尊處定瑞生之機，成本活本亦當數十萬，移彼爲此，費必較省，而成功甚速。此事敝處欵已付清，奏明交蘇州商務局，峴帥到後，必不致再加推敲也。總之，機價付清，官息緩繳，皆已奏明，又札滬道立案，不與蘇州商務局及尊處相涉，似已周妥。所以願歸閣下者，因歸蘇商務局，則與鄙人振興商務之奏案本意相合耳。細思此事有益無損，若尊意必不願接，將來接到敝處及商務局照會後，儘可函覆另辦，並無妨礙。至機價六十餘萬，係撥鹽務票價三十餘萬，灘地變價三十萬付給，兩欵皆係外銷。灘地價止暫收十萬，共付現銀四十萬，其二十萬係借上海道所存洋欵二十萬墊付，由灘地歸還，皆已據實奏明，并縷達。庚。

陸祭酒來電 光緒二十二年正月二十日申刻到

庚電悉。造廠須年餘，千數百箱非廠成不能開，箱中鏽爛之件不能預知，茫無把握，不獨活本太鉅也。侍才短識淺，遠不如盛道之精明，加以無人佐理，隻手難辦成事。息借各户羣起為難，正當掣肘之際。可否另選能人，或改歸官辦，成此盛舉。侍既遵參酌鐵路之命，精神本難兼顧，儻許商務退董，感激不盡。謹此上覆，并謝輕諾之罰。乞賜覆准行。庠。蒸。

致蘇州吴清卿中丞 光緒二十二年正月初九日卯刻發

奉敕繪圖刊書事，遵命即請公代爲經理。感極。當令畫士數人及委員賓令豐即日赴蘇，聽候指揮。原發圖書各件，一併呈交，並帶備用之欵前往。本擬石印較精而速，商之南齋，覆電言原奉

[一] 録自苑書義等主編《張之洞全集》第九册，第六八九三頁，河北人民出版社一九九八年版。

旨係刻板，仍應刻板，已向粤覓極精刻工三人，到日當併令赴蘇。竊擬畫成寫成時，板刻一分，又石印一分，一併進呈，必是石印者蒙宸賞耳。一切辦法統聽尊裁酌辦，將來此書應敝處進呈，不交後任。并聞。庚。

致通州張殿撰光緒二十二年正月初九日卯刻發

峴帥定十五日到省，鄙人定十七日交替總結。久待不來，可怪。兩日内送省，或猶可及也。此事核算已確，較最旺年減一萬八千五百串，較次旺年減一萬四千串，尚須代賠滬局八九千串。鄙人心力已盡，本意必欲行此恤商恤民之政，而商民不知足，無可如何矣。其中究係何情節，速即示覆。庚。

致南昌德撫台〔一〕光緒二十二年正月初九日卯刻發

上海縣黄令來電：語電敬悉。年底漢口來信，已由漢起運米二萬二千石往萍，現又趕緊催運，本月底準可解足七萬，不致遲誤。卑職承暄謹覆。魚。等語。照録，請察覽。庚。

致福州陳閣學〔二〕光緒二十二年正月初九日辰刻發

回任例不須請覲。弟定十七日受代即行，公大事畢後，務望赴鄂。庚。

致上海盛道〔三〕光緒二十二年正月初九日午刻發

尊電洋商之弊，合同周到，即可防範，利却甚大，既多現欵，又可擴充。惟當今迂謬乖巧之人太多，不用心而好亂説，不辦事而好挑眼，實不願與此輩嘔氣饒舌，故決意不招洋商矣。今已決計與吾兄商辦，但宜赴鄂一覽。現定十七日交替，到鄂須下旬，閣下看畢後正好面商定議。佳。

致鎮江吕道台、江陰舒統領、余分統光德〔四〕光緒二十二年正月初十日巳刻發

吕道佳電悉。江靖七營既經檄飭遣撤，未便朝令夕改。昨據靖江縣禀請留，未經允准。兹據江陰縣暨舒統領禀及該道電稱，該軍多敢戰之士，軍民相安，地方紳士紛紛請留等情，姑准暫以余光德接統，除改充礮臺專勇約留一營外，其餘各營務即汰弱留强，酌留三營，以順輿情。其所裁各營，責成余光德妥爲遣撤，勿得逗遛滋事，倘敢不遵約束，則本部堂惟有奏明辦理而已。蒸。

致揚州、鎮江劉制台光緒二十二年正月初十日午刻發

來函敬悉。台端十七日接篆選定何時刻，即祈電示。蒸。

致蘇州洋務局羅道台光緒二十二年正月初十日申刻發

魚電悉。日員加藤義三强欲受地，務須據理駁阻。至禀減洋

〔一〕以下二電録自抄本《張之洞電稿·致各省電》。

〔二〕指陳寶琛。

〔三〕指盛宣懷。

〔四〕以下八電録自抄本《張之洞電稿·致本省電》。

務電費一案，已於去臘廿九批發，並飭官電局核覆矣。蘇局洋務正有事，該道不必來金陵。蒸。

致江陰李鎮先義、余分統光德光緒二十二年正月初十日申刻發

頃致余分統光德電，云江靖七營既經檄飭遣撤，未便朝令夕改。昨據靖江縣禀留，未經允准。兹據江陰縣暨舒統領及常鎮道電稱，該軍多敢戰之士，軍民相安，地方紳士紛紛請留等情，姑准暫以余光德接統，除改充礮臺專勇約留一營外，其餘各營務即汰弱留强，酌留三營，以順輿情。其所裁各營，責成余光德妥爲遣撤，勿得逗遛滋事，倘敢不遵約束，則本部堂惟有奏明辦理等語。李鎮務即會同余光德認真裁汰，妥慎遣撤，勿以交替推諉，切切。蒸。

致清江鄧統領正峰光緒二十二年正月十一日丑刻發

該軍之馬，即交漕台點收，以備添换馬隊之用。再，該提督經本部堂奏調赴鄂差委，并告知。真。

致清江松漕台光緒二十二年正月十一日丑刻發

正字營馬隊現已裁撤，該營存馬二百五十四，擬飭鄧提督送交尊處備各營添换之用，如尊處需用不完時，即令交徐州道收用。祈即示覆。真。

致通州汪牧、海門王丞光緒二十二年正月十一日丑刻發

初八日庚電與張殿撰詢花布包捐事，想已閲悉。該牧、該丞速復。署兩江。真。致張電附後。文曰：峴帥定十五日到省，鄙人定十七日交替總結。久待不來，可怪。若兩日送省，或猶可及也。此事核算已確，較最旺年減一萬八千五百串，較次旺年減一萬四千串，尚須代賠滬局八九千串。鄙人心力已盡，本意必欲行此恤商恤民之政，而商民不知足，無可如何矣。其中究係何情節，速即示覆。庚。等語。

致江陰舒統領永勝、江陰縣劉令光緒二十二年正月十一日巳刻發

昨電飭江靖軍，除礮臺約留一營外，其餘准挑留三營，派余光德統帶，想已接到。聞該軍鼓譟索賞，係索何項名目賞號，每營索若干，該統領、該令各自即刻電覆，一面妥爲彈壓，并將該軍情形確覆。

致瓜洲高鎮台光緒二十二年正月十一日巳刻發

駐紮江陰之江靖軍七營，檄飭裁遣。據江陰、靖江兩縣及舒統領永勝屢禀請留。現覆電飭該軍七營除改充礮臺專勇約留一營外，其餘六營汰弱留强，准酌留三營，歸該軍分統、提督余光德統帶。聞該軍勇丁内有不安分之徒，鼓動紛擾，並傳聞有强據軍械所之説，實堪駭異。該鎮即速將本部陸勇三營内酌帶一兩營，并酌帶水師礮船二三十號，即日拔隊，親身馳往江陰彈壓，妥爲

開導，勿令生事。務即速往，勿稍延緩爲要。真。

致通州汪牧并送海門王丞〔一〕 光緒二十二年正月十一日酉刻發

初八日庚電與張殿撰詢花布包捐事，想已閱悉。該牧、該丞速覆。真。

致蘇州趙撫台、鄧藩台 光緒二十二年正月十一日亥刻發

借款購銅鑄錢事，何處撥款，鑄來之錢即歸何處收用。蘇屬購銅，應由蘇藩司委員，即請尊處委派可也。前次咨札漏叙，特再布達。真。

致瓜洲高鎮台 光緒二十二年正月十二日子刻發

電悉。帶數十號礮船迅赴江陰，甚是。惟普安輪小，恐不能拖多船，兹改派福安拖帶，較爲得力。福安現在鎮江。該鎮僅帶水師，須聲言陸師隨後即到。有此兵威，自易安戢，想該鎮必能妥爲彈壓也。真。

致武昌譚制台〔二〕 光緒二十二年正月十二日酉刻發

鄂賑需米，鄙意擬在江南籌款借撥，就近電飭蕪湖道購米一二萬石，由商輪運鄂，以便平糶。未諗鄂省現在米價每石計錢若干，合銀若干，如鄂價較下游相去無幾，仍擬撥銀，不復購米。請速電覆。文。

致武昌譚制台 光緒二十二年正月十三日卯刻發

前來咨奏明奉旨飭滬局撥快礮四尊一件，内言奏稿已咨送，偏查未見，祈速飭抄原奏補咨，交文報局速寄甯。文。

致武昌惲藩台 光緒二十二年正月十三日卯刻發

鄂省米價每石若干，是否需米，或放賑或平糶，約需若干石即可濟急，抑或並不需米，祈速示，當在江籌款辦米運鄂。文。

惲臬司來電〔三〕 光緒二十二年正月十四日酉刻到

文電敬悉。鄂省米價，糙米每石四千二三百文。湘米禁阻不下，人心惶懼。武、漢鄉間，動輒搶掠錢米，襄河各災區更不待言。赴蕪采辦賑米，前后共派四員，除已到外，計尚有五六萬石，盡二月内可齊。目前分撥及將來青黄不接之時，各路辦賑及辦平糶，斷難敷用。民間望憲台如望歲，倘蒙籌款多辦米石，運鄂濟急，大局萬千之幸。鄂中司局銀款尚有騰挪處，米則岳州攔截，已絶來源，故濟銀不若濟米也。祖翼二十三日同王藩司各回本任，并以附稟。元。

〔一〕以下三電録自抄本《張之洞電稿·致本省電》。
〔二〕以下三電録自抄本《張之洞電稿·致湖北電》。
〔三〕録自苑書義等主編《張之洞全集》第九册，第六九〇六至六九〇七頁，河北人民出版社一九九八年版。

致武昌銀元局司道、蔡道台光緒二十二年正月十三日卯刻發

江南解過銀元局鑄本五十萬兩，現在止收過銀元三十四萬餘兩，何以至今未能鑄完。限十二日內務須全數鑄出，分批解甯。現在已飭江甯各局撥欵二十萬兩解鄂，以資周轉。總之，鄂局見銀即鑄，鑄成即解，萬不可稍停。若鑄解不速，江省將疑鄂省將解去之銀挪用，於大局有礙。即覆。文。

致總署光緒二十二年正月十三日午刻發

鈞署十二月十四日、二十七日兩咨並馬電均悉。沿河十丈留為中國馬路、電燈、捕房、馬頭等項之用，謂此十丈地不許洋人蓋房居住。至全租界仍應照甯波章程，捕房歸我設。其間來往縱橫之馬路皆歸我修我管，不獨沿河十丈歸中國管理也。日使之意，似欲籍此蒙混，十丈外欲歸伊管，萬不可行。此時惟有先將租界街道、馬頭、工程、巡捕議定，均歸我管，然後日人方能來住。彼知日本國內各國租界章程亦歸日本自管，已於前月禡電奉達。彼知理之所在，難以强詞奪理，故日領以無權推而赴滬，日使舍此不議而促交界，暗令日商請地。彼來之後，若無議定明文，必不照章，一經登岸，運貨無從阻止矣。務請告以章程未定，日人決不能來，且蘇州城外向民間買地，遷讓廬墓等事，一時亦未能辦妥。若欲早日受通商之益，須早日定章。江、浙、鄂、蜀新開各口，若逐處派員辯論，必延時日，不如請其派日領事在滬，予以議定章程之權，由南洋派黃道遵憲與議，或在蘇議，或在滬議，諸事切實揭明，則旬日內即可定議，江、浙、鄂、蜀各口一律照辦，日人即可分往各口貿易矣。各國尚未來議，蓋看日本作式樣耳。如來議時，必一體堅持力爭，斷不能含胡通融。此事與蘇撫趙往復籌商，意見相同。祈即示覆，切盼。元。同莘按：此電發後轉蘇州趙撫台。

趙撫台來電光緒二十二年正月十四日到

元電悉，佩極。頃接總署電云：真、文電悉。租界權歸我管，甯波章程尚不足。應以內地通商非沿海沿江之比，中國應善保自主之權，握定內地二字設措。凡界內修路、設燈，界外沿河十丈建馬頭，均應官為經理，客冬曾電南洋轉達矣。畫給日商之地，分別民産官産，公平定價。界址既定，酌設稅卡，俟行船章程議定，再議徵稅。林使頻催開辦，本署告以關道關防須俟禮部奏頒，未能遽辦。林使以行船章程未定以前，馬關約內本有務依各國商船駛入內河現行章程辦理，本署復以中國只有長江行船章程，并無內河行船章程。林使持現行兩字駁難。正煩辯論，現蘇、杭領事，該國專派荒川已次伯由天津調任。前次之書記加藤，係林使以本署允其定界，電報外部派往，尊處既不與畫界，又不接晤，林使因受外部苛責，遂歸怨本署。惟該書記并無文憑，貿焉來蘇，不與商辦，蘇省殊無錯處。俟荒川到時，妥速與商可耳。日本領事之職，遇事逕達外部，與英制異，望善為操縱，隨時電聞。元。等語。特照轉。翹。願。

致南昌德撫台[一]光緒二十二年正月十三日午刻發

藩、臬會禀蓮花廳崔丞劣蹟一件，尊處既奉有廷寄，請即主稿奏參，但摺內望聲明先經弟札飭兩司密查參，並咨會尊處飭查

[一] 録自抄本《張之洞電稿·致各省電》。

云云，爲荷。摺内會弟後銜可也。元。

致武昌譚撫台[一] 光緒二十二年正月十四日丑刻發

上海縣黄令購米運赴萍鄉縣平糶，其由漢至湘運道，請電商鄂撫院暫借小輪拖帶米船三四次，以期迅速。該輪煤炭工資，由該令捐廉發給等情。祈照准，示覆。元。

致蘇州鄧藩台[二] 光緒二十二年正月十五日丑刻發

章令鴻森准補嘉定縣，部文於去臘初四日到甯，因該令辦理洋務，未便遽令赴蘇。兹飭其銷差回蘇，務望台端稟請中丞飭赴新任，並希電覆爲荷。願。

致蘇州趙撫台、洋務局 光緒二十二年正月十六日未刻發

總署來電：元電悉。日使允沿河十丈歸我管理，欲藉此矇混十丈外歸伊管理，蓋思精到。蘇、浙、鄂、蜀四口均在滬定議，尤得體要。惟日本領事竊恐無兼顧之權，容商林董轉達外部。日領事之職，遇事逕達政府，不歸使臣鈐轄，能否如此辦理，林亦無權。尊論日使但促交界，暗令日商請地，若無議定明文，一經登岸，無從阻止，誠然。惟來電所云自辦之事，如街道、馬頭、工程、巡捕等項，必俟議定始辦，自較穩當。日本既有自管之章，何妨先發制人，預派委員粗立規模。設倭有違言，固可以矛攻盾。即他國争論，亦可握定内地二字，相與抵拒。日本已派荒川已次爲蘇杭領事，本署昨電蘇，俟荒川到蘇，再商租界各事，而林董謂加藤係外部派往，請將租界先交加藤，俟荒川到後再定界内之事，本署未允。通商行船章程亦未議定，祈察照并轉電蘇撫。咸。等語。特照轉。諫。

致蘇州趙撫台[三] 光緒二十二年正月十七日辰刻發

去臘電商爲某公解圍事，接覆電，似未喻鄙意。此不得不然耳。銑。

致清江松漕台、謝道台 光緒二十二年正月十七日辰刻發

葦蕩營並未議裁。第十七日行，謹奉聞。諫。

致蘇州趙撫台 光緒二十二年正月十七日辰刻發

總署咸電想已閲。街道、捕房，先發制人，署論極扼要，請飭速將各事一律興工，以示我志堅定，彼謀自折。再，吴江湘軍擊斃難民五人，傷二十餘人，太荒謬。難民不過恃衆强搶，並無軍械，何至對敵打仗，何以湘軍未傷斃一人，難民之不凶悍可知。似宜嚴參，以警將來，請裁酌。再，裁减制兵，摺内有議及外洋裏河水師數語，其時發摺甚急，不及奉商，但奏中皆係活筆，祈鑒。再，紗機事並非欲移滬，傳者誤也。此事有益無損，陸祭酒

〔一〕録自抄本《張之洞電稿·致湖北電》。

〔二〕録自抄本《張之洞電稿·致本省電》。

〔三〕以下二電録自抄本《張之洞電稿·致本省電》。

既不願，現撥歸江甯商務局矣。并奉聞。第十七日受代後即行。諫。

致安慶福撫台、于藩台、趙臬台〔一〕光緒二十二年正月十九日巳刻發

本擬過安慶登岸拜晤諸公，暢談一日，藉申積悰。乃因臨行數日過勞，賤體疲乏殊甚，須在船静養數日，過安慶擬不停輪矣。瞻仰未遂，悵歉之至。效。

致武昌王藩台、惲臬台、蔡道台，漢口瞿道台光緒二十二年正月十九日巳刻發

弟擬廿二日到田家鎮看礮臺，廿三日過大冶看鐵山，廿五日到馬鞍山看煤井、挂綫路，廿六日到漢口，廿七日看鐵廠，廿八日黎明過江入署，二月初三日辰刻接篆。中軍、首府縣只須到漢口，千萬不必遠接，惟蔡觀察須到黄石港相候。請轉達敬帥，并告各官知。效。

致蘇州書局轉交江南委員寶子年大令名豐〔二〕光緒二十二年二月初六日午刻發

叠電悉。清帥病究見輕否，念甚。只可邀畫士、刻工同來鄂。即覆。歌。

致蘇州吴清帥、吴誼卿光緒二十二年二月初六日午刻發

聞清翁中風，懸繫萬分。日來漸愈否，速示及。令愛擬即赴蘇省視。歌。

致廣州譚制台〔三〕光緒二十二年二月初七日午刻發

上月由滬購銅二百擔，鉛五百擔，寄交錢局，請飭該局迅速代鑄。銅錢每文重七分，鑄有成數，即由該局附輪寄鄂，所有工火運費，當由鄂解還。感禱。陽。

致江甯劉制台，蘇州趙撫台、洋務局光緒二十二年二月初七日未刻發

總署廿四日來電，云日租界議轇轕，在我不過兩端，公共通商場爲直截辦法，分而總、總而分爲通靈辦法，但不失管地之權。第二法原無異第一法，而管地之權決非空言能濟。爲先發制人計，莫若趕派租界委員，布置捕房、工程局一應事宜，似以税司雇西人用西法，即如日本租界辦法，彼即饒舌，我亦有辭。此等事操縱得宜，即不先與彼商，當無不可。外有切實辦法，此間較易相持。望熟籌速覆，密飭關道、洋務局員妥辦。敬。等語。與尊處轉來沁電相同。本擬無庸轉達，細思此電略詳，可備參酌，特照轉。沙市即須開辦，蘇州辦法即望示知。陽。

〔一〕〔三〕録自抄本《張之洞電稿·致各省電》。

〔二〕以下二電録自抄本《張之洞電稿·致江蘇電》。

致俄京許欽差光緒二十二年二月初七日未刻發

鐵廠擬招洋廠附股合辦，聞克廠願商。兹將洋文節略附後，請給該廠閲看，并令速派人來鄂妥商。陽。

譯洋文節略電　附股合辦漢陽鐵廠節略。鐵廠、煤廠、機爐，官本估作四百萬兩，擬招商股四百萬兩合辦。廠基、鑛地全歸官業，有利官商均分，如須添本再行擴充，官商各出一半。鑛税在生鐵内統抽，約值百抽三，預繳十年税項，約一百萬兩。官商遇有争論，照常例請公正人調處。官商總辦人數相等，製造辦法歸洋總管專責。槍礮廠需用鋼鐵料，僅給原價，其餘官用物料，皆照市價發給。須添罐頭鋼機爐。廿年後官可將全廠收回，所有商添機爐，估值給還。如願商辦，即派熟諳煤鐵有權辦事之人來鄂細商。望速電覆。

致荆州曹道台〔一〕光緒二十二年二月初七日申刻發

據上海道電稱：日本領事珍田來函，派署沙市領事官補暨横田書記生，初五晚往沙市創開領事署，俟永瀧領事到即交卸云，請轉飭知照等情，望即預爲籌備。前次日人到沙市，何人充當繙譯，應否另派譯員前往，并即電覆。陽。

致蘇州錢守恂〔二〕光緒二十二年二月初七日申刻發

昨日本已派領事赴沙市創設領事署，該守務速即來鄂爲要。即電覆。陽。

致蘇州洋務司轉交黄道遵憲光緒二十二年二月初七日申刻發

昨日本已派領事赴沙市創設領事署，蘇州通商辦法大略已定，該道望速來鄂爲盼。即電覆。陽。

致蘇州趙撫台、錢守恂，上海黄道台、劉守慶汾光緒二十二年二月初七日申刻發

前奏調錢守恂、劉守慶汾來鄂差委，兹奉硃批：著照所請，吏部知道。欽此。除恭録咨行外，現沙市即須開埠通商，日本領事兩三日内即到，務請迅飭該守等即速來鄂，萬勿延緩。何日動身，并飭先電覆。陽。

致江甯劉制台光緒二十二年二月初七日申刻發

豔電悉。余勒憑照，前飭開具詳細履歷，以憑照咨許星使照會德政府補給，尚不爲難，迄未據開。祈飭催速開，一俟開呈，即請徑由尊處轉咨許星使爲荷。陽。

致上海招商局沈道台并轉致余鎮虎恩〔三〕光緒二十二年二月初十日午刻發

余鎮虎恩各營遣散，於初四日起由天津陸續上輪開行，俟各

〔一〕録自抄本《張之洞電稿·致本省電》。
〔二〕以下四電録自抄本《張之洞電稿·致江蘇電》。
〔三〕録自抄本《張之洞電稿·致上海電》。

輪過滬，務切囑逕送岳州，過漢時萬勿停輪，至要。輪船價如不敷，鄂可補認。蒸。

致廣州譚制台，錢局熊、薛委員〔一〕光緒二十二年二月初十日亥刻發

錢八分較重，私燬仍不能絶，故鄂擬鑄重七分者，即須具奏，請飭局照鑄，以應急需，爲要。蒸。

致天津王制台〔二〕光緒二十二年二月十一日子刻發

魚電悉。沌口距漢口止三十里，各勇乘小划即可潛回，民情驚惶殊甚。余軍仍須逕送岳州爲妥，務祈速電飭招商局暨余鎮部下各將弁，切囑各輪務須直駛岳州，沿途萬勿停輪爲要，加給船價煤價，當由鄂出。切禱，至感。蒸。

致上海招商局沈道台〔三〕光緒二十二年二月十一日子刻發

蒸電悉。各輪自必已過吴淞，仍望飛達電致上游一帶蕪湖、九江、漢口等處招商局，切囑各輪逕送岳州，由鄂加給船價，沿途勿停，至要。蒸亥。

致江甯劉制台〔四〕光緒二十二年二月十一日子刻發

制錢八分尚重，私燬仍不能絶。昨詢粤局，七分尚可受機器壓力，文字仍係明顯，故擬改七分。鄂擬即具奏，江南所鑄似亦可奏明改爲七分，照此則不致虧折矣。請裁酌。蒸。

致荆州曹道台、余守光緒二十二年二月十一日子刻發

余守陽電悉。通商場須由該道妥酌禀定，再與領事商辦，不能即照珍田所指之地。至其丈尺，須禀明核定，尤不得遽許。所索八百丈太多，難照准。各省新開日本口岸通商章程，昨已電總署，派黄道遵憲在滬與日本領事會議，通行各省，一律照辦。此次日本領事到沙，可囑聽候滬議，切勿遽與開議爲要。蒸。

致漢口瞿道台〔五〕光緒二十二年二月十一日子刻發

茶市爲漢口商民生計、釐税大局所關。湘錢貴缺，若不准運錢前往采辦，茶從何來，必致漢口官民交病。熟加權度，此事别無善策，務即查明如實係辦茶者，無論華洋商人，均准携錢前往，發給護照，但不准影射滋弊。速曉示各商爲要。蒸。

致漢口江漢關瞿道台光緒二十二年二月十一日子刻發

余鎮虎恩各營遣散，今早電上海招商局沈道，囑其俟余軍過滬，傳諭各輪逕送岳州，過漢切勿停輪。頃得覆電，云津局先後

〔一〕録自抄本《張之洞電稿·致各省電》。

〔二〕録自抄本《張之洞電稿·致直隸電》。

〔三〕録自抄本《張之洞電稿·致上海電》。

〔四〕録自抄本《張之洞電稿·致江蘇電》。

〔五〕以下二電録自抄本《張之洞電稿·致本省電》。

來電，海定、公平、愛仁、利運、永清初四、五、六均裝余軍，送沌口交卸，沿途勿停，該船等計已過吴淞口外，不及轉屬，請徑派員赴漢口以下，持令傳諭余鎮等遵辦等語。昨已派僉鎮乘楚材兵輪，俟余軍各輪過漢，妥爲彈壓，勿令停輪。望速派員并告漢口招商局添派一人，會同僉鎮迎赴下游，傳諭余軍及各輪務必徑駛岳州，過漢萬勿停輪，至要。亥。

致天津王制台〔一〕光緒二十二年二月十一日未刻發

歌電悉。鐵路需用橋梁鋼鐵料，已飭鐵廠檢樣三十九種，分裝兩箱，由招商局寄津，以便驗試。何種合用，請電示，當照造，價可比洋鐵略減，由尊處酌給可也。真。

致俄京許欽差光緒二十二年二月十二日子刻發

鄂銀元機前由尊處代定，現因銀元利用暢行，原機趕鑄不及，急須擴充。擬添印銀元機大二副，中三副，小十副，應配滚邊、撞餅、輾片及馬力各機暨輪軸等件。除鍋爐及壓模機由鄂自造外，需欵若干，請飭甘孥秘廠詳估，速電覆，以速成多鑄爲妙。至感。真。

致江甯劉制台〔二〕光緒二十二年二月十二日未刻發

鄂省拖鑛、拖煤、拖機器，需小輪拖運。江省去年新添小輪甚多，擬借普陀、江清兩輪應用，以後薪糧即由鄂出，似兩省均有益。可否，望示覆。真。

致俄京許欽差光緒二十二年二月十二日申刻發

去臘鹽電請查包穀核製糖及麻紡紗兩種機價製法，迄未見示，盼切。此事甚有關繫，祈速查覆，至感。文。

致荆門吴山長、徐牧〔三〕光緒二十二年二月十二日亥刻發

請星階侍御速來省主經心講席，既益多士，兼可常談。僕虚左以待，不請他人，脩金火食及一切各事，總與荆門一律。荆門已請定張文周太史鴻翊矣。望徐刺史轉致，即覆。文。

致荆門徐牧光緒二十二年二月十二日亥刻發

經心已定吴侍御，務請速來。荆門有兩小書院，亦附請吴山長閲卷，外加送脩金若干。吴若來省，此兩處仍可送省請吴閲否。如必不能，鄙人亦必爲吴君加籌津貼，總令與荆門一律，不稍減少。望婉達。文二。

致荆州曹道台光緒二十二年二月十二日亥刻發

尤電悉。周道前調柯鴻年、許仁壽二員，現尚在省，應飭仍回荆州，以備繙譯之用。文。

〔一〕録自抄本《張之洞電稿·致直隸電》。
〔二〕録自抄本《張之洞電稿·致江蘇電》。
〔三〕以下三電録自抄本《張之洞電稿·致本省電》。

致安慶福撫台、于藩台光緒二十二年二月十三日巳刻發

昨接大咨，知宿州、靈璧開河事，尊意以須加土方，且泗州民人有不願者，飭即停止。竊思此舉乃有益皖民之事，弟曾札查洪澤是否能容，王道稟覆無礙，故飭催興工，均咨行有案。若下游民有不喻官意處，儘可接挑至該境内，以免藉口。或添工段，或加土方，經費即須加增，衛産估值十五萬金，弟在金陵查明，札行司道有案，儘可即於此項咨江，請加撥，似不爲難。王道近有稟，請加增土方，並未因此請停工，自係以爲能辦此事，尚祈詳酌，似可責成王道妥辦。王道辦事尚有才，當能辦成。且徐州久已動工，若皖境不挑，將受其患矣。弟已去江南，豈能再問江南事，特以徐州開工已久，且既知存欵有餘，民生所關，機會難得，不敢不奉聞，以備裁酌。祈示覆爲幸。元。

致荆州曹道台〔一〕光緒二十二年二月十三日巳刻發

文電悉。日領事寓所及船，聽其來時自租，無代備之理。想是周道謬見，創此辦法耶，斷不可行。再，未買之地長三十丈，寬一百四十丈，地段在何處，東接何地，速即詳電。又，沙防營已分一哨赴宜都，人數太少，萬難再分，該道欲養沙防勇一百名，可自行籌欵，當不甚難。劉營官已回。元。

致荆州曹道台光緒二十二年二月十四日未刻發

倭領到沙，若無客棧，爲租一船暫住，以免生事則可，至公館及火食一切，萬不得代爲備辦，切切。即電覆。元。

致荆州曹道台〔二〕光緒二十二年二月十四日未刻發

黄道遵憲來電：頃見荒川，言沙市領事永瀧現署滬事，俟珍田回滬始往。現派副領掘口往沙，請暫告掘口，俟永瀧到，再商辦等語。元。

致江甯劉制台、蘇州趙撫台光緒二十二年二月十五日酉刻發

鹽電悉。四省租界章程，自以併議爲妥。弟原電總署，擬飭黄道與日領事在滬併議。尊意飭該道在滬并議沙市埠事，極妥。祈即轉飭該道遵辦爲禱。願。

致蘇州黄道台遵憲〔三〕光緒二十二年二月十五日酉刻發

永瀧署滬領事，到沙市尚早，望即在滬一併將沙市開埠事議定，再行來鄂可也。掘口到沙亦無事，能諷渠暫勿來尤妙好。願。

致蘇州趙撫台光緒二十二年二月十五日酉刻發

齊電悉。沙市商埠事，自以在蘇併議爲簡便，因日本狡猾無準信，故總署亦無准信耳，只可我姑且照此與之商辦。尊函奏稿均奉到。咸。

〔一〕〔二〕 録自抄本《張之洞電稿·致本省電》。

〔三〕 以下二電録自抄本《張之洞電稿·致江蘇電》。

致漢口電局專送漢陽縣薛令〔一〕光緒二十二年二月十五日戌刻發

速向漢口查詢湖南米價，若在長沙省城買米，每石錢若干，上米若干，中米若干，次米若干，分晰開明。須詢明每石重一百幾十斤，并查開漢口買米價每石一百幾十斤，上中下米各價若干。此等要緊事，屢詢不覆，何也。咸。

致江甯劉制台〔二〕光緒二十二年二月十六日午刻發

元電悉。普陀即先遣回，現留江清，薪糧自二月起由鄂支給。諫。

致江甯劉制台、沈守敦和光緒二十二年二月十七日丑刻發

沈守來電悉。江蘇鐵路自應合錫樂巴經理，以歸畫一而符奏案。惟馬悦、戴維禮係比國著名柯格里廠所薦，據稱馬係該廠辦鐵路總測量師，帶有測量精器，測繪鎮江至江甯一路，必有圖説，當因圖説精細，故尚未成，似應催其將圖繪成，方不致虚此一行。圖説成後，如江南無事差遣，請飭令來鄂一行，暫緩資遣回國爲禱。諫。

致荆州曹道台〔三〕光緒二十二年二月十七日申刻發

黄道遵憲來電：沙市日本領事永瀧現署滬事，派副領事掘口赴沙云云。銑電所言十五日到之日領事，係何姓名，如係掘口，則止係副領事，不能議事，須俟永瀧到，再行與議爲要。即電覆。諫。

致俄京許欽差〔四〕光緒二十二年二月二十一日亥刻發

陽電合辦鐵廠事，真電添銀元機事，皆係急務，均盼速覆。馬。

致總署光緒二十二年二月二十三日丑刻發

二月十三日大咨謹悉。宜昌英國兵船所雇華民誤斃華官一案，照約兇手應交華官審辦，惟公法載兵船有自審其船上人等之權，是以英使謂應歸領事審辦。然在兵船上犯事，與在岸上犯事有别，美國公法家華頓之書，辨論最詳。其卷一第三十六章云，兵船上人等停泊在别國口岸，如非因公上岸，在岸上犯事，即不得照在兵船上犯事之例辦理，仍應歸地方官審辦。此案兩造皆華人，揆之條約公法，皆應將兇犯交出，不然華民在華地犯法，華官不能審辦，後將引以爲例，於中國政權大有妨礙。若僅向英使催交，亦恐無益，應請鈞署電龔星使，在英請公法家評定，再與外部理論，庶可杜後患而服人心。統祈鈞察。養。

致上海署海防廳葉丞〔五〕光緒二十二年二月二十三日未刻發

元電悉。吴熙麟包辦絲廠機器，當日由伊開價，并未駁減，原冀各物精良，完全適用。乃價高機劣，欠缺之件甚多，經商董

〔一〕〔三〕録自抄本《張之洞電稿·致本省電》。
〔二〕以下二電録自抄本《張之洞電稿·致江蘇電》。
〔四〕録自抄本《張之洞電稿·致外洋電》。
〔五〕以下二電録自抄本《張之洞電稿·致上海電》。

黄晋荃逐件指摘，商令扣價，吴置不理，遽將布局股票扣去，殊不近情。此事已派宗令來滬，會同黄、吴商議調停完結，務即議妥，股票方能給息。鄂布局包辦事，望留意速議。漾。

致上海黄道台光緒二十二年二月二十四日未刻發

吴委員大蘊有要事派赴蘇州，廿二日由鄂付江永赴滬，祈借小輪接送蘇州爲感。并祈電覆。漾。

致俄京許欽差[一] 光緒二十二年二月二十四日戌刻發

漾電悉。敝處並無擬再購槍彈事，報館妄説，望決詞推斷。陽電請商克廠在鐵廠附股一節，現有華商來鄂，欲商接辦，急須知洋商情形如何，能接辦否，方好與華商開議。又真電請詢甘孥秘廠銀元機價，亦係急務，均請速覆爲禱。敬。

致福建邊制台[二] 光緒二十二年二月二十五日午刻發

屢次散勇過境，湖北向章皆係遝送岳州，漢口不令勇登岸。兹飛捷船載勇抵鄂，司道等商酌，仍令送岳爲妥。兹特爲該輪雇覓帶水，令該輪上駛，俟卸清回閩，往返僅多兩日。特此布聞。宥。

致總署[三] 光緒二十二年二月二十六日未刻發

有電謹悉。法領事到漢，自當照常接待。宥。

致天津王制台[四] 光緒二十二年二月二十六日未刻發

讀致譚中丞電，知鄂賑蒙籌濟二萬，感銘無既，敬謝。尊處奏聶軍門新練武毅軍三十營，讀大疏知正餉照淮軍舊章外，其公費雜項均另支，究竟另支每步營若干，每馬營若干。淮餉向係四兩二錢，是否十二關全行支足，均祈分別電示。此外，洋教習名數薪數及衣械器具等項，有列入清單内者，請一併電示，至感。宥。

致上海江海關黄道台[五] 光緒二十二年二月二十七日亥刻發

鄂槍礮廠添置車刨牀各項，由禮和洋行承辦，計一百二件，不日到滬，請給照該洋行，以便轉運來鄂。洽。

致上海楊彝卿光緒二十二年二月二十八日子刻發

擬請關季華爲兩湖書院理學分教，歲脩照章八百金。此席無逾季華者，務望代勸駕，并請早臨，至幸。關聘到鄂即送。祈速覆。感。

〔一〕録自抄本《張之洞電稿·致外洋電》。
〔二〕録自抄本《張之洞電稿·致各省電》。
〔三〕録自抄本《張之洞電稿·致北京電》。
〔四〕録自抄本《張之洞電稿·致直隸電》。
〔五〕以下二電録自抄本《張之洞電稿·致上海電》。

致蘇州吴清帥、費太史芑懷、寶令子年[一] 光緒二十二年二月二十八日子刻發

接清帥沁電，欣悉尊恙漸痊，爲慰。承華事略繪圖、繕説、刊板、石印等事，均以仍在蘇辦爲宜。聞清帥已轉請費芑懷太史，并約同志諸君照料，甚善。芑懷任此，必能古雅精詳，欣幸之至，即請費心照辦，不必約畫士來鄂。芑懷處先代致意道謝奉懇，容再函謝，并望俟寶令回蘇告渠遵辦爲荷。感。

致俄京許欽差 光緒二十二年二月二十九日申刻發

敬電悉。銀元添機，八箇月成，爲時太久。目下制錢缺乏，錢價奇貴，銀元暢行，小元餘利尤厚，務請切商該廠，或分兩廠趕造，或分馬力機爲二，將小元機十副并配件先成先寄，加費無妨。能早成一月，餘利可多數萬，商令四箇月全行起運，方能應急。切盼示覆。豔。

致俄京許欽差 光緒二十二年三月初一日亥刻發

豔電悉。前託選將，原備江南練兵。去冬奉號電，知德廷選薦有人。適僕回任湖廣，情形頓異，當於臘月敬電以鄂力難統用，擬留二都司，託婉達道歉在案。事在商辦，并非先諾後辭，無所謂輕慢。鄂省欵絀兵少，請即照尊議，或專訂一將，或另訂官小者數員，充當武備學堂教習，惟兵事萬不能歸其專主，此節必須説明。年薪、卹費原索過奢，請尊處酌定年限，以一二年爲期，期滿另議，抑或别有辦法。無論如何變通，統請酌辦，但使鄂力所能，無不照辦，斷不令尊處爲難也。至德使言外部接尊處文稱有奉國諭等語，敝處去電無此字樣，是否德使誤會，務望并示。此事深抱不安。祈速覆。東。

許欽差來電 光緒二十二年三月初一日到

署電德使言，外部准澄文稱奉國諭，飭廷兵官，旋經辭退，實屬輕慢云云。望妥商速結，勿累邦交下缺。

致天津王制台[二] 光緒二十二年三月初二日巳刻發

宥電承示聶軍營制餉章大略，感甚。原奏清單係何日寄，祈示。如尚未寄，盼飭速抄寄，至禱。東。

致廣州西門外二圍楊惇甫[三] 光緒二十二年三月初二日巳刻發

諸生仰企，請速回鄂，切盼。何日行，祈電覆。東。

致廣州譚制台、欽州馮宫保 光緒二十二年三月初二日巳刻發

前奏萃字全軍遣撤回粵，二月十四日差弁賫回。原摺奉硃批：馮子材仍著督辦欽廉防務。欽此。除已恭録咨會外，謹再電達。東。

[一] 録自抄本《張之洞電稿·致江蘇電》。

[二] 録自抄本《張之洞電稿·致直隸電》。

[三] 録自抄本《張之洞電稿·致各省電》。

致江甯劉制台、廣州譚制台光緒二十二年三月初二日午刻發

鄂省奏附粵局鑄錢，擬重六分。頃接户部來電，鄂省機器鑄錢，仍照廣東、江南辦理。奉旨：依議。欽此。户部。冬。等語。查鑄錢事，詳加核計，若照七分重，銅六鉛四，虧折尚多，私燬仍不能免。與廣東錢局細核，每日僅能鑄六百千文，若重六分，則合計銅鉛價及工火各費，每錢一千合銀八錢。目前錢價恰敷成本，以後但盼錢價不再責足矣，恐不能再賤至七錢内外也。若賤至七錢餘，即仍須虧折，但不能再輕，若再輕則機器難壓，輪廓字文亦不精工矣。洞在江南雖奏明照廣東奏案，八分重，然成本過虧，勢恐難辦，故鄂鑄擬改輕。聞峴帥意，江南鑄錢之議亦擬停辦，自係因此故。此時江南究竟是否仍鑄，峴帥意擬鑄若干重，廣東久已停鑄，目前及日後是否須鑄，文帥擬重若干，均祈速示。沃。

致俄京許欽差光緒二十二年三月初二日午刻發

東電想達。德將未經訂妥，已生如此枝節，恐到後必致不聽號令，流弊甚大。所云兵事歸其專主，萬無此辦法，即練兵亦恐不宜。若肯爲武備學堂教習，薪費雖多，當力爲設法，不使尊處爲難也。祈酌辦速覆。沃。

致上海署海防廳葉丞〔一〕 光緒二十二年三月初二日午刻發

鹽務欵三十萬，上海道已收還瑞記洋欵否。灘地又清出若干，吴熙麟機價究肯減若干，已定議否，望速定爲要。即覆。沃。

致柏林許欽差光緒二十二年三月初二日亥刻發

先電悉。即請訂一將以了事。薪數照原索減半，訂明充武備學堂教習，歸總督節制，不必説帶隊，年限兩年爲妥，較爲活便，如必不願，三年亦可，請酌定。冬。

致總署〔二〕 光緒二十二年三月初二日亥刻發

前江南練兵，需覓上等洋將弁，電託許星使商德國選薦數員來華教練。旋接覆電，云現德兵部保薦副將一員，其人請兵事歸其專管，年薪四千鎊，差滿酬歷年薪數四之一，恤費另議，隨帶都司二，薪各二千鎊，千總二，薪各千五百鎊，專住一宅，索甚奢，候示遵等語。薪費既屬太鉅，且專主兵事一層尤難允許。適回湖廣任，即復許云鄂力遜江甚，擬留二都司，辭一將、兩千總，望婉達德廷道歉，如必不行，示知再設法等語。數月未接覆電，以爲事已早作罷論。不意昨忽得許電，云署電德使，言外部准澄文稱奉國諭飭延兵官，旋經辭退，實屬輕慢云云，望妥商結束，勿累邦交等語。查去電只託商訂，既未商妥訂定，何得云辭退，且既已道歉，並云如必不行，示知設法，有何輕慢。至所云奉國諭延訂，尤堪駭異，查去電更無此字様。此事須議有眉目，始能奏咨，豈有未奏而稱奉國諭之理，想係德使傳訛，不然即係洋文

〔一〕録自抄本《張之洞電稿·致上海電》。
〔二〕録自抄本《張之洞電稿·致北京電》。

語氣舛誤，容將與許來往電報録呈。但既奉鈞電妥爲結束，已電許使將專主兵事一條删駁，以免流弊。聘請該將來鄂，當武備學堂教習矣，薪費均由許使酌定，不知願就否也。謹先電聞。沃。

致蘇州趙撫台 光緒二十二年三月初三日亥刻發

東電悉。荒川議通商場章程六條，似有未妥，關繫甚鉅，必宜設法補救更正。原議内有俟各大憲定之語，自係委員初議，台端尚可再加斟酌，不能作爲定論。特先飛布，即有詳電續達，務請詳核，勿遽允許。因尊電虚懷下問，故敢效其一得之愚。江。

致總署 光緒二十二年三月初三日亥刻發

蘇撫趙電，委員與荒川議擬蘇州通商場章程六條，細核所擬，似多未妥，必宜更正，關係非輕。原議内言明俟兩國政府核准，謹先飛布，務望暫勿允准，即有詳電奉達，請詳加核定，至禱。江。

致俄京許欽差[一] 光緒二十二年三月初五日未刻發

漢廠前用比國洋匠，有期滿銷差者，亟須募補，擬仍託克廠代雇，所司何事，已飭德培函知克廠，請費神代訂合同條欵，大致歸鐵局及洋匠首管束，期限二年，不遵廠規，隨時撤换，病故照比匠恤薪六箇月，醫藥廠給，餘欵及薪數請核定，令速來鄂。歌。

致廣州譚制台[二] 光緒二十二年三月初五日亥刻發

沃電想達。劉峴帥電，云粤寄錢樣重七分，尚不過薄，是以亦奏改七分，請粤先鑄十萬串等語。究竟江南已與粤商定鑄錢若干串，已寄銅到粤否，粤省亦擬鑄錢否，若鑄時是否亦鑄重七分，抑重若干，祈即確示，以便照辦，至禱。歌。

致漢口江漢關道瞿道台[三] 光緒二十二年三月初五日亥刻發

昨據詳解江海關出使經費銀一萬五千四百餘兩。此事近已奏准，仍解江甯藩庫，此欵務須緩解爲要。原奏並奉硃批，即恭録札行。歌。

致蘇州趙撫台[四] 光緒二十二年三月初六日辰刻發

黄道所擬商埠章程，具見苦心力辦，先爲其難。惟日人狡謀不能不爲指出。再，酌查上海洋租界所以不惜修馬路、設捕房工本者，爲其可以收捐，先雖多費，後可抵還。如有盈餘，兼可接路開河，故地方日旺，而地主無費。今如第四條云各項建築費由中國自辦，俟商務盛再商捐歲修等語，明是推宕之詞。築本既歸無著，歲修亦且緩議，受虧太甚。且第五條已言日商日盛，劃作日本專管界，是不盛則不捐，既盛則道路已歸專管矣。一國如此，

[一] 録自抄本《張之洞電稿·致外洋電》。
[二] 録自抄本《張之洞電稿·致各省電》。
[三] 録自抄本《張之洞電稿·致本省電》。
[四] 録自抄本《張之洞電稿·致江蘇電》。

各國效尤，是永無捐收一錢之望矣。似應將界内地全由官買轉租，即與議明，此項建築工程費，應攤入界中地租之内，至歲修費，應按年分攤，由税務司經管，方昭平允。又第五條云如日商繁盛，將來商劃專管界，並將道路編入界内等語。查歷次所争，原欲除專管之弊，今許日後可以商令專管，各國亦必援例，是與原意大殊。且馬路溝渠已費大工鉅欵，盡付他人，似乎無此情理。此時既伏此根，恐將來商定時必致强我允許。明知日人注重於此，阻我收權之策，辯駁極非易事，然不可不盡力磋論。商務無論如何繁盛，所有街市道路均照彼國章程第五條爲官民公共地，不得編入界内，方爲妥善。至劃定專管後，有不許華人雜居界内一層，恐華人先已雜居，開鋪建屋，圖利重遷，將成虚語。第五條最爲喫重，不可不争。又第三條無須輸納國税語，似應改無須輸納地税，免致與他税牽混。又第一條、第六條均有暫時二字，宜删。居住既稱暫時，將來必歸專管。雖有將來兩國商定之意，日人狡横，此事商辦本難，惟此數條巧譎太過，不宜受其欺愚。黄道未請尊示，遽换照會，似乎太率。蘇事關繫沙市他口援照，昨承電示虚衷下問，佩甚，不敢不抒鄙見，非敢越俎妄議。請將敝電詢訪司道，或詢劉守慶汾。劉如尚病，可遣人就家問之，以待卓裁。惟黄道已赴滬，荒川是否在蘇，其應如何飭令設法酌量補救，統候尊裁，禱甚。頃本日電悉，總署雖許可，或一時未及深思。大利害所關，似仍應力争也。歌。

致總署 光緒二十二年三月初六日辰刻發

蘇省委員黄道所擬商埠章程，具見苦心力辯，先爲其難。惟日人狡謀，不能不爲指出再酌。查上海洋租界所以不惜修馬路、設捕房工本者，爲其可以收捐。先雖多費，後可抵還。如有盈餘，兼可接路開河，故地方日旺，而地主無費。今如第四條云各項建築費，由中國自辦，俟商務盛，再商捐歲修等語，明是推宕之詞。築本既歸無著，歲修亦且緩議，受虧太甚。且第五條已言日商日盛，劃作日本專管界，是不盛則不捐，既盛則道路已歸專管矣。一國如此，各國效尤，是永無捐收一錢之望矣。似應將界内地全由官買轉租，即與議明此項建築工程費，應攤入界中地租之内。至歲修費，應按年分攤，由税司經管，方昭平允。又第五條云如日商繁盛，將來商劃專管界，並將道路編入界内等語。查歷次所争，原欲除專管之弊，今許日後可以商令專管，各國亦必援例，是與原意大殊。且馬路溝渠已費大工鉅款，盡付他人，似乎無此情理。此時既伏此根，恐將來商定時必致强我允許。明知日人注重於此，阻我收權之策，辯駁極非易事，然不可不盡力磋論。商務無論如何繁盛，所有街市道路均照彼國章程第五條爲官民公共地，不得編入界内，方爲妥善。至劃定專管後，有不許華人雜居界内一層，恐華人先已雜居，開鋪建屋，圖利重遷，將成虚語。第五條最爲喫重，不可不争。又第三條無須輸納國税語，似應改無須輸納地税，免致與他税牽混。又第一條、第六條均有暫時二字，宜删。居住既稱暫時，將來必歸專管。雖有將來兩國商定之説，恐難阻止。此文但云居住地，以示決不許專管之意。日人狡横，此事商辦本難，惟此數條巧譎太過，不宜受其欺愚。委員照會雖换，聲明俟政府各大憲核准，自可再爲妥議。因蘇事議定，沙市必將援照，且趙電有是否妥協、求示悉等語，不敢不抒鄙見，非敢越俎。除電商蘇撫外，祈鈞署主持并裁示，以便沙市議辦有所遵循。歌。

致蘇州黄道台公度光緒二十二年三月初六日午刻發

先電悉。與荒川商議蘇埠章程，想見爲難情形。惟四、五兩條多未妥處，已詳電趙中丞，請設法切實補救。此事未稟請督撫詳酌，遽換照會，未免急率，補救恐非易事。沙市情形尤異，非在此間開議不可，勿先在滬談，至要。語。

致蘇州趙撫台〔一〕光緒二十二年三月初八日丑刻發

陽電悉，虚懷佩甚。似宜兼令朱道之榛會議。朱道老練有決斷，昨已電總署。陽。

致荆門州徐牧〔二〕光緒二十二年三月初八日午刻發

據稟，該州志載小江湖隄係順治十三年安陸馬丞逢皋詳准建修，計長五十餘里，嘉慶元年州牧張琴領項修葺，十三年王牧樹勳亦領項退挽月隄，並詳督院飭委道員勘估，同治四五年恩牧榮又改建石閘，另挽月隄，曾經領項興修。本衙門查無案據，該州署想有案牘，或僅係州志，即速查明，詳晰電覆。庚。

徐牧來電〔三〕光緒二十二年三月初九日丑刻到

庚電恭悉。順治、嘉慶年間，小江湖隄領欵詳修，係憑州志詳叙，兵燹後，卷已毁失。同治年間挽月改閘，其時隄未漫，須由州按畝派辦，并未詳報，是以憲署無案。此次被災極重，人民四散，無從援案攤派，用特再三籲請工賑。卑職士彦稟覆。庚。

致平番魏撫台〔四〕光緒二十二年三月初八日午刻發

疊聞捷報，慰頌良殷。弟前在江南接楊石帥電，屬趕解外洋槍礮子藥各項，多方措備，於去臘派員領解，計早到甘。此項軍火數多質重，途遠運艱，與尋常勞績不同。所有運解各員，前已函託石帥附保。惟聞石帥處現無保案，因念麾下捷音迭奏，保案必多。務希俯念西路軍火關繫重要，該員等艱險備嘗，請將補缺後知府用分省試用同知沈錫周，請保免補同知，以知府分省遇缺儘先補用。同知銜前四川銅梁縣知縣王樹枏，請開復原官，仍留原省補用，並免繳捐復銀兩。候選縣丞施焕，請免選縣丞，以知縣遇缺儘先補用，以示鼓勵。務祈俯准，感甚。餘函詳。庚。

致平番吴副將元愷光緒二十二年三月初八日亥刻發

初三電悉。西北兩川肅清，即卜成功受賞，慰甚。惟回鄂一層，此間防營裁撤，所存無幾，實難位置，萬勿輕動爲要。庚。

致柏林許欽差〔五〕光緒二十二年三月初八日亥刻發

延德將事，昨將實在情形電署。頃接覆電，云已照沃電照會

〔一〕録自抄本《張之洞電稿·致江蘇電》。

〔二〕録自抄本《張之洞電稿·致本省電》。

〔三〕録自苑書義等主編《張之洞全集》第九册，第六九五七頁，河北人民出版社一九九八年版。

〔四〕指陝西巡撫魏光燾。以下二電録自抄本《張之洞電稿·致各省電》。

〔五〕録自抄本《張之洞電稿·致外洋電》。

德使，以爲商訂未成，並非輕慢之證等語。尊處先、歌兩電并悉，請即照敝處冬電，延爲武備學堂教習，薪費年限，即由尊處酌定，決不令爲難也。庚。

致漢口瞿道台〔一〕 光緒二十二年三月初九日巳刻發

前數日飭詢陳季同之件，關繫重要。長陽煤務究竟有無洋商入股，曾否以煤窿及掛線路作押，余姓所買煤山及擬修掛線路，均係洋商何人出名，想已查問明確，未見具覆，念甚，務即詳晰電覆。聞陳季同將赴滬，如尚未查確，宜趁此時細加考察電覆，至要。佳。

致沙市曹道台、鎮南後營劉遊擊水金 光緒二十二年三月初九日巳刻發

昨因宜都已經安靜，札調駐該縣之防勇一哨回沙。玆據曹道魚電稱，宜都現有盜案，求將營勇一哨暫緩調回等語，應即照准，劉遊擊迅即轉飭該哨官勿庸調回。佳。

致宜昌土税局喬道台 光緒二十二年三月初十日巳刻發

葉故道含章在鄂二十餘年，從未當過長差，身後情形甚苦，加以兩喪叠出，旅櫬難歸。准照吴故道案，於該局充公罰欵内發給恤助銀一千兩。除稟批發外，先電飭照辦。佳。

致蘇州劉守慶汾 光緒二十二年三月十二日戌刻發

江電悉。蘇省擬議通商場章程六條，誠如來電所言，捕房、工局利權盡失，將來倭人日多，則道路橋梁統歸專管，實與飭議原意大殊，必須再爲辯論。該守熟諳倭情，知必籌畫有素，應如何按切時勢，設法補救，希將條議詳晰電知，以備參酌，至盼。真。

致江甯劉制台〔二〕 光緒二十二年三月十四日巳刻發

前月諫電，奉商馬、戴二洋匠暫緩資遣，圖説成後，請令來鄂一行，當蒙台諾。查鄂省現無需用該匠之處，如事畢，即請仍照尊處前電，資遣回國爲禱。鹽。

致總署〔三〕 光緒二十二年三月十四日午刻發

漢口俄、法租界事，兩國所派總領事到漢，江漢關道瞿廷韶會商，已遵鈞署東電，俄界西展至城邊，惟城墻下留道路五丈餘，均議妥章程，釘立界石，大致與德租界同，詳容咨達。本可就此定議，惟查英商有寶順洋行原在英國租界以外，現適在俄國新畫界内，英領事函稱，英商寶順之地不願列入俄界。關道議援德界章程，以俄、法未開租界以前，各國先有租地若在現歸俄、法界内，應由俄、法自向各國商辦，乃俄、法領事皆堅執不允，且云

〔一〕以下三電録自抄本《張之洞電稿·致本省電》。
〔二〕録自抄本《張之洞電稿·致江蘇電》。
〔三〕録自抄本《張之洞電稿·致北京電》。

各地既在所畫界內，自應歸入租界册內，不肯與英領事妥商，而英領事又止函會關道，亦不肯與兩國領事面商。俄、法領事云，只須在租界條欵內聲明租界未開以前已經各國人向華民租定地基，并無違礙，至其地應歸入俄、法册云云。此乃租界通例，英自不能相難。查英租界內現有俄國洋行，事同一律，然英領事既有不願列入俄界之語，未便置之不理，因此未便定議。應請鈞署照會俄、法使自與英使妥議，免致關道從中爲難。法、俄總領事即日行，催辦甚急，請速商電示。鹽。

致天津王制台 光緒二十二年三月十五日亥刻發

湖北銀元已鑄成，洋匠日日化驗，輕重成色，詳審不差。兩湖、江南一律行用，湖北丁漕釐税皆准完納，擬廣籌銷路，以開風氣。鄂省應解尊處餉項，是否亦可搭解及如何核算之法，請裁示。咸。

致天津王制台〔一〕 光緒二十二年三月十五日亥刻發

願電悉。鐵路事體艱鉅，惟有隨事商請指示。廷寄奉到需時，請將諭旨全文由電録示，至感。杏孫現到鄂，亟欲得知朝廷意指所在，以便與杏孫籌商，再請卓裁。咸一。

致蘇州劉守慶汾 光緒二十二年三月十六日午刻發

十三日電悉。補救蘇界條陳，務即摘要電聞。禀何日發，并電覆。以後來電，已囑電局作一等官報，不收費矣。銑。

致蘇州趙撫台〔二〕 光緒二十二年三月十六日午刻發

元電悉。總署覆電云，江歌電悉。蘇界詳細情形，蘇撫傳牌發遞，限初十日到京，接閱再覆等語。尊處咨文係何日發，祈示。諫。

致蘇州電報局 光緒二十二年三月十六日午刻發

劉守慶汾來本衙門電報，均係緊要公事，以後務作爲一等官報記費爲要。銑。

致蘇州趙撫台 光緒二十二年三月十六日午刻發

傳聞朱、陸兩道被言者指摘，駭異之甚。此兩人有何可劾耶，不知確否。如實有其事，可否密示端倪爲感。諫。

致蘇州吴清帥 光緒二十二年三月十六日午刻發

挈卿回，得手書，知尊體漸愈，欣躍之至。繪刊事略，費心，感謝，并謝屺懷。諫。

致蘇州趙撫台 光緒二十二年三月二十一日丑刻發

劉守慶汾來電，云租界地價等事今午換照會，所議八條，業請撫憲轉電等語。祈速將所議八條電示爲感。號。

〔一〕録自抄本《張之洞電稿·致直隸電》。
〔二〕以下五電録自抄本《張之洞電稿·致江蘇電》。

致開封劉撫台[一] 光緒二十二年三月二十一日丑刻發

號電悉。湖北銀元局能鑄銀元五等，一元、半元、二角、一角、五分，各省亦有附鑄。尊處擬鑄某項銀元若干，祈分晰開示，一俟貴省欵到，當即飭購銀條照鑄。號。

致荆州曹道台[二] 光緒二十二年三月二十一日戌刻發

哿電悉。通商場巡捕工食，即准在開關經費項下開支。馬。

致工部[三] 光緒二十二年三月二十一日戌刻發

廿一日來電，已飛咨湘撫矣。馬。

工部來電 光緒二十二年三月二十一日午刻到

現修普陀峪萬年吉地，并醇賢親王廟等處各要工，需木甚多。希即轉行湘撫查照前次奏咨，解欠解桅杉架椿樹等木，勒限趕辦二三批，於七月前解京勿誤。希先電覆。工部。

致蘇州黄道台公度 光緒二十二年三月二十一日亥刻發

號電悉。日租界事，總署正月敬電有云不失管地之權，如日本租界辦法，希密飭洋務局員妥辦等語，豈有許其專管租界之理。必是日人揑造，該道勿爲所愚。記去冬總署致江南咨函，確有未允專管之語，請趙中丞一查便知。馬。

致荆門徐牧[四] 光緒二十二年三月二十三日戌刻發

小江湖灾民撫卹已發銀八千兩，委歐陽牧定果解往，到時該牧即會同歐陽牧妥爲散放，特先電知。漾。

致蘇州吴清帥、費屺懷太史、寶委員豐[五] 光緒二十二年三月二十四日戌刻發

承華事略各圖已繪畢選定否，繕寫序説各件已寫畢否，已付刊否，何時可刊竣。頃接南齋公電，奉旨屢催，祈速覆示，至感至禱。歌。

吴撫台來電[六] 光緒二十二年三月二十六日巳刻到

承華事略昨始由廉夫送到十頁，當催令月初趕齊也。瀓。有。

致總署[七] 光緒二十二年三月二十五日子刻發

銑、禡電謹悉。漢口俄、法租界，經關道遵鈞署鹽電與三國領事會商。俄、法領事覆稱，租界係駐京大臣與鈞署商妥，飭令照辦，至馳馬場本係中國之地，非英國租界之地，今中國官已給俄、法爲租界，其中有法公館、俄地基、天主堂，並非祇有英國地基，是與英領無涉，何須與其商辦，請將所議章程蓋印畫押送還等語。復經該道與俄、法領事一再面商，以馳馬場本係中國之

〔一〕 指劉樹棠。録自抄本《張之洞電稿·致各省電》。

〔二〕〔四〕 録自抄本《張之洞電稿·致本省電》。

〔三〕 以下二電録自抄本《張之洞電稿·致北京電》。

〔五〕 録自抄本《張之洞電稿·致江蘇電》。「費屺懷」，前電作「費芑懷」。

〔六〕 録自苑書義等主編《張之洞全集》第九册，第六九七一頁，河北人民出版社一九九八年版。

〔七〕 録自抄本《張之洞電稿·致北京電》。

地，爲各國商人賽馬之區，既經劃入俄、法租界，必須另擇相宜地段，作爲各國賽馬之用。至英商寶順地基，或照時估價轉租與俄國，或附入俄册，仍歸該商管業，如此辦理，於情理既無不合，於租界通例亦屬相符。經該道備文照會英領事賈禮士，因在病中，連日無文牘具覆，但據代辦領事麥迪莫面稱，英國不允照辦。昨日忽接賈函，稱定於廿二晚乘輪赴九江養疴，公事暫由蕪湖麥領事代辦等語。英領事既推宕他出，現關道雖與代辦領事商辦，代辦者必不作主，而法領事日内欲赴滬，俄領事又急欲回津，催送章程甚急，事甚棘手，實難定局，將來必向總署饒舌。合將現辦爲難情形電達，惟有懇鈞署將實情照會英使，囑其電飭領事准情酌理，從速商辦，以昭睦誼，爲禱。敬。

致天津王制台 光緒二十二年三月二十六日未刻發

十二日寄諭已到。原摺注意華商承辦，不得以洋商入股，試想粤商四起，各稱集股千萬，豈華商具此大力耶。有銀行具保者，豈外國銀行肯保華商千萬鉅欵耶。吕慶麟黏有銀行保單，其爲銀行招洋股無疑。劉鶚無銀行作保，其爲不正派之洋人招攬洋股無疑。朝廷欲令詳加體察，似亦略見及此。又謂許應鏘等分辦地段，准其自行承認，毋稍掣肘，若又信其數千萬皆屬華股。總之，事既責成直、鄂，必當遵旨不令洋商入股，以絶無窮後患，關繫太鉅，萬不敢稍有含胡。弟與盛道熟商，官欵難撥而注意商辦，洋股不准而注意華商。華商無此大力，無此遠識，如輪船、電報，初招商股甚難，及見成效，股票原本一百兩者，羣起數十兩争購其票。以此類推，路未成華股必少，路既成華股必多。窮思利害，莫如仰承意旨，先舉商務總辦，設立蘆漢鐵路招商總局，由商籌借洋債，先行舉辦，奏明即以蘆漢鐵路作保，分作二三十年歸還，路成招到華股，分還洋債，收到車費，抵付洋息。釐訂官督商辦章程，雖借資洋欵，雇用洋匠，權利仍在中國，不致喧賓奪主，否則終屬空談，坐延歲月，必不能刻期而成。閣下通達時務，諒有同心，但不揭破粤商認股影射之弊，政府之誤信莫解，辦事之良策難進。原奏將許應鏘、武勷等發交任用，劉鶚、吕慶麟交查，自應電請督辦軍務處迅速飭令諸人，即行赴鄂，由鄂赴津，公與弟會同考察，面詢實在股分是否悉屬華商，如何承認分辦，自能水落石出。揭破之後，再行會奏真實辦法。附擬電稿即請核定，如無更動，即請由津徑發，如有改正之處，示覆商妥後，仍由尊處發。尊意不分南北，通力合作，鄙見但求速成，無分畛域，可謂兩心相印。昨招盛道來鄂商辦鐵廠，連日與議蘆漢鐵路事，極爲透澈。環顧四方，官不通商情，商不顧大局，或知洋務而不明中國政體，或易爲洋人所欺，或任事鋭而鮮閲歷，或敢爲欺謾，但圖包攬而不能踐言，皆不足任此事。該道無此六病，若令隨同我兩人總理此局，承上注下，可聯南北，可聯中外，可聯官商。擬俟許、武等到後，察出實情，即行會奏，一面飭令該道由津稟承尊指，入都面謁軍務處，凡奏中所不及者，可詳細商酌，俾免隔閡，庶速可成。此係預籌大概，尊意然否，祈先密示。宥一。

致廣州德華堂王道台秉恩〔一〕 光緒二十二年三月二十六日未刻發

奏調奉准，咨札於二月十一日交文報局遞粤，想早接到，望

〔一〕録自抄本《張之洞電稿·致各省電》。

即來鄂。速覆。宥。

致天津王制台光緒二十二年三月二十六日申刻發

擬請核定會銜致督辦軍務處。其文曰：十二日寄諭奉到。原奏華商承辦，不得以洋商入股，仰見蓋謨慮遠，自應遵旨，詳加體察。惟蘆漢幹路爲拱衛要舉，實未可再託空談，虛延歲月，應請鈞處速電粵督，飭令許應鏘、武勷及方培垚、劉鶚、吕慶麟迅赴直隸、湖北，由鄂而津，以便面詢，公同考察所招商股各一千萬兩是否皆屬華股，有無洋商在内，如何承認分辦，查明確實，再行通籌辦法覆奏，候旨定奪。並聞劉鶚已到滬，可否電飭江海關道令其赴鄂一見，後即赴津，以便即早商辦，俾免延宕。文韶、之洞同肅。宥。等語。請速核覆。宥二。

致漢口江漢關瞿道台〔一〕光緒二十二年三月二十八日巳刻發

總署來電：漢口租界，俄、法兩使以英商寶順轇轕之事，請由三國領事自行商結。兹准敬電俄、法領事又不願與英商辦，使領意歧，殊令地主作難。寶順既劃入俄界，總須予以着落，固難含糊，亦難懸宕，英新使正爲此事備文申論，希飭關道仍照禡電妥辦電覆。感。等語。俄、法兩使既有三國領事自行商結之語，自不宜遽行畫押。望速將署電俄、法兩使云云，函告俄、法兩領事，商妥再畫，爲要。儉。

致安慶福撫台〔二〕光緒二十二年三月二十八日巳刻發

有電悉。小同仁隄工，尊意擬派員駐局督修，從速興辦，極佩卓見。知府祺守厚即當遵命由鄂加札飭委。惟敝處前委之岐亭同知李雯，即係前五年會縣督修之員，熟悉該處隄工情形，本係札委勘估禀覆，會縣興辦。兹擬仍委該丞會同祺守督工，并請尊處及江西加札飭委，以期一氣貫通，妥速蕆事。是否，祈示覆。洞、洵同覆。感。

致蘇州吴清帥〔三〕光緒二十二年三月二十八日亥刻發

有、沁兩電均悉。承華事略奉旨屢催，若遲至五月底始成，弟實難以任咎。此事原訂蘇州畫士四人，又加以畫報館四五人，雖筆意未能盡合古法，而其工整精緻，正合上意。現亦不知尚存幾人，何至僅畫成十頁，萬分焦灼。目前只可酌量擇用，萬不必十分求全。兹擬請與各畫士言明，限十日内畫畢，每人加給三箇月薪資，逾限不加，并常例亦須減發。圖説亦請多選善書者趕繕，薪資較尋常加三倍致送，總期既工且速。至承示刻圖之工僅有三四人可用，務請速在蘇、滬、揚、粵等處添雇，分别刻圖。刻説之人晝夜趕辦，限於四月内竣事。總之，畫、寫、刻三事並舉，不惜重資，期於速成。務祈費心設法督催，不勝叩禱。統共約需銀若干，祈即電示。儉。

〔一〕録自抄本《張之洞電稿·致本省電》。
〔二〕録自抄本《張之洞電稿·致各省電》。
〔三〕以下二電録自抄本《張之洞電稿·致江蘇電》。

致蘇州寶委員豐光緒二十二年三月二十八日亥刻發

承華事略奉旨屢催，昨經電詢，何以竟無回電。該委員於此等重要事件並不認真經理，實屬玩延，且兩月來並無一字禀報，尤爲荒謬。昨接清帥有、沁兩電，有至快亦須五月底告成之語。此事已閱三月，僅畫十頁，似此遲誤，誰執其咎。茲電請清帥暨費太史先與各畫士言明，限十日内畫畢，加給三箇月薪資，逾限不加，並常薪亦須減發。其圖説亦即多選善書者趕繕，薪資較尋常加三倍致送，總期既工且速。聞刻圖之工僅有三四人可用，速於蘇、滬、揚、粤等處添雇，分別刻圖。刻説之人日夜趕辦，工資加倍。總之，畫、寫、刻三事並舉，畫、寫限四月十五日竣事，刻工限於四月内竣事，不惜重資，期於速成。畫士應否添訂，清帥病體愈否，現在是否清帥調度，抑係費太史主持，所有薪資工價應如何加給，工程應如何趲催，該委員責無旁貸，務即悉心妥籌。現計畫士幾人，約需善書者幾人，刻圖者幾人，刻字者幾人，總共約需銀若干，速即電覆，勿延。儉。

鄒委員致上海長春棧寶委員電[一] 光緒二十二年四月二十五日辰刻發

函件均已代呈帥鑒。圖印尚清楚，惟序説前電帥意擬用楷書，以期工雅。茲用宋字，何故，如係王司成原函所屬，即將函語電覆。木刻何日可成，速印樣張寄閲。帥昨電詢南齋，帥表可省，裝潢一切俱照南齋式辦，籤文款式，南齋來函既屬用宋字窄行，自應遵辦。履和。有。

致蘇州費屺懷太史[二] 光緒二十二年三月二十八日亥刻發

承華事略仰荷費心，代爲督飭調度，感謝之甚。現奉旨屢催，昨曾電請催辦，旋接清帥覆電，有至快亦須五月底告成之語，似此實難覆奏，焦灼萬分。茲電請清帥轉商畫士，圖以工整精緻爲主，限十日畫畢，加給三箇月薪資，逾限不加，並常薪亦須減發。至刻圖之工，聞僅有三四人，已電飭寶委員添雇，並多雇刻字之人，晝夜趕刻，工資加倍。其圖説請閣下商同清帥多選書手趕繕，薪資較尋常加三倍致送，總期既工且速，隨繕隨校，一面發刻。總之，畫、寫、刻三事並舉，書、寫限於四月十五日竣事，刻工限於四月内竣事，但望速成，不惜重資。務祈費神設法督催，並希電覆，感甚盼甚。儉。

致京南書房光緒二十二年三月二十九日巳刻發

敬電謹悉，曷勝惶悚。此書前在江南即經派員在金陵書局辦理，選訂畫士多人，據説繪圖。惟其所呈圖樣工者不雅，雅者不工，兼全其美，十無一二。每一圖説爲之疏解大意，考究歷代衣冠制度，參酌古今，詳定章程，配合情景，有一圖而數易其稿者，有稿經數易而仍未善者，力求妥善，致延時日。春初回鄂省本任，因道遠，勢難照料，當即令委員帶畫士赴蘇州書局辦理，函託吴中丞大澂、費太史念慈，就近督催調度。吴、費均博通古制，熟

[一] 録自抄本《張之洞電稿·致上海電》。
[二] 録自抄本《張之洞電稿·致江蘇電》。

諳畫法，所有圖様，隨時函商酌定，期於盡善。本擬石印較速較精，嗣接覆電，仍令遵旨版刻。遂於蘇、粤等處雇到刻工數十人，其中能刻圖者僅只三四人，均令赴蘇，尚須畫士從旁指點，方能無誤，稍有出入，又須改畫改刊，諸多周折，萬難從速。其圖説亦已選善書者恭楷校刊。進呈要件，不敢草率將事。近日疊次電催，據復云，各圖四月初旬可以畫齊，至寫刻各工，日夜趕辦，約須五月初方能蕆事。種種周折，實出於無可如何，幸惟鑒察。如上諭及，伏望伏陳，至感。再，此書係發刻之件，且只一卷，與纂修之大部書體例不同，似無須撰表進呈。前函命表進呈，是否上意，若上未諭及，似可只具一摺奏進。可否，并祈示覆。感甚。儉。

致安慶福撫台〔一〕 光緒二十二年三月二十九日未刻發

挽月隄所需經費，原可不必計較，前咨札皆已聲明。茲奉儉電，已再電飭黄梅縣及鄂省委員，於招雇土夫一切，不分畛域，和衷共濟，務先將隄工趕完。至現在如何辦法，及應攤經費，將來請尊處酌定，鄂省無不惟命是聽。鄂欵前已由委員帶往，如尚不敷若干，俟接電稟續撥，即當由輪船解往不誤。昨感電委同知李雯會同祺守督修，想已達，祈加札委。示覆，爲感。洞、洵同覆。豔。

致九江專送黄梅縣潘令、督修隄工委員李丞雯 光緒二十二年三月二十九日未刻發

廿六日電悉。頃已札委李丞會同皖省委員祺守厚督修此項隄工，關繫緊要，該縣、該委員於招雇土夫一切，務須不分畛域，和衷共濟。至應攤經費，鄂省並不計較，總期先將隄工妥速修固，將來鄂省多貼若干，亦無不可。已領欵項如尚不敷，可電請添撥，電到即由輪船續撥可也。督、撫兩院。豔。

致荆州荆州府余守〔二〕 光緒二十二年四月初一日巳刻發

殷孝廉雯，現住江陵縣張令署中，鄙人擬請來鄂入署，授讀學生二人，一十二歲，一十歲，脩金每年共三百金。祈轉致婉商，代爲勸駕，務望速來，感禱。東。

致南昌德撫台〔三〕 光緒二十二年四月初一日戌刻發

昨接福中丞有電，小同仁隄工擬派安徽候補知府祺厚駐局督修，請由鄂加札飭委等語，當經照辦。查敝處前委勘估之黄州府岐亭同知李雯，即係前五年會縣督修之員，熟悉該處隄工情形。茲擬仍委該丞會同祺守督工，並請尊處及安徽加札飭委，以期通力合作。福中丞已允許，特奉商，祈示覆。洞、洵同啟。豔。

致宜昌川鹽加抽局惲道台〔四〕 光緒二十二年四月初三日辰刻發

津蘆鐵路鋼軌，胡芸楣已經在上海怡和洋行購定，每噸價值若干，請電託江南胡道，轉電詢其令兄。速覆爲盼。江

〔一〕以下二電録自抄本《張之洞電稿·致各省電》。
〔二〕録自抄本《張之洞電稿·致本省電》。
〔三〕録自抄本《張之洞電稿·致各省電》。
〔四〕以下二電録自抄本《張之洞電稿·致本省電》。

致漢口瞿道台光緒二十二年四月初三日亥刻發

俄領事擬初四日十點鐘來見，本應延接，惟因感冒頭痛，數日内不能見客，望暫爲婉辭。至其來見之意，想係爲租界一事，請囑其遵照俄使與總署所言，應由三領事商結之語，妥速商辦爲要。江。

致俄京中國欽差李中堂〔一〕光緒二十二年四月初四日午刻發

宋電悉。蓋履安善，鄰誼優崇，欣慰。湖北鐵廠去年有法商來議入股合辦，章程尚未議妥，因衆議，洋股斷難邀准，已作罷論矣。支。

致江甯劉制台、上海道〔二〕光緒二十二年四月初四日午刻發

前伊將軍託代購格魯森五十七密里口徑二十倍身長快礮十尊並彈，曾札飭籌防局、上海道代爲經理。兹接安徽于藩司轉來伊將軍電，云此項礮並彈如未訂，即可作爲罷論等語。望即飭局查明已否訂定合同，速示覆，以便轉覆。支。

致荆州曹道台〔三〕光緒二十二年四月初四日午刻發

繅絲局在河溶設局收繭，關繫緊要，速派礮船前往護局。支。

致安慶于藩台〔四〕光緒二十二年四月初四日午刻發

東電悉。伊帥囑代訂格魯森礮十尊，其時適鄙人回鄂，札飭江南籌防局、上海道代爲經理，到鄂後迄未據覆，未曉已否訂定，頃已電詢，俟覆到奉聞。支。

致荆州曹道台光緒二十二年四月初四日亥刻發

江電悉。日、法領事來，暫勿與之議論，免致或有疏漏，遂爲藉口。即日專委錢守赴沙，會同籌議，一面詳細畫圖，馳送酌核。法領事望聞甫去，更從容。至日領事多商來沙開埠之説，可勿深信。去冬揚言多商赴蘇，至今未去也。修隄事前據余守面禀，以節過立夏，江水漸漲，築基不易，石料亦艱，擬俟秋後施工，再爲開埠，現在是否尚可施工，并即電覆。鄙意租界章程未定，即租界隄工尚可暫緩。日本原指地段太低窪，工程鉅，今其意欲另圖何處，有無妨礙，速電覆。如彼此均便，似亦無妨，但恐漸近市廛地段，斷不能多給耳。支。

致上海晋升棧王道秉恩〔五〕光緒二十二年四月初四日亥刻發

閣下到滬，可往詢徐牧賡陛，劉麒祥事已查清否，如何禀覆，新甯有無另派他人查辦，抑仍由該牧等查覆。葉丞大莊所辦灘地變價事，外間頗有議論，并望查訪實在情形。又，聞葉丞誤將沙

〔一〕指李鴻章。上年十二月二十七日，諭其往賀俄皇尼古拉二世加冕，於本年三月十八日抵俄京聖彼得堡。

〔二〕録自抄本《張之洞電稿·致江蘇電》。

〔三〕録自抄本《張之洞電稿·致本省電》。

〔四〕録自抄本《張之洞電稿·致各省電》。

〔五〕録自抄本《張之洞電稿·致上海電》。

船公所公置灘地作爲無主之業，確否。又，滬上紗布各廠情形，以及棉花價值、紗布銷路，一并在滬詳細考究，速來鄂回稟。支。

致江甯劉制台 光緒二十二年四月初五日亥刻發

近奉寄諭，飭直隸、湖廣會辦蘆漢鐵路。此路前經敝處派洋員錫樂巴履勘，繪有略圖，再須逐段討論，籌定大略，以便會同夔帥覆奏。側聞蘇甯鐵路尚非指日開工，可否趁此時請尊處諭飭錫樂巴來鄂一行，以便商酌，至感。歌。

致荆州曹道台 光緒二十二年四月初六日酉刻發

歌電悉。通商場築隄既可趕辦，即飭速辦可也。語。

致安慶于藩台〔一〕 光緒二十二年四月初六日酉刻發

峴帥來電：支電悉。據黄道覆稱，依將軍託購之礮，未立合同，兹作罷論等語。祈轉覆依帥。語。

致漢口江漢關瞿道台〔二〕 光緒二十二年四月初九日辰刻發

日本領事赴沙市商辦開埠事，已派錢守前往會同地方官妥議。此事關係緊要，須有諳練洋員協助，藉資得力。宜關税司才幹如何，助理此事能勝任否，請詳詢穆和德，以爲如何。穆老成持重，能親往沙市助理尤妙。鄙意願穆往議，并即詢明穆往於宜關税司有無妨礙。如屬可行，即由穆徑電總税司，聲明由本衙門派往，如必由本衙門電總署轉飭照派，亦無不可。望即商明電覆。庚。

致開封劉撫台〔三〕 光緒二十二年四月初九日巳刻發

據江漢關道詳，本月初八日英領事賈禮士函開：昨接荆子關電報，該處地方官現在設法攆逐西國教士，不令在彼居住之語，即電致老河口詢問。旋接覆電，荆子關官員非教士離城，即行拘拿房主懲辦等語。電音簡略，不得其詳，請監督查詢，極力保護等情。查荆子關在貴轄，其因何起衅攆逐教士。事屬隔省，本未便過問，惟既據教士函請，事關交涉，應請迅飭查明實在情形，速賜電覆，并飭地方官妥爲保護，毋滋事端，爲禱。佳。

致蘇州趙撫台〔四〕 光緒二十二年四月初九日未刻發

劉守慶汾所議地價等事八條，均有裨益，所惜者黄道六條中專管一層，不知能否更正耳。劉守力疾從公，深明大體，不知其病已否就愈，其精力可以就道來鄂否。務請傳諭該守，如尚可支持，即令來鄂，緣日領事永瀧已赴沙，專盼該守前來籌議也。佳。

致蘇州洋務委員劉守慶汾電 光緒二十二年四月初九日未刻發

函悉。所議地價等事八條，均有裨益，欣慰，所惜者黄道所議六條不知能否補救耳。力疾從公，深念。肱瘍已漸愈否，日來

〔一〕〔三〕 録自抄本《張之洞電稿·致各省電》。「劉撫台」指河南巡撫劉樹棠。

〔二〕 録自抄本《張之洞電稿·致本省電》。

〔四〕 以下二電録自抄本《張之洞電稿·致江蘇電》。

精力若何，望電告。前聞三月底可來鄂，甚慰，究已動身否。日領事永瀧已到沙，專俟該守前來籌議，盼切。佳。

致漢口瞿道台〔一〕光緒二十二年四月初九日申刻發

頃函約前德國公使巴蘭德初十日十點鐘渡江一晤。佳。

致上海晉升棧王道秉恩〔二〕光緒二十二年四月十二日巳刻發

閣下何時到滬，何日來鄂。望即電覆。文。

致京督辦處差委陳養源觀察允頤〔三〕光緒二十二年四月十五日巳刻發

前於三月廿六日王夔帥暨會銜宥電達督辦處，請電飭具呈請辦鐵路之官商許、方、武、劉、吕等來津來鄂，公同考察是否實係華股，有無洋股影射，以便定議，覆奏舉辦。日久未奉覆電，不知督辦處已電調各該員否，如已調，係何日發電，有無回音。祈速覆。咸。

致江甯劉制台〔四〕光緒二十二年四月十五日巳刻發

奉廷寄，鐵路事命王夔帥暨弟招商承辦，從前在督辦處具呈各商，俱令弟等體察，不准洋商入股，内有武勷一員，閩申報現經尊處奏調江南差委，已奉旨准。該員必現在江，祈飭速來鄂詢訪一切，以便定議，會同夔帥覆奏，至感。咸。

致荆州曹道台光緒二十二年四月十五日申刻發

宜昌英兵輪傭人槍斃孫委員一案，前准總署咨開：照覆英使，以該犯本華人，又經在船犯事，即不必算爲英國水師之人，而且解往漢口，不如即在犯事地方交出懲治，尤爲衆目共覩。應請轉達英國政府，仍將該犯交由華官訊辦。并准英使覆稱：已照所囑，電咨本國外政大臣查照等因。當經轉行在案。是此案應在何處審辦，尚無定議。前據該道禀，東湖余令禀今日兵船主挈槍傷孫委員厨司，附沙市往漢審訊。是否傳聞之辭，英領事有無照會到關，未據詳報有案。如無照會，速備文查詢英領事，此案現擬如何辦法，何日將犯交出，刻日見覆，以備詳請核奪。咸。

致宜昌存守、荆州委員魏令遠猷〔五〕光緒二十二年四月十七日午刻發

據存守禀，洋關委員孫廷樾，經前署東湖魏令禀，蒙批給撫卹千元，究於何處撥給，請示遵等語。此項恤銀，本衙門查無案據。魏令係何時具禀，何衙門如何批示，即電覆。洽。

魏令來電光緒二十二年四月十七日亥刻到

洽電敬悉。孫故丞恤欵，正月面禀撫憲，蒙允給恤洋千元，

〔一〕録自抄本《張之洞電稿·致本省電》。
〔二〕録自抄本《張之洞電稿·致上海電》。
〔三〕録自抄本《張之洞電稿·致北京電》。
〔四〕録自抄本《張之洞電稿·致江蘇電》。
〔五〕以下二電録自苑書義等主編《張之洞全集》第九册，第六九九六至六九九七頁，河北人民出版社一九九八年版。

聞由李道謙代領轉給。卑職遠猷稟。

致天津王制台〔一〕 光緒二十二年四月十七日午刻發

杳孫呈咸電，始知督辦處已電粤督飭傳許、方徑赴鄂、津，但許、方未必來。頃電文帥詢其行期，原奏方培垚公舉武勷督辦，峴帥調武江南差委，峴帥電云出月初由京起程，若擬會銜電督辦處，請飭武赴津，就近考察，連劉、吕已得其三，專候許信，便可會奏，并擬會電譚文帥。催許、方兩電稿請酌核，即由尊處發，如有應改定處，請改妥即發，不必再商爲禱。洽一。

致天津王制台 光緒二十二年四月十七日午刻發

擬會電督辦處云：前請飭傳許應鏘等由鄂而津，公同考察，尚無音信。江督劉現調武勷江南差委，據云出月初由京起程，可否請飭武勷順赴天津，就近考察，一俟許至，便可覆奏辦法。文韶、之洞同肅。又擬會電廣東譚文帥云：前奉寄諭，許應鏘、方培垚等各集股一千萬請辦蘆漢鐵路，交北洋與敝處體察，不得有洋商入股。聞督辦處已電尊處飭傳許、方徑赴鄂、津，迄無音信，未知許、方何日前來。此件亟待復奏，乞迅催許道及方培垚迅速來鄂，再赴天津，或徑赴天津亦可，並請詢明行期電示爲盼。韶、洞同啟。洽二。

致上海江海關黄道台〔二〕 光緒二十二年四月十七日亥刻發

鄂省槍礮廠添置車、刨牀各項，先到百零二件，業已起運來鄂。尚有第二批計三十七件，日内到滬，仍由禮和洋行經運。請一律給照放行。洽。

致上海晋升棧王雪岑觀察〔三〕 光緒二十二年四月十八日子刻發

新聞報云，該報館有合肥去年在馬關與日本議約真本原稿，閣下可速赴新聞報館索一看，如有異同處及緊要關鍵，務照録帶來，閣下亦須速來鄂。洽。

王道來電 光緒二十二年四月二十一日未刻到

馬關約稿，屢往索看，該館均推無之。今日行。恩稟。

致天津王制台〔四〕 光緒二十二年四月二十一日巳刻發

轉到督辦處咨電敬悉。昨劉峴帥翰電，武勷由京起程，尚擬到汴料理，而後來江，此時或尚在河南，即請尊處就近設法電催赴津較速。箇。

致俄京許欽差 光緒二十二年四月二十一日午刻發

元電悉。德將薦都司、千總承代，酌薪水年限，歸道員總辦節制，均極妥。惟止能充學堂教習，不能帶兵一層最要，未知彼

〔一〕以下二電録自抄本《張之洞電稿·致直隸電》。
〔二〕録自抄本《張之洞電稿·致上海電》。
〔三〕以下二電録自苑書義等主編《張之洞全集》第九册，第六九九八頁，河北人民出版社一九九八年版。
〔四〕録自抄本《張之洞電稿·致直隸電》。

已允否。務祈訂明爲禱。馬。

致總署〔一〕光緒二十二年四月二十三日巳刻發

漢口俄、法租界事，江漢關道已於二十一日與俄、法領事畫押訖。此事英多要挾無理，屢次翻覆，以英商地不得劃入俄、法界，因寶順牛皮行穢惡不潔，恐俄勒改業，藉口向我索賠鉅欵，語太荒謬。當飭關道峻詞力駁，幾至決裂。俄、法又日催畫押，勢甚洶洶。經漢關稅司穆和德出爲轉圜，議得寶順及各英商地不願歸入俄、法租界者，准其在英租界後面至城垣官地止，由英商擇地租賃，以備在俄、法租界内英商遷移地段，以一年爲期，該地租定後，照英租界章程辦理，英始勉强允可。查英界後民地大半早爲英商向民間租去，所餘無多，許其全租歸入英界，事屬可行，當經允許，以後如有索賠謬語，惟有力駁。此事種種膠擾棘手，除詳情圖説咨呈外，謹將大略情形電達。再，頃奉皓電，因綫斷，昨晚始到。俄界買地須業主自己向領事立契，已飭關道妥辦。漾。

致漢陽鐵廠盛道台〔二〕光緒二十二年四月二十四日戌刻發

洋匠薪水，應照合同接發。今逾期數日，各匠有違言，擬明日停工，應請尊處速發。如因日期交搭，儘可隨後另商，勿貽外人口實爲要。敬。

蔡道致大冶運道局李委員電光緒二十二年四月十七日午刻發

電悉。奉帥諭，四月分員司薪水全由官局支，其工匠及一切用欵截至十五日止，以後由商局支。勇。洽。

致荆州曹道台、余守、錢守光緒二十二年四月二十五日戌刻發

號電悉。日界移上游，可省築隄之工，亦尚有便於我之處，辰幫、人和等商想亦願讓，自可允許，但開議時不宜遽許，須彼於他事肯就我範，方可允之。彼意欲如何，日來必已有端倪，速密告。草圖已繪就否，何日寄，即覆。徑。

致杭州廖撫台光緒二十二年四月二十六日亥刻發

馬電悉。沙市通商尚未開議，畝租、地税一節，擬照蘇州劉守慶汾所議，一俟議定章程，當即奉達。杭州界章程祈隨時示知爲感。徑。

致九江電局轉送黄梅縣督工委員祺守厚、李丞雯、潘令〔三〕光緒二十二年四月二十六日亥刻發

據宿松縣張令禀，擬就小同仁老隄内另築小月隄，以防伏汛，估費千串，江、皖籌欵不易，請由鄂發欵修，并曾與李丞、潘令熟商等情。如果關繫緊要，江、皖無欵可撥，鄂省自可籌撥協助，

〔一〕録自抄本《張之洞電稿·致北京電》。
〔二〕以下二電録自抄本《張之洞電稿·致本省電》。
〔三〕録自抄本《張之洞電稿·致各省電》。

惟未據祺守及該丞等會稟，未知究竟應否另挽月隄，曾否稟明江、皖有案，速由該守等電覆，再行飭遵。宥。

致襄陽吴提台[一] 光緒二十二年四月二十六日亥刻發

遊擊李修己、李福田，都司姚得勝，前在關外管帶馬隊，何人紮何處，祈將地名分别電覆爲荷。宥。

致蘭州陶制台[二] 光緒二十二年四月二十七日辰刻發

沁電悉。榮任兼圻，欣賀。新政已布，蕩平當不遠矣。邸報屢言大捷，而傳聞則云賊勢尚盛，實情若何。又聞旨全撤魏、奎兩軍，剿撫事宜責成董軍門，各軍統歸節制，確否。董近來辦事如何，可恃否，此外關内外得力者尚有幾軍，究竟有何良策，近日軍情，祈隨時示慰，至盼。宥。

致襄陽清道台[三] 光緒二十二年四月二十七日辰刻發

兩電均悉。鳳字營務處關防向係襄陽道兼管，自應併交郭署道。感。

致沙市委員錢守恂 光緒二十二年四月二十七日辰刻發

去歲在江，錫樂巴有畫就自漢口至保定鐵路圖，據稱曾交該守填注華文，未經取回。此圖現在何處，亟欲一覽，如已收入書篋，即飭紀檢出爲要。速覆。宥。

致俄京許欽差 光緒二十二年四月二十八日亥刻發

敬電悉。德員薪水、期限，受敝處及提鎮之總辦節制，均可。如提鎮無人，惟有派道員總辦學堂，教習雖不歸道員節制，然一切公事，教習須與總辦和衷商辦，如與總辦道台意見不同，准其徑稟敝處，聽候批示。祈酌量定議，不須再商，至感。儉。

致荆州曹道、余守、錢守[四] 光緒二十二年四月二十八日亥刻發

感電悉。劉守慶汾病未愈，來鄂尚早，如倭領欲先驗夏令水勢，再行開議，亦無不可。惟省中有要事待錢守商辦，可問明該領事，如果開議尚早，錢守須即日先回省，不能在沙市無事久候。即詢明電覆。勘。

致安慶福撫台[五] 光緒二十二年五月初一日丑刻發

昨據宿松縣張令稟，擬就小同仁老隄内另築小月隄，以防伏汛，估費千串，江、皖籌款不易，請由鄂發款修等情。電詢祺守、李丞等，據稱，該令曾與面商，實爲防伏汛衛新隄，請由前撥六千之贏款内動支，擬奉飭後再通稟等語。如果關繫緊要，自可不分畛域，籌撥協助，惟究竟應否築月隄，尊處能否撥款，候電覆

[一]—[四] 録自抄本《張之洞電稿·致本省電》。

[二] 指陝甘總督陶模。録自抄本《張之洞電稿·致各省電》。

[三] 以下二電録自抄本《張之洞電稿·致本省電》。

[五] 録自抄本《張之洞電稿·致各省電》。

再飭遵。豔。

致漢陽鐵廠盛道台〔一〕光緒二十二年五月初三日戌刻發

令錫樂巴明日來轅。江。

致沙市洋務局錢守光緒二十二年五月初四日午刻發

官地建洋樓出租，殊不便，久假不歸，兩處占地將如之何，斷斷不宜。日人住處湫隘，可於附近另租民房，萬勿以官地遷就。曹道、余守同閲。支。

致俄京許欽差〔二〕光緒二十二年五月初六日亥刻發

三月歌電托雇洋匠，現鐵廠已歸盛道宣懷招商承辦，請知會克廠，雇匠事作罷論。其已由尊處訂合同起程來華者幾人，請即查示。語。

致漢口招商局盛道台〔三〕光緒二十二年五月初七日酉刻發

電悉。尊大人偶患小恙，聞之曷勝馳繫，閣下歸省後，想必已占勿藥矣。未能走送，歉甚。幸委員已飭即赴漢局，與鄭道面商。陽。

致天津王制台光緒二十二年五月初七日亥刻發

昨據方鎮友升來電，該軍次第遣撤，尊處諭將軍械悉繳北洋，惟鄂省前年悉索敝賦盡供北軍，本省軍械局空如懸磬，魏午帥西行又帶去十之八，已難收回。務請仍飭方鎮將該軍所領軍械悉解回鄂爲禱。陽。

致山海關方鎮友升〔四〕光緒二十二年五月初七日亥刻發

東電悉。該軍在鄂所領軍械，應仍繳鄂，已電請夔帥轉飭矣。陽。

致總署〔五〕光緒二十二年五月初八日巳刻發

魚電敬悉。據美使言湖南臨武事，尚無所聞。已飛速咨札湘省查明，實力彈壓保護。庚。

總署來電〔六〕光緒二十二年五月初七日酉刻到

頃美使言，湖南省與廣東搭界之臨武縣，原有美教士在彼傳教六年，現有毁教堂學堂、拆教民房屋、搶物件、驅教民等事，甚可危，請飭保護。希飭該督、縣詳查，照約保護彈壓。仍電覆。魚。

〔一〕〔三〕録自抄本《張之洞電稿·致本省電》。
〔二〕録自抄本《張之洞電稿·致外洋電》。
〔四〕録自抄本《張之洞電稿·致直隸電》。
〔五〕録自抄本《張之洞電稿·致北京電》。
〔六〕録自苑書義等主編《張之洞全集》第九册，第七〇一二頁，河北人民出版社一九九八年版。

致沙市洋務局錢守、曹道、余守光緒二十二年五月初九日午刻發

庚電悉。倭雜處市廛，誠亦未便。即照所擬租屋不租地之説。屋須華式樓房，將來可作官局之用。須與切實訂明，商埸定後，彼蓋有公署，即將官地之屋退還，萬不可允以三年之期，并須言明至久不得過兩年，爲要。佳。

致金陵劉制台[一] 光緒二十二年五月初九日午刻發

尊處奏改新鑄制錢重七分，部覆是否照准，請示覆。佳。

劉制台來電光緒二十二年五月初十日戌刻到

佳電悉。新錢奏改七分，經部議駁。昨復電商，未知准行否。坤。蒸。

致俄京許欽差光緒二十二年五月初九日未刻發

語電想達。鐵廠歸商辦，雇洋匠事，務告克廠停止，無論已雇幾人，商廠均不用，請一概婉辭攔阻，萬勿令其來華，致官局賠薪費。切禱。已行者幾人，是否尊處代訂合同，并祈電覆。佳。

致天津王制台光緒二十二年五月初九日申刻發

陽電悉。武勷既須赴汴，又經尊處考核，請飭不必來鄂。至方培垚，係總署章京方孝傑假託，敝處亦有所聞。劉鶚昨由滬來稟，云須俟方培垚到滬，即同赴鄂等語，可怪。請尊處電上海道轉飭赴津，由尊處考察，亦無庸來鄂。吕慶麟昨來見過，自言實係洋商維里森之股，已飭赴津聽候尊處裁示矣。又，許應鏘在南洋招股事，曾囑鄭道官應電詢新嘉坡領事張振勳。旋接覆電，南洋並無招股之事，乃許延宕不來，豈能爲渠一人延誤大局。似此影射支離，四家皆恐成畫餅。似宜早日定議覆奏，即奏派盛道招商承辦，免延時日，或致旁生枝節。似可聲明，許股若來，仍可附入。已飭盛道酌擬奏稿，即請尊處電催盛道速將奏稿擬就，專呈尊處核定電示，商定後即由尊處具奏，或請公再電粵催許赴津，不必赴鄂矣。祈酌之。佳。

致俄京許欽差[二] 光緒二十二年五月十一日未刻發

鄂定快礮機各項何日造成，分幾批起運，未付欵尚欠若干，何時應匯，請查數目詳示，以便預籌。真。

致蘇州吴清帥、費屺懷太史、寶委員豐[三] 光緒二十二年五月十二日酉刻發

清帥、費太史函均悉。承華圖承費太史改定古雅，感謝之甚。寶令寄來圖樣，石印較精，木刻亦清楚，但必須木刻成後一併進呈。現已逾期，殊深焦急。務請飭寶令督催工匠趕刻趕印，其於月半間竣事，不可再遲。何日可成，祈示覆，盼禱。文。

[一] 以下三電録自苑書義等主編《張之洞全集》第九册，第七〇一三頁，河北人民出版社一九九八年版。

[二] 録自抄本《張之洞電稿·致外洋電》。

[三] 録自抄本《張之洞電稿·致江蘇電》。

吳撫台來電〔一〕 光緒二十二年五月十三日申刻到

鈞電謹悉。石印不日可竣，刻已成十餘頁。現有十數人趕刻，恐五月底尚難刻竣。潡。元。

致金陵劉制台〔二〕 光緒二十二年五月十四日酉刻發

元電悉。會勘鐵路之員已派定，請飭錫樂巴即來。敬。

致上海招商局沈道台〔三〕 光緒二十二年五月十六日子刻發

咸電悉。泰來棧、駁等費五百廿八兩零，已飭善後局照付，望囑該行速將各件點交羅委員運鄂。商局北棧所存旱雷綫等，是否吳清帥所購，抑係南洋所購。如係吳購，即一併交該委員運來，并望傳知羅委員遵辦。咸。

致江甯劉制台 光緒二十二年五月十六日亥刻發

諫電悉。廣東寄來六分、七分錢樣兩種，其六分重者已不甚薄，其七分重者則輪廓寬厚，文字清楚，極佳。此層似可叙入奏稿，冀易邀允。統候卓裁。諫。

致上海招商局沈道台、羅委員珍材〔四〕 光緒二十二年五月十六日亥刻發

沈道諫電、羅委員刪電並悉。泰來棧、駁等費五百廿八兩零，及船價錢五百兩，均已飭局由百川通匯給。旱雷綫等係南洋物，即仍存棧，勿庸運來。諫。

致上海江海關黃道台 光緒二十二年五月十七日午刻發

上海有履祥洋行存放知府劉鶚蘆漢鐵路股本銀一千萬兩，聲明無洋股在內，請詳查是否屬實。該洋行所操何業，是否殷實，行主何名，能簽押出字據，保認乃可爲憑。望速查覆。洽。

黃道來電〔五〕 光緒二十二年五月二十日巳刻到

洽電敬悉。遵派員詳詢履祥洋行行主貝履德，據稱，該行在滬係伊獨開，專造匹頭生意。劉守鶚係素識，曾與商議，如稟准有承辦蘆漢鐵路明文，由伊行轉向外洋湊借一千萬兩，非真有股本存在伊處。現既未奉有核准明文，伊更不便簽押認保等語。查劉守在別埠有無招有股本，未可知，惟履祥開設未久，局面不大，縱使轉借洋股，恐亦未可靠。謹覆。祖絡稟。號。

致俄京許欽差〔六〕 光緒二十二年五月十七日午刻發

前月儉電奉商德弁教習事，想已定議。何日來鄂，請預示。

〔一〕録自苑書義等主編《張之洞全集》第九册，第七〇一五頁，河北人民出版社一九九八年版。

〔二〕録自抄本《張之洞電稿·致江蘇電》。

〔三〕録自抄本《張之洞電稿·致上海電》。

〔四〕以下二電録自抄本《張之洞電稿·致上海電》。

〔五〕録自苑書義等主編《張之洞全集》第九册，第七〇一八至七〇一九頁，河北人民出版社一九九八年版。

〔六〕録自抄本《張之洞電稿·致外洋電》。

如有須變通之處，統請斟酌議定，不必再商，既可了前案，亦可早開學。洽一。

致俄京許欽差光緒二十二年五月十七日申刻發

槍礮各機精細，鄂廠現無洋匠，亦能仿造，惟恐未盡合法，出數不多。請託力拂代雇上等英真聶〔一〕一人，須兼通新快槍、新快礮造法，能自出圖，能操英、法語者，歸總辦及駐廠大委員節制，在廠監造。員司中有願考究製造理法者，務須盡其所知，詳細剖釋。勿加總管名目，較易相處。另雇槍廠、礮廠洋匠首各一人，在廠領工，合同須聲明兼教習華匠。薪資條欵請代酌定，令速來鄂。洽。

致漢口江漢關瞿道台〔二〕光緒二十二年五月十七日酉刻發

總署來電：法使薦監工都博邁，熟悉製造，赴鄂求謁，望准進見等因。此人是否尚在漢，法領事同來否，希即查覆，以便定期接見。洽。

致上海盛道台〔三〕光緒二十二年五月二十一日亥刻發

馬克斯已飭令仍歸尊處調遣，合同仍舊，一切就範。現札委惲令積勛同馬赴萍鄉勘煤，取道江西，咨德中丞派員護送，并行尊處查照。再，此後鐵廠公事，或敝處行鐵廠，或鐵廠致敝處，或鐵廠移司局，均應列台銜，或附列鄭道銜亦可，惟不便由鄭道單銜，以符奏案。祈告鐵廠知。箇。

致荆州曹道台〔四〕光緒二十二年五月二十二日辰刻發

宜關收數，詳報至上年八月十二日第一百四十結止。兹又歷九箇月，計又三結，而一百四十一、二結收數尚未詳報。何以如此遲延，殊不可解。速將未報之九箇月收數查明電覆，并即按結詳報爲要。養。

致南昌德撫台〔五〕光緒二十二年五月二十三日巳刻發

咿電悉。同仁隄工竣，尊意暨潤帥來電，均屬會委妥員驗收，謹遵命遴委湖北候補道扎勒哈哩前往，請即電飭該道暨祺守等遵照，并祈加札派委爲荷。洞、洵。漾。

致安慶福撫台光緒二十二年五月二十三日巳刻發

號電悉。同仁隄工竣，尊意暨靜帥來電，均屬會委妥員驗收，謹遵命遴委湖北候補道扎勒哈哩前往，請即電飭該道暨祺守等遵照，并祈加札派委爲荷。洞、洵。漾。

致蘇州寶委員豐〔六〕光緒二十二年五月二十三日巳刻發

稟悉。書僅二本，已用四千，兹又請發三千，何至需費如此

〔一〕「英真聶」係英文engineer的譯音，即工程師。
〔二〕〔四〕録自抄本《張之洞電稿·致本省電》。
〔三〕録自抄本《張之洞電稿·致上海電》。
〔五〕以下二電録自抄本《張之洞電稿·致各省電》。
〔六〕録自抄本《張之洞電稿·致江蘇電》。

之多。茲已飭善後局照發，務須撙節開支，歸諸實用，此後斷難再加。刻工須趕辦，究於何日可畢，務即趲催勿延。即電覆。漾。

致九江轉送黃梅縣潘令、李丞〔一〕 光緒二十二年五月二十三日亥刻發

同仁隄工竣，已電商江、皖會委札道勒哈哩赴隄驗收，轉告祺守及宿松、德化兩縣。湖廣督、撫兩院。漾。

致上海葉丞大莊〔二〕 光緒二十二年五月二十五日辰刻發

漾電悉。吳熙麟絲機，經黃晋荃查出瞞價數千，配件又不全，經宗令議定減價五千，退還無用之件一千，從寬完結，准將布局股票抵價。本年二月始行議妥，乃欲收去年全年一分半利息，無此情理。此事應由吳與絲廠商，令何月付價，布局方能給息。宥。

致上海盛道台 光緒二十二年五月二十五日巳刻發

尊大人想已全愈，祈示慰。諫電悉。鐵路事關繫大局，亟須定議，未便久延。劉鶚已見，已向上海查明，全是虛誕，即洋股亦不可靠。方培垚商夥二人一俟到鄂，即當傳驗。方現已被劾，其謬可知。現已會夔帥公電粤催許應鏘。鄙意即使許之華股屬實，亦不過准其附股，斷無令一手承辦之理，是於籌辦大意各不相涉。奏稿務請速擬見示爲盼。宥。

致天津王制台〔三〕 光緒二十二年五月二十六日巳刻發

劉鶚已見，洋行保單無洋人簽名，已囑上海道查明，全不可信。此事關大局，斷難久延，望速會銜電粤，請催許應鏘赴鄂赴津爲要。務請譚文帥告許，如再不來，日内即具奏，不能再候矣，即明言弟不能再候亦無妨也。宥一。

致天津王制台 光緒二十二年五月二十六日巳刻發

上海道黃道來電，云洽電敬悉。遵派員詳詢履祥洋行主貝履德，據稱，該行在滬係伊獨開，專做疋頭生意，劉守鶚係素識，曾與商議如稟准有承辦蘆漢鐵路明文，由伊行轉向外洋湊借一千萬兩，非真有股本存在，伊處現既未奉有核准明文，伊更不便簽押保認等語。查劉守在別埠有無招有股本未可知，惟履祥洋行開設未久，局面不大，縱使轉借洋股，恐未可靠。謹覆。祖絡稟。號。等語。特轉達。宥二。

黎元洪致天津水師學堂劉國楨電 光緒二十二年五月二十六日亥刻發

湖廣督憲張開辦武備學堂，承詢需用人材。兄同張葆蓉、劉秉鏞、楊恩鉉等能否皆來，即電覆督署。黎元洪。

〔一〕録自抄本《張之洞電稿·致各省電》。
〔二〕以下二電録自抄本《張之洞電稿·致上海電》。
〔三〕以下三電録自抄本《張之洞電稿·致直隸電》。

致荆州曹道台〔一〕光緒二十二年五月二十六日午刻發

漾、有電均悉。日本領事文，俟禀到，當據咨總署。伊如再催，則告以沙關税司早派定，在宜昌久候，專候通商新約及通商埸章程議定，便可開關，今兩事均未議定，故不開關，稽延在彼不在我。蘇、杭、重慶，事同一律，沙市豈能獨早。現在祇可照各國通例相待，如有貨進口，不能不在滬、漢關納税。馬關約亦言新約未定以前，照向章辦理也。宥。

致龍州蘇督辦光緒二十二年五月二十六日亥刻發

聞法人請由鎮南關造路至百色，總督已允先造至龍州，欽派尊處督辦，其欵由洋債撥付。目下已否勘路，計長若干里，擬用何種鋼軌，每碼重若干磅，何日興工設軌。敝處漢陽鐵廠出鋼甚佳，能造各式鋼軌。昨已奏明，中國無論何處創辦鐵路，須用漢廠鋼軌，藉塞漏巵。請將應造軌里及現籌辦法，詳悉電示，以便飭廠趕緊代造。宥。

致上海盛道台〔二〕光緒二十二年五月二十六日亥刻發

宥兩電悉。萍鄉勘煤早已派定，應由尊處催令速行。鐵廠事於十六日出奏，昨已鈔稿行知尊處矣。龍州鐵路事，已電蘇軍門詳詢一切，俟覆到再達。宥。

致天津王制台〔三〕光緒二十二年五月二十九日未刻發

儉電悉。許道全無實際。昨據盛道電：許堉彭姓稱舊金山有華股七百萬，應并確查備案，免滋疑惑。擬會台銜電駐美楊星使及新嘉坡領事，云聞許道應鏘在舊金山及南洋招集華股七百萬合辦蘆漢鐵路，是否屬實，舊金山及新嘉坡等處是否有人招股，何人爲首，每股若干，憑何取信，請即查覆。如無影響，亦即據實見示，以憑核辦。此事即須覆奏，明旨不准招洋股，許所招之華股須有確據，方能具奏等語。請酌核改定速發。感。

致柏林許欽差光緒二十二年五月二十九日亥刻發

十二生快礮有長四十倍口徑者，聞法國近竟加至七十倍，德國亦曾加長否。鄂擬添十二生德國新式最長快礮機，請商力拂能否就原有各機添配，使年出二十尊，抑須全機另購，需價若干，望速查示。洽電請雇槍礮匠三名，請速訂。所造之械過精細，現無一洋匠，華工技藝不敢深信。豔。

致總署〔四〕光緒二十二年五月二十九日亥刻發

奉咸電，法使薦監工都博邁來見，即令關道邀其同來。據領事覆稱，該監工先已離漢，故未及見。豔。

致上海盛道台〔五〕光緒二十二年六月初三日辰刻發

卅電悉。昨據萍鄉採煤委員歐陽炳榮禀稱，前由萍鄉縣胡宗

〔一〕録自抄本《張之洞電稿·致本省電》。

〔二〕〔五〕録自抄本《張之洞電稿·致上海電》。

〔三〕録自抄本《張之洞電稿·致直隸電》。

〔四〕録自抄本《張之洞電稿·致北京電》。

廉撥交該員一萬兩，請轉給各廠户採煤運江，以工代賑，當即如數採辦煤觔，不知運交江南何處，擬改運漢陽鐵廠，候示遵辦。經敝處批：江省撥欵采煤，係因萍鄉賑務體恤灾民而設，與湖北鐵廠采煤兩不相涉，應儘數解歸江南籌防局驗收應用，專案開報江省核銷，并咨明兩江在案。此欵與鐵政無涉，不應劃抵。江。

致漢口江漢關瞿道台〔一〕光緒二十二年六月初三日戌刻發

函、摺均悉。何統帶殷殷請見，即與訂定初五早九點來見。江。

致荆州曹道台光緒二十二年六月初五日辰刻發

宜關攤還洋欵，六月内應解六萬兩赴滬。玆有一員，請飭委管解，銜名續達。歌。

致金陵劉制台〔二〕光緒二十二年六月初五日亥刻發

粤局鑄錢，尊處奏改七分，部覆已到否，或准或駁，祈電示。歌。

劉制台來電〔三〕光緒二十二年六月二十四日申刻到

頃户部電，制錢每文重七分，奉旨准照所請云。謹電達。坤。敬。

致上海盛道台〔四〕光緒二十二年六月初六日辰刻發

鐵局前購祥發源開平頭二號焦炭、火磚，除四月十一以後到者剔出由尊處清算外，餘與摺開數目并無不符。其二號焦炭碎屑過多，應行扣價，請尊處徑與議定，預爲安頓，或先酌給若干，以免該商日到鐵政局催迫爲要。語一。

致上海盛道台光緒二十二年六月初六日巳刻發

鐵路事，劉、吕、方前已查得均屬虚誕不可靠，惟許道屢電粤催，託病不來，當與王夔帥會電詢外洋。昨於初三日接王夔帥江電云，頃接新嘉坡領事張守振勳電覆，云頃接使美楊大臣支電云：卅電悉。據金山領事電覆，二月間美人夾埠由華到金，自稱許道辦蘆漢鐵路，代招洋股，每股百兩，查在金華商並未入股云，等語。是許道所招亦全是洋股，萬不能待其來，只可速奏，奏稿内可聲明將來如許有華股，無論多少，皆准其附入耳。此事急須定局，務請速將奏稿擬就。聞閣下望後北上，尤望先行擬定見示爲要。即祈電覆。語二。

致廣西史撫台〔五〕光緒二十二年六月初七日巳刻發

尊處開造鐵路，由南關外接文淵内，至龍州，欽派蘇軍門督辦，已赴河内與法總督相商，日内當可定議。敝處漢陽鐵廠出鋼

〔一〕以下二電録自抄本《張之洞電稿·致本省電》。
〔二〕録自抄本《張之洞電稿·致江蘇電》。
〔三〕録自苑書義等主編《張之洞全集》第九册，第七〇三五頁，河北人民出版社一九九八年版。
〔四〕以下二電録自抄本《張之洞電稿·致上海電》。
〔五〕指史念祖。録自抄本《張之洞電稿·致各省電》。

甚佳，能造各式鋼軌。昨已奏明，中國無論何處創辦鐵路，須用漢廠鋼軌，藉塞漏卮。一俟蘇軍門回後，請將籌辦大致及應造軌里、式樣，詳悉電示，以便飭廠趕緊代造。陽。

致福州邊制台 光緒二十二年六月初七日巳刻發

儉電悉。湖北派一百二十萬，尤爲艱鉅無措。惟鑄錯已成，總須設法了之，户部亦實爲難。連日與司局熟商，今年擬即竭力照解，明年再議，大約緩解他餉若干，添籌若干，兩項共足成此數。然他餉究能緩多少，尚須大費唇舌。但此次派出之本息一千三百萬，乃頭兩次所借之一萬五千萬耳，今秋明夏尚須再借一萬萬，本息約歲攤八百餘萬，則真無策矣。陽。

致天津王制台[一] 光緒二十二年六月初七日申刻發

昨准部咨，湖北應承造剥船一百五十隻，限今秋解津。查鄂省木料向係購自湖南，近年木價、錢價並貴，採辦不易，現已季夏，無論如何趕造，萬難依限告竣，八月後運河已涸，亦斷不能抵津。誠恐有誤漕運，弟等與司道籌商，擬援同治五年成案，商請尊處就近代造，以應急需，經尊處委員督察，既免工料製造或不如法之虞，又免長途紛擾躭延之患，似於直、鄂均有裨益。如蒙俯允，同深感禱。至需費共若干，即請核明電示。洞、洵同啟。陽。

王制台來電 光緒二十二年六月初八日戌刻到

陽電祗悉。承造剥船是兩湖累事，前在湘中曾辦過兩次，故深知之。由直代造，歷有成案，如尊處奏准，自當遵行。需費若干，容飭津道核明電達。韶。庚。

致天津王制台 光緒二十二年六月初七日戌刻發

卅電悉。胡瑞堂等各匪目，遵已飛咨，并嚴飭查拏矣。陽。

王制台來電并致湖南陳撫台 光緒二十二年五月三十日申刻到

據方鎮友升、左道孝同等禀稱，查有匪目胡瑞堂又名胡惠堂即胡彪、胡蘭桂、張介福、劉貴齋、劉長勝、周榮貴、劉春福、王金華、易河清即梁馥、胡廷楝、鄧少堂、王榮貴、周奎、楊在斌、鄧春林等設立山堂，放飄句引，膽敢於湘軍遣撤時詐索各營弁勇銀兩，種種不法情形，殊堪髮指。除將已獲陳堂周呈祥、唐鳳悟二名訊明懲辦，未獲各匪通飭查拏外，并聞胡惠堂、張介福潛赴岳州，僞稱岳軍山名目，意圖勒索劫奪。應請轉飭防營暨地方文武一體嚴拏，以免滋生事端。韶。卅。

致上海盛道台[二] 光緒二十二年六月初七日戌刻發

前接王夔帥來電云：譚文帥勘電想已接閲。許道既因病不能動身，股分又須確信再覆，含糊支展，其情可知，請酌核辦理，等語，是夔帥意亦願速奏。特轉達，請速擬稿。再，鐵廠摺昨已到京，此事必交部議，希即早爲安置，以期議准。陽。

[一] 以下四電録自抄本《張之洞電稿·致直隸電》。
[二] 録自抄本《張之洞電稿·致上海電》。

致户部〔一〕 光緒二十二年六月初七日亥刻發

魚電悉。湖北藩司、鹽道，漢、宜兩關六月、八月、十月應還英德欵，九月應還俄法欵，均謹當如期匯滬，不致遲誤。惟鄂力極絀，驟增鉅欵，萬分爲難，除大咨指明京、甘各餉照舊籌解外，他欵當遵照來咨，酌量減解，不敷仍多，當竭力設法籌足。洞、洵同覆。陽。

致總署 光緒二十二年六月初八日酉刻發

陽電敬悉。漢口俄、法租界合同，已於五月十三日由驛咨送矣。庚。

致天津王制台〔二〕 光緒二十二年六月初九日亥刻發

前奉咸電，武勳即日起程來鄂，至今未到，祈電豫催。方培垚即方孝傑假託，孝傑已被議，其夥侯裕承、方霈咸想亦已匿迹矣。所稱先行呈繳之三百萬，繳存何處。此事不論有欵無欵，只論有無洋股在内，其欵想經尊處查明是否華股抑洋股，是否在津驗貲，抑在他處驗，祈示覆。佳。

致總署〔三〕 光緒二十二年六月初十日亥刻發

去冬託許使商延德將，因薪費太鉅，事權太重，電屬改商，德使曾向鈞署饒舌。嗣往返屢電，仍由許使婉商改訂，但延二人，專司教習，不預兵權，官不崇，薪不鉅，事已議妥，可釋藎懷。此二將不日可到，須用德文譯員。聞同文館生程遵堯德文尚優，擬請飭來鄂試用，并請暫勿開館生之缺，俟到鄂再定。又俄文生有可充初學教習願來南省者否，統求酌奪。蒸。

致柏林許欽差 光緒二十二年六月初十日亥刻發

柏林開農會，必有例贈游人圖説，請屬員赴會，廣索全分，并另購農學切用書數種即寄，俾資譯布。感盼。蒸。

致漢口瞿道台〔四〕 光緒二十二年六月十一日午刻發

查近日米價，分上中下三等，各需若干。湘米停運後，有無下游安徽米販到漢。聞蕪湖米每石連税僅合銀二兩六七錢，若運漢發售，利甚厚，何以無大幫米商前來，應如何招集，以平市價而濟民食。再，蕪米是否由輪運漢，抑係民船，米税每石若干。并即速查議覆爲要。真。

致蕪湖袁道台〔五〕 光緒二十二年六月十一日亥刻發

鄂省上年荒歉，今夏有數處被水，自湘米停運後，米無來源，價奇昂，疊次在蕪采米平糶，官本有限，殊難徧及，民食艱難，焦灼萬分。現在漢口市價每石上米四千六七百文，中米四千一二百文，下米三千七八百文。聞蕪米每石價銀及完税僅二兩六七錢，

〔一〕以下二電録自抄本《張之洞電稿·致北京電》。
〔二〕録自抄本《張之洞電稿·致直隸電》。
〔三〕録自抄本《張之洞電稿·致北京電》。
〔四〕録自抄本《張之洞電稿·致本省電》。
〔五〕録自抄本《張之洞電稿·致各省電》。

如販鄂發售，利甚厚，而來米甚少，其故何在。敢請飭屬勸導，招集各商速多運米來鄂，必獲厚利。蕪米運漢，或民船或商輪，何者爲便，沿江應完税釐幾次，每石每次若干。至入湖北境内，則税釐全免。若米商因輪船不能多運，民船過遲，擬由鄂派官輪三艘赴蕪拖帶，其煤炭各費全不須商出，想必樂從。如用輪拖，一月可往返數次，獲利尤豐。祈以此意諭知米商，是否願辦。均望查詢速覆，至感至禱。真。

袁道來電〔一〕 光緒二十二年六月十三日申刻到

頃奉真電謹悉。皖南北霖雨為災，處處澤國，土田盡在巨浸之中，荒象已成。蕪市雖現價每石只二兩五六錢，然商販囤積，久無大宗米船外運。職道身任地方，目擊災歉，似未便以利誘商多運，致奪皖民之食。受業職道昶稟。文亥。

致上海長春棧寶委員豐〔二〕 光緒二十二年六月十二日酉刻發

吴清帥來函，十八學士圖一頁，圖作蘇旭，説作蘇勗，圖説不符。查唐書，應作蘇勗，應改爲勗字。速即妥爲改正，以歸一律。如何改法，並即商妥電覆。木刻須補板，石印須另印一紙，萬不可草率黏補爲要。惟石印早經裝釘，木刻亦已刷畢，清帥屬改之時，何以不預爲請示，此時重改，已費事曠日矣。南齋昨又電催，萬勿再遲爲要。文。

致蘇州吴清帥〔三〕 光緒二十二年六月十二日亥刻發

郝弁到，函悉，知尊體大愈，喜慰。新舊唐書皆作蘇勗，必宜改爲勗字，惟如何改法，木刻須補板，石印須另印一紙，抑有何善法，祈示覆，并告寶令。文。

致京兵部大堂徐〔四〕 光緒二十二年六月十二日亥刻發

南書房公鑒：真電謹悉。承華圖説已刻印成，現正裝訂，即當趕催呈進，下月初可到京。文。

致荆州余守、問津輪船〔五〕 光緒二十二年六月十二日亥刻發

問津到荆後，可拖帶余守船回省。文。

致上海長春棧寶委員豐〔六〕 光緒二十二年六月十三日酉刻發

元電悉。此係南齋之誤，新舊唐書、通鑑及各書皆作蘇勗，必須更正，并非吴清帥自出己見。務即趕辦爲要。元。

〔一〕節録自苑書義等主編《張之洞全集》第九册，第七〇四四頁，河北人民出版社一九九八年版。
〔二〕録自抄本《張之洞電稿·致上海電》。
〔三〕録自抄本《張之洞電稿·致江蘇電》。
〔四〕録自抄本《張之洞電稿·致北京電》。
〔五〕録自抄本《張之洞電稿·致本省電》。
〔六〕以下二電録自抄本《張之洞電稿·致上海電》。

致上海盛道台光緒二十二年六月十三日亥刻發

十三日電悉。頃致夔帥電云：擬會電倫敦龔星使，云弟等奉旨會辦蘆漢鐵路招商事宜，數月來查看數商，皆係洋股影射，礙難奏辦。現擬令津海關盛道妥招華商。兹據盛道稟，新嘉坡領事張振勳來函，伊願來漢口面商鐵路事件。張爲南洋華商巨擘，張來則從者必多，乞電調回華，面籌路事等情。查鐵路招商，關繫重要，時局如此，不可再緩，而内地華商力微，難集鉅欵，特懇台端准令張領事回華商辦。想大局所關，必蒙迅飭啟行，愈速愈感。祈電覆。某某同啟等語。即請酌核改定，迅速由津電致爲荷等語。元。

致天津王制台光緒二十二年六月十三日亥刻發

擬會電倫敦龔星使云：弟等奉旨會辦蘆漢鐵路招商事宜，數月來查看數商，皆係洋股影射，礙難奏辦。現擬令津海關盛道妥招華商。兹據盛道稟，新嘉坡領事張振勳來函，伊願來漢口面商鐵路事件。張爲南洋華商巨擘，張來則從者必多，乞電調回華，面籌路事等情。查鐵路招商，關繫重要，時局如此，不可再緩，而内地華商力微，難集鉅欵，特懇台端准令張領事回華商辦。想大局所關，必蒙迅飭啟行，愈速愈感。祈電覆。某某同啟等語。即請酌核改定，迅速由津電致爲荷。元。

致欽州馮宫保〔一〕光緒二十二年六月十七日子刻發

江電悉。公或辦防，或赴任，既電請總署代奏，自應候旨遵行，想係總署無覆電耶。似惟有電商譚文帥，請其酌示。總之，公當日不應自電總署，應與譚文帥商。此事甚難處，弟不敢妄參末議，仍請公自酌爲要。諫。

致鎮江裕新洋行羅參將〔二〕光緒二十二年六月十七日子刻發

來電已悉。現省岸無輪，只有楚材，日需煤費九、十金，如向該船户議定，此項煤費自開赴下游之日起，鄂省與該船户各認其半。如願，即便飭派。諫。

致宜昌土税局喬道台〔三〕光緒二十二年六月十八日午刻發

初一電稱開辦江、董、楊溪三卡，原勇不敷勻撥，請照原稟准添四十名等情。查江、董設卡已久，向無巡勇，仍遵前批，酌添巡丁數名。至楊溪新設卡，需勇彈壓，姑准暫添二十名，在峽費内開支。洽。

致上海盛道台〔四〕光緒二十二年六月十九日巳刻發

十七電悉。函件聞已到，尚未得見。所論銀行、鐵路之利，自以兼營并舉爲最善。尊處前擬銀行全歸商辦，赫必取資官本，

〔一〕録自抄本《張之洞電稿·致各省電》。
〔二〕録自抄本《張之洞電稿·致江蘇電》。
〔三〕録自抄本《張之洞電稿·致本省電》。
〔四〕録自抄本《張之洞電稿·致上海電》。

利權旁落，甚非所宜。惟鐵路、銀行，究屬兩事，措詞必須斟酌，利弊尤當揭明。即請擬一電稿見示，當與夔帥商定，預致總署。效。

致俄京許欽差〔一〕 光緒二十二年六月十九日巳刻發

五月豔電請查十二生快礮添機及雇洋匠事，請費神，速覆。無洋匠則全廠如冥行索塗，徒糜經費耳。效。

許欽差來電 光緒二十二年六月二十四日午刻到

洋匠已托力拂，尚未得人。造十二生快礮難精，宜先造七生與五生三，同供陸軍用。乞酌。澄。漾。

致上海江海關黄道台〔二〕 光緒二十二年六月二十一日巳刻發

良濟洋行代購紗廠修理機房之機器，由渣華公司船來滬，日內可到，請給專照交該洋行，以便提運來漢。馬。

致荆州俞、曹道台，舒、余守〔三〕 光緒二十二年六月二十一日戌刻發

十九電悉。平糶米價銀九千二百兩，准暫留辦賑糶。馬。

致上海盛道台 光緒二十二年六月二十一日戌刻發

蘇軍門覆電云：接繩帥電，知公意囑將籌辦大致及應造軌里式樣，詳晰電知，以便飭廠趕辦。現在總署全文已到，查閲立定合同，鎮南關至龍州鐵路歸費務林公司承辦工程，由鐵路官局稽查，應用之費，每月公司呈報數目，三箇月照付，如有未付之欵，七釐行息，限三年造成，如此訂明。此次春末得見費務林公司，不能遽議，統俟復商，再行酌定，必用漢廠鋼軌，藉塞漏卮，以副鈞命，并將軌里式樣開送。再，議於南關外設棧，停頓貨物，易車進關，彼此各用各軌，既不混淆，亦便稽查，以副總署諄諄之囑。删。等語。馬。

致上海長春棧寶委員〔四〕光緒二十二年六月二十二日未刻發

書裝訂畢，賫兩箱來鄂，惟卷尾末行須添印銜名，速刻一宋體小字木戳，其字如卷首南齋徐、李諸公銜名大小。文曰：頭品頂戴湖廣總督臣張之洞恭校刊十五字。臣字旁寫此銜名，即於第六卷後半頁末行，官銜從此行中半寫起，刊字須到底，字要居中，不可偏斜。約幾日可畢，速覆。養。

致天津王制台 光緒二十二年六月二十三日丑刻發

銑、效、哿三電均悉。擬復總署電另達，祈核發。其借洋欵一節，此電萬不宜遽提。至銀行一節，盛道來電謂銀行利近而厚，鐵路利遠而薄，無銀行不能辦鐵路，意欲兼辦。惟鐵路、銀行究屬兩事，均爲今日最大利權，人所豔羨者。獨任其一，尚恐爲衆

〔一〕以下二電録自抄本《張之洞電稿·致外洋電》。
〔二〕〔四〕録自抄本《張之洞電稿·致上海電》。
〔三〕録自抄本《張之洞電稿·致本省電》。

忌所歸，一舉兼營，跡近壟斷，必爲衆口訾議阻撓，恐非所宜。況銀行、鐵路各自一商，若此時徑揭明鐵路公司即專恃銀行之欵，則銀主或不無疑慮，各國通例所以禁銀行另行貿易也。竊思盛道若自集商股，自開銀行，與現有之西號無異，可徑爲之，何必奏明。今欲奏明而得赫德所覬覦者，必是欲存官欵、發銀紙等事，則關繫太大，非從容妥籌善爲措詞不可。故擬將鐵路、銀行分爲兩事，先將鐵路議定，再及銀行，方有步驟。然各國銀行皆國家總其利權，若歸洋人，則利權旁落，自不可不早爲防範。盛道所云歸赫德之説，不知確否。尊處聲息較靈，祈速一探。若不歸洋人則可徐籌，果有是議，再行會電阻止，力陳銀行歸洋人之害，但渾言萬一華商鐵路股銀不敷，若銀行歸華商承辦，尚可隨時挹注云云，措詞似宜圓活。總之，華人若辦銀行，豈能舍盛他屬，但須有次第耳。卓見以爲何如，祈示覆。養一。

致天津王制台 光緒二十二年六月二十三日丑刻發

擬會電總署云：銑電謹悉。劉、呂、方等商，津、鄂均經見過。呂商明言係洋股，劉鶚呈驗履祥洋行憑單，方霈咸呈驗麥加利洋行憑單，均無洋人簽名。當經電上海道暨飭津海關道查詢滬、津各該洋行，得悉均係洋股影射。惟許道託病未來，據云在外洋有華股七百萬，經韶、洞等電詢南洋新嘉坡領事張振勳，據覆稱，舊金山未悉，南洋無招股事等語。又據盛道宣懷自滬來電，昨見許堉彭姓，云許道應鏘舊金山有華股七百萬，因外省督辦，遂致觀望云云。復經會電駐美楊使查詢，昨得楊覆電云，據金山領事電覆，二月間美人夾埠由華到金，自稱許道辦蘆漢鐵路，代招洋股，每股百兩，查在金華商並未入股云等語。新嘉、金山既均無華商招股事，是四商均不可靠。至許所稱因官督辦以致觀望，顯是遁飾之辭。旨雖派韶、洞等會同督辦，諸事仍歸商辦，毫不掣肘，商得官維持扶助，乃其所願，何至觀望。鐵路乃今日要政，豈可再任延誤。兹謹遵鈞意，會同酌議，已另籌有辦法。擬設蘆漢鐵路公司，奏派熟悉商務身家殷實之員爲總理，即責成該員招集華股，歸商自辦，無論許道及他商，如真招有華股，儘可隨時附入。章程大略已議妥，事必有成，數日內即具奏。某某同肅等語。祈酌核改定即發。養[一]。

致天津王制台[二] 光緒二十二年六月二十三日丑刻發

方培垚之商夥方霈咸、侯承裕已到鄂接見。據稱，方培垚乃新嘉坡公興洋行買辦，其爲洋股無疑，呈驗存欵憑單，乃麥加利洋行，一名片書洋字數行，并無行主簽押，洋文語意亦甚含糊，但云辦鐵路可取銀若干，未言此係方培垚之銀。請飭津海關道向該洋行主人詳查，究竟有無此項存欵，其呈驗之三百萬確係何人名下之欵，令將實情書覆，務須行主親自簽名，方足爲據。養。

致上海盛道台 光緒二十二年六月二十三日寅刻發

號電悉。鐵路、銀行爲今日最大利權，人所豔羡者，獨任其一尚恐衆忌所歸，一舉兼營，羣喙有詞，恐非所宜。擬分爲兩事，俟鐵路定議後，再議銀行，較爲妥善。已電夔帥密探，總署如果

[一] 此電同日亦致上海盛道台。
[二] 録自抄本《張之洞電稿·致直隸電》。「侯承裕」，前文作「侯裕承」。

確有歸赫德之議，會電阻止矣。此説尊處係聞之何人，總署意允否。事機緩急，章程如何，是官欵抑商欵，祈詳覆。閣下何不密電當軸，臚陳利害，阻之更簡易。禡。

盛道來電〔一〕 光緒二十二年六月二十五日酉刻到

禡兩電謹悉。命叙全稿，恐無此力量，今晚再將剩義繕寄松雲，補綴呈核。赫德銀行章程已呈總署，大約以各海關為根本。此間西人多有知者，鈞意從緩，自當通知各商暫擱。宣稟。徑。

致廣州譚制台 光緒二十二年六月二十四日戌刻發

峴帥電：接户部電，制錢每文重七分，奉旨准照所請云。鄂省附鑄，請飭錢局速辦。敬。

致天津王制台 光緒二十二年六月二十六日酉刻發

宥電悉。盛道致尊處徑電有大題小做字樣者，敝處並未接到，請速補示爲禱。宥。

王制台來電〔二〕 光緒二十二年六月二十七日丑刻到

宥電悉。盛道原電云：上年特旨派胡雲眉辦津蘆，鄭重冠冕。蘆漢工長欵鉅，艱難十倍，聲光稍減，難動觀聽，招股借債，均有窒礙。今閲會電，擬派熟悉商務、身家殷實之員，不過尋常鹽典商考語，大題小做，決難交卷。前稟本請另簡賢能，乞電商香帥務從前請等語。希察照。詔。宥亥。

致西安魏撫台〔三〕 光緒二十二年六月二十七日辰刻發

效電悉。湘軍全撤，愷軍獨蒙奬以操練有準，擬奏明送鄂，深感體念勤勞之至意。惟鄂餉奇絀，各防營概從裁减，勢難全留四營。且該軍轉戰遼、隴，中途不無補募，非盡舊勇。請飭吴元愷汰留舊勇之技精力壯者，併爲一營，令該副將帶回鄂，其餘概行就地遣撤。尊處入奏時，尚祈將該軍將士實係得力，遣撤可惜各節，切實聲叙，庶可邀准，至禱。其原領槍礮，務令全數帶回。即祈電覆。感。

致欽州馮宮保 光緒二十二年七月初二日巳刻發

六月效電悉。公行止一切，統請卓裁。甘回悍匪，聞已出關，餘匪勢弱，各軍頗獲勝，並擒頭目，軍務似已有轉機，朝廷斷不再費鉅餉以招多營。我公擬募勇往剿，自屬忠勇之忱，惟審時度勢，弟實不敢越俎多言耳。沃。

致俄京許欽差、輪墩龔欽差、巴黎慶欽差〔四〕 光緒二十二年七月初二日巳刻發

去冬有御史奏請免釐捐，改行印花税，傳聞交出使各國星使查覆，未知確否。如果實有其事，尊處係如何覆奏，祈電示。感

〔一〕録自苑書義等主編《張之洞全集》第九册，第七〇五九頁，河北人民出版社一九九八年版。
〔二〕録自苑書義等主編《張之洞全集》第九册，第七〇六一頁，河北人民出版社一九九八年版。
〔三〕指陝西巡撫魏光燾。
〔四〕録自抄本《張之洞電稿·致外洋電》。「龔欽差」指中國駐英國公使龔照瑗，「慶欽差」指中國駐法國公使慶常。此電次日并致華盛頓楊欽差儒。

甚。沃。

致總署〔一〕光緒二十二年七月初三日辰刻發

冬電謹悉。慶全既堪調派，請即飭來鄂，並請飭帶俄文初學讀本及字典文法等書，能多帶尤感，緣向外洋購取稽延時日也。江。

致上海招商局沈道台〔二〕光緒二十二年七月初四日亥刻發

接夔帥電，湘軍升字三營裁撤，初四日早由津開來，鄂省已派中軍僉厚安、提督周得升乘楚材、測海兩兵輪前往田家鎮相候，收繳軍械。祈速探明該軍乘坐何輪，於該輪過滬時務祈傳知，并囑其過田家鎮停輪爲要。支。

致天津王制台〔三〕光緒二十二年七月初四日亥刻發

支電悉。湘軍升字三營帶械回鄂，已派中軍副將僉厚安、提督周得升乘楚材、測海兩兵輪前往田家鎮收繳軍械。該軍係坐何輪前來，祈即電示船名，并電飭該輪過田家鎮停輪爲禱。支。

致京兵部大堂徐〔四〕光緒二十二年七月初四日亥刻發

南書房公鑒：書刊就，裝訂來鄂，恭驗無訛，即日派員賫送尊處進呈。支。

致天津王制台光緒二十二年七月初七日未刻發

宥、歌兩電均悉。盛太性急，不審步驟。尊論極透澈，入奏時自必須用重筆寫之，方能包掃一切。此時電署，不敢鋪張，慮都下先鬨耳。盛極聰明，而此電又似不聰明矣。此稿節略即令渠擬，屢促未來，急甚，望再電催之，切禱。誠如尊示，須急奏，不可遲也。惟渠電引特旨派胡芸楣云云，其意或欲作爲特派欽差，則恐辦不到。儻必欲如此，必爲衆人吵散矣。尊意以爲何如，祈速示。惟借洋債一節，須先電署透出否，或待摺内透發，並望妥酌速示。陽。

王制台來電光緒二十二年七月初九日到

陽電縷悉。不敢鋪張二語，可謂心心相印。昨接滬電，謂稿於初四日寄出，早晚當必可到。古月成案，似不宜引，想渠亦不過以彼之重，形此之輕，未必遽求倣照也。借債一節，電署先商固好，惟萬一駁回，則滿盤皆亂。此摺不便太遲，亦竟别無辦法。或於發摺後將洋股不可不禁，洋債不能不借之故，透切一言，分電督辦處、總署，未知當否，仍請裁奪。韶。陽。

致煙臺王廉生祭酒〔五〕光緒二十二年七月初八日未刻發

承華書刻成，仍派寶令豐賫解。公何時進京，祈電覆。庚。

〔一〕〔四〕録自抄本《張之洞電稿·致北京電》。

〔二〕録自抄本《張之洞電稿·致上海電》。

〔三〕録自抄本《張之洞電稿·致直隸電》。

〔五〕以下二電録自抄本《張之洞電稿·致各省電》。

致福州邊制台光緒二十二年七月初八日亥刻發

陽電悉。琛航到鄂舵壞，當經飭令中軍馳往，會同原押委員并琛航管帶妥爲彈壓，封固民船二十二隻，添派水師舢板四號護送，由鄂加給川資，由閩省委員洪參將押送，已於初八日開往岳州矣。詳情容咨達。庚。

致上海盛道台[一]光緒二十二年七月初十日午刻發

昨夔帥覆電云：陽電縷悉。不敢鋪張二語，可謂心心相印。昨接滬電，謂稿於初四日寄出，早晚當必可到。古月成案，似不宜引，想渠亦不過以彼之重，形此之輕，未必遽求仿照也。借債一節，電署先商固好，惟萬一駁回，則滿盤皆亂。此摺不便太遲，亦竟别無辦法。或於發摺後，將洋股不可不禁，洋債不能不借之故，透切一言，分電督辦處、總署，未知當否，仍請裁奪。陽戌。等語。特奉達。蒸。

盛道來電并稟天津王制台[二]光緒二十二年七月十一日巳刻到

鈞電謹悉。此事有三難：商借洋債，無的款指還，恐洋人做不到，難一。洋債條款要國家核准，恐政府做不到，難二。華商先收現銀二成，方准借債，以後八成須華商按期歸還，恐華商做不到，難三。以位卑望淺之人，破此三難，尚無把握。可否先令赴京逐節面商，如做得到，再行派定，免得進場後交白卷，致傷中國體面。本人名心久淡，只要上司肯籌款，自己落得不擔鄭重。宣稟。蒸亥。

致漢口瞿道台[三]光緒二十二年七月十一日午刻發

總署來電：俄使言，漢口俄租界，關道所定地價特昂，擬請公平定議，望飭行。蒸。等語。真。

致田家鎮陶副將、黄中書、楚材測海兵輪周提督、俞副將、章遊擊光緒二十二年七月十一日申刻發

頃接江漢關道來電，云招商局稟潯局來電：公平於昨日下午四點鐘裝兵過九江，圖南、豐順均於昨晚酉時過九江，約今日中午均可過漢等情。除知會漢防各營外，未知楚材等船途中何處相遇等語。務即由黄中書速派營兵，陶副將速派船隻妥爲彈壓照料。楚材、測海已遇見該船否，公平所載係何勇，并速查明電覆。真。

致漢口瞿道台光緒二十二年七月十三日子刻發

測海、楚材兩輪於十二日午刻由田家鎮裝方鎮勇上駛，現已到漢否，速查覆。元。

致荆州俞道台光緒二十二年七月十三日巳刻發

陽、真電均悉。開關事，在我亦願趕辦，但必須商約及通商

[一]　録自抄本《張之洞電稿·致上海電》。

[二]　録自苑書義等主編《張之洞全集》第九册，第七〇六九至七〇七〇頁，河北人民出版社一九九八年版。

[三]　以下三電録自抄本《張之洞電稿·致本省電》。

場章程均定，乃能開辦。今商約則總署與林董所議，未見明文。商場章程得蘇信，言改歸總署議，亦未定，是鄂省雖極欲開辦，而有所不能。兩事均稽延在彼，不在我。蘇、杭、重慶事同一律，沙市豈能獨早。現在祇可按馬關條約所云，新約未定以前，照向章辦理，彼國如有貨來，不能不援各國通例相待，在滬、漢兩關納稅。在我所持甚正，並非遲遲不辦。可本此意先照覆。至原指八百丈之地，彼意嫌太卑下，然係珍田所指，未便更改，惟八百丈太寬，必須商減丈數，以備他國所請。元。

致上海盛道台 光緒二十二年七月十三日未刻發

廈電并函均悉。三難皆有破法。聲望事權，必當力籌。蘇滬、廣東，亦可請兼辦。鄙人與崧耘熟商，已有妥善辦法，閣下所慮者皆可無慮，所未慮者亦已代籌及矣。若不派定，如何進京，似與大農原議不合，如有後命，何難再爲加增乎。洋欵歸宿，事權實際，其中緊要情節甚多，必須面談，始能詳盡妥善，免致部駁。請即日命駕來鄂，詳籌一切，并斟酌稿件，以便速定寄津繕發。切盼。元一。

致上海盛道台 光緒二十二年七月十三日未刻發

部議鐵廠事太苛，如此重稅，如何能辦。總須設法措詞，極力籲請。俟來鄂面商。元二。

致天津王制台 光緒二十二年七月十三日未刻發

滬蒸亥電計已達。三難當破，衆謗亦當弭。近日都下、江南、山東函電，謂我兩人於某君爭相保奏，譏議紛騰。此事須穩妥方能有成也。渠總未能深明時勢，體察衆情耳。現已籌有辦法。總之，必予以聲望事權，則一無所難矣。洋欵歸宿，公司辦法，曲折甚多，非面談不能透澈，且稿尚須妥酌，以免部駁。已電滬囑其來鄂面商，兩三日即可定，定後當寄稿至津，並帶印花前往。請改定後即由津繕發，作爲鄂發可也，如此較速。卦電已奉到，送部固好，但鄙意欲想有益而不詫異之辦法，容另電奉商。元。

致西安魏撫台[一] 光緒二十二年七月十四日丑刻發

吴副將元愷電稱，該軍僅挑留一營，餘衆遣撤，何忍任其流散等語。查鄂餉絀極，所留一營，尚須設法籌餉，萬難多留，請飭吴副將仍遵前電，挑留年輕力壯技嫻之勇一營，不得以疲老油滑者充數，其餘全裁。無論鄂勇、北勇，既有恩餉作川資，即可自回各原籍，無虞流散，想尊處必已妥籌飭遵矣。祈轉飭吴副將遵照，并示覆。元。

致江甯蕪湖道袁道台[二] 光緒二十二年七月十四日辰刻發

籌欵爲難，念甚。諸事務望耐煩。庚。

袁道來電[三] 光緒二十二年七月十三日申刻到

蕪關原奏派洋債六萬兩，鎮江原派五十四萬兩。吕道稟米稅

[一] 録自抄本《張之洞電稿·致各省電》。
[二] 録自抄本《張之洞電稿·致江蘇電》。
[三] 録自苑書義等主編《張之洞全集》第九册，第七〇七六頁，河北人民出版社一九九八年版。

全為蕪奪，硬派蕪認四十萬。南洋憲電調職道來甯速認，力萬不逮，決意聽劾去官。請鈞示。職道昶在金陵稟。文。

致黑龍江恩將軍〔一〕 光緒二十二年七月十四日午刻發

北洋解到長蘆鹽課銀九千兩，遵照奏案，代尊處鑄成大小銀元，可否由鄂搭解天津，由尊處派員至津迎解。候示即解。鹽。

致黑龍江恩將軍 光緒二十二年七月十五日戌刻發

讀致譚中丞函，擬定鄂廠造挖地營鐵鍬二千柄，當飭鐵廠仿德式照造。計一鍬須配一鋤，以兩項爲一副，兩項共合工料洋二元五角，二千柄三箇月可齊。是否兩項共造二千柄，抑二千副。若二千副，則鍬、鋤共四千柄矣。祈示覆。咸。

恩將軍來電〔二〕 光緒二十二年七月二十日亥刻到

咸電敬悉。東省冬令地堅凍如冰，鋤不能施，即請飭廠仍照前請，代造德鍬二千柄足矣。其需若干，乞示照付。澤。銑。

致漢口瞿道台〔三〕 光緒二十二年七月十五日亥刻發

總署來電，漢口新增英界章程，前詳敬電。頃英使來催詢，希速將章程寄署，以便核覆。咸。等語。

致黑龍江恩將軍〔四〕 光緒二十二年七月十八日未刻發

鹽電悉。鄂局代鑄銀元，係直隸、閩、皖協濟尊處之欵，向雖由各省解盛京，然非湖北應解之項，如由鄂解盛京，費無出，又未便解還各原省，致多浮費周折。此次創辦，姑先由津轉解，較爲適中簡捷，其礙難照舊之處，尚祈鑒諒。至此後如何方爲長策，擬請尊處函商原協各省酌辦示復，以便遵照。又鐵廠代製鋤、鍬係洋木柄，并及。嘯。

致蘇州趙撫台〔五〕 光緒二十二年七月十八日亥刻發

蘇州開關有無定期，專管一層究歸何處議，請電覆。嘯。

趙撫台來電〔六〕 光緒二十二年七月十九日戌刻到

蘇州開關，總署示期一百四十五結為始，即中歷八月二十五日。杭州接京電，又有八月二十日之説，其中恐有舛錯，尚待查詢。商埠事已擱起，界內專管一層，尚不知歸何處議耳。翹。效。

致天津王制台〔七〕 光緒二十二年七月十九日午刻發

許道前云七月來，似須再一催，以免衆人藉口。擬會電譚文帥，云許道應鏘前屢電催，據云七月來，至今未到。此事即日須

〔一〕指恩澤。以下二電録自抄本《張之洞電稿·致各省電》。
〔二〕録自苑書義等主編《張之洞全集》第九册，第七〇七七至七〇七八頁，河北人民出版社一九九八年版。
〔三〕録自抄本《張之洞電稿·致本省電》。
〔四〕録自抄本《張之洞電稿·致各省電》。
〔五〕録自抄本《張之洞電稿·致江蘇電》。
〔六〕節録自苑書義等主編《張之洞全集》第九册，第七〇七九頁，河北人民出版社一九九八年版。
〔七〕録自抄本《張之洞電稿·致直隸電》。

覆奏，祈飭即日速來，勿再推延，切禱。請核定會銜即發。效。

致蘇州南倉橋吴清帥〔一〕 光緒二十二年七月十九日亥刻發

嘯電悉，函已到。令愛回鄂，可坐商輪大餐房，甚便。請派親族送來，敝處派人至滬相候，請在滬候兩三日。匯去百金作川資，存上海百川通，祈取用。尊體尚未復元，萬無遠勞，至要，切禱。祈即覆。效。

致荆州俞道台〔二〕 光緒二十二年七月十九日亥刻發

頃得津電，云蘇、杭關定於八月二十日開辦。除再電詢蘇、杭外，沙市事同一律，地基宜早定，章程候總署發。效。

致開封劉撫台〔三〕 光緒二十二年七月十九日亥刻發

湖北派勘路委員張延鴻及洋員等到鄭州，盤費不敷，請借撥銀四百兩交張令領收，感禱。即日飭局匯還。效。

致荆州俞道台 光緒二十二年七月二十日巳刻發

蘇電云，日商句通奸民，並串美商，私賃民房，硬在閶、胥一帶雜處，並先期行輪，勢甚狡横，盡力抵制，漸已就範。總署來電，租界未定，必須籌一辦法，暫給賃居，庶免横決。現經商定，附近通商場爲之設法棲止，將來遷入界内亦甚近便。惟界内專管一層，尚不知歸何處議等語。查租界未定而暫給賃居，流弊孔多，然總署既允先開關，祇可設法將日商略加敷衍。聞日商欲在沙市三府街一帶租民房陳列樣貨，此不可允，但不知沿江竹架子等處有房可賃否。速籌備辦法，并電覆。號。

致荆州俞道台〔四〕 光緒二十二年七月二十日巳刻發

蘇電云，開關總署示期一百四十五結爲始，即八月二十五日，而西十月一號也，效電八月二十日之説未確。號。

致總署〔五〕 光緒二十二年七月二十一日丑刻發

前奉敬電，遵查新增英界内有各國洋商先經永租之地，必須英領事與各國領事商妥照覆，關道方能立據。現查俄、德、瑞三國尚未覆到，擬暫候之，以免别起波瀾，俟下月英領事由東洋回，即當妥辦，并將章程核定。號。

致蘇州張子密〔六〕 光緒二十二年七月二十二日子刻發

聞青浦陳蓮舫刑部醫理甚精，名望甚著。李高陽係痰火證，尚未大愈，擬請渠赴京爲高陽診治。聞吾姪與之熟識，速致函敦請，赴京一行，令子豫姪陪伴，并由汝處派兩僕送往京城，用度我當代備，川資約需若干，電知即匯寄。聞渠喜講交情，不索饋

〔一〕 録自抄本《張之洞電稿·致江蘇電》。
〔二〕〔四〕 録自抄本《張之洞電稿·致本省電》。
〔三〕 録自抄本《張之洞電稿·致各省電》。
〔五〕 録自抄本《張之洞電稿·致北京電》。
〔六〕 録自抄本《張之洞電稿·致江蘇電》。「李高陽」指軍機大臣李鴻藻。

贈，汝可善爲説辭，代備水禮數種送往，價照匯。高陽今世正人賢臣，若能醫好，爲功不細。即覆。箇。

蘇州來電[一] 光緒二十二年八月初一日申刻到

陳蓮舫以母年九旬，不能遠去為辭。來函奉呈。樞。艷。

致俄京許欽差、倫敦龔欽差、巴黎慶欽差光緒二十二年七月二十二日子刻發

各國印花税章程式樣，可否録示。恐總署詢問外省，須詳考原章，方能置議。感禱，祈覆。箇。

致京王廉生祭酒[二] 光緒二十二年七月二十三日巳刻發

承華書成，委寶令豐解送南齋進呈。頃知台駕已到京，祈關照，感荷。漾。

致西安魏撫台[三] 光緒二十二年七月二十三日午刻發

襄陽府電稱，貴省散勇到樊城者已有四五百名，羅副將尚未到等語。請飭羅副將迅來遣散。即示覆。洞、洵同啟。漾。

致天津偵探委員直隸候補縣丞巢鳳岡[四] 光緒二十二年七月二十三日未刻發

廿二電悉。時事孔多，須續探，暫緩銷差，仍遇事電禀爲要。漾。

致荆州俞道台[五] 光緒二十二年七月二十三日亥刻發

頃接總署文，言蘇、杭兩口定一百四十五結之第一日開關，沙市、重慶兩口另行辦理。合先電知。漾。

致總署[六] 光緒二十二年七月二十五日巳刻發

漾電敬悉。前數日聞蘇、杭開關有期，恐沙市一律，已於二十日電飭俞道與日領趕定租界地址，惟管界章程是否仍照甯波章程，抑由日本專管。月前聞由鈞署議，故電俞道時，言此層應候署議，並非關道言無權，林使誤聽領事言也。容隨時電聞。有。

致户部光緒二十二年七月二十五日巳刻發

漾電祗悉。宜昌川鹽課數與川引不符情形，飭據鹽道、鹽局查明，已於本月初七覆奏，并抄稿咨達貴部矣。有。

致漢陽鐵廠盛道台[七]光緒二十二年七月二十五日戌刻發

摺差即刻行，務令江裕少候。由滬赴津，令該弁隨行，并聞。

[一] 録自苑書義等主編《張之洞全集》第九册，第七〇八三頁，河北人民出版社一九九八年版。
[二] 録自抄本《張之洞電稿·致北京電》。
[三] 録自抄本《張之洞電稿·致各省電》。
[四] 録自抄本《張之洞電稿·致直隸電》。
[五]〔七〕 録自抄本《張之洞電稿·致本省電》。
[六] 以下二電録自抄本《張之洞電稿·致北京電》。

即覆。有戍。

致總署[一] 光緒二十二年七月二十六日未刻發

鈞署七月十二日來文，蘇、杭八月二十開關，沙市、重慶另辦。而本日新派沙市聶税司來謁，面稱奉總税司電，八月廿五沙市一律開關。究竟沙市是否與蘇、杭同開，究係何日，請電示。八月廿五爲一百四十五結之第一日，想不誤。宥。

致蘇州趙撫台、杭州廖撫台 光緒二十二年七月二十八日丑刻發

前聞新開各口管界章程，由總署議，故敝處飭關道止與日領議沙市租界地址。頃接總署來電，云界址及管界章程應如蘇、杭辦法，由關道與領事妥訂，等語。蘇、杭係如何辦法，已與議定章程否，是否照甯波章程，抑由日人自設專界，祈詳示，以便飭關道仿辦爲禱。沁。

致俄京許欽差[二] 光緒二十二年七月二十八日丑刻發

印花税章已寄鄂一分否，祈即覆。儉。

致荊州俞道台 光緒二十二年七月二十九日午刻發

廿、廿三兩稟均悉。本月初九，總署咨鈔總税司申陳，有凡各國人寓住之所，不得分給專管租界，祇應有總租界。日本人所住即界内之一段等語，自應照辦。新添沙市税司聶務滿來謁，亦稱奉總税司飭如此辦理，并自設巡捕，不輕讓權等語。税司果肯相助，則辦理或易。下手自應從英商租地起，共劃若干丈爲總界，人和、有慶兩地自在界内。既曰總界，丈尺不妨稍寬。儻日人堅欲獨自立界，則以長三百丈爲極多，斷不能多給。背負大隄處不妨加深，但亦須留土門以護隄。聶税司不日來沙，可與會議。至陳列樣貨，乃暫時通融辦法，界議一成，必即令遷入界内，此時亦但租民屋，斷不能租與地址，所稟極是。豔。

致荊州俞道台 光緒二十二年八月初一日子刻發

前接總署養電，云林使函稱接沙市領事電，所有租界一切，道台説未有商議之權，請電飭該道會辦速結等因。希即飭宜昌關道與該領事會商辦理，仍隨時電聞等語。當於廿五日覆署，電云：漾電敬悉。前數日聞蘇、杭開關有期，恐沙市一律，已於二十日電飭俞道與日領趕定租界地址。惟管界章程是否仍照甯波章程，抑由日本專管，月前聞由鈞署議，故電俞道時言此層應候署議，並非關道言無權，林使誤聽領事言也，容隨時電聞。之洞肅。有。等語。又於廿六日致署電云：鈞署七月十二日來文，蘇、杭八月二十開關，沙市、重慶另辦。而本日新派沙市聶税司來謁，面稱奉總税司電，八月廿五沙市一律開關。究竟沙市是否與蘇、杭同開，究係何日，請電示。八月廿五爲一百四十五結之第一日，想不誤。之洞肅。宥。等語。昨接總署沁電：有、宥電悉。沙市開關，與蘇、杭同係一百四十五結第一日，中西歷日參錯，前文

[一] 録自抄本《張之洞電稿·致北京電》。
[二] 録自抄本《張之洞電稿·致外洋電》。

作八月廿日，續赫德考訂，係廿五日，聶税司之言不誤。至界址及管界章程，應如蘇、杭辦法，由關道與領事妥訂，請飭辦，仍隨時電聞等語。特此轉電，即望遵照妥議，隨時電聞。豔二。

致荆州俞道台光緒二十二年八月初一日子刻發

昨因總署沁電，有界址及管界章程應如蘇杭辦法之語，當電蘇、杭詢訪。頃接蘇州覆電，云蘇埠自倭部翻異前章，復經黄道以馬關約並無租界及留出沿河十丈，已與林使議定。開摺駁覆去後，倭部杳無回文，荒川又即他任，尚未續議。杭埠聞亦未定，惟開關則遵總署定期八月二十日辦理。儉。等語。該道即一面遵照本部堂今早豔電，止給各國總界，街道巡捕歸我轄，不給專管租界，會同税司與日領妥議，隨時電稟核奪，至要。豔三。

致京吴侍郎廷芬〔一〕光緒二十二年八月初一日寅刻發

電悉。汪守苦累，當爲設法留差，所解槍礮已委現在京之鄂省委員寶令豐接管，但未知督辦處定期何日試驗，祈費神照拂，並祈電覆，至感。豔。

致京湖北委員寶子年光緒二十二年八月初一日寅刻發

汪守洪霆解鄂廠所造槍礮呈督辦處，已於二十七日投交邸堂，正在定期試驗，而汪守丁憂，即委該令接管此事，并已電託吴蕙吟侍郎印廷芬照拂。該令即速往見汪守，詢明辦法，並謁吴侍郎。該令務爲照料，聽候試驗，至要。即電覆。豔。

致上海盛道台〔二〕光緒二十二年八月初一日申刻發

東電悉。已飭摺弁准於初一赴京，不必候台駕隨往。東。

致漢口瞿道台〔三〕光緒二十二年八月初一日

户部前咨籌還洋欵摺内，除指明京餉數欵及甘餉外，聲明無論何欵，俱准酌量劃提，其所指照常批解各欵，並無准餉在内，兹來咨又令將准餉全數解足，真是難題。該關如何籌解，速妥酌商定，及早奏咨爲要。豔。

致上海盛道台〔四〕光緒二十二年八月初四日亥刻發

台駕何日北行，摺差已行否，祈催速行。支。

致蘇州趙撫台、杭州廖撫台光緒二十二年八月初四日亥刻發

南洋轉總署文行關道，云各省土貨准領三聯單，在洋關完正税三分，如不運出口者，將其多完之一正税一半税扣留，抵釐金，送還釐局等語，並未言還何處釐局。遠省出口之貨，經過釐卡甚多，一正半税恐難抵足原數，此後釐金應解京、協餉將何從出，尊處擬如何辦法，有何兩全之策，祈示。支。

〔一〕 以下二電録自抄本《張之洞電稿·致北京電》。
〔二〕〔四〕 録自抄本《張之洞電稿·致上海電》。
〔三〕 録自抄本《張之洞電稿·致本省電》。

致天津王制台光緒二十二年八月初四日亥刻發

摺弁到否。摺片内如有不妥處，請詳酌改定電示。至片内擬加數字，云由臣等率同挈銜奏事，祈裁示。京堂未免太驟，不敢請，此不得已之辦法也。支。

致户部〔一〕光緒二十二年八月初四日亥刻發

東電謹悉。陝撫送回礮隊一營，當將原有各營酌裁，省出此餉抵支，不另添餉。沃。

致京南書房王光緒二十二年八月初四日亥刻發

書久到，祈託徐頌翁早代進呈，感禱。支。

致天津盛道台光緒二十二年八月初五日午刻發

支電悉。帶造廣東鐵路較易招股一層，固所深知，但礙於一網打盡之譏，恐招旁人浮議，轉多阻礙，此次摺内斷斷未便叙入。前面談已言明俟公司准設後，由公司具稟，即行再爲續奏，不過推廣，並非矛盾，且亦不致甚遲。此次閣下進京，可先行一面稟商總署，届時或并由津、鄂會電總署言之。若必於此次摺内全叙，恐欲速反不達耳。閣下務須迅速北行爲要。大局一定，諸事俱好説，望到津後並與夔帥商之，以爲何如。歌。并録呈王制台一閲。歌。

致天津盛道台〔二〕光緒二十二年八月初五日午刻發

比國郭格里廠電稱需欵甚急，欠帳洋八月份有到期者，請先電匯九千鎊等語。查鐵局結欠該廠英金八千八百十七鎊十一先七本，又法銀二十萬四千四十八佛朗五十四分二，共合英金一萬六千九百七十八鎊零。除官局應付大汽錘價四千三百五十鎊外，商局應付一萬二千六百二十八鎊零，年息八厘，已算至上年洋十二月底止，本年未算。尊處能否照匯九千鎊，如須展期，請逕與該廠電商。支。

致荆州俞道台〔三〕光緒二十二年八月初五日午刻發

部議奏派籌還英法、德俄借欵，司、局、江漢關已詳請奏咨，該關如何籌還。該關税别無指撥專欵，想必能如數解足。速即具詳，以憑彙案聲叙。即覆。歌。

致宜昌土税局喬道台光緒二十二年八月初六日辰刻發

初一電，初五始到，具悉。宜昌大水，居民被淹可憫，准即援案在罰欵内撥銀四百兩，交地方官拯濟具報。語。

致荆州府舒守光緒二十二年八月初六日辰刻發

昨聞江水盛漲，甚爲懸心。近日水勢當已漸減。隄工是否穩固，總須妥爲防護，速覆。語。

〔一〕以下二電録自抄本《張之洞電稿·致北京電》。
〔二〕録自抄本《張之洞電稿·致直隸電》。
〔三〕以下二電録自抄本《張之洞電稿·致本省電》。

致成都鹿制台、福州邊制台[一] 光緒二十二年八月初六日辰刻發

南洋轉總署文行關道，云各省土貨准領三聯單，在洋關完正税三分，如不運出口者，將其多完之一正税一半税扣留，抵釐金送還釐局等語，并未言還何處釐局。遠省出口之貨經過釐卡甚多，一正半税恐難抵足原數。此後釐金應解京、協餉將何從出，尊處擬如何辦法，有何兩全之策，祈示。語。

鹿制台來電 光緒二十二年八月初十日丑刻到

語電悉。查敝處接川東關道申轉南洋准總署文函，議製造并華商土貨准領三聯單，并無尊電所述之詞，只原片内有該貨若不運出外國，即將扣存正税三一，轉送釐局留抵之語。總核原奏，似係專指機器製造土貨而言，而輕信赫德貢議，不分晰明白，必致凡屬華商土貨皆領三聯單，僅多納二兩五之税。誠如尊言，雖抵釐金原數，京、協各餉將從何出。愚見擬奏陳情形，飭部分清華商三聯單專就機器製造而言，常行土貨仍不准領單，以免利權歸於洋關，京、協餉無可籌解。正思電商高明，并南洋、粤、閩，均不約而同一并奏請，冀稍挽回，尊意以為然否，望即電示。論川省貨釐，歲收僅四十餘萬，若設法征土産落地釐，尚可補救，東南各省則受虧較甚也。霖。齊。

邊制台來電 光緒二十二年八月十四日申刻到

閩省茶、木已奏請不准領單，土貨倍半税能否與釐相抵，如何撥解不誤要需，摺尾聲叙查悉再議，未知能邀准否。接滋帥電，持論極是，如數省會奏，務請挈銜。尊處辦法仍電示。泉。鹽。

致天津盛道台 光緒二十二年八月初九日申刻發

總署來電，奉旨：王文韶、張之洞會奏請設蘆漢鐵路公司，並保盛宣懷督辦一摺。直隷津海關道盛宣懷，著即飭令來京，以備諮詢。欽此。等語。特轉達。佳。

致天津王制台 光緒二十二年八月初十日未刻發

佳電悉。正、摺稿即録寄。前盛道屢請兼辦廣東鐵路，固知粤省較易集股，因恐易招浮議，此次摺内未敢叙入。此時該道進京，擬會電總署，爲一揭之，以便該道面稟一切。擬電略云：建造鐵路，乃創辦之舉。粤省通商最早，粤商創辦各事較他商敢爲，而資本亦厚。此次設立蘆漢鐵路公司，若准其帶造粤省鐵路，則招集粤商較易，而蘆漢長路可望早成。前發摺後，盛道在滬採訪商情，始知粤商必欲兼辦粤路，方願入股。除飭盛道進謁鈞署面稟一切外，特此電商，是否可准之處，祈鈞裁云云。祈即改定，並商盛道。此電或即行先發，或遲數日俟該道到京後再發，統祈卓裁示覆。佳。

致荆州俞道台 光緒二十二年八月初十日未刻發

初五稟摺均悉。目下宜堅抱總署總界之説辦理，既曰總界，則須由日領豫計該國商人的確須地若干丈，定一期限，盡行納價租定，不得空指丈數，日久無人承租，以及轉租別國。期滿不盡

[一] 以下三電録自苑書義等主編《張之洞全集》第九册，第七〇九八至七〇九九頁，河北人民出版社一九九八年版。

租，中國即另租與他國，他國來租，即緊靠日本定租之地起，如此則彼必不須多指矣。草約雖畫押，未經本部堂批准，應無庸議。去年黄道遵憲在蘇與荒川領事互换照會，彼已簽字畫押，彼政府未允，即不作准。本年漢口法領議地價，彼亦簽字畫押，彼總領未允，亦不作准。該道萬勿畏難率允，總界議成，則專管一層不攻自破。批牘由專弁齎回，先電大概。蒸。

致荆州俞道台 光緒二十二年八月初十日未刻發

倭領貪狡過甚，該道務須堅持，不可稍鬆。可勿過慮，斷不致鋌走決裂。蒸。

致蘇州趙撫台〔一〕 光緒二十二年八月初十日未刻發

歌、佳兩電均悉。江、浙與鄂省情形稍有不同，弟未便會銜電署。至向出洋土貨則准請單，不知亦准不請單否。如聽商自便，則路近釐少於税者，商人未必請領。且出洋土貨隨時增變，似亦未易限定。不知鎮關係如何辦法，仍祈詳示爲感。佳。

致宜昌署宜昌府丁守〔二〕 光緒二十二年八月十二日午刻發

禀悉。郡城被水，民情困苦可憫，所請在平糶米内撥六百石賑濟極貧户，免收價值，即照辦。文。

致俄京許欽差〔三〕 光緒二十二年八月十四日酉刻發

五月洽電託雇洋匠，力廠屢推，或别有意見，請託人另覓，務望速來。快礮機、碰火機想皆竣工，已否起運，應找廿五萬馬是否即匯，請分晰電覆。焦盼已極。鹽。

致總署〔四〕 光緒二十二年八月十七日午刻發

漢口税務司轉呈同文館教習德員阿森瑪禀稱，請赴鄂，派湖北武備學堂差。查武備教習亦尚需人，且現在鄂省自强學堂增設德文一門，尤須教習，該員可否准令來鄂之處，統求酌奪電示，薪水并望示知。銑。

致廣州譚制台、廣東錢局〔五〕 光緒二十二年八月十八日巳刻發

文電悉。新錢已議定由招商局保險承運來漢。據稱每包只可十六串，多恐殘破，請飭錢局照辦，發交商局領運。費由鄂付。嘯。

致總署 光緒二十二年八月十九日午刻發

去年日領在沙市議租界，指定沿江天燈以下八百丈地，本年又嫌地太低窪，意欲改移向上。敝處以其所指太多，正欲議減，且須商議管界權，曾派員隨同道、府與議。彼又以未奉政府信爲

〔一〕録自抄本《張之洞電稿·致江蘇電》。
〔二〕録自抄本《張之洞電稿·致本省電》。
〔三〕録自抄本《張之洞電稿·致外洋電》。
〔四〕録自抄本《張之洞電稿·致北京電》。
〔五〕録自抄本《張之洞電稿·致各省電》。

詞，相持月餘，無成議。嗣彼又催促，即由新任俞道會同聶税司，遵鈞署來文總界之説與議，彼堅執不允，稱候政府示。恐林使來饒舌，先電陳情形。然八月廿五仍開關無礙。窺彼意，欲於新開四口獨擅租界，而令他國人仰租於彼，故擇據善地，空指數百丈，聲明不論何國人均可向租。今中國盡買民地，沿道修隄，以待彼用。轉租則彼獲其利，不租則我出其費，情殊狡狠，萬萬無此辦法。現諄飭道專本總界之説，以與磋磨，總界成則彼計不行，即界權亦自歸中國。請鈞署電飭蘇、杭一律以總界相持，方冀有成，否則一處鬆勁，他處援照，無從獨辦也。皓。

致荆州俞道台〔一〕 光緒二十二年八月十九日午刻發

元電悉。二百千修房，倘果合税司用，即照辦。日領狡執，在我惟有持前説以與磋磨，彼候政府信，亦必然之事。當電總署。皓。

致天津王制台〔二〕 光緒二十二年八月二十日巳刻發

盛來電，恐事權不重，意欲力辭。此事關繫大局，尊處能否再爲設法，務望速籌之，盼即示覆。再，佳電商請兼辦廣東鐵路一節已電署否，并示。號。

致俄京許欽差〔三〕 光緒二十二年八月二十日戌刻發

霰電悉。英真聶給總管名，須專指製造工作而言，此外勿得干預，受總辦節制，薪照給。請切催速覓。號。

致安慶于藩台、趙臬台光緒二十二年八月二十一日亥刻發

福中丞函託代延黄漱蘭通政主講敬敷書院，歲脩千金，明年春仲到館。適漱翁遊鄂，當經縷達福中丞暨兩君盛意，再三勸駕，始允遠遊。除函覆外，先電達，祈轉達中丞即送關聘訂定可也。號。

致安慶于藩台〔四〕 光緒二十二年八月二十三日巳刻發

陳蓮舫主事，江蘇青浦縣人，醫道甚精，所至奏效。前月侍託人轉請赴京爲李高陽治病，言明代備川資送往，渠以母老辭。頃又接京電，言陳現在皖，託侍敦請。竊思既能至皖，何不能至京。惟陳現在皖省何處，未知其詳。侍與陳君素不相識，望即刻將其住址訪明，如不在省，必在蕪湖，託其相識者懇切勸駕。如在省，公須親往拜晤敦請，此間當即派弁帶川資赴皖同行。盛道來電，已派輪相迓。高陽一身關繫大局，病勢確無礙，有良醫數劑可愈。務望設法，請其北行，至要。漾。

致蕪湖袁道台光緒二十二年八月二十三日巳刻發

兩文愧謝萬分，容函覆。僕前月託人轉請陳蓮舫主事赴京爲

〔一〕録自抄本《張之洞電稿·致本省電》。
〔二〕録自抄本《張之洞電稿·致直隸電》。
〔三〕録自抄本《張之洞電稿·致外洋電》。
〔四〕以下二電録自抄本《張之洞電稿·致各省電》。

李高陽治病，代備川資，派人送往，渠以母老辭。頃接京電，言陳現在皖，託僕敦請，想必係在蕪湖。竊思既能至皖，何不能至京。足下與陳君素有交情，敢祈懇切勸駕，此間當派弁帶川資赴皖同行，盛杏孫來電，願派輪相迓。高陽一身，關繫大局，病勢確無礙，有良醫數劑可愈。務望設法，請其北行。如不在蕪湖，必在安慶，并望訪明轉請，至感。即示覆。漾。

致蘇州前嘉定縣張子密[一] 光緒二十二年八月二十三日巳刻發

聞委署陽湖，欣賀。鄂會館祭器是否已經買齊寄來，即確覆。季叔。漾。

致京盛道台 光緒二十二年八月二十五日亥刻發

鐵路辦法，想已有端倪，祈速詳示。分練自强軍一節，細思諸多窒礙，即使江南能允帶餉來鄂，恐斷不能持久，將來恐受大累。請勿向當道談及。有。

致蕪湖袁道台[二] 光緒二十二年八月二十五日亥刻發

漾電悉。陳蓮舫比部母老丁單，憚於遠行，自係實情。惟聞其母年高體健，陳比部赴皖留蕪，往返須十餘日，如進京亦不過二十餘日，既可赴皖，何難進京。荷承堅留候信，想尚可作轉圜，務希設法勸駕，總以能允去爲度。如別有隱情，究應如何敦請，示知，無不照辦。請代致陳比部，如允進京，即專函敦請，致送川資，並電盛道派輪迎迓往返，以一月或二十餘日爲度，决不久留。高陽公一身關繫大局，陳比部果能往診，早占勿藥，上慰宸廑，名動朝野，想其賢母亦必欣喜，不獨鄙人感頌已也。切盼佳音，不勝感禱。有。

致京甜水井盛道台[三] 光緒二十二年八月二十九日巳刻發

陳蓮舫初以母老辭，兩次託袁爽秋敦請，已允赴京，須先回家料理行裝，廿八日自滬返青浦，重陽前後自滬動身。敝處現專人齎書幣赴青浦，并派舍姪彬自滬陪送北上，約定封河前十日出京，請尊處速派輪迎送，到津後换輪赴都，并電商局照料，至禱。尊處可再致陳君一電，方爲接洽，并祈先達高陽。豔。

致京甜水井盛道台 光緒二十二年八月二十九日巳刻發

會議若何，念甚，速示。甯鄉煤事十七日接尊電，即刻五百里排遞湘省，尚未得覆，聞有委員來看機器。興國鉛鑛，前數日已批准。豔二。

致蕪湖袁道台[四] 光緒二十二年八月二十九日巳刻發

沁電悉。陳蓮舫人品清高，素所深知，今慨允北行，諸賴鼎

〔一〕録自抄本《張之洞電稿·致江蘇電》。
〔二〕録自抄本《張之洞電稿·致各省電》。
〔三〕以下二電録自抄本《張之洞電稿·致北京電》。
〔四〕以下二電録自抄本《張之洞電稿·致各省電》。

力，感甚謝甚。刻已專差賫書幣赴青浦敦請，已令舍姪在滬相候，陪送入都。望足下再函懇陳君，務於重陽前到滬，至禱。盛道已派輪恭候矣。沈子培景況清苦，陳君到京住沈處便否，是否陳自願，抑應另備住處，必當妥爲照料。并示。豔。

致蕪湖袁道台光緒二十二年八月二十九日巳刻發

沁另電悉。派欵事得稍紓緩，慰甚。前聞足下有乞病之意，確否，似可中止矣。豔。

致天津李中堂光緒二十二年八月三十日子刻發

重溟遠歸，蓋勞欽仰。何日入都，加税事有端倪否，祈示大略。敬問起居。豔。

致京盛道台[一]　光緒二十二年八月三十日子刻發

合肥到津後，於鐵路事有何議論，祈示。豔戌。

致京盛道台光緒二十二年九月初二日辰刻發

陳蓮舫赴京，有舍姪彬同行，輪船價及到京各項用費，均由舍姪代備，但請尊處飭輪船妥爲照料，到津後請派小輪送通州爲禱。沃。

致安慶于藩台[二]　光緒二十二年九月初二日辰刻發

敬敷書院每月課卷約幾百本，祈查示。潄翁託詢，望速覆。少帥寄來關聘接到，已轉交，惟少帥無致潄翁書，台端似宜有一書致潄翁，方親切。沃。

于藩台來電[三]　光緒二十二年九月初四日酉刻到

沃電謹悉。月課卷約三百數十本。蔭於前月望後有專寄潄翁敦請函，係托星海轉送，想當接鑒。玆并將憲電呈少帥閲矣。蔭稟。講。

致襄陽吴提台[四]　光緒二十二年九月初三日午刻發

函悉。内稱襄曲漢限，間存伏莽，旅舟夜泊，不免戒心等語。詳繹語意，必係襄河一帶盜案多有，未識何處地段及如何情形。尊處既有見聞，請即詳實電覆無隱，以便嚴飭防緝，至感。肴。

吴提台來電[五]光緒二十二年九月初六日午刻到

電悉。襄河盜賊，率以輕舟覘伺行旅。沙陽上下，為安、荆交界之區，最易出没。未成巨案，行者在途，隱忍不報。刻當散勇盈途，災黎遍野，秋冬之際，勢必愈熾，前稟為預防之計。請飭水師常川梭巡，地方嚴密緝拿，當即静謐耳。柱。支。

致上海黄道台[六]　光緒二十二年九月初三日午刻發

鄂紗廠有抽水機器全副，由格林陔爾輪運滬，請發護照交義

〔一〕以下二電録自抄本《張之洞電稿·致北京電》。
〔二〕録自抄本《張之洞電稿·致各省電》。
〔三〕〔五〕録自苑書義等主編《張之洞全集》第九册，第七一一七頁，河北人民出版社一九九八年版。
〔四〕録自抄本《張之洞電稿·致本省電》。
〔六〕録自抄本《張之洞電稿·致上海電》。

昌成轉運來鄂。肴。

致宜昌傅鎮台〔一〕光緒二十二年九月初三日午刻發

前聞尊體患瘡，甚爲懸念。昨聞已漸愈，頃復接來電，慰甚。望安心調攝爲禱。肴。

致成都鹿制台〔二〕光緒二十二年九月初三日亥刻發

前准咨，當飭銀元局撥大小銀元五種，合大銀元一萬元，於七月初九交費令領解回渝，鑄本合漢鎮估平估寶銀六千九百六十六兩六錢八分五釐。銀元局需欵甚急，祈飭迅解歸欵爲荷。肴。

致京盛道台〔三〕光緒二十二年九月初五日午刻發

東電悉。陳蓮舫係多方勸勉，始允北行。初二日專人持書幣往青浦，并遣舍姪名彬字黄樓在滬相候，計今日專人已到青浦，約初六七可偕陳到滬。如高陽初八日果銷假，望飛電示知，以便止其北上，并望一面電上海商局轉知黄樓舍姪，婉告陳君。此時高陽尚未銷假，未便阻之，擬仍照前議送其到京。到時高陽已全愈固好，如未復元，不妨令其一診，方藥用否，候高陽裁酌，在京小住數日，再送回滬，似較妥順，此時不必告高陽。歌。

致宜昌丁守、東湖許令〔四〕光緒二十二年九月初五日未刻發

聞水勢日減，現已退若干，速覆。歌。

致荆州舒守、江陵張令、安陸史守、鍾祥劉令光緒二十二年九月初五日未刻發

水勢減否，隄工是否穩固，務須加意防護。速覆。歌。

致宜昌趙道台、傅鎮台光緒二十二年九月初五日亥刻發

宜昌灾重米缺，民食艱困，冬電請借撥土税銀六千兩，辦米平糶，應即照准。該道即會同傅鎮趕速妥辦，以平市價。歌。

致廣州錢局熊委員、薛委員〔五〕光緒二十二年九月初五日亥刻發

致蔡道東電閲悉。鄂省所鑄錢二萬串，已鑄齊否，何日起運，何時可運完，每串計工火銀若干，即覆。蔡道已於前月底赴滬入都。歌。

致荆州俞道台〔六〕光緒二十二年九月十一日巳刻發

魏令遠猷已札委賫咨往蘇、杭詢議立租界情形。蒸。

〔一〕録自抄本《張之洞電稿·致本省電》。
〔二〕〔五〕録自抄本《張之洞電稿·致各省電》。
〔三〕録自抄本《張之洞電稿·致北京電》。
〔四〕以下三電録自抄本《張之洞電稿·致本省電》。
〔六〕以下二電録自抄本《張之洞電稿·致本省電》。

致宜昌趙道台光緒二十二年九月十一日未刻發

東電悉。各分卡委員本應由院徑札飭委，惟人地是否相宜，可由該道酌派請委，較爲周妥。玆查有試用巡檢陳瑋，前曾在野[三]關充司事，辦事穩妥，情形熟悉，該道即於各卡中酌派一差，彙同張景栻、吴彬、吴清臣一體禀請札委爲要。真。

致上海義昌成樊委員[一] 光緒二十二年九月十三日亥刻發

現需用英金鎊五元，法金佛朗、德金馬克、俄金羅布各十元，望即速如數覓購，交輪寄鄂。該價若干，即寄還。元。

致荊州俞道台光緒二十二年九月十五日辰刻發

總署來電云：皓電悉。沙市議設總界，本署意亦相同。惟近日迭接日本照會，執定馬關約，力争新開口岸專界及界内專管之權。辨駁數日，詞氣堅執，否則即將已定新約作廢，勢成决裂。業於十三日奏明，奉旨允准，即於是日與該使互立文憑，訂明專爲日本妥定租界，並管理道路及稽查地面之權。查馬關約，新開四口，本有照已開口岸應得優例一律享受之語，此次林使所争，仍係申明條約，所有沙市新開之口，自應劃給日本專界，界内管理之權，應照上海辦法，歸日本自理，其餘各節，可酌照杭州章程辦理。林使曾言，杭界章程除管權之外，餘可照行。希轉飭關道與領事照約商定爲要。寒。等語。除札行外，特先照轉。咸。

致蕪湖米釐局方道台[二] 光緒二十二年九月十五日巳刻發

新聞滬報言袁爽秋觀察近得心疾，不勝駭異。有人自蕪湖來，言亦同。究竟是否有病，是何情形，祈即切實詳細電覆。咸。

方道來電[三] 光緒二十二年九月十五日亥刻到

袁道上月病瘧，用截法已愈，一時因事觸發肝火，刑責一人，又開除兩僕，外人遂疑為痰瘋，其實依舊辦公會客，并無錯誤。前日尚晤談，一切如舊。此係目睹實情，請釋念。碩輔謹禀。咸。

致天津王制台光緒二十二年九月十五日亥刻發

盛蒙特簡，事事照議，鐵路必可成功矣，欣慰之甚。廷寄想已奉到，請照録，由電轉示。總署原奏如有緊要語，亦望摘録數句電示爲感。咸。

致京盛京卿[四] 光緒二十二年九月十五日亥刻發

願電悉。特簡榮遷，鐵路事事照議，欣慰之至。現議從何處辦起，是否先辦漢口，抑兩頭並舉，擬何時出都，年内想須回滬。

[一] 録自抄本《張之洞電稿·致上海電》。
[二] 録自抄本《張之洞電稿·致各省電》。
[三] 録自苑書義等主編《張之洞全集》第九册，第七一二五至七一二六頁，河北人民出版社一九九八年版。
[四] 録自抄本《張之洞電稿·致北京電》。本月十四日，盛宣懷以四品京堂候補，督辦鐵路總公司事務。

合肥於此事有何議論，祈詳示。鐵廠免税事想已議及，并示。咸。

盛京卿來電〔一〕 光緒二十二年九月十八日丑刻到

聖意欲速成，必須兩頭並舉。目前要務約舉數端，一訂洋債，一延工師，一勘路，一招商，一設學堂。擬與譯、户商訂妥當，月杪出京，到津稟商夔帥，即返滬。各項章程，必俟到鄂面稟，再行奏定。傅相以洋債不及洋股容易，誠然，宣面談尚融洽。鐵税請免詳文到否，乞速奏。宣稟。霰。

致江甯劉制台〔二〕 光緒二十二年九月十七日巳刻發

錫欒巴勘路甫回，接尊電，即飭錫速回金陵，計已早到矣。洽。

致天津王制台〔三〕 光緒二十二年九月十八日午刻發

諫電悉。鐵路定局，深賴公力，幸甚。以後諸事均望指示，必當奉教，如管見所及，亦必奉商請正。淮餉已切囑瞿道趕解。今年江漢關税較去年已短收二十八萬，又加新派洋欵，萬分爲難。瞿道素性極要好，必當竭力籌措。揆其情形，今年所差或不能過多，明年則不可知矣。嘯。

致户部〔四〕 光緒二十二年九月十八日未刻發

銑電悉。湖北本年甘餉業經掃數解清，已於九月初九日附奏。嘯。

致宜昌鹽局彭道台〔五〕 光緒二十二年九月二十日辰刻發

馮令錫綬係八月卅日報委，何以該令至今尚未接札，是否驛遞遲延。專辦未可久虚，抑或令到局補委。速覆。效。

致俄京許欽差〔六〕 光緒二十二年九月二十日申刻發

咸電悉。槍礮英真聶，請即照訂，飭速來。惟恤款一層，望議明必須因公受傷，方照三年薪數，倘因患病或他事以致殘廢身故，則不能如此之多，止可酌給。艙位亦只給一人，餘眷由其自付。至住屋則尚寬，儘可容眷。渠何日動身，即示覆。號。

致荆州俞道台 光緒二十二年九月二十一日丑刻發

篠電悉。既給專界，本擬各工全不舉辦，惟江灘常被水淹，倭人必藉辭易地，强索街内，致啟華洋雜居之漸，後患無窮，故仍須築土隄。一隄之外，一概不管，不修石磡岸，不築馬路，至巡捕房更可不設。此事籌思至再，不得不然。仍即估工興辦爲要。

〔一〕 録自苑書義等主編《張之洞全集》第九册，第七一二七頁，河北人民出版社一九九八年版。
〔二〕 録自抄本《張之洞電稿·致江蘇電》。
〔三〕 録自抄本《張之洞電稿·致直隸電》。
〔四〕 録自抄本《張之洞電稿·致北京電》。
〔五〕 録自抄本《張之洞電稿·致本省電》。
〔六〕 録自抄本《張之洞電稿·致外洋電》。

號。

致宜昌趙道台〔一〕 光緒二十二年九月二十五日未刻發

箇電悉。富商走私，法當嚴辦。該局委員於德豐玉鹽船查獲隱藏未報之土八簍，自應示罰，以儆其餘。惟據電稱鹽號尚不知情，則難指爲該號之土是否該號夥友或船户作弊，抑係他商搭載，應查明酌辦，方足折服。如果係鹽商私販，土既照罰，應由該道斟酌辦理可也。有。

致京盛杏蓀京卿〔二〕 光緒二十二年九月二十五日未刻發

鐵廠免税摺稿，廿一到，隨飭繕，廿三發。有。

致天津王制台〔三〕 光緒二十二年九月二十九日午刻發

鐵路廷寄已奉到，内有仍著王、張督辦興作一語。查尊處諫電，係督率興作，與此互異。請查尊處所奉廷寄是否率字，抑係辦字，即祈電示。豔。

王制台來電〔四〕 光緒二十二年九月二十九日亥刻到

豔電悉。鐵路廷寄實係率字，并非辦字。韶謹覆。豔。

致京湖北蔡道台〔五〕 光緒二十二年十月初二日巳刻發

東電悉。開單事，係託盛與部友妥商辦法。查購地建廠、機爐工料、馬頭、鐵路、開採煤鐵、華洋工匠、改造運保各費，欵目紛繁，能開單最妙。如實需造册，某項可准，某項難准，必須有成案可援，如閩省船政、津滬製造、旅順船塢、漠河金鑛、開平煤鑛當日係如何報銷，宜照何案比例較善，須託部友查明，或將鄂廠用欵大略告知，商令部友比照成案酌擬式樣，分條詳列，以便將來照式填注。一切辦法均即議定，祈電覆。沃。

致襄陽縣梅令〔六〕 光緒二十二年十月初二日巳刻發

豔電悉。愷軍運回四營，軍裝極多，需用長船，爲數較鉅，准其開報，速即妥爲照料，勿令以候船逗留爲要。冬。

致京盛杏蓀京卿 光緒二十二年十月初二日亥刻發

銀行事議有眉目否，祈示。聞俄代我修東三省鐵路，已定議畫押。惟聞彼欲用俄國寬軌，與我内地各省窄軌，如何接連，是利於俄而害於中矣。兩利則可，自害則不可。此節關繫甚大，不知已允許否。閣下奉命總司鐵路，此乃職分内應籌及之事，能婉商當道，令俄人於我境内用窄軌方好。憂灼萬狀，盼即覆。沃。

〔一〕〔六〕 録自抄本《張之洞電稿·致本省電》。
〔二〕 録自抄本《張之洞電稿·致北京電》。杏孫，亦作杏蓀，盛宣懷字。
〔三〕 録自抄本《張之洞電稿·致直隸電》。
〔四〕 録自苑書義等主編《張之洞全集》第九册，第七一三二頁，河北人民出版社一九九八年版。
〔五〕 録自抄本《張之洞電稿·致北京電》。

致宜昌彭道台〔一〕 光緒二十二年十月初三日申刻發

東電悉。雲陽之大藏山崩卸，混塞河心，河心是否内河，抑係江心之誤。若係江心，則於商船大礙，非特有礙甯鹽也。速即詢明電覆。再，馮令錫綬現在服制未滿，只可派以幕友名目，俟明春起復，再委專辦可也。江。

致俄京許欽差〔二〕 光緒二十二年十月初四日亥刻發

鄂創武備學堂，前訂二德將不敷分教，必須添一人，位在法勒下，月薪分際同根次，而官職略如守備。請託兵部延訂，望速來。槍礮英真聶何時來華，又託索農會書已寄否，盼覆。文。

致京盛杏蓀京卿〔三〕 光緒二十二年十月初七日丑刻發

歌、御兩電悉。大疏上蒙鑒采，佩甚。銀行事關繫太鉅，閣下此次所議章程，未知其詳，豈敢妄參末議。來電謂樞、譯、户均欲議准，並交閣下督理，似不如即由署、部具奏，最爲直捷迅速，更爲得體。若由外間發端，太無根，不敢冒昧，即咨署亦嫌突。如必須外間舉人，須請總署、户部速發一電垂詢各事宜，方好電覆。閣下但必須在京多候數日，方來得及，並望一面將章程擇要電示。語。

致天津王制台 光緒二十二年十月初七日丑刻發

頃覆盛電云：歌、御兩電悉。大疏上蒙鑒采，佩甚。銀行事關繫太鉅，閣下此次所議章程，未知其詳，豈敢妄參末議。來電謂樞、譯、户均欲議准，並交閣下督理，似不如即由署、部具奏，最爲直捷迅速，更爲得體。若由外間發端，太無根，不敢冒昧，即咨署亦嫌突。如必須外間舉人，須請總署、户部速發一電垂詢各事宜，方好電覆。閣下但必須在京多候數日，方來得及，並望一面將章程擇要電示等語。查當道既經議准，並交盛辦，何不由樞、譯奏派，而必待發之於我兩人，其故難解。中俄行久定議，豈爭此數日先後，中英行豈能不候署准，盛汲汲於兩三日何也。尊電奏嫌無根，誠然。尊意如何辦法，統聽卓裁。語。

致京盛京卿〔四〕 光緒二十二年十月初七日午刻發

語電想達。銀行事章程未悉，利弊未究，鄙人實不敢置議。且來電請派大員督理，與户部各省交涉一節，鄙意亦覺未協。竊謂宜請敕下南、北洋大臣招商開辦，共派八董，即在八董中派一人爲總董，一切由其總匯，即於閣下戚族中遴選熟悉商務者充之，如由八董中公舉尤善，自然與鐵路總公司聯絡一氣，遇事協助。至一切事宜，仍由南、北洋大臣督理考核，如有與户部及各省交涉之處，即由南、北洋大臣行文。章程由南、北洋覆加核定後，奏明開辦。其實北洋現辦鐵路，自係由北洋主政，如此則於鐵路有益，於閣下無礙。閣下以列卿總司南北鐵路，任寄已重，體制已崇，事權已專，忌者已多，若再督理銀行，必致羣議蠭起。又

〔一〕 録自抄本《張之洞電稿·致本省電》。
〔二〕 録自抄本《張之洞電稿·致外洋電》。
〔三〕〔四〕 録自抄本《張之洞電稿·致北京電》。

查外國銀行，定章向不准兼作別項貿易，若歸一人督理，則是明言爲鐵路招股而設，恐財東不免疑沮。且事多難察，人多難精，各省董事豈能一一盡如尊指，設有一處不穩，牽動天下大局，關繫閣下聲名。昔唐劉晏何等才望，何等功效，徒以籠盡天下利權，終難自保。鄙人既倚閣下成此路工，自不得不代籌萬全，實不敢請閣下爲銀行督理。以上辦法，即使總署、户部詢問，亦即照此覆陳，尚祈詳酌。若尊意與此不合，當軸亦不以鄙見爲然，則由樞、譯、户部酌量奏辦，何事不可主持，亦何藉鄙人之一言乎。此爲鐵路大局計，兼爲閣下計之愚見，祈鑒之爲幸。陽卯。

致天津王制台光緒二十二年十月初七日午刻發

刻致杏蓀電云：語電想達。銀行事章程未悉，利弊未究，鄙人實不敢置議。且來電請派大員督理，與户部各省交涉一節，鄙意亦覺未協。竊謂宜請敕下南、北洋大臣招商開辦，共派八董，即就八董中派一人爲總董，一切由其總匯，即於閣下戚族中，遴選熟悉商務者充之，如由八董公舉尤善，自然與鐵路總公司聯絡一氣，遇事協助。至一切事宜，仍由南、北洋大臣督理考核，如有與户部及各省交涉之處，即由南、北洋大臣行文。章程由南、北洋覆加核定後，奏明開辦。其實北洋現辦鐵路，自係由北洋主政，如此則於鐵路有益，於閣下無礙。閣下以列卿總司南北鐵路，任寄已重，體制已崇，事權已專，忌者已多，若再督理銀行，必致羣議蠭起。又查外國銀行章程，向不准兼作別項貿易，若歸一人督理，則是明言爲鐵路招股而設，恐財東不免疑沮。且事多難察，人多難精，各省董事豈能一一盡如尊指，設有一處不穩，牽動天下大局，關繫閣下聲名。昔唐劉晏何等才望，何等功效，徒以籠盡天下利權，終難自保。鄙人既倚閣下成此路工，自不得不代籌萬全，實不敢請閣下爲銀行督理。以上辦法，即使總署、户部詢問，亦即照此覆陳，尚祈詳酌。若尊意與此不合，當軸亦不以鄙見爲然，則由樞、譯、户部酌量奏辦，何事不可主持，亦何藉鄙人之一言乎。此爲鐵路大局計，兼爲閣下計之愚見，祈鑒之爲幸等語，似與前奉尊電象外環中之指有合。公意以爲何如，請見教示覆。陽。

致俄京許欽差光緒二十二年十月初七日午刻發

鄂鐵廠已奏准歸盛道招商承辦，此後槍礮廠專欵自可寬裕，故擬將大小快礮添齊，使足供海防用。至造十二生快礮難精之語，想係克廠忌我沮我之言，觀其靳礮樣而不予，可知其意矣。務請仍切商力拂，另添全機，務使年出新式十二生長快礮二十尊。如太貴，則年出十尊亦可。兩項需價各若干，速示。彈機應否另添，請酌。此事鄙意期於必行，蓋此後中國力量斷不肯籌欵再向外洋購長江臺礮，臨時趕購趕練，亦來不及，必能自造此礮，江防各臺方不虛設。且既有礮廠，必有江防大礮，方爲名稱其實，既免訾議，亦稍愜鄙心耳。陽。

致荆州俞道台光緒二十二年十月初九日午刻發

九月廿六日來禀及手摺均悉。所與問答，尚欠妥協。杭州章程必不得體。總署雖有此語，斷不能曲從，與日領再談時，須將此層撇開。現總署既已准其設專管租界，則我祇可與議定界址，訂明承租日期，姑爲修一土隄，暫免水淹而已。至將來如何加修方得堅固，界内橋梁、道路、溝渠、馬頭如何修造方適彼用，以及一切修飾點綴如何方稱彼意，均由其自管自理，我不能過問，亦不便代謀。但既稱專租，則華民不得在内居住，亦應有之義。又日人界内遊行，應不准改用華裝，不遵者作華民論，歸地方官審辦，以免混雜，難於保護，亦屬要緊。兩節必須先行訂明。除將以上數事議定外，其餘一切專界辦法，湖北有漢口英界以及去年新開德界作樣，不必遠取他省辦法。況各省情形不同，外海與内江有別。是以江、浙、粵、直以及湖北所有洋界章程各殊，洋人亦無異議。現既非設總界，則沙市衹能照本省之漢口專界章程，斷不能仿照他省辦法，決無游移，不必與之多談。陽。

致京通州盛杏蓀京卿 光緒二十二年十月初十日丑刻發

庚兩電悉。招商興辦銀行，出自特旨，較之由下擬議請，得力多矣。天眷優隆，欣賀欣賀。惟官欵三百萬何以不提及，想另作一篇文字耶。閣下意中必早有切實可靠之總董，鄙人一切茫然，實無從贊一詞也。佳。

致天津王制台 光緒二十二年十月初十日丑刻發

庚、佳兩電悉。正慮銀行不成，杏蓀歸咎於我兩人之不肯推轂。今聞招商出自特旨，省却無數周折，欣幸之至，非虛語也。惟總董最爲緊要，弟前電擬歸南、北洋派充飭舉，則可選與杏蓀親切可信之戚族充之，與立合同，令其協助鐵路公司。今旨令盛自選派，不知渠有何妙策。再，官款何以不提，或待盛招商後奏請耶。佳一。

致天津王制台 光緒二十二年十月初十日丑刻發

盛庚電云鐵路官欵，須待招股借債後方撥給。北洋存欵已用完，南洋存欵無回信，此數節却甚要緊，公似須爲籌之。弟交卸南洋時，瑞記洋欵實存上海道署二百七十萬兩，以二百五十萬辦蘇滬鐵路，以二十萬備出洋遊歷經費，均有奏案。内有二十二萬係墊付上海紗機價，將上海、寶山兩縣新查出沙灘地變價歸還。此項灘地，弟在署南洋任内，確已查出一千餘畝，均有奏案。上海道及上海、寶山兩縣、松海同知處，均有案，若按目前時價變賣，以抵二十二萬有盈無絀，均已有人出價。若待淞滬鐵路開工後再賣，可值五六十萬。若上海道肯認真清查，再添數十萬之地亦不難。以上數目，案據皆字字確實，若新甯到任後或以他事挪用，則不敢知矣。特詳布，並望轉杏蓀一閱。佳二。

盛京卿來電[一] 光緒二十二年十月十二日未刻到

奉佳二電，銀行但准商辦之請，已出意外。初擬發三百萬官本，因無大帥助力，不敢獨肩。南洋二五如再活動，造軌亦無欵

[一] 録自苑書義等主編《張之洞全集》第九册，第七一四五至七一四六頁，河北人民出版社一九九八年版。

可塹。似須將籌辦大局情形先叙一摺，到津與夔帥商定，回滬再與商董妥議，擬稿呈候鈞裁。銀行各摺片已抄寄。宣稟。文。

致廣州譚制台、許撫台、張藩台光緒二十二年十月初十日巳刻發

湖北通省丁漕、釐金、鹽課，皆用制錢交納。目前錢缺價貴，商民困極。上下游如四川、湖南、安徽、江西、江南皆每銀一兩换錢一千三百數十文，湖北獨一千二百零數文，各省又禁錢出境。若用土法鼓鑄，每串須賠二成有餘，補救無策。粵局代造錢，甚感，然每月祇能出一萬四五千串，又須兼代江南鑄，運鄂者尚不及此數。粵省商民通用，向以銀元爲主，故錢價尚平，擬將鄂鑄銀元運赴粵换錢回鄂行用，虧折尚不甚多，每月所購約不過值銀三萬兩。粵不重錢，此於商民無礙。銅錢漸少，則粵局銀元行銷日多，此於官局行銀元有益。鄂銀元入粵，每年至多不過值銀三十萬兩，較之粵局年鑄銀元之數，不及十分之一，斷不致有妨粵元銷路。一年以後鄂錢稍充，或可停購。特奉商。如可行，當派員赴粵採辦，並請發護照。全鄂商民均感。祈示覆。蒸。

譚制台等來電[一]光緒二十二年十月十四日亥刻到

粵東錢局停鑄兩年，民間缺錢與鄂同，市肆所用大半攙和鵝眼、水上漂之類。前飭嚴拏私燬私鑄，并禁止制錢出境，而市間八分錢仍不見。鄂省欲向粵購制錢，當俟銅價減落時商之，此刻無以報命也。麟、祎、駿。鹽。

致京通州盛京卿[二]光緒二十二年十月初十日午刻發

陳中丞函：甯鄉煤原勘之鑛難施機器，用土法日可出百噸，新得小花石一鑛尤佳，可用機器，運道亦較捷，即將煤樣送鄂化驗，并催閣下派司事帶華匠來辦。湘中電綫料已買齊，鐵廠免税摺初八已遞。蒸。

致西安魏撫台[三]光緒二十二年十月十二日丑刻發

副將吴元愷隨征關隴，屢蒙獎其得力，是該將尚有微勞足録，惟未經開復，效用無階。此次陶、董兩帥保案無名，想肅清尚須彙保。方今將領需材，祈公迅咨陶帥，俾得早蒙開復，曷勝感激。祈示覆。真。

致蘇州趙撫台[四]光緒二十二年十月十四日丑刻發

魏令賚函并鈔件領悉。來示匯奏盜案，被某公攙得波浪重生等語，想指葉萬春盜案而言。已經專案奏結，何又匯奏。傳聞大宗師已覆奏無事，豈尚未了耶，祈明示。張令當不令爲難。元。

趙撫台來電[五]光緒二十二年十月十五日酉刻到

元電祇悉。承念并關照張令，感甚。前函蓋推言，計彼去歲參陸道之海運委員，今年摭拾蘇事，屢參朱道、葉令，皆因一向歸匯奏之盜案而起。至彼案屢經聖定，又續獲兩盜，伊無術可移

[一] 録自苑書義等主編《張之洞全集》第九册，第七一四六至七一四七頁，河北人民出版社一九九八年版。
[二] 録自抄本《張之洞電稿·致直隸電》。
[三] 録自抄本《張之洞電稿·致各省電》。
[四] 録自抄本《張之洞電稿·致江蘇電》。
[五] 録自苑書義等主編《張之洞全集》第九册，第七一四九頁，河北人民出版社一九九八年版。

矣。龍公覆奏無事。昨接尊函，言鄂災甚重，現如何辦理，沙埠議定否，念念。翹。願。

致天津盛京卿〔一〕 光緒二十二年十月十四日丑刻發

真、文三電悉。湘綫已由陳中丞咨達。沈煤無信。松侍養情切，不便留。元。

致貴州嵩撫台〔二〕 光緒二十二年十月十四日巳刻發

湖北官布局紗布，奏准在江漢關完一正税，概免各省内地沿途税釐。夏間天順祥商號運局布六百疋往黔，即具咨請通飭各關卡照驗放行，想達冰案。兹據天順祥禀稱，周國亮船裝局布七十件，八月過曹家溪及鎮遠，各釐局、關卡均仍令完釐税等情。敬懇速飭查明是否確實，并請通飭勿再重徵，以符奏案，至禱。元。

嵩撫台來電〔三〕 光緒二十二年十月二十四日申刻到

黔省瘠苦，兵練餉需，倚靠協餉。近年協餉不濟，全靠釐税以資接濟。前電官布局紗布免抽釐税一節，現據局禀覆，商人於局紗之外，夾有洋紗影射，一經免抽，即去大宗，實難支持大局。況抽收係落地釐税，與他省情形不同，諸祈原諒。除另備公牘咨復外，先此電覆。昆。梗。

致蘇州趙撫台〔四〕 光緒二十二年十月十五日巳刻發

沙市現正議開租界，狡變萬端，亟需熟悉東洋情形之人與之辯論。聞蘇州界務議有眉目，祈飭劉守慶汾迅即來鄂，以備差委，至感。緊要正在此數日，望飭其勿遲爲要。亦知該員瘡尚未收口，惟事機方急，輪船尚不過勞也。願。

致荆州俞道台 光緒二十二年十月十五日亥刻發

浙江廖撫台來電云，十二日電總署：奏咨四欵敬悉，恭仰維持至意。惟杭埠購地、築路、募捕、造屋，經營半年，費十餘萬，其未竣之工，未購之地，所需尚鉅。今讓歸日本，一切經費如何歸還，工程應否停止，深費躊躇。甯波章程與上海迥異，既照上海，則所有工程應由彼籌欵自辦，自向民間買賣，斷無我出經費聽彼管理之理。且杭章十四條，凡道路、橋梁、地價等項，皆爲管理濠房之權而設，倘房既不屬我，其餘各條皆當作廢。頃倭挾諭旨，欲將第二條、第五條、第十五條删去，其餘各條照舊由我支辦。既非甯章，又非滬章，無論何口皆無此例。況新界不獨杭州，與國不獨日本，若果紛紛援請，何以應之。籌思再四，斷難允行。現尚飭局員與之理論，但能大段無傷，無不勉强遷就。惟彼以違旨大題要挾恫喝，種種無理，此間既難逞志，必向鈞署嘵瀆。究應作何辦理，伏乞鈞裁指示等語。特奉聞。豐。願。等語。特轉電知照。魏令昨午行，並派委員知縣梁敦彦前往隨同籌議，

〔一〕録自抄本《張之洞電稿·致直隸電》。
〔二〕指嵩昆。録自抄本《張之洞電稿·致各省電》。
〔三〕録自苑書義等主編《張之洞全集》第九册，第七一五〇頁，河北人民出版社一九九八年版。
〔四〕録自抄本《張之洞電稿·致江蘇電》。

今午行。咸。

俞道來電〔一〕 光緒二十二年十月十九日戌刻到

咸電謹悉。十八與倭領會議，伊云界内工程概歸我辦，地歸我購，俟彼酌租，當同魏令力辯。倭領拍案作怒，立逼定議，堅持不允，告以現議情形，須電稟請示再議。彼詢議期，答須十日，彼即奮然而去。如此狂悖，伊必捏達公使。應否電總署備查，乞酌奪，并速電示遵。粱令已到，俟同妥商續議。餘詳稟。鍾穎。嘯。

致俄京許欽差〔二〕 光緒二十二年十月十六日未刻發

快礮機找價二十一萬二千馬，本日已交匯豐匯。十二生快礮機每年能出十尊者如太貴，實能年出六尊者亦可，價各若干，祈迅查示。總之，此廠必須速設。候示覆。諫。

致總署〔三〕 光緒二十二年十月十七日午刻發

陽電敬悉。阿森瑪兩次來稟，願來鄂投效供差委，均託漢口税司代呈。鄂省亦尚需人，阿既自殷投效，現已離館，即望飭來，當俟其到後與之商訂合同，或教語言，或教武備，惟斷不能干預帶兵之權。該洋員係自行稟求差委，須先議明須聽鄂督及總辦之道員節制，於鄂督爲屬員，於總辦道員則禮節可稍假借，雖不肯視爲屬員，然公事則必遵節制，歷年所募用洋將洋教習，皆係如此，務請先飭知爲禱。同文館月薪若干，請電示，以便參酌之。篠。

致天津盛京卿、王制台 光緒二十二年十月二十日丑刻發

霰電悉。蘆溝起設處所，請與夔帥商定，惟看丹云云，未甚瞭然，便中函示可也。錫樂巴説已見，甚詳盡，圖即成，大指必須由信陽一路，襄樊不便，惟起處錫未議定。鄙意以由漢陽作馬頭，至上游過襄河爲穩妥。容晤商。效。

王制台來電〔四〕 光緒二十二年十月二十一日午刻到

杏孫到津，連日晤商一切，大致先請領南、北洋官款三百萬開辦兩頭，然后借債集股，取勢較大。蘆溝橋自看丹起，看丹即豐臺看芍藥處也。洋工師擬用金達，即津榆、津蘆兩路之工師，蘆漢亦用之，三路可聯為一氣。先請領欵撥，俟杏孫臨行會銜即發。謹聞。韶。哿亥。

致宜昌土税局趙道台〔五〕 光緒二十二年十月二十日丑刻發

土税來文，應解槍礮局即附在鐵政局内，歷年皆如此，勿誤

〔一〕録自苑書義等主編《張之洞全集》第九册，第七一五一至七一五二頁，河北人民出版社一九九八年版。
〔二〕録自抄本《張之洞電稿·致外洋電》。
〔三〕録自抄本《張之洞電稿·致北京電》。
〔四〕録自苑書義等主編《張之洞全集》第九册，第七一五五頁，河北人民出版社一九九八年版。
〔五〕録自抄本《張之洞電稿·致本省電》。

解漢陽槍礮廠。陳倅薪水照舊發。效。

致天津王制台光緒二十二年十月二十二日丑刻發

咨電悉。兩頭開工，然後借債集股，極當，請即酌辦。馬。

致天津盛京卿[一]光緒二十二年十月二十二日丑刻發

號電悉。當催錫圖，俟信赴滬。蘆保路用金達各節，請與夔帥商辦。兩頭開工，再議借債招股，極是，請速籌辦。咨。

致天津盛京卿、王制台光緒二十二年十月二十二日酉刻發

杏孫馬兩電悉。領欵摺稿甚妥，請即會銜繕發。咨酉。

致宜昌趙道台[二]光緒二十二年十月二十四日亥刻發

陳翊中現已另委要差，無庸兼辦江口分卡。敬。

致總署光緒二十二年十月二十六日未刻發

荆州俞道詳稱：接日領事照會，欲於西十一月一號在沙市創設彼國郵便局，經該道照會聶税司辯駁。税司覆稱，六月間奉總税司劄文，有日本欲開信局，中國不能照准之語。後七月出京，奉總税司面諭，又有日本決欲開設之語。查中國郵政，業經鈞署奏定興辦，方將商撤上海向設之各國書信館，以收回主國應得之權。除上海外，通商各口，向祇税務司及各國領事署或工程局寄售印花票，即由彼處附輪遞寄，未有明設郵局者。今日本欲於中國創興郵政之初，有意添設郵便局，實與中國新政有礙，且與舊章不符，萬不可允許。惟此事非外間一處所能争，必鈞署向林使極力阻止，或冀有成。除據詳咨呈外，謹電達。宥。

總署來電光緒二十二年十月二十八日

宥電悉。前商朗西與日政府辯阻。據覆：新開四口設局，係仿津、滬例，俟中國郵政辦成，各國郵局全撤，日即照撤。當駁以津、滬在我郵政未辦之先，新開四口不能援照。復准朗電云，向外部力阻，彼不提津、滬，但以已設未便撤回争執，並謂本非争利，姑讓與虚名設立，俟其徐撤，又允商一通融之法等語。沙市情形當電朗西，詢明再覆。儉。

致成都鹿制台[三]光緒二十二年十月二十六日戌刻發

敬電悉。商匯歸欵銀已到。此次續鑄四萬元，擬配大元二萬元，半元、二角、一角三種當酌配，惟半角一種工費虧鉅，銷用甚少，現已不再鑄。請匯銀來鄂，以便照鑄。宥。

致總署[四]光緒二十二年十月二十六日亥刻發

敬電謹悉。沙市租界屢議未妥，望前又委員往隨俞道會議，

[一] 以下二電録自抄本《張之洞電稿·致直隸電》。
[二] 録自抄本《張之洞電稿·致本省電》。
[三] 録自抄本《張之洞電稿·致各省電》。
[四] 録自抄本《張之洞電稿·致北京電》。

以期速成。查議界大致在管界與工程兩項，我管界則我任工程，不管則不任，是一定辦法。現既許彼管界，則界內工程應照專管向例，歸彼自任，如上海各國辦法。馬關條約並無租界歸我修隄修路之文，而日本於管界則援向例，於工程則藉口蘇、杭。俞道與永瀧辯論，彼竟拍案肆怒，無理已甚。接浙撫電，知請示鈞署，度已與林使理論，請併將永瀧無狀告林使爲幸。沙市情形更與蘇、杭不同，蘇、杭界瀕運河，但有道路工程而無隄工。沙市界面臨大江，背負萬城大隄，本係隄外餘土，江水盛漲即被淹浸，非加築外隄橫隄，不能築室立埠。而橫直千餘丈之隄，估計土石兩工極省須二十餘萬金，道路又須十餘萬金。我既無管界權，豈能擲鉅款爲他族興鉅工。即如漢口租界濱江磡岸，皆洋人自修，是湖北本省自有章程可循。現正争辯相持，林使乃謂大致已妥，此外細碎之事云云。彼肆其巧詐，意在混淆鈞聽耳。昨接委員電，彼於道路工程，口氣稍活動，而於隄工尚未轉圜，正須力與磋磨。

致宜昌土税局趙道台[一] 光緒二十二年十月二十七日戌刻發

有電悉。武穴、興國州均准設稽查，過境分卡已批准，即速開辦。沁。

致成都鹿制台 光緒二十二年十月二十八日子刻發

廿四電悉。去歲南洋所發鍾毓靈護照，乃准運機器、准雇洋匠之照，非准招洋商、准附洋股之照，至爲明顯，並非誤發。查雇用洋匠，各省皆有，即以鄂論，前後數十人，均用舍在我，從無以洋匠而出貲充商，亦無以洋商而朦稱匠人，致滋流弊者，可見洋匠、洋商迥判二事，故內地製造等事，招洋商有禁，雇洋匠無禁。當鍾毓靈請照時，因開採煤油乃爲川民興大利，既經川省允准，又知此種工程非用洋匠鮮克有成，是以允發。至鍾毓靈於護照之外，有暗引洋商朦串開採，干犯例禁情事，應由川省就案究辦，與南洋護照無涉。如洋人牽涉護照，可告以此項護照專爲機器、洋匠而發，不爲洋商附股而發，彼必無所藉口。給發護照之事甚多，從未有執護照而別圖覬覦者，尊處儘可據理駁斥。護照既非誤發，未便由敝處咨總署聲明，應請尊處據敝處咨電酌叙可也。感。

致天津太常少堂盛[二] 光緒二十二年十月二十八日酉刻發

榮簡奉常，敬賀。錫欒巴得尊電，遵俟台駕蒞滬時來謁，惟漢口至黄河立面、平面地圖約七十巨幅，必兩月餘方成，此次來時，但携新繪總圖五及他圖數幅。伊言憑總圖及所記日記，已可估約價，云淞至鎮圖約六十幅在江甯，伊自携。呈請覆尊處，特屬電達。勘。

[一] 録自抄本《張之洞電稿·致本省電》。

[二] 録自抄本《張之洞電稿·致直隸電》。

致荊州俞道台、梁令敦彥、魏令遠猷

光緒二十二年十月二十八日戌刻發

廿一日稟、摺均悉。修隄需二十餘萬金，乃萬不得已之舉。本欲俟華洋不雜居，道路歸彼修兩議定後，然後明告允許，仍須令彼幫貼工費，已將辦法指授梁令。今兩議未定，先遽允許，未免太急，何不俟梁令到後一商耶。此時可告以非此兩議商定，隄仍不修，且修費浩大，應攤增地租，不然仍不修。總之，抱定馬關條約並無修隄修路之語。蘇杭已得便宜，僅止沙市一處，不能盡滿其欲，斷無廢約尋衅之理。該道務耐磨勿摇，若彼横暴恫喝，祇可姑忍之，洋務事無可如何也。至地價彼願中國官先行收買，再與日本商議租，此層似亦省口舌之法。沙灘荒地亦不能聽民間多索也，可即約計全界地價共若干電覆，以便核計孰爲相宜。鄙意如築隄彼肯助費，可以此爲抵制酬答。即速覆。勘一。

致荊州俞道台、梁令敦彥、魏令遠猷

光緒二十二年十月二十八日戌刻發

接總署敬電：林使云沙市租界大致已妥，此外細碎之事請飭速定等因。覆電云：沙市租界屢議未妥，望前又委員往隨俞道會議，以期速成。查議界大致在管界與工程兩項，我管界則我任工程，不管則不任，是一定辦法。現既許彼管界，則界内工程應照專管向例，歸彼自任，如上海各國辦法。馬關條約並無租界歸我修隄修路之文，而日本於管界則援向例，於工程則藉口蘇、杭。俞道與永瀧辯論，彼竟拍案肆怒，無理已甚。接浙撫電，知請示鈞署，度已與林使理論，請併將永瀧無狀告林使爲幸。沙市情形更與蘇、杭不同，蘇、杭界瀕運河，但有道路工程，而無隄工。沙市界面臨大江，背負萬城大隄，本係隄外餘土，江水盛漲即被淹浸，非加築外隄横隄，不能築室立埠。而横直千餘丈之隄，估計土石兩工極省須二十餘萬金，道路又須十餘萬金。我既無管界權，豈能擲鉅款爲他族興鉅工。即如漢口租界濱江礙岸，皆洋人自修，是湖北本省自有章程可循。現正争辯相持，林使乃謂大致已妥，此外細碎之事云云，彼肆其巧詐，意在混淆鈞聽耳。昨接委員電，彼於道路工程口氣稍活動，而於隄工尚未轉圜，正須力與磋磨。特關照。勘二。

致沙市洋務局梁令敦彦[一] 光緒二十二年十月

二十八日亥刻發

情形如何，能補救否。頃勘電想接到，即密覆。儉。

梁委員來電 光緒二十二年十一月初一日亥刻到

四電敬悉。廿五送日領簡明辦法六條。昨據覆，尚甚狡執。今又據理力駁，俟稍就範，即行會議，通盤妥定。我雖曾許以代辦圍隄，而或土或石，彼尚無字據，又幸彼昨日覆函，内有允於界内商民征費以資修理之論。敦彦稟。卅。

[一] 以下二電録自苑書義等主編《張之洞全集》第九册，第七一六三至七一六四頁，河北人民出版社一九九八年版。

致荆州俞道台、梁令、魏令光緒二十二年十月二十九日辰刻發

接總署電云：日以沙市租界，關道每事請示，動致稽延，請予關道會議權，因爲電達不悟，領事如此狂横。當告該署使並電朗西告外部，仍飭道妥商，早定爲盼。林董曩言政府責其顢頇，議約又不滿意，撤調回國，現係參贊代辦，尚遜林之和衷等因。總署既以永瀧横狂告日廷，彼或稍歛，該道等務照勘電磋磨。總之，馬關條約所無者，漢口、宜昌向章相待最優之國所無者，皆萬不能允許。即已許者，亦可不認。此兩義是扼要語，務照此駁辯，彼斷不能決裂，即決裂亦聽之。豔。

致天津盛督辦〔一〕光緒二十二年十一月初一日丑刻發

豔電悉。前數日，菘雲言萍鄉辦煤紳董言萍煤須兩家分辦，以免相擠，轉致長價遲誤，囑委惲令積勛往調停保護等語。弟即力言鐵廠已歸商辦，應用何處之煤，令何人承辦，應全由商廠作主，鄙人未便干預。菘雲又代爲力陳利弊，弟言此須與閣下及鄭道商，爲台端籌定如何辦法，尊處儘可自行委員，敝處斷不便委。如尊意或有需地方官助力之處，應待閣下來電囑敝處委員，説明如何辦法，方能據尊電照委等語。此事原委如此。查軌要煤急，素所深知，商廠商煤，理無干預，鄙人於此等處理路尚清。至某學士從未晤面，亦未通函，並未將此事託敝處代籌。尊意未便轉達，似可囑鄭道或菘雲轉致爲妥。何日赴滬，并示。再，蔡道如到津，可囑其一謁夔帥，見後即速行。不知蔡寓處，切懇轉告。卅。

致蘇州趙撫台、杭州廖撫台、四川鹿制台〔二〕光緒二十二年十一月初二日子刻發

頃電總署云：儉電謹悉。馬關條約並無准日本設郵便局之語，萬不能許其隨意增添，一經暫許，後斷不肯撤。我正行郵政，彼何得撓亂。此舉非爲争利，乃中國政權所關，若約外任彼要求增加，將來何所底止。況沙市尚未開關，彼之郵局並非已設。切懇鈞署駁阻，即使津滬不撤，所開四口斷不容妄添。切禱。等語。特布聞。冬。

致荆州俞道台、梁令、魏令光緒二十二年十一月初二日巳刻發

兩卅電均悉。廿七所禀六條，俟到後再核示。地由官買，似覺受累，然地價究有收回之日，且此一層既係彼之所重，在我爲有惠於彼，正可别索酬抵，並非專允此條。鄙意不妨允許，但不可未得所酬，漫然先許耳。圍隄或土或石未定，留爲伸縮地步，甚好，彼允於界内商民徵費，於我不無稍補，可執此商辦。凡與彼議，可先發電請示，再與定議，並可告以未奉省中允准之事，

〔一〕録自抄本《張之洞電稿·致直隸電》。

〔二〕録自抄本《張之洞電稿·致江蘇電》。

祇作商議，不作定准，是爲至要。總之，抱定馬關條約爲主，務須明告日領，若馬關原約所無，中國相待最優之國所無者，皆萬不能許，彼斷不能決裂。切切。效。同莘按：效字似是冬字之誤。

致總署 光緒二十二年十一月初二日亥刻發

儉電謹悉。馬關條約並無准日本設郵便局之語，萬不能許其隨意增添，一經暫許，後斷不肯撤。我正行郵政，彼何得撓亂。此舉非爲争利，乃中國政體政權所關，若約外任彼要求增加，將來何所底止。況沙市尚未開關，彼之郵局並非已設。切懇鈞署駁阻，即使津滬不撤，新開四口斷不容妄添。切禱。沃。

總署來電 光緒二十二年十一月初六日

沃電悉。昨朗西詰外部，云郵政仍以中國所辦得法，即與各國同撤，與前論蘇杭郵事同，領事無狀，允申戒。魚。

致宜昌趙道台〔一〕 光緒二十二年十一月初二日亥刻發

兑餉差，省中有人，取其與槍礮局接洽。潘倅錫璋，該道可另行酌籌位置。沃。

致杭州廖撫台、蘇州趙撫台 光緒二十二年十一月初二日亥刻發

十月内接轂帥願電，論及倭租界事，云斷無我出經費聽彼管理之理，無論何口，皆無此例，至爲剴切，佩甚。此間正議沙埠，倭領事狡橫已極，現飭關道與該領事言明，抱定馬關條約爲主，若馬關原約所無者，向來中國所待最優之國所無者，皆萬不能許，令關道堅忍磋磨。如有所求，必須別索酬抵，方能允行，不知能就範否。竊思我堅守馬關條約，彼族斷不至因此決裂。尊意若何，杭州、蘇州情形如何，祈示覆。沃。

致成都鹿制台 光緒二十二年十一月初八日亥刻發

雲陽大藏山於秋間坍塌，江心中洪梗塞，浪湧如山，上水船貨到此須盤灘换船，方能上泝，下水鹽船亦十壞七八。似此艱險，於民生國計關繫甚大。究竟是何情形，現擬作何辦法，想尊處必已維籌盡善。祈即速示覆。庚。

致南京桂署藩台〔二〕 光緒二十二年十一月初八日亥刻發

紗機與通州大生廠合辦定約，慰甚。山東候補知縣張守誠去冬在江甯籌餉局報捐，改指四川，昨部中云捐案未到。其捐册究係於何時咨部，曾否接准部覆，祈查明電覆。庚。

致武穴轉田家鎮礮臺鄧提督〔三〕 光緒二十二年十一月十一日午刻發

該軍已委黄守國瓛即日前往點驗，并自十月二十八日電禀成

〔一〕録自抄本《張之洞電稿·致本省電》。
〔二〕録自抄本《張之洞電稿·致江蘇電》。
〔三〕以下二電録自抄本《張之洞電稿·致本省電》。

軍之日，酌量暫支薪糧矣。真。

致蘭溪速送黄州龐學台光緒二十二年十一月十五日辰刻發

函悉。即派金甌奉迓，今晚可到。咸。

致荆州俞道台、梁令、魏令光緒二十二年十一月十五日未刻發

文電悉。界址照三百八十丈，駁去八百丈之説，甚妥。地分三等，分年繳價，是否由官先墊，想必是駁去拍賣之説。如非拍賣，又不須官墊價，且定有年限，即畫押可也。約中須聲明不俟拍賣，繳價限期至多三數年爲要。修路、修隄、雜居三層，本日電總署，請其堅持矣。本意以墊價爲無妨者，欲借此以抵换不修隄路也，今隄路總署能駁與否，無把握，則官墊太喫虧。是否官墊，速即刻覆。咸。

俞道來電[一]光緒二十二年十一月二十日戌刻到

咸電敬悉。地價逐年加五元，五年後抬租，有增無減。未許官墊，惟人和等急欲歸本作難，容妥商另稟請示。工程、雜居與立别約，彼此候政府示，措詞我理較長，内外堅持，當能就範。現改廿四畫押，仍候示覆。鍾穎稟。效。

致上海盛京堂光緒二十二年十一月十五日未刻發

真電悉。信陽乃不易之理，造費又較繞襄樊爲省，養費尤省，仍不失襄樊之利，想錫樂巴能詳言之。馬頭可詳酌。總之，漢口到灄口難修也。造路以勘地繪圖爲綱領，不嫌詳慎。美匠承修，自宜派美工師覆勘。鐵路學以德爲最精，凡英法大工程多借助德人，凡大工師多出身德學，故無論何國人造路，錫樂巴均可用。其人學術精到，心地光明，甚爲難得。鄙意在官商同用，未便專屬之公司，庶處處均便諮詢，於考核斟酌路工大有裨益。或名爲鐵路參議委員，薪水可官商兩處分任。此人望彼此商定再派。咸。

致萬縣電局飛送來鳳土藥局候令昌錦[二]光緒二十二年十一月十六日未刻發

昨據施南府稟，請由該局借撥賑欵，當即批司照准轉飭，需銀若干，由額守知照，速即照撥具報，并轉告額守。銑。

致漢口緝捕局傅守[三]光緒二十二年十一月十六日未刻發

田運炳已解到，發司審訊。該守即刻帶同王永順過江，徑赴臬署，隨同審訊，録取初供，再行酌發監禁。調來案據已發臬司矣。事關緊要，不可刻延。銑。

[一] 録自苑書義等主編《張之洞全集》第九册，第七一七三頁，河北人民出版社一九九八年版。
[二] 録自抄本《張之洞電稿·致各省電》。
[三] 以下二電録自抄本《張之洞電稿·致本省電》。

致宜昌趙道台光緒二十二年十一月十六日戌刻發

真電悉。過境土藥經過各釐局留難需索，亟應禁革，該道速即稟候飭嚴禁，俾免商情阻滯。諫。

致總署光緒二十二年十一月十九日丑刻發

蒸電敬悉。去年珍田所指沙市租界，長八百丈，在萬城大隄之外，地係隄外新淤，頻年培隄之土，即取於此。距江岸最寬處僅二百丈，更須留地護隄，留土培隄，不能拓至隄根。近與磨議，允給寬約一百二十丈，長三百八十丈，已駁去八百丈一層矣。租界內民地，彼欲官墊價先買，候彼拍賣。拍賣必賤價，又無定期，太喫虧。近議地分三等，先定價，聽彼陸續買，是又駁去拍賣一層，但墊價一層尚未議就耳。地係新漲，夏令江水泛溢，歲被淹灌，非有外隄不能禦水，且非有石岸不能保土隄。土隄估價約銀三萬兩，加石磡岸約銀十七八萬兩，約共二十餘萬兩。界權既屬彼，則我無出鉅欵與他族興鉅工之理。然彼意在棄原指之地，另圖錯居市廛。目下方擬仿漢口德界章程與議，使華洋不雜居，豈可反令深入，又不得不指修隄爲羈縻計，故土隄已露允意，石岸則未之許。至界內道路，彼欲仿蘇杭，初辦由我出資，此間堅持不允。又華洋不雜居，彼亦堅執不允。領事言，修隄、修路、雜居三層，請政府定。彼使必來鈞署混瀆，請一律堅持。如萬不得已，或我修土隄，則以界內民地官不墊價先買一層相抵。聞彼似可允界內商民攤助修費，但恐必不多，或祇敷歲修耳。若石隄及界內馬路橋梁，則斷斷不能由我修，既無此欵，亦無此理，萬不能允，鄂省之力萬辦不到。此馬關原約所無，彼斷不能因此另生枝節。嘯〔一〕。

致天津聶提台〔二〕光緒二十二年十一月二十日午刻發

函悉。函寄貴部課程、陣圖，嚴整活變，切於實用，佩甚，敬謝。此間初練洋操，祈再惠課程、陣圖各十分，交文報局寄鄂，以便分發各軍講求練習，感盼。號。

致宜昌趙道台〔三〕光緒二十二年十一月二十一日未刻發

效電悉。該道咸電准撫院咨，已行釐局飭禁，不必再稟。又，胡令子功已赴江口接辦，陶令當可交卸赴北矣。箇。

致上海盛京堂〔四〕光緒二十二年十一月二十二日

南北鐵路，局面宏闊，需人必多。趙令竹君才長心細，熟(細)[悉]情形，確是有用之才，已晤面否。望於就近委派事，必於公事有益。

致襄陽黎道、王守并南漳游擊〔五〕光緒二十二年十一月二十五日亥刻發

頃據法領事照稱，襄陽南主教由老河口來電，云南漳縣天主

〔一〕此電於同月二十六日致荊州俞道台、梁令、魏令。
〔二〕録自抄本《張之洞電稿·致直隸電》。
〔三〕〔五〕録自抄本《張之洞電稿·致本省電》。
〔四〕録自抄本《張之洞電稿·致上海電》。

堂被燬，教士不知存亡等語。究竟是何實情，務即嚴飭查明教士有無被害，據實電覆，一面迅即會營彈壓，萬勿疏虞干咎，切切。有。

致成都鹿制台 光緒二十二年十一月二十六日丑刻發

雲陽鑿石灘乃最緊要事。此事須速辦，若再遲則春水漲，無及矣。是否商人意見不同，抑或籌欵爲難。總之，江路乃鹽商與各幫商人公共之利，鹽務爲尤甚。若因何幫應攤多少尚未議妥，似可由官先爲酌墊開辦，一面再議分認之法，動工後商欵自可收繳矣。尊意如何，祈速覆。有。

致成都鹿制台[二] 光緒二十二年十一月二十六日丑刻發

敝處派楚功拖送川礮船二隻上駛，行至荆河口，因煤盡，只可回省。該輪裝煤不多，江水甚淺，荆口以上多沙尤淺，小輪拖兩船須來回接遞，每日只能行七八十里，民船拉縴，每日亦可行五六十里，若再令該輪上駛，必須追至宜昌不遠，始趕得上，已無益矣。江淺沙多，輪小煤少，種種艱難，並非遁回湖北。本省差務乘輪至荆宜者，動輒二十餘日，請詢楚人自知。有二。

致俄京許欽差[三] 光緒二十二年十一月二十八日丑刻發

養電悉。十二生快礮機，祈催力拂速估速示，以便籌備欵項，并預留廠地。感。

致俄京許欽差 光緒二十二年十二月初一日巳刻發

槍廠須添樣板鋼模、家伙、書、表各件，請詢力拂將現成者先讓出，以應急需，價若干，先電示。豔。

致上海長春棧湖北委員張令清、黃千總福華[三] 光緒二十二年十二月初二日辰刻發

東電悉。查黃千總單開各機，除槍礮廠代造外，上海購製各件及造廠共銀三萬兩。茲議購美機，是否連鑄、輾、烘、搖、翦、抽各機，及皮帶、輪軸、架牀所有應用各件全副在內，抑尚有須另行添配之物。若另添配，約需銀若干，其中熱輾幾副，冷輾幾副，每日作工幾點鐘，如開夜工，能添鑄若干，此價能否議減，是否可按九五扣核發，電中四百串以下大號六鑽四字何解，併即明晰電覆爲要。沃。

張令、黃千總來電[四] 光緒二十二年十二月初三日亥刻到

沃電垂詢，敬為稟覆。千總前呈摺開廠、爐各件工料，約計二萬兩。鍋爐、汽機各一副，車軸、架輪，槍礮廠有存。壓鋼模

[一] 録自抄本《張之洞電稿·致各省電》。
[二] 以下二電録自抄本《張之洞電稿·致外洋電》。
[三] 録自抄本《張之洞電稿·致上海電》。
[四] 録自苑書義等主編《張之洞全集》第九册，第七一八二頁，河北人民出版社一九九八年版。

機、車牀各一副，銀元局餘存。熱輾四副，冷輾、烘牀各二副，鐵水櫃，均由槍礮廠代造。現議春餅、壓字、另摇、翦、添汽機一副。以上五欵由職道購辦外，又須在滬添配小車牀三副，抽水機一副，熔銅罐一百箇，三欵一千七百兩。每日十點鐘工，造錢四百串，若開夜工，按每點鐘造四十串算。大號春餅機乃用春鑽六枝，每一轉能春錢餅六箇。該行原開價銀三萬六千六百餘兩，與卑職清逐層向伊核減，議至四次，減去三千餘兩，再截去九五浮費千餘兩，實價三萬一千八百十兩，再難核減，較蜀省定價約貶千餘兩。卑職清、福華稟。江。

致襄陽道、府〔二〕 光緒二十二年十二月初三日酉刻發

電悉。教士王輔仁係何處人，趙教士是否洋人，現在何處，速查覆，并飛飭縣委會營實力彈壓保護，務將爲首滋事之人查拏嚴辦，一面將起衅緣由據實電稟。

黎道、王守來電并稟撫台〔三〕 光緒二十二年十二月初一日戌刻到

本月二十二日據南漳縣虞令稟稱：二十夜，有已故教民馬啟志之子曾經反教為民，糾衆擁至界山趙教士所住民房內，毁搶什物，趙教士越墻逃避哨官處，得以無恙。經哨官彈壓解散，教士住房及教民各家均無毁傷，惟將教友王輔仁捆去等情。職道立委襄通判周倅，於二十三日前往持平商辦，原擬俟其查覆，再行稟報，但頃聞教士住房被焚，王輔仁殺斃，合先電稟核辦。職道嘉蘭、卑府貽清謹稟。

黎道、王守來電並稟撫台光緒二十二年十二月初七日酉刻到

王輔仁未被害，殺斃者實黄姓，中國人。趙教士，德國人，現在紫金峒凈堂。起衅由馬姓反教，教民訛錢所致。蔡道來電，法領事照會茶園溝有警，不知何縣，當即飛飭襄、南兩縣查明保護。職道蘭、卑府清稟。支。

致荊州俞道台、漢口蔡道台〔三〕光緒二十二年十二月初五日子刻發

總署支電，云法使面稱，法委員行抵荊州，被衆擲石擊打，請速飭彈壓保護等語。希飭該地方官從速查理保護等語。查此事本衙門亦有所聞，税務司偕兩法人同行，亦受微傷。俞道速即查明起衅緣由電覆，並查拏滋事之人，訊明懲儆。其受傷之税務司，俞道即親往撫慰，法人到漢時，蔡道亦即慰以好言爲要。豪。

致總署〔四〕 光緒二十二年十二月初五日子刻發

支電謹悉。南漳出教之教民與教民生衅，趙教士房屋被焚，該教士避出，兵役保護無恙，殺斃教民一人，已屢電嚴飭拏辦。兹據道府電覆，匪衆盡散，首犯投案，地方安静。又税務司偕法

〔一〕〔三〕 録自抄本《張之洞電稿·致本省電》。

〔二〕 以下二電録自苑書義等主編《張之洞全集》第九册，第七一七八至七一八三頁，河北人民出版社一九九八年版。

〔四〕 録自抄本《張之洞電稿·致北京電》。

人二名至荆州城被人擲石微傷，已撫慰並飭查懲矣。支。

致荆州將軍、俞道台〔一〕光緒二十二年十二月初九日未刻發

總署來電，法使面稱法商董在荆州游歷，被人擲石受傷，詢如何撫慰，如何查懲，須詳報該外部，並云近在城内，地方官失察，應有處分，並應令出示曉諭，希酌辦電覆。齊。等語。現係如何辦法，即望示覆。佳。

致荆州俞道台、沙市梁令敦彦光緒二十二年十二月初十日巳刻發

聞沙市税司受傷頗重，是否屬實，速覆。佳。

梁令來電〔二〕光緒二十二年十二月十四日酉刻到

佳電敬悉。聶税司皮傷甚輕，三日已退痂全愈。昨代其轉電穆和德，云告示已出，為首滋事人懲辦，祈轉知法領等語，以釋法領之心，想可就此了事矣。敦彦稟。文。

致户部光緒二十二年十二月十一日午刻發

效電悉。湖北槍礮廠機皆新式，工匠熟手又少，多藉洋匠指點，工作方能迅速。本年夏間洋匠患病多日，旋即告退，續雇三名，經許大臣慎選好手，近日始到一名，餘二名明正可到，因此出數較少，年内可成快槍一千餘枝，快礮二十尊。槍彈每月可出二十餘萬顆，惟未裝藥，緣乏經費，未設無煙藥廠，須向外洋購到方能裝配。先電大略，餘容咨報。真。

致江甯劉制台光緒二十二年十二月十一日午刻發

覆函敬悉。承撥十響快槍一千枝，彈二十萬顆，並慨允協濟，無須備價，具感公誼，謝謝。惟鄂省防練各營，現須一律改練後膛槍，需槍甚多，除前函請撥千枝外，各軍仍須添配他式，槍彈仍屬夾雜，不能一律，特以欵絀難籌，未便多請。兹承將前項槍彈作爲協濟，擬另備價，請再撥十響快槍一千枝，彈二十萬顆，連前共計槍二千枝，彈四十萬顆。如蒙慨允，當併備公牘，派員賫領。至續領之槍千枝，彈二十萬，或應備價，或併作爲協濟，均聽尊裁。祈示覆。真。

致江甯劉制台〔三〕光緒二十二年十二月十一日午刻發

箇電悉。神機營、練兵處擬調取快槍，敝處亦有慶邸函牘，惟鄂局因洋匠患病，辭退更换，中間遷延，出槍較少，年内僅可成一千餘枝，已分發各軍操練，俟明年造出者，再候撥。尊處現存若干，擬分濟若干，祈示悉。真二。

致上海長發棧張令清、黄千總福華〔四〕光緒二十二年十二月十二日丑刻發

稟電均悉。鑄錢機器即照定，務須約定六箇月到鄂，如逾限

〔一〕以下二電録自抄本《張之洞電稿·致本省電》。
〔二〕録自苑書義等主編《張之洞全集》第九册，第七一八六頁，河北人民出版社一九九八年版。
〔三〕録自抄本《張之洞電稿·致江蘇電》。
〔四〕以下二電録自抄本《張之洞電稿·致上海電》。

如何罰，機器不合用如何罰，每十點鐘不能出四百串如何罰，均須載明合同。在鄂添配之件，亦即照添。再，錢必須滾邊，此項滾邊機已定否，定銀須若干，速覆照匯。真。

致上海長春棧張令清、黄千總福華光緒二十二年十二月十二日申刻發

據銀元局禀，該局僅有大小車牀三副，尚不敷用，未便移往錢局等語。前摺所開大車床一副，即在滬另購。文。

致西安魏撫台〔一〕光緒二十二年十二月十三日辰刻發

前奉尊電，囑代鑄大小銀元三萬解陝，於甘餉劃撥，已飭司局遵辦。近日事繁，忘未奉覆，歉甚。元。

致荆州俞道台、梁令敦彦〔二〕光緒二十二年十二月十三日辰刻發

省城現有洋務要件，梁令可速回省。日本租界章程，總署尚無議定消息，俟接署電後，如有曲折，當再飭梁令往，如無事，即不必矣。元。

致福州裕將軍〔三〕光緒二十二年十二月十三日酉刻發

聞去年秋八九月間，台端在盛京時，訪查有會匪頭目正龍頭唐奇，即唐遇龍，係唐軍門仁廣之胞姪，行四，人稱爲唐四少爺，自稱係花翎都司，唐軍門委充信勝左營營官，開堂放飄，黨羽甚衆，唐軍門因此愁急增病。又有副龍頭唐冕，即唐子鈞，台端查知後派人查拏，該匪首唐奇旋即逃逸，唐冕亦逃等情。去年冬，弟在金陵拏獲匪首唐冕，供出唐奇即唐遇龍，爲該會中正龍頭，當經將唐冕正法，奏明通緝唐奇在案。現在鄂省將唐奇拏獲，該匪首供稱係把總，假冒都司，於去年九月離營，改名唐濟濬，朦捐知縣，部選陝西清澗縣，行至鄂省被獲。現已奏參，奉旨革審，惟不認充當匪首，開堂放飄。究竟尊處訪拏係何人，其蹤跡姓名情節，祈詳示。至感。元。

致宜昌趙道台〔四〕光緒二十二年十二月十三日酉刻發

駐省解餉一差，即委槍礮局委員、試用知縣鄒履和經理，取其與槍礮廠聯屬，交欵較便。元。

致襄陽吴提台、黎道台、王守光緒二十二年十二月十五日未刻發

文電悉。穀城痞匪楊正貴，糾匪至漳屬李家廟等處打搶教民財物，明係匪徒藉端滋事，若再不認真嚴辦，必成禍亂，此地方之患，非教堂之患也。該道府迅即分飭南、穀兩縣，妥速查拏匪首，認真彈壓解散，若再滋蔓不已，該道府營縣皆難當此重咎也。並請吴軍門嚴飭馬步隊左右巡防。銑。

致練兵處光緒二十二年十二月十五日亥刻發

文電敬悉。漢陽槍廠前因洋匠未到，華匠於新式機器運用未

〔一〕〔三〕録自抄本《張之洞電稿·致各省電》。「裕將軍」指裕禄。

〔二〕〔四〕録自抄本《張之洞電稿·致本省電》。

熟，現僅成槍一千三百枝。兹鈞處調取，謹當先備一千枝聽候撥用，餘發本省各營操練。明年洋匠已到，工作漸熟，所出自可加多。如鈞處需用，仍當聽候續撥。咸。

致宜昌傅鎮台〔一〕光緒二十二年十二月十五日亥刻發

元電悉。遠安營遊擊，擬請委王有盛往署一稟，尚未接到，即由該鎮録此電先行檄委，以資彈壓可也。咸。

致宜昌傅鎮台光緒二十二年十二月十七日辰刻發

聞東湖、當陽、枝江、宜都交界之黑土坡，有會匪馮經山并頭目十餘人，糾匪劫殺，煽惑饑民，且有先燬教堂之説。此時災民甚多，若煽惑嘯聚，爲患不小。傅鎮、丁守迅即嚴飭營縣，各派兵役嚴密查拏匪首，解散脅從。傅鎮尤宜不分畛域，派兵嚴拏，務獲懲辦。各處教堂應責成營縣妥爲防護，勿稍玩延釀禍，致干咎戾。銑。

致宜昌惲、趙道台〔二〕光緒二十二年十二月十七日辰刻發

願電悉。會匪馮經山糾匪滋事，已電飭傅鎮、丁守迅飭營、縣嚴拏懲辦，妥爲彈壓解散矣。銑。

致西安魏撫台〔三〕光緒二十二年十二月十七日午刻發

鄂代陝鑄大小銀元共四萬元，前元電四萬誤作三萬，請更正。洽。

致俄京許欽差〔四〕光緒二十二年十二月十七日戌刻發

鄂省自造小口徑槍彈，需用無烟槍藥一千磅，祈代查何家藥力最佳，包送來鄂每百磅價若干。又，三生七快礮所用無烟藥，每百磅價若干，何時準可到鄂。並即電示爲感。洽。

致上海盛京堂光緒二十二年十二月十七日亥刻發

佳電悉。洋商包辦全工及分餘利，均不可行，尊論駁之極是。果如伍言，洋商因署奏洋欵借定再發官本之語，致生要挾，能向户部商先發官本否。聞京城有人入鉅欵股分，欣慰，已議定否。英商摩賡來議開鑛，係何章程，未悉其詳，惟傳聞兩條，似有窒礙。洽。

致江甯尊經書院蒯履卿翰林〔五〕光緒二十二年十二月十七日亥刻發

覆函悉。精識偉論，欽佩。果如尊論所云教法，鄙人自所深願。惟此間情形及鄙人用意，非函電所能詳盡，必須面談，方能達意。敢請閣下迅即來鄂一行，諸事均可面商，總可令閣下得行其志。數日即可定議，無論書院、學堂，必有一席奉屈，惟必須

〔一〕〔二〕録自抄本《張之洞電稿·致本省電》。

〔三〕録自抄本《張之洞電稿·致各省電》。

〔四〕録自抄本《張之洞電稿·致外洋電》。

〔五〕以下二電録自抄本《張之洞電稿·致江蘇電》。

年内商定，方可早爲布置，開春便嫌遲晚，切盼即臨。歲暮心煩，暢談爲樂。川資將來由鄂補送。祈即電覆。洽。

致江甯尊經書院蒯翰林 光緒二十二年十二月十八日辰刻發

昨洽電想達。即請乘楚材輪船來鄂。楚材正在金陵，已電飭該輪管帶赴尊處聽候指揮。嘯。

致江甯劉制台 光緒二十二年十二月二十日亥刻發

湖北武備學堂及洋操隊需洋教習，募到需時，而江南自强軍洋員弁甚多，昨遣人詢問，有三員，一名斯忒老，一名泰白福，一名賽德爾，均願來鄂。查江南洋員弁明年限滿後，須給回國川資，鄂募洋教習須給來華川資，若遣此三人來鄂，鄂可速收其用，江可漸減其勢，彼此有益。特奉商，如可，即請電飭沈道敦和，令其速來鄂。祈速示覆。號。

致雲南唐督辦〔一〕 光緒二十二年十二月二十日亥刻發

電悉。湖北銅本，已飭司湊撥銀二萬兩，於十月十三日交天順祥匯解矣。此間爲洋欵所窘，故不能多，祈諒。號。

致蘇州南倉橋吴清帥〔二〕 光緒二十二年十二月二十二日辰刻發

王福卿頌蔚之世兄算學極精，爲一時之冠，名記不確，似是名季鍇。湖北算學堂明年認真擴充，擇年少質穎者肄業，照西法設立誦堂，面授課程，惟王君可勝此任。懇公代請，務望必來爲禱。脩金隨王君之意，一切遵命。又，有周德輿算學亦精，祈問王世兄，周在何處，即候示覆。令愛可緩來。午間覆電想達。馬亥。

吴撫台來電〔三〕 光緒二十二年十二月二十五日丑刻到

王世兄季同，原名季鍇，現在京同文館充當算學教習，咨調到鄂，未知總署允否。周君無從詢悉。澂。敬。

致濟南李撫台 光緒二十二年十二月二十二日亥刻發

聞尊處因本年錢價太貴，將通省徵收錢糧章程奏明，改爲每銀一兩祇准收制錢二千四百文，爲民間減省不少。係何時出奏，奉旨州縣每兩約減去錢若干，現在東省銀一兩換錢若干，望將奏稿録示，並先電覆爲感。禡。

李撫台來電〔四〕光緒二十二年十二月十四日申刻到

東省銀價，現合制錢一千三四百文。前於七月底奏明，每銀一兩連耗一切，只准收制錢二千四百文，照從前收數每兩減制錢五六百文不等。各州縣錢糧多寡不一，約計大州縣可為民間減制錢三萬四五千千。原摺已見邸鈔，請就近查閲。秉衡謹覆。漾午。

〔一〕指唐炯。録自抄本《張之洞電稿·致各省電》。

〔二〕録自抄本《張之洞電稿·致江蘇電》。

〔三〕〔四〕録自苑書義等主編《張之洞全集》第九册，第七二〇一頁，河北人民出版社一九九八年版。

致杭州廖撫台光緒二十二年十二月二十四日巳刻發

養電悉。機器製造貨物新章九條，由總署咨南洋轉行關道。敝處僅據江漢關呈報，不識尊處何以未見，豈南洋未行浙、甌兩關耶。二赤[一]此章，種種刁難，不過困華助洋，令華商無機貨廠而已。滬絲廠無不大虧，且有送與洋人者矣。且章內皆交稅務司辦理，全不提關道一字，尤怪。聞洋商並不遵辦，尊處想悉其詳。承示擬會銜公電譯署，暫請緩辦，深仰藎忱，欽佩。鄙意似宜兩省各自電請，作爲不謀而合，較易動聽。玆已遵電總署，即請尊處單銜電達。俟得覆電，彼此通知。再，尊處曾否電商南洋聯銜，或南洋别有卓見耶，並祈示。敬。

致大理馮宫保光緒二十二年十二月二十四日巳刻發

文電悉。榮任大喜，敬賀，惟遠歷煙瘴，諸祈珍衛。地方情形台端精神如何，仍祈隨時示慰。敬。

致上海盛京堂[二]光緒二十二年十二月二十四日巳刻發

效、禡兩電並函均悉。華士賓係德商，何以肯同美工師勘路，未解，祈示其故。張延鴻已補缺，兼現有要差，勘路請另酌妥員。津榆官路歸併公司，極妙。夔帥亦有電來，即請會札照委。敬。

致俄京許欽差[三]光緒二十二年十二月二十四日巳刻發

十二生快礮機每年能出若干尊，祈速詢覆。敬。

許欽差來電[四]光緒二十二年十二月二十八日申刻到

每年出礮十尊。澄。

致天津王制台[五]光緒二十二年十二月二十四日巳刻發

養電悉。津榆官路奏准歸併，甚善。杏蓀來電，云已電商尊處會札津海關黄道、總董張道接辦，即請飭遵。敬。

致上海盛京堂[六]光緒二十二年十二月二十五日亥刻發

敬電悉。勘路熟悉之員另派甚難其選，張令延鴻現辦隄工，如調回勘路，約須何時可畢，祈覆。如半年以内尚可，派往過久，則該令將赴新任矣。學生名姓，俟查明照派。敬。

致安慶于藩台[七]光緒二十二年十二月二十七日巳刻發

石鎮解到銀一萬兩，飭銀元局附鑄半元三千元，二角四萬元，

〔一〕「二赤」，指中國海關總稅務司英人赫德。
〔二〕〔六〕録自抄本《張之洞電稿·致上海電》。
〔三〕録自抄本《張之洞電稿·致外洋電》。
〔四〕録自苑書義等主編《張之洞全集》第九册，第七二〇四頁，河北人民出版社一九九八年版。
〔五〕録自抄本《張之洞電稿·致直隸電》。
〔七〕録自抄本《張之洞電稿·致各省電》。

一角五萬八千四百十二元，合成一萬兩之數，詳細清單另咨。因趕鑄不及，未能多解，先令石牧於廿八搭江孚運回，廿九晚可到，祈飭局届時赴江孚起運。感。

致上海長發棧張委員清、黃委員福華〔一〕 光緒二十二年十二月二十八日子刻發

美機係何廠所造，即查覆。該員等此次所訂美機，不過最要數種，無鍋爐、輾片等機，其藉資礮廠、銀元局現存者，礮廠、鐵廠代造者多件。至川省購機必係全分，機必較多，而鄂省取資各廠現存及代造者，斷不僅值千數百金，何以云較蜀購價少千數百金，殊未明晰。究係如何核計，速覆。感。

致廣州陳、馬兩位分教〔二〕 光緒二十二年十二月二十八日酉刻發

孝堅、季立兩兄鑒：承允來鄂分教兩湖書院，士林之幸，感謝。每位聘儀十二金，川資五十金，百川通匯寄察收。闢書道遠不便，到鄂日即送，務懇明正到館。節菴喉痛，數日未來，頃始晤，囑代候。儉。

致上海盛京堂〔三〕 光緒二十二年十二月二十八日亥刻發

勘路如止六月，張令延鴻可派往。沈翊清亦可派，惟楚、豫皆生，獨往不便。擬令張、沈同往，以熟引生。此次勘過，則以後插標等事，沈可獨往矣。其隨錫學生二名，已飭查。閣下所改定摩賡開鑛章程，祈速鈔示。儉。

致沙市官運局張倅賡颺〔四〕 光緒二十二年十二月二十九日戌刻發

稟悉。所議甚好，一切照辦。即將官本歸清，明春將諸事辦妥，即速來省，酌派他差。豔。

致老河口土税局張令 光緒二十二年十二月三十日卯刻發

有電悉。安陸收欵五千餘金，即照議交史守劃撥隄工，以印領抵解。但此係必須解省之欵，告史守萬不可不劃還，責成在該令也。豔。

致江甯劉制台 光緒二十二年十二月三十日卯刻發

勘電悉。承派斯忒老、賽德爾二員來鄂，感荷。至齊百凱、鼐豪斯兩員，弟所素知，於鄂省情形不宜。泰白福既不能來，人不敷用。查有何福滿、馬士凱兩員，於鄂省相宜，可否飭沈道令其來鄂，感禱。至到鄂後，或派入學堂教學生，或派入護軍教營勇，俟到後再酌定，此層亦請豫先告知。再，洋弁似宜以漸分派安插爲妥，不僅爲省薪水川資，管見確有用意，諒蒙鑒及。豔一。

〔一〕〔三〕 録自抄本《張之洞電稿·致上海電》。

〔二〕 録自抄本《張之洞電稿·致各省電》。

〔四〕 以下二電録自抄本《張之洞電稿·致本省電》。

致江甯劉制台光緒二十二年十二月三十日卯刻發

傳聞有旨令江南添兵一萬，不知確否，亦不悉所添係何項兵，想無此餉。如真有其事，萬不宜再令洋將管帶，若學堂教習，將弁則可。今年洋情日變，與去年不同，弟確有所見，不敢不奉告備采，非敢越俎，祈鑒。豔二。

致總署〔一〕光緒二十二年十二月三十日亥刻發

機器造貨加税章程九條，在總税司意，謂華商既加，洋商自遵。惟華商風氣初開，行銷未廣，已成之廠獲利無多，未成之廠集貲非易，正苦無術鼓舞。洋商力厚勢盛，百計沮抑，本年江浙繅絲、紡織各廠無不虧折，有歇業者，有推押與洋商者，華商束手，則洋商獨攬中國商民生計，何由自振。可否暫請緩辦，俟商務繁盛，再將華洋一體加徵，出自鈞裁。浙撫廖來電相商，意見相同。除夕。

光緒二十三年

致保康縣宜昌趙道鈔送　光緒二十三年正月初二日子刻發

本部堂訪聞保康縣災頗重，小民困苦，該令漠不關心，毫無辦法，實堪詫異。除已飭司撥欵由鄖陽府轉發外，該令迅即查明實在情形，妥籌賑撫，飛速禀覆，勿稍玩延干咎。切切。元旦。

致安陸史守、張令延鴻〔二〕光緒二十三年正月初二日子刻發

現接盛京堂電，美國工師數日内即到漢口，勘自鄂至豫鐵路，抵黄河止，須派熟手偕往，以六箇月爲度。史守即告張令即日迅速兼程回省，其收支事責成由史守擇一員接管。黄陂署事人員須六月方期滿，張令數月内亦不能到任，此要差重任，萬勿延緩。即電覆。元旦。

致江甯劉制台〔三〕光緒二十三年正月初三日巳刻發

此間武備學堂洋教習日催幫手，性情躁急。泰白福既不能來，

〔一〕録自抄本《張之洞電稿·致北京電》。
〔二〕録自抄本《張之洞電稿·致本省電》。
〔三〕録自抄本《張之洞電稿·致江蘇電》。

江南洋員惟有何福滿文理較好，於學堂相宜，其餘各員只能派入護軍營，另教營勇，不能入學堂也，故惟何福滿一員最要。餘人如自强軍需人，不能多遣，即少派一員亦可。前電未詳，兹再布陳，祈飭沈道知并酌覆爲感。江。

致杭州廖撫台〔一〕 光緒二十三年正月初四日巳刻發

除夕致總署電，云機器造貨加税章程九條，在總税司意謂華商既加，洋商自遵。惟華商風氣初開，行銷未廣，已成之廠獲利無多，未成之廠集貲非易，正苦無術鼓舞。洋商力厚勢盛，百計沮抑，本年江浙繅絲、紡紗各廠無不虧折，有歇業者，有推押與洋商者。華商束手，則洋商獨攬中國商民生計，何由自振。可否暫請緩辦，俟商務繁盛，再將華洋一體加徵，出自鈞裁。浙撫廖來電相商，意見相同等語。特轉達。此事尊處如已電署，亦祈將原電轉來一閱爲禱。如未電，即望速電。支。

致俄京許欽差 光緒二十三年正月初四日未刻發

咸電悉。十二生礮機連殼彈機，價鉅難籌，不知能就原有之中小銅殼機及彈機添件兼造，稍省價值否。鄂銅殼廠尚未造十二生礮殼機，無論添件、添全機，自是歸併一廠，既合爲一廠，自可稍省，望將此層告知力拂。至彈廠雖已造成，亦須商力拂設法將大小彈機妥配，使能附爲一處方好。倘彈、殼兩機均須全副另添，或改商每年祇求出十二生快礮六尊，不知可減價若干。祈妥商速覆，至感。支。

許欽差來電〔二〕 光緒二十三年正月二十一日午刻到

十二生礮機連家伙年出六尊，照價約可減十之二，餘機價難減。似可緩置壓彈機，購現成銅殼暫用。澄。號。

致蘇州南倉橋吳清帥〔三〕 光緒二十三年正月初六日亥刻發

本年擬請曹叔彦中書名元弼爲兩湖書院經學幫分教，每日須與諸生分班當面講授，正月底務須到鄂，以便商定功課。院内諸生甚多，經學分教共請兩位，方能分講。八月鄉試時可回蘇一行，九月望前即回鄂，餘時均須在館。每月脩火共五十金，每年共六百金。請代轉詢，如願來，當寄川資。至關聘，俟到鄂再送。祈速電覆。語。

致俄京許欽差 光緒二十三年正月初九日寅刻發

歌電悉。查尊處前年七月箇電云，現需礮位及造礮各料，須外買者，均在伊廠購。又，洋監工必用德人，免洩造法等語，意謂一二年内需礮，則向伊購，此後即不拘。我鄂礮廠如仿伊樣造礮，外買之料向伊購辦，且必用德匠，免洩造法於西人。若將來華匠經德匠教授，自能仿造，或將來鄂廠竟不仿伊樣時，更不拘用何人，購何料，尚合情理，故當時電請照允。乃查合同内第六欵竟删去現字，直云需礮位云云。然則將來雖他廠新出精礮遠勝克、格兩廠者，我亦永不能購耶，似斷無此理。雖不得此樣，亦

〔一〕録自抄本《張之洞電稿·致各省電》。

〔二〕録自苑書義等主編《張之洞全集》第九册，第七二一三頁，河北人民出版社一九九八年版。

〔三〕録自抄本《張之洞電稿·致江蘇電》。

決不能照辦。務請照鄂意再與訂立明晰字據，免彼藉口爲要。彼肯允從，即請照定十二生臺快礮樣抵換十生半礮可也。至奏明立案一層，既有明晰字據，將來鄂廠自必照辦，似無庸多此枝節。祈妥商速覆，至禱。庚。

致俄京許欽差 光緒二十三年正月初九日亥刻發

鄂廠添機自造十二生長快礮，必須自煉罐子精鋼，方能勝漲力，且免仰給外洋。請詢著名鋼廠，代配每日煉罐子鋼三噸之機爐全副，並選薦好手工師來鄂包煉，務合長快礮用。計爐機價若干，造廠約若干，工師薪水約若干，望詳詢示覆。佳。

許欽差來電[一] 光緒二十三年二月初二日申刻到

克廠罐鋼機爐秘法不可得，他鋼廠罐鋼僅做常器，不合礮用。英、法礮廠皆用西門士鋼，但精煉亦可受大漲力。澄。先。

致蘇州趙撫台、江甯劉制台 光緒二十三年正月初十日巳刻發

除夕致總署電，云機器造貨加稅章程九條，在總稅司意謂華商既加，洋商自遵。惟華商風氣初開，行銷未廣，已成之廠獲利無多，未成之廠集資非易，正苦無術鼓舞。洋商力厚勢盛，百計沮抑，本年江、浙、鄂繅絲紡紗各廠，無不虧折，有歇業者，有推押與洋商者。華商束手，則洋商獨攬中國商民生計，何由自振。可否暫請緩辦，俟商務繁盛，再將華洋一體加徵，出自鈞裁。浙撫廖來電相商，意見相同等語。特轉達。此事穀帥業於正月初五日逕電總署，大意與鄙說相同，並云請俟洋商允加稅後，華商再照加，立說甚善。蘇、滬、無錫等處機器製造土貨之局甚多，事同一律，諒尊意亦必以爲然，或電或奏，請尊裁。再，九條章程中有此項機造土貨俱存稅務司官棧中，尤於商情不便，且章程處處皆言稅務司，直不提關道，亦不可解。敝處並擬，即日具奏，能得各省意見相同，以動總署之聽，當可挽回，實中華商民生計之幸。即盼電覆。蒸。

致江甯桂道台香亭[二] 光緒二十三年正月初十日巳刻發

盛京堂來電，囑鄂省委員隨同洋工師赴湖北、河南一帶勘鐵路，至黃河南岸止。查有知州汪喬年，熟悉勘路事宜，去年經敝處委勘鎮江至江甯路工，現想尚在金陵，祈訪其住址，催令即日來鄂。洋工師數日內即到，不能延緩。盼電覆。蒸。

致江甯劉制台、蘇州趙撫台 光緒二十三年正月十一日子刻發

除夕致總署電云機器造貨加稅章程九條云云，至實中華商民生計之幸。即盼電覆。蒸。文内諒字刪去，亦必二字改作如字。

[一] 録自苑書義等主編《張之洞全集》第九册，第七二一四頁，河北人民出版社一九九八年版。
[二] 以下二電録自抄本《張之洞電稿·致江蘇電》。

致上海盛京堂[一] 光緒二十三年正月十二日子刻發

張延鴻一兩日内即到。沈令以病辭，改委知州汪喬年偕往。汪通洋文，去年委勘鎮江至金陵鐵路，甚細心明白，較沈又勝矣。汪十六日可到鄂。真。

致襄陽黎道台、王太守[二] 光緒二十三年正月十二日午刻發

迴、歌兩電悉。龔老九、楊捻子兩名，該道府迅速委員復訊録供，稟請懲辦，俟奉批後方可正法，此時不可造次，切切。文。

黎道、王守來電并稟撫台[三] 光緒二十三年正月初七日子刻到

首犯楊捻子已在穀城拏獲，并從犯二名。擬請將楊匪與迴電龔匪一并就地正法梟示，餘犯再訊。乞速電諭。蘭清稟。歌。

致上海盛京堂 光緒二十三年正月十四日申刻發

湖北宜昌、施南兩府所屬十三州縣，及附近之鄖陽屬竹谿、保康、房縣，去年春夏乾旱，秋間霪雨數十日，米穀、包穀、番薯、羊芋全行壞爛。各該處皆係窮山僻壤，處處貧瘠，僅食雜糧，素無蓋藏，運販難達，又無他項生計，災民苦極，數月來多食草根樹皮及觀音土，食者輒病，餓莩枕藉，搶奪繁興。地方官寄來饑民所食草土各物，慘不忍覩。雖疊次籌撥錢數萬串散賑平糶，杯水車薪，終無補益。該處又無富户，勸捐鮮濟。祇以京山、潛江、天門、荆門、江陵、監利、松滋、石首、漢川九州縣，因去秋江、漢並漲，隄垸潰決三百數十處，現在借庫欵，湊捐欵，分投修築，以工代賑，共需錢四十餘萬串，全力盡供此數處隄工，已用錢二十餘萬串，不敷尚多。司道各庫羅掘早盡，近處災區尚難補救，更無力顧及宜、施。官吏呼籲，無從批答，司局束手，惟有焦愁。弟奉職無狀，致此災祲，疚悚莫名，難安枕席。善士嚴佑之等，派人往查，目覩苦況，而鉅欵難籌。萬不得已，惟有爲乞鄰告糴之舉。湖北現已奏准展辦賑捐，一時緩不濟急，擬懇尊處俯照前年湘賑之數，借墊賑欵十萬金，專充宜、施賑欵。台端仁心仁聞，素切民瘼，局面宏偉，一經提倡，鉅欵不難。竊思湘、鄂一體，而前年湘災輕於鄂災數倍，且台端於湖北舊日有桑下三宿之情，以後爲旌節常臨之地，必更不肯漠然。如蒙俯允，即請迅賜匯鄂，以救眉急，其實收即當寄上。總之，無論如何爲難，務懇如數墊寄，或別有良法，或他處挪借，酌認數萬利息，均無不可。他省窘狹，與鄙人亦多無交，非尊處無可托鉢也。活此百餘萬災民，功德豈可億計，下懷感叩，更不待言。飛電奉懇，即候示覆。元。同莘按：此電分致江浙皖贛各省。

盛京堂來電[四] 光緒二十三年正月十五日午刻到

奉元電，宜、施被災，前請兩司截漕，未蒙許可。勸捐已成弩末，湘墊迄未歸繳，漢廠賠累尤重。去冬僅借一萬，以應方伯

[一] 録自抄本《張之洞電稿·致上海電》。

[二] 録自抄本《張之洞電稿·致本省電》。

[三] 録自苑書義等主編《張之洞全集》第九册，第七二一七頁，河北人民出版社一九九八年版。

[四] 録自苑書義等主編《張之洞全集》第九册，第七二一九至七二二〇頁，河北人民出版社一九九八年版。

之命，深抱歉疚。鈞諭懇摯，勉力再墊二萬，即日解呈。乞飭司續發二千張，姑為勸辦。從前直賑以川、廣為大宗，川藩楚人，似可電托。宣稟。願。

致上海盛京堂 光緒二十三年正月十四日戌刻發

二赤九條，明係沮華助洋。鄙人現擬奏請華商機器製造之貨暫緩行抽十之法，俟洋商進口税允加之後，華商再一律照加。立言大略以華廠虧賠歇業，以後洋廠獨攬，加税有虛名受實禍等情爲詞。本擬即日繕發，惟證佐不多，恐難動聽。閣下南北商務均澈源流，請即作一節略，詳陳利弊，痛切發揮，並代總署籌一支展辦法，聊慰其意，以免堅執前説，敝處當照尊指發揮。電音恐不能盡，望即作詳函飛示。此奏事在必行，尤不可緩，切懇。此事蘇浙兩帥所見均同，惟南洋不以爲然，將來尤望向户部設法陳説疏通，方可邀准。即盼示覆。鹽一。

致上海盛京堂 光緒二十三年正月十四日戌刻發

頃鹽電想達。此件擬兩三日内即出奏，請將要義電示，大約二三百字可得大指矣。祈覆。鹽二。

致江甯劉制台〔一〕 光緒二十三年正月十六日午刻發

美最時洋行雷格門輪船由外洋運到鄂省槍子四件，藥綫兩件，估銀五百兩，祈電江海關道准其進口爲禱。諫。

致四川王藩台〔二〕 光緒二十三年正月十六日申刻發

宜、施兩府災極重，民食草根樹皮觀音土，慘不可言。餓莩枕藉，搶奪繁興。川、楚臨境，想已周知。鄂省全力籌辦安荆等處工賑，已需三十余萬緡，羅掘早盡，更無從顧及宜、施。昨有電懇鹿滋帥代籌墊賑欵二萬兩，奏明湖北收到賑捐歸還，或寄實收至川，託尊處代勸捐，不知允否。湖北乃閣下桑梓之邦，災黎必蒙憫念，務懇極力贊成，如數借墊，速匯鄂救急，尤望兩萬方有濟，至感至叩。諫。

致上海盛京堂 光緒二十三年正月十七日亥刻發

願電悉。前接尊電，並未言勘全路，且言明五箇月可畢。竊意期速必路短，故此次會札，祗言勘至黄河南岸。兹洋工師既議明勘至保定，即當另辦。會札將張、汪兩員更正。惟黄河以北至保定一段路，必須直隸督院主稿會委，且必須直隸督院擇人，若湖督委人，不惟狂妄可笑，抑且窒礙實多，應請閣下速商夔帥遴員會委爲幸。渡河尚早，儘可從容詳選也。洽。

致荆州俞道台〔三〕 光緒二十三年正月十七日亥刻發

松滋事，中丞、藩司意，以前任有虧，故另有辦法，魏令以後當別籌調劑，代理兩月無大意味也。洽。

〔一〕録自抄本《張之洞電稿·致江蘇電》。
〔二〕此件藏河北省博物館。
〔三〕録自抄本《張之洞電稿·致本省電》。

致天津王制台〔一〕 光緒二十三年正月十七日亥刻發

本日致盛京堂電云：頋電悉。前接尊電，並未言勘全路，且言明五箇月可畢。竊意期速必路短，故此次會札只言勘至黄河南岸。兹洋工師既議明勘至保定，即當另辦。會札將張、汪兩員更正。惟黄河以北至保定一段路，必須直隸督院主稿會委，且必須直隸督院擇人，若湖督委人，不惟狂妄可笑，抑且窒礙實多，應請閣下速商夔帥遴員會委爲幸。渡河尚早，儘可從容詳選也。總之，汪牧喬年必令隨同將全路勘畢，張令延鴻如期速則可，遲則恐難終局，俟到省與該令商之。如該令不能抵保定，只可另擇一員，弟當一面詢選，請台端亦加詢選湖北官爲宜，一兩日内迅速電商，定議會委，即使張令能往直隸，亦須添員。再，此役是否將來可請奬，如有則從公者鼓勵。祈酌示等語。請鑒核示覆。洽。

致上海盛京堂 光緒二十三年正月十八日辰刻發

頋電悉。允墊宜、施賑欵二萬，感甚謝甚。實收二千。即寄截漕一節，尊籌極善，前因恐變價爲難，故未議及。兹聞凌道言，目前變價不致虧耗，原領欵可收回等語。特奉商，如目前各欵可全數收回，則賑務可增巨欵。祈速示覆。嘯。

致天津王制台 光緒二十三年正月十八日辰刻發

華商機器造貨加税抽十，乃二赤毒計，沮華助洋，衆商憂懼。去年江浙及湖北各廠，無不虧折。敝處去臘已電總署。兹擬具奏請，俟洋商允加進口税時，華商一體照加。摺即日發，惟人微言輕，恐無益耳。尊意於此事如何，請速裁酌，與杏蓀商之何如。嘯。

致上海盛京堂〔二〕 光緒二十三年正月十八日辰刻發

霰悉。十九日即出奏稿，即日寄。鄂省有火柴商廠，其紗廠、絲廠皆係官商合辦，布局有商股五十萬，既有商股，商人即可懇請。請速電盛守，令鄂省紗、絲、布、柴四廠商人具禀，其各省諸商由尊處酌辦。即望速覆。嘯二。

致江甯尊經書院蒯履卿太史〔三〕 光緒二十三年正月十九日子刻發

奉上川資五十金，由桂香亭觀察轉交，請速來鄂。嘯。

致江甯桂道台香亭 光緒二十三年正月十九日子刻發

現請蒯履卿太史來鄂，有要事相商，須寄川資五十金，請其即日啓行，惟金陵無匯號，專差又遲，請尊處暫墊五十金，即日送交，請其速來，數日内即寄還。至感。嘯。

致天津王制台、上海盛京堂 光緒二十三年正月十九日午刻發

直隸派勘路之員，至少須兩員，緣此等事明習者少，明習而

〔一〕録自抄本《張之洞電稿·致直隸電》。
〔二〕録自抄本《張之洞電稿·致上海電》。
〔三〕以下二電録自抄本《張之洞電稿·致江蘇電》。

兼熟悉沿途風土者尤少，難免不偶有疾病事故，設半途中廢，或下次插標不到，仍無益矣。且藉此多練出數員通曉鐵路之人才，亦甚有益。薪水多數百金細事，將來損益總以數十萬計。爲期既近，敝處仍飭張令到保定後航海回，並再遴選一湖北本省官同往，直隸委員務接至黄河北岸迎護始便。會札即發。效。

致俄京許欽差 光緒二十三年正月十九日午刻發

文電悉。合同雖早定，而礮樣久延不來，是彼已游移逾期，不遵照合同矣。尊議限兩任内向購礮料至能自造止，調任時奏明保專法，不洩與他國西人，而不牽購礮較妥，請即照與申明，但須議明必須盡心教導華工，務令我能自造，續寫一合同字據方妥，最爲要緊。切禱。並定十二生礮樣爲感。效。

致俄京許欽差〔一〕 光緒二十三年正月十九日午刻發

鄂槍礮廠需用拉鋼機器一具，請向力拂訂定。效二。

致迪化饒撫台〔二〕 光緒二十三年正月十九日申刻發

巧電悉。每日鑄銀元出三萬元機器，若全係大元，又兼鑄錢，恐三萬五千兩之價斷辦不到，或大小兼鑄耶。鄂機日鑄銀一萬兩，機價已所差不遠。此一萬兩係專論鑄大元之數，若小元則費工，一角者每日僅出三千兩耳。銀元機似須論兩數，不必論元數，較爲易算。鑄銀元不須洋匠，華工即可，惟鄂匠亦少精熟者，廣東尚易覓，請與譚文帥商之。惟必須有精通化學之洋人經管此事，日日化驗銀色，配合方足，銖兩方準，技藝既精，亦無弊端。此銀元高低，通塞所關，最爲設局根本。華人亦有粗通化學者，然恐不免含糊遷就之習，見小貪多之病。萬不得已擇藝精而誠實者，優其薪水，重其儆罰，望於津滬粤三處求之。效。

致虎門何提台〔三〕 光緒二十三年正月二十日亥刻發

皓電悉。閣下將武游擊撤任，自屬允當，惟其人才具向來勤奮，尚屬水師中有用之才，聞其有事，故不能不一詢之。至目前事體，閣下自能裁酌至當，他處弟不便置議也。號。

致京刑部左堂李苾園侍郎〔四〕 光緒二十三年正月二十一日子刻發

鄂省灾廣欵絀，現在籌賑萬分爲難，惟畿輔關繫重要，重以尊命，謹飭司局勉力籌措五千金，交百川通匯寄尊處，請轉交賑局散放爲荷。號。

致成都鹿制台〔五〕 光緒二十三年正月二十一日子刻發

效電祇悉。慨允借墊賑欵二萬金，恤鄰濟物，感佩萬分。當川境亦有灾賑之際，尤爲可感，敬謝。望即電匯，切盼。實收飭司即寄，章程斷不爲難。號。

〔一〕録自抄本《張之洞電稿·致外洋電》。
〔二〕指新疆巡撫饒應祺。
〔三〕録自抄本《張之洞電稿·致各省電》。
〔四〕録自抄本《張之洞電稿·致北京電》。
〔五〕此件藏河北省博物館。

致江蘇趙撫台[一] 光緒二十三年正月二十一日子刻發

諫電敬悉。慨允墊賑欵二萬金，閔念災黎，感佩萬分，敬謝。交何號匯鄂，祈示，切盼。餘俟大咨到遵辦。號。

致漢口蔡道台[二] 光緒二十三年正月二十二日申刻發

兩電悉。請囑鐵路工師爾立樞等及德弁何福滿，於廿三早十點鐘來見。禡。

致安陸史守等 光緒二十三年正月二十二日亥刻發

唐心口工程，據張令延鴻面禀，水已漸退，口門只深丈餘，京山紳首面稱工費不過十二三萬串，天門紳士謝姓估工至多不過十五萬串等語。查口門止深丈餘，則退挽月隄處，水深不過五六尺，已可施工，且至多不過十五萬串，則用費已有規模，紳士所估當不懸遠。現與司道籌商定議，既已有估數可計，有人工可作，無論籌欵如何爲難，皆當竭力趕辦。查唐心口關繫下游天門、漢川最重，故天門紳民於此口尤盼堵合，若各縣紳民同心協力，諸事當較易辦。周少樸太史樹模係天門人，現已函請其邀集選擇京山、天門正紳，督率興辦，應如何辦法及應用何委員會同照料，統由周太史與該守商辦，勿稍延誤。擬即調現署天門縣李令赴工，會同周太史辦理。事關天門，必可出力，且與周易商。該守可即録電飛札，調李令來郡，與周商定。渡船、操家兩口已將合龍，史守可專顧唐心口，會同周太史督辦。如再需員，擬即委准補天門縣梁令前往，總限二月底將口門工程作成一丈五尺，以禦春汛。欵項必源源籌濟，斷不遲誤，致該守等爲難。除札行外，特電飭速辦。即覆。督、撫兩院。箇。

致上海盛京堂[三] 光緒二十三年正月二十三日辰刻發

願、效、箇、禡四電悉。張、汪兩委員昨赴漢口見美工師，自當偕行，今晨敝處傳見。會札已改勘至保定，薪水擬每月五十金，一路川資雜費，回日據實開報。尊處已添委黃遵楷，甚好。德培無用，可恨，自宜遣之。閣下何時來鄂，錫樂巴須同來爲佳。漾。

致上海絲業會館施子英太守 光緒二十三年正月二十三日辰刻發

湖北去年水鄉潰隄，一片汪洋，山鄉多雨，雜糧霉爛，安、荆等處隄工需錢數十萬串，災民蕩析，無處棲止。宜、施、鄖三府山僻瘠苦，運販難到，餓莩載道，庫欵早竭，捐欵寥寥。近處隄工代賑無從籌辦，遠處山鄉請賑無可撥發，蒿目疚心，萬分焦灼。嚴佑之深悉災情，艱於籌欵。昨託盛杏孫京卿勸賑，只得二萬，仍是無從措手。此間浙中友人皆言閣下素來好義樂善，賑救之處甚多，若肯勸助，必有大益。特未便冒昧奉懇，茲託楊太守轉達鄙忱，不審是否可行。如肯爲力，當飭司即寄實收、奉託、

[一] 録自抄本《張之洞電稿·致江蘇電》。

[二] 以下二電録自抄本《張之洞電稿·致本省電》。

[三] 以下二電録自抄本《張之洞電稿·致上海電》。

代勸，如能先墊寄若干，俾灾黎得救急難，以後收捐歸補，尤爲銘感。即祈示覆。漾。

致俄京許欽差 光緒二十三年正月二十三日巳刻發

號電悉。十二生礮機價減二成，出礮少四成，不合算，仍請定年出十尊者，彈機照配，兩共價二十八萬五千馬。望即將扣頭算明，速訂定，並切實訂明何時起運，示覆。壓殼機太貴，祇可緩購，俟籌有欵時再奉商。漾。

致蘇州趙撫台、聶藩台 光緒二十三年正月二十四日巳刻發

聞蘇州因錢少價昂，聶方伯創行官錢票章程甚善，錢價頓平，商民稱便。特奉詢，祈將章程詳録，交郵政局寄鄂，至感。敬。

致施南額守、來鳳峽路局侯令萬縣電局專差飛送 光緒二十三年正月二十五日未刻發

據侯令稟，施屬賑荒條陳五條，均照行，其中弛禁窮民開采硝磺一節，據藩、臬兩司議詳，准暫弛禁，惟如何稽查，未能遥度。該府督飭所屬各縣，並飭侯令會同地方官體察情形，迅速妥議簡明章程，一面通稟，一面開辦，以濟災黎。倘或紳富收買，或由經費局收買，或解善後局發價充軍火，均可，但須嚴防弊端。其銅、鉛、鐵各鑛，更可准其隨處開采。再，前聞來鳳産安的末尼，究竟能采辦否，侯令並速覆。敬。

致京練兵處[一] 光緒二十三年正月二十六日亥刻發

巧電謹悉。鄂造快槍，已飭廠精選一千枝，槍彈現存數十萬顆，尚未裝藥。因鄂廠經費無多，從前奏案係兼造槍礮，並未請購機設廠自造無烟藥，僅隨時酌購少許，以供隨時演試之用。現須向外洋購運，曾於去臘十一日電達户部在案。現訂購之藥約兩月半可到，俟裝配完備，即行迅速解運赴京，以後籌有欵項，擬購機自造，届時當奏明辦理。有。

致漢口蔡道台[二] 光緒二十三年正月二十六日亥刻發

宥電悉。洋人内地遊歷，向由領事繕備護照，送關道蓋印。兹諤爾福請領護照，已札行該道照覆丁副領事照向章辦理矣。又，因來照會内有該士人携有測里鏡表、行李等件，望地方官毋令納税，藉口留難等語。故札内并囑令將件數填明，以免影射。特電知，望即照會丁副領事可也。宥。

致安陸史守 光緒二十三年正月二十七日亥刻發

周少樸太史已有覆函，允會同地方官督修唐心口隄工。該守速遣人持函赴天門，迎請周太史來郡城，或唐心口工次，面速商辦，勿稍遲誤，切切。感。

〔一〕録自抄本《張之洞電稿·致北京電》。
〔二〕以下二電録自抄本《張之洞電稿·致本省電》。

致上海盛京堂 光緒二十三年正月二十七日亥刻發

效電悉。截漕事，作接户部徑電，截留采買漕米價脚，經本部堂議准覆奏等因。敝處原電奏係照尊示，聲明米已采辦，勸商變價者，惟災賑萬緊，司局早空，無從籌墊此項米價。祈諭飭商人即日湊齊全數，電匯來鄂，及早拯救，未便遲至數月。昨據凌道面禀，此欵尚便，務祈速賜繳回，至感。倘實有爲難之處，亦祈勸令代爲挪借，由鄂省酌認利息亦可，總求迅速全數匯鄂，切禱。祈即電覆。沁。

致上海華若汀先生〔一〕 光緒二十三年正月二十七日亥刻發

兩湖書院今年改章，令人人皆習算學，請分教面加講授，酌定切實功課。二百四十人分爲八班，每班三十人。擬添算學幫分教一位，協同分教，分任講授。須通代數微積者，方可分閣下講授之勞。如素知有此等好手，可爲台端助理者，請速示。感。

致俄京許欽差〔二〕 光緒二十三年正月二十九日未刻發

台端榮旋在即，鄂廠時有托購機件，後任未必能如閣下考核精細，擬請與力廠預訂妥實辦法。據瑞記洋行稱，伊係力拂在華經理人，年中受力廠津貼，代售機器物料，絲毫不得多取，不領行用，讓扣若干，一切悉照使館辦法，願立字據存案，由使館隨時向力廠查考，如有浮冒，自甘重罰等情。此語是否可信，請密詢力廠見覆爲禱。豔一。

致俄京許欽差 光緒二十三年正月二十九日未刻發

槍廠應添機器各件，洋名附後，請向力拂照數添購速寄爲感。共價若干，祈電示。豔二。Loewe soll offeriren Maschinen eine rierspindl gehaeusbor zwei funfspindl Laufreib rier Laufzich zwei Laufbohr zweischleif numzwanzig modzwei zwei frais complett numfunfzen modeins drei Drehbaenke numdreiamoddrei drei Drehbaenke numzwei modzwei zwei Drehbaenke numzwei modzwei plus achtmi lmark werkzeuge Speoitioir folgt.

致江甯劉制台〔三〕 光緒二十三年二月初一日亥刻發

鄂廠添購快礮機、樣礮及造礮器具，由許星使交美最時洋行分批運華，已到滬三批，未到者尚多。經鄂省駐滬轉運委員樊棻請滬道照官物免税，滬道以官物仍須完税，必先奏明，方可援免。查此項快礮機件分批起運，尚未列齊，無從分核價值，將來敝處必當專案奏請免税。祈飭滬道先准樊丞接運來鄂，俾免久擱鏽壞，至禱。東。

致江甯劉制台 光緒二十三年二月初三日亥刻發

冬電悉。礮機專供造礮之用，即是軍火，似與他項機器有別。現擬奏請免税，無論准否，價值係按全機計算，此時分批陸續運

〔一〕即華蘅芳。
〔二〕以下二電録自抄本《張之洞電稿·致外洋電》。
〔三〕以下二電録自抄本《張之洞電稿·致江蘇電》。

到，實難分別估值，仍請電飭滬道先行驗放，以免阻滯鏽壞爲禱。如將來必須完稅，則請飭滬關存記，俟全機到齊核明，照章繳還。江。

致上海盛京堂〔一〕光緒二十三年二月初三日亥刻發

豔電悉。嘯電乃言賑務可增巨欵，非云可墊巨欵，想是電碼誤也。如墊字，則上下文義不貫矣。頃已屬糧道，除尊處允即繳回二萬外，其餘俱令暫墊，撥充工賑。惟該道止肯墊三箇月，務望勸諭商人三箇月繳清，如商欵不便，可令該商轉借先繳，其提前三箇月之息銀，鄂省當認出，斷不令商人賠息。此事屢費清神，不安之至，感謝。江。

致上海德國總領事施光緒二十三年二月初三日亥刻發

電悉。向例西人內地遊歷，由領事繕就護照，送由關道蓋印，送還轉給收執。此次譚爾福遊歷，當已札關道照會丁副領事照向章辦理，并已咨行各省，屆時照約保護矣。惟該士人不候護照，先行請貴總領事電丁副領事速備護照，送關道蓋印，追送該士人收執可也。初三。

致老河口土税司張令國蘭、陶令翊中，電局并專差送署鄖陽鎮樊〔二〕光緒二十三年二月初三日亥刻發

樊署鎮來電，鄖釐濟賑，防兵口食無欵。該局速照舊章，撥土藥税釐各費銀四千兩，解交鄖陽樊署鎮爲要。江。

致襄陽黎道台光緒二十三年二月初三日亥刻發

聞梁故令鼎蕃虧欠甚多，難保無司事、家丁侵匿揑欵諸弊。前已告牙釐總局電蔣守確查看守，望閣下並派人到彼確查情形，嚴防司事、丁役，不准逃逸爲要。即電覆。江。

致宜昌傅鎮台、惲道台，籌賑公所光緒二十三年二月初五日子刻發

現委該鎮督辦施南賑務，如開鑛、伐木各事，皆可以工代賑。共已籌有現銀八萬兩，其應如何購糧、運糧、設局、委員籌辦之處，統由該鎮酌辦，並會商趙道、惲道妥辦。公牘即發，即速籌電覆。支。

致漢口江漢關蔡道台光緒二十三年二月初五日未刻發

宜昌、施南需米萬急，所備賑（銀）〔米〕無輪運去，三公司又不肯裝，焦急萬分。頃已電盛督辦電飭招商漢局裝運，不知願否。但招商一家亦斷不能裝完，務請迅速就近與太古、怡和兩家切商，言明賑米亦是客貨，一律照給水脚。倘以米石占船位較多，即加給水脚亦可，務勸令裝運爲要。即電覆。歌。

〔一〕以下二電録自抄本《張之洞電稿·致上海電》。
〔二〕以下二電録自抄本《張之洞電稿·致本省電》。

致上海盛京堂〔一〕 光緒二十三年二月初五日未刻發

宜昌、施南需賑米萬急，省城已設法購米不少，奈無輪船運往，招商局以客貨多不肯裝，與之議明水脚照給，亦不肯，焦灼萬狀。賑米爲民命所關，且照給水脚，何以不裝。如云商局以客貨爲重，此項賑米既給水脚，即是客貨之一，有何區別，而必不可裝耶。敢請即刻電飭漢局務必裝載，不可推辭。如以米占船位較多，即加給水脚亦無不可。快利明日到漢，務祈今日即電覆，恐漢局先接他貨也。切懇。歌。

盛京堂來電〔二〕 光緒二十三年二月初五日到

賑米已轉電漢局設法速運，足慰憲廑。

致漢口蔡道台〔三〕 光緒二十三年二月初五日亥刻發

微電閲悉。比領事甚願接見，但俟閣下大愈，得同見爲佳，想領事當能稍候也。先代致謝。歌。

致漢口江漢關蔡道台 光緒二十三年二月初七日午刻發

寶華包裝米三千担，索價六百兩，即速照定。快利、長和亦須切實議定，免臨時反覆，并問明究肯裝若干石，愈多愈好，加價無妨。切切，詢明即覆。陽。

致襄陽黎道台、釐金局，老河口土税局、川鹽官運局 光緒二十三年二月初八日申刻發

鄖陽賑需欵甚急，已委張道煜林馳往鄖郡，督辦鄖陽各屬賑務，並撥銀二萬兩應用。惟張道係陸行，以期速到，解銀係善後局長龍船，上水較遲。黎道即督同襄陽、河口兩處釐金、土税官運四局，迅速籌商，務於十五日以前籌措銀二萬兩，張道到彼即須撥用，或買糧，或帶銀帶錢，均聽張道酌辦。各該局不過借墊十餘日，善後局船解銀到，立即收回清欵。賑務急如星火，萬不可誤，切切。黎道並録此電飛送鄖陽許守，知照該道、該局等。均即電覆。庚。

致襄陽梁星海太史〔四〕 光緒二十三年二月初八日申刻發

襄陽喉痛係時症，須防傳染。吾兄務即迅速先歸，不必俟令弟柩眷同行。公事有黎觀察，私事有令親周縣丞，必能料理妥帖。令嬸太夫人甚爲焦盼，務望權其輕重，即日東下。切禱，并盼即覆。庚。

致襄陽黎道台 光緒二十三年二月初八日申刻發

襄陽喉痛係時證，星海正患此證未愈，防傳染。閣下務催星海自己迅速先歸，不必候其弟柩眷同行，一切公事私事，請閣下督同其戚代爲照料。并即覆。庚。

〔一〕録自抄本《張之洞電稿·致上海電》。

〔二〕録自苑書義等主編《張之洞全集》第九册，第七二三七頁，河北人民出版社一九九八年版。

〔三〕〔四〕以下二電録自抄本《張之洞電稿·致本省電》。「梁星海」即梁鼎芬。

致京德國公使[一] 光緒二十三年二月初九日亥刻發

電悉。法、景兩員去年來華到鄂之第三日，本部堂即行接見，嗣又接見兩次，誠如來電，學識俱優，本部堂深爲嘉許。現照合同第一欵派充武備學堂教習，又從優派法勒根漢爲學堂總教習，又照合同第五欵奏保法勒根漢加中國副將銜，奏保景次加中國遊擊銜。在本部堂看待該兩員，體統已極隆重。來電云不必使該兩員懷退志，接閱之下，深爲詫異。本部堂因該員係屬西人，所以比本國之副將、遊擊看待從優，實在無可再加。本部堂惟知以禮貌分位相待，不知貴國陸軍別有何等體統，況該員現派學堂教習，係照合同辦理。學堂章程與軍營章程不同，請貴大臣電告該兩員恪守教習職分，按照合同，聽學堂總辦道台節制，更與本部堂所派提調平行，各辦各事，不越分際，實深厚望。

致上海盛京堂 光緒二十三年二月初十日辰刻發

前見美工師爾立樞等，自言其意衹在察看此路生意興旺否，以便酌定借欵。不過大略一看，起程至勘畢赴京回滬，共衹兩箇月，並草圖亦不能繪等語，於測地估工，全不相涉。並呈出美商擬在中國設鐵路公司章程一件，大約華洋皆可入股，權利全歸美商。察其來意，甚爲狡妄，當即駁斥發還。試思此路北通京津海口，將來西通歐洲，南通廣東，目前亦通上海，生意豈有不旺之理，何須察看，且何須進京，何須營謀自立公司，奪我路權耳。此次華士賓不過一流人物，故不願見，令蔡道接晤，以路事可自商閣下推之。台駕到後，如須鄙人一見方有益，再當商晤。便中函致總署，須將爾立樞妄想明切駁斷，若不燭其奸，稍有游移含胡，彼必堅謀，切冀設法繞灣引誘蒙混，漸漸作成洋公司局面，不願借欵，外間無論如何商借，必推宕無成矣。蒸一。

致上海盛京堂[二] 光緒二十三年二月初十日辰刻發

魚、佳兩電悉。米價承勸令早繳，并不索息，感甚。嚴須現銀二十萬，方肯來鄂，無此豪舉。近收捐欵俱已撥盡。鐵路兩旁馬頭禁私買地，已會銜出示。蒸二。

致上海盛京堂 光緒二十三年二月初十日亥刻發

前接電，知閣下在滬設師範學堂，未悉其詳。今日晤彝卿，知即在京所議之達成館，因京師奏動官欵，故專在滬設。竊思此館極有益時局，上海一處尚嫌未廣。尊奏原係分設兩館，何不分欵一半，在鄂省分設一館，則上游人才可萃，風氣可開。台旌此後必常到武漢，教澤廣被，士論必更欣頌，樂受指揮。一切仍由閣下籌辦，鄙人並不干預。尊意如何，祈示覆。蒸三。

盛京堂來電[三] 光緒二十三年二月十二日午刻到

宣奏設南洋公學，苦乏教習，故先設師範學堂，非達成館也。在京奏簽兩館，歲費十萬，已續湊還充公學費，所餘二萬餘金，

[一] 録自抄本《張之洞電稿·致北京電》。

[二] 録自抄本《張之洞電稿·致上海電》。

[三] 録自苑書義等主編《張之洞全集》第九册，第七二四一至七二四二頁，河北人民出版社一九九八年版。

辦上海一館尚不敷。鄂設一館極善，惟輪、電兩局尚有津堂四萬一欵，商力已竭，萬難增益。滬館雖擬專辦，但出路未著，實難鼓舞天下士，非公莫能論列。統俟面陳。宣叩。真。

致襄陽黎道台〔一〕光緒二十三年二月十二日亥刻發

蒸電悉。請即刻由尊處借墊二百金，送交梁太史作路費，催速行，墊欵由敝處匯還。切囑其自坐一船，勿與其弟柩眷同船。文。

梁令致武漢電局電光緒二十三年二月十二日亥刻到

帥諭問武漢電報局，荆門至安陸府電綫聞久已不通，係因何故，可速接好，限工緊要，千萬勿延等因。祈即查明催修示覆，以便轉回。彦。

致漢口蔡道台光緒二十三年二月十三日丑刻發

昨接華士彬函，云不能候盛京卿到再見等語。揣其意，欲先來一見。望即轉覆，囑其于十四早九點鐘來見，屆期如閣下能同來固佳，如不能，請勿勉强。文。

致襄陽黎道台光緒二十三年二月十三日巳刻發

張道此行赴郧，以多辦糧爲主。如辦糧，應存老河口，不應全交襄局。蔣守電云二萬金全交襄局，似有誤。速覆。元。

致荆州俞道台、荆江水師後營張提督，宜昌傅鎮台、惲道台、趙道台、丁守、水師前營龍副將光緒二十三年二月十四日寅刻發

聞四川奉節土匪藉荒搶劫滋事，大甯鹽梟亦聚衆滋事，深防下竄入境，特此電飭荆江前營龍副將，派礮船十二號紮巴東，防川匪，並護米船。荆江水師後營張提督派礮船六號紮巴東以下，與後營會商，合力分地防護。接電後即日開行上駛，勿得延誤。傅鎮即選帶練軍親赴巴東彈壓，兼籌施南轉運事宜。前後營礮船均聽傅鎮節制調遣。酌派地段，各礮船槍彈藥務須備齊，勇須足額。宜昌、施南練軍迅即整練備用，由傅鎮飛飭施南協。均即電覆。元。

致江甯劉制台〔二〕光緒二十三年二月十四日寅刻發

聞江順輪船現係停泊未用，或云出租與人。湖北宜昌賑米待運甚多，萬分緊急，擬奉借江順一用，或租或借均可，租則照他人價，借則薪糧均由鄂給，大約須兩月，方能竣事。祈即示覆。洞、洵同啟。元。

劉制台來電〔三〕光緒二十三年二月十四日酉刻到

元電祇悉。江順出租洋商，因違約飭關扣留，須案結方能收

〔一〕以下四電録自抄本《張之洞電稿·致本省電》。

〔二〕録自抄本《張之洞電稿·致江蘇電》。

〔三〕録自苑書義等主編《張之洞全集》第九册，第七二四三頁，河北人民出版社一九九八年版。

回，目下勢難派令赴鄂，乞諒。坤。願。

致荆州俞道台，宜昌趙道台、惲道台〔一〕 光緒二十三年二月十四日寅刻發

聞春水已長，荆州、沙市以下至天心洲一帶水深幾尺，宜昌水深幾尺，速派人探確電覆，擬雇借大輪船運賑米。元。

致成都鹿制台〔二〕 光緒二十三年二月十四日寅刻發

聞川省奉節土匪借荒搶劫拒捕，大甯鹽梟亦聚衆滋事，距鄂甚近，已飭嚴防。尊處想已早接稟報，如何賑撫，如何拏辦，必已布置周詳。如何辦法，夔、綏災區甚廣，已發賑撫銀米若干，均祈速示。元。

致漢口蔡道台〔三〕 光緒二十三年二月十四日寅刻發

前寶華議定裝米價銀六百兩，後忽以水淺推辭。今查該輪喫水尚不甚深，並非不能上駛，實因先開船價太賤，後有悔意，託詞不裝。但宜、施待米甚急，決不可惜費稍緩。望速與該行切商，言刻下春水已長，寶華必可上駛，船價不妨加多，添雇帶水工銀亦由官發給，務必將該輪全包，裝米接濟爲要。速切商電覆。再天心洲一帶現水深幾尺，望詢明自上游來各輪船，並覆。元。

致荆州俞道台、荆江水師後營張提督，宜昌傅鎮台、趙道台、惲道台、丁守、水師龍副將光緒二十三年二月十四日申刻發

昨元電飭荆江前營派礮船十號，後營派礮船八號，赴巴東一帶防護，想已接到。兹查前營礮船較多，特電加派兩號，共派船十二號，後營礮船較少，減派兩號，共派六號。餘照元電，迅速遵辦，勿稍延誤，切切。即電覆。願。

致天津王制台、上海盛京堂光緒二十三年二月十五日未刻發

鹽電悉，尊論極是。電綫抵借大可不必。昨比領事來見，言其國家願借，比他國總公道，並可先借錢，後造路，不必先有路而後可押也。如此辦法，似借欵必可成，斷不致押電綫矣。日内即與杏蓀商之。户部欵自應先發，方順手。咸。

致宜昌傅鎮台、趙道台、惲道台、丁守、水師龍副將光緒二十三年二月十五日亥刻發

川省饑民流至宜昌者，究竟實有若干，速查詢大略電覆。此時不能膜視，致傷天和，且生變故，惟有以工代賑之法。宜昌城外，或西壩，或洋街一帶，或築隄捍水，或作馬頭，總有用處，

〔一〕録自抄本《張之洞電稿·致本省電》。
〔二〕此件藏河北省博物館。
〔三〕以下二電録自抄本《張之洞電稿·致本省電》。

酌量興工安插土客各饑民，錢米皆可。需款需米必又增多，自當力籌接濟，如銀有用，當解銀往。前營礮船十二號速撥往巴東，如慮宜昌空虛，當添後營礮船助之，並派長江水師填紥荆州。速覆。咸。

致成都鹿制台 光緒二十三年二月十五日亥刻發

夔、綏災情甚重，亂象已成，台端當早聞知，望速籌良策。此兩省之憂也，祈速覆。咸。

致上海盛京堂 光緒二十三年二月十五日亥刻發

承派快利載米，感甚。惟續購未運之米尚多，四川饑民流至宜昌者已經數萬，不能坐視，致生變故。奉節土匪已起，拒斃團丁，大甯鹽梟聚衆滋事，川省已請兵勦捕，皆饑民也。以後順流入楚者，不知凡幾。此時不惟救災，兼爲救亂。本日與司道籌商，皆云惟有江寬、江孚兩輪喫水七尺餘，兩日來江水已漲五尺，足可上駛，可否酌派一輪專裝米，一次水脚多少，惟命是聽。總之，不令商局受虧，如有虧賠，鄂省均認。特此奉懇，抑或別有良策，均望示覆。咸。

致荆州俞道台、荆江水師後營營官〔一〕 光緒二十三年二月十五日亥刻發

昨電想已達。張提督添習到否，如未到，即由俞道飭該水師營哨官速撥礮船六號速駛往，不准躭延，如可多撥則八號尤好，該道酌辦。如慮荆州需船，當奏派長江荆州營水師赴荆州以上填紥。即覆。咸。

致上海盛京堂〔二〕 光緒二十三年二月十六日午刻發

咸電想達。頃聞四川夔府奉節饑民滋事，消息甚緊，客貨不能上運。客貨既少，大可多運賑米。若有變故，不特關繫大局，亦非商局之利。務望迅電商局，切飭此次快利到漢專裝賑米，務裝足八千石。至禱，盼覆。諫。

致上海盛京堂〔三〕 光緒二十三年二月十六日戌刻發

十四日，比國領事法蘭吉來，云奉該國君主命來見，鐵路借款極願助力。比係小國，不干預他事，較諸大國爲勝等語。鄙人云，聞美索息五釐，英索息四釐，但略有扣頭，且須買伊物料，因此未定，如比國較他國章程公道妥善，方可商。大要五條：一、息祇四釐。一、絲毫無扣。一、物料各國投標，物好價廉者定，不能必用比料。一、借款與路工截然兩事，路工章程利益，比國絲毫不得干預。一、借款惟有以路抵押，惟須先借銀，後造路，不能待造成之路作抵。假如借款共二千萬，先議定總數，銀分限交，路分段押。總之，先銀後路。能允此五條，當力勸盛京堂必用比款等語。領事云借款毫無行用扣頭，物料聽憑拆封，路政絶不干預，所雇比匠其賢否去留，聽中國公司主持，先借銀後造路，分段抵押各節，均當照辦。惟利息聞該國初意欲索五釐五毫，有

〔一〕録自抄本《張之洞電稿·致本省電》。
〔二〕録自抄本《張之洞電稿·致上海電》。
〔三〕同日録致天津王制台。

專人來華議此事，半月可到，如到華後聞知各國現議情形，必可減讓等語。章程似較英美爲妥，惟息尚多，然懇借甚切當，易就範。比小國，流弊少。美雖遠而大，亦難保無干預意，錫樂巴言之甚透澈。特奉達，請勿遽與英美定議，至要。各國争借，我可詳擇。已囑其專人到滬速奉謁。銑。

致俄京許欽差〔一〕 光緒二十三年二月十六日亥刻發

蒸電悉。拉鋼機及槍機兩欵，已飭局即日照匯，惟六月成太遲，請催令五箇月成，許其加價，亦可檢閱。快礮機各圖内有拉鋼機圖一件，如快礮機内已配有拉鋼機，即可無須再定。祈詢明力拂爲要。十二生快礮機并彈機價須先付若干，速電示，以便匯欵速定。銑。

致漢口蔡道台〔二〕 光緒二十三年二月十七日亥刻發

洽電悉。昨准總署咨，法使以此案辦理太輕，擬派領事前往商辦。署意應由地方官先自妥速了結，免彼前往干預。現已轉行該關道暨荆宜施道遵辦在案，務望明日清晨往晤法領事，措詞婉爲攔阻，言地方官當能按律妥爲了結。此案并無曲折，須就地查詢者，彼可不必前往。如彼必欲前去，亦須告彼沙市電綫不通，當即迅速移知、函知荆州地方官派兵保護接待，遲三五日後再往，以免倉猝到彼，無人照料，一面即由該道電知荆州俞道派兵保護可也。洽。

蔡道來電〔三〕 光緒二十三年二月十七日申刻到

頃接漢口新任法領事高樂待照會：奉上憲札開，李瓦被毆一案，現派穆領事赴荆州，與地方文武官員妥商辦理。穆領事明日乘輪起程，請轉稟憲台電知地方官派兵備輿接待等因。理合稟聞。職道蔡錫勇稟。洽。

致上海華若汀先生 光緒二十三年二月十八日午刻發

正月感電請物色算學好手，爲兩湖書院算學幫分教，分任閣下講授之勞，想已訪得其人，請速將姓名、里居及學業深淺〔四〕，至感。即盼電。嘯。

致漢口蔡道台〔五〕 光緒二十三年二月十八日亥刻發

盛督辦來嘯電云：示式奉到，但聞洋人在通濟門外買地不少，恐佯作不知，倒填年月再買，乞飭關道照會領事，傳知洋商、教士一體遵照院示辦理。錫樂巴云，凡鐵路需用之地，均照官價買回，止須預先告知事外人等，自然不禁而禁。乞速與蔡道商辦等語。祈照辦，并電覆。嘯。

致揚州江運台〔六〕 光緒二十三年二月十八日亥刻發

申報言新授湖北臬司馬植軒，於上月廿七日由京南還過揚州，確否，祈電覆。嘯。

〔一〕録自抄本《張之洞電稿·致外洋電》。

〔二〕〔五〕録自抄本《張之洞電稿·致本省電》。

〔三〕録自苑書義等主編《張之洞全集》第九册，第七二四九頁，河北人民出版社一九九八年版。

〔四〕此句語意未完，似有缺字。録自抄本《張之洞電稿·致上海電》。

〔六〕以下二電録自抄本《張之洞電稿·致江蘇電》。

致常州陽湖縣張子密 光緒二十三年二月十九日丑刻發

湖北奏請推廣賑捐章程，如有捐實銀一萬二千兩以上者，專案奏請優獎，并聲明核其銀數，須較在部報捐有盈無絀，方予奏獎等語。楊令捐復在部，需實銀若干兩，可囑其自行查清，如銀數在萬二千以内，亦須湊足此數，如銀數在萬二千以外，則較部捐酌加可也。效。

致荆州俞道台〔一〕 光緒二十三年二月十九日申刻發

署江漢關蔡道洽電云：頃接漢口新任法領事高樂待照會，奉上憲札開，李瓦被毆一案，現派穆領事赴荆州，與地方文武官員妥商辦理。穆領事明日乘輪起程，請轉稟電知地方官派兵備輿接待，等因。理合稟聞等語。届期該道務須派兵妥爲照料，并即轉達將軍至要。效。

致上海盛京堂〔二〕 光緒二十三年二月二十日子刻發

前接來電，漕糧價允先繳二萬金，望速寄，賑欵已罄。效。

致江甯劉制台、杭州廖撫台〔三〕 光緒二十三年二月二十日子刻發

宜、施災鉅，川省夔、綏亦大饑，災民流至荆、宜者數萬，奉節、大甯均起土匪。鄂省採辦甯波、定海蕃薯乾約萬擔，由滬買麻袋往裝運鄂濟賑，請迅賜轉飭甯波、上海兩道一律免税驗收出口，以惠災黎。救饑用蕃薯乾，災民之苦可想，似與賑米不同。是否可免，統請裁酌。峴帥如能借撥中號官輪一艘，由滬接運直達宜昌，尤紉舟誼，煤炭及帶水工資鄂出。鄂省現患運載拖帶之輪少，非惜費也。三公司輪船搭運，仍患不給，遲滯過甚。江水已漲四五尺。效。

致廣州王湘岑、李鐵船、李芷香〔四〕 光緒二十三年二月二十日辰刻發

咸電悉。粗餅乾太貴，粤米運費重而多耗，只可不辦。漢口米止二兩四錢，仍以在鄂購運爲便。無如賑欵已罄，司局各庫籌墊已空，宜、施災深地廣，餓莩枕藉，情形慘切。川省夔、綏亦大饑，災民流至荆、宜者已數萬，奉節、大甯兩縣，均起土匪，民厄已極，亂象將成，鉅時艱難，焦悚交集，不得不廣勸賑捐。兹懇鐵船、芷香、湘岑三君在粤勸募賑欵。此係義賑，與粤省設局收捐一事并不相涉。因思粤省紳商最多慷慨好義之士，香港東華醫院、粤省愛育堂、廣濟醫院三處紳董，志在濟物，義聲素著，擬向三善堂勸助，不知可行與否，請三君斟酌商勸。如肯慨助，即由三君代收，陸續匯鄂。三善堂如捐巨欵，將來或專案奏獎，或奏請御賜匾額，必有以酬義舉。此外如有可勸募之處，統望代

〔一〕録自抄本《張之洞電稿·致本省電》。
〔二〕録自抄本《張之洞電稿·致上海電》。
〔三〕録自抄本《張之洞電稿·致江蘇電》。
〔四〕以下二件藏河北省博物館。

爲設法，能於數日内先暫墊數萬金速匯，尤爲感。即盼速覆。效。

蔡道等致上海義昌成樊時勛 光緒二十三年二月十四日戌刻發

湖北宜昌、施南，四川夔州，災重米缺，賑米既貴且少。查洋人有粗餅乾一種，比面包較粗，係洋兵水手當飯者，每一箱重數十磅，洋行必有存儲。閣下可向各洋行收買，問明每磅價若干，多則數千擔，少則數百擔，交商輪速運鄂充賑。此係賑饑，不可攙假，可分令各洋行數家定製，共須製萬余擔。如現成者無多，且須熟透。如上海不能製，速電商香港趕造，議定價值、運費、限期，以速到為妙，共須購銀一二萬兩者。目前上海如有現有面包，可先買數千擔濟急，但價稍重耳，仍以一面定造粗餅乾為妥。此係帥喻購辦，速電覆。江漢關蔡、營務處王。十五。

致總署[一] 光緒二十三年二月二十日午刻發

法人李瓦在荆州被毆一案，昨接大咨，法使以辦理太輕，擬派領事赴荆商辦，應由地方官自行妥速了結，免彼前往干預等因。當即飭署江漢關蔡道往晤法領事，力勸勿往，必爲從嚴妥辦。法領事答云，適奉該公使札，調赴重慶領事新任，飭過荆州面見將軍，商辦此案，不能不遵。問其意究擬如何辦法，彼云擲石人衆，若非小船救護，頃刻即傷性命，其責在官不保護，擬請將附近卡房武弁參革，守城門及城上兵懲革，附近居民視險不救，罰鍰助賑，已獲滋事人鞭責復加監禁，未獲者續拏數人懲辦，并擬商量示稿等語。昨日已行。除咨行并發電荆州將軍暨荆州道，俟領事到時照料妥商外，謹奉聞。效。

致上海盛京堂[二] 光緒二十三年二月二十日午刻發

安陸府至荆門州電綫久已不通，未經修復。現在京山縣隄工緊急，撥欵催工，日有請示酌辦之事，信息不靈，必致貽誤。望速飭電局趕緊接好爲要，至禱。號。

致荆州俞道台，宜昌傅鎮台、趙道台、惲道台 光緒二十三年二月二十日亥刻發

趙道想早到，何以無電來。沙市前日運米一千五百石，快利今日運米八千石，計日可到。又江泰拖米一千石，到尚早。楚功、楚威兩輪到否。湖南購米已到若干。頃接四川鹿滋帥電，言夔匪止三百人，首已獲，黨已散。大甯災重，非鹽梟，已撥銀十萬兩，運上游倉穀十萬石賑撫等語。日來川省饑民流至宜昌者約若干，至沙市者約若干，安静否，當已酌量撫恤。施南賑務開鑛、伐木、修路等事，已籌有眉目否，除米外，銀錢以何爲便，需用銀若干，錢若干，均即覆。號。

致宜昌丁守、東湖許令[三] 光緒二十三年二月二十日亥刻發

洋人教堂買通判公館一事，爲日已久，速妥商了結，不可再延。即電覆。號。

[一] 録自抄本《張之洞電稿·致北京電》。
[二] 録自抄本《張之洞電稿·致上海電》。
[三] 以下三電録自抄本《張之洞電稿·致本省電》。

致荊州祥將軍 光緒二十三年二月二十二日亥刻發

二十日電悉。前接總署咨，當飭署江漢關蔡道往晤法領事，力勸勿往，告以我之辦法已極公允。彼嘵嘵不已，執意甚堅。又告之云必爲從嚴妥辦。領事云，奉該公使札調赴重慶領事新任，飭過荊州面商此案，不敢不遵等語。反覆辯駁，不能阻止。蔡道即囑其到沙市暫住稅務司船兩三日，候地方官派兵照料，再進荊州，領事已應允，旋於十八日附輪上駛。所有往勸問答詳情，已由蔡道函致俞道矣。禡。

致漢口蔡道台 光緒二十三年二月二十二日亥刻發

本日函悉。廿五日撫台啟節北上，須往送行。廿六日係忌辰。定廿七早九點鐘接見法領事，望即轉知。禡。

致江甯劉制台[一] 光緒二十三年二月二十三日巳刻發

馬電悉。機器完稅本有定章，惟專案奏免，蜀省有例可援。鄂省礮機能否免稅，應候奏後奉旨爲定。已到兩批，內有器具物料尚待許星使清單寄到剔清，方知機器實價，將來如鄂省礮機獨不能免稅，自當照江電，俟全機到齊，核明照章繳還。漾。

致宜昌傅鎮台、趙道台、惲道台、丁守，川鹽局凌道台、馮令 光緒二十三年二月二十四日丑刻發

翰、咸、銑、巧、嘯、箇八電均本日到，俱悉。川匪已漸靖，稍慰。惟本境及外來各災民，拯救不及，餓莩甚多，情形慘極，悚疚萬分。南北兩省已購之米，省倉已碾之穀，不下九萬石，在滬已購番薯乾萬石，水逆船艱，猝難運到。百計商籌，總無極大一商輪專運，奈何。扼要全在招商局，惟有切商盛杏蓀京卿，須代招商局籌計，令其於商務無礙，方可行，速籌覆。現已向江南借中等官輪一號備裝，在上海租小輪三號備帶，均須月底方可到。至川東託購米，誼當代辦，惟代運實難，鄂米尚屯積，安能顧川米耶。此事可電川東道速電四川督院，向江南上海設法租雇借用各項輪船，方有益。鄂省日日籌船，無義不搜，仍屬寥寥無濟，川米之難更可想。若有輪船運到宜昌，以後川省可自用民船接運矣。凌道到宜昌後，一併飭令會同辦理。賑務局並轉告知。漾。

致上海盛京堂[二] 光緒二十三年二月二十四日丑刻發

川、楚同災，鄂省土著、川省流亡災民日增，餓莩日多，慘不可言。湘鄂已購之米，省城已碾之穀，上海已買之薯，不下十萬石，運到者不過兩萬餘石。快利承尊飭多裝兩次，極感，惟以後不知肯全裝否。此間武、漢官商，宜、施紳民，僉謂惟有撥一大江輪來回專運，如江寬、江孚、江通等輪，多裝速到，始有全活實濟。若現在辦法，非三箇月不能運完，仍恐災黎殘喘不能待矣。惟商務所關，自未便顧此廢彼，務請速籌一商務賑務均無妨礙之法。竊思運米與商貨一律，均付現價水脚，并可酌加，似於

[一] 録自抄本《張之洞電稿·致江蘇電》。
[二] 録自抄本《張之洞電稿·致上海電》。

招商局無損。可否飭快利以後專裝賑米，此外再撥一大輪專運數次，庶可有益，銘感無既。此外或别有良策，無不遵辦。閣下於湖北賑務籌欵籌輪，諸承慨助，厚惠已多，然轉運事惟有大力可以主持，不得不再瀆懇。即盼示覆。漾。

盛京堂來電〔一〕 光緒二十三年二月二十四日戌刻到

奉漾電，遵與總辦、總董熟商，除川米三四萬已商怡、太，由三公司船搭載外，尊諭十萬石想均由漢起運。江寬初一抵漢卸貨，即可專裝糧赴宜，望速飭預備，初一、二受裝，免悞期。但快利外，江船裝八千石，吃水須十尺，未知上游水勢如何。下游抽去一船。有關三公司公帳，蒙允照商貨一律，均付現價。商賑兼顧，感佩無似。宣叩。敬。

致江甯劉制台〔二〕 光緒二十三年二月二十四日丑刻發

漾電悉。番薯乾三公司既不索水脚，自以商輪隨到隨運爲便。尊處允借鈞和，極感，請即令速駛來鄂。該輪喫水若干尺，并望示知。前十日測量荆江最淺處水一丈餘，連朝陰雨，日日加漲，并聞。漾亥。

致漢口蔡道台〔三〕 光緒二十三年二月二十四日丑刻發

番薯存商棧候運，告余守有輪即運。漾。

致天津王制台〔四〕 光緒二十三年二月二十四日寅刻發

川、楚同災，鄂省土著、川省流亡人數日增，餓莩日多。湘鄂已購之米，省城已碾之穀，上海已買之薯，不下十萬石，運到者不過兩萬餘石。搭運拖運，租輪借輪，無義不搜，終無大益，焦急萬狀。此間武、漢官商，宜、施紳民，僉謂惟有撥一大江輪來回專運，如江寬、江孚、江通等輪，多裝速到，始有全活實濟。若現在辦法，非三箇月不能運完，仍恐災黎殘喘不能待矣。前與杏蓀商撥行宜昌之快利商輪專裝一次八千石，又裝一次五千石，此後恐不知如何。太古、怡和兩公司之輪，每次僅搭裝千餘石或數百石。竊思運米與商貨一律給價，均付現銀，水脚並可酌加，似於招商局無損。可否速賜切商杏蓀，能否即飭快利專運賑米，此外再撥一大輪專運數次，水脚儘可酌加，惟命是聽。全活無算，感銘無極。此事專爭日期之遲速，以爲活人之多少，故特奉懇，祈速賜覆。敬。

致荆州俞道台〔五〕 光緒二十三年二月二十四日亥刻發

洽電悉。現派江輪運米赴宜，喫水一丈。日來水勢漸漲，務望速派妥人在觀音寺、天心洲至淺一帶再爲確探水深若干尺，喫水一丈江輪能否上駛，以免誤事。即電覆。敬。

〔一〕録自苑書義等主編《張之洞全集》第九册，第七二五七至七二五八頁，河北人民出版社一九九八年版。

〔二〕録自抄本《張之洞電稿·致江蘇電》。

〔三〕録自抄本《張之洞電稿·致本省電》。

〔四〕録自抄本《張之洞電稿·致直隸電》。

〔五〕以下四電録自抄本《張之洞電稿·致本省電》。

致漢口蔡道台 光緒二十三年二月二十四日亥刻發

盛京卿來電，云江寬每次僅裝八千，似尚嫌遲。漢口洋行有拖輪可雇，向駁茶葉，三月内尚可租用，輪駁同租，請速商辦等語。望詢商即覆。敬。

致漢口蔡道台 光緒二十三年二月二十五日丑刻發

頃接盛京卿敬電，已允派快利專運賑米。來往電已鈔送，閱之自悉。望即日告知漢口招商局，與之議定。此次該輪回漢，務須專裝賑米，不得搭載他貨，倘該局稍有游移，務即電聞，以便再電致盛京卿嚴切飭遵爲要。再，前此三公司運米水脚，是否均給現價，如係記帳，須改發現價，以免藉口。切切，并即查明電覆。敬。

致宜昌趙道台 光緒二十三年二月二十六日子刻發

土藥局用，癸巳三月所裁百串，今添北路，諸事較多，仍准照支。該局除劃撥外，現存之四萬是否仍係去年冬季所收，并即覆。有。

致宜昌傅鎮台、趙道台、惲道台、丁守，宜昌電報局〔一〕 光緒二十三年二月二十六日子刻發

以後凡關賑務，該鎮道府等與本衙門電均准作一等報，其與各衙門電，准開支公欵，即在賑務公所局用開報，萬不必發局報。米已到若干，楚功、楚威均到否，并即覆。有。

致上海施紫英〔二〕 光緒二十三年二月二十六日子刻發

本日電悉。承續籌鄂賑三千兩，感甚。請即照交義昌成爲購薯乾價，已告藩司矣。有。

致宜昌趙道台〔三〕 光緒二十三年二月二十六日亥刻發

槍礮局應付外洋機器價五萬兩，即日需用。該局所收存四萬兩，望即日解省應用，如能再籌墊一萬，湊足五萬尤佳。盼即電覆。宥。

致上海盛京堂〔四〕 光緒二十三年二月二十六日發

頃據蔡道稱，此次快利只允裝五千石，因滬電無八千石明文，不敢多裝等語。現上游需米如此之急，運米水脚又照客貨發給現銀，商局有固陵可附客貨，快利仍不肯裝足八千石，衆論必嘩然。務請明切電飭漢局，派令快利專裝賑米，至要至禱。船價鄂付現銀，已發萬金交漢陽府余守，隨時給價，斷不記帳。蔡道又云江寬事，漢局尚未接滬電。江水至淺處一丈余，荆州道電，天心洲一丈五尺。洋行小輪機弱，不能行遠，茶剥方頭難拖，且僅四百石等語。查快利一輪雖裝足八千石，尚嫌遲滯，必須兩輪，江寬暫走宜昌。早知有關三公司分帳，但既發現價，商局當不致受虧。

〔一〕〔三〕録自抄本《張之洞電稿·致本省電》。
〔二〕〔四〕録自抄本《張之洞電稿·致上海電》。

民命所關，想台端仁惠爲懷，必以迅速拯救爲念也。請一并電飭漢局，俟江寬到漢，一准派往運米爲感。盼即電覆。

致安陸史守專差飛送唐心口韓守、李令[一] 光緒二十三年二月二十七日巳刻發

省城連日大雨，京山工次雨勢若何，水漲若干，未停工否。前日已續撥銀二萬兩，票錢二萬串。襄河水師長龍船解往，小輪拖帶，三日内可到，萬勿停工，務須激勵趕修爲要，並轉致周太史。即電覆。感。

致漢口招商局施丞光緒二十三年二月二十八日子刻發

頃據趙、惲兩道來電，云前匯該丞銀二萬兩購運賑米，此欵係何日匯到，米已購齊否，何日起運，即電覆。感。

致宜昌趙道台、惲道台光緒二十三年二月二十八日子刻發

有、宥兩電悉。事事發局報，電局自不願，不必深責。昨有電已飭分別付電費，自不延矣。昨盛京卿覆電，已允撥江寬赴宜，初一日必到，並允快利裝足八千石，每次一萬六千石，以後轉運不難矣。昨已飛函致湖南陳中丞及朱紳，所有尊處託買及譚中丞、余守託買之米，無論多少，無論官買紳買，已買者全令下駛赴漢口催裝，徑運宜昌。未買者將原價寄還漢口，交余守在漢口買，價尚不貴，隨買隨運，最爲簡易迅速，勝於小輪拖帶之遲滯，湘米下運之周折也。楚功、楚威究已運到若干，速復。現飭其拖米下漢口催運，不令赴宜矣。此次該道等匯來之四萬兩，即作爲劃解土税局所存應解槍礮局之四萬兩，另由賑捐局撥銀四萬解槍礮局，趙道核明後，即電致槍礮、賑捐局劃解清欵爲要。總之，此後宜昌如買米，萬不必匯銀來漢，蓋施南等處賑務，如開鑛、伐木、修路等事，亦須兼用銀錢。如需買米，省城尚有欵，所難在運不在銀，亦不在米。現又令余守買就一萬石，并碾穀成米一萬石待運矣。番薯係切片曬乾者，不能種，此物播種係在幾月，如目前可種，民間無種，當再買生者運往。川米除太古、怡和自運外，當囑江寬、快利兩輪每次搭裝二千石。如慮以後峽水漲難運，可先儘先到之米酌量勻撥，分別運川運巴，宜昌以下水大則易辦矣。正月以來，湘鄂各起運米總數，速查電聞。均即速覆。感。

致荊州俞道台光緒二十三年二月二十八日巳刻發

荊州下二十里觀音寺水深若干，速探先覆。此處大輪能行，則他無慮。儉。

致江甯劉制台、上海盛京堂[二] 光緒二十三年二月二十八日巳刻發

杏蓀京卿來電，云川米三萬石，三公司分運，恐專裝鄂米則川米少運等語。此米係託何人在何處買，是否杏翁代辦。兩江劉

[一] 以下四電録自抄本《張之洞電稿·致本省電》。
[二] 録自抄本《張之洞電稿·致江蘇電》。

制軍現允借鈞和輪船來鄂運米，如川米係蕪湖、鎮江買，似可電請峴帥派鈞和過蕪湖、鎮江時順帶數千石來漢口，與漢陽轉運賑米局接洽後，即令直抵宜昌。鄂定商局兩輪，仍每次每輪搭裝川米二千石。儉。

致漢口招商局施丞〔一〕光緒二十三年二月二十八日戌刻發

儉電悉。鄙人屢電切商盛京卿，費盡筆舌，並經切託王夔帥轉商，始撥得江寬、快利兩輪專裝鄂米。因念川省需米亦急，故昨電知盛京卿，趙、惲兩道，每次每輪搭裝川米二千石，此乃出自鄙人格外兼顧鄰省之誼。該丞職司商局，既允代運川米，自應另行自向三公司另爲設法，若鄂省議定之兩輪半運該丞所辦之米，情理似未允協。宜昌屬電，三月半前必須運到三萬石，民心惶惶，正在萬分緊迫之際，尚恐趕運不及，此兩輪萬不能多搭川米。勘。

致荊州江口釐局胡令光緒二十三年二月二十八日戌刻發

沙市釐局，委知縣胡子功接辦。胡令現在江口，即飛飭該員來沙接管。江口局無甚事，暫令司事照料，即另委人。儉。

致上海盛京堂〔三〕光緒二十三年二月二十八日戌刻發

公和即江順，峴帥任内有人租與洋商，前以爲已經收回，曾向峴帥商借運米，覆以訟未了，由關扣住等語。尊處如因川米難運，請閣下自電商峴帥，此輪專運川米，鄂不用。該輪枝節太多，鄂不願與其事也。儉。

盛京堂來電光緒二十三年二月二十八日巳刻到

鄂、川米多船少，焦灼莫名。沈道云，大人南洋任内曾買怡和之公和船，峴帥租與洋商，訟未了，現泊滬江，由關扣住。此船裝米五千石，吃水約十尺，大可濟急。乞即電峴帥或電康侯，即可駛鄂。宣叩。沁。

致施南府額守、來鳳經費局侯令昌錦〔三〕光緒二十三年二月二十九日巳刻發

施南灾重民苦，雖已在宜昌設局運米往賑，但路遠，運到需時。據侯令稟，峽路經費尚旺，即飭侯令儘該局所收，無論多少，暫時全數借作賑款之用，或購運米糧，或以銀錢散放，或開采各鑛，收買各鑛，以工代賑，統由侯令酌辦，將來用過若干，稟明由省城賑捐項下撥還。速遵辦，勿得延誤。現在徵存若干，均即電覆。豔。

致宜昌趙道台光緒二十三年二月二十九日巳刻發

沁電悉。土税應解冬季各項銀二萬八千餘兩，其内正税必在一萬五千兩以外。頃據該道申報，正月分收正耗税銀三萬六千七百餘兩。速在此兩款内提銀五萬兩，即日匯解省城槍礮局，以應

〔一〕以下二電録自抄本《張之洞電稿·致本省電》。
〔二〕以下二件藏河北省博物館。
〔三〕以下五電録自抄本《張之洞電稿·致本省電》。

急需，匯費准開支。立待付外洋機價，必須五萬，不能延緩。黼。

致宜昌趙、惲道台速送巴東傅鎮台光緒二十三年二月二十九日巳刻發

傅鎮有電悉。山路艱遠，運脚必貴，不能惜費，以米速放爲善。錢少只可將就，務須在宜昌帶錢數千串及銀數千兩備用，不能專帶米，切要。即使富户存糧肯糶，亦須有銀錢方能買，況開鑛、伐木、修路等事，豈能全不用銀錢耶。即復。黼。

致宜昌趙道台、惲道台光緒二十三年二月二十九日巳刻發

施南以工代賑，必需鉅欵，用銀錢之處甚多，不能專用米。昨該道等所匯余守購米銀二萬兩，施丞購米銀二萬兩，如即係在開鑛、伐木之四萬内動撥，務速收回應用，或全收回，或收回二萬，酌辦。漢口官辦待運之米、薯已有四萬八千石，有米無船，漢口一日能買萬石，何必急買擡價。如係另是一欵，該道等必欲買米，亦宜改匯交余守代購，以歸一手經理，不必託施丞，因該丞兼代辦川米三萬石，與余争運，殊多不便，且或川或鄂，淆雜不清也。即電覆。黼。

致安陸電局陳委員光緒二十三年二月二十九日巳刻發

前三日，荆門電局來電，云安荆電綫已通，何以今忽云前被人竊去六百餘丈，俟桿綫運到再修。查安陸電綫係因隄工而設，今隄有要工，而綫不能用，實屬誤事，可恨。桿綫被竊，何以從前並未據稟，以便責成地方官保護。以後凡遇綫斷，務須專電將情由稟聞，切切。如膜視不管，又不請修，即知照盛督辦撤懲。黼。

致上海盛京堂[一]光緒二十三年二月二十九日巳刻發

勘電悉。公和即江順，船大而吃水淺，自是合用，鄙人深知。惟滬關扣留，訟案未了，或洋人不允收回耶。不知其中曲折，鄂省不願干預。如閣下能向峴帥借來，設法令洋人不饒舌，可當運川米，功德無量矣。施丞云，川東道托辦米三萬石，不知九萬之說。此非鄂省事，未便查詢，且無暇舍己芸人，請尊處問施丞、任道自悉。鄂米專在漢口買，在湘買者亦下駛來鄂，歸漢口運。至來電慮船到候米，斷無其事。約計鄂、川米、薯在漢待運者以後尚有九萬八千石，雖有三四大輪，三月内亦運不完。黼。

致俄京許欽差[二]光緒二十三年二月二十九日亥刻發

壓銅殼廠安配機器圖，請飭力拂速寄來。黼。

致荆州道、府、縣[三]光緒二十三年二月三十日辰刻發

廿八日公電悉。即照撥銀二萬兩，以一萬五千兩爲荆、沙賑

[一] 録自抄本《張之洞電稿·致上海電》。
[二] 録自抄本《張之洞電稿·致外洋電》。
[三] 以下三電録自抄本《張之洞電稿·致本省電》。

撫，以五千兩爲旗丁賑撫，該道、府、縣妥速辦理。卅。

致宜昌趙道台光緒二十三年二月三十日辰刻發

鹽電悉。該局據報現有存欵，仍遵本部堂鹽電匯解，湊足五萬，勿誤要需。至冬季二萬八千零，必有釐費在内，豈能盡歸槍礮局用乎。若專解槍礮局，即須由該道解文内聲明指定解欵係正税方妥。卅。

致襄陽王守、張道台、黎道台光緒二十三年二月三十日辰刻發

王守致藩司電悉。襄陽倉穀三萬石，大可碾充鄖陽賑米，既可移緩就急，又可出陳换新。此策甚好，可嘉之至。務即迅速碾成净米一萬石，趕緊陸續運鄖，核明價值，由張道撥還，王守買補。惟張道所帶之銀不敷萬石米之價，且恐尚須酌携現銀現錢若干赴鄖，其不敷之數，俟電稟到後，當由省城即發銀一萬兩，交王守補足。省局現尚有欵。即覆。卅。

致上海湖北撫台譚[一]光緒二十三年三月初一日子刻發

前專差持函札赴唐心口催工，輪拖銀錢接濟尚無回報。連日大雨，京山亦必相同，今日始晴。但盼晴久水退，當可趕辦，若目前但求未停工即幸矣，不能遽合龍也。俟有回信，即電達。何日乘輪啟程，并示。卅亥。

致上海盛京堂光緒二十三年三月初一日子刻發

卅電悉。承代雇福和運米，每百斤二錢，感甚。請即照定。卅亥。

致上海盛京堂光緒二十三年三月初一日丑刻發

昨據趙、惲兩道來電云：宜紳暨川商、施商、宜商各幫到賑局稟稱灾廣米少，慮饑民缺濟生變，阻道路且防資本，現在情形，運米急於運貨，情急，籲求飭輪速運等語。職道會同府、縣，傳集三公司管事人等，將紳商稟交閲，陳説利害，勸令快利、固陵、昌和、沙市四輪專運賑米各三次，水脚照付，不過一月竣事，三公司均稱善，已電請漢、滬局示。查商貨暫停，稍出棧租，將來可增價獲利，向來水漲水涸時，常有停辦之貨，今一律議停，各商無争先落後之慮。又電云：外間謡傳快利到此，宣言此後不裝賑米，川施宜商民譁然，並聞有輪不裝賑米，到岸即燒之謡。職道等慮有匪徒煽播，已告營縣密查，派人在洋街梭巡等語。當飭蔡道與漢口三公司、領事及各幫切商。頃據覆稱：八幫總首云，現貨不多，英領事已電上海總領事協助，税務司亦照電滬矣等語。前承派江寬、快利，又雇福和，已極感謝。惟現在上游民情洶洶，宜昌已將大小民船全封，只准運米上駛，客貨不能上運。可否再商三公司專運賑米三次，水脚照尊議每百斤二錢，或稍貴亦可，聽彼自酌，照付現銀，并言招商局已允照辦。至懇至感，祈速示

〔一〕以下三電録自抄本《張之洞電稿·致上海電》。

覆。卅亥二。

盛京堂來電〔一〕 光緒二十三年三月初三日申刻到

卅電，昨派人持詢怡、太，謂未接信。頃怡、太已接領事信，允為照辦。宣叩。江丑。

致漢口招商局施丞〔二〕 光緒二十三年三月初一日亥刻發

東華醫院賑銀，交善後局。東。

致宜昌趙道台、惲道台 光緒二十三年三月初二日辰刻發

據土税局申報，查核至正月底止，已有應解槍礮局正税五萬一千餘兩，是以豔、卅兩電飭趙道即日匯解五萬兩，立待付外洋機價。今接卅電，竟將該道擬解之四萬兩全行截留，又不將發交余守、施丞買米之四萬兩收回，又不專交余守，輒以電藩司將賑欵劃撥一語了之，實堪駭異。賑局安得有此鉅欵，且内有善後局欵，亦不能全歸槍礮局。外洋催索甚急，豈能失信。地方要政甚多，鄙人統籌全局，自宜各清各欵。該局既有征存應解正税五萬，該道務即照此數速解來省，不准短欠，亦不准劃撥，貽誤要需。施南現已有存欵四萬，尚未動用，何得又留四萬，且欲截留鹽、釐兩局數萬，似此任意扣留許多之現銀，殊屬無理。查宜施賑務，現在缺米，並非缺銀，未到之米尚有數萬，何必急買擡價，現存之銀尚有四萬，何又截留數萬。現在惟患輪少，三公司能否允全運一月，尚無回音。如船多運完時，鄙人自能買米接濟。該道來一電，即可勿庸在宜匯欵來買。如需現銀，該道電來，鄙人自必籌撥，勿庸預扣多欵。總之，籌欵、購米、催運，乃省城各衙門各局之事。核計用米之數，籌畫散賑之法，乃該道之事，不得擅行扣留各欵，以致淆混紛歧，周折貽誤。切切。沃。

致宜昌趙道台、惲道台、傅鎮台 光緒二十三年三月初二日巳刻發

卅電悉。三府賑欵，已用過二十萬有奇。余守除四萬外，又領過五萬。鄖陽先領二萬，又續撥一萬餘，尚未及細算。該道等所計銀數米數，全不符合。賑局存欵無多，斷不能劃撥槍礮局之欵。至川米只可酌量搭運，不能渾合爲一，船多多搭，船少少搭。鄙人爲籌輪籌運，無計不施，種種艱難焦勞，協濟鄰省則可，舍己芸人則不可。昨又竭力商盛及税司、領事，倘三公司肯全運一月，則各輪均可半鄂半川。若不肯時，則快利、江寬只可每次搭二千石，緣此兩輪乃鄂所商允也。至沙市昌和、固陵等，由川鄂委員各自與議搭裝，不能代管矣。總須籌定辦法，明白告知川省，方不至誤自己之事，而仍受他人之怨也。川省若嫌運遲，可請鹿制軍向江南、上海設法，蓋多一省懇託，則江、滬當别籌，所以應酬川省也。番薯種子即買寄。薯乾每擔一元二角，聞不能久存，俟運到看合用否，暫勿再買。施南開鑛、伐木、修路等事，鄙意本爲以工代賑，並非謀利，只可量力爲之，不可鋪張，以欵盡爲

〔一〕 録自苑書義等主編《張之洞全集》第九册，第七二六八頁，河北人民出版社一九九八年版。
〔二〕 以下二電録自抄本《張之洞電稿·致本省電》。

度。大抵銀米合計，施南只能用十萬兩，來鳳已劃撥一萬餘兩矣。鹽、釐、土稅各局欵，斷不准截留。買米宜專交余守，於運事方不致夾雜歧誤。總之，條理宜清，事權宜一。該道等需銀需米需輪，但向鄙人商之，籌欵籌輪問鄙人，購米運米問余守。此是要義，勿再歧誤。切切。沃〔一〕。

致宜昌川鹽局凌道台、馮令，釐金局龍令〔二〕光緒二十三年三月初二日巳刻發

鹽、釐兩局欵應解省者，仍迅速解省。現在宜昌賑務並無需現銀之處，如需用時，務須請示，聽候本部堂電示飭遵，不准擅自劃撥干咎。切切。凌道到否，即覆。沃。

致宜昌趙道台、惲道台光緒二十三年三月初二日亥刻發

盛督辦來電，福和初二晚開漢，江寬初一早到，初二三必可開宜。惟慮各船到宜過載民船躭延，乞電飭宜昌賑局，如民船不齊備，務先起岸，速卸速開等語。望預爲多雇民船，以免臨時躭延爲要。冬。

致漢口蔡道台光緒二十三年三月初三日未刻發

江電悉。薯乾務須乾透，此時陰晴無定，恐難曬乾，望囑樊委員在滬設法用火烘乾，方可起運。楚材回鄂，李筱帥乘坐赴甯，此時必已動身，薯乾不必附裝。江。

致漢口蔡道台、余守光緒二十三年三月初三日戌刻發

盛督辦來電云：卅電，昨派人持詢怡、太，謂未接信。頃怡、太已接領事信，允爲照辦。宣叩。江丑。等語。固陵想可裝，即持此電切商之。江。

致漢口蔡道台光緒二十三年三月初三日戌刻發

江電悉。安徽前有咨，奏明賑米不免稅，存稅銀充賑等語。既是存稅仍作賑，何必此時商免。如必欲免，可告川東道自電江、皖、蕪可也。江。

致宜昌趙道台、惲道台，漢口蔡道台、漢陽余守光緒二十三年三月初四日午刻發

三公司已允全裝賑米，以後川、鄂各半。支。

致襄陽黎道台、王守光緒二十三年三月初四日酉刻發

據張道冬電稱，該道所帶銀不敷襄倉碾米價，自係實情。王守仍即碾浄米萬石，迅速分批運鄖，該價若干，核明電稟，當全數由省城於賑捐項下撥還，即轉電張道知。此時襄陽米價，并即

〔一〕此電「施南開鑛、伐木、修路等事」以上文字，據抄本《張之洞電稿》補入。

〔二〕以下十電録自抄本《張之洞電稿·致本省電》。

查覆。支。

致宜昌趙道台、惲道台，成都鹿制台 光緒二十三年三月初四日酉刻發

三公司允全裝賑米一箇月，又加鄂備江寬、福和兩輪，共六輪，每次可運米三萬六千石，以後所運之米，川、鄂各半。鄂米未運者共四萬八千石，川米漢口、蕪湖共六萬石，兩省共十萬八千石，六輪一箇月往返三次可運竣。此外，鄂、川或均有續購之米，想不多，可搭運，川省不必再向江、滬設法矣。支。

致宜昌趙道台 光緒二十三年三月初四日亥刻發

土税局解善後局二萬兩，已與司局商明，善後局係雜欵，可緩還，以一萬先解槍礮局，即作爲土稅應解槍礮局之五萬解足，以一萬留賑局備用。該道俟正月分正税現銀收齊後，再解還善後局一萬，其留賑局一萬，將來由省城賑局還善後局可也。豪。

致漢口招商局施丞 光緒二十三年三月初四日亥刻發

支電悉。該員代交東華醫院賑欵規銀四千三百五十兩，已由善後局收訖。支。

致上海盛京堂[一] 光緒二十三年三月初四日亥刻發

初二、三、四日三電均悉。潛江一帶電綫電桿屢被竊鋸，實堪痛恨，已通行嚴飭查拏重辦，妥爲保護矣。惟各電局事前既不勤加梭巡，事後又不即禀報，久延不修，迨要電貽誤，乃云綫桿被竊不通，亦屬玩忽，令人氣悶。請嚴飭各該電局，平時按段勤加巡防，凡遇綫斷，立即專電將綫斷緣由禀報，以憑一面責成地方官緝辦，並一面催令趕緊修理。支。

致宜昌丁守、荆門州諸直牧[二] 光緒二十三年三月初五日子刻發

當陽匪徒黄育才等去臘聚衆滋事，聞拏在逃。兹據宜昌丁守、蒯遊擊、東湖許令等電禀，該匪現復回當陽，率黨報仇，拒捕殺兵傷練，與之力鬭，將黄育才擒獲，並獲悍匪四名，搜出僞號兵器，實屬不法，自應嚴辦。惟四悍匪究係何姓名，其詳細情節亦未深悉，礙難遽行飭辦。據稱，犯已解當陽，該守、州即飛速專差轉飭當陽縣，迅即提犯詳確訊明，議擬通禀，以憑核批飭辦。支。

致荆州俞道台、舒守、張令 光緒二十三年三月初五日辰刻發

聞沙市天煖疫作，飢民餓病交乘，日死一二百人。速施藥拯救，並設法令其分散棲止，以免癘氣。四川灾民、本省灾民各若干，即查覆。歌。

[一] 録自抄本《張之洞電稿·致上海電》。
[二] 録自抄本《張之洞電稿·致本省電》。

致漢口蔡道台、荆州俞道台〔一〕 光緒二十三年三月初五日午刻發

户部來電：各直省司道、鹽糧各庫，及釐金、軍需、善後、勇營收支各台局處所，歷年收發銀兩，由外省自行扣平，現各積存平餘若干，轉飭查明，據實速電覆等語。望速查明，即日電覆。歌。

致宜昌趙道台 光緒二十三年三月初五日午刻發

前令劃留土税四萬者，因恐宜昌匯余、施之欵，係將該局現銀四萬動用，施南諸事不能辦，其時賑局存欵尚多，而余、施所領亦可收回還欵，且其時輪少運遲，故擬俟米將盡時，陸續必有欵到，臨時購運，不致誤事也。乃余、施所領，不肯交回，賑局續發甚鉅，槍礮局急需之欵將歸無着，故分别緩急，飭催仍解歸礮局本欵。今已據該局解蔡道二萬，又多方籌商賑局劃還二萬，又將該局解善後局之二萬内改爲劃解礮局一萬，其善後局之欵，作爲宜昌土税局暫欠。且現在輪運已速，自無須再令余守繳回矣。然已費盡筆舌周折，而善後局改撥之一萬，尚是空文，並無實銀也。總之，以後該道等如需銀需米，只可來電請撥，斷不可自行扣留劃撥，亦不必自行買米，徒多紛歧膠繞，致令鄙人爲難。切切。歌。

致漢口蔡道台 光緒二十三年三月初六日戌刻發

語電悉。盛京卿已派江寬，又代雇福和，未便再調他輪。至洋行裝米水脚，本末與争多少，所賠若干必照數補給。望速切告該行等，決不令彼賠累，此時切勿翻悔，務照原議專裝三次爲要。即電覆。語。

致上海經道〔二〕 光緒二十三年三月初七日子刻發

繅絲廠商人黄宗憲，章程太不公平，又不誠實。此時黄亦不願再辦，現與黄將前帳清算，虧折之數，官已照認。以後另行招商接辦，改爲商租官廠，但取官息，勿庸合辦。廠屋機器，官本共銀八萬，每年商認出廠租若干，此外活本及買賣盈虧，官全不管。可速與樊委員棻商，勸其來鄂接辦，今年廠租可緩繳。現熟加核計，若專買白繭，尚可有爲，特鄙人不願多費此等神矣。舊繭須四月底作完，新商五月初一日接辦，若議定，須早爲布置買繭事宜。能來與否，速覆。語。

致宜昌趙道台，惲、凌道台〔三〕 光緒二十三年三月初七日辰刻發

三府賑務專欵，現在核計已用過三十一萬餘金。初次劃撥土税四萬，余守領九萬五千，撫發湖南買米二萬，藩發施丞買米一萬，宜昌二次劃撥槍礮局土税二萬，截留土税局應解善後局欵二萬，昨日湘撫函續籌協賑添作米價一萬，宜昌借加抽局交施丞買米二萬，鄖陽初交張道領二萬，續撥襄陽倉穀碾米萬石價約二萬

〔一〕以下三電録自抄本《張之洞電稿·致本省電》。
〔二〕此件藏河北省博物館。
〔三〕録自抄本《張之洞電稿·致本省電》。

五千，生熟番薯麻袋價約九千，計未運米薯共五萬二千石，運費約一萬五千，洋公司每石三錢尚不願，招商局每石二錢五分，來鳳經費局報已撥一萬餘兩，共已用三十一萬四千餘兩。再加鄖陽初撥鹽金六千，又撥三府鹽釐共四萬，總共已用三十六萬餘兩。宜昌自勸賑捐及義賑不在內。特此告知大概。陽。

致總署〔一〕光緒二十三年三月初八日未刻發

法人李瓦被毆事，法領事過沙商議，經將軍飭荆宜施道俞道與商，允將門官咨部記過停陞外，斥退門班章京，將已獲之富色里再鞭責一次，交該管官嚴加管束。滋事人續獲，照案懲辦。當經領事電請公使示。頃俞道自宜昌來電云，接法領事函，李瓦案公使電允了結，今日晤言無異，伊即赴川等語。謹奉聞。

致漢口蔡道台〔二〕光緒二十三年三月初八日未刻發

俞道來電云：職道昨抵宜，接穆領事函，李瓦案，公使電允了結，今日晤言無異，伊即赴川，請電總署。宜郡米價漸平，地方安静，餘續稟等語。庚。

致漢口蔡道台光緒二十三年三月初八日未刻發

擬延湯金鑄爲兩湖算學幫教，歲脩六百金，望速電詢，如願即速來，即日開學。如嫌脩少，到此再設法津貼。應如何措詞，請酌辦。庚。

致俄京許欽差〔三〕光緒二十三年三月初九日巳刻發

今日由滙豐滙去三十萬八千馬，請撥付咸電鋼模樣板傢伙價廿一萬三千馬，下餘九萬五千馬，爲十二生快礮機及造彈機連傢伙三分一之價，作爲定銀，即請速定速運，至壓銅殼機只可緩辦。佳。

致上海製造局蘇令晋〔四〕光緒二十三年三月初九日戌刻發

初八電悉。聞津日間解餉赴揚，存甯槍礮藥可俟該輪回時，再令運鄂，或另設法亦可，楚材不必裝運矣。佳。

致江甯劉制台〔五〕光緒二十三年三月初十日亥刻發

昨在粤借用印錢機器十八箱，鐵輪八箇，已由廣利運滬，另换商船進口，請電滬道驗行爲感。蒸。

致俄京許欽差〔六〕光緒二十三年三月十一日子刻發

庚電悉。拉鋼機係何時訂定，是否五生三快礮機内所配，此機槍礮兩廠均能通用否，祈詢明力拂，如不能通用，仍請另定爲

〔一〕録自抄本《張之洞電稿·致北京電》。
〔二〕以下二電録自抄本《張之洞電稿·致本省電》。
〔三〕〔六〕録自抄本《張之洞電稿·致外洋電》。
〔四〕録自抄本《張之洞電稿·致上海電》。
〔五〕録自抄本《張之洞電稿·致江蘇電》。

要。槍機一半五箇月成，是否餘一半六箇月成，并祈明示。蒸。

致漢口蔡道台〔一〕 光緒二十三年三月十二日子刻發

昨電託邀湯金銘［鑄？］，有覆電否，即覆。真亥。

致俄京許欽差〔二〕 光緒二十三年三月十二日丑刻發

佳電悉。查去年五月豔電初商購十二生快礮機時，即已言明四十倍長，今該廠稱原機止長卅二倍，不知所謂原者何指。又十二生四十倍長大礮非臺礮而何，斷不合陸路之用，該廠豈有不知。今稱原配陸路架，有是理乎。又樣礮八月成，礮機見樣後七月成。該廠既係造槍礮機大廠，豈克礮亦未見過，必見樣後方能造機乎。恐不願我能自造，故去歲謂造十二生礮難精以沮我，今又加價延期以難我耳。鄂省固無欵再加價，即有，彼必更有無厭之求，亦難乎爲繼也。此事焦急萬分，請逐層力駁之，務使早日成機爲幸。倘克廠原機亦止長卅二倍，德國尚無四十倍長礮，則鄂機亦不必加長，但勿任藉詞要挾可耳。至禱，并祈速覆。真。

致江甯劉制台〔三〕 光緒二十三年三月十二日亥刻發

鄂局訂購上海瑞記洋行無烟礮藥五百磅，請飭滬道發給專照，交該洋行轉運來鄂爲感。文。

致京户部右堂陳〔四〕 光緒二十三年三月十三日丑刻發

初八日電悉。貴同鄉公捐荆、襄、鄖、宜、施賑欵銀一萬兩收到，已交籌賑局購米運濟珂鄉。諸君子京朝清況，慨助鉅資，尚義好仁，萬分感佩，均祈轉致謝忱。各屬賑務設法捐集籌墊，百計羅掘，分向各省乞糴告貸，並設法向滬漢華洋公司租雇輪船轆轤趕運，竭力拯救。侍撫此灾黎，慘目疚心，凡心力所能爲，不敢不盡。文。

致俄京許欽差〔五〕光緒二十三年三月十四日午刻發

真電想已達。細思鄂製十二生大礮，專爲長江礮臺，必得新式四十倍口徑，方足備江防之用。查四十倍較卅二倍加長無幾，機價不應多至加倍。請與力廠切商，必須四十倍長，令將價值切實減讓，迅即示覆。至克廠既允售樣礮，似可商令給圖，力拂令照圖配機，無須久候樣礮，酌給畫圖費若干，雖多無妨，總望提前數月告成，至要。鄙人焦急萬分，此廠早成則鄙責可了，務祈俯鑒。臺架加價應若干，請酌量議定。監。

致漢口蔡道台〔六〕光緒二十三年三月十四日酉刻發

户部來電，云本年三月應解俄法欵銀兩，務即趕緊解滬勿誤，並電覆等語。監。

致天津王制台光緒二十三年三月十七日午刻發

頃致杏蓀函云：近數日面談各節，似是閣下注意英德借欵，

〔一〕〔六〕録自抄本《張之洞電稿·致本省電》。
〔二〕〔五〕録自抄本《張之洞電稿·致外洋電》。
〔三〕録自抄本《張之洞電稿·致江蘇電》。
〔四〕録自抄本《張之洞電稿·致北京電》。

已有成見。竊思借款之舉，路權第一，利息次之。此事利害關繫甚大。俄踞北路，故英欲占南路，雖此時草約尚無干預詞句，然欵鉅年久，以英之强，隨時借端生波，漸圖干預，誰能遏之。惟此路與英無干，則此禍可絶，不然何以英必欲與閣下密約，必欲兼造粤漢一路也。香港北岸九龍山、深水鋪等處，皆久成英界，居民編號，洋廠無數，英造路之可接香港，猶俄造路之可接俄都。今東三省之路已歸俄，天下聞之者人人歎恨，以爲無窮之患。若令英人得從香港接路，則全局不可問矣。若比國承造，自無此慮。或謂比股中恐附有法，此恐不同。此事必須外部、公使出面，方與其國家有干涉，若我僅與比領事、比外部定議，重言申明此約並無他國在内，法國家豈能干預，即附有法股，乃法商，非法國也，法國但能分比商之利，豈能出頭攬我鐵路之權哉。且粤路斷不能通龍州之法路，即法國出名，亦尚無大害也。若尊意謂英欵息不甚重，且議已多日，未便拒絶，何妨使之修他路哉，或蘆漢，或兼瀋吉，或並使之兼蘇甯，均無不可，但將自漢至粤之一段歸他國，不歸英欵，即無後患矣。弟不過因比領事來議，察其意尚無他，故爲轉達。其實無論借何國之欵，皆是一視同仁，鄙人何必厚於比國哉。英人若相强，似可以弟及夔帥不願推之，未畫押，未奏咨，彼不能硬來也。特此切商，務祈俯鑒，將來此事如有貽害，我等躭不起也。此事係由外議，設有不妥，朝廷必歸咎原議之人，萬望勿稍輕忽，勿遽定議，至要至禱。鄙意只在力争粤漢路不可用英欵，至比欵之借否無關緊要，或美欵甚至法欵、德欵，均差勝一籌也。英草約既有大概，他國亦必減少。若尊意已定，必無可商，弟惟有將此段議論設法存案，以免他日朝廷及天下之責耳。幸惟熟察示覆等語。事關大局安危，我等與有責成，設有後患，我三人均不能辭其責也。此事鄙見以爲必須妥酌，而杏蓀似欲日間定議，務祈急電切實勸阻，勿遽成約。萬分緊要，祈速示覆。洽。

致漢口蔡道台[一] 光緒二十三年三月十九日午刻發

前三年曾買洋焦炭一千餘噸，每噸運費實合銀若干兩，祈速查覆。效。

致天津王制台 光緒二十三年三月十九日午刻發

鄂廠造軌，以煤爲主，開平運焦易碎，苦難接濟。去年佑帥商調鄺榮光，勘得湘潭煤鑛甚好，假旋天津而中止。洋鑛師未便赴湘，只得仍借鄺榮光一用，乞仍飭迅速來鄂，以便派往湘潭等處趕緊開辦，感甚。洞、宣效。

致天津王制台[二] 光緒二十三年三月二十日申刻發

接總署電，以洋債國家作保，慮及代還利害，屬會籌電覆。現擬會電，請尊處詳酌改定，即由津發爲感。其文曰：篠電謹悉。洋債向以抵保爲主，如上年借英、德國債第七條，載明關税付還本利不敷，國家應另外設法付還。第九欵載明或本或利一次不按期付給，此關票應可抵還各口税餉。此海關抵借，明知必還，尚

[一] 録自抄本《張之洞電稿·致本省電》。
[二] 以下二電録自苑書義等主編《張之洞全集》第九册，第七二八三至七二八五頁，河北人民出版社一九九八年版。

須如此推説也。又如招商局從前以馬頭、船棧抵借怡和、匯豐洋欵，約内載明如本利短少，馬頭、船棧均歸怡和、匯豐改名執業。此實産抵借，明知不短，亦須如此訂實也。今以未成之鐵路作抵，雖由公司簽押，洋人知鐵路現屬公司，而後來予奪之權仍在國家，故非國家作保不可。如不寫作保字樣，必須照抵押常規寫明，如公司本利不敷，鐵路均歸債主執業。故宣懷説帖曾經聲明借洋債之難，以公司出名借商還，仍須國家批准，保其本利有著，而后可行等語在案。大抵無論何國，以路作抵而國家不保，斷不能成。惟在國家於公司事體維持保護，使其一氣貫注，事無旁撓，自然根基牢固，展步裕如，斷無中輟賠累之理。是以前奏請合南北鐵路爲一局，蘇、粤不可另設公司，職此之故。但望朝廷堅持原議，不爲浮言摇惑，俾公司通籌緩急，酌劑盈絀，一面分成集股，一面（拓）[提]取路利。核計此欵，照現議前十年每年還息二十萬鎊，後二十年每年通扯還本及利二十九萬五千鎊，是攤還之數，僅由一百數十萬兩至二百萬兩，綜計雖多，分年則少，公司合力，此數必能措辦，斷不致誤此每年一二百萬之還欵，而棄此數千[萬]金之巨路，自無俟國家代償也。但官商之間應如何昭大信而免猜疑，擬請批准總公司承辦五十年或四十年，庶使商人還清洋債後，可沾一二十年之利，股分方能踴躍。限滿或由國家收回，或仍准公司續辦，惟命是聽。如果限内或有洋債不清，國家可以隨時收回，取其路利，以還其洋債。至其時鐵路已成，值本數千萬，每年所收路税及路利可得數百萬，每年應還洋債本利，無慮落空。公司衆商正願長久承辦，無論如何爲難，總必設法籌還。若公司果不能還，則債既歸國家代還，路必歸國家收回。公司倡其難，國家爲其易，公司謀其始，國家享其成，此正國家意外之大利，似無庸過慮及此也。假如國家不保，則借欵合同内須寫明此項作抵之路，應歸債主執業。措詞既不得體，流弊尤爲無窮，故不如明言國家作保之簡易正大，有利無害也。至於慎重借欵之法，約有兩端，一則借來洋債必須全歸路用，一則所獲路利必須儘還洋債。此三十年内，債主必派洋人駐公司查察出入，總署、户部亦可派人稽查。總之，借欵既歸實用，路工自可早成，則洋債還期必能無誤。現在比銀行已到鄂，容議有眉目，比較英欵，再行詳陳。但無論英、比，皆不能出此範圍。應否代奏，伏乞鈞裁。文韶、之洞、宣懷謹肅。等語。洞、宣同啟。號。

總署來電 光緒二十三年三月十八日未刻到

北洋轉盛京卿電，與英人恭佩珥議路債草約，第三條内載國家作保等語，倘届期公司力難措還，勢必要國家代償，似無代償之理，此中利害不可不預為籌及。應如何慎防流弊，請貴督就近會商盛京卿，妥晰電覆。篠。

致宜昌趙道台、惲道台[一] 光緒二十三年三月二十日亥刻發

嘯電悉。施宜辦賑，錢缺發銀元以資周轉，甚善。已飭局如數照撥，惟三錢六者但有千四百元，日内即交商輪解宜。號。

致天津王制台[二] 光緒二十三年三月二十一日午刻發

頃接勘路委員張令延鴻等電，十七抵保定，即赴蘆。直境沙

[一] 録自抄本《張之洞電稿·致本省電》。
[二] 録自抄本《張之洞電稿·致直隸電》。

河太多，工亦鉅，川費所携仍不敷，請續發銀千兩等語。祈電飭保定地方官就近借撥銀一千兩給該委員等應用爲禱。馬。

致吴淞速送寶山縣沈〔一〕

光緒二十三年三月二十一日亥刻發

二十電悉，欣慰。寶山縣灘地共已清出若干畝，約共可得價若干，已變價若干畝，已收價銀若干。聞現係派許守寶書經理，此事能認真否。此項地價係指還墊用洋欵之項，務望詳晰切實電覆爲盼。箇。

致俄京許欽差〔二〕

光緒二十三年三月二十二日午刻發

霰電悉。此間與洋匠考究，造四十倍長十二生快礮，就原有機器只須添機九副，年中可出十餘尊。又礮彈機須添五副，配件完全，洋名附後。請與力拂切商，照此核算，需實價若干，迅即電示，以便定議。至臺架應添各機究須幾件方敷用，俟洋匠核定再奉達。養。

致宜昌趙、惲道台並飛送施南府傅鎮台、額守〔三〕

光緒二十三年三月二十二日午刻發

洽電悉。施南府城既有倉穀一萬石，該守何以從未禀請放賑，實屬大謬。速即儘數碾放勿延，由賑欵撥還買補。養。

致老河口光化縣梁令、土税局陶令、官運局杜倅，鄖縣張道、許守

光緒二十三年三月二十二日午刻發

現已由漢口錢鋪匯銀二萬兩，交陶令、杜倅換錢五千串，以其餘儘數買米，錢米一併均速運鄖，交張道、許守接收充賑。鄖陽需欵緊急，可分批購運，不准推諉遲延。光化梁令會同兩委員妥速辦理。即電覆。養。

致上海陳次亮户部〔四〕

光緒二十三年三月二十二日戌刻發

三電均悉。蘇甯路似宜向江南兩帥商，弟未便置喙。杏蓀出示閣下致渠書，言有洋股，竊思此事似不宜有洋股，如有，此等事將來恐受累。養。

致總署

光緒二十三年三月二十二日發

篠電謹悉。洋債向以〔五〕抵保爲主，如上年借英、德國債第三欵，載明關税中還本利不敷，國家應另外設法付還。第九欵載明或本或利一次不按期付給，此關票應可抵還税項。此海關抵借，

〔一〕録自抄本《張之洞電稿·致上海電》。
〔二〕録自抄本《張之洞電稿·致外洋電》。
〔三〕以下二電録自抄本《張之洞電稿·致本省電》。
〔四〕即陳熾，曾任户部郎中、員外郎。
〔五〕底本作「而以」，據抄本《張之洞電稿》改為「向以」。

明知必還，尚須如此申說也。又如招商局從前以馬頭、船棧抵借怡和、匯豐洋欵，約内載明如本利短少，馬頭、船棧均歸怡和、匯豐改名執業。此實産抵借，明知不短，亦須如此計定也。今以未成之鐵路作抵，雖由公司簽押，洋人知鐵路現屬公司，而後來予奪之權仍在國家，故非國家作保不可。如不寫作保字樣，必須照抵押常規，寫明如公司本利不敷，鐵路均歸債主執業，措辭既不得體，流弊亦復難知。故宣懷説帖曾經聲明借洋債之難，以公司出名，商借商還，仍須[一]國家批准，保其本利有着，而後可行等語在案。大抵無論何國，以路借抵，而國家不保，斷不能成。惟在國家於公司事體維持保護，使其一氣貫注，事無旁撓，自然根柢堅固，展步裕如，斷無中輟賠累之理。是以前奏請合南北鐵路爲一局，蘇、粤不可另設公司，職此之故。但望朝廷堅持原議，不爲浮言摇惑，俾公司通籌緩急，酌劑盈虚，一面分成集股，一面（拓）[提]取路利。核計此欵，照現議前十年每年還息二十萬鎊，後二十年每年通扯還本及利二十九萬五千鎊，是攤還之數，僅由一百數十萬兩至二百萬兩，綜計雖多，分年則少，公司合（利）[力]，此數必能措辦，斷不致誤此每年一二百萬之還欵，而棄此數千萬金之巨路也。但官商之間應如何昭大信而免疑拒，請（託）[批]准總公司承辦，或五十年，或四十年，庶使商人還清洋債後，可沾（三）[二十]年之利，股分方能踴躍。限滿即由國家收回，或仍准公司續辦，惟命是聽。如果限内或有洋債不清，國家可以隨時收回，取其路利，以還洋債。至其時鐵路已成，值既數千萬，每年所收路利可得數百萬，每年應還洋債本利不虞落空。公司衆商正願長久承辦，無論如何爲難，總必設法籌還。若公司果不能還，則債既歸國家代還，路必歸國家收回。公司倡其難，國家爲其易，公司謀其始，國家享其成，此正國家意外之大利，似毋庸過慮及此也。至慎重借欵之法，約有兩端，一則借來洋債必須全歸路用，一則所獲路利必須儘還洋債。此三十年内，債主必派洋人駐公司查察出入總數，户部亦可派人稽查。總之，借欵既歸實用，路工自可告成，洋債還期必能無誤。現在比國洋行已到湖北，俟議有眉目，比較英欵，再行詳陳。但無論英、比，皆不能出此範圍。應否代奏，伏乞酌裁。王文韶、張之洞、盛宣懷同肅。養。

致漢口蔡道台[二] 光緒二十三年三月二十三日酉刻發

比領事、銀行等今日又晤否，説明鐵路利息若干，此外有無要挾，即覆。漾。

蔡道來電 光緒二十三年三月二十三日亥刻到

比銀行同領事來見，利息索五厘，九二折扣，若許以購比國物料，全用比國人，則九六扣。餘詳致盛京卿函中，想已呈憲鑒。勇稟。漾。

致安陸唐心口彭守、李令、周太史 光緒二十三年三月二十四日巳刻發

連日晴霽，唐心口已合龍否，水稍退否，隄工已出水面若干，周太史尚在工否，速覆。敬。

[一] 底本作「借」，據抄本《張之洞電稿》改為「須」。
[二] 以下三電録自抄本《張之洞電稿·致本省電》。

致俄京許欽差〔一〕光緒二十三年三月二十四日戌刻發

養電當已達覽。兹續配十二生臺架應添各機，洋文附後。請交力拂估價示覆，爲感。敬一。

致俄京許欽差光緒二十三年三月二十四日戌刻發

養電悉。十二生礮彈架機現與洋匠考究，就原有各機酌量添配，應加各種已將洋名電請飭估，想比力拂原估十二生各機皆另製者爲省。此項欵甚鉅，扣價多寡無定，未便令瑞記訂辦，仍請始終費神核價見示。此外購件無多，不至甚煩瀆也。敬二。

致宜昌趙道台、惲道台、川鹽局凌道台、馮令、丁守〔二〕光緒二十三年三月二十四日亥刻發

宜昌文武衙門公費，即照趙、惲兩道漾電所擬，自二十二年正月起一律補發，嗣後照舊按期給領。敬。

致督辦軍務處光緒二十三年三月二十五日子刻發

文電謹悉。鄂廠槍係全照德國式樣製造。據洋匠言，均屬合法適用，勝於滬槍，未便改從他式等語，已於二月二十三日詳叙情形，咨呈鈞處，計已早達。至每年出槍之數，因華匠未熟，洋匠初來，應添機器亦未齊，去年出槍一千三百枝，礮三十尊，今年可出槍三四千枝，礮五十尊，明年工熟機齊，可出槍八千枝，礮一百尊。敬。

致户部〔三〕光緒二十三年三月二十五日子刻發

微、文兩電謹悉。三月俄法洋欵已解清。應解京餉，當催速解。敬。

致吴淞洋操營務處沈道台〔四〕光緒二十三年三月二十五日子刻發

廿日電悉。自强軍校閲整齊，閣下教督之功也，欣慰。敬。

致老河口速送鄖陽張道台、許守〔五〕光緒二十三年三月二十五日子刻發

號電悉。襄穀二萬石已運到若干，分撥各處若干，災民已得霑此惠否，速覆。現又設法匯銀二萬兩至老河口，交光化梁令、土局陶令、鹽局杜倅，以銀五千兩换錢，以一萬五千兩買米，均運鄖交該道分别賑救。惟河口無大錢鋪，匯欵一時難交清，焦急之至。敬。

致天津王制台〔六〕光緒二十三年三月二十五日午刻發

會摺廿六見面，恐政府尚有拘牽，擬再加一電，請改正即發。

〔一〕以下二電録自抄本《張之洞電稿·致外洋電》。
〔二〕〔五〕録自抄本《張之洞電稿·致本省電》。
〔三〕録自抄本《張之洞電稿·致北京電》。
〔四〕録自抄本《張之洞電稿·致上海電》。
〔六〕以下二電録自抄本《張之洞電稿·致直隸電》。

其文曰：比銀行已到鄂會議兩次，亦欲國家作保，並須先用中國自有之欵，再用該國借欵，暗合造成一段抵押一段之意。大約鐵路借欵，非比關票，彼執可以抵完關稅也，故無論議借何國之欵，皆須如此。會摺所請照原議先發部欵千萬，趕緊開造，庶可有路抵借，而商股亦可漸致，以免虛曠歲月，係屬實情。洋人勘路由漢至蘆，大概已定，乞代奏。文韶、之洞、宣懷謹肅。徑。等語。洞、宣同啟。

致天津王制台 光緒二十三年三月二十八日申刻發

謹擬覆總署公電，請改定妥善即發。其文曰：有電謹悉。蘆漢以拱衛爲本，商務其末也。惟因官欵難全籌，官事難核實，乃立公司。又因商股宜漸集，商力宜扶持，乃准公司借洋債。蓋此路重在備緩急，不僅在課盈虛。即以盈虛論，如此長路，收費必盈，竊料竣工後每年必有商股陸續可收，復有路利盈餘可提，實有把握。但洋債合同既欲列國家作保字樣，則鐵路不能不設一國家收回之說，未必確有其事也。況五年後路本值四千餘萬，俟（拔）［撥］還洋債一半光景，則以四千餘萬之路，僅抵銀一千數百萬矣，不妨再借第二欵，所謂借債還債，公司亦已預籌及此。公司有人，豈甘暴棄，國家慮及收回無益，亦譬如官欵官造而已。況路在商手，祇有路費可償，路在官手，更有路稅路釐可償，償欵有着，便無難事。事關久遠，不憚審思，謹再據實詳陳，伏祈垂察。文韶、之洞、宣懷同肅。感。等語。洞、宣同啟。

致宜昌惲道台〔一〕 光緒二十三年三月二十八日亥刻發

尊事已於本月廿六日切實函致德靜帥，惟采納與否，殊未敢必。望速函致小山贊成爲要。感。

致安陸唐心口周太史、彭守、李令、梁令 光緒二十三年三月二十九日亥刻發

電悉。唐心口合龍，慰甚。可傳知在工各員紳，嘉奬勸勉。務趁此兩旬内趕作土工，即漲至亦無慮矣。豔。

致安陸鍾祥縣劉令 光緒二十三年三月三十日辰刻發

閣下新創經古書院，延請錢季香孝廉桂森作山長，興學儲才，洵爲盛舉。鄙人前因敝署教讀需人，擬留錢季香在署，故季香即薦其令兄廣文名桂林自代。近日鄙人熟思，書院關繫較重，教讀尚可另請，書院新開，必以得名師爲要，其兄學問亦佳，然不如季香遠甚。特飛布尊處，仍以請季香爲妥，其令兄桂林鄙人當别籌位置。望即將關聘川資速寄，以便催季香啟程。即覆。豔。

致江甯劉制台〔二〕 光緒二十三年三月三十日申刻發

函悉。裁兵事，諭旨嚴切，長江水師應否酌裁，弟不敢妄議，祈示遵。黄軍門正在鄂省，俟接尊示後，方好面商。請即覆。卅。

〔一〕以下三電録自抄本《張之洞電稿·致本省電》。
〔二〕録自抄本《張之洞電稿·致江蘇電》。

致上海長發棧湖北候補府汪〔一〕光緒二十三年四月初一日巳刻發

錢守請購武備測量器，准即定。東。

致天津王制台〔二〕光緒二十三年四月初三日午刻發

總署豔電奉旨會議作保一事，謹擬會同電奏稿呈閱，請詳酌改定，即由津發。其文曰：二十九日欽奉電旨：鐵路既設公司，借欵應歸公司擔保，何以洋人復索國家作保。況此路未成及甫成而未獲利時，此項洋息從何取結，豈亦由國家代還耶，着再分晰電奏。等因。欽此。查前五年路未成時，每年止還利二十萬鎊，即在成本内開支。所招之商股，所借之洋債，皆成本也。後五年路甫成時，並不還本，仍止還利二十萬鎊，其時商股必已雲集，應還洋息，即在商股及路利内開支。路利雖不甚豐，必敷洋息一半十餘萬鎊之數，此確有把握者也。此路全工約計，本不須借洋欵四百萬鎊之數，所以多借數十萬鎊者，正爲此十年内未成甫成之際，商股路利設或不敷洋息，以此數十萬鎊備湊還之用。照此計算，可資取給，公司既無失信之虞，國家自更無代還之事。蓋公司係屬認還之人，不僅擔保，國家但有作保之説，決非代還。惟洋人以三十年爲日方長，公司之予奪，督辦之委任，鐵路之利益，操縱均在國家，此各國議借路欵仍須國家保其本息有著之故也。近日比國銀行所擬合同，原稿國家作保之下，尚有公司如不能還，應將鐵路由國家收回，代還本利字樣。因此語不妥，特爲力辯，將其删去，止云作保，可見代還與作保迥不相同。現與比行熟商，令其併將作保二字删去，比行決意不肯。該銀行直言比係小國，既無圖占中國鐵路之心，又無兵力，故不能不仰望國家作保。前與各洋商議借，雖章程各異，作保亦同。現已屬比領事請其公使姑且電商彼國，意甚爲難，允以三日回信，大抵僅給借欵之額，利則必保，若併與承辦管路之全權，則不必保。權衡輕重，似宜循借欵抵保之原議，未可貽事權屬人之鉅累。竊謂蘆漢一路，乃中國全路之大綱，將來南抵粵海，北接吉林，中權扼要，在此生發，根基亦在此，氣勢暢通，全局自振，運載之利猶其末也。且俄人造路程功甚急，勢必五年之後，即催我與之相接，否則要求代造，我雖欲不接造而不能。故蘆漢幹路論近效則聯中國各省之氣脈，論遠效則通歐洲各國之轉運，但患路工之不速，不患路利之不豐。若蘆漢借欵有所阻礙，則官欵商股一時力絀，無以爲騰挪周轉之資，生發擴充之地，其關繫事機之得失，誠非細故。臣等肩兹重任，所難惟在謀始。時局艱危，急須挽救，事機易誤，歲月如馳。若五年之内，自强大計尚未立定規模，則五年以後中外如何情形，實難逆料，深慮鉅工未能早成，不勝憂懼。謹遵旨會議，分晰覆陳，仰懇朝廷俯念路工關繫時局，保借毫無流弊，恩准維持大局，幸甚。請代奏。文韶、之洞、宣懷同肅。等語。洞、宣同啟。江。

致漢口蔡道台光緒二十三年四月初三日戌刻發

電悉。比領事轉述比公使覆電俱悉。既願取決於鄙人之一言，

〔一〕録自抄本《張之洞電稿·致上海電》。
〔二〕録自抄本《張之洞電稿·致直隸電》。

具徵識見通達，明於大體，深可感佩。請即告比領事，此事由公司訂約，寫明國家批准，即甚穩妥，無須另寫國家擔保字樣。如此最爲得體，如此寫法事便可成。中國素重信實，督辦鐵路大臣係欽派大臣，有部頒銅印，斷無差錯也。盛京堂擬明日赴尊處面商一切，特此達知。江。

致俄京許欽差[一] 光緒二十三年四月初四日子刻發

豔、卅電均悉。此間再與洋匠詳加考究，現配各機雖有加長增多，核之養電力拂原估淨價四十三萬馬之數，約可省十萬馬，緣洋匠眼見原有各機有能通用者，便可無須重買，如豔電洋文所稱未備各項，多屬已有之機，至常用傢伙，此間可購刀鋼自造，爲費較省。請仍照洋匠擬配各名色，與力廠切實核減照訂爲感。附洋文解説，請給力廠閲看。支。

許欽差來電[二] 光緒二十三年四月十四日亥刻到

切商力拂，僅肯減至三十二萬七千馬，訂否，候示。臺架機第二、第五項如能改減，可除二萬八千馬。附洋文，乞飭查。澄。

致漢口蔡道台[三] 光緒二十三年四月初四日午刻發

吴禮福欲來見，未嘗不可，但須言明游歷向不見，不能比領事職官，未便開門。若此端一開，以後游歷皆來見，種種難辦。如必不願，則與領事同來。問明電覆，再訂日期。總之，能婉辭不見爲妙。支。

致户部[四] 光緒二十三年四月初四日戌刻發

江電悉。俄法還欵，自當爲期解足，斷不致誤。支。

致總署 光緒二十三年四月初四日亥刻發

謂爾福即吴禮福，游歷至長沙，值湘撫出巡，該處士民因洋人從未入省城，不免驚疑。嶽麓書院公呈請官攔阻，岸上間人間有向船擲石之事，相隔甚遠，當派水陸兵勇彈壓保護。藩司何樞恐入城滋事，因令府縣勸勿入城，不允。湘省司道飛稟請示於敝處，當即嚴詞批飭，謂游歷並無不准入城之説，彼入城一看亦無妨，責令地方官妥爲保護。湘省接批後，當即准其入城一游，并經司道設公讌待之，禮貌極優，意在敦崇睦誼，並云當查滋鬧之人懲辦。謂云：公等既知滋鬧愚民之非，即甚好，不必辦人，恐所拏未必係真鬧事者，徒累無辜。通事李文廷傳謂語，索銀兩，兩首縣共費三百餘元，謂實收一百數十元，云賞給船户。又送甯綢兩匹，並派水陸兵勇護送，路過湘潭、衡山，各索洋銀百元。至衡州府，欲游石鼓書院，正值書院甄別，諸生雲集，士民譁阻，道府縣婉勸勿往，通事又傳謂語，索洋銀九百元，甯綢衣料十二套，珠玉古玩等物，并索婢女，動以開衅恫喝。地方官恐其決裂，除婢女外，皆從豐饋送，並致公函，極道歉忱。謂復欲溯流游永

[一] 録自抄本《張之洞電稿·致外洋電》。
[二] 録自苑書義等主編《張之洞全集》第九册，第七三〇一頁，河北人民出版社一九九八年版。
[三] 録自抄本《張之洞電稿·致本省電》。
[四] 録自抄本《張之洞電稿·致北京電》。

州，中途通事及從人全逃，謂孑然一身，不能前進，乃回漢口。其在長沙稱爲德國翰林，衡州各官致謂函稿寄鄂，稱爲欽使大人，自係通事妄傳，該士人何以接信後並不辭遜。前數日欲來見，適值公事繁冗未見，已囑江漢關道見之，勸其勿用刁劣通事，致壞聲名。現經湘撫出示，以後有洋人游歷，嚴禁無禮生事，敝處亦嚴札飭禁。查湘省從無洋人入城，司道府縣各官因民情驚異，先雖勸阻，後仍保護入城。衡州書院人衆洶洶，勸阻亦是好意，而保護則均屬竭力。至各處欵待饋送，未免過優。查游歷只有保護之條，並無預備船價饋送禮物之説，乃該士人縱令通事到處詐冒需索，從來約章所未有。謂向湘撫幕友言，自認止收銀一百數十元，係賞船户，其餘銀物雖查明係通事李文廷詐索，然謂爾福失察，如此重情，殊與游歷人應守之法律不合。謂不知自責，捏詞聳聽，圖掩飾其誤用匪人爲通事之咎。湘省長沙、衡州等處，禮待如此優厚謙和，甚至稱爲欽使，自斷無唆民禁阻率民攻擊之事，情理顯然。除嚴拏李文廷重辦外，謹將詳情奉達。謂如必欲來見，敝處亦可一晤，惟游歷人太多，斷難人人接見。並請告德使，以後斷不能援以爲例。至禱。支。

致宜昌趙道台、惲道台 光緒二十三年四月初五日子刻發

三月有、勘、卅，四月江各電均悉。宜、施、鄖災，昨奉懿旨，發内帑五萬賑濟，已飭分撥三府散放。鄖、施各一萬七千，宜昌一萬六千，別無垂問情形。建始災重，又遭雹雨，人口豆麥均傷，焦憫萬狀，自應加撥米石速賑。米船上駛，前經傅鎮派有舢板、紅船梭巡照料，務飭駐灘營弁認真督催，毋任遲延疎失。所需小銀元，已飭速撥。糶欵辦法已悉。聞各處春苗頗好，災民漸蘇，稍慰。昨接江電，仍需米一萬石，已飭余守速買速運。支。

致京湖北撫台譚〔一〕 光緒二十三年四月初五日子刻發

效、儉兩電均悉。懿旨發内帑五萬，已飭司照發，即日解往，分別賑撫。至鄂省京官極力助賑，欽佩良深。昨接陳桂生侍郎電，續籌四千金，俟匯到即飭迅速散放，查係連前共一萬四千也。來電意似以宜、施、鄖三府災賑爲重，或兼荆州、安陸之工賑，擬分發此五府，祈酌示。唐心口已於三月二十六日合龍，惟今日又大雨未止。不知省外如何，殊深焦急。支。

致京户部右堂陳 光緒二十三年四月初五日子刻發

豔電敬悉。義賑官紳諸公捐助賑銀四千兩，俟匯到即飭迅速散放。至擬并前欵及續捐均由天順祥請奨，自當照辦。台端提倡賑務，造福無涯，曷勝感佩。支。

致宜昌惲道台〔二〕 光緒二十三年四月初五日子刻發

加抽局僅逾一年，何以更動，真不可解。昨與杏蓀商，擬派閣下爲漢口湖北鐵路局總辦，駐漢口。惟路工興辦尚需時日，目前賑務緊要，擬留閣下在宜多住兩三月，俟賑務將竣，再來省。

〔一〕以下二電録自抄本《張之洞電稿·致北京電》。
〔二〕以下二電録自抄本《張之洞電稿·致本省電》。

支。

致漢口蔡道台光緒二十三年四月初五日申刻發

轉告德領事及謌禮福，明日辰刻八點鐘同來接見。歌。

致天津王制台〔一〕光緒二十三年四月初七日子刻發

致總署電，請改正即發。其文曰：豪電覆奏後，又與比行切商，總公司係奉旨承辦，但經國家核准其權利，必能歸還借欵。頃比行面稱彼國覆電，果能如此，即不寫國家作保亦可，比使自京覆電意亦轉圜。惟該行必欲知公司之權利確能措還借欵之實際，即允此合同只須國家批准，删去擔保字樣。當即告以已請朝廷准總公司承辦四五十年，並請推廣蘇杭、粤漢、瀋吉南北鐵路，日久則自有輾轉孳生之利，任專則自有周轉酌劑之權，足可放心。該行聞此，意已釋然，當即定議，已立草約，一二日内即可畫押。謹此會同電奏，以慰宸廑。請代奏。文韶、之洞、宣懷同肅。等語。洞、宣同啟。語。

致吴淞沈道台敦和〔二〕光緒二十三年四月初七日巳刻發

宋電悉。西報論自强軍若何，速譯寄。陽。

致上海長發棧湖北候補府汪光緒二十三年四月初八日申刻發

遇電悉。護軍營所購各件即定購，以速爲妙。齊。

致天津王制台〔三〕光緒二十三年四月初九日午刻發

致總署電，請改正即發。其文曰：初八奉電旨借欵草合同底，着即電來，且勿畫押等因。謹查草合同本係載明會同具摺，奏陳候旨批准，由總署將批准日期照會比使，於兩箇月内再行畫押，立爲正合同等語，並與訂明正合同必候具摺批准，如不准，仍作廢。因各國猜忌，新聞紙屢言借欵難成，或致變卦，故擬先立草合同也。至條欵毫無牽涉權利及推廣辦法，惟該行慮本利須三十年還清，若須展限則更久，欲將總公司承辦年限憑據粘入合同，告以無此體制，止許其俟奏准後鈔給閲看。蓋西例承辦之人可隨時更换，而承辦之公司必有年限也。彼又慮蘆漢無甚利益，則還欵亦無把握，與朝廷所慮之意相同，故告以公司可請推廣生發。此僅面告以放其心，並未列入合同。兹遵將草合同全録電陳。此合同如能照辦不變，較之美國包辦分紅股之議，權利尚不致失。至利息原議五釐不扣，現照美國與議四釐九扣，另給買料五釐酬勞，尚須俟本利數目清單算准再定。應否定議，伏乞聖裁。請代奏。文韶、之洞、宣懷謹肅。合同底遵已徑電總署，另飭津局鈔呈。洞、宣同啟。佳。

致天津王制台光緒二十三年四月初九日未刻發

請改正速遞總署。文曰：此次比行所訂合同，未經狀師之手，

〔一〕〔三〕録自抄本《張之洞電稿·致直隸電》。
〔二〕以下二電録自抄本《張之洞電稿·致上海電》。

故於緊要處不甚苛求，畫押之前請勿宣示，恐比狀師、比公使挑剔，尤恐他國使館猜忌挑唆，致有更變。文韶、之洞、宣懷謹肅。洞、宣同啟。佳。

致安陸唐心口彭守、李令、梁令[一] 光緒二十三年四月初九日戌刻發

初八日電悉。隄工已成復潰，實深焦灼。速加作內幫，保下段已成之工。口門水深幾何，日來尚續漲否。假如天氣從此晴明，上段尚能再修復否。已費鉅欵，能修則仍修之，以冀補救萬一。速籌覆。佳。

致安陸鍾祥劉令 光緒二十三年四月初十日丑刻發

函悉。錢孝廉桂森因勸其就書院，已辭館出署。三人中，學問錢爲最好，鄙人所深知，鍾祥書院自以請錢爲宜。佳。

致漢口蔡道台 光緒二十三年四月初十日申刻發

趙道來電：頃據武穴分卡委員鄭巡檢隆驤青電稟，有（東洋）[英]人哈生[二]來卡，云凡有土過境，均由彼雇夫挑運，囑卑卡驗票放行，不得干預。并云有漢口、九江領事公文，然未看見，且無憲台暨關道札飭，不知真僞。現寓太古洋棚，探問係廖玉堂邀來，現有土到，未敢遽起，恐致爭鬬。請電示速爲處置等語。查過境土藥，均是華商，斷非洋人所可干預。廖玉堂不知何人，擬請飭蔡道迅即查明，就近電飭鄭巡檢，俾知辦法是否有當，伏乞訓示等語。土藥過境，向是華商，該（東洋）[英]人何以干預，廖玉堂究係何人，均即查明，酌擬電覆。蒸。

致漢口蔡道台 光緒二十三年四月初十日亥刻發

函悉。數日來公事忙迫萬分，晝夜無暇，德國廣東領事游歷過此，實在不能接見，望轉致。蒸。

致上海時務報館汪穰卿[三] 光緒二十三年四月初十日亥刻發

支君寶楠甚願來鄂，惟須問其脩金大略，代爲酌議。祈速復。支君算學想必通代數，能并通微積否，並示覆。蒸。

致宜昌趙道台、惲道台[四] 光緒二十三年四月十一日子刻發

前接惲道勘電，言東湖許令督催米船不力，請嚴飭摘頂，事係惲道一人出名。茲閱惲道致藩司電，謂勘電係趙道擬稿，商同會銜，電由趙發，何以電內止有惲道名，並無趙道名。即各自明晰電覆。蒸。

致漢口蔡道台 光緒二十三年四月十一日巳刻發

頃送上廷寄管御史條陳鐵路銀行各摺片，想已入覽。鐵路所

[一] 以下四電録自抄本《張之洞電稿·致本省電》。
[二] 同日蔡道覆電謂前據英領事函稱「有英人哈生」云云，據改。
[三] 録自抄本《張之洞電稿·致上海電》。
[四] 以下三電録自抄本《張之洞電稿·致本省電》。

言不甚中肯，銀行却關緊要。請細閲後，閣下有何卓見，速詳晰函示。真。

致宜昌趙道台光緒二十三年四月十一日申刻發

昨接佳電，當飭蔡道查明轉飭。兹據覆稱：蒸電謹悉。前據英領事函稱，有英人哈生欲在武穴居住，請飭地方官隨時加意保護，即經職道駁覆，以武穴非通商口岸，洋人不得在彼居住，礙難照辦。旋據武黄同知陳丞禀稱，有英商哈生擬在武穴開設承挑土藥夫行，請示飭遵。當由職道照會英領事，諭飭哈生毋得承攬此事，免生枝節。於本月初六日准英領事照覆，已飭哈生速離武穴，不准在彼開設承挑土藥夫行。除另詳並行知武穴同知，暨電知武穴分局鄭委員外，理合禀覆，祈電趙道知照等語。特此電知。真。

致江甯劉制台〔一〕光緒二十三年四月十一日亥刻發

鄂廠前向德國定購無烟藥二千磅，即日抵滬，祈飭滬關道驗明給照，交瑞記洋行運鄂。真。

致蘇州南倉橋吴清翁光緒二十三年四月十二日未刻發

閣下既不願往金陵，何不商之展帥，與蘇州城内紫陽、正誼兩山長互换。金陵脩金較豐，必易商也，似可託柳門兄代達。文。

致京福建臬台張〔二〕光緒二十三年四月十二日未刻發

周君嘉禄學問甚優，愚所深知，請即代訂，催速來鄂，脩金代酌定，川資當匯寄。擬延入幕府，借重之事甚多。渠現在何處，史學文筆有與周君相等者，擬再請四五位，書院分教，譯書局纂書，幕府辦筆墨，書房教讀，種種需才，能代爲物色否。至感。均即覆。文。

致京户部右堂陳光緒二十三年四月十二日亥刻發

支電悉。今日蔚泰厚交到京中官紳賑捐四千，又黄殿撰籌勸賑欵五千，共京平估實銀九千兩，已交籌賑局散放。諸君子義舉稠叠，災黎更生，愧歉之餘，莫名感佩。請轉致勸賑諸君子爲荷。文。

致俄京許欽差〔三〕光緒二十三年四月十三日亥刻發

前定五生三快礮機陸續寄到，查閲洋單，并無輪軸配件Wellen und lager。請查詢力拂是否漏寄，抑尚未購完。速覆爲盼。元。

致天津王制台光緒二十三年四月十五日丑刻發

杏孫來告，比領事接比公使電，俄欲攬辦中權鐵路，聞之駭

〔一〕以下二電録自抄本《張之洞電稿·致江蘇電》。
〔二〕以下二電録自抄本《張之洞電稿·致北京電》。
〔三〕録自抄本《張之洞電稿·致外洋電》。

異。此患太大，不知總署能搪抵否。如歸俄辦，則此鐵路不如不修之爲愈矣。焦急之至，尊處必有所聞，請速示覆。鹽。

致俄京許欽差 光緒二十三年四月十六日午刻發

元電悉。十二生快礮及彈架各機，減至卅二萬七千馬，請即照訂。臺架機第二、第五項皆不可少者，仍請照定。諫。

致天津王制台 光緒二十三年四月十六日亥刻發

擬公電總署，請改定即發。其文曰：蒸電呈送比欵草合同稿後，已將本利清單算准，四釐九扣，較五釐不扣節省二百餘萬之利。比讓在先，即他國照此辦法，亦不能舍此就彼，致使比人有辭。比領事聞他國争謀，屢催定議，伊行並肯立函據，言明欵皆比國某行某廠拚股承借，實無他國之欵，故亦不用印發散票。比合同第六欵若比工司勘路之後，以爲尚須展限，應再定奪實在告竣年期，已令删去。詔等愚見，比究是小國，不過圖工作之利，別無他志。若用大國之欵辦此中權幹路，實多不便，千萬宜防。而鄂廠現造鋼軌甚佳，蘆保、淞滬軌將造成，將來外購料件亦屬無多，似應及早定議，俾得迅速攢造，即爲息争計。聞各國謀攬此路欵者甚多，其心難測，一經公司畫押，鈞署亦可推出，否則萬難面面俱到也。總之，無論何國來議路欵者，務懇鈞署以此事由公司商議爲詞，較易搪抵。乞鈞裁電示。文詔、之洞、宣懷同肅。等語。洞、宣同啟。諫。

致襄陽黎道台、王守、蔡令 光緒二十三年四月十七日未刻發

屢電悉。南漳教案，蔡令議賠欵六千二百兩，可照准。內有一千五百只可暫墊，必須由南漳縣籌還，以儆釀案。至此案教民只死一人，只可一人抵償，其另股痞匪，雖報稱燒搶，業已查明僅破棚數間，並無多物，非爲刼財，不能按强盜辦，斷不能正法三人。蔡令雖允，亦難照辦，詳細審明，照例辦理可也。洽。

致宜昌趙、惲道台[一] 光緒二十三年四月十七日未刻發

語、監、鋭各電均悉。恩賞五萬，前已專案購米分撥解濟。餘銀五千兩，一併解往。計宜昌一萬六千，施南、鄖陽各一萬七千，已由司移知函知，並無存銀矣。至該局前次請發小銀元，已由局分兩批解清。兹聞宜、施灾狀尚急，又另籌銀三萬兩，作爲加賑，分撥宜、施、鄖各一萬，其宜、施二萬。飭局趕鑄小銀元，於十七日交快利運一萬四千元，餘廿一日解清。惟據稱入夏雨多收歉，水漲運艱，時疫盛行等情，焦閔尤深悚懼。該道等務竭力設法速拯救。武、漢各屬雨亦過多，奈何奈何。洽。

致施南傅鎮台、額守、董令宜昌、萬縣專差飛送 光緒二十三年四月十九日辰刻發

施南灾重路遠，民情困苦，恐地方官籌濟無策，趙、惲兩道

[一] 録自抄本《張之洞電稿·致本省電》。

不能分身，是以奏委傅鎮赴施督辦。該鎮係本轄，且向來辦事誠實盡心，本部堂所深知，正所以爲地方官之助。該府、縣務宜和衷商辦，不得各存成見，以致掣肘。傅鎮仍須切實會督府、縣籌辦，撫綏查賑，務以救濟真正災民爲主，鄉僻餓莩，尤須加意賑恤。籌欵萬分艱難，事事必須核實，若城内多有街市游民，衙署吏役，斷不容混冒濫領，多一人之虚糜，即少一人之全活，不惟有干禁令，抑且有損陰德。該鎮、府、縣均須盡心核實辦理。如查有任聽劣員、劣紳、吏胥、地痞等混冒把持情弊，地方官不能稽察禁止，定即從嚴參辦。懍，切。嘯。

致宜昌趙道台、惲道台，施南傅鎮台 光緒二十三年四月十九日辰刻發

銑電悉。施南能設電綫最好，諸事便利。查電工惟木料運費最鉅，入山尤費，須就施南山中伐木，分運安設綫路各處，則費較省，所費斷不止四千金。養綫之費，商報斷不敷，果於地方有益，當另籌。可速詢傅鎮，山中伐木運木便否，如木料便，即辦路工。已籌修否，巴東到施南府實路若干里，速覆。效。

致襄陽黎道台、王守、委員汪令〔一〕光緒二十三年四月十九日辰刻發

銑電閲悉。采辦運鄖過遲，災民難待，襄民留倉備荒亦是實情。今擬兩全辦法，暫於襄倉再加借穀六千石，派員速運鄖，一面核計價值，於汪令所帶銀内照數扣留，即日陸續買米，備襄郡緩急，如天晴麥好，即留待秋間買穀。襄未必果荒，即荒亦緩。樊城、河口兩處甚近，數千石穀米易買。如此一轉移間，鄖益襄亦無損。南漳借府倉穀二千石，應照准。如汪令携去之銀不敷，電稟省即撥足。效。

致宜昌趙道台、惲道台 光緒二十三年四月十九日辰刻發

嘯電悉。宜局擬解銀一萬三千兩來省鑄銀元，可行，即速解來，用幾等小元，明晰電知。至該道擬解還米價二萬八千兩，可不必。宜、施民困未蘇，開鑛伐木等事未辦，需欵正多，且留宜局備撥。以後如有干涉銀元局、籌賑局事者，來電前加並鈔送銀元局、籌賑局字樣，電局便可鈔送，免本衙門重鈔之煩。效。

致巴黎慶欽差 光緒二十三年四月十九日午刻發

弟擬在鄂省設農務學堂，爲富國根本。分爲兩門，一教蠶桑，一教種植兼畜牧。蠶桑本法所長，聞巴黎每春開農會，則種植學亦必精。懇閣下代募教習二人來鄂，歲薪請酌示，能通英語尤便。素佩籌畫，敬懇，至感。效。

致襄陽黎道台、王守、蔡令〔三〕光緒二十三年四月二十一日亥刻發

效電悉。即照此定議。前洽電言南漳須籌還一千七百兩，七

〔一〕〔三〕以下二電録自抄本《張之洞電稿·致本省電》。

字誤作五，應更正。馬。

致襄陽黎道台、王守光緒二十三年四月二十二日巳刻發

馬電悉。該道府即代購米三千石，速運鄖，價值由該守核算。漢口買米運遲，勿庸議。養。

致俄京許欽差[一]光緒二十三年四月二十三日亥刻發

皓電悉。五生三快礮機四十八部之多，礮廠原有輪軸萬不敷用，仍請添購，皮帶亦須配足。切懇速寄，俾免久待。漾。

致俄京許欽差光緒二十三年四月二十四日亥刻發

馬電悉。十二生快礮各機應添匯定銀四萬馬，當飭照匯。各機成期能商加速尤盼。樣礮四種請即運交力拂，俾便配機。以後大宗訂件仍望費神，至感。敬。

致武穴武黄同知陳丞[二]光緒二十三年四月二十五日子刻發

據趙道電：據武穴委員鄭隆驤稟，哈生去而復來，十六，福和土到争挑，船上擅插洋旗，陳丞未回，與幕商懇緩起土，連日被鬧，陳丞返，又囑勿起候奪。本擬電稟關道，陳丞勸緩，水漲客急欲行，躁甚。此次廖玉堂爲謀革夫未懲，附和請示等語。應請飭知蔡道查明哈生何以去而復來，船上擅插洋旗，干預挑夫之事，並請嚴飭陳丞妥爲照料，以免革夫、衙役、地痞勾結滋事等語。查哈生前已由關道照會英領事，允即飭令速離武穴在案。此次去而復來，應由關道再行照會英領事，諭飭哈生不准干預挑夫之事。惟鄭委員所稟該丞屬緩起土，緩稟關道各節，因何起見，可即將現辦情形據實稟覆，一面仍嚴禁句結滋事，妥爲照料。敬。

致宜昌趙道台光緒二十三年四月二十五日子刻發

養電悉。詢蔡道，知哈生一案，前已照會英領事，旋准照覆，云即飭令速離武穴。現既去而復來，應由關道再行照會英領事，諭飭哈生不准干預挑夫之事，諒無異説。惟聞武穴夫頭向係由紳商出具連環保結，稟由廣濟縣給發告示准充。此次由卡員鄭隆驤更换夫頭，新舊互相挣攬，以致廖玉堂生心覬覦，串唆哈生出頭包攬，枝節横生，是争端之起，由於卡員另招新夫。此係該處窮民多年生業，豈肯輕捨，實屬辦理不善，憑空生事。該道速電飭該委員聽地方官秉公辦理，勿得偏執干咎。至陳丞處，現已另電飭其嚴禁衙痞勾結，妥爲彈壓，免滋事端矣。敬。

致武穴土藥分局鄭巡檢隆驤光緒二十三年四月二十五日午刻發

據趙道電稱：據該員稟，廖玉堂串謀哈生干預挑夫一案，已電飭陳丞將現辦情形據實稟覆。查承充夫頭，向由地方官作主。聞此次因該員革舊招新，彼此争攬興訟，致廖玉堂生心覬覦，串

[一] 以下二電録自抄本《張之洞電稿·致外洋電》。
[二] 以下三電録自抄本《張之洞電稿·致本省電》。

唆洋人出頭，橫生枝節，殊屬謬妄生事。此後夫頭務聽地方官秉公辦理，該員勿再偏執己見，致干撤究。有。

致上海時務報館汪穰卿〔一〕光緒二十三年四月二十九日戌刻發

支君擬月脩四十金，祈代訂，催速來，川資五十金匯存上海，到日請轉送。至幫教向不送關書，望轉致。如脩金嫌薄，請酌商。豔。

致京陳少司農、張次珊侍御光緒二十三年五月初三日巳刻發

連接義賑局有、豔兩電，具悉。鄂省自三四月來霪雨暴漲，天氣久寒，二麥傷壞大半，全省大略相同，鄖、宜、施三府災民愈苦。唐心口隄工已合復決，京山、天門、漢川一片汪洋，難民無算，無居無食，流離索食，慘不忍覩。冬春以來，已用去銀數十萬兩，米數十萬石，庫欵捐欵久已羅掘罄盡，各省募助亦皆盡歡竭忠，已墊鉅欵，尚不知如何歸結，此時籌無可籌，捐無可捐。正在焦灼迫切之際，京捐一撤，來源已竭，將如此百餘萬災民何。今義賑局既願統捐分濟，甚感。惟順災已過，存欵尚多，湘去歲豐收，無須再籌，川災固重，然川省財力尚裕，聞已由省撥銀數十萬兩，存穀十餘萬石，恩賞又較鄂爲多。珂鄉如此情形，恐非他省之比。望與義賑局切商，捐欵能以六成濟鄂，四成濟他省，較爲平允。仰懇兩公高誼，大力剴切婉商，拯此危迫飢溺，並望轉致義賑局。江。

致宜昌趙道台、惲道台〔二〕光緒二十三年五月初四日子刻發

聞川中米價仍昂，災民需米甚急，運川米石多積宜昌，夫船畏川中委員以官價勒迫，不肯上運，確否。已到宜昌之米究有若干，是否商人自運，抑有官辦賑米在内，速即詳查電覆爲要。江。

致荆州俞道台、龍守兆霖光緒二十三年五月初四日巳刻發

盛京堂現在興辦蘆漢鐵路，漢口已勘路購地，擬調龍守辦理黄、孝、雲、應一帶購地事宜。即飭該守迅速搭輪來省，候盛京堂面授辦法，勿稍刻延。即電覆。支。

致巴黎慶欽差光緒二十三年五月初五日亥刻發

皓電悉。農師已覓有幾人，是否兼曉蠶桑、能辨蠶病者。此學堂必須急設，俟覓得洋師方能開辦。如法國無相宜者，當向美國求之。請速電示大略，切盼。歌。

致江甯劉制台〔三〕光緒二十三年五月初五日亥刻發

督銷局撥賑欵一萬兩，已交賑局散放。籌欵方艱，災黎蒙福，感甚。除咨覆外，敬謝。歌。

〔一〕録自抄本《張之洞電稿·致上海電》。
〔二〕以下二電録自抄本《張之洞電稿·致本省電》。
〔三〕録自抄本《張之洞電稿·致江蘇電》。

致宜昌趙、凌、惲三道台光緒二十三年五月初八日巳刻發

川省京紳來電懇託催運，可將宜昌現存之楚米，先借撥一萬石與川省，加價雇民船速運。漢口昨交快利運米八千石，尚有二萬餘石，現與盛京堂商催運，宜擬一面問川索還價銀，續買續運。如此半月内峽江尚能運，則川米甫上，楚米即來矣。如已不能運，則楚米亦不能上至歸、巴矣。一轉移間，利川而不損楚。如能於一萬石之外再多借運川尤好，速趕辦。庚。

致京通政司少堂楊虞裳〔一〕光緒二十三年五月初八日巳刻發

寢、東兩電悉。川楚屑齒，憂患同之。川米自春間即設法雇輪與鄂米並運，並派專員蒯遊擊在宜昌代雇民船運入川，米未到時，先將鄂米借墊一萬五千石運川，共已運川賑米四萬六千石，現止存賑米九千石，仍催趕運。運價船户面領，不經押解委員手，商人自運者與此無涉。再，傳聞川省米穀已不少，上游運下者十七萬石，加以鄂運上者共計二十餘萬，惟散放者過於慎重，爲查户口册，不免遲緩，似宜電川省催之。萬勿言鄙人所説，切禱。庚。

致上海時務報館汪穰卿〔二〕光緒二十三年五月初八日巳刻發

支君寶楠已訂否，盼速來。祈即覆。庚。

致柏林許欽差〔三〕光緒二十三年五月初九日巳刻發

歌電悉。輪軸價一萬馬，十二生快礮機應添定銀四萬馬，即日由局照匯，請查收。十二生樣礮何日成，其無須待樣礮之機，請飭先造先運。鋼模樣板待用萬緊，何時起運，請查示。佳。

致荆州俞道台〔四〕光緒二十三年五月十二日戌刻發

趙、惲道來電：前三月所運夔、巴、施各處賑米十餘萬石，係商駐宜領事、税務司將掛旗船停止給票，不准放行，故船與夫當屬敷用。嗣因漢米所存無多，各商來局呈堅請以貨船搭載賑米，一律放行，當以商賑兩無阻礙，批准照辦。詎意復遭大雨，春收無望，各處飛電告災，因又請續添米三萬石，現已陸續運宜。米多即不能以貨船搭載，無如商船放行後，所存船夫本已不多，又爲客商包攬，現雖倍加脚價，責成東湖何令勒限會首等具結承運，而奸商仍復暗中僱夫潛行。因又面商領事、税務司仍停給票，尚未允辦。擬請電飭荆州俞道轉電税務司，仍照前停給驗票，俾賑米運竣，再予改行，並擬請飭水師前營張提督帶領舢板，駐紮平善壩，查有貨船上駛，即將人夫扣留，先運米船。照此辦理，庶賑米可趁未封峽以前一律運竣等語。該道務即轉電税務司，并速行知張提督照辦，以免奸商暗中僱夫潛行，致礙賑米不能趕運爲要。即電覆。文。

〔一〕録自抄本《張之洞電稿·致北京電》。
〔二〕録自抄本《張之洞電稿·致上海電》。
〔三〕録自抄本《張之洞電稿·致外洋電》。
〔四〕以下三電録自抄本《張之洞電稿·致本省電》。

致宜昌趙、惲道台光緒二十三年五月十二日戌刻發

真電悉。所擬辦法，均屬妥協。除電飭俞道轉電税務司外，並飭張提督照辦矣。文。

致宜昌趙、惲、凌三道台光緒二十三年五月十三日巳刻發

文電悉。蒯游擊既認將川、鄂賑米二萬四千石月内包運完竣，如此甚好，殊屬可嘉。即責成該游擊務於月内運完，倘空言延誤，定惟該游擊是問。該道等仍當派員在平善壩、歸州兩處點驗，倘有不符，隨時電稟。督、撫。文。

致盛京依將軍〔一〕光緒二十三年五月十三日酉刻發

昨奉馬電，當飭官布局查覆。兹據稟稱：湖北官局紗布凡商人來局承買販運出口者，均須驗明江漢關完税印票，核數相符，始由局填給憑單，以便經過内地局卡呈驗。其發往分銷處出售者，則先由官局在江漢關報完正税，然後印發空白憑單給商，聽其自填數目。雖紗布皆係完過正税之貨，其中尚無弊竇，究屬過於通融，非慎重之道。嗣後當嚴飭分銷局員，凡遇商人販買紗布行銷，均將憑單填明實數及年月日，給商收執，以免影射。惟局中紗包布疋，俱印有雙龍抱珠牌號及湖北官布字樣，但使經過局卡查驗相符，即屬無從朦混等語。查所陳係屬實情，已飭此後務照定章辦理，尚祈鑒察轉行爲荷。元。

致宜昌趙、惲、凌三道台〔二〕光緒二十三年五月十三日戌刻發

蒯游擊包運之二萬四千石，是否連湖北此次再借川米萬石在内，川東道能否放船來運，是否可靠，恐緩不濟急。川需米急，水勢日漲，仍責成蒯游擊設法速運，萬勿延誤。至此次再借川米萬石，米價運費速電川東道匯還。文。

致宜昌趙道台、惲道台光緒二十三年五月十四日亥刻發

元電悉。茶商盧有庸承運鶴峯賑米，不避艱險。又因該處頭茶大減，遵飭接收二三茶，不惜虧耗，裨益災民，實屬急公好義。該道等即傳諭獎勉，俟事竣後，其店主管事均准由該道等稟請給獎。督撫兩院。元。

致京陳少司農、張次珊侍御〔三〕光緒二十三年五月十五日戌刻發

魚電悉。鄂災迫急，較順直湘川情形迥別，江電曾奉達。近日大雨如注，連旬不止，麥苗損壞殆盡，秋成亦不可恃。漢水暴漲，天門、漢川一片汪洋，荆州所屬未能涸復，秋禾難種，人心惶惶，全局可懼。惟冀捐欵稍資補救，百萬生靈皆仰此舉。兹請

〔一〕指依克唐阿。録自抄本《張之洞電稿·致各省電》。
〔二〕以下二電録自抄本《張之洞電稿·致本省電》。
〔三〕録自抄本《張之洞電稿·致北京電》。

專就銜封兩項計，仍以六成歸鄂，至京捐翎枝、貢監，斷不能湊集許多，擬即停止，仍由鄂收捐，免致牽混。此層最爲切要。兩公關懷桑梓，必代焦慮，務祈再與力商，總令鄂省實得六成，以彰公道。因來電未明，往返電詢，今始明晰，即照議奏咨立案，並將允墊二萬著以活筆。元甫、惠棠協辦捐務極妥，咨文已令委員全行帶回。洞、洵同覆。咸。

致柏林許欽差〔一〕光緒二十三年五月十八日戌刻發

鄂造大快礮，需用壓鋼水力機。壓鋼機能以水力壓五十生方鋼爲二十生徑圓鋼，汽力須有五倍天氣方合用。請向名廠詢實價示覆爲感。嘯。

致京陳少司農、張次珊侍御〔二〕光緒二十三年五月二十一日未刻發

號電悉。承囑翎枝、貢監專濟鄂，由惠棠經理。謹遵來示，請轉飭照辦，奏咨即速辦。洞、洵同啟。箇。

致柏林許欽差〔三〕光緒二十三年五月二十一日戌刻發

聞受代有期，欣盼回國共濟時艱。金楷理善譯書，久欲相邀，因尊處任用，不敢請。今東渡有日，可否先令來華，庶譯有用書以啟發華人，盼極。其薪貲請代酌，并請留名使館，免其納進益國稅以優異之，尤感。如不能先來，即隨節而來亦可。箇。

致江甯劉制台〔四〕光緒二十三年五月二十一日戌刻發

長江與陸路綠營不同，礙難驟裁許多，且若能認真整頓，亦尚有用。日來與黃軍門籌商，兩江、湖廣擬共裁兵三千一百六十八名，核計兵數所減，將及三成，每年共節餉十一萬七千二百四十一兩三錢四分四釐，核計餉數所減將及二成。船隻、汛地不動，較爲簡易。特奉商，請酌示。黃軍門明日東下，擬過太平稍息，即親至金陵面商。箇。

致天津王制台光緒二十三年五月二十一日亥刻發

管君摺急須覆奏。查銀行乃保護中華商民利權之舉，弟甚樂觀厥成。惟銀行事，弟實未能透澈，諭旨有計出萬全，究竟利弊若何，徹始徹終詳細具奏之語，豈敢率爾置議。且西國銀行官開商開，判然不同，其章程竊亦聞知大略。而此次原擬章程不官不商，亦官亦商，不中不西，亦中亦西，利弊殊難詳審。杏蓀老謀深算，自勿庸旁人妄贊一詞。此次覆奏，弟可否勿庸列銜，亦不知爲不知之義也。特奉商，祈鑒察，示覆。箇。

致漢口蔡道台〔五〕光緒二十三年五月二十二日亥刻發

養電悉。明日午正，塘角升英旗，燃礮二十一響，爲英主致

〔一〕〔三〕録自抄本《張之洞電稿·致外洋電》。
〔二〕録自抄本《張之洞電稿·致北京電》。
〔四〕録自抄本《張之洞電稿·致江蘇電》。
〔五〕録自抄本《張之洞電稿·致本省電》。

賀，可行。已傳知該處統領方鎮矣。養。

致柏林許欽差光緒二十三年五月二十二日亥刻發

敝處需譯材頗殷。尊處陸徵祥、劉式訓兩員，如差滿回華，請令來鄂，至感。現擬譯西書切要數種，以示書院、官民廣學識。壬、甲、丙三次鐵路會書，祈訪寄。又水師專報及陸軍、農務、商務、鑛務暨地學、天文會之切近者，均祈按次寄。其他切中國實用者，不拘何門，請裁酌，飭金楷理選購備譯。此目前極緊要事，擬將陸續寄到者，隨時刊布，有一卷即譯一卷，譯一卷即刊一卷。深盼玉成，感禱。養。

致宜昌趙、惲、凌三道台光緒二十三年五月二十四日子刻發

宜運施米至巴東登岸，峽漲灘險，以後恐多阻滯。查宜昌過江，由長陽至施有陸路可通，僅十餘站，水陸道里相等，鄙人所深知。加價雇民夫轉運，不致停阻，既可必達，且可藉養灾民，一舉兩得，傅鎮、俞道、額守函電略同。從前何以不由此路，有無窒礙，即速籌覆。漾。

致宜昌趙道台、惲道台〔一〕光緒二十三年五月二十四日子刻發

宜昌賑務，曾添委凌道會同該道等辦理，何以疊次來電，凌道均未列名，即覆。漾。

致天津王制台光緒二十三年五月二十六日辰刻發

聞杏蓀言，京城外鐵路已定議，接展至通州，計路不過數十里，半年必成。此路成後，漕米即不走運河，由津上鐵路，徑達通州矣。是否如此，祈速示覆。此説果確，湖南糧剥船擬不運津，以省擾累。宥。

致宜昌趙、惲、凌三道台〔二〕光緒二十三年五月二十七日辰刻發

敬、有兩電悉。運施米既備三千石，照來電，人員五斗，夫價三千，共應用夫六千名，用錢一萬八千串。由宜昌對江長陽雇夫則可，若由施雇夫來宜迎運，往返脚價須加倍。省局賑欵已竭，再多實難籌措，只可仍由長陽雇夫運往，一面飛告傅鎮、額守，入施境後，用本地夫接運。此時凌道可先備錢一萬八千串陸續應用，以後再算。一面由凌道將所撥之錢合成銀數，聲明係動何欵，何日撥齊，飛速咨藩司及籌賑局，照數於賑捐項下撥還，以顧餉需。切切。督、撫。感。

致上海盛京堂〔三〕光緒二十三年五月二十七日酉刻發

現紗廠須付良濟機價甚急，昨面商代籌，已承允諾。查機價共十三萬兩，官商辦法未議定，姑先官商各半分籌，已籌有一萬五千兩，請即於鐵廠應還布局欵內先撥銀五萬兩應付，至感。除

〔一〕〔二〕録自抄本《張之洞電稿·致本省電》。

〔三〕録自抄本《張之洞電稿·致上海電》。

咨達外，祈即電覆。感。

致荆州俞道台光緒二十三年五月二十七日亥刻發

倭界既歸彼管，我代築隄，開端招累，萬不能允。若漢口倭界援例沙市，各國效尤，何以應之。現定界址，已在周道及珍田所指之上，實係格外相讓。沿江别無空曠之地可爲專界者，非我故意指低窪之區也。儻必欲另擇高阜，試問欲索何處。若指繁盛之區，我斷不能爲倭驅逐世居百姓。若止欲零星租屋雜居，其間則道路一切仍歸我管，即可暗破彼專界之説，尚勝於華人入彼專界雜居也。總之，隄必不可代修，望切實峻拒，使彼無可覬覦，再探其意何在，設法與之磋磨。至租界地價一節，其地原係沙灘，所值無幾，彼若就我範圍，該道將來似可酌量稍爲減讓，大抵以准雜居、減地價兩條爲抵换修隄一條之計，若彼未允自行修隄以前，萬不可遽將雜居、減價先行允許，切要。感。

致上海盛京堂〔一〕光緒二十三年五月二十八日子刻發

沁電悉。咨已於今日交郵政局發。文内渾言鐵廠應還百萬，請先籌還一批，未言數目。此次即先撥五萬，隨後從容酌辦可也。奏稿已於篇尾酌擬添改數語，文思枯澀，無甚新意，大指皆原稿所有，仍請台端與夔帥酌定，明晨交郵政局。儉。

致上海盛京堂光緒二十三年五月二十九日子刻發

奏稿酌擬添改處録呈。第十葉實在銀欵抵付下云：當飭各商董悉照匯豐章程辦理。防微慮患，本已周詳。但查外國商開銀行章程，亦有實本一千萬，出票不得過九百萬之例，此較匯豐出票與實本相等辦法，尤爲謹嚴。今以中國創舉，自宜格外謹慎，擬即飭令該商董照此辦理，並請著爲定章，由南、北洋通商大臣於每年六箇月結帳時，派員赴該行查驗出票儲數數目，務期事事核實，以仰副朝廷慎重商務之至意。此臣等會同酌議，力圖萬全之辦法也。臣文韶、臣之洞覆查銀行之利，前已縷陳。銀行之害，惟在虧累一端，所以致虧累之由，惟在兼作他商及多出銀票兩端。今查前次咨呈總署文内，已將不作他項工業一切買賣一節，聲明列入詳細章程在案。至出票一節，若虚票多而實本少，方有虧累之事。今既仿照西例格外謹慎，明定章程，出票之數不得逾實本九成之數，又須存現銀三分之一，可備持票兑取，每半年報由南、北洋大臣稽察一次，似已周密穩妥，銀行自不至有虧累之虞。銀行既穩，自無從累及商民，更無從累及國家。且章程内聲明，此係有限公司，盈虧皆係商本，而商本又有定數，亦不致掣動大局。所謂利弊始終之大要，似乎已具於此。除鐵路飭借洋欵云云，是否妥協，請台端與夔帥詳酌改定爲荷。再，篇尾此係有限公司數語，應用與否及是否如此聲叙，尤須妥酌。奏稿已交郵政局寄，請夔帥主稿，改定繕發。儉。

致天津王制台光緒二十三年五月二十九日巳刻發

覆奏緊要處，已經會商杏孫擬稿，弟酌改數語，添數語，今日已交郵政局寄滬，由杏蓀轉寄，祈公細核改定，主稿繕發。銀

〔一〕録自抄本《張之洞電稿·致上海電》。

行事，弟實係外教，故擬不列銜，兹承尊命，謹當附驥。鄙意所斷斷者，出票不得過實本九成之數，不得兼作他項買賣，及每半年由南、北洋大臣委員稽察一次，止此三條。不兼他商，原章所有，兹於奏内再聲明耳。原章有本行准鑄銀元一條，必不可行。鑄幣乃國家之權，此行係商開，如何可鑄。今開鑄銀元者十三省，銀行雖鑄亦無利，弟擬於覆奏内將此條更正。杏蓀力懇，言若駁去此條不好看。總之，決不鑄，必將此條設法化去，當已允之。特奉陳備案。豔。

致上海泥城橋嚴少和〔一〕 光緒二十三年五月二十九日亥刻發

盛京堂到滬已晤否。在鄂議定派閣下爲天津鐵路學堂會辦，其總辦係翰林道員王修植也。此差甚可練習洋務，不可視爲挂名差事。豔。

致齊齊哈爾恩將軍〔二〕 光緒二十三年五月二十九日亥刻發

直隸、安徽解到協餉共五萬兩，遵照奏案，代尊處鑄成大小銀元，可否援照上年長蘆解米鑄欵咨案，仍由鄂搭解天津，由尊處派員至津迎解。候示即解。豔。

致宜昌惲道台〔三〕 光緒二十三年五月三十日辰刻發

豔電悉。籌辦賑務以來，殫心籌畫，備極勤勞，深可感佩。省親一節，原可照准，惟賑務現尚喫緊，綜理需人，務望暫緩一兩月，俟災象稍紓，諸事就緒，再行赴浙。恐係公事有掣肘之處，尊意另有爲難情節，可即據實密電告知，必爲設法措處也。卅。

致宜昌趙道台 光緒二十三年五月三十日辰刻發

惲道電云，因其太夫人久離，盼念甚迫，請假一月回浙等語。想另有別情，該道務即據實密告。卅。

致京湖南鹽道黄公度〔四〕 光緒二十三年五月三十日巳刻發

簡命大喜，欣賀。兩湖同舟，尤深慰幸。湖南官紳正汲汲講求洋務，而苦無精通洋務之人，閣下此來，大有益於湘也。何日出都，祈示。豔。

致宜昌趙、惲、凌三道台〔五〕 光緒二十三年五月三十日亥刻發

賑務方殷，惲道熟手得力，萬不可離，請假一節，俟賑務畢再議。督、撫。卅。

致宜昌凌道台 光緒二十三年五月三十日亥刻發

閣下到宜未久，情形不熟，賑務事，趙、惲兩道經理較久，

〔一〕録自抄本《張之洞電稿·致上海電》。
〔二〕録自抄本《張之洞電稿·致各省電》。
〔三〕〔五〕以下二電録自抄本《張之洞電稿·致本省電》。
〔四〕即黄遵憲。録自抄本《張之洞電稿·致北京電》。

閣下可與和衷商辦，勿輕發議論，爲禱。若議論參差，則委員無所適從矣。特密告。卅。

致宜昌趙、凌、惲三道台 光緒二十三年六月初一日戌刻發

豔電悉。巴東、戴溪兩路既有到岸存米萬餘石，傅鎮、額守、董令何以不派夫迎提速運，即速函電立催之。此米運到數已不少，其由宜昌、長陽逕從陸行一路，夫既難雇，即暫不必多運。然施南各官既願由此路，可先運五百石，分作兩三批接續運往，以爲試辦通道之策。不日即封峽停舟，有此一路，不至斷溜，自是有益。所經道路，酌量修治，並沿途搭蓋店房、茅屋、席棚，以爲夫米棲止之所。總之，皆災民所得。此路爲由宜赴施長年通行之道，又爲土藥之路，如路修好，有店屋，商旅有益，店房尤要，此即以工代賑之簡易實事也。施賑已費二十四萬，木既不能伐，鑛亦無速效，若不修路，與原奏不符，速籌辦爲要。至施屬各縣，亦有區別，利川尚不甚荒，宣、咸、來如可兼發銀錢，不必盡發米，可由傅鎮、額守等酌辦。即需米，亦可由來鳳一路運往分撥，本非全令由宜昌運往也。營兵運米一節，似多窒礙，酌派營兵押運，藉以養贍飢軍，則可耳。速録此電函知傅鎮、額守、侯令等。東。

致宜昌趙、惲、凌三道台，萬縣飛遞來鳳侯令，施南傅鎮台、額守[一] 光緒二十三年六月初四日亥刻發

來電悉。來鳳局員侯令五月初十日稟，施南地方官將咸、宣之米退回，專供來鳳用，米積愈多，數倉皆重載分裂，朝夕守翻，不堪其擾等語，是來鳳尚有米。即或缺米，侯令可向常、澧、辰一帶源源購運，何必强捐强封富户之穀，致生事端。糧户酌留自食，亦是人情，如善爲勸諭，酌買若干，倍給價銀，或許以先暫借用，運到照還，富户何至全不售借，何必帶同武弁威嚇。且來鳳本屬山瘠，又是災區，如富户有穀，勸其出售平糶則可，加價收買則可，商借允還則可，豈有勒捐之理，實屬舉動粗謬，辦理不善。古人養民之政，但云恤貧安富，不云因貧擾富。應即飭傅鎮、額守，速將連令撤回，另派妥員前往，并將來鳳恩令嚴行申飭。以後來鳳賑務，責成侯令一人隨宜妥酌籌辦，迅速撥局欵向湖南買米，以供賑糶，恩令及委員不得率臆妄行生事。如有需地方官協助之處，恩令務須照辦，不得掣肘。支。

致天津王制台[二] 光緒二十三年六月初四日亥刻發

湖南陳右銘中丞商剥船事甚急，欲確知蘆溝鐵路是否須接至通州，右翁急待此信定議，敢請電詢芸楣京兆明示爲感。支。

致上海盛京堂[三] 光緒二十三年六月初四日亥刻發

蘆溝鐵路是否秋間確須接造至通州，請速電詢胡京兆，得覆即電示，因湖南接胡電未明晰也，陳中丞、莊道候此信甚急。切

[一] 録自抄本《張之洞電稿·致本省電》。
[二] 録自抄本《張之洞電稿·致直隸電》。
[三] 録自抄本《張之洞電稿·致上海電》。

盼。支。

致柏林許欽差[一] 光緒二十三年六月初六日午刻發

前購五生三壓銅殼機，并未配有輾銅板機器，亟須添定，應價若干，祈查詢力拂速覆爲感。語。

致上海盛京堂[二] 光緒二十三年六月初六日酉刻發

江、未三電悉。已告蔡道即催比領事法蘭吉速赴滬。總之，路債息輕，國債息重，自必有此波瀾。國債現尚未定議，如能與比欵一律，豈不大妙，閣下能有此神力挽回否。姑妄言之。祈禱示。語。

致上海盛京堂 光緒二十三年六月初七日酉刻發

電悉。五萬即匯交漢口協成，此欵已向該號借墊交付良濟矣。陽。

致天津洪道台恩廣[三] 光緒二十三年六月初九日亥刻發

鄂賑緊急，該道誼切桑梓，應即委勸辦湖北賑捐，務須廣爲招徠，以濟災黎。札即發。佳。

致上海盛京堂 光緒二十三年六月初十日辰刻發

頃蔡道電，云比領事昨日回漢，今日來見，謂借欵合同一切仍舊，均可照辦。惟原議條欵有未詳盡明晰之處，宜加解釋，添入附欵，如此項借欵係專爲鐵路之用，不能挪作銀行別用，及訂雇洋匠人數薪工之類，與原定合同尤無出入，應由盛大臣與德福尼等妥商，官可不問。且上海本有比國領事，伊不便越俎，不必赴滬等語。法蘭吉顯係推諉，但其謂合同一切仍舊，亦不可解。應否仍令該領事赴滬，請酌辦，但恐伊必推謝耳。蒸。

致江甯劉制台[四] 光緒二十三年六月初十日申刻發

五月廿六日録案咨請飭江海關照案免抽鄂省繅絲局購繭釐稅一件，請迅賜轉飭爲感。蒸。

致宜昌傅鎮台、蒯游擊，趙、惲、凌三道台[五] 光緒二十三年六月十一日申刻發

初八電悉。豌麥已登，秋苗已種，施屬災象當可稍紓，賑務宜漸次收束。該鎮可在施南多留月餘，署施南府魯守欲仁不日到任，諸事即移交該守督辦。惲道勿庸赴施，軍政事可稍展緩。其調赴宜昌各員弁未到者，蒯游擊即飛函阻止，俟傅鎮回再調，如日内已到宜，距本營過遠者，即飭在宜暫候。所有六月以後多候

〔一〕録自抄本《張之洞電稿·致外洋電》。
〔二〕以下二電録自抄本《張之洞電稿·致上海電》。
〔三〕録自抄本《張之洞電稿·致直隸電》。
〔四〕録自抄本《張之洞電稿·致江蘇電》。
〔五〕録自抄本《張之洞電稿·致本省電》。

日期所費資斧，將來由宜昌賑務局酌量津貼，以示體恤。真。

致上海時務報館汪穰卿[一] 光緒二十三年六月十二日辰刻發

此間洋務書已纂齊，即日發刻。閣下所删法國律例，想已竣事，祈速寄下，切盼。文。

致上海瑞記洋行轉交署邳州葉臨恭 光緒二十三年六月十二日辰刻發

燕電悉。如此辦法，免致機停致損，甚慰。價既付清，張殿撰想必點收運通矣，抑或他人接辦，祈示。閣下前禀收過地價八萬，此次許守新收地價十萬，又平餘息欵五萬，連前鹽務三十萬，是共已付五十三萬矣，何以尚短二十萬，究竟統付過若干，以後地價尚可收若干，望明晰電覆。閣下何日行，並示。文。

致江甯劉制台[二] 光緒二十三年六月十二日辰刻發

真電悉。長江水師酌減名數，乃黄軍門所擬，大意爲省餉二成耳。統請尊處裁酌。文。

致總署 光緒二十三年六月十二日午刻發

沙市租界章程久議未決，月前倭領事述彼政府意，言界内橋梁、道路歸彼修，沿江隄歸我築，否則另勘高阜，地價雖減，雜居照蘇杭云云。查隄工費近十萬，界歸彼管，我代築隄，開端招累，萬不能允。若漢口倭界援例沙市，各國效尤，何以應之。現定界址已在前年倭領事珍田所指之上，彼已移低就高，自變前議，我已格外相讓，沿江别無空曠高地可爲專界者，非我故意指低窪之區也。若彼另指繁盛之區，我斷不能爲倭驅逐世居百姓。彼若就我範圍，不强我修隄，租界地價尚可酌量稍爲減讓，雜居流弊本多，若不修隄，亦或可勉從。大抵以減地價、准雜居兩條爲抵换修隄一條之計。俞道屢與力辯，彼仍未允。謹先電達，儻倭使嘵舌，望鈞署堅持之。文。

致沙市俞道台、梁令 光緒二十三年六月十二日午刻發

本日已電署。細思倭人入華界雜居，流弊太多，萬不可行。漢口現已查出倭已在米市馬頭一帶繁盛處所私租鋪户數間，將來於釐金大局有礙。兩害相形取其輕，仍不如准華民入彼租界雜居也。總之，以減地價、准雜居兩條，抵换修隄一條。文。

致宜昌趙、惲、凌三道台，施南傅鎮台、額守、董令 光緒二十三年六月十二日酉刻發

趙道等五月敬電稱，宜昌灾民皆農夫，無流亡者，現在正值農忙，無從雇覓。豔電亦稱正值農忙。本月江電稱，傅鎮所派施南李紳仲瑜已到，仍未帶夫。據該紳覆稱，農忙實無應募之人各等語。是宜施之民，現已有農可務，有工可傭，有秋收可望矣。

[一] 以下二電録自抄本《張之洞電稿·致上海電》。
[二] 録自抄本《張之洞電稿·致江蘇電》。

如果仍前飢荒無聊，自必流徙求食，何至無人受雇。又據傅鎮、額守等電稱，施南合城内外僅一百六十四户不食賑糶，亦不可解。查城内外居民各有生業，何至皆食賑糶，恐不免有衙蠹、營蠹、街市游民無賴冒濫混領，不盡實係飢民。此輩既不務農，又不作工，復不能充夫役，坐待賑糶，似非養民正道。且賑糶之處多在城廂附近之地，必不能徧及各鄉。救災之舉，自宜一視同仁，並非專爲府城。鄉僻窮民尤爲可閔，亟宜確查妥辦，務使實惠均霑。查現在豌麥已登，禾苗漸茂，秋成當可有收，宜速分飭各屬印委確切體察飛禀，如果灾象稍紓，自應漸次收束，何處宜工賑，何處宜平糶，何處宜停辦，何處宜多撥，何處宜少撥，該鎮、道、府等斟酌輕重緩急，隨時飛速電禀。賑糶日久，欵鉅捐竭，省局萬分爲難，既須事事核實，亦須相機早籌收束。天門、漢川被水灾民數十萬，不惟無糧可食，無田可耕，抑且無地無屋可棲止。崇陽、蒲圻、孝感均被山水冲淹。同一灾民，豈能不拯救乎。速籌議電覆。文。

致江甯劉制台〔一〕光緒二十三年六月十二日亥刻發

真電悉。完滬關釐税，抵漢關絲税，即當照辦，請電飭滬關迅速驗放爲禱。文。

致上海盛京堂 光緒二十三年六月十三日巳刻發

真電悉。法蘭吉向蔡道云，擬即赴滬調停。當促速往，但恐法往亦無益耳。國債與鐵路借欵略有不同，兵債息重，路債息輕，外洋通例，此或是辯駁之一助。彼知我他無可借，故敢反覆要求，或姑與德商何如。恐不能全無，或別設法略加貼補，以冀轉圜。至他國洋人亦由比定，此尤無理。彼既以國債懸殊爲詞，閣下能密商大農，將續借英德欵統由尊處商辦否。合肥、夔帥有何主見，祈示。元。

致上海盛京堂〔二〕光緒二十三年六月十五日丑刻發

寒電悉。煤不敷用，焦急之至。夔帥想必有辦法，弟亦電懇夔帥矣。日本煤行前議以彼焦炭换我鑛石，似甚合宜，已定議否，并速示。鹽。

致天津王制台〔三〕光緒二十三年六月十五日丑刻發

願電悉。銀行會奏稿酌改處極妥，即請繕發。頃盛京卿電，鐵廠需煤萬緊，開平張道不肯照約速運等情，尊處想已接到。事關重要，盛京卿既允加價，則開平之煤似不應吝惜不與。務祈迅賜設法，催勸張道照盛所請，每月分運焦炭二千噸，免誤要工，切禱。鹽。

致江甯劉制台〔四〕光緒二十三年六月十五日丑刻發

文電悉。長江水師裁減事宜，皆黄軍門酌擬，弟未敢妄贊一詞，請尊處與黄軍門熟商，由台端主稿會奏，弟當遵辦。鹽。

〔一〕〔四〕録自抄本《張之洞電稿·致江蘇電》。
〔二〕録自抄本《張之洞電稿·致上海電》。
〔三〕録自抄本《張之洞電稿·致直隸電》。

致上海時務報館汪穰卿〔一〕 光緒二十三年六月十五日丑刻發

文電悉。此間諸門已竣，律例一門急待寫刻，務請速賜，删妥擲付，盼禱。究竟何時可成，六月内能寄鄂否，亦望明示。鹽。

致宜昌趙、惲、凌三道台，黄守邦俊

光緒二十三年六月十五日未刻發

前據惲道面禀：據黄守云，施南電綫，五千金足可造成。本擬即飭委黄守開辦，亦是以工代賑之一端。惟由宜至施商務稀少，以後無巡修養綫之費，則此綫終歸廢壞。查萬縣至來鳳僅二百餘里，或由萬縣綫接來鳳，再由來鳳接施南府城。蓋來鳳有土藥局，間有要事須電達者，且亦間有商報。若由巴通施，距來鳳尚遠，電報更少矣。此兩路孰難孰易，孰近孰遠，即速籌電覆。翰。

致宜昌趙、惲、凌三道台〔二〕 光緒二十三年六月十五日戌刻發

願電悉。文電所云賑糶不宜偏重府城，乃係指施南，非指宜昌。即收束之法，亦是宜昌易辦，施南難辦。至施南陸運一節，尤宜有成算，有限制。務遵前東電備米五百石，雇夫分起速運，徑由宜昌、長陽向來通行之旱路運往，不繞資坵小路。亦可試辦一兩次，得知日期運費確數，以後便可經久通行，不必忽水忽陸，致多周折耽延，並遵東電修山路、修店棚，以收工賑實效。此路由宜昌發軔，修路、修店等事自應由宜局委員經理，會同長陽縣妥辦，不得諉諸施南。入施屬建始、恩施境後，仍由宜昌委員會同該兩縣接辦，並由傅鎮委弁協助。看來施南委員既少，意見亦頗紛歧，此事必須宜局經理，並已由省委一員馳往，專爲體察籌辦此事。至所云收束者，以後米漸少，如必須接賑之處，不必專放米，或參放錢文，以節運費。至平糶不必全停，工賑直不必停，即以糶賣所獲之價辦工賑，足可支三箇月至秋收矣。再，該道等前由民船運往巴東之米一千一百石，已到巴否，並查覆。督、撫。咸。

致上海盛京堂〔三〕 光緒二十三年六月十八日巳刻發

霰電悉。比人要求無厭，尊議煞費苦心，統請與夔帥商酌辦理。嘯。

致上海盛京堂 光緒二十三年六月十九日辰刻發

焦炭一事，夔帥咸電云已切告幫辦楊守，據稱無停爐之説，現加緊趕辦，約封河前萬二千噸斷不得少，倘能多運，必當極力，張道回津再行催詢等語，尊處想已接有回電。竊揣若不加價，張道斷不肯多運，必仍延宕，似不能不稍遷就，惟高明酌之。再，東洋商人以煤易鑛之議已定否，甚爲懸念，祈詳示。效。

〔一〕録自抄本《張之洞電稿·致上海電》。

〔二〕録自抄本《張之洞電稿·致本省電》。

〔三〕以下二電録自抄本《張之洞電稿·致上海電》。

致宜昌趙、惲、凌三道台〔一〕光緒二十三年六月二十一日申刻發

效、號兩電悉。銀元市價，按旬電告，已催司局議。本地捐欵及糶餘欵建倉積穀，甚好。建始趙令得力，病故可惜，已飭司即委李祖蔭往署。施南報銷，當飭司另委妥員。督、撫。箇。

致上海盛京堂〔二〕光緒二十三年六月二十一日酉刻發

梁卓如孝廉既經奏調在滬，曾見面否。此人必須優禮，如尚未晤，似須台端先往拜更好。箇。

致上海盛京堂光緒二十三年六月二十一日酉刻發

頃接張羅澄自滬通瀛公所來電，稱滬有的實洋欵千萬，利五釐內，但修鐵路，不須抵押，如用速覆等語。此事甚突兀，此項洋欵究係何國，是否的確，請就近密查，姑備將來續議借欵之用。張羅澄聞名未見，至通瀛公所係辦何事，並請查示。箇二。

致上海盛京堂光緒二十三年六月二十三日子刻發

號、箇兩電悉。尊議以關外路餌比人，甚妙。此策若行，比利可輕，遼路亦可成矣。鄙意以爲上策，但不知總署意如何，傅相能主持否。禡。

致宜昌趙、惲、凌三道台〔三〕光緒二十三年六月二十三日子刻發

電悉。銀元作價，已飭司局擬議。現在市價每一大元易制錢八百五十六文，合庫平足紋六錢七分八厘。除銀價酌定另行外，可先照此辦理。督、撫。禡。

致上海盛京堂〔四〕光緒二十三年六月二十三日子刻發

兩電悉。嚴佑之赴酉陽放賑，已飭局備銀元六萬帶往應用，並派輪送常德。惟今春鄂省請佑之來鄂放賑，渠堅不肯來，謂須鄂備現銀十萬方可。此次又自帶現十萬賑川，川、楚之民，何有幸、有不幸耶。至川災重在夔、綏，次則忠州，何以獨賑酉陽，亦未解。禡。

致上海盛京堂光緒二十三年六月二十三日子刻發

荊州俞道來電，云宜屬東湖鄉試士子輪價減半，荊沙紳士稟懇照減，而在沙公司謂難擅允。查江陵赴試者無多，宜關、沙埠難兩歧，敢乞憲台電盛京卿一體加惠士林等語。特轉達，祈酌辦爲感。禡。

致上海盛京堂光緒二十三年六月二十三日辰刻發

昨禡三電想均達。以關外路餌德福尼此策極妙，但恐須密電大農爲妥，若大農知遼路不能不接修，前債不能不還，則事諧矣。漾。

〔一〕〔三〕録自抄本《張之洞電稿·致本省電》。
〔二〕以下二電録自抄本《張之洞電稿·致上海電》。
〔四〕以下三電録自抄本《張之洞電稿·致上海電》。

致上海盛京堂光緒二十三年六月二十三日午刻發

養電悉。尊議較費使所言，尚可省五六十萬兩。鄙意除關路作餌之外，實無他策。如關路必不能接，似可照尊議畫定正約。此乃鄙意如此，仍望與夔帥商定。至此次所加小利，乃公司出，似於送正約時附奏亦可。漾一。

致上海盛京堂光緒二十三年六月二十三日午刻發

關外路尚有變局，不可解，豈約定必歸俄修耶。閣下能否飛電密詢大農，如大農必謂遼路不能接修，再定正約何如。漾二。

致宜昌趙道台[一] 光緒二十三年六月二十三日亥刻發

近日土稅旺否，夏季將滿，約收銀若干。槍礮局需欵甚急，速解省應用爲要。漾。

致上海盛京堂光緒二十三年六月二十四日辰刻發

漾電悉。遼路既無可商，只可就此定議。比欵議已數月，此欵不成，他事難辦，改借他國，必須再奏，必致枝節横生。且英商此時雖説得好聽，若辭比欵，必又刁難，其時進退維谷矣。洋商慣技，想已燭察。敬。

致荊州俞道台[二]光緒二十三年六月二十四日酉刻發

盛京堂來電，云東湖士子輪價減半，從前開辦宜埠，止有局船，故能通融成例。沙市開埠，與各口同，係三公司派船合走，減脚固恐各口效尤，怡、太亦不願。乞轉電俞道原諒等語。特照轉。敬。

致上海盛京堂光緒二十三年六月二十八日辰刻發

沁電悉。續訂專條六欵已閲，請即畫押。儉。

致柏林許欽差[三] 光緒二十三年六月二十八日午刻發

壓鋼水機，德國布魯亞廠索價僅五萬一千二百馬，運保在外，九箇月成，已電該廠到尊處訂定。應先付價若干，候電即匯。儉。

致柏林許欽差光緒二十三年六月二十九日辰刻發

願電悉。輾銅板機想配有磨光銅板機在内，係必需之件，價九萬一千餘馬，即請照定，惟輾軸須多配一對備用。語電查無輪軸板機字樣，前匯萬馬，託定五生快礮機輪軸及鋼模樣板，待用萬緊，請催速運，並將起運日期示悉爲感。豔。

致老河口飛送鄖陽督辦賑務張道台[四]

光緒二十三年六月二十九日亥刻發

賑米運齊否。疊次稟電，均未將各屬災情輕重及各印委賢否分别聲叙，殊不可解。可即詳加體察，分晰核實，迅速電稟。又，閲該道致藩司函，擬回襄陽轉運，礙難准行。該道仍應駐鄖籌辦，

[一][二][四] 録自抄本《張之洞電稿·致本省電》。

[三] 以下二電録自抄本《張之洞電稿·致外洋電》。

並周歷被灾較重各縣，親加拊循，督飭散放，方爲不負委任。房、保、二竹尤要。現在灾象是否稍紓，秋苗好否，速覆。豔。

致東京裕欽差〔一〕 光緒二十三年七月初一日戌刻發

敝處欲譯東洋報，以廣見聞。中國通東文者難得，貴署有繙譯員生，必看彼國報，可否專派一兩人譯其緊要有關中國政事學術者，按旬交郵政局寄鄂，其薪水由鄂出，至感。祈即示覆。東。

致柏林許欽差〔二〕 光緒二十三年七月初三日巳刻發

鄂省武備學堂須添募洋教習二員，一授測地繪圖，一授馬步礮隊操法，祈託克廠或他友薦舉精練和平者二人，由尊處與訂合同，墊給川資，迅飭來鄂，欵候電即匯。但不必再託德兵部選派，緣前來之法勒根漢性情偏傲，不易調馴，而學生人多課勤，法屢請添人，若不添人，則渠過勞，甚不樂，若渠自覓之人，更難駕馭矣。切禱。江。

致襄陽王守、汪倅，鄖陽張道台，房、竹查鑛委員吴令明〔三〕 光緒二十三年七月初五日寅刻發

前委張道赴鄖時，札内聲明在老河口酌購雜糧應用，原以雜糧較米賤，可多救灾民。兹閲王守等感電，張道單開囑購襄河米七千石，另解雜糧數百石等語，何以不多購雜糧，殊不可解。如許多米難辦，且太貴不合算。王守、汪倅務須先儘雜糧購買，如雜糧不敷再買米，全活較多，至要。又，房、竹查鑛吴令明現在何處，昨另委查他事，如該員盤費不足，張道詢明酌付，並告吴令知。歌。

致天津王制台 光緒二十三年七月初六日巳刻發

歌電悉。津榆鐵路去年尊處已奏明歸併總公司，今又歸安定，廷寄如何措詞，所謂接續展拓，是否接至齊化門，抑包有接至關外之意，均祈詳示。杏蓀志甚壯，原擬以津榆作根基，分段押借，直修至奉天，横修至大連灣。今局面有變，安定無此魄力，遼路恐難望有成，必全歸俄人矣。大局所關，奈何。語。

致漢陽鐵廠盛守、槍礮廠沈丞〔四〕 光緒二十三年七月初六日酉刻發

日本海軍少佐瀧川具和明日來遊鐵、礮兩廠，由關道派員同往，到時望妥爲照料。語。

致上海盛京堂〔五〕 光緒二十三年七月初七日巳刻發

據鐵政局呈報，昨日協成銀號送到尊處解批規銀五萬兩，係七月十五日期票。查鐵政報銷俱照長平估實申算，奏案業經聲明，尊處所繳官欵亦應按照長平估實，方免兩歧，仍請補足平色，以

〔一〕指中國駐日本國公使裕庚。
〔二〕録自抄本《張之洞電稿·致外洋電》。
〔三〕〔四〕録自抄本《張之洞電稿·致本省電》。
〔五〕録自抄本《張之洞電稿·致上海電》。

便入收爲禱。陽。

致荆州祥將軍〔一〕光緒二十三年七月初七日巳刻發

兩湖書院尚闕旗生課額一名。祈選旗生之謹慎勤學、年在二十五歲以下者三四人，給予咨文，令該生鄉試時自帶咨文來省，俟場後榜前，以便考入書院肄業。陽。

致上海盛京堂光緒二十三年七月初七日酉刻發

歌電悉。所謂展拓者，恐只係接造至齊化門及通州耳。由渝關接潘吉一路，恐無望矣，如何如何。粤漢一段更必須接通方好，望早籌畫。陽。

致江甯劉制台〔二〕光緒二十三年七月初七日酉刻發

魚電悉。開濟民船碰撞一案，當遵示令江漢關道墊給撫恤洋二百元，俟給領後，再奉聞。陽。

致上海施紫英太守〔三〕光緒二十三年七月初八日子刻發

朔日電悉。義昌成所墊薯乾價銀三千七百餘兩，即在續解捐欵四竿内劃撥。陽。

致宜昌趙、惲、凌三道台光緒二十三年七月十二日酉刻發

冬電轉黄守電工兩稟均悉。電綫工料一切如較原估僅多千餘金，仍可辦，惟日後養綫設局巡修之費，每年約需若干，速估計，電稟核奪。此路商欵甚少，不過因施郡僻遠，取其可通民隱，且鑛務如可辦，則有電較便耳。問。

致宜昌趙、惲、凌三道台，施南傅鎮台、額守、魯守、董令、蔡令國楨〔四〕光緒二十三年七月十二日酉刻發

施南文武宥、豔兩電、趙道等歌電均悉。建始情形尚急，趙道等前稟水運巴東之米六千石，必有到者，催令速運接濟。蔡令修路想已開工，一面運米，一面修路。姜祠一路濟恩施、巴東，驛站一路濟建始，兩路並修爲妙，務分投趕辦。此爲工賑實際，勝於長夫空手往返，亦勝於米船灘頭坐待也。兩路所運之米，目前仍暫由趙道等籌辦，以後擬專將兩路陸運事宜，責成蔡令一人經理。宜昌必尚有存米，趙道等即先撥米六百石，運費錢一千八百串，銅錢、銀元、現銀搭配，交蔡令試辦。如此法可行，俟蔡令電稟覆到後，即專歸蔡令督運，以清條理而專責成。其水運巴東、戴溪等處，仍歸趙道等辦理。建始賑糶准展至八月半爲止。恩施賑糶，低平各鄉從寬，均截至七月底爲止，高山各鄉從寬，准展至八月半爲止，以後專辦工賑鑛務，即工賑也。惟工賑亦須有米，故蔡令之修路轉運，仍不能不趕辦也。至施郡城外又遭水

〔一〕〔四〕録自抄本《張之洞電稿·致本省電》。
〔二〕録自抄本《張之洞電稿·致江蘇電》。
〔三〕録自抄本《張之洞電稿·致上海電》。

災，傷人壞屋，民生重困，實深慘惻，速撥欵撫恤，詳情速電。東湖蛟水亦詳稟。督、撫。文。

致長沙江學台〔一〕 光緒二十三年七月十二日亥刻發

湘學報宏通切實，弟擬發通省書院閲看，以廣大君子教澤。惟有一事奉商：湘學報卷首，即有素王改制云云，嗣後又復兩見。此説乃近日公羊家新説，創始于四川廖平，而大盛於廣東康有爲，其説過奇，甚駭人聽。竊思孔子新周王魯，爲漢制作，乃漢代經生附會增出之説，傳文并無此語，先儒已多議之，然尤僅就春秋本經言。近日廖、康之説，乃竟謂六經皆孔子所自造，唐虞夏商周一切制度事實，皆孔子所定治世之法，托名於二帝三王，此所謂素王改制也，是聖人僭妄而又作僞，似不近理。湘學報所謂改制，或未必如廖、康之怪，特議論與之相涉，恐有流弊。且湘報係閣下主持刊播，宗師立教爲學校準的，與私家著述不同，竊恐或爲世人指摘，不無過慮。方今時局多艱，横議漸作，似尤以發明爲下不信之義爲亟。不揣冒昧奉商，可否以後於湘報中勿陳此議。如報館主筆之人有精思奥義，勿致駭俗者，似可藏之篋衍，存諸私集，勿入報章，則此報更易風行矣。尚祈鑒諒賜教，不勝惶恐。即盼電覆。元。

致湖南陳撫台 光緒二十三年七月十二日亥刻發

盛京卿來電，極欲籌辦粤漢鐵路，擬先派華員勘路，因洋人皆須華人領導，究屬由湘由江西，請商尊處電示等因。查湖南物産極富，而限於山谿阻深，鐵路所經，南則香港所來南海各外國之貨，北則遼津所來北洋各外國之貨，全數引歸湖南境内，而湘省土産之五金煤炭各鑛，運道既通，機器能入，土貨能出，從此湖南爲第一富强之國，勝於僅行小輪遠矣。而鐵路爲中國獨專之利權，洋人不能借口侵占干預。請速詢商紳士，酌度情形電覆。鄙意莫若先修自武昌至長沙六百里，此即驛路，亦即電路，無高山大河，費省工速。鄂省易辦，入湘境后，路尚不多。若造至省城，紳商皆知鐵路之利，再往南修，順流而下矣。望速裁示。文。

致上海盛京堂〔二〕 光緒二十三年七月十二日亥刻發

庚電悉。粤、蘇各路速籌并舉爲妙，能否由湘達粤，當即商右帥。錫樂巴蘇滬、蘇甯各圖，據稱於去臘由甯到滬曾將各圖面呈尊處，有存在尊寓者，有存在滬鐵路局者，請飭查便知等語。至鎮江至金陵一段，係比國郭克里廠之工師所繪，弟曾一寓目，甚精細，彼徑帶回國，不肯留，云回比後當照繪一圖寄鄂。今比欵已成，若尊處商比公司，令其交出必肯。文。

致宜昌中軍蒯游擊、前營蕭游擊、署前營王游擊〔三〕 光緒二十三年七月十二日亥刻發

蕭游擊已於六月十八到營，何以王游擊藉賑爲詞，措印不交，殊屬荒謬。蒯游擊即轉飭王游擊遵示交卸，蕭游擊迅即接任。如

〔一〕以下二件藏河北省博物館。
〔二〕此電「錫樂巴」以下文字，據抄本《張之洞電稿》補入。
〔三〕録自抄本《張之洞電稿·致本省電》。

再抗違，定行嚴參，凜之。文。

致江甯劉制台〔一〕光緒二十三年七月十二日亥刻發

前奉魚電，以開濟與民船碰撞，均有不慎，民船既沉，情殊可憫，擬給恤了案。惟來電究係洋幾百元，電碼似有錯誤，往返電詢，仍未明晰，祈再明示。是否係五百元，如係五百，請書作伍兩卒旅之伍，盼覆。文。

致上海盛京堂〔二〕光緒二十三年七月十三日亥刻發

電悉。商人附鑄小元者甚多，應接不暇。大龍元多日未鑄，現無存者，請寄現銀來，當照數鑄寄。局無欵可墊，大約每萬元需鑄本估平估實七千一百兩，別無貼費。元。

致上海盛京堂光緒二十三年七月十五日辰刻發

初六日閣鈔尚書、侍郎暨江蘇巡撫各缺，已見申報，又初八日簡放山東、山西、河南主考，今已八日，均未據電局傳來。此皆關朝政要事，請飭各電局，此後遇緊要閣鈔，隨時電傳，切禱。咸。

致上海盛京堂光緒二十三年七月十五日酉刻發

庚電悉。鐵政局收欵用欵，皆係折合長平估實，前已奏明總數，即須照此報銷，鐵廠繳欵亦須照此奏報，不能以規銀作收，而留出申平作外銷也。且湖北鐵廠之欵若出入均按規銀，亦難措詞。若鐵路之賬，係用規銀，則每次繳欵，叙明規銀幾萬幾千兩，折合長平估實銀幾萬兩，似亦不難，務請察酌爲荷。再，部欵已發，前議先付二十五萬，望即全數撥付實銀，除新繳五萬外，仍祈速撥二十萬。至劉道學詢之五萬，望於下次撥付時扣抵爲感，渠但欲此項有著，遲早不爭數月。此間槍礮廠添機添廠，需欵甚急，至紗廠已另借四十萬，不與此相涉，祈鑒。咸。

致上海盛京堂光緒二十三年七月十六日巳刻發

大咨及正續華洋各合同均照用印，仍交原差賫回。前次比領事親身送來合同，立待用印携回，即欲登船赴滬，繙譯適有病未到，不及核對洋文。據比領稱，漢文用印，洋文不用亦可，是以前次僅將正續華文蓋印，其續增洋文兩件未曾蓋印，如將來須補印，亦無不可。諫。

致上海錢念劬光緒二十三年七月十六日戌刻發

陳養餘言，道路一門全不能用，所言鐵路皆係細碎事，應歸工作門及商務門。亦無郵政。此兩事甚要，望在滬設法訪求可采之書帶來爲要。諫。

致上海時務報館汪穰卿光緒二十三年七月十六日戌刻發

法國律例，承託人刪節，感甚，請催速寄。約何時可成，務

〔一〕録自抄本《張之洞電稿·致江蘇電》。
〔二〕以下六電録自抄本《張之洞電稿·致上海電》。

祈示知，至禱。諫。

致江甯劉制台〔一〕光緒二十三年七月十六日戌刻發

翰電悉。守備以下，舢板改爲抽裁二名，謹當遵辦，惟奏稿請先寄下一讀爲禱。諫。

致蔡令國楨宜昌賑務局飛送　光緒二十三年七月十七日辰刻發

巴東舊驛路及長陽新路，是否已分投開工。此兩路均須認真大修，多蓋店棚，乃爲經久興旺施南地方之計。約須幾日修成，工費約須若干。再，施南至來鳳路寬平否，若原路不好，擬一併修通來鳳。即覆。洽。

致宜昌趙、惲、凌三道台，施南黃守、來鳳侯令〔二〕光緒二十三年七月十七日辰刻發

支電悉。施、來電綫三百里，三千餘金可成，尚不甚多。至養綫經費，歲約兩千金，如何先由土商籌撥，語未明晰，豈令土商捐耶，抑借耶，再詳晰電陳。鑛務試辦，商報斷不能多，究竟全年經費需若干，黃守速核明電禀。至由巴至施一段，即先開工。施市商務，所請官府代爲經營，係如何辦法。至所請擬將官局紗布一由津市運來，一由巴東運施分銷，夫役運鑛出山，即運貨入山，未嘗非利商便民之道，惟事甚繁瑣，資本亦鉅，得人尤難。侯令既倡此議，該令即速籌計如何墊本，如何行銷，或該令領運來往行銷，或招商，統責成該令籌辦經理，禀候酌定。如無其人，仍不能辦也。洽。

致宜昌趙、凌、惲三道台光緒二十三年七月十七日午刻發

各州縣善後修倉積穀，自不可緩，速籌辦。將來糶價可收回若干，各屬勸捐可歸入積穀者約有若干，均約計電聞。東湖又遭蛟水奇災，縱横數十里，殊堪閔惻。田主好善妥恤，甚屬可嘉。該局及地方官亦應察勘撫恤。再，聞房、保今年仍係荒歉，保康尤甚。鄖陽運米甚艱，現到有限。窮僻小縣，地方官無策可施。該道等務速運若干石，分赴房、保南境，分別賑糶，兩縣總須千石以外方有益。洽。

致上海盛京堂光緒二十三年七月十八日戌刻發

頃陳中丞篠電云：文、咸鐵路兩電，同莘按：舊鈔電稿，分京師、直隸、上海、本省、各省、外洋為六類，是年致各省電原鈔本缺一册，故文、咸兩電及下文陳中丞來電所稱之漾電，均不得見。此册應存之稿，當尚不少，今不可考矣。均次日奉到。前盛京卿函詢鄂粤鐵路所經，江、湘孰便，比答民情則似江易湘難，然修路便否當以地形爲據，民情可以人力斡旋，請派修路工師勘明江、湘道里遠近，形勢難易，即以定經由之準等語。竊謂國家創興大役，以立自强之基，蘆漢已行，鄂粤繼舉，江、湘莫非王土，豈能有所阻撓。況湘人素懷忠義，同德同仇，今昔一轍。近來士紳尤多通曉時務，不泥

〔一〕録自抄本《張之洞電稿·致江蘇電》。
〔二〕録自抄本《張之洞電稿·致本省電》。

故見，但令當事宣布詔旨，俾知事在必行，並論以鐵路不運湘中煤米，無損船户生計。所經各省境内工程，即由各省遴委員紳督率照料，督辦大臣任用得人，無官場倚勢陵人之習，無遇事苛刻因以爲利之心，説以使人，寛嚴並濟，此所謂人事斡旋者。往年澧州電綫，蓋因司事先失人心，即今年設電長沙時，電工委員亦幾因工費肇衅，旋得曾牧慶溥調停寢事，後乃悉由該牧代發，沿途迄無異言，此明徵也。如果以湘爲便，勢所必經，當與督辦商定節目，再與在事官紳核議，盡其在我，以期措正施行。至湘境修路工程，愚意或仿蘆漢成式，由鄂粤邊境同時接修，或由鄂邊接修，上迎粤路，或由粤邊接修，下迎鄂路，統由委員委紳勘定插標，通行曉諭，届時大舉，一氣呵成，似可不必由長沙先修至鄂，以免南路另起爐竈，致啟疑議。湘紳所見亦同。是否，伏求酌核，並商盛京卿爲叩等語。特奉達。嘯。

致户部〔一〕 光緒二十三年七月十九日辰刻發

真、巧兩電均悉。新海防捐截至七［月］十六［日］卯止，除已解外，實存庫平銀七萬七千六百八十四兩九錢，即飭解京。洞、洵同覆。效。

致長沙陳撫台〔二〕 光緒二十三年七月二十一日戌刻發

六月漾電，言土藥税釐難改章情形，極爲透辟，佩甚。川省聞亦以爲難辦，擬奏仍舊章。滇、黔係産土之區，湘、鄂皆不産土而銷土，恐難會商。鄙處現擬將此項税釐巨欵要需，礙難停征，且鄂省關卡全撤，川土走漏必多，有損於鄂，無益於川實情具奏。尊處如何叙奏，應請卓裁。此等事，似以各省單銜爲妥，不宜會銜也。箇。

致宜昌趙、凌、惲三道台，黄守邦俊宜昌賑務局轉 光緒二十三年七月二十四日亥刻發

黄守敬電悉。據稱由施至來，每年養綫費四千餘串，該守及侯令可籌四千金，商報約千金等語。查歲費四千餘串，尚不甚多，該守、令所籌四千金，恐未可恃，商報初開亦有限。惟施南、來鳳僻遠太甚，官民阻隔，若通電報，實於吏治民生有益，即如連年災荒，如信息靈捷，早圖補救，全活必多。開鑛等事情形易於傳布，風氣亦可漸開。可即定議速辦，即由巴東、施南修至來鳳，需欵由趙道等於賑欵下撥發，以後常年養綫之費，如該守、令所籌不敷，即在來鳳經費局撥足。該道等速轉黄守、侯令及施南府、縣遵照。敬。

致襄陽黎道台、王守 光緒二十三年七月二十四日亥刻發

鄖陽屬距省最遠，民生疾苦，捕務、營務殊難周悉，文報動須兩月，内外批答，皆已後時。即如去年災荒，若信息靈捷，早圖補救，全活必多。目前該府各屬情形，仍未能詳悉上達。此時儌幸無事，萬一邊境有事，得信再圖布置，已誤事矣。川、楚教

〔一〕録自抄本《張之洞電稿·致北京電》。
〔二〕此件存河北省博物館。

匪所以釀成巨患者，路遠信阻之故也。老河口到鄖三百數十里，此電綫萬不可不修。該道府速傳詢襄陽、河口兩電局委員，約估此綫需費若干，體察電局委員有明練誠實者，即稟請派其承修此綫。此時即寓以工代賑之意，但工費務須核實。如該局員不勝任，即稟請省城另派。速覆。敬。

致上海盛京堂 光緒二十三年七月二十四日亥刻發

陳中丞電云：漾電謹悉。鐵路若經由湘境，發端時便須妥貼，其要義全在勘路。箴前電宣布詔旨及示諭，不運湘中商民煤米，似又爲勘路前要義。鄙意朝議既定，宜請明降諭旨，飭下粵鄂湘各省遴委員紳，兼派就地紳耆協同公司勘路。風聲先播，使知國家重務，事在必行，辦理較易。惟初勘路時，暫不可帶用洋工師，致啟疑謡，而誤始基。是否，乞鈞裁，並轉商盛京卿爲叩。箴。敬。等語。特轉達。敬。

致宜昌惲道台〔一〕 光緒二十三年七月二十五日子刻發

洽電悉。東湖現無洋務棘手事件，何令尚肯用心講求，可資歷練。至賑務現在全歸該道等，賑務局辦理運船已有批札，專責成蒯遊擊經管，賑務之因應是否盡宜，似不在何令也。前東湖許令虧累數千金，院司公議，正在爲之力籌彌補，苦無善策，安能又爲何令補虧，且釐差如何能彌補巨虧耶。至宜、施府縣，撤换已多，此皆賑務將畢，諸事似以定静爲宜。何令讀書本色，尚肯極力要好，該道善爲勸勉策勵之可也。再，運船價少，此語發之於湖南省城，有信致鄂，鄙人亦見之，故中丞有電言此事，非何令所言。並及。此電並與趙道、凌道同閲。效。

致天津王制台〔二〕 光緒二十三年七月二十六日亥刻發

會奏摺弁昨日已行。到津後請詳核，改定封發。辦法具與前途熟商妥協，大致皆如前稿。惟奉旨議蘆漢，只能以蘆漢爲主，蘇滬路只可云兼辦，已叙入奏内。廣東、江西一路不便遽説，嫌於壟斷。擬俟總理之員派定，再由粵商呈請兼辦，言如此方易招股，即據以續奏，則輕妙無痕。若名爲中國鐵路總公司，將各省幹路枝路全包在内，則衆議大嘩，必無成矣，且實無此辦法。附密片言軌在鄂廠造，路從鄂省起，總理之員路廠均須躬親督率，擬請移官鄂省。該員資已深，如蒙遷擢，准與我兩人聯銜奏事，如此則事權聲望具優，亦尚自然，非逾分。另有未盡之語，詳函内。奏内聲明派入京備總署垂詢。望飭速行，并電滬催，爲要。是否[妥]協，請酌示覆。宥。

致柏林許欽差 光緒二十三年七月二十八日酉刻發

聞克廠考驗十二生鐵殼開花子不能適用，均改用鋼殼者。鄂定十二生彈機乃造鐵殼者，應速改爲造鋼殼者，方免落後。現令洋匠開列新機洋名附後，請商力拂照改，應補價若干，速示覆。儉。

〔一〕録自抄本《張之洞電稿·致本省電》。
〔二〕此件藏河北省博物館。

致上海盛京堂[一] 光緒二十三年七月二十八日亥刻發

現有武穴釐差，譚敬帥云，令姪現辦鐵廠，不便委。譚意中有欲委之人，此措詞耳。令姪在鐵廠甚得力，關繫甚重，惟薪水太少，用度不敷，鄭陶齋、堪納第一時均未能來鄂。武穴收數甚壞，故朱於七月半即力辭，甘願賠墊數千金。愚見閣下可加令姪薪水百金，或數十金，以安其心。當切商敬帥，數月後有相當釐差，必當委之。如此則鐵廠有人，令姪心定，此差不至有名無實，亦不强譚以所難，似面面俱到。祈速示覆。儉。

致上海盛京堂 光緒二十三年七月二十九日子刻發

徑電悉。鐵廠撥還欵，即照尊議，祈速解爲荷。儉。

致荆州俞道台[二] 光緒二十三年七月二十九日子刻發

宥電悉。松滋土藥巡丁釀命一案，即催馬令、陳令秉公會審，據實稟報。儉。

致宜昌賑務局趙、惲、凌三道台并轉傅鎮台 光緒二十三年七月二十九日丑刻發

六月諫電，請將鄖、宜、施裁兵暫緩，俟賑竣舉辦，是以特加體恤，未經催辦，兹特緩至八月底，賑務已竣矣。查三鎮同屬災區，提軍門及鄖鎮早經照裁，此外各營亦一律遵辦，惟該鎮兵尚未議定裁減數目具報。現在逾限已久，賑務將畢，已通行全省各營，將本年匀裁兵數、餉項均裁至八月底止。此係一定不易辦法，該鎮迅飭各營遵照前檄，飭裁兵數，將馬、戰、守酌量匀裁，分晰開明。所有月餉恩餉，俟册報到，即飭核發。又該鎮屬地瘠災重，所有本年應裁之兵，除恩餉外，另發三箇月賑餉，由賑務局發給，合之一年恩餉，已較各營爲優。毋再延緩，速電覆。儉。

致上海盛京堂[三] 光緒二十三年七月三十日戌刻發

電悉。秋暑未退，銀元局初間方能開工，代鑄十萬元，均匀加工，五日可成萬元，十日一解，五批可完。如鑄，請照匯銀來鄂。卅。

致柏林許欽差[四] 光緒二十三年八月初二日辰刻發

勘電悉。壓鋼機半價二萬六千馬，即飭局匯交尊處，懇令速造。德教習二員訂定甚好，係何人所薦，何日來，請預示并催速來。沃。

許欽差來電[五] 光緒二十三年八月十七日戌刻到

德守備二員：福斯，滿德薦；威薩爾，參贊賡音泰薦。訂明歸總辦節制，總教習統轄。本月二十五日在海口候船。澄。元。

[一] 以下二電録自抄本《張之洞電稿·致上海電》。
[二] 以下二電録自抄本《張之洞電稿·致本省電》。
[三] 録自抄本《張之洞電稿·致上海電》。
[四] 録自抄本《張之洞電稿·致外洋電》。
[五] 録自苑書義等主編《張之洞全集》第九册，第七三八三頁，河北人民出版社一九九八年版。

致總署〔一〕光緒二十三年八月初四日酉刻發

卅電謹悉。當陽縣瑞國教士租房案，三月底奉大咨，即飭查，未稟覆。現嚴飭妥速查辦，俟稟覆到即咨呈。支。

致上海盛京堂〔二〕光緒二十三年八月初四日酉刻發

頃陳中丞來電云：盛京卿電，用兩華人先勘，大概辦法極妥。惟欲不動聲色，似不如仍由憲台會札查煤，較鐵路大臣專銜查鑛尤無疑議。是否，並乞轉商。箴叩。冬。等語。鄙意擬會尊處、右帥及敝處三銜，委查漢陽鐵廠需用之佳煤鑛最妥。即請主稿。委員三處均須會印爲要。支。

致荆門州諸牧〔三〕光緒二十三年八月初四日酉刻發

總署電稱：當陽縣瑞國教士租房案，三月曾咨行，迄未奉覆。頃瑞使照稱，據領事稟，該縣令擱置不理，並不認所執護照，且該縣有英教士案在後已結，瑞獨向隅，請電催等語。希即飭屬迅結電覆，以免糾纏。卅。等因。查此案三月杪准總署咨，即行臬司、關道轉飭地方官查明妥結稟咨。迄今日久，未據稟覆。務即飭當陽縣迅速議結，刻日稟覆，勿得再延。支。

致柏林許欽差〔四〕光緒二十三年八月初四日酉刻發

壓鋼機半價已由滙豐滙去，請查收。續募武備教習二人是何洋名，請電示。合同須載明歸總辦道員節制調度，并歸總教習統轄，以免日後争論，至要。支。

致上海盛京堂〔五〕光緒二十三年八月初五日巳刻發

初二電悉。熱稍減，銀元局今日始開工，本省司局待用及附鑄商本積壓已多，昨允五日成大元一萬，已屬極力騰挪，再速萬來不及。支。

致荆州俞道台光緒二十三年八月初七日午刻發

魚電悉。修隄作懸案，異日必到總署糾纏，宜截然推絶，餘者乃可與議，勿稍放鬆。雜居一層，必不得已，須聲明沙市向無租界，故准格外通融，將來若在外國已有租界之口岸，如漢口地方添設租界，須照各國租界向章辦理，不得援沙市雜居爲例。蘇杭地價均有盈餘，沙市似可允其照民價公平定議，請酌辦。此地本係荒灘，似亦不應任商民乘此居奇。陽。

文案委員梁敦彦致荆州俞道電光緒二十三年八月十六日午刻發

奉帥諭，凡案懸而不定者，必有所待也。或理有未明而待審辦，或例有未確而待考查。今築隄一事，理已極明，例已極確，萬無可疑，無所待而為懸案。且去年别約隄防、馬路同歸一條，是彼已認隄防與馬路無稍分别，馬路我修則隄防亦我修，馬路彼修則隄防亦彼修矣。今若允其單另提出隄防作為懸案，是我復認

〔一〕録自抄本《張之洞電稿·致北京電》。

〔二〕〔五〕録自抄本《張之洞電稿·致上海電》。

〔三〕録自抄本《張之洞電稿·致本省電》。

〔四〕録自抄本《張之洞電稿·致外洋電》。

隄防與馬路有別，或有我修之理。我修之例，須我政府酌定也。須切拒之，以絶其望，不可游移，以啟其覬覦之心等因。謹此稟聞。敦彦。咸。

致上海盛京堂〔一〕光緒二十三年八月初八日亥刻發

初七電悉。委查湘粵交界地勢，思得二人，一湖南候補道張鴻順，一湖北知縣羅運崍。張尚未到鄂，羅係陳右帥至戚，迴避來鄂。姑舉此兩員，請再詳酌。庚。

致上海盛京堂光緒二十三年八月初八日亥刻發

今日法領事來見，謂兩月前船政法國洋工師致函鐵廠堪納第，查問所出鋼鐵質地材料，請寄樣考驗，迄未見覆。彼意船政用鋼鐵料甚多，欲專用中國鋼鐵。機不可失，請速飭廠查明，如收到此函，似應寄樣酌覆，以廣招徠。庚。

致上海盛京堂〔二〕光緒二十三年八月初九日亥刻發

湖南查路，汪喬年似極好。忽憶及，奉達。佳。

致黑龍江恩將軍〔三〕光緒二十三年八月十一日戌刻發

巧電敬悉。尊處附鑄之欵，除長蘆九千兩已鑄解外，安徽三萬、直隸二萬均已解鄂，惟福建二萬兩至今未到，祇因解欵係由司徑移局，並未准咨，局詳較遲，是以前咨歧誤。兹查皖、直兩欵鑄成銀元，留扣鍬價各費，共合大元七萬零一百餘元，已於八月十九日交商局輪船解津，月内當到矣。閩欵應請咨催。箇。

致上海盛京堂〔四〕光緒二十三年八月十二日戌刻發

尊處即派陳慶平，敝處仍擬即派汪喬年。汪南北三次勘路，人既老練，心思亦細，且官階較大，與沿路州縣易相處，陳分際尚不足也。至湖南所委之員，或羅運崍，或他人，當商右帥，聽其酌委爲妥，議定後再會三銜。祈覆。文。

致上海時務報館汪穰卿光緒二十三年八月十六日午刻發

鄂省經心書院現擬請西學中之天文、地理、西國政事之教習，歲脩六百金，江、浙、津等處當有其人。閣下如有所知，望代物色一人，惟須三事兼通。切懇，即示覆。諫。

致施南傅鎮台、路工委員蔡令國楨、宜昌賑務局巴東專差飛送〔五〕光緒二十三年八月十九日午刻發

蔡令願電悉。巴、建、恩糶餘存米共三十餘萬斤，合計輪船運費、陸路夫價各項，核以山中錢價，約合銀二萬兩内外，爲欵甚鉅。昨據傅鎮、額守、魯守、董令電稟，今秋大熟，僉稱倍甚

〔一〕〔二〕録自抄本《張之洞電稿·致上海電》。
〔三〕録自抄本《張之洞電稿·致各省電》。
〔四〕以下二電録自抄本《張之洞電稿·致上海電》。
〔五〕以下三電録自抄本《張之洞電稿·致本省電》。

尋常，民情極安，高山各處八月半均可收束等語。查施、宜賑糶，前已電飭於七月底停止，此時未便復賑，如以餘米分賑三縣，他處勢必援請，何以爲繼。且路工之外，尚應買還倉穀，開收各鐽就地鑄錢，需欵甚多，亟應將此餘米暫存各局，除留各工食米及折發工資外，餘仍聽候酌撥，勿得擅動。至路工約共需欵若干，速估明電覆。效。

致施南傅鎮台、路工委員蔡令國楨、署施南府魯守巴東電局專送　光緒二十三年八月十九日午刻發

傅鎮冬電悉。用剩之米，暫存各原局，概歸工賑。用剩之銀錢各欵，亦儘數撥歸工賑，交魯守暫存，勿須還宜。巴墊欵工賑，非僅修路一端，開鐽鑄錢等事需欵甚多，聽候撥用可也。效。

致施南傅鎮台、魯守、額守、董令，宜昌賑務局巴東專送　光緒二十三年八月十九日午刻發

冬、養兩電并悉。施南郡城賑糶，七月底併停，高山各處八月半均可收束，宣、咸兩縣七月底，來、利兩縣八月初旬，均可收束。秋收大熟，民情極安，慰甚。至被水災民放賑米三日，又撥欵按户散錢賑恤，辦理甚是。建始何日停止。傅鎮須將善後各事趕辦清楚，再行回宜。魯守須將工賑事宜會商蔡令，隨時請示飭遵，並即電覆。效。

致柏林許欽差〔一〕光緒二十三年八月十九日戌刻發

六月艷電奉托代訂輾銅板機，已否完妥，切盼示覆。此機擬與壓銅殼機同設一廠，占地寬廣尺寸，請先查示，以便預備廠房地位。效。

致上海盛京堂〔二〕光緒二十三年八月十九日戌刻發

十八日電悉。比欵續合同昨已補印。二批龍元飭局照辦。陳慶平既須留伴比人，覆勘請另派一明白親信之員，會同汪牧喬年往勘，即不諳鐵路亦可。頃接陳右帥電，云請尊處會敝衔委查，並會咨湘省派員嚮導，較三衔尤無疑議。至湘省擬委前辦電路之曾牧慶溥，較羅令尤爲熟悉等語。查右帥既不欲會衔，即請尊處主稿，挈敝衔咨湘。效。

致荆州俞道台〔三〕光緒二十三年八月十九日

八月分洋欵，部電催於八月二十前交滬關兑收。尊處報解之欵，準於何日解到，速覆。嘯。

致上海盛京堂〔四〕光緒二十三年八月二十日戌刻發

效電悉。鐵路所定外洋材料免徵税釐，已鈔部文飛咨南洋轉飭滬關，並電致峴帥矣。號。

〔一〕録自抄本《張之洞電稿·致外洋電》。

〔二〕〔四〕録自抄本《張之洞電稿·致上海電》。

〔三〕録自抄本《張之洞電稿·致本省電》。

致施南路工委員蔡令國楨、魯守巴東電 局飛遞 光緒二十三年八月二十日亥刻發

初八日稟摺均悉。自募工兵，三路併開，六箇月畢工，辦法尚妥，均即照辦。工費等項共估錢一萬八千串，數本甚鉅，惟道遠山深，工作艱苦，不無繁費，應即照准，但須處處修築堅實，一律寬平，不可苟簡。至朗坪、四渡河石橋費鉅，應分造兩木橋，均速開工。費須核實，工須認真，將來須委員復驗。方今局外好發閒議，論者甚多，勿以大舉而成虛糜，致貽人口實也。此乃本部堂注意經營之事，務令經久不壞，商民永利爲要。此路若成，亦是該令一大功德也。勉之。哿。

致江甯劉制台[一] 光緒二十三年八月二十日亥刻發

盛京卿效電，云三月間會奏，援照津榆、京津鐵路所需官民地段、華洋材料，悉用官給官定免税之法，部議免徵税釐各節，應由該督等相度機宜，斟酌妥辦。奉旨依議。現在外洋所定材料陸續進口，應請將部議抄行滬、津、漢三關，援案免徵税釐爲要等語。查前項部議現已鈔咨冰案，到尚需時，請先電飭滬關免税爲荷。號。

致長沙陳撫台[二] 光緒二十三年八月二十一日巳刻發

哿電悉。常德痞徒燒毁教堂，乘機搶物，實可痛恨。地方要政甚多，爲此事又須攪擾月餘矣。尊批極妥，惟盼府、縣將首要迅速拏獲嚴辦，庶免枝節。至與教士妥商辦法，最爲扼要，將來該府、縣稟到時，亦即照尊處所批耳。箇。

致上海盛京堂[三] 光緒二十三年八月二十二日亥刻發

初七日來電查詢蘇滬路圖，適錫樂巴赴孝感勘路，前日始回。據稱，蘇滬各圖，伊由南京親帶至滬面交尊處，細檢當必仍存，但恐一時急用，特將伊存原稿廿七張尚少七張，一時無從尋覓，另補總圖一張呈繳前來。又稱甯鎮一路係由郭廠工師測繪，伊處並無底稿。茲將各圖共廿八張，交招商局寄上，祈照收。養。

致上海盛京堂 光緒二十三年八月二十三日戌刻發

箇電悉。鐵路材料免税，部議昨已咨電南洋。旋接峴帥覆電，云號電悉，鐵路材料已電飭滬關免税。坤。馬。等語。至夔帥擬用三銜通行各關，尤爲周妥。請即主稿速行。漾。

致長沙陳撫台[四] 光緒二十三年八月二十三日戌刻發

頃接養電，武陵教案，尊札令文武分成攤賠，迅速結案各節，已悉，惟武職似宜少攤。至首要各犯，必須飭催嚴拏重辦，方足懲儆將來，且非此亦不能了案也。并望轉告臬司爲荷。漾。

致長沙陳撫台 光緒二十三年八月二十五日戌刻發

漾電想已達。惟欲彌教案，全在地方紳民曉事，自少枝節。

〔一〕録自抄本《張之洞電稿·致江蘇電》。
〔二〕此件藏河北省博物館。
〔三〕以下二電録自抄本《張之洞電稿·致上海電》。
〔四〕以下二件藏河北省博物館。

若全由文武官攤賠，恐以后地痞愚民得計，似須令地方酌認分賠，方知儆戒。常德以后教堂日多，尤須熟籌。此爲慮遠防患，安靖地方起見，祈鑒裁示覆。有。

致上海盛京堂〔一〕 光緒二十三年八月二十五日戌刻發

敬電悉，當飭鐵政局議復。據稱：郭廠欠欵，趁鎊價稍平，全數歸還甚好，內有大汽錘三項計四十餘鎊，其本利自應由槍礮局認還，請一併代付，并算明確數示知，將來在應繳百萬兩內末批扣抵。前鐵局存欵十五萬，先經商局挪用，其應付郭廠緩期利息及商廠接辦後增長鎊價，似應均由商局認還，以昭平允等語。祈查照爲荷。

致鄖陽樊署鎮台、賑務局張道台、許守

老河口飛遞〔二〕 光緒二十三年八月二十六日申刻發

鄖陽灾荒，所裁之兵原議加給三箇月賑餉，前已飭俞中軍函達。茲接樊署鎮來稟，此函至今尚未接到。應即由張道查收，本年所裁兵數發給三箇月賑餉，以示體卹，俾得早日裁汰，在賑欵內開報。宥。

致江漢關瞿道台光緒二十三年八月二十七日亥刻發

總署電：德使照稱，辦理漢口租界柯委員稟稱，有洋人在德租界內與業户商買地段，經請關道示禁不允，請電飭照辦等語。查漢口德租界條約載明，如在德租界向華民租地，應由德領事允准等語。希飭關道照約妥辦，并電覆。宥。等因。究係何國洋人在德租界內與業户商買地段，有無請禁不允之事，務即詳悉電覆妥辦，以便轉覆總署。感。

致上海時務報館汪穰卿〔三〕光緒二十三年八月二十八日亥刻發

湯蟄仙大令壽潛來鄂，談甚洽，昨已赴滬，請挽留貴館三四日，作一文，取其持論正大，既可分諸君之勞，兼以救他報新奇之弊。在鄂時湯已許可，每月由敝處籌送薪資四十金，即送關。祈轉致並示覆。儉。

梁敦彦致上海經道〔四〕 光緒二十三年八月二十八日午刻發

閱十六日申報，拓湖浪谷一條下，有初三日為湖廣督憲張生辰，屬員趨轅祝嘏者，設筵一百八十二席欵之；粵紳饋電光烟水製萬民傘數柄，精巧絶倫云云，不勝詫異。督憲素惟高簡，十餘年來每過壽辰，向無舉動，兄所素知。本年帥以時事多艱，尤為深自謙抑，預期挂牌示喻文武巡捕，一概不准饋送禮物。壽辰之日，屬員來轅祝嘏，不特未設一筵欵接，且并未出見一客受賀，即署內文案委員亦未得見。所有禮物一概未收，即壽帳壽聯，亦全數璧還，仿照湯文正公故事，録其詩文，還其屏聯。至電光烟水製萬民傘，更不知何物，并無其事。此不特彥一人所目睹確知，抑亦闔省官民所共仰也。不知申報如何訛傳，失真至此，支離太

〔一〕〔三〕 録自抄本《張之洞電稿·致上海電》。

〔二〕 以下二電録自抄本《張之洞電稿·致本省電》。

〔四〕 此件藏河北省博物館。

甚。竊思申報素重紀實，間或誤登訛傳，亦必即為更正。使知此事實在情形，當必樂為更正也。兄盍往一見主筆，備告實情，俾得作為自行續訪者重登報張乎。祈即覆。彦。

致上海盛京堂〔一〕光緒二十三年八月二十九日午刻發

鐵廠繳欵，前經商定第一批統解廿五萬，除撥還劉道五萬，七月間解五萬，此次解十萬，尚欠五萬。布、礮兩局均有急需之欵，目前已届九月，請提前先解，至禱。豔。

致上海盛京堂光緒二十三年九月初三日午刻發

據糧道稟稱，春間招商局代購漕米變價，除凌道繳回外，應歸商局還者共銀六萬一千餘兩，前僅解還二萬兩，餘四萬一千餘兩，尊處正月豔電擬六箇月解清。兹逾期已久，尚來解到。查糧庫漕項係正欵，動撥均須奏報，處分甚重，請速飭催招商局迅即解鄂清欵，至盼。沃。

致宜昌趙道台〔二〕光緒二十三年九月初三日戌刻發

江電悉。吴惠吉但言請假措資，並未言赴宜。該副將前帶襄河水師，廢弛已極，萬不宜委令帶緝私勇。江。

致漢口瞿道台〔三〕光緒二十三年九月初三日亥刻發

日來公事甚忙，體中亦覺不適，日本水師萬不能見，希婉致爲要。江。

瞿道來電光緒二十三年九月初三日戌刻到

日本築紫兵艦長海軍大佐石井猪太郎等三人，擬於初四上午十點鐘晋謁大人。職道告以近日公事甚多，能否接見，候稟詢後再行知照。業於昨日稟請憲示，今日該兵艦長特來催問，并聲稱三日後准下駛，不能久延。相應電稟，可否准其進見，伏乞大人迅賜電覆，以便轉致。職道瞿廷韶謹稟。江。

致上海盛京堂〔四〕光緒二十三年九月初六日子刻發

秋間大沓，擬將湘賑餘欵三萬三千一百五十兩撥修鐵廠外襄河隄工，現已委漢陽薛令督同錫樂巴勘估，刻日興工，由錫承修。據錫稟稱，石料須趕速備齊，萬不可誤。祈將前項賑欵速匯籌賑局，轉發支用，以便購料，切禱。歌。

致宜昌趙道台〔五〕光緒二十三年九月初六日辰刻發

宜昌准暫添發審委員。語。

致宜昌趙道台、凌道台，施南魯守、蔡令光緒二十三年九月初六日辰刻發

蔡令洽、勘兩電均悉。路工辦法，已於八月哿電飭遵。所需

〔一〕以下二電録自抄本《張之洞電稿·致上海電》。
〔二〕録自抄本《張之洞電稿·致本省電》。
〔三〕以下二件藏河北省博物館。
〔四〕録自抄本《張之洞電稿·致上海電》。
〔五〕以下二電録自抄本《張之洞電稿·致本省電》。

經費，亦於八月效電飭傳鎮將用剩銀錢米撥歸工賑。兹趙道八月豔電稱，巴東、恩、建糶欵尚需買穀及歸還巴墊，請將賑務局前撥鹽局陸運之費所存一萬二千串專作路工。凌道即將鹽局前欵迅撥五千串，發給蔡令支用，以後陸續發給。俟一萬二千串領完後，其不敷之欵，蔡令禀省續撥，毋庸撥釐局欵及巴、恩、建剩欵。語。

致柏林許欽差〔一〕 光緒二十三年九月初六日巳刻發

效電諒已達覽。台旆將歸，輾銅板機務請費神速定，并將此機占地尺寸先行查示，以便造廠。千萬，切禱。前定五生三快礮機輪軸價萬馬已匯，何日起運，並示。語。

許欽差來電〔二〕 光緒二十三年九月初六日未刻到

輾銅板機連鍋爐等件，占地均長二十五邁，寬十五邁。先聞。澄。語。

致總署〔三〕 光緒二十三年九月初六日未刻發

宥電謹悉。飭查並無洋人在漢口德國租界内與業户商買地段，及關道不允示禁之事。惟新到之洋員柯達士，欲援天津地價以律漢口，請地方官代爲賤價勒租，實爲原約條欵所無。南北地價懸殊，業户吃虧太多，民情既多不順，又與原議不符，已飭關道照約婉商妥辦矣。歌一。

致總署 光緒二十三年九月初六日未刻發

沙市所擬日本租界地勢略低，此外皆繁盛之區，無可爲租界者。乃彼强索中國爲之築隄禦水，當以各國租界從無代築隄防之事，此端一開，效尤踵至，無論工程浩大，經費難籌，一經遷就，非獨歲修滋累，設遇衝決，勢必身家財産概索賠償，從此葛藤永無了斷，久經電達鈞署在案，是以疊飭該關俞道，立意堅持。而日領事永瀧恫喝要求，先以彼政府定須中國築隄爲説，俞道答以我政府決不能允從。嗣請以築隄作爲懸案，别議餘欵。復飭俞道告以懸案即是將來要求進步之根，築隄事既已明告，萬不能通融，即無須懸宕，必先定議，再及其餘。該領事遂謂當報伊政府，監督有意遷延，咎有攸歸云云。兹據俞道禀稱，應否電裕星使向日本外部婉轉開導等語。查此事要挾逾分，在彼一味恃强，果出其政府意，必飭伊公使赴鈞署瀆請，似宜堅持婉却，並請電裕星使向彼外部開陳。敬候鈞裁示覆。歌二。

致上海盛京堂〔四〕 光緒二十三年九月初六日申刻發

敬電屬催朱道購地興工。據稱：江邊商人囤買之地，須俟馬頭附近官價民地購完，先儘以地與易之議，否則照印契原價酌購。現已於通濟門外萬家廟下約五里，共買未淹民地一百八十餘畝。此外，下至灄口水深三四尺、五六尺不等，須俟重陽後水落，旋涸旋購，旋即丈量興築，可期并行。至石木磚灰各物料均已趕購，

〔一〕録自抄本《張之洞電稿·致外洋電》。
〔二〕録自苑書義等主編《張之洞全集》第九册，第七三九六頁，河北人民出版社一九九八年版。
〔三〕録自抄本《張之洞電稿·致北京電》。
〔四〕以下二電録自抄本《張之洞電稿·致上海電》。

可敷應用，惟提水機鑪須冬月方能運漢，待用最急，人力車水未知能行與否。如水涸，由漢至灄能於十月望前開工，明年四月可成。現俟海沙地覆勘議定辦法再覆等語。特布聞。語。

致上海盛京堂光緒二十三年九月初六日申刻發

初一電允將第三批繳欵五萬即解，感甚。祈將頭批規銀應補長平估實若干併解，從此每次算清，以免日後膠葛難算。盼禱。語。

致上海盛京堂光緒二十三年九月初六日亥刻發

路工必宜速開，諸事艱難，似須閣下親臨，隨時酌定，相機督催，方能迅速無誤。此節甚關緊要，鄙意如此，未知卓見以爲然否。台駕何時來漢口，祈示。麻。

致户部〔一〕光緒二十三年九月初六日亥刻發

東電悉。奉撥匯豐還欵，已飭鹽道遵照設法籌庫平銀五萬，匯寄江海關，限本月十五日交。謹覆。語。

致荆州俞道台、梁令光緒二十三年九月初七日未刻發

禀摺均悉。築隄一事，貽害無窮，決不遷就，無所謂懸案。已電總署，内外堅持，並請總署電裕星使向彼外部開陳。外間切勿放鬆，伊報政府，聽之可耳。陽。

致柏林許欽差〔二〕光緒二十三年九月初七日未刻發

宥電悉。輾銅板機噸重、出數洋文附后。聞司曲廠不造此機，格魯森廠能造，請並令開價比較。陽。附洋文意爲：擬購輾銅板機，能輾七百米里寬，二米里厚之銅板，用機輪輾成者。

致安陸鍾祥縣劉令〔三〕光緒二十三年九月初八日子刻發

錢季香原在本署授讀，賓主甚相得。閣下忽來請往鍾祥掌書院，鄙人因書院局面較隆重，只可允其辭此就彼。今省館已辭，而鍾祥不請，似非情理。願請與否，閣下自酌之。如請即速送關，並即覆。陽。

致長沙黄署臬台并送陳撫台〔四〕光緒二十三年九月初八日巳刻發

訪聞寶慶箭道，相安年久。去冬副將劉勝國爲建私祠，侵占公地，勒賣雷姓鋪宇地基，另修箭道門户，并捏稱是處左右毗連基址係乾隆年間官地，拆毁各鋪墻垣，勒商繳契遷移，業經控縣斷令停工。該協突於本年立夏日興工，拆毁街道鋪宇，安置箭道門户，於本街紳商住宅均屬不利等情。如果屬實，大於紳商住宅方向不利事小，勒令商民遷移拆毁事大。該副將在任未久，碌碌

〔一〕録自抄本《張之洞電稿·致北京電》。
〔二〕録自抄本《張之洞電稿·致外洋電》。
〔三〕録自抄本《張之洞電稿·致本省電》。
〔四〕此件藏河北省博物館。

無聞，有何功德自建私祠，尤干例禁。該副將向來性情粗暴，本部堂所深知。該司即查明確情，迅令該協將私祠停建，民地退還，將箭道停工復舊，勿得違延干咎。如中有别情，并即確查實稟。此電并呈中丞一閲。即電覆。庚。

致上海盛京堂〔一〕 光緒二十三年九月初九日巳刻發

來函奏稿三件均悉。商訂開平焦炭片内，兩爐之用下，擬添其不足者，輔以萍鄉之煤二句十字。不料馬鞍山煤層中變下，添出煤之數雖屬不少，而磺質漸多，或供鍋爐，或煉焦炭，供他項之用，若化煉生鐵，只能搭配，而萍鄉之煤亦未盡純粹八句四十五字。近來雖在下，添湖南二字。沿江下，添近水二字。此不過引申尊意，以作斡旋，期與原奏脗合，無所出入。又奏派各員片内，將楊前道派爲總理，仍屬礙眼，一遭挑駁，不可救藥矣。玆於措置裕如下，添尤須熟悉商務，能爲公司招股籌欵之商董協同經理，方於商情無所隔閡，諸事易集四句三十三字。方能措置，改乃能，以避方字重複。陳名侃下，添爲總理三字。又添商量某官某人爲協理一句十餘字。朱滋澤下，添爲總理三字。楊文駿銜名上加商董二字，總理改作爲協理三字。督飭該員下加一董字，作爲該員董。其改楊爲商董協理者，意在易准，但必須於津局添一董，以配楊道，方無痕迹，想不多此一董也。所有添叙各字句，已於原稿加入，昨日已函達，到時祈核定繕發，並即示覆。庚。

致齊齊哈爾恩將軍〔二〕 光緒二十三年九月十一日亥刻發

灰電悉。尊意擬辦貴治煤鐵，藎籌深佩。惟採煤煉鐵，工艱費鉅，非有上等良工，雖成法具在，難期奏效。貴州青溪一廠，可爲殷鑒。華人熟此者甚少，不能不取才外國，而工資昂貴。鄂省六七年來，洋匠薪資一欵，費已數十萬，即此可見一斑。各廠幸已落成，所出鋼鐵均佳，然非有鐵路之暢銷，幾難保本。蓋外洋鐵價甚廉，欲與争衡，殊未易易。查煤與鐵有相需之性質，欲興此舉，須先覓諳練洋匠化驗考究，確實可辦，再行擇宜開採，因覩配機，就地籌議，方能有濟。至於開採章程、提煉辦法、機器名目，備載於上海製造局所譯之寶藏興焉、開煤要法、井鑛工程、冶金法各書，閲之可知梗概。然移步换形，不能執一。謹抒愚忱，敬候采擇。銀元俟閩欵解到，即當照鑄。真。

致宜昌代理宜昌府史丞、趙道台、凌道台〔三〕 光緒二十三年九月十三日子刻發

張興仁一案，現經撫院面商，兩司面稟，請提省審辦。除札行外，特此先行電飭。該丞即遵照辦理，勿庸再行傳審，並告趙、凌兩道知。文。

致天津坐探委員巢縣丞鳳岡〔四〕 光緒二十三年九月十三日午刻發

八月二十五日，該員稟督、撫兩院共繕一稟，殊屬可怪，從

〔一〕録自抄本《張之洞電稿·致上海電》。
〔二〕指黑龍江將軍恩澤。
〔三〕録自抄本《張之洞電稿·致本省電》。
〔四〕録自抄本《張之洞電稿·致直隸電》。

未無此辦法。該員事務甚少，以後不得如此苟且省事。元。

致沙市俞道台、梁令光緒二十三年九月十四日午刻發

總署電云：接歌電，即轉裕使。頃據電稱：奉陽電，遵晤外部，據稱永瀧來信，謂沙隄與別處不同，租界本太低，墊高之事可自認，其隄工若不築好，夏漲時關繫中國民居甚多，不獨租界一處之事。事繫通局，是以請中國修築，並出地圖閱看。當答以租界工程合隨管權，各口皆然，此外隄工有能修有不能修，如其潰決等類，民命所繫，亦須自行斟酌，與租界不相牽涉。現各口租界工程應歸通例，若一處獨異，實難照辦。往復再三，彼始允飭永瀧再爲查覆。究竟工程是何情形，請電鄂督轉飭關道，遇有辯論，妥爲留意云。祈核辦。元。等因。彼稱築隄事繫通局，乃係飾詞，應詳晰駁覆。望速電知，函亦可。鹽。

致長沙陳撫台、黄署臬台光緒二十三年九月十六日辰刻發

時務報第四十册梁卓如所作知恥學會叙内，有放巢流彘一語，太悖謬，閲者人人驚駭，恐招大禍。陵寢蹂躪四字亦不實。第一段越惟無恥云云，語意亦有妨礙。若經言官指摘，恐有不測，時務報從此禁絶矣。報館爲今日開風氣、廣見聞、通經濟之要端，不可不極力匡救維持。望速告湘省送報之人，此册千萬勿送。湘、鄂兩省皆係由官檄行通省閲看，今報中忽有此等干名犯義之語，地方大吏亦與有責焉，似不能不速籌一補救之法。尊意有何良策，祈速示。諫。

陳撫台來電[一] 光緒二十三年九月十七日申刻到

咸電敬悉。時務報四十册尚未到，預飭停發，並囑公度電致卓如，以副盛意。箴。篠。

致宜昌趙道台、凌道台[二] 光緒二十三年九月十八日午刻發

惲道辦理賑務，前未議給薪水，因其有江南加抽局差，尚可勿需。該道自四月交卸鹽局以後，萬無令其賠累之理，且聞因公自行賠墊之款甚多。應即自四月起，按月補給薪水二百金，以資辦公，速寄交該道。至因公賠貼船價等事，即查明，由公款補還。嘯。

致總署[三] 光緒二十三年九月十九日午刻發

常德武陵縣屬河洑地方，照案新建天主教堂，尚未竣工。該處距府城二十五里，居民尚屬相安。本年八月十四日，因遠近進香人多，有小孩擲石窗外，經在彼彈壓弁兵斥止口角，遂有痞徒乘衅生事，致將教堂房屋九間焚燒，并將監工之副主教羅安希借住民屋拆毁。署武陵縣王紹鈞偕副將趙玉田等馳至，先已將火撲

[一] 録自苑書義等主編《張之洞全集》第九册，第七四〇四頁，河北人民出版社一九九八年版。
[二] 録自抄本《張之洞電稿·致本省電》。
[三] 録自抄本《張之洞電稿·致北京電》。

滅，人衆隨散，比邀該教士羅安希暫居縣署，估計教堂工料及所失衣物等件，面議賠償，至二十一日議定賠償教堂錢七千串，交給自行修復，羅安希毀失衣物各項賠錢一千八百三十串，陳司鐸及教民等失去財物等件賠錢六百串，統計九千四百三十串，現交三千串，餘分二次兑交。其教士借住被毁民房，由縣修復，燬堂搶物首從各犯，由縣嚴拏，到案訊明，照例懲辦，即於是日書立合約，縣署、教堂各執一紙爲據。合約内聲明自此議結之後，永無異言，惟須嚴辦燬堂痞犯，以儆將來等語。教士羅安希并稱此合城營署酌攤賠欵等情，由該府湯似瑄、王紹鈞等節次具禀前來。案未經禀報領事各處，現在仍回河洑地方居住，照常安静，並由寶箴於甫經報到時，嚴飭拏犯賠欵，飭司先將府、縣記大過二次。禀報到鄂，復經之洞嚴飭文武，并將該處彈壓不力之將弁記過摘頂，勒限嚴拏滋事首要重辦，不得僅以由官賠欵完案，致長刁風。正擬咨達間，旋據該府、縣禀，業與該教士自行議結，書立合約了事。既據羅安希聲稱未禀領事各處，洞、箴會同商約，亦擬不復奏咨，以省枝葉。除仍嚴飭營、縣務獲首要各犯訊辦外，肅以電陳，是否有當，伏懇鈞示。之洞、寶箴同肅。效。

致總署 光緒二十三年九月十九日酉刻發

前奉元電，當飭沙市關俞道鍾穎查覆。茲據俞道電稱：永瀧報外部云沙市租界太低，填高可自任，築隄關繫中國民居等語。彼意似指界後居民而言。查界後居民數十家，皆自築土臺而居其上，雖夏漲向無水患，租界築隄與否，界後居民毫無損益。儻指租界上下居民，則更無關涉。若謂地低，則去夏水漲，歷年罕見，亦僅淹一二尺，數日即退，今年只淹數寸。日界自任填高數尺，即無水患。如漢口租界有水深一丈者，各國並未請築隄，皆各修各界。以沙較漢，自然一律。乃永瀧會議必强我修隄，雖理屈詞窮，猶以奉外部命不敢擅違爲詞，致久議不決。又捏報外部築隄關繫中國民居，欺朦可詫。現彼外部雖允飭查，復恐永瀧仍護前説，應請電致裕大臣詳告情形，想沙界工程定照各國通例，不再强聒也。禱切。等語。覆查俞道所言，確係沙市實在情形，地在大隄以外，向係荒灘，居民寥落，外部既有填高可自任一語，然則不築隄於中國居民固無損益，於彼租界亦屬無關緊要，何得捏稱關繫華民，違章强我所難。請電裕星使切告外部，庶不致爲永瀧從中朦蔽。效。

致上海盛京堂〔一〕 光緒二十三年九月二十一日亥刻發

鄂鑄大、小元，滬上已可通行。據銀元局禀稱，現擬向外洋訂購九九九色大銀條，由公司船運來，每禮拜一批，約三萬兩，陸續接運，不拘批數。如不再購，當先期電止停運，即以所鑄大小元照上海市價歸還銀條價。至收銀條、付銀元，中間耽擱約半月，當按日給息，不識尊處銀行能承辦否。其銀條價如何折算，請飭銀行妥議速覆。如彼此均能合算，年中可辦至三百萬兩，不無小補等語。特奉商，祈示覆。箇。

〔一〕録自抄本《張之洞電稿·致上海電》。

致宜昌傅鎮台、趙道台、凌道台，施南魯守、路工委員蔡令〔一〕光緒二十三年九月二十一日亥刻發

蔡令本月十六日電稱：路工急需，鑛務試辦，請將存米銀錢均撥工賑，即赴鹽局領錢五千串，開辦東巴驛路，後仍在各局撥銀錢米應用，以省脚力等語。查傅鎮用剩銀錢米本飭撥歸工賑，嗣因趙道八月豔電稱，此欵需買穀及歸還巴塾運價，均不能撥，請將前撥鹽局所存之一萬二千串專作路工，當於語電覆准照辦。乃昨又據趙道、凌道微電稱，蔡令路工五千串在存放應還巴塾欵内照撥，此後應發之七千串，亦即照撥，以省運價而免躭延等語。查路工用欵，本部堂本飭令撥用各局餘存銀錢米之欵，而趙道欲撥宜昌鹽局之錢，及本部堂照准撥鹽局之錢，而該道等又請撥各局餘存之欵。如係鹽局欵，何以能省運價。變更無定，亦未清晰，殊難索解。總之，蔡令路工估錢一萬八千串，前已撥定鹽局一萬二千串外，其餘不敷之六千串，無論如何劃撥，總以適符此數無誤路工爲斷，統由趙道等與蔡令妥商酌辦。均即電覆。箇。

致沙市俞道台光緒二十三年九月二十二日子刻發

總署來電，效電沙市填地不築隄，已轉裕使商辦。馬。等因。箇。

致上海盛京堂〔二〕光緒二十三年九月二十二日寅刻發

箇電悉。比總工師及勘路人何以尚須籌議，豈借欵尚游移耶，念甚。東洋焦炭最爲穩著，能商令速煉供用否，務望力籌之。京師借欵何以難成，均祈示及。禡。

致上海盛京堂光緒二十三年九月二十二日酉刻發

龍州蘇軍門來電云：龍州鐵路法公司來詢漢廠上等鋼軌，每碼重七十磅或八十磅，每噸價值各若干。此項鋼軌體質如何，請每樣各發一條給驗。如果合式，以後需用能否應期交付等語。此事敝處與商再四，公司始託電詢，祈速電覆是懇。元春。肅。箇。等語。特轉達。即示覆。禡。

致上海測海兵輪岳參將〔三〕光緒二十三年九月二十二日酉刻發

該輪回鄂時，萬不准夾帶私貨，致干咎戾，切切。何日軍火已裝齊否，何日到金陵，何日可回鄂，先電稟聞。禡。

致户部〔四〕光緒二十三年九月二十七日午刻發

漾電悉，當飭藩司查明。據稱，土藥税近年征收不旺，除局用開支外，奏定每年撥槍礮廠經費二十萬兩，尚有不敷，並無餘存。土藥落地釐零星有限，向奏明歸百貨釐造報充餉，釐金項下應解各餉、洋欵不敷甚鉅，實無存欵。洞、洵同覆。感。

〔一〕録自抄本《張之洞電稿·致本省電》。
〔二〕〔三〕録自抄本《張之洞電稿·致上海電》。
〔四〕以下二電録自抄本《張之洞電稿·致北京電》。

致户部光緒二十三年九月二十八日酉刻發

沁電悉。三成養廉四萬兩，三日内匯解江海關兑收。洞、洵同覆。儉。

致江甯劉制台[一] 光緒二十三年十月初二日申刻發

湖北唐心口隄工緊要，現在滬購小輪船兩隻，打樁機器三副，水平兩架。其機器照章完税，請電飭滬關迅即查驗放行，以濟要需。祈示覆。沃。

致上海盛京堂[二] 光緒二十三年十月初三日子刻發

初一電悉。洋人買地，前據朱道面稟，請出示續停印契，當諭令電請尊處主稿。兹復飭詢，據稱，漢口地段江岸已無他虞，玉帶門外催令洋工司速立標桿，亦可即買。所慮者，黄孝入豫，恐爲教堂所占，惟洋工司即令早到速勘，亦非經年不了，久停税契，殊不便民。兹擬但令買者注明土著籍貫，將來鐵路果需皆可買回，杜絶外人，即無窒礙等語。現諭朱道速擬示稿，以便敝處酌定即發。尊意以爲然否，祈示。沃。

致漢口瞿道台[三] 光緒二十三年十月初三日辰刻發

昨晚接德國海使函，約定十一點鐘來見，乃午初也。已告張令嘉畹，一切照辦，想已轉達。仍即於此次設席欵待，並遣辜委員先渡江見領事，詳詢一切，並下帖矣。祈飭備滿漢席兩桌。速來。江。

致上海盛京堂[四] 光緒二十三年十月初四日丑刻發

現委汪守洪霆解漢廠新造快槍一千枝、快礮十二尊、槍彈十萬顆、礮彈一千二百顆、火藥一百五十磅，赴督辦軍務處呈交。計三百餘箱，約重三十噸，請商招商局輪船設法速代運往天津，如商輪必不能裝火藥，能催公平速來專裝此一次否。感禱，祈速電覆。江。

致巴東黄守[五] 光緒二十三年十月初五日亥刻發

冬電悉。巴河飛綫，水退速設。來鳳綫料由商局撥購，較原估價增千五百餘金，姑即照准，惟須趕運趕設，迅速通報爲要。歌。

致上海盛京堂[六] 光緒二十三年十月初五日亥刻發

現委惲道辦唐心口隄工。據惲道稟，請暫調尊處委員張贊宸以三箇月爲期，仍令回廠。請飭該令於初十日以前到工等情。想尊處人才濟濟，且爲日無多，當可邀允。可否，祈酌示。歌。

致上海盛京堂光緒二十三年十月初五日亥刻發

八月敬電，示及郭廠欠欵，趁鎊價稍平全數還清等語。當於

〔一〕録自抄本《張之洞電稿·致江蘇電》。
〔二〕〔四〕録自抄本《張之洞電稿·致上海電》。
〔三〕〔五〕録自抄本《張之洞電稿·致本省電》。
〔六〕以下三電録自抄本《張之洞電稿·致上海電》。

有電復請照辦，並請將槍礮廠大汽錘三項價一併代付，想已付給，祈示。此外，尚有鐵廠所用耶松廠機價物料，瑞記鐵鎂砂、吹風機價等欵，不識曾否代還，請查明本息確數，與郭廠欠欵一律全數付清，以免息重鎊長，徒致商局受累也。均祈示覆。歌。

致上海盛京堂 光緒二十三年十月初五日亥刻發

兩支電均悉。鄂境買地稅契，展限六箇月，恐尊處寄稿遲緩，已飭朱道擬送示稿，即當會譚中丞銜先出示。至札文俟尊件寄到，會印即發。豫境由尊處主稿，會直、鄂三銜飛咨甚善。請照辦。歌。

致安陸鍾祥縣劉令〔一〕 光緒二十三年十月初六日亥刻發

錢季香孝廉現已有館，該縣書院該令可自行另請他人。錢本在省署處館，該令忽欲延請，今不請則已，何又妄加詆訾，可謂謬矣。語。

致上海盛京堂 光緒二十三年十月初六日亥刻發

各洋人紛傳比國借欵必不成，因內多法國欵，嫌息輕不借等語，甚爲懸繫。尊處如有確信，祈速示。東洋焦炭最爲要著長策，閣下何不借錢與伊，令其速造爐開煉乎，或與彼商，由我派人徑赴東洋設爐自煉，或作爲合夥，豈不更有把握，與條約似無妨礙，望裁酌。開平事商有眉目否，若不加價，終恐作難。祈覆。本日三電并悉，運津若僅槍礮，則各輪皆可裝矣。語。

盛京堂來電〔二〕 光緒二十三年十月初九日丑刻到

比使已將合同蓋印。比公司電覆：總工司已選定，但各國洋人均稱國債利息不符，容再面商。焦炭非求自立不可，日本非無資本，索價每噸二十兩，開平加價亦合十五六兩。宣叩。庚。

致漢口瞿道台〔三〕 光緒二十三年十月初七日申刻發

昨接德國海大臣照會，知前日兵船隨員人等上岸，有無知之徒擲石拋擊，並向船擲石情事，聞信深爲不安。現已嚴飭江夏縣城守營迅速查拏生事之人懲辦。該道迅即前赴海大臣處，代本部堂婉道歉忱，一面即當備文照覆。因恐照會遲緩，故先派該道往見致意。陽。

致江漢關瞿道台 光緒二十三年十月初七日亥刻發

頃已電致德使，先道歉忱。已拏獲八人，枷責馬頭示衆，一面即照覆。今夜即發照會，稿即刻録送一覽。陽。

致漢口德國欽差海大臣 光緒二十三年十月初七日亥刻譯洋文發

昨晚接貴大臣照會，知前日貴國兵船隨員等登岸時，有無知

〔一〕録自抄本《張之洞電稿·致本省電》。

〔二〕録自苑書義等主編《張之洞全集》第九册，第七四一二頁，河北人民出版社一九九八年版。

〔三〕以下二電録自抄本《張之洞電稿·致本省電》。

之徒擲石生事等情，聞之深爲耿歉不安。貴大臣遠來游歷，本部堂諸事優禮，備極欵洽，甚爲欣慰。睦誼方深，乃忽有此事，殊出意料之外。當即傳到江夏縣嚴加申飭，令其查拏滋事之人懲辦。頃據該縣禀，已經查出八人，係前日隨同生事者，均即重責枷號局門示衆，並即出示嚴切曉諭。因本日武鄉試開闈，本部堂係監臨官，須親到教場，午後始回署，照覆備文一時不能迅速，深恐貴大臣懸念，故特派江漢關道瞿道先往，代爲道歉。除一面即行照覆外，先此電達。初七日。

致宜昌趙、凌兩道台[一]光緒二十三年十月初九日丑刻發

語電悉。黄守請再發三千兩寄滬，係爲購料急需，應即照准速發。惟據稱該守前已領銀四千餘兩，錢二千四百餘串，合以此次所請三千兩，約共合銀九千餘兩，爲欵甚鉅，須飭核實開支，迅速運設，勿再延緩爲要。庚。

致宜昌傅鎮台，趙、凌兩道台，來鳳侯令、蔡令光緒二十三年十月初九日丑刻發

侯令、蔡令九月有電悉。恩令移交存米二萬餘斛，待賣還欠，侯令存米二萬餘斛，發工扣價，又紳民貸米議還新穀四百餘石，請留備荒，均照准。惟欠欵究係若干，賣米約價若干，是否兩抵相符，或尚有餘，抑或不足，便中電覆可也。庚。

致江漢關瞿道台光緒二十三年十月初九日丑刻發

德國海使接照覆後有何議論，想已探悉。海使何日行，已定期否，如已有行期，閣下可派委員先往探詢，言閣下擬往送，如可見，即速往送行，晤時並代達前日事已辦結，並致耿歉之意。如不肯見，即不必往矣。庚。

致宜昌傅鎮台，趙、凌兩道台，施南魯守、來鳳蔡令光緒二十三年十月初九日亥刻發

傅鎮庚電悉。據稱，礦産日旺，無錢收買，已電魯守於該鎮移交現銀内迅撥濟用，應即照辦。至稱陰雨潮溼，施南存米封倉霉變，如工賑不能全用，崔𤍠餘米責成王巡檢，郡城餘米仍交趙都司等，各照時價酌減變賣等語，亦即照准。蔡令速即核計，除工賑留用外，迅飭王巡檢、趙都司分别將存米概行變賣，魯守速於傅鎮移存現銀内撥欵收礦，均各分飭遵辦，速覆。佳。

致沙市俞道台光緒二十三年十月初十日亥刻發

敝署文案需員甚急，訪有候選通判劉瀚，字海門，此君現在尊署爲幕友，曾見其筆墨甚不俗，務望相讓，囑其來省。尊處公事尚有成式可循，延請他人尚易。敝署公事繁重，端緒甚多，訪求經年，實難其選，故特奉商。如承許諾，感荷無既，至禱。即望電覆。蒸。

〔一〕以下五電録自抄本《張之洞電稿·致本省電》。

致襄陽錢副將永林、李游擊福田光緒二十三年十月十二日戌刻發

支電悉。皖北招年少馬勇，派李福田前往，即咨江、皖、豫三省知照。惟新招馬勇，務須選年在二十以内，體壯性馴皆能識字者，方爲合格。文。

致宜昌趙、凌兩道台，黄守、朱令光緒二十三年十月十六日辰刻發

翰電悉。巴東紙、伊溪采煤煮鹽，係爲救濟窮民起見，准其試辦，惟只可勸諭紳富集股，不可動用官欵。責成黄守會同朱令祖蔭妥辦，即轉飭遵照。諫。

致宜昌趙、凌兩道台、鹽局馮令、土局陳令〔一〕光緒二十三年十月十六日辰刻發

馮令錫綬、陳令延益兩員差，即隨同趙道、凌道於兩道交接之日互相對調，即轉飭遵照。銑。

致江甯劉制台〔二〕光緒二十三年十月十七日未刻發

現委汪守洪霆解軍火赴神機營呈交。兹派測海運滬槍彈十萬顆，計一百箱，江清運滬火藥一百七十磅，計四箱，銅螺絲頭一箱。請轉飭江海關道給發出口專照交汪守，以便附商輪裝運天津。洽。

致宜昌趙、凌兩道台，施南魯守、蔡令光緒二十三年十月十八日巳刻發

文電悉。傅鎮前所交銀七千三百餘兩，銀元五千八百餘元，錢八千串，均准專濟鑛務。惟各鑛只宜收買，不宜開采，只宜以現欵買現鑛，無論員紳商民，均不准豫先借墊，免致欵歸無著，尤不准以官欵入股。務須隨收隨運，往復流通。鑛價相宜即買，過貴即停，操縱因時，官民兩利。總之，萬不可發官本，此爲要著。各鑛惟磺本輕産旺而易銷，務宜與銅鉛等鑛並收。建始磺鑛欠欵究有若干，須速清結。以後或電或禀，開鑛之鑛用金旁，硫磺之磺用石旁，以免淆混。嘯。

致柏林許欽差〔三〕光緒二十三年十月十八日午刻發

前承允挈金楷理來，兹歸期不遠，盼踐夙約。要在須准其挂名使館，於館無損，於金大益，務請與吕星使商懇。應譯書，請尊裁飭購携來，感甚。嘯。

致總署〔四〕光緒二十三年十月二十日亥刻發

德使海靖初二日到鄂，諸事優待。因其隨從人等私自出游，無知小兒間有喧嚷擲石情事，小有波折，旋即調停息事。於十三

〔一〕録自抄本《張之洞電稿·致本省電》。
〔二〕録自抄本《張之洞電稿·致江蘇電》。
〔三〕録自抄本《張之洞電稿·致外洋電》。
〔四〕録自抄本《張之洞電稿·致北京電》。

日東下，初云赴閩粵，繼云赴山東。號。

致上海時務報館汪穰卿〔一〕光緒二十三年十月二十一日巳刻發

律例一門，何日寄鄂，盼匯齊成書，切懇。箇。

致天津王制台光緒二十三年十月二十二日巳刻發

箇電悉。此由兖州殺斃德教二人而起。彼垂涎已久，藉端尋釁耳。德使海靖此時又不在京，惟有請總署速電許竹使向外部理論，想台端已籌及矣。日來情形，祈隨時電示，至盼。禡。

致上海長發棧湖北委員汪守〔二〕光緒二十三年十月二十六日亥刻發

魚電悉。火藥何以分四批，封河前能運齊否。懸念之甚，即覆。宥。

致上海長發棧湖北委員汪守轉交測海兵輪岳參將光緒二十三年十月二十六日亥刻發

該輪在滬暫候，湖北新任學台王大人家眷自蘇來滬，乘坐赴鄂。即覆。宥。

致漢口盛京堂〔三〕光緒二十三年十月二十七日酉刻發

函悉。清江路萬不可修。清江工興，則蘆漢廢矣，況報效巨欵，全是洋股可知。無論何路，皆不可准，此尤大害也，必須力阻。望先密電常熟切阻之。前年鄖人阻清江路電，及總署覆電，即飭檢録，晚間送呈。感。

致俄京許欽差〔四〕光緒二十三年十月二十八日巳刻發

號電悉。輾銅板機請訂格廠，催四五月成，爲感。儉。

致柏林許欽差光緒二十三年十月二十八日亥刻發

德兵船占踞膠州灣一事，聞總署已電閣下向外部理論，聞正犯已獲多名。頃聞人言，教士被戕時，德國主教逕電德國君主，言德教士爲兵丁所殺，必有官主使。德主接電甚怒，立電在華之水師副提督帶兵船赴膠州。嗣德主教第二次電德廷言，係爲舊兵丁所殺。舊兵者，猶言革兵即散勇也。德廷接此電後，立即電水師副提督離開膠州。此電於十月十八日到滬，其時德使海靖已由滬赴津，該使到津必接此電矣。是德廷本無欲占膠州之意，亦無開釁之心，乃誤聽教士初次電語，故旋即飭離開膠州。但日來德報皆力勸政府勿讓還膠灣，誠恐德政府惑於衆議，德提督藉事邀功，將錯就錯，始終占踞。特此密達，以備裁酌措詞。勘。

〔一〕録自抄本《張之洞電稿·致上海電》。
〔二〕以下二電録自抄本《張之洞電稿·致上海電》。
〔三〕此件藏河北省博物館。
〔四〕録自抄本《張之洞電稿·致外洋電》。

致天津王制台光緒二十三年十月二十八日亥刻發

聞容閎在總署呈請報效百萬造鎮江至京鐵路，先有粤人來鄂議清江至京路，已駁止。蓋清江興工，則蘆漢必廢，事關大局，擬公電力阻。其文曰：前有粤人到鄂，條陳有洋商願合股辦鎮江、清江至京鐵路，允報效鉅欵，往復會商。查蘆漢一路爲各省中權，南可通極邊之粤，北可避近海之津，是以奉旨定議舉辦，中外周知，僉謂得要。若清江别開一路，則東南客貨均爲所奪，蘆漢將來斷不能集華股還洋債，蘆漢一路必致停廢無成。查光緒二十一年六月初十日之洞遵旨電奏清江造鐵路十弊，有云一國之内，幹路不能多設，創始偏東，則近西幹路不能再舉，將來引而加長，如南達湘、粤，西達川、陝均遠等語。當奉電旨，飭籌蘆漢如何辦法，是東路不及西路有益，已甚明晰。中國物力異常艱窘，儻屬華商資本，豈能兩路並舉，徒自争競。似應令該華商併力先辦蘆漢，如有真正華欵，總公司必當付以事權，決不掣肘。至於報效鉅欵，其爲洋股可知。無論何路皆不可准，餌我小利，必受大害。除駁止外，但恐洋人既聳華人出頭，必不肯遽止。如有人赴京條陳，可否請發交韶、洞等詳酌議覆，再請鈞處核定，免礙蘆漢，以維大局。文韶、之洞、宣懷謹肅云。如尊意相同，即請酌改速發。洞、宣。勘。

致漢口盛京堂光緒二十三年十一月初一日巳刻發

豔、亥電悉。比欵議妥，欣慰。德果以鐵路入條欵，咄咄逼人。粤漢路亦須速定，遲必爲强人所奪，前面談已詳。祈速籌，即示覆。東。

致襄陽黎道台、李遊擊、錢副將[一]光緒二十三年十一月初一日巳刻發

鳳字營李、錢二管帶電禀，赴皖招募，需費千二百金，求飭襄釐局將臘正月餉陸續借給等語。即飭該管帶等算明臘正月餉銀數，由該道飭局照借，仍禀報查核。東。

致宜昌趙道台光緒二十三年十一月初三日申刻發

東電悉，可嘉之至。近日疊准部咨，提鹽務各欵解部充餉，每年緝私等費驟減少一萬八千餘兩，萬難敷用，自應力求撙節，於無益之費，痛加核減，須能省出一萬八千兩之數，方易措手。如必不能減至此數，亦須減至一萬五千餘兩。前據凌道面禀，每年裁減浮費甚多，數目記憶不確，大約或萬串，或七八千串，係爲免增積虧起見，尚不能餘存。此次該道所裁減，自應在凌道所裁之外。務即核實辦理，禀候核定。該道向來不避嫌怨，勉力爲之，以副委任。江一。

致宜昌趙道台光緒二十三年十一月初三日申刻發

現正與鹽道議節省事宜，朱道不日交卸，新任鹽道情形未悉，無從商酌。該道曾署鹽道，凡鹽道衙門開支之欵，如有不急之費，可量加裁減者，亦即酌議數條密禀，以備采擇。江二。

[一] 以下五電録自抄本《張之洞電稿·致本省電》。

致宜昌凌道台光緒二十三年十一月初五日午刻發

嚴文洞土藥局本年五月至十二月八箇月薪水，共銀一百六十兩，望即日寄省轉發。歌。

致漢口盛京堂光緒二十三年十一月初五日未刻發

來函及比銀行電并悉。尊議極妥，請即照辦。以後此等事，無須相商也。歌。

致江甯劉制台〔一〕光緒二十三年十一月初七日戌刻發

歌電悉。石印圖書集成，湖北省當遵購一部，該價若干，示知照寄。洞、洵同覆。陽。

致宜昌趙道台〔二〕光緒二十三年十一月初七日亥刻發

據報，九月分存税銀五萬二千餘兩，又野局收税銀一萬一千餘兩，如尚未解，速先電匯二萬兩，或一萬兩，解交槍礮局，立待應用，餘欵亦速解。即覆。陽。

致宜昌府額守、東湖縣何令光緒二十三年十一月初八日丑刻發

通判署案，聞柯教士欲請發還原價及租息費用等錢共一千六百數十串，即可將原契繳還等情。該府縣速即查明，與該教士妥議，酌擬辦法，稟覆核奪。陽。

致宜昌趙道台光緒二十三年十一月初八日丑刻發

十月敬電悉。通判署案，柯教士如願退契，應由地方官核辦，該道不必過問。陽。

致宜昌趙道台光緒二十三年十一月初八日辰刻發

支電悉。該局及各分卡，經該道裁定額支錢二千六百十七串，每年共節省錢一萬八千七百二三十串，又包繩裁定錢三百九十八串，辦理尚屬核實，應即札飭作爲定額，餘照辦。至鹽道署及河口、沙市、應城三局各費，候查明核辦。庚。

致漢口盛京堂光緒二十三年十一月初九日辰刻發

陳中丞來電，湘紳請辦鐵路，惟命意與原案不符，請十點鐘過江面商，以便酌覆。佳。

致柏林許欽差〔三〕光緒二十三年十一月初九日

膠灣事，聞甚難議，現有轉機否，尊意有何辦法，祈密示。佳。

致漢口盛京堂光緒二十三年十一月初十日午刻發

昨津電，德事甚急。查六條以鐵路爲最要，不許則難了，輕

〔一〕録自抄本《張之洞電稿·致江蘇電》。

〔二〕以下五電録自抄本《張之洞電稿·致本省電》。

〔三〕録自抄本《張之洞電稿·致外洋電》。

許則貽害。此間現議甯滬一路，流弊尚少，若以此易彼，或可解圍，惟交還二字恐有別情。請速召錫樂巴將洋文原電呈出，細繹交還二字語意，究作何解，有無流弊。如尚無他，似可速電總署，以此抵去一條，實於大局有益，而甯滬路成矣。尊意如謂然，請於今日五六點鐘惠臨面商一切。是否，均祈速覆。蒸。

致安陸彭守、劉令〔一〕 光緒二十三年十一月十二日戌刻發

初六電悉。博通山長即請王葆心。文。

致長沙陳撫台 光緒二十三年十一月十五日巳刻發

庚電悉。湘紳呈請創立湘粵鐵路公司，集股開辦，公舉黃道總辦，具見湘紳卓識遠慮，台端提倡宏力，欣慰之甚。惟湘紳尚未悉鐵路甘苦曲折。朝廷於鐵路一舉，招商借債，絕不擔肩，蔣道德鈞面奉邸諭，須自行籌欵，乃可議准。去年設立總公司，總署原奏蘆漢、粵漢南北幹路合爲一氣，須帑千萬，集股千萬餘，借洋債陸續分還，互相挹注。現今蘆漢以部欵千萬、官股三百萬爲底本，並借洋債四百萬鎊，由總公司訂約，國家僅批准而不肯擔保，各國以爲難，比人利其製造，始首肯。粵漢大約亦需將及三千萬，擬集商股七百萬爲底本，餘借洋債。總公司現招粵滬各商，聞已得四百餘萬，訂定而未收。湘中集股尚無約數，粵商亦尚無著落。竊恐粵商股亦必請另設一總辦。粵商力厚，未必肯附入湘商，而鄂中武昌以南一段亦未言及。似須將粵漢路程起訖，商股大約數目，洋債如何籌借，如何議還，議有大概主意，始能陳奏。大抵粵漢總辦若能獨任華股七百萬，並擔當洋債二千餘萬，自可另樹一幟。否則應由湘、粵、鄂三省各舉一總辦，仍照總署奏准原案，不脫總公司，方無窒礙，事亦輕而易舉。總之，權可分，利可共，章程不可不貫通，綱領不可不畫一。各省路權儘可各省分任，路利必須公溥均霑，而造路之本資，借欵抵押之辦法，通行之章程，必須蘆漢、粵漢一大幹路合爲一氣。遞招，遞墊，遞修，遞押，遞借，遞招，展轉相生，則此三千萬之路有股數百萬，即可一氣銜接騰挪，轆轤周轉，以底於成。不惟如此方與奏案相符，且非此必辦不成也。昨與盛京堂熟商，大致似須如此，爵堂方伯意見亦同。如尊意謂然，請速囑熊庶常、蔣觀察來鄂，面商妥帖，再會奏。即示覆。咸。

致上海義昌成樊時勳〔二〕 光緒二十三年十一月十五日巳刻發

許星使運來機器十九件，係槍礮廠購禮和物料，三十一箱，均請代辦免單，運交湖北槍礮廠。删。

致長沙陳撫台 光緒二十三年十一月十六日卯刻發

湘、鄂小輪一事，黃道嗣東自湘來，所言尚未明晰。鄙人酌中定議，極力推廣，仍嚴定限制。現擬令湘、鄂兩省通籌合辦，行長江者准其拖貨，行湖南者仍不准拖貨，外江內湖，成本合湊，

〔一〕録自抄本《張之洞電稿·致本省電》。
〔二〕録自抄本《張之洞電稿·致上海電》。

利息均分。湖北商股有限，湖南商股易集，儘可添入長江。至南北商本孰多孰少，或南七北三，或南八北二，均在所不問。其長江一路，上推廣至宜昌，下推廣至武穴，但不准出楚境至九江，以免與招商局章程有礙。惟長江小輪只准拖貨，不准載貨，既免招商局阻攔，且不致奪釐金以歸洋税。至船數多少，並不限制，多多益善。所以特准長江拖貨者，日本新添長江十輪，加以三公司及野雞輪，與其外人專利，自不如令湖南紳商均霑。所以不准內湖拖貨者，專爲恐引洋人通商一端，並未慮妨釐金。蓋南省亦有釐局，章程果善，湘不畏損釐，鄂何畏焉。長江地廣貨多，果能擴充二三十小輪，亦不嫌多，儘有商利可圖。湘商准享長江拖貨之利，與內湖獲利何殊。至於引洋人入湘一節，萬分可懼，膠州一案，只以殺兩教士，遂至興兵據地，多款要挾。昨接京電，膠灣已決計不還，並已許福建之三都地方爲泊船地。至六款尚在外，六款中惟修山東全省鐵路一條，最爲毒惡，其詭謀已見德報，非尋常鐵路也。若許之，則山東已非我有，北抵畿輔，南至清淮，引狼入室，全失險要，實爲交涉以來未有之奇變。總署能峻拒與否，尚不可知。各國兵船雲集，均欲趁此染指，俄已有所索。方今國勢太弱，但生一衅，即有危亂之禍。若湘省果開口岸，設傷一二洋人，中國不可問矣。洞與公同膺疆寄，豈敢當此重咎。將來豈能保湘省永不通商，但不自我發端，問心稍免疚悔。若湘輪拖鑛、拖煤，前已批准，自可照行。至此項小輪既准拖貨，自應正名商局，方受稽察鈐束。發議請辦者，雖出搢紳，將來設局管事者，仍是商董，此層界限亦須分明。洞於此舉，先添沙市，繼添宜昌、武穴，又添長江拖貨，又准湘商多入長江股分，其爲南北兩省利民計者，不爲不厚，南北兼籌，不爲不公。至外人巨禍，大局安危，守之不得不嚴。他日如洋人自創湘省通商之局，則我有現成數十小輪，即日可來往湘鄂，任意載貨，仍可占其先著，並不爲遲。以上各節，統請卓裁示覆，并望黄署臬及湘紳一閱。咸。

致天津王制台〔一〕 光緒二十三年十一月十六日酉刻發

元電悉。六條中惟山東鐵路最險毒，洋文德國報已詳言之，意在藉此據山東全省。不知如何議法，祈速密示。諫。

致漢口盛京堂 光緒二十三年十一月十六日亥刻發

函悉。比票商妥，慰甚。致陳中丞言湘粤鐵路電稿，已録送，其中以鄙意酌改數處。風大，明早可入覽。倭租界先商總署，極妙。惟我路穿倭界，終恐將來有流弊耳，能稍曲向內，繞行其後否，請與錫、海兩洋人熟商之。汪喬年具禀，自訴爲正定楊令所誣，請回江南。尊意究如何，用否悉聽尊裁，惟虛實似應查明也，祈示覆。一旬可回省，緊要事請專差送，三日可到，或電安陸轉送唐心口。密紅本不帶出，請用東海本。諫〔二〕。

致漢口瞿道台〔三〕 光緒二十三年十一月十七日亥刻發

據詳，胡筠等請以小輪在武、漢渡江，願提船資二成報效。

〔一〕録自抄本《張之洞電稿·致直隸電》。
〔二〕底本載此電僅録「倭租界先商總署」至「請與錫、海兩洋人熟商之」一段，今據抄本《張之洞電稿》補齊。
〔三〕録自抄本《張之洞電稿·致本省電》。

昨與台端談及，擬飭預繳四千兩，將來於報效欵内扣除，日來曾否議定。查鄂、湘各紳爭辦小輪，耽耽逐逐。江夏職員黄守謙前曾稟請設渡江小輪，未議准，又有張賣箴、劉允清等具稟。今若准該商承辦，已占先著。聞渡江小輪，獲利甚厚，每輪每月可餘三百餘金，此項預繳之數，一年半即可扣畢，即繳期票亦可，尊處如能設法酌量墊解尤佳。統望酌之。武備學堂馬路，急須定議下札，望即速籌覆。洽。

致長沙陳撫台光緒二十三年十一月十八日丑刻發

條電悉。小輪拖鑛搭客，此熊、蔣來鄂面商之原議也。鄙意因鑛産有限，并准拖煤，此弟設法體卹小輪，推廣之策也。半年來詳加體察，若不准拖貨，衆情仍不踴躍，但苦無他策。適倭輪行江已有確信，故思得一法，准湘、鄂小輪於長江拖貨，并准上至宜昌，下至武穴。然恐湘、鄂分辦，則未免偏枯。鄂力薄，湘力厚，故許湘商於江輪多入股，不拘南北各半之舊説，此鄙人委曲鼓舞，再加推廣之策也。至於湘輪過鄂，鄂輪過湘，不在此例，與黄小魯力言之。爵堂不知如何電致湘省，其電並未得見，大約爵堂因拖貨乃小輪所便，欣然傳告，以慰衆情，遂不及致詳語，太渾淪矣。本月初六日，皇華館送龐學使，中丞、司道均在，弟談及此事，昌言湘、鄂宜多設小輪行長江，准拖貨以塞漏卮，輪愈多愈好。敬帥問行湘拖貨恐妨釐金，且引洋人，弟答以此專指長江，至入湘小輪，於釐金似無礙，尚有法稽察，湘、鄂一律，湘可行則鄂可行矣。惟引洋人可慮，膠州事前車之鑒，故入湘小輪並未准拖貨云云。敬帥又申言湘非通商口岸，恐引洋人數語。此近日鄂中議小輪之情形也。鄙意始終一貫，毫無參差。看此時局，湘省通商亦當不遠，我造成一二十號小輪，必須年餘，恐其時湘輪自然可拖貨矣。今湘中賃官輪拖客貨，試辦一次，尚無大礙，但以後仍望詳酌再定爲禱。弟准多附江股，以便湘輪，豈必阻湘、鄂拖貨之利哉。公如有良策便商而又防患，企望見教，弟無不遵辦。膠事并未議妥，各國兵船日集。日本已定煤三十萬噸。德兵十二日又入膠州，俄言須索一屯兵海口方助辦。此禍未已，不能豫料，焦憤何極。洽一。

致長沙陳撫台光緒二十三年十一月十八日丑刻發

洽電悉。目前固爲立案抵制起見，然就此即可籌辦實事。事機甚急，一議定即可布置矣。大約此事甚易商，電函板滯難詳，面談活便易了。總之，只定大概主意，無須現有巨欵也。熊、蔣似仍以來鄂一商爲佳，請酌。此事利國利民，過於小輪遠矣，且小輪事亦非熊、蔣來不能商妥也。此電望與湘紳一閲。洽二。

致宜昌賑局趙道台[一]光緒二十三年十一月十八日戌刻發

施、宜各屬多高荒之地。前據該道等電，曾赴上海購洋芋，備籽種之用，想已買齊速發。已運到若干，已發若干，速覆。嘯。

[一] 録自抄本《張之洞電稿·致本省電》。

致施南蔡令 光緒二十三年十一月十九日巳刻發

蔡令電悉。聞該令新辦之路工，全用土築，一遇大雨山水，恐致沖壞，不如舊路兼用石爲妥，估計添砌石板，以期經久。需費若干，迅即電覆，候核定。嘯。

致宜昌趙道台[一] 光緒二十三年十一月十九日巳刻發

篠電悉。部議鹽斤改用庫秤，雖經照例轉行，實則未便遽改。該道稱商疲課絀，自係實情。既經函商夏道，俟得覆信，再爲稟請酌核，此時務須從緩。有人自宜昌來云，鹽號皆畏該道，恐過於嚴苛，人情惶惑。該道務須事事從恤商起見，切要，切要。至宜昌關書串通官銀號假半税票，爲税司查出，想俞道必當確查懲儆，稟候核示也。嘯。

致上海蔡道台 光緒二十三年十一月十九日巳刻發

和兩電均悉。日本副將來鄂，本願延接。惟弟現奏明赴京山查勘隄工，即日啟行，回省尚無定期，如必有要事面商，當由江漢關道飛速函告。德事如有要緊消息，仍祈隨時電示。再，鐵廠交商後，官局不購炸藥，請徑行電詢盛京卿爲荷。嘯。[二]

致總署 光緒二十三年十一月十九日

昨准咨，日本索漢口城外德國租界起，沿江之地長三百丈作租界。查緊靠德租界起，沿江迤北長一千丈，横一百五十丈，早已定爲漢口鐵路發端之地，馬頭、隄岸、貨倉、車站、製造各廠、學堂、局棧一概在内，已於五月間出示曉諭，派員督同洋工司丈量釘橛，繪圖購地，專候水涸填土開工。歐西通行公法，凡鐵路應用地段，不論何國民人租住，悉應遷讓。即漢口新訂俄、法、德租界條欵，亦載明興辦鐵路應用地基，照原價讓還，不得藉詞不允。是已爲租界，尚須讓還。現查日本係十月初四日照會鈞署，已在開辦鐵路數月之後，自不致膠持前説。漢口至灄口地勢窪下，現築石隄二十餘里，馬頭、礅岸一千丈，不惜數十萬資本興造，係爲貼近漢口城門，以便客貨上落起見。若將馬頭移下三百丈，全失地勢，斷難遷就。現飭地方官紳勘議，惟有在德界千丈以外，緊靠鐵路，讓給租界三百丈，其地亦必熱閙。但條欵内須列兩條：一、緊靠鐵路江岸，該國一年内須自築隄岸，以資保障。二、所給界内軌道穿過之處，已爲鐵路購用若干方數，應仍歸鐵路總公司管業，兩不相礙。除已繪圖咨覆外，特恐日本堅要德界緊連之地，則路工改造，大不得了。與工師再三密酌，或讓出一百丈尚不甚礙。法國租界只有九十丈，日商在漢較法商更少，今援法例，并告知鐵路已定，實難多讓，彼亦不能争多，儻可百丈了事，尚可設法抽給。此時正在築路，必須速即議定，以免工程延擱。乞與該使妥商，迅賜電示遵照。之洞、宣懷謹肅。效。

致上海蔡道台 光緒二十三年十一月二十一日亥刻發

今晨覆電想達。德事若不速了，德大隊兵船一到，各國必紛紛效尤，大局將潰。聞倭定煤三十萬噸，恐是英、倭欲合謀占長

[一] 録自抄本《張之洞電稿·致本省電》。

[二] 底本載「飛速函告」後文字，據抄本《張之洞電稿》補齊。

江耳。祈將來電所聞各節，一英、倭合保商務，一倭將來鄂議事兩條，速電總署及南、北洋。至洋人言德欲踞鎮江之説，言者是否可靠，如言者係誠實體面人，此節似亦宜密達總署各處。請酌之，至要至要，並望電覆。日來有續聞否。效。

致總署 光緒二十三年十一月二十一日亥刻發

上海道蔡鈞電，倭總領事告倭副將一員、都司一員，來鄂見洞，面議要事，已自滬啟行，一二日即到。蔡又電，聞英、倭有合保東方商務之説等語。久聞英有圖占長江之謀，又聞倭已定煤三十萬噸。此次遣武員來鄂，必非議商務、租界可知。然則所謂保商務者，恐是英、倭合謀藉口，欲以兵力踞長江險要耳。總之，德事若不速了，德大隊兵船一到，各國紛紛效尤，大局將不可問，危險之至。德欲甚奢，甚難就範，但恐愈遲則愈難矣。俟倭將到後，情形如何，當即電達。再，奉旨籌辦唐心口隄工，該工事難費鉅，已奏明親往查勘，今日已啟行，數日即回省，並陳。效。

致天津王制台 光緒二十三年十一月二十一日亥刻發

膠事懸繫之極，尊電云議將就緒，不知已議妥者幾條，其中惟山東鐵路一條最毒惡，意在獨握路權，漸踞全齊。然硬駁全駁，彼必不允，不知總署籌有以他事抵換之法否，或有展緩之法否。近日各國消息甚不佳，上海道蔡道電，英、倭有合保東方商務之説，洋人告德欲踞鎮江礮臺等語。久聞英欲踞長江，然則保商者踞江之謂也。滬道電並言倭有副將、都司各一，來鄂見洞，面商要事，二三日即到，顯然可疑。總之，德議不速了，數日內德船大至，各國效尤，紛紛强占，大局將潰，危險萬分。各國詳情恐京師尚未深悉，望台端可否電達當道，以備籌度一切，設法速了爲善。大抵此時求俄助則俄必有所求，息德衅則德必不肯輕讓。此事甚難處，然雖難亦必速設法了之，愈遲則愈難矣。尊處中外信息較確，望速賜詳悉電示，至感。效。

致柏林許欽差 光緒二十三年十一月二十一日亥刻發

德事有何確信。六條中惟鐵路最毒，意在踞全齊耳。請探彼國議論，鐵路一條尚可商量否。尊意有何良策，或抵換，或酌減，或展緩，或求助，祈示。他國情形若何。危險之至，均祈速電覆。效。

許欽差來電[一] 光緒二十三年十一月二十四日未刻到

署電但云六條大致就緒，末條海使須請示本國。昨令詢外部，云日內可給海訓條。德君民驕横已甚，鐵路換減，但非理商可辦。俄主有助我意，其外部乃索指一海口，調泊俄艦示聲威，致署動疑。英、法未悉確情。備虚餉絶，允拒均無策，焦憤萬狀。澄。漾。

致江甯劉制台 光緒二十三年十一月二十九日戌刻發

養電敬悉。昨奉電旨，内有言及尊處英將云云，因有英將之言未可盡信之諭。究竟英將何言，能測其底蕴否，祈速電告。倭

[一] 録自苑書義等主編《張之洞全集》第九册，第七四四〇頁，河北人民出版社一九九八年版。

將神尾來鄂，弟適出省，關道接見。伊諄諄以派員往倭觀操及派學生往學武備爲請，以爲此聯交入手處，餘無他語，特奉聞。弟昨晚始由勘隄回省。豔。

劉制台來電〔一〕 光緒二十三年十一月三十日亥刻到

豔電敬悉。前有英艦泊吳淞臺旁，謂奉命而來。茲英將與沈敦和言，俄、德、法恃兵為國，前歲聯盟，俄歸朝鮮、東三省，德據山左，法圖南省，奸謀畢露。英恃商為國，今見南北商權頓失，豈能隱忍。倘中、英、日亦聯盟，中、日保疆土，英保東方商務，惜華計不出此。英惟有力保長江商務，斷不擾亂如海寇云云。達署后，經署奏陳，是以旨内有英將語。嗣沈道續晤英將，又言英、俄兩相忌，華能鑒高麗事，勿與俄權，急圖聯英救危之策，英必樂從等語。所言雖未可盡信，却近事理。現英艦已開去，亦均電署。倭將來見，所言與在鄂語略同。坤。卅。

致江甯劉制台〔二〕 光緒二十三年十一月三十日巳刻發

漢陽槍礮廠向瑞記訂購無煙礮藥六百二十磅，昨已到滬，不便停留，請即電飭滬關發給護照，交瑞記持速運漢，並祈示覆。豔。

致上海沈道台敦和 光緒二十三年十二月初一日寅刻發

頃南洋來電，云英將向閣下言，中國急圖聯英救危，英必樂從等語。不知聯英要如何辦法，英將想必談及。此時英將在何處，能再詳詢之否。希即電覆。卅。

沈道來電〔三〕 光緒二十三年十二月初二日亥刻到

蔡道轉卅電敬悉。英艦將言膠事：德於索還遼日，早與俄、法密議，俄蠶食蒙古、東三省，德據山左，法亦必自越南蠶食南省，凡此皆困英東方商權。華欲救危，與英、日三國連横，共扼德、法、俄，可保疆土，膠事亦可望挽回。如華不欲聯英，或轉與俄權，英恃商立國，惟有將長江一帶，上自四川，自行保護，不許他國侵犯，亦自不肯擾亂在華商務。彼海寇也，邇英水師船多，力足敵兩强國。華如出費依英保護，雖歲耗巨萬，然較事后賠償遠勝，禍同而大小殊矣。聯英辦法，事關重大，須華專使赴英密議云云。續據開交英練印度兵章程，言德操利勝不利敗，華須參用英操。職道現正譯漢，容續呈鑒。該艦今已開去，俟到再詢。另開節略郵寄，謹先禀覆。職道敦和禀。宋。

致上海蔡道台〔四〕 光緒二十三年十二月初一日寅刻發

豔電云吳淞德弁英忌之，何以看出，有何議論，祈電示。卅。

〔一〕 録自苑書義等主編《張之洞全集》第九册，第七四四一頁，河北人民出版社一九九八年版。
〔二〕 録自抄本《張之洞電稿·致江蘇電》。
〔三〕 録自苑書義等主編《張之洞全集》第九册，第七四四二至七四四三頁，河北人民出版社一九九八年版。
〔四〕 録自抄本《張之洞電稿·致上海電》。

致天津王制台〔一〕光緒二十三年十二月初一日寅刻發

上海洋報言俄國已在旅順扯起俄旗，確否。祈即電覆。卅。

致施南魯守、蔡令〔二〕光緒二十三年十二月初二日丑刻發

豔電悉。前嘯電，無論員紳商民，均不准豫先借墊，上文尚有只宜以現欵買現鑛，下文尚有免致欵歸無著，尤不准以官欵入股等語。所謂不准借墊者，係專指官欵而言。若不准員紳商民以私欵借墊，山僻窮民，從何籌欵開采耶。據稱，利川黄令稟潘訓導買山開鑛傾鎔，賣作官銅等語。潘訓導如果以私財買山開鑛，自與官欵無涉，惟如何賣作官銅，有何窒礙，速即明白電覆，再行飭遵。東。

致宜昌傅鎮台、趙道台，施南魯守、蔡令，建始李令光緒二十三年十二月初二日五刻發

傅鎮、趙道感電，魯守、蔡令勘電均悉。建始土魚河銅鑛，責成張渭高會同張、黄等紳集股商辦，本可照准，惟黄守邦俊已委辦建始硫磺鑛，并巴東鹽廠，勢難兼顧。傅鎮係原辦查鑛之員，消息較靈，即令督飭魯守，督同建始李令，督飭紳商妥籌辦理，黄守毋庸兼管。其利川縣文姓山銅鑛，即由魯守督同蔡令，飭令李千總收買。以上建始、利川二處銅鑛，均係商辦官收，不准借用官本分毫。其招股事宜，由紳商自理，亦不必干預，但查明稟報，并爲彈壓照料可也。至魯守、蔡令稱，利川鑛砂，每斤以二十四兩，定價錢三十二文，尚不甚多，惟究竟能鎔净銅若干，速覆。建始鑛砂收買價值若干，亦即令魯守查覆。督、撫兩院。東。

致漢口盛京堂光緒二十三年十二月初二日亥刻發

頃接德國柯委員照會，據稱：德國租界緊鄰鐵路，前日風聞中國意讓與日本一段，以作租界，則於德國租界大有妨礙等語，詞氣甚悍。鄙意擬即據此電署，以謝日本。祈將前會電總署言日本租界事原稿抄示，以便聲叙。東。

致荆州俞道台、施南魯守光緒二十三年十二月初三日寅刻發

俞道致藩司函閲悉。可即委董令治勛調署利川縣，黄令世崇調署恩施縣。接電後即各赴調任，藩司札即日發。并飛飭董令速將利川教案妥速查辦完結，務期民教相安，勿得稍滋事端，切要。督、撫兩院。沃。

致總署光緒二十三年十二月初三日未刻發

日本租界事，十一月效電曾會同盛京卿詳達一切。昨接德國租界委員柯達士照會，稱漢口通濟門外，本國租界緊鄰有貴國擬作鐵路站地，其中間前日風聞中國意讓與日本一段，以作租界。本委員查本國租界較之别國誠有許多短處，只有此一利益，若再將此利讓與他國，則於德國租界大有妨礙，緣是前日曾經告知江

〔一〕録自抄本《張之洞電稿·致直隸電》。

〔二〕以下四電録自抄本《張之洞電稿·致本省電》。

漢關監督瞿，儻果如此辦理，斷難俯從。現奉駐京欽差大臣海電，飭本委員呈明貴督部堂，儻有此等夾地之事，德國一切斷不甘服。本委員遵此照會貴督部堂，若果如此辦理，則將來德國所受大害，均歸中國賠償可也等語。看此情形，日本所索緊靠德租界之地段，德斷不允。特奉達，謹請鈞裁，婉致日本，並懇示覆。江。

致安陸電局飛遞京山隄工局惲道台、彭守、李直牧〔一〕 光緒二十三年十二月初四日巳刻發

冬、江兩電均悉。改隄形只爲省工費，今據稱洪深土遠，既不能省，所費轉多，即照原擬速辦，但經費須力求核實，勿稍浮縻。經費統計，能無過二十四萬串方好。即速填洪分廣，勿遲。並覆。支。

致上海蔡道台〔二〕 光緒二十三年十二月初四日巳刻發

倭將來鄂，鄙人適出省勘隄工未見，豫飭關道禮待。來意在聯交及派人就學，頗關大局，似尚有含意未申處。今擬邀渠等重來相見，面商切實詳細辦法，鄙人亦有要語與之相商。渠等由金陵、蘇、杭出甯波而滬，另有電，請探轉。倘見面，祈代爲勸駕重來，並道疆臣不能遠出之例，爲禱。支。

致日本參謀大佐神尾君光臣上海蔡道台轉蘇、杭、甯波等處探投 光緒二十三年十二月初四日巳刻發

台駕來鄂，適先期奏明出省勘隄工，僅派江漢關道及知府錢守接待，深以爲悵。回省後，該兩員禀告閣下來意，極爲欣悦。貴國與敝國同種、同教、同文，同處亞洲，必宜交誼遠過他國，方能聯爲一氣。現在亟願面商一切切實詳細辦法，但中國制度，督撫不能出所轄省分，而此等事件非面談不可。可否請台駕重來鄂省，俾得面罄敝國真意，是東方大關繫事，不勝盼企之至。支。

致上海沈道台敦和 光緒二十三年十二月初四日巳刻發

宋電悉。英艦將所言英水師船多，華如出費倚英保護，雖歲耗鉅萬，較賠償遠勝等語。係如何出費，作何項用，歲需若干，面談曾露端倪否，能大略揣測其意否，祈示。如全未露，望速設法詢明電示。支。

致江甯劉制台光緒二十三年十二月初五日午刻發

昨由盛京卿轉示尊電，囑弟助聯英、倭之説，具仰藎籌虚衷。惟尊意擬如何聯法，外國聯盟必有實際，斷非空言所能聯絡也。彼兩國語意曾露如何辦法否，祈速示。尾。

致上海蔡道台〔三〕光緒二十三年十二月初五日戌刻發

聞神尾光臣因病尚在滬未歸國，前支電想已代達。渠願再來鄂否，速詢明示覆。微。

〔一〕 録自抄本《張之洞電稿·致本省電》。

〔二〕〔三〕 録自抄本《張之洞電稿·致上海電》。

致宜昌傅鎮台、額守、東湖縣何令〔一〕

光緒二十三年十二月初六日午刻發

據傅鎮支電稱，何令已與柯教士議定還錢一千六百九十串，擬請由賑局照撥等語。查通判衙署，前係被人盜賣，兹既由官給錢，其税契等紙，固應由該教士退還，而盜賣之人，亦應由官緝案追繳，該教士不必干預，方爲平允。額守速飭何令再與該教士妥議，并將辦法由府縣電稟請示，以憑飭撥。語。

致柏林許欽差〔二〕

光緒二十三年十二月初八日酉刻發

輾銅機想已定。務催趕四五月成，附洋文詢鍋爐大小，以便配建烟囱。祈速覆。庚。

致上海鐵路總公司鄭蘇龕司馬〔三〕

光緒二十三年十二月初八日酉刻發

有重大緊要事奉商，請即速命駕來鄂。已與盛京堂商妥矣。即候電覆。庚。

致安陸電局飛遞京山縣隄工局惲道台、彭守、李直牧〔四〕

光緒二十三年十二月初九日巳刻發

歌、魚兩電均悉。頭三洪合龍，慰甚。中洪准展限五日，但不可再遲。此後各工，仍督催趕辦。經費銀錢統計，總期無過二十四萬串。李直牧總司稽察，責任綦重，現正工程萬緊，萬不可回省度歲。佳。

致施南路工委員蔡令

光緒二十三年十二月初九日巳刻發

十一月胥電悉。土路砌石，需加錢五萬五千串，費鉅難籌，尚可減否，有何法可較省，速再確核妥籌電覆。據稱前修各路，原石路者補石，原土路者以沙石和土捶築，圜背開溝，造成兩段，迭經大雨未壞，特工費較繁等語。此項沙石和土捶築之路，約可保固若干年，必不如用石之經雨不壞。如土路皆一律用沙石和土捶築，較原估之數需加費若干，亦即稟覆。至稱琅坪、四渡河屢造屢傾，不敢具結。究應如何修築，方能堅久，該令亦須切實考究，以完缺陷。其巴東過河，及歸、長至東湖三百八十里，既非大道，應准免修，以節工費。佳。

致宜昌凌道台

光緒二十三年十二月初九日巳刻發

十一月分土税收若干，即覆。務於封印前解省，勿遲，并即覆。佳。

致宜昌趙道台

光緒二十三年十二月初九日巳刻發

秋季土税尾數，及十月分土税，何日起解。本年川鹽加價，務

〔一〕録自抄本《張之洞電稿·致本省電》。
〔二〕録自抄本《張之洞電稿·致外洋電》。
〔三〕録自抄本《張之洞電稿·致上海電》。
〔四〕以下四電録自抄本《張之洞電稿·致本省電》。

於年内掃數解清，槍礮需緊急。即覆。佳。

致濟南張撫台[一] 光緒二十三年十二月初九日亥刻發

聞曹州鎮驅逐教民，洋教士逃走，德使藉此生波，前教案已結復翻。究竟實在情形若何，速示。佳。

致江甯劉制台、天津王制台光緒二十三年十二月初十日亥刻發

今日宜兼聯英、倭，方令德、俄稍有顧忌，且免英、倭忌羨，多樹兩敵，擾動長江以南。峴帥電署力請聯絡英、倭，極爲切要，欽佩。本日已電奏，力陳此義。日本神尾去後，又來一員，均切商與我聯交，且力勸聯英，并奉聞。夔帥意如何，祈示。蒸。

致安陸電局飛遞京山縣隄工局惲道台、彭守[二] 光緒二十三年十二月十一日申刻發

聞李直牧紹遠在工被竊，失去衣箱數口。嚴冬歲迫，應即飭縣嚴緝比追。該牧並無薪水，并即由該局發給津貼銀二百兩，俾資購補。即覆。真。

致漢口盛京堂光緒二十三年十二月十一日戌刻發

函悉。法占瓊州，可駭，想是占崖州榆林港也。祈速電詢雷瓊道馮觀察，爲要。真。

致江甯長江提台黄[三] 光緒二十三年十二月十一日戌刻發

真電悉。蘇提督有奇，已飭其速赴尊處。真。

致江甯劉制台光緒二十三年十二月十二日亥刻發

尊處致署言聯英、倭各電，祈將全文電示爲感。文。

致襄陽黎道台光緒二十三年十二月十三日丑刻發

購運洋芋，係爲災後缺乏籽種。該道派員分給時，務飭查明實係領種，令其具結，勿任冒領充食。此物由滬訪購，數月始到，原冀其滋生不絶，非僅以救一時之飢也。速即曉諭周知。文。

致京湖北委員汪守洪霆[四] 光緒二十三年十二月十八日午刻發

各電均悉。槍礮試驗承各邸堂稱贊，並優賞工匠，感幸欣慰。榮中堂素未通信，不敢冒昧致函，望婉爲致意請安致謝爲要。嘯。

汪守來電[五] 光緒二十三年十二月十九日戌刻到

恭邸、慶邸、榮中堂均見，頗贊鄂廠槍礮極好，云憲台苦心

〔一〕指張汝梅。

〔二〕以下二電録自抄本《張之洞電稿·致本省電》。

〔三〕以下二電録自抄本《張之洞電稿·致江蘇電》。

〔四〕録自抄本《張之洞電稿·致北京電》。

〔五〕録自苑書義等主編《張之洞全集》第九册，第七四五五頁，河北人民出版社一九九八年版。

籌劃，經營不易。略詢鄂廠製造情形，不以滬造為然。慶邸云，鄂廠槍礮可稱利器。榮中堂云，意欲擴充鄂廠為要務，各省無須另添設廠，各處經費亦撥歸鄂，事歸一律，後再籌商等語。均諭代問憲台好。霆稟。嘯。

致宜昌凌道台[一] 光緒二十三年十二月十八日午刻發

槍礮局需欵甚急，十一月分土税即日匯解。速覆。嘯。

致宜昌趙道台 光緒二十三年十二月十八日午刻發

槍礮局需欵甚急，十月、十一月江防加價若干，即日匯解。十二月現難截數，能豫解若干，並即電覆。嘯。

致柏林許欽差[二] 光緒二十三年十二月十九日午刻發

十月嘯電，請踐約挈金楷理來。救時良策，譯書爲最，務祈玉成。聞李德順請假，有暫留楷理意，惟使館譯員不僅一李，而中國盼書，尤切於使館需材，故再電懇，感甚。皓。

致安陸電局飛遞唐心口隄工局惲道台、彭守、李直牧[三] 光緒二十三年十二月二十日巳刻發

咸、巧兩電均悉。中洪合龍，欣慰。惲道諸事整飭，正資得力，所請銷差礙難允准。李直牧事由惲道轉飭，有何妨礙，該直牧殊爲不曉事體，勿得固執，爲要。現在正須料理分廣事宜，惲道、李直牧均應以要工爲重，勿負倚任之意。彭守宜從中調停，以期和濟而竟全功。督、撫。號。

致京德國使館海大臣[四] 光緒二十三年十二月二十一日辰刻發

貴國武員法勒根漢來鄂年餘，教習武備，本部堂實深嘉許，故一切悉照合同禮待之外，特派爲總教習，以示優異。原期其始終此事，詎該員忽自請歸國，本部堂飭學堂總辦、江漢關道及學堂提調委員等，又貴國武員斯泰老、工師錫樂巴傳語，代爲挽留凡五六次，本部堂又親自見面，曲意勸留，實屬交誼盡至。而該員歸志甚堅，不願再留，本部堂十分惋惜。現已發給回國川資，該員及根次兩人不日將啟行矣。特奉聞。廿一日。

致漢口盛京堂[五] 光緒二十三年十二月二十一日戌刻發

致總署電稿，必須會銜，務請刻即擬就，遣人送來，以便早發，萬不可緩。明日準於何時渡江，或午前，或午後，祈即確示，以便拱候。箇戌。

[一] 以下二電録自抄本《張之洞電稿·致本省電》。
[二] 録自抄本《張之洞電稿·致外洋電》。
[三][五] 録自抄本《張之洞電稿·致本省電》。
[四] 録自抄本《張之洞電稿·致北京電》。

致天津王制台〔一〕光緒二十三年十二月二十二日申刻發

英覬粤漢鐵路甚亟，大局將危，楚粤士民均甚惶恐焦急。因與陳右帥電商，博采士民公議。現經湘、粤、鄂三省紳商公呈總公司，請會奏立案。除叙一摺兩片會列台銜迅速繕發摘要另電外，尚恐摺遲，先擬電奏，以備抵制。其文曰：聞德國租佔膠澳，並允承辦山東鐵路，英、法皆甚豔羨。香港洋報載，英國所當急行者建造鐵路之利。理應幹營中國中路，或廣東建築軌道，方不致落他人之後等語。近有日本人來鄂，密稱英國欲借欵修路，並欲香港對岸深水埠地方。證之西報，英覬覦鐵路，從粤東下手以達漢口，蓄謀必確。今春英商屢求承造粤路，堅持未允。現在德與俄、法均得路權，英若遽向總署要索，勢難空言拒絶。現據湘、粤、鄂三省紳商公呈總公司籲請會奏立案，由三省紳商自行承辦，仍歸總公司綜其綱領。除批准一面即日具摺會奏外，如果目前各國有以粤漢鐵路爲請者，應即告以三省紳民先已遞呈，議定合立公司，准歸自辦，藉杜其口。現在沿海沿邊無以自保，要在保我腹心，徐圖補救。若使英人佔造粤漢軌道，既扼我沿海咽喉，復貫我内地腹心，以後雖有智勇，無所復施，中國不能自立矣。事機萬分危迫，用敢先行據實電陳，伏祈飭總署預爲防範。此事關係大局安危，不僅鐵路一端也。請代奏。文韶、之洞、宣懷謹肅。等語。務懇迅賜酌定轉電。洞、宣。禡。

致天津王制台光緒二十三年十二月二十四日申刻發

漾電謹悉。茲將摺片大意摘要電呈。正摺係：爲粤漢鐵路緊要，三省紳商籲請通力合作，以保利權事。王大臣奏准公司，自必合南北統籌，蘇滬、粤漢亦當次第舉辦。今蘆漢兩端均已開辦，粤漢原擬緩籌，無如時局日亟，海洋通塞靡定，必内地造路方可貫通，此粤漢南路當與北路同時並舉者一。湘撫互商，以湘人忠義，近來尤通曉時務，并據湘紳熊希齡、蔣德鈞來鄂面商，取道郴、永、衡、長以達鄂，路較直接，他日練兵可供徵調，鑛産地利可興，此粤漢路宜入湘者又一。茲據三省紳商聯名呈請會奏，除録公呈咨軍機、總署外，臣等深維時變，自應仍照原議，與北路一氣呵成。該三省紳商立意既同，自必衆志成城，無所摇惑。如蒙俞允，請飭廣督、廣撫、湘撫與臣等隨時會商，招股借債，并選舉各紳，設分局辦理等語。又一片附陳，德國無理肇衅，局勢頓變，俄法均有鐵路，英人必有效尤，惟有趕將粤漢一路占定自辦，補救萬一。擬函商伍廷芳仍與美商籌議借欵，俟有規模，再與王大臣電商，請旨核定。現據三省紳商議定，合立公司，呈請奏明立案，以備抵制外人。應請詔旨宣布，准令總公司督同三省紳商，迅速籌欵辦理，除已於昨日電奏外，謹據實密陳等語。又一片：湘撫電商，初勘路時，暫不可用洋工師，致啟疑謡，而學生僅有詹天佑、鄺景陽二員，請敕胡燏棻暫借數月，發交湘撫派員協同該二員將湘路測繪，先定大略，事竣仍即咨回等語。本應先寄全稿，因事機緊迫，已列台銜，今日驛遞，除咨送會稿外，急籌補救，諒有同心。洞、宣同啟。敬。

〔一〕録自抄本《張之洞電稿·致直隸電》。

致天津王制台〔一〕光緒二十三年十二月二十四日酉刻發

本日敝處有致總署敬電三件，請飭電局録呈一閲。以後敝處致總署要電，均可照辦。迥。

致柏林許欽差〔二〕光緒二十三年十二月二十四日酉刻發

輾銅板機定銀六萬馬，已於本月二十三日電匯，務飭該廠於明年四月底成。鍋爐尺寸圖祈速寄。敬。

致總署光緒二十三年十二月二十六日亥刻發

頃接湘撫陳電，云湘省亦電奏論及聯英，有鄂省擬派鄭、喬、姚三員赴日本等語，不勝詫異。查聯英一説，洞雖曾經電奏，但係請總署商赫德，或飭羅使商外部，或藉聯倭以聯英，不過擬議備采。既奉旨萬勿輕允，豈有徑派人往東洋之理。鄭孝胥一員，係因日本人力勸華人赴彼學習，明春擬派學生赴東洋入武備、農、工各學堂，因鄭曾到東洋，故與之談及，擬令帶往，此乃從容緩著，與聯英事無涉，陳電實屬遠道訛傳誤聽。恐鈞署懸繫，謹奉達聲明。宥。

致天津王制台光緒二十三年十二月二十六日亥刻發

日來聞英、俄向總署大鬨要求，横暴無理，憂憤已極。署意有何措置，尊處想知其端倪。祈示，切懇。宥。

致上海鐵路總公司鄭蘇龕〔三〕光緒二十三年十二月二十七日巳刻發

求是報載有陳君衍文字，才識傑出，文章俊偉，近今罕見，欲邀來鄂一談可否。望婉商，速示覆。感。

致天津王制台、上海盛京堂光緒二十三年十二月二十九日子刻發

夔帥沁電悉。横暴非喧鬧也，乃英欲吞中國也。俄已發蠻，德又進步，據路透報，法亦有言，大局裂矣。語皆不虚，請確探詢。儉。

致天津王制台、上海盛京堂光緒二十三年十二月二十九日亥刻發

前聞英國欲輕息借欵，弟料其必藉端要挾，於二十四日電奏請緩還倭債，免受挾制。廿七日奉旨：電奏頗有可采，現英議借欵，俄欲借彎，正在未定。已飭總理衙門從長計議。等因。欽此。頃聞英藉借欵索添開大連、湘潭、南甯三口，接緬甸鐵路，經雲南，由金沙江至漢口，不許以長江擅租他國，改釐金章程。署欲議允，惟俄、法不願等語，焦憤已極。查緩還倭債，按約無甚大害，我何必平地生波，自尋禍害。長江不准擅租者，語意可駭，

〔一〕録自抄本《張之洞電稿·致直隷電》。

〔二〕録自抄本《張之洞電稿·致外洋電》。

〔三〕録自抄本《張之洞電稿·致上海電》。

即藏有駐兵保護之舉。若果允英欵，則形勢權利盡爲英攬，深入腹心，長江上自滇川，下至吴淞，全爲英有，是即分占江南十二省矣。而俄藉口占灣，重兵壓我北境，法又圖我南方，理財行政亦屬諸人，不成爲國，此即所謂瓜分也。弟未便屢瀆，務懇大力設法迅速阻止，大局幸甚。頃接湘撫陳電，總署問英欲借欵，湘潭開口岸辦法，意似欲允。英借欵尤爲惶駭，此中國存亡所關也。盼速籌，並祈即電覆。除夕。

王制台來電并致盛京堂〔一〕 光緒二十四年正月初一日到

借欵事，朝廷深韙尊議。惟倭方指欵待用，未能向商。英挾借欵要求，俄持之甚力，却未定議。德以諭旨太輕，尚不肯撤兵，膠事了而不了。此昨今所聞也。大局所關，鄙人偶有見及，必為常熟密陳之。惟南海勢甚張，常熟亦時為所持，是可慮耳。俄壓北境，機局已成，勢難擺脱，所争者在長江一欵。盡人聽天，彼此努力，言之慨然。

致長沙陳撫台 光緒二十三年十二月二十九日亥刻發

豔電悉。英欵萬不可借，欠東洋欠西洋皆是一樣，且倭債并無抵押，何必借英還倭，自尋苦惱。路透電報，英藉借欵索開通緬甸鐵路，由金沙江入雲南，至漢口，又長江不准擅租他人，又索開大連灣、湘潭、南甯三埠，又欲改釐金章程，署欲議允等語，是英欲分占江南十二省矣。長江不准擅租，即包括保護在内，非好話也。聞俄斷不准大連開埠，將與我決裂，法亦必有舉動。聞德外部尚未了，勒修山東鐵路方無事，此即所謂瓜分也。大局潰敗，即在目前，總署似以爲無事矣，可爲痛憤惶駭。敝處前已電奏力阻英欵，電旨似欲采納，何以總署致尊處電仍未決。望公力阻之，此中國存亡所關也。除夕亥。

〔一〕録自苑書義等主編《張之洞全集》第九册，第七四六一頁，河北人民出版社一九九八年版。電中所云「南海」、「常熟」指張蔭桓、翁同龢，時均為總理衙門大臣。

光緒二十四年

致長沙陳撫台 光緒二十四年正月初二日酉刻發

元旦電悉。英借欵乃彼强我借，且以輕息餌我，欲乘此一舉吞滅中國，非我求彼借也。日本和約載明，餘欵一萬萬，平分六次交納，不論何時交付，均聽中國之便，未交之欵按年抽五之息等語。必欲借急債還緩債以送中國，不知是何肺肝。英見德占膠，自必有所索。然各欵之貪，皆因借欵要挾而起，須先將借欵謝絶，再議應付之法，不然全局拱手送與英國矣。英此次索者大端五欵，其實包無數欵在内，一、緬路通漢口。一、開大連、南甯、湘潭三埠。一、長江一帶作抵押，不許租他人，須認真保守。此外尚有改釐金章程，小輪拖貨各條，不能盡知，此五條則確甚。認真保守者，兵船登岸，代我保守也。湘潭開埠一節，總署未電，敝處未便攙言，且此時鄙意先阻借欵，再議口岸，請尊處先行酌辦酌覆，俟以後再設法相助。至專使、國電，此時無益，我須有辦法方能與商，若懇各國公爲保全，彼斷不管中華之奇變，正各國之大利，羣犬争食，各銜一骨以去，豈有相牙之事哉。去臘沁電諭旨，似以鄙説阻英欵爲然。昨夔帥電云，借欵事朝廷深韙尊議等語。乃聞總署有人甚願借英欵，其中情事不言而喻。公能急速阻止，再議其他，不然雖有嘉謀妙策，皆無及矣。盼示覆。沃。

致江甯劉制台 光緒二十四年正月初二日亥刻發

英自願借欵與我還倭，一索長江抵押，一由緬甸造鐵路入滇川至漢口，一開大連、南甯、湘潭三口，一改釐章。西報徧傳，京外皆知，尊處想已聞知。息雖略輕，害則甚大。漢口以上用鐵路，漢口以下用兵輪，長江全爲英有，是一日而割江南十二省矣。條欵有長江須認真保守一語，即是兵船登岸保護之意，非好話也。德案又翻，不肯撤兵，勒修山東鐵路，德見英吞長江，故彼欲吞山東。法國日内必有舉動，是一借英欵，中國即有危亡之禍。日本和約載明餘欵一萬萬，平分六次交納，不論何時，或將賠欵全數或將幾分先期交付，均聽中國之便，按年五釐息等語，何必借西洋還東洋，借急債還緩債，借有抵押之債，還無抵押之債。和約分明，況倭正欲聯我，更易商辦。弟於去臘廿四日電奏力阻，奉電旨：頗有可采，借欵正在未定，已飭總理衙門從長計議。等因。欽此。乃廿七日署致湘撫電，又言英借欵息輕，開湘潭口岸事在必行等語。聞並未與倭商，是總署意，似仍願借，實所不解。弟今日又電奏諫阻。管見所及，不敢不以奉聞。長江抵押，外人保護，乃中國存亡所關，此時必須先阻借英欵，他事自可從容商議，開口岸尚在其次也。尊意如以爲然，祈迅速設法阻止。長江一失，無可補救。是否，統祈裁酌，并示覆。沃。

劉制台來電〔一〕 光緒二十四年正月初四日丑刻到

沃電悉。借英欵事，日來甫知梗概。俄借德占旅、大，英又

〔一〕録自苑書義等主編《張之洞全集》第九册，第七四六七頁，河北人民出版社一九九八年版。

借俄以借欵圖長江一帶，德復因英翻議圖山東，法必踵起，俄欲更難饜，大局更不堪設想。去冬以德事為權輿，今則以英欵為機栝，尊論先阻借英欵，實為統籌全局扼要之策，欽佩無似。頃已查照台指，切實電奏挽回，至計仍賴嘉謨。坤。江。

致上海盛京堂〔一〕 光緒二十四年正月初二日亥刻發

阻英借欵事，望尊處密電常熟、合肥力阻之。再，尊處有總署近日發出電信新法否，敝處去臘今春電奏，均用此本。祈速示。

致蘇州盛京堂、天津王制台 光緒二十四年正月初二日亥刻發

豔、朔兩電悉。敝處去臘廿四日電奏力阻借英欵，奉電旨：「張電奏頗有可采。現英議借欵，俄欲借灣，正在未定，已飭總理衙門從長計議。等因。欽此。乃廿七日總署致湘撫電，言英借欵息輕，開湘潭口岸事在必行云云，是署意願借此欵，似有成見。倭債可緩，和約甚明，豈能强催，何必借西洋還東洋，借急債還緩債，借有抵押之債還無抵押之債。緬路通漢，長江抵押，代我保守，一日而割江南十二省，千古怪事。德案又翻，不撤兵正爲英吞長江故，亦欲吞山東也。法日内即當有舉動。本日弟又有兩電奏諫阻，祈飭報局將敝處去臘三敬電、本日兩沃電，録呈一閲，仍望兩公設法相機救正，切懇。德堅欲造山東鐵路，弟仍照去年十一月卅電奏，擬以甯滬鐵路抵換，爲患較輕。并聞，祈示覆。沃。

致俄京許欽差 光緒二十四年正月初二日亥刻發

閣下赴俄，議何事，是否專使，另有國書。德案又翻，勒修東路乃撤兵，如此反覆，何故。英强我借欵，索長江抵押，由緬造路通滇川至漢口，長江予人，此即瓜分也。倭約餘欵百兆，本可緩，僕屢奏請緩還倭債，免借英欵，不知能阻否。此中國存亡所關，尊見如何，速示。英欲開大連，俄必不肯，如許開埠，即與我決裂。此事萬分爲難。閣下熟於俄情，有何辦法。鄙意擬密與俄約，密准俄作兵埠，明許各國作商埠，俄船多少隨便，並代造棧屯煤供俄用，但禁陸兵登岸、懸俄旗，避去永借名目。各國護商船限定不過兩艘，并即借俄欵造鐵路，由大連灣接吉林俄路，但議定用窄軌，以便運關内煤，接濟俄船，且代造窄軌車數百輛，置境上備俄用，運費從減，照俄公司運該國官物收費。俄得借欵之益，又有通路之利，又有屯船之實，我亦有鐵路、口岸商税之大利。緣（我）〔俄〕〔二〕若占灣，亦必自修鐵路，遼東隔絶矣。英若不滿，或以大連附近之海陽島借之，亦可屯數船。此無聊之策，已電奏。尊意以爲如何，祈詳酌速示，切盼。沃。

許欽差來電〔三〕 光緒二十四年正月初六日午刻到

此時紛紜，似緩還倭費較善。俄外、户兩部相梗，各攬事。鄙見不以借俄欵為然。旨令澄暫緩啟程，無赴俄事。澄。歌。

〔一〕 録自抄本《張之洞電稿·致上海電》。

〔二〕 底本為「我」，依文義，似應為「俄」。

〔三〕 録自苑書義等主編《張之洞全集》第九册，第七四七〇頁，河北人民出版社一九九八年版。

致柏林吕欽差〔一〕光緒二十四年正月初三日巳刻發

榮任欣賀。譯書爲救時要策，且必在華隨譯隨刊，效方速。金楷理專長此，使務有賡道可任。前蒙竹使允挈來華，伊近以老辭，仍盼敦遣，至感，當格外優待以安之。祈速覆。肴。

致俄京許欽差光緒二十四年正月初三日午刻發

譯書爲救時要策，且必在華隨譯隨刊，圖速布。楷理雖以老辭，仍盼敦約，至感，當格外優待以安之。祈示覆。江。

許欽差來電〔二〕光緒二十四年正月初八日酉刻到

金楷理退老志堅，敦勸則館差亦辭，難相强。譯書彼所願，倘遣人來德，當竭力圖報，隨譯隨刊德亦便。澄叩。陽。

致蘇州閶門内内閣曹叔彦〔三〕光緒二十四年正月初四日巳刻發

知初十日後來鄂，慰甚。務望早臨，以便豫商課程，早向諸君議定，免致久延，切禱。除服時仍可回蘇。聞松江孝廉張君錫恭經學甚深，與閣下至好。張君係治何經，能兼通諸經否，祈示知。係延請來鄂作幫分教，以爲閣下之助，尊體稍可節勞，束脩擬六百金。即望速作專函詢商，如有意願來，請即同來商酌一切，尤感。張君川資當即寄，關聘到鄂再送。祈即電覆。支。

致安陸電局飛遞唐心口隄工李直牧〔四〕光緒二十四年正月初四日午刻發

該牧盡心稽查，在工各員皆格外認真，裨益公家，實非淺鮮。本係留工坐鎮，惟聞惲道與該牧頗有意見，以致屢次齟齬，該牧則請回省，惲道則請銷差，深爲懸繫，必須設法解紛，期於要工有濟。現幸全洪合龍，惲道等極力核減，分廣以後，大致已定，當不至再有浮糜，該牧速即回省，面詢一切。即電覆。督、撫。支。

致户部〔五〕光緒二十四年正月初四日亥刻發

沁電敬悉。鄂鑄小銀元，遵照粵局奏案，八二成色，市價隨時漲落無定，本日一角市價洋例平七分二釐，約合庫平紋銀六分七釐三毫九絲二忽，較大銀元所值略少。支。

致總署光緒二十四年正月初五日戌刻發

前日沃一電言俄借大連灣事，内有俄得屯兵運兵之利，俄有屯兵之實兩語，係屯船運貨之筆誤。上文曾有禁陸兵登岸插旗之語，則非准其上岸屯兵明甚。蓋用窄軌，則操縱尚可由我，斷不能准用寬軌也。謹聲明更正。歌。

〔一〕指新任中國駐德國公使吕海寰。録自抄本《張之洞電稿·致外洋電》。

〔二〕録自苑書義等主編《張之洞全集》第九册，第七四七〇頁，河北人民出版社一九九八年版。

〔三〕録自抄本《張之洞電稿·致江蘇電》。

〔四〕録自抄本《張之洞電稿·致本省電》。

〔五〕以下二電録自抄本《張之洞電稿·致北京電》。

致天津王制台〔一〕 光緒二十四年正月初五日戌刻發

大咨接到。旅大礮臺需用廿四生、十五生、十二生快礮六十七尊，除廿四生大礮鄂廠不能造外，餘數種俱能造。內十五生幾尊，十二生幾尊，原估價每種每尊銀若干，應否配彈，每尊配若干顆，實心彈、開花彈每顆各價若干，祈將前項估價電示，以便籌計。歌。

致上海盛京堂、天津王制台 光緒二十四年正月初五日戌刻發

微電悉。容閎東路竟欲准行，實可駭異。昨接夔帥電，德國修山東鐵路一條，似已允，既許德自膠造，又令容自清江造，報效百萬，必係洋股。此路直穿東境，德必速造路以與此路接，是爲虎傅翼也。德軍長驅而北，自膠一日達永定門，關繫京畿安危，尚不在西路損益也，必須飛速會銜電奏阻止。惟內意所以許造者，總爲報效百萬所動。杏翁能設法以將來亦報效巨欵敵之否，祈即速籌示覆，并擬會奏稿示覆。歌。

致天津王制台 光緒二十四年正月初五日亥刻發

昨奉質電鐵路抵換，現已無及等語，惶駭萬分。德由膠造路接容閎通津之路，兩年可成，德軍長驅，一日而抵永定門，京城危矣，何如。但許開鑛乎，究竟確已允否，如何允法，速示。歌。

致上海義昌成樊時勳〔二〕 光緒二十四年正月初六日戌刻發

所有在中國刊售之德文洋報，望速詢明，全數訂購，囑寄來鄂，并即電覆。

致安陸電局飛遞唐心口隄工局惲道台、彭守〔三〕 光緒二十四年正月初七日辰刻發

全洪合龍已久，聞臘底分廣尚未上工，實堪駭異，殊屬延玩已極。趁此春晴水涸，正好趕緊興築，剋期竣事。若各委員有意曠時糜費，即據實稟明，嚴加懲儆。至該隄工料各費銀錢統計，不得過二十四萬串，前經電飭，迄未具覆，何耶。速即傳示各員，極力撙節，認真催辦，限期於何時完功，速即電復。至升字營既可無需，即傳知該營撤回，勿遲。陽。

致蘇州閶門內內閣曹叔彥〔四〕 光緒二十四年正月初七日辰刻發

聞張君錫恭係講公羊，如此，則於書院既不相宜，前電請作罷論。如閣下知有博通史學之人，祈速示。擬添延史學分教一位，以助姚、陳兩君。務即示覆。陽。

致柏林許欽差〔五〕 光緒二十四年正月初八日巳刻發

十二生快礮機已造成若干，樣礮係何時交力拂。現鄂廠須兼

〔一〕録自抄本《張之洞電稿·致直隸電》。
〔二〕録自抄本《張之洞電稿·致上海電》。
〔三〕録自抄本《張之洞電稿·致本省電》。
〔四〕録自抄本《張之洞電稿·致江蘇電》。
〔五〕録自抄本《張之洞電稿·致外洋電》。

造海防十五生長快礮，十二生機能趁此加大添件，每年兼造各十餘尊否，價須加若干，祈詢商力拂。速示覆，至盼。庚。

致上海盛京堂、天津王制台〔一〕光緒二十四年正月初八日戌刻發

昨日敝處有陽電，奏言容閎路事，祈飭電局録呈一覽。庚。

致上海盛京堂光緒二十四年正月初八日戌刻發

神尾去冬到鄂，洞適查隄工未晤，聞其語意甚切摯，故電邀一談，並非言餘欵百兆事。陽兩電悉。齊。

致長沙陳撫台光緒二十四年正月初九日子刻發

北洋來電，粤漢鐵路摺片初五到京，奉有寄諭一切照行等語。佳。

致荆州俞道台〔二〕光緒二十四年正月初九日巳刻發

宥電悉。黄防營即飭回省赴黄。青。

致天津徐菊人〔三〕光緒二十四年正月初九日亥刻發

鄂省擬選募熟悉武備之學生數人爲副營官，專管操練，假以事權。每營勇丁二百五十名，其正營官係原派之鎮、副、參、游，未便驟行更動，但嚴札不得掣肘，各有專責，餉係委員點名會同給發。但學生出色者，聞俱經袁慰庭廉訪羅致備用，人數甚多。請轉商慰翁，借撥十數員來鄂供用。馬步礮工四門皆好，但須學業深通，性情勤樸者，至少亦須八員。望先與該學生訂明，到鄂後察看，上等者充副營官，次等充教習及學堂領班。如慰翁許可，當再電商。祈速示覆。佳。

致上海義昌成樊委員棻〔四〕光緒二十四年正月初九日亥刻發

德文報可先將去年冬季所出者，務即日購齊，迅速由輪寄來，以後按期續寄，并即覆。佳。

致上海盛京堂、天津王制台光緒二十四年正月初十日子刻發

津佳電、滬庚亥電均悉，容閎路，無論比欵借不借，蘆漢修不修，總必須阻止方好。容路即洋路，非限德兵，乃引德兵速來也。德兵一日可到京，萬事瓦解。夔帥電以第一策爲最妥云云，一策恐是四策之誤，蓋四策方是粤路改用比欵也，第一策則容路暢行，西路停辦矣。昨洞陽電奏，豈敢謂必能挽回，惟冀宗社有靈，天牖聖衷耳，痛憤何極。佳。

〔一〕以下二電録自抄本《張之洞電稿·致上海電》。

〔二〕録自《近代史資料》總一〇九號，中國社會科學出版社二〇〇四年版。

〔三〕即徐世昌，時任袁世凱（字慰庭）之新建陸軍營務處參謀。

〔四〕録自抄本《張之洞電稿·致上海電》。

致華盛頓伍欽差〔一〕 光緒二十四年正月初十日巳刻發

現鄂省練兵，擬募洋員爲營官，每營二百五十人，須聽敝署及營務處大員節制。祈在美國代覓一員，古巴兩員，秘魯一員，均須武備精熟，誠實和平者，薪水年限若干，請酌商見示。祈即復。此電并祈轉古巴余領事。佳。

致安陸電局飛遞唐心口隄工局惲道台、彭守、李直牧〔二〕 光緒二十四年正月初十日午刻發

彭守虞、齊兩電均悉。通隄既一律開廣，三月間竣工太緩，務須趕緊興築，限於二月底完工，不准藉延縻費。李直牧應仍遵前支電諭，速即回省，有要事面詢，不宜再遲。彭守不必稟留。至在工各員，均宜力求核實節省，不得稍有虛縻。惲道仍留工督率，現值分廣工要，萬不可回省，切切。均即電覆。督、撫。蒸。

致江甯劉制台光緒二十四年正月十一日未刻發

蒸電悉。容路即洋路，容路造成，則德路非止至濟，直是至京。務望鼎力迅速奏阻，大局幸甚，稍遲恐亦不及矣。真。

致宜昌傅鎮台、趙道台、凌道台，巴東縣轉交蔡令國楨、施南魯守〔三〕 光緒二十四年正月十一日未刻發

蔡令歌電悉。三路工費，原估一萬八千串。該令昨稟巴東全修石路，請加經費，稟内稱已領並撥銀錢米折合計已有二萬三千串，請再發七千串，俾三路全成等語。是請領之款，共計三萬串，較原估多一萬二千串，自係因改修石路加增，需款較鉅。惟非一律砌石，斷難經久，前工可惜，此款不能不撥。傅鎮、趙道、凌道速於賑捐餘款内，無論銀錢，極力湊撥，無款則借，由省撥還，發交蔡令領用。是否自巴東至來鳳一律砌石，并即電覆。蔡令宜撙節動支，路工必須寬平，完固耐久，方不虛縻，至要。真。

致安陸電局飛遞唐心口隄工局李直牧 光緒二十四年正月十一日未刻發

昨蒸電催令該牧速即回省，想已接到。至各員工料是否核實，該牧在工日久，自有見聞。如索閱帳目，其不知者將謂本部堂、部院專信該牧，不信惲道，於惲道局面有礙，於辦事諸多不便。該牧速即遵照前電回省，不必索閱帳目，前電已飭在工各員不得藉端虛縻矣。督、撫。真。

致施南魯守、蔡令光緒二十四年正月十一日未刻發

豔電悉。儲料溝、土魚河兩處，每日各能出鑛若干斤，需工本若干，速覆。真。

〔一〕指中國駐美國公使伍廷芳。録自抄本《張之洞電稿·致外洋電》。

〔二〕録自抄本《張之洞電稿·致本省電》。

〔三〕以下四電録自抄本《張之洞電稿·致本省電》。

致安陸電局飛遞唐心口隄工局惲道台、彭守光緒二十四年正月十一日未刻發

庚電悉。昨蒸電催令李直牧速即回省，并飭惲道仍留工督率，想已接到。惲道務須以工程爲重，現值分廣緊要之際，諸宜忍耐，以竟全功，豈可半途而廢。應仍遵前電留工，其所調各員弁友，亦仍飭供原差。督、撫。真。

致江甯劉制台〔一〕光緒二十四年正月十二日申刻發

初五日總署辦結膠案咨，案既辦結，想非密件，可否請速轉咨來鄂，或函抄全案寄示亦可。感禱。文。

致施南魯守、蔡令〔二〕光緒二十四年正月十二日申刻發

初十電悉。土魚河銅鑛，前經傅鎮親勘，開摺詳叙。據稱，係由該鎮發欵，飭義紳張渭高等開辦，故去臘東電并初八日發行文件，委令傅鎮督飭魯守督同建始李令，轉飭張渭高等妥籌辦理。但傅鎮係遥爲督飭，而就近督同轉飭，仍係魯守、李令地方官之責。該守、令均可考察，張渭高辦事如有不善，該守、該令儘可據實禀聞核奪。至黄邦慶等禀控張、徐兩紳概雇遠方工匠，不令鄉民開采一節，查鑛係建始所産，自須有本地紳商股分，至開采工匠，建始如有熟於鑛務之人，該紳自不必遠雇，即或本處無人，須雇外工，亦須兼用鄉民，方於本地窮民有益。應飭魯守、李令確查，轉飭妥辦。至張、徐兩紳辦事是否誠實穩妥，并即電覆。文。

致長沙陳撫台光緒二十四年正月十二日申刻發

初十日劉峴帥電，云初五署咨辦結膠案鈔奏内，已允由膠造路至濟，俟造成再商接造至中國幹路，均由德商、華商集股領辦，聲明不佔山東地土，另立合同，無庸比照他國章程等語，未審尊處已准咨否。德路已成之局恐難挽回，惟有立阻容路，稍紓眉急。坤。蒸。等語。聞德造路約内，並有路旁三十里准開鑛一節。總署向係秘密，又善用輕筆寬解。鐵路所到即兵所到，北行一日至京城，南行一日至揚州，雖佔盡中原可也，尚云不佔土地哉。痛極憤極。文一。

致長沙陳撫台光緒二十四年正月十二日申刻發

英俄相争，故借欵罷議，昨盛杏孫有電致尊處已詳。日内英必另起大波，尚難預料。總署無事不秘，凡敝處疊次告尊處各國情形，皆確有所聞，不僅憑洋報也。容本洋股，聞要地有主持者，現聞德知容路已將准，又來干預，欲與容合辦，是容路即德路也。此路若不能阻，大事去矣。痛憤焦急。若天祚本朝，或聖衷自悟耳，奈何。文二。

致長沙陳撫台光緒二十四年正月十三日酉刻發

選人就學日本之舉，聞湘省亦同此意，而先派一人偕宇都往，

〔一〕録自抄本《張之洞電稿·致江蘇電》。
〔二〕録自抄本《張之洞電稿·致本省電》。

察度辦法，甚善。宇都本定十七日由鄂啟行，鄙意恐湘人趕不及，商留三五日，彼亦允。望速派來鄂，偕敝處所派之員同往。盼即覆。元一。

致長沙陳撫台光緒二十四年正月十三日酉刻發

倭將神尾來談新法練兵，切實可采。鄙意欲合鄂、湘之力，延倭教習，先練一軍爲各省倡。每一省擬練四五千人，湘軍在湘練，鄂軍在鄂練，餉各籌，事各辦，不過趁此一併商酌舉辦，將來即可會奏籌餉耳。前聞伯嚴世兄談及練兵事，知尊見必以爲然。請速派一員來，須曉兵事而又能知尊意者，與神尾互商，有章程再入告。倭陸軍采德、法兩國制，又參以其國之宜，地近，薪廉，種同，文字語言風俗又相近，以之教兵，必有裨益。此可與派人就學二者並舉，以濟急用。神尾不能久淹於外，派員請速來，並示覆。元二。

致上海盛京堂光緒二十四年正月十四日午刻發

昨日神尾晤談，力勸練兵。伊言尊處曾約其回滬擬練兵章程，欲今晚行。鄙人言此事重要，須三人面議互酌方善，即請台駕早來鄂會商，且擬約湘人來商，期兩省合力。神尾允留，俟台端覆電。未知昨今比款已定局否，如已定，請早日來鄂熟商此事，甚要。祈電覆。鹽。

致上海盛京堂[一]光緒二十四年正月十四日午刻發

臘月內，譯書公會報言，山西路英俄分辦，俄造太原省以西至正定幹路，兼平定煤鐵鑛，英造太原以東至平陽，兼澤潞鑛。又聞方孝傑逃。究竟現在情形若何，或辦或不辦，祈速探速覆。此陳右銘託詢。鹽。

致荊州俞道台[二]光緒二十四年正月十四日亥刻發

願電悉，張良弼賫稟亦到。張令稱遇該輪於荊河口，船小機弱，遠行甚艱，聞需縴挽上駛，探知是重慶一處之渡船，非渝、宜來往之商船，但須切飭沿途保護。行輪事，鄂中未見總署、南洋文電。稅司既不能阻立德之輪，以後恐有續來者。碰船章程誠需豫議，可即電川東道委員速來荊會議，俟議有端緒，再電署。張令即飭回荊。鹽。

致安陸電局即專送唐心口隄工局惲道台[三]光緒二十四年正月十五日戌刻發

文電悉。天門流民，精壯送工，老弱賑撫，自是正辦。所云梁令有電乞恩，省中未接到。究竟需賑款若干，請飭梁令察看情形速稟。督、撫兩院。翰。

致蘇州南倉橋吴清帥[四]光緒二十四年正月十六日午刻發

函悉。膠事已議結，要求雖多，事事皆允，斷無他故。此時

〔一〕録自抄本《張之洞電稿·致上海電》。
〔二〕底本載有「行輪事」以下文字，餘據抄本《張之洞電稿》補入。
〔三〕録自抄本《張之洞電稿·致本省電》。
〔四〕録自抄本《張之洞電稿·致江蘇電》。

所患在英、俄、法，不在德矣。來函欲備古玉古器送德親王保全和局云云，斷乎不可，於時局毫無所益，徒招衆人譁怪訾議。務望俯鑒采納，并商之汪柳翁，當以鄙論爲然。諫。

致太原胡撫台[一] 光緒二十四年正月十六日午刻發

昨見上海譯書報言，山西太原省東至正定鐵路，歸俄商承辦，兼開平盂煤鐵鑛。太原南至平陽鐵路，歸英商承辦，兼開澤潞鑛，已議定，係方孝傑、劉鶚集股請辦，又有云現方已潛逃等語，不知確否，已奏准否。台端勵精圖治，規模閎遠，極所欽佩，惟此事務望慎重。大率攬辦此事者，皆係洋商影射，後患非輕。方、劉二人前年攬辦蘆漢鐵路，奉旨令來鄂考核，深知其荒唐謬妄，不敢不以奉聞。祈鑒察，並示覆。盼禱。銑。

胡撫台來電[二] 光緒二十四年正月二十日酉刻到

晋省鑛路，前經奏明由各省紳商自借洋欵承辦。方某現借華俄銀行欵，請承辦太原至正定鐵路，劉某借意商福公司欵，請承辦平盂、澤潞鑛務。既係明借洋欵，自無慮其影射。惟事體重大，誠如尊諭，務須慎重。方、劉二人現雖准其借欵承辦，然必須欵項着實，辦法毫無流弊，方允出奏也。聘覆。皓。

致天門梁令[三] 光緒二十四年正月十六日午刻發

真電悉。回里災民甚多，自宜速予賑撫。准即如稟，飭司於籌賑局湊撥三千金，即日解往應用，並由該令在本地敦勸商富，量力捐助，與黄紳嗣東所放賑欵相輔而行。至宜昌餘欵有限，用項尚多，不必撥彼處之欵也。督、撫。諫。

致宜昌傅鎮台，趙、凌兩道台，施南魯守、蔡令 光緒二十四年正月十六日戌刻發

傅鎮等元電悉。據稱傅鎮前交魯守銀一千四百餘兩，銀元五千八百餘元，錢八千串。據委員回稱，僅用去千餘串，請由此三欵除添補穀價外，無論鑛工路工，悉數聽蔡令撥用，如再不敷，當由該道等會商籌撥等情。查蔡令續請路工七千串，施郡現存銀錢銀元，想可敷用。至鑛務僅止收買，并不開采，所需當不甚鉅。惟須將穀價查明，方有確數，如除穀價外存欵不敷，即由該道等籌撥濟用。魯守、蔡令均各遵照。諫。

致上海盛京堂 光緒二十四年正月十六日亥刻發

聞德人將干預清江至津之路，果爾，或可阻止，祈速探詢。南、北洋兩電俱可欽佩，夔帥語意尤誠懇，惟只以蘆漢有妨，江楚不願爲詞，恐當道不措意耳。銑。

致長沙陳撫台 光緒二十四年正月十六日亥刻發

英數日内必别有文章，湘省口岸恐終必開，莫如先以岳州搪抵。擬會銜電署，專論此事，若不先陳明，恐總署先行允許，後告外省，則無及矣。祈示覆。銑。

[一] 指山西巡撫胡聘之。
[二] 録自苑書義等主編《張之洞全集》第九册，第七四九一頁，河北人民出版社一九九八年版。
[三] 以下二電録自抄本《張之洞電稿·致本省電》。

致上海盛京堂光緒二十四年正月十八日亥刻發

霰、嘯三電悉。比欵可來，容欵可阻，稍慰。惟頃接京友本日電，容路已探確，事在必行，南海主之，合肥助之云云，不知確否。閣下能設法懇合肥轉圜否。果如尊電，甯滬路通鄂，湘粵路亦通鄂，東南兩大幹統歸一路，容路雖成亦不能爲害。由甯至鄂南岸，隔鄱陽湖不能通，且皖南多山，想係由浦口過江，沿北岸造至漢口，沿南岸造至武昌。尊意如何，祈示。鄙意不僅爲幹路分利，患德兵一日可到永定門耳，總望能阻止方好。嘯。

盛京堂來電[一] 光緒二十四年正月十八日戌刻到

津局接陳名侃電，容件因香帥、峴帥、夔帥先後各有電阻，是以擱置，并未允辦云。宣叩。嘯。

致宜昌傅鎮台，施南魯守、建始李令 光緒二十四年正月十八日亥刻發

巧電悉。土魚河銅鑛，該鎮選派在宜吳紳朝昌就地集股，前往會辦。查鑛係建始所産，自應招集湖北本省商股，俾湖北商民自享其利，斷不能令外省紳商把持，侵奪地利。至魯守係地方官，本令該鎮督同該守督飭各紳辦理，魯守所委典史譚家劭，如止經理收鑛，照料彈壓，自無妨礙，該鎮亦可派一員在彼會同照料彈壓，惟須遵照前檄，商采官收，各爲一事，該典史及該鎮所派之員，均不得自行入股，以清界限。傅鎮仍須督同魯守、李令，遇事和衷商辦爲要。再，吳朝昌係吳故道廷華之子，並非楚人，所招股分是否確係湖北商股，務即查明電覆。效。

致長沙陳撫台光緒二十四年正月十九日午刻發

英已不索大連爲商埠。據路透電云，沙侯告議院曰，英不必爲中國出力受禍，故不爭大連，且頗與俄聯絡等語。果爾，則英不與俄爭於北，當自取於南，尤黠尤狠矣。尊意是否願以岳州易湘潭，速示，以便會電署。正發電間，京電云，英來言，即不借欵，通緬路、保長江、開口岸各條，亦須自辦等語。效。

陳撫台來電[二] 光緒二十四年正月二十日丑刻到

效電謹悉。初六電覆總署，備言湘潭設埠為難情形。(即)[既]又密電總署，言能作罷論固好，如不獲已，則請以岳易潭，較為易辦，但須經由朝命飭行，庶免岳人有袒潭抑岳之疑，致滋浮議等語。十七日因電署論容、晉西鐵路事，并言欵皆不借，湘潭是否罷論，乞示覆。兩日尚無覆電，惟以岳易潭較易辦之説，署已具知。箴叩。皓。

致上海盛京堂、天津王制台光緒二十四年正月十九日戌刻發

看此時勢，中國危矣。各國急欲吞裂分噬，不我待矣。要政甚多，俱恐趕辦不及，惟有練兵、修鐵路兩事，是救死急著。須刻定程限，必以四年内辦成，或可稍支危局，可以作到弱而不亡

[一] 録自苑書義等主編《張之洞全集》第九册，第七四九五頁，河北人民出版社一九九八年版。

[二] 録自苑書義等主編《張之洞全集》第九册，第七四九六頁，河北人民出版社一九九八年版。

四字。而練兵尤以鐵路爲要，無鐵路則二十萬兵亦不敷用。據神尾云，俄路必須五年始抵海參崴，中國諸要事若於五年之内辦成，尚有支持之計。若俄路已成，再謀抵禦，亦無及矣。閣下此時在滬，正好將湘粵、甯滬兩路借欵議定，似乎六十年本利兼還之法尚妥，並將由甯至鄂一路趁此一氣呵成。蓋滬路接通，鄂路則氣勢全活，利源尤旺，洋商借欵必更樂從。總之，蘆漢一路，粵漢一路，甯滬一路，甯漢一路，此四路分頭興修，而每一路又分段趕造，期以四年必成，而尤以多添爐、趕造軌，先用外洋焦炭爲第一義，赴東洋自煉焦炭爲第二義。華軌不敷，暫且搭用洋軌，雖洋焦炭每噸多費七八金，軌多銷暢，路廣利早，實爲勝算，較之一爐撑持，坐待不可知之煤鑛緩造，有大利之路者，損益利害，相去懸絶。當此危急存亡之秋，惟有放膽大舉，拚命相争，或可於死中求生，亡中求存。若再安步徐行，慮周藻密，恐一路未成，而土地已非我有矣，焦憤萬分。請速裁酌示覆，并呈夔帥鑒裁，以爲何如。效。

致華盛頓伍欽差〔一〕 光緒二十四年正月二十三日巳刻發

英人傅蘭雅已離滬局，敝處需材譯書及纂學堂書，伊在舊金山，請代邀訂，盼速來。至感。漾。

致上海盛京堂 光緒二十四年正月二十三日午刻發

容路已奏准，所恨者引德兵，非妨幹路也。蘆漢粵幹路尚可補救，閣下可速向德華、匯豐商接造甯漢一路借欵，路加長，欵加多，又通正幹，德華、匯豐必更樂從。自江甯對岸浦口渡江，沿北岸抵漢，止九百里，一片平地，無山無河，僅裕溪口一渡耳。與容路争勝，止此一著。務須趁此定議，事機不可稍緩，三口合爲一幹路，比欵斷無游移。速示覆。漾。

盛京堂來電并致天津王制台〔二〕 光緒二十四年正月二十六日丑刻到

幹路如果放膽拚命，總須朝廷言聽計從。此時借欵，一要國家擔保，二要洋人共主，三要包辦工程，四要合股分得餘利。如准，無論三路、四路，均可四年造成。無論何國合同，總須一律。否則，一處優給權利，雖已完之約，已付之欵，已辦之工，亦必摇動。晋省現議八釐息，尚分餘利，容件并是洋股，得餘利四分之三，比人安得不游移。若仍慮周藻密，只可就此收束，盡七百萬用完而止。若要放膽拚命，須令比人先借欵若干，一面保漢趕造，一面將粵、滬兩路先與他國定議，暗准比國亦援照他國而行。若鎮津路無論早辦遲辦，亦須歸入總公司，容閎分作一路總辦。若論制德之術，總公司有兩帥主持，比較一容閎，豈竟不及。否則，宣雖拚命，亦辦不動。與其貽誤大局，不如負罪早退。乞兩帥速即會商電示，方可稟承籌議。宣叩。徑。

〔一〕録自抄本《張之洞電稿·致外洋電》。

〔二〕録自苑書義等主編《張之洞全集》第九册，第七四九八至七四九九頁，河北人民出版社一九九八年版。

致上海長發棧湖北委員姚、張[一] 光緒二十四年正月二十四日亥刻發

迴電悉。添派槍礮廠委員徐鈞溥同東渡，詳考槍礮製造事。徐令廿四已啟行，廿七可到滬，即速問明住址，往邀同見宇都宮。電到，先以添派一員告宇都宫爲要。敬。

致長沙陳撫台 光緒二十四年正月二十六日子刻發

咢電悉。滬局移湘，此間亦奉廷寄，惟該局常年撥用洋税，是否一併移歸湘用，或酌撥若干，抑或只撥造槍礮煉鋼鐵機器。峴帥意如何，日來想已詢明，均祈詳示，以便將鄙見奉陳備采。宥。

陳撫台來電[二] 光緒二十四年正月二十日申刻到

昨奉寄諭，飭籌設製造廠局，并將滬廠局移設湖南。聞滬局稟請峴帥先分槍礮新廠移湘，滬局改作公司，事較易舉，未審鈞意何如。竊謂此舉為防患遠計，若移設湘陰一帶内地，濱湖近江，似為穩便，且與鄂廠聲息相同，製造可歸一律，將來湘省增設，亦有據依。如鈞意謂然，擬請電商峴帥務早定計。箴。咢。

致上海盛京堂 光緒二十四年正月二十六日午刻發

敬、徑四電悉。比人如何説法，是否待大局定再交欵，抑須改加權利。美國人議粤漢路，所索如何，德華甯滬欵是否仍照錫樂巴之原議。此三國情形請分晰見示。至四要之説，係何國洋商所索，抑係台端懸揣，均祈明示，切盼。其餘大議論，俟接覆示後再奉答。宥。

盛京堂來電并致天津王制台[三] 光緒二十四年正月三十日五刻到

俞貝德接比電，以大局不定，國債尚賣不動，路債實難賣票，游移不定，可恨已極。四要係美國所索。德華所索擔保、造主，雖不言包辦，而工程一切悉歸造主，須六十年權歸中國。姑俟其詳細欵寄到，再呈核。宣叩。豔。

致長沙陳撫台 光緒二十四年正月二十六日亥刻發

練兵最急，鉅餉難籌。假如湘省練新軍五千，弁兵薪餉、洋教習、學堂經費、軍火、衣裝、各項工程器具，歲餉至少約需銀四十萬兩。湘省原有勇餉可騰出若干，須添籌若干，如何籌法，尊意中當已擬有大概。湘紳衆議有何良策，祈速示，以便仿照，至感。宥。

致宜昌傅鎮台，趙、凌道台，施南魯守、蔡令[四] 光緒二十四年正月二十七日午刻發

傅鎮、趙道、凌道等箇電悉。巴東至長嶺石路，蔡令前稟共估錢一萬八千串，今所請加發七千串，係除前數而言，來鳳不在

〔一〕録自抄本《張之洞電稿·致上海電》。

〔二〕録自苑書義等主編《張之洞全集》第九册，第七四九九至七五〇〇頁，河北人民出版社一九九八年版。

〔三〕録自苑書義等主編《張之洞全集》第九册，第七五〇三頁，河北人民出版社一九九八年版。

〔四〕以下二電録自抄本《張之洞電稿·致本省電》。

內。需欵固鉅，然非砌石不能耐久，應仍照撥，蔡令務須撙節動支。至此路石工寬若干尺，又東湖至來鳳，其中沙石和築之泥路共三百餘里，究竟能保固若干年，蔡令速即電覆。宥。

致宜昌傅鎮台，施南魯守、蔡令光緒二十四年正月二十七日未刻發

魯守有電悉。查利川鑛砂每斤以二十四兩，定價三十六文，來鳳鑛砂千餘斤，定價二十二串。兹據稱土魚河鑛砂合十六兩稱，共一千斤，用錢三百九十餘串等語，與利川、來鳳鑛砂定價懸殊。即以該鑛砂每百斤能煉净銅二十八九斤計算，是鑛砂千斤，僅能煉净銅二百八九十斤，每銅百斤，需合銀一百餘兩。現在頂上洋銅，每百斤合銀二十二三兩，該鑛砂煉銅，比洋銅貴至四五倍之多，殊屬無理可駭。現既經停采，魯守即妥擬核實辦法，禀候核定再收，不得濫收糜費。再，建始鑛務，係地方官之責，責成魯守、李令督同妥辦，傅鎮相距較遠，且原案聲明係專辦收買硫磺事宜，其建始五金之鑛，應歸地方官籌辦，傅鎮但遥爲督飭，李令但禀報傅鎮查核可也，李令何得於諸事推病不理，殊屬非是。所采鑛砂千斤，現存何處，以後所收銅鑛，應仍遵前札就近解至施南，以備煉銅鑄錢之用，不必解宜。典史譚家劭，既據魯守電禀勿庸再委，以節糜費等語，譚典史即勿庸委赴建始，以免争執。有。

致柏林吕欽差光緒二十四年正月二十七日亥刻發

初八日致許星使庚電，云十二生快礮機已造成若干，樣礮係何時交力拂。現鄂廠須兼造海防十五生長快礮，十二生機能趁此加大添件，每年兼造各十餘尊否，價須加若干，祈詢商力拂速覆等語，迄未得覆。想許現在俄京，未暇分神，祈公就近詢商速示，至感。沁。

致安陸電局飛遞唐心口隄工局惲道台、彭守[一]光緒二十四年二月初一日丑刻發

惲道馬電悉。聞上搭腦隄脚地係泥淤塘，填築難期穩實，前數日風雨，已有坍塌，確否。亟宜靠裏面退築，則地勢較高，取土較近，即使多築數十丈，或百餘丈，想工費亦不能過原估之數。至謝家埠添挽月隄五百餘丈，紳民自願幫夫，可即由官助給錢萬串，惲道務與彭守妥商，迅速改築，切勿護前偏執，以期穩固。速將圖説呈核。又碎石坡及挑濬蔡家洲各需費若干，迅即分別電覆。查該工員司雜費，去冬本部堂勘隄時，每月員司薪火船費等項，需錢一萬數百串，當飭核減，乃於裁減員司後，現聞月支尚有一萬數千串之多，殊不可解。分廣已定，宜將員司再加裁減，不得瞻徇浮費，不得藉詞推緩。約共裁減若干名，每月實支錢若干串，迅即查明電覆。其各項工程，均需迅速趕辦，統限於二月內竣事，切切。督、撫。卅。

致宜昌趙、凌兩道台，黄守邦俊、來鳳侯令光緒二十四年二月初一日午刻發

黄守上年十月真電稱，巴、施及施、來電綫，原估總、增兩

[一] 以下二電録自抄本《張之洞電稿·致本省電》。

項約計萬一千餘金。十二月霰電稱，原估九千餘金，七月因運費多，電准增千餘金，十月因由商局購料，又多千五百金等語。查巴、施原估四千金左右，施、來原估三千餘金，是原估約共七千餘金，加以兩次續增二千五百餘金，約共九千餘金，至多不過萬金，何以散數總數不相符合，即據實分晰禀覆。昨據正月文電稱，來料已齊，無欵應用，求飭宜賑局撥錢二千串，至養綫經費，亦求飭侯令遵照前電撥給等語。查黄守前已領銀七千餘兩，錢二千四百餘串，兹復請領二千串，前後所費甚鉅，惟工竣在即，姑仍照准，趙道、凌道速即如數撥發。至養綫經費，侯令前電稱設法招商，歲約籌撥二千金，究係如何設法，迅即如數撥交黄守應用。黄守務須趕緊安設，刻期通電，核實開報。均各電覆。東。

致天津王制台〔一〕 光緒二十四年二月初一日午刻發

正月歌電請將旅大礮臺需用十五生、十二生礮數、彈數原估價值電示，祈速飭查電覆，以便籌計。東。

王制台來電〔二〕 光緒二十四年二月初一日亥刻到

東電悉。旅大礮臺需用十五生二十三尊，每索價五萬三千二百馬克。十二生三十四尊，每索價四萬二千馬克。十五生每尊各種彈一百出，十二生每二百出，價甚參差，未經估準，并請飭廠將洋價核實估計示知，以備考核。韶。東。

致漢口小波羅館日本大佐神尾〔三〕 光緒二十四年二月初一日亥刻發

來函具悉。初二日有事，不能暢談，不勝抱歉。請改於初三日十點鐘惠臨，翹盼之至。除另函專布外，特電達。初一。

致上海盛京堂、天津王制台 光緒二十四年二月初四日戌刻發

昨與錫樂巴商，詰以四要。第一條，不能索國家擔保，總署必不肯。錫云，不必國家作保，但須顯出是國家之路，非公司一人一家之路，且須奏明。答以奏明批准，自不待言，合同除總公司蓋印外，並由南、北洋大臣及敝衙門蓋印，即非公司一人一家之事矣。錫云，如此當可行。第二條，不能由洋人作主。錫云，非欲洋人作主，惟銀行與閣下皆不能一人作主，如閣下並總辦大員二人，德華、匯豐管事二人，共五人公議，多者從之。第三條，不能包辦工程。錫云，物料先儘中國自有者用，此外無論何國，儘價廉者用。第四條，不能分餘利。錫云，若無小本小利，銀行斷不願。答以小本我自能籌，若銀行必欲霑潤，至多小本不過三分之一。錫云，如此即可。惟德華欲添小本，恐意在干預我永遠路權，不如許以小本三之一，而多給小利，錫意在六釐似亦無妨，惟須議定，祇准收利，不得干預路事。似乎四要皆已活動，皆有辦法，已屬錫電德華與執事面議，如何，祈示。惟第二條仍多閃爍耳。鄙意德欵較妥，美望太奢，莫若先與德議，俟滬漢議定，再與美議粤漢，即可照本謄録矣。高明以爲何如，並呈夔帥。支

〔一〕録自抄本《張之洞電稿·致直隸電》。

〔二〕録自苑書義等主編《張之洞全集》第九册，第七五〇八頁，河北人民出版社一九九八年版。

〔三〕録自抄本《張之洞電稿·致本省電》。

一。

致上海盛京堂 光緒二十四年二月初四日戌刻發

敬、徑、宥、兩豔、兩江、支八電悉。德使不准他人干預山東邊界鐵路，容路雖議准亦不能辦。鄙見此時似暫不管東路，若與德華議妥，則由滬達漢，人貨暢通，不專靠南北兩頭矣。莫如撇開東路不論，趕將滬漢、粤漢兩路迅速併議，借滬漢以歆動比欵，借粤漢以歆動德欵，借粤漢、滬漢以歆動美欵。三路互相借助，當可有成，而尤以先與德華議爲要，蓋此處利息較輕，還法較易也。三路果通，何畏於東一面，再與當道商歸併之法。比欵反覆，可惡。其實乃爲權利輕，不盡爲東路。彼見德、美兩路議妥後，如看出此路有利，再暗中酌加利益，或肯就範。總之，總署若肯擔保，即四路五路亦不難，何至費許多周折。不思若國家擔保，即公司不能還，每年不過官籌百數十萬，何至束手，有何大害。若國家不擔保，然又准以路作押，是明明聽外國將我中國鐵路占去矣。乃願此而不願彼，真無可奈何之事也。支二。

致柏林吕欽差[一] 光緒二十四年二月初四日戌刻發

先電悉。應購年出十五生四十倍長快礮十五尊，各機并尺寸洋文附後，請按照與力拂議價。洋匠云既有十二生樣礮，即可比例繪圖造十五生機件，不須另購礮樣等語。查克廠每以樣礮居奇，刁難延緩，總以不用樣礮爲妙，并祈詢商力拂，速示。再，彈機即請改爲造鋼彈者。支。

致上海盛京堂[二] 光緒二十四年二月初四日亥刻發

宥電悉。已電請右帥電調詹、鄺二員矣，請尊處即辦，咨牘派員赴粤會商。神尾今日赴滬，見執事後，仍回鄂。豪。

致上海盛京堂、天津王制台 光緒二十四年二月初七日亥刻發

魚電悉，氣悶之至。國債利重，晋路權利兼重，無論何國皆將效尤。若肯加利，比欵亦可允，若不加利，英公司華士賓亦不行。漢口滙豐接京電，謂國債係四釐半、九二扣，前日即已賣票，李相電謂係八六扣，不解。敝處兩支電想達，尊意有何良策，祈速示，並呈夔帥。陽。

致清江松漕台[三] 光緒二十四年二月初八日子刻發

小兒權入都會試，日內當已到清江，祈派馬隊護送，感禱。陽。

致日本東京裕欽差轉交湖北委員姚石泉[四] 光緒二十四年二月初八日子刻發

魚電悉。大略情形速具禀，言語務須謹慎斟酌。陽。

[一][四] 録自抄本《張之洞電稿·致外洋電》。
[二] 録自抄本《張之洞電稿·致上海電》。
[三] 録自抄本《張之洞電稿·致江蘇電》。

致上海盛京堂〔一〕 光緒二十四年二月初八日巳刻發

魚電悉。詹、鄺不來，尊意擬請陳中丞即與熊、黃商籌，沿途用紳士保護，洋工師勘路亦可。只可如此辦法，覆電當可行。前日接右帥魚電，勘路委員湘派曾牧慶溥，鄂派陳道兆葵暨汪牧喬年同往。陳道係郴大紳，乃右帥商派者。庚。

致長沙陳撫台 光緒二十四年二月初八日巳刻發

魚電悉。正擬會電胡京兆，適杏孫來電，云京兆覆奏，詹、鄺均不能調，另四人一已故，三無用。似此衹得用洋工師勘路，沿途州縣均用紳士保護，當無阻礙等語，想已達覽。無路學華員可派，非用洋人，別無辦法。尊處已籌定否，祈示。庚。

致上海盛京堂 光緒二十四年二月十一日未刻發

魚、二陽、齊、卦五電悉。比欵反覆，可惡，憤悶之至。但比約雖毀，他國利息必與比同，而攬權過之。惟比欵止敷一半，亦不濟事，似須與比約，仍照合同全數，而酌加利益。料能商中外分購否，鋼軌、橋梁、水泥中國造，餘料外國購，何如。至小本小利，如德華許以三分之一，似比亦可照許。如比必不成，英公司原無不可，惟須議明，斷不能兼辦粵漢耳。鄙人所堅持力懇者，衹在不准英造粵路，其餘皆請台端酌辦，自能籌畫周詳。錫樂巴云，德華電稱尊處已議允，係何章程，速示。美議粵漢，肯照德辦甯滬章程否，並祈覆。至無論何國，最甚不過酌分餘利，斷不能令作主人。尊見極當，務望堅持。真。

致江甯劉制台、上海蔡道台〔二〕 光緒二十四年二月十三日巳刻發

鄂省購克虜伯礮三十八件，裝安打羅士耶輪船運來，十五可到滬。祈迅飭滬關速發軍火進口單，交義昌成樊委員棻領運爲感。元。

致上海盛京堂 光緒二十四年二月十六日未刻發

俄要旅大，已聞知。英德借一千六百萬鎊，以蘇、浙、江西貨釐，皖、鄂鹽釐作抵，知之否。德不准容閎造山東路，總署改令容閎造鎮至河南路，知之否。諫。

致吳淞沈道台〔三〕 光緒二十四年二月十七日亥刻發

來春〔四〕多情可嘉，然鄂省無力練兵，不能再添洋將，亦無他項需添教習之處。祈轉告，且謝其見念厚意。敝處用德人甚多，本不以德產爲嫌也。銳。

致上海盛京堂 光緒二十四年二月十八日午刻發

真電悉。承示初勘以探實走何道路爲最要，祇算聯絡地方。現湘鄂均各派員，應請尊處亦添派一明白可信之員同往，俟洋人

〔一〕録自抄本《張之洞電稿·致上海電》。
〔二〕録自抄本《張之洞電稿·致江蘇電》。
〔三〕以下二電録自抄本《張之洞電稿·致上海電》。
〔四〕即來春石泰，德國武員。

由粵勘至湘界，即可偕同覆勘回鄂。請速派委，示覆。嘯。

致日本裕欽差轉交湖北委員姚令、張遊擊〔一〕 光緒二十四年二月十八日未刻發

篠電悉。東譯員二，每人月薪百五十元，另給住房，期兩年，川資二百元，回國同，均照准，合同叙明湖廣督院飭某人代訂。盼速來，并謝宇都宮。再，鄂省設工藝學堂，擬延東洋工藝教習二人，一機器學，一理化學，以教讀書人。再募工師兩人，能自己動手製造新法各物者，以教工匠，製造之物須中國湖北相宜者。均與宇都宮商酌速辦。再，電報由使館轉交太周折，務速到電局掛號，以後有Yao［姚］字電報，即送該令等爲要。嘯。

姚令等來電〔二〕 光緒二十四年三月初一日

譯員事遵諭辦合同，立即赴華。工藝教習、工師已熟商宇都，有端緒另電稟。送武備學堂事，已見中將川上、大佐福島，議大略，百人分兩次送，按排較易。初次送五六十人，餘續送。彼先專立一講堂，以捷法教，期速成，最速者三年足用。惟學生住舍須傍學堂另租，須華員常住照料，通計歲費約四百元人，委員費在外。豔。

致宜昌土藥局凌道台〔三〕 光緒二十四年二月十九日午刻發

上年十二月分税銀一萬二千七百餘兩，速解槍礮局應用。本年正月分收税若干，亦即豫解。效。

致宜昌川鹽局趙道台 光緒二十四年二月十九日午刻發

上年十二月及本年正月分江防加價，共收錢若干，速合成銀數，解交槍礮局應用。效。

致上海盛京堂〔四〕 光緒二十四年二月二十一日酉刻發

總署效電：漢口各國租界及擬定鐵路地基，速繪詳圖貼説送署，各國催索甚急，本署亦常須勘對，勿遲爲要。效。等因。尊處想已接閱。圖説何日可成，何時送署，祈電示。箇。

致安陸電局飛遞唐心口隄工局惲道台、彭守〔五〕光緒二十四年二月二十五日戌刻發

蒸電悉。新隄碎石坡，估計工料九千五百四十餘串，無欵可撥。至所云作石坡者，上搭腦乎，下搭腦乎。若係下搭腦，要石坡何用，若係上搭腦，外有舊隄石坡，何以新隄又要石坡，且估亦太貴，斷難照辦。究竟此石坡須修否，據實電覆，不得迴護。惲道請撥之萬五千串，只能勉撥一萬串，本部堂並無向聶令允許三十萬之説，如係聶妄傳，應加申飭。羅掘久窮，務須撙節，不

〔一〕 録自抄本《張之洞電稿·致外洋電》。
〔二〕 節録自苑書義等主編《張之洞全集》第九册，第七五二四頁，河北人民出版社一九九八年版。
〔三〕〔五〕 以下二電録自抄本《張之洞電稿·致本省電》。
〔四〕 録自抄本《張之洞電稿·致上海電》。

能任聽員司妄開，切要。有。

致安陸電局飛遞唐心口隄工局惲道台

光緒二十四年二月二十五日戌刻發

歌電二、庚電一、蒸電二、咍電一，均悉。據稱聶令述本部堂口氣，欵允三十萬，并無此說。仍遵迭次電飭，極力撙節。約計領去經費已早逾飭定二十四萬之數，欵絀已甚，焦急非常。其責成該道不得瞻徇推諉，正以束服員司，代該道作惡人，俾該道好辦事，何以云衆心疑貳，如大局何。該道於飭裁委員則謂現尚不敷，於防費石坡則請嚴批核減。究竟何所適從，真令鄙人難於批答矣。非不覆也，不知該道之意欲如何覆也。所請一萬五千串，實在無可羅掘，今勉從所請，飭司撥一萬串。氈帽隄不得擅掘。該道仍宜平心督率，以竟全功。有。

致蘇州奎撫台[一]

光緒二十四年二月二十七日巳刻發

有電悉。盛令宜懷所購湘米一萬石，昨已飭關道放行矣。沁。

致上海盛京堂

光緒二十四年二月二十七日巳刻發

徑、宥三電悉，粵漢自以美欵爲妥，粵漢、蘆漢能同辦更佳，但不知包辦尚用中國物料否，請卓裁。國事日艱，速定爲妙。感。

致江甯劉制台、上海蔡道台[二]

光緒二十四年二月二十七日巳刻發

襄鄖電綫物料現已購運到滬，請電滬關發轉口護照，交委員朱文駿領運來鄂。沁。

致俄京許欽差

光緒二十四年二月二十七日午刻發

漾電悉。局危變促，論正辦，非拚孤注、結强援、遏狡謀，不能圖存。然朝廷無從知時局，政府無更張意，安望有旋轉乾坤之舉。徒以口争，豈能有益，不得已聊籌三議：一、抵換。甯割新疆，不捨旅大，此非請旨不能談。二、商緩。我斷不將旅大許別國，俄何必急，俟黑吉路成再議，議引長海口之益，早晚固在，況本可避凍，俄利無損。我果乘暇奮發，路成之日，我局亦定。三、許實惠，避租名。俄助歸遼，環球稱義，一旦自取，爲德不卒，貽笑孰甚。中俄交密，何商不可。水泊船到處無阻，旅大屯煤亦可，但稍限兵數。我更趕接黑吉路達旅大，但須言明用我窄軌，惟俄獨減運載價。我兼趕築臺，練兵，均延俄教習，但不可有九十九年租約。俄盡得實利，又享義名，孰能勝此。此則姑留片土，冀有餘望，目前亦可謝英、德。總之，萬不可寫租約，否則大局頓裂，思之痛心。承詢姑抒所見，或助萬一。感。

致施南來鳳侯令[三]

光緒二十四年三月初五日戌刻發

峽路經費現存若干，速即一併解省，以濟急需。電綫何日接通，均即電覆。歌。

[一][二] 録自抄本《張之洞電稿·致江蘇電》。「奎撫台」指奎俊。

[三] 以下四電録自抄本《張之洞電稿·致本省電》。

致襄陽黎道台、王守、梅令光緒二十四年三月初五日戌刻發

風聞梅令、楊紳變計派捐，停發倉穀，以致饑民塞途，鄉鎮罷市等語，確否。查襄災重，待賑亟，仍宜速照前稟，一面發穀，一面勸捐，設法籌賑，迅速救濟。汪倅樹瑜捐欵，准先撥用。至要，并速電覆。歌。

致襄陽王守光緒二十四年三月初五日戌刻發

頃聞樊城土藥分局孫令蓉，於該分局驗票復秤，多派閒人沿途攔奪土挑，專事苛刻，非罰即充，商情多怨等情，殊堪駭異。查近來收數不旺，正宜寬爲招徠。該守速即轉飭孫令勿再苛擾，倘仍不遵，定即撤差。歌。

致老河口土藥局陶令、馮令、童倅光緒二十四年三月初五日戌刻發

馮令、童倅支電悉。光化灾重，陶令速借撥銀一千兩，交梁令散賑具報，并速電覆。歌。

致長沙陳撫台光緒二十四年三月初七日申刻發

紙電悉。周漢刊播謡帖，詈教生事，傳提到省，又復不服約束，毁物狂鬧。當此教案波浪未平，朝廷宵旰憂勞之際，豈可再生枝節。必應速行懲辦，以遏亂萌。惟解至鄂省一節，萬萬不可。湘省知其揭帖狂鬧情節，即可據以奏辦，鄂省又須另起爐竈，從頭訊問，彼必狡賴。此間無案無證，臬司、首府人俱長厚，必致不能定讞，一也。長沙尚無洋人，若解至鄂，漢口洋人太多，必致謡言四起，瀆擾總署，二也。到鄂則案無了期，遷延日久，渠徒黨甚多，附和造謡，恐必有聞風打毁教堂之事，三也。鄙意莫若即行電奏，詳叙舊案，言周漢瘋狂生事，請將周漢即行革職，發往軍臺。渠係有舊案之人，想朝廷當無不允。若尊意願弟一同列名，則即雙銜會奏，亦無不可。請即速擬電奏，由弟處閲過，轉電總署，並於電奏内聲明，恐人心摇惑，致釀巨衅，故擬速行懲辦，令其早離湘省，或云詳情另行咨部存案，或云另行詳晰具奏存案。總之，非此不能速。奉旨以後，其黨自散，其燄自熄。若尊意謂不宜電奏，即雙銜摺奏亦可。若解鄂則審無從審，辦無從辦，放不能放，衹可仍解回湘省，不惟爲周漢所笑，且從此更將肆行無忌矣。即請速酌示覆，並與公度廉訪商酌爲要。陽一。

致長沙陳撫台光緒二十四年三月初七日申刻發

去年會匪唐奇一案，大爲湘人所抗，審訊十分喫力，幾欲翻案。若周漢解鄂，斷無人敢審，不敢不以實告。務望在湘省了之，切禱切禱。陽二。

致上海盛京堂光緒二十四年三月初八日未刻發

陽電悉，奏稿已細讀。大局危迫，衹可如此。但美公司人管路，不知如何管法，如能言明雖歸彼管，我亦可與聞，如有礙我政權之處，准我飭該公司隨時改正，將人撤换，否則議罰較好，但不知能辦得到否。統請酌定，不必再商。庚。

致長沙陳撫台光緒二十四年三月初八日申刻發

庚電悉。周漢狂悍可恨，尊意擬電請總署示，極好。監禁最省事而合例。昨電所以擬請遣戍者，恐夥黨在外助鬧生事耳。若揣度情形，外黨不致生事，則即請電商總署請監禁，尤妥。蓋長途數千里，管解者豈能堪其纏擾，且防有他誤也。統祈裁酌。庚。

致日京使館轉東京厚生館姚、張〔一〕光緒二十四年三月初八日申刻發

東、微電均悉。工藝能一人兼兩門爲善。每人薪若干，大約必較理化機器師廉。至須用何種，可就鄂産所宜酌商，電聞再定。旅資即日照數匯。選學生鄂以五十人爲初辦，湘未覆，大約分而不合爲宜。陽。

錢守致日京中國使館姚光緒二十四年三月初二日酉刻發

東電悉。二月時局又變，鄂欵大絀，故與神尾無所商，惟學生東行，此願不改。遵諭轉達。恂。冬。

致荆州俞道、舒守〔二〕光緒二十四年三月初八日酉刻發

虞電悉。松滋王令捕獲陳六黄等，張副將拏獲何永松、胡輔臣，即照來電由荆委員馳往會訊，稟請核辦。督、撫兩院。庚。

致江甯劉制台〔三〕光緒二十四年三月初八日酉刻發

語電悉。徐、海灾重，亟應多籌，以申鄰誼。無如鄂省連年灾歉，工賑未竣，支絀萬分。謹籌湊銀一萬兩，電匯尊處轉交嚴紳佑之，聊助涓滴。洞、洵同覆。庚。

致京翁中堂、兵部大堂徐、刑部大堂廖〔四〕光緒二十四年三月初八日酉刻發

東電謹悉。淮北灾重，亟應多籌，以申鄰誼。無如鄂省連年灾歉，工賑未竣，支絀萬分。謹籌湊銀一萬兩，電匯劉峴帥轉交嚴紳佑之，聊助涓滴，祈鑒。洞、洵同覆。庚。

致上海盛京堂光緒二十四年三月初九日午刻發

庚四電悉。已電北洋請速奏。美欵可成，比欵不翻，欣幸之至。但不知有變卦否，過三日當無恙矣。權利雖減，命根尚存，公可謂長才矣。佳。

致沙市俞道台光緒二十四年三月初九日午刻發

總署來電：頃日使請沙市租界未定以前，日商運貨，暫免釐金，希飭關道及釐局委員，凡日商進口貨物，查明先准免釐，仍照章收税等語。祈即遵照。佳。

〔一〕以下二電録自抄本《張之洞電稿·致外洋電》。
〔二〕録自抄本《張之洞電稿·致本省電》。
〔三〕録自抄本《張之洞電稿·致江蘇電》。
〔四〕録自抄本《張之洞電稿·致北京電》。

致老河口轉竹谿縣黨令、小河口土税局李委員際昌[一] 光緒二十四年三月初九日亥刻發

據禀，聚安和棧主吴復源販土越卡，偷漏追獲，復執汪玉祥税條朦混，應照章罰辦。惟汪玉祥税條何由入聚安和手，當澈究。即飭竹谿縣党令傳訊議罰禀辦，并電覆。佳。

致老河口轉寄均州賈中丞光緒二十四年三月初九日亥刻發

初七日閣鈔上諭：張之洞等奏老臣重遇恩榜筵宴，籲懇恩施一摺。三品卿銜前雲南巡撫賈洪詔，早膺民社，洊陟封圻，退處鄉閭，年登大耋。前因鄉考重遇，賞加三品卿銜。現在重遇恩榮筵宴，洵屬藝林盛事。著加恩賞給頭品頂戴，准其重赴恩榮筵宴，以光盛典。欽此。

致上海盛京堂光緒二十四年三月初十日辰刻發

鐵路既歸美國人管，合同必須添入此路祇准中國運兵，不准與他國運兵，凡於中國有損之事，皆不得用此鐵路等語。既云權如税務司，查税司所辦皆於中國有益無損之事，且海關尚有關道同管，諸事均得與聞，用欵全歸關道。此路能以洋人爲正管，添派華官會同管理否，此外有何應添要語。至以上各條，或應添或不必添，統望裁酌。添入速電伍星使，不必再商。佳。

致上海盛京堂光緒二十四年三月初十日午刻發

庚電悉。膠、旅既失，英覬吴淞，法索廣灣，自在目前。徧觀大地，從無海口被人佔去而尚能立國者。現北海已莫可挽救，倘南洋次第失去，真四千年來大變，從此中國受人壓制，萬古不能自主，能不痛心。思欲留一綫生機，則乘日内先以孤懸海中早有成約之舟山許英，而留吴淞爲出路，或尚可爲中國留根基。台端能切實一言以救中國否。吴淞一屯英兵，沿江各省商務必大擾亂減色。中國斷不敢將長江許他國，英何必明佔吴淞。英既得舟山，其利與佔吴淞同，獲義名而不擾商務，在英尤利。以此動之，或得允許。又，俄、德均以我沿海爲鐵路起點，英得吴淞，難保不仿辦，果爾則甯滬權失，從此蔓延，即幹路亦不能保，此最切近之禍。惟有趕定此甯滬一路借欵，即日開造。冀英或不如俄、德之貪狠，稍留餘地。然不先自爲謀，無辭以拒。望力維大局爲幸。弟本欲言，然總署有成見，鄙言必不聽，故切懇之執事，祈速覆。蒸。

致俄京許欽差光緒二十四年三月初十日午刻發

允租旅、大作商埠，已畫押。聞鐵路、租界、塢屋歸閣下議，若能將鐵路議歸我造，用窄軌，及在大灣設關，則尚可通黑、吉之氣，收關税之利，否則黑、吉割棄，牛莊、天津、東海三關虚設。先聞俄揚言得旅、大必照香港例，許各國共享無税之利，或酌減税則，或進口免收税，由鐵路入内地再收。明知狡謀難遏，姑備蓋籌。海口徧塞，斷難立國，憤恨已極。蒸。

[一] 以下二電録自抄本《張之洞電稿·致本省電》。

致江甯劉制台〔一〕光緒二十四年三月十三日子刻發

鹽釐歸赫德，江、鄂同害，鄂省窘狹，更將束手。尊意擬如何辦法，祈示，至感。文。

致杭州惲藩台光緒二十四年三月十三日子刻發

浙東貨釐歸赫德，每年進欵約少若干，鄂少川、淮鹽釐一百五十萬，不治之證矣，焦憤萬狀。浙省如何辦法，或請停解欵，或另籌，尊意必有良策，祈示。文。

致長沙陳撫台光緒二十四年三月十四日寅刻發

委員自東洋電詢湖南究派武備學生往否，須與彼國一實信。鄙意熟察時局，非急練兵不可，練兵非赴外洋學習不可。東洋路近費省，而彼意誠切，尤爲有益。湘軍加以洋學，真無敵矣。此爲今日保湘省，籌大局，備援應第一策。湘省如有意遣學生往，似宜趁此時。鄂有委員在彼，先派一兩員往看，詢商大略，諸事較便。但此次派人須即派帶兵勇管學堂之員，尤爲有益，官大小不拘。竊謂黄中書忠浩最好，並須派一武官同往，不拘大小，有武官方能看營壘。譚道恐有事不能分身，且不如黄乃自己所辦之事也。鄂擬派學生百人，分兩起往，湘約派若干人，並祈酌定。每人歲需費四百元，較西洋所省過半，照料委員須一兩人。總之，湘自湘，鄂自鄂，分爲兩局，各辦各事也。祈速酌覆。元。

致安陸電局飛遞唐心口隄工局惲道台、彭守〔二〕光緒二十四年三月十八日亥刻發

彭守文電悉。水漲浪刷，趕緊培補，并速竣工，勿稍延緩貽誤。究竟實在刷去若干，即確查覆。惲道何尚未到，仍將現辦情形，隨時電稟。督、撫。嘯。

致荆州俞道台、舒守光緒二十四年三月十九日子刻發

洽電悉。松滋案，據稱經馬令會訊，罪重匪首五犯，請就地正法等情。案關五犯正法，豈有未據録供稟核，但憑一電，遽行飭令正法之理。查松滋至荆半日可達，由荆交輪船寄省，亦僅二日。速飭該印委將五犯嚴密監禁防護，迅即録供具稟，飛遞荆州交商輪遞省，再行核批。嘯。

致安慶于藩台光緒二十四年三月二十二日子刻發

英以兵借威海，俄、法、德不許。俄兵欲占金州，因金州副都統開礮，俄使照署，勒令官軍退出，大患不可思議矣。箇。

致江甯劉制台光緒二十四年三月二十三日子刻發

皓電悉。蓋籌周密，佩甚。但盼總署照允，則幸甚矣。鹽釐歸赫，長江大宗利權全失，湖北更不能自存。前數日弟思有權宜

〔一〕録自抄本《張之洞電稿·致江蘇電》。
〔二〕以下二電録自抄本《張之洞電稿·致本省電》。

之策，以長江貨釐卡數處抵鹽釐，假如皖、鄂、宜淮川鹽釐共四局，歲收約三百萬，若改以沿江貨釐抵之，不過查明舊日收二百萬之數予之，彼即可允。蓋釐歸洋人收，諸事簡速核實，必比委員加多，我暗中可省出一百餘萬以歸本省之用，而商民亦可有益。蓋子口洋旗日盛一日，且內河行輪，由關至內，由內至關，均歸洋關收税，則貨釐自然全無矣，豈非落得人情乎。且五省一律以貨釐作抵，彼亦易辦。但各委員盼釐卡爲生計者甚多，必然不願，此策必爲羣議所格。故鄂省即不能辦，此策已作罷論。姑以此説達之台端，以見今日雖無上策，尚有下策，較之鹽釐、貨釐一掃而空者，豈不較勝。時勢至此，無可説矣。漾。

致長沙陳撫台 光緒二十四年三月二十三日子刻發

岳州通商一事，昨總署奏准咨行，將開通口岸應辦事宜迅速妥議，次第布置，並將大概情形先行咨覆等因，台端想亦接到。查岳州通商，事屬創始，所有曉諭紳民，查勘馬頭，建置關署各事，亟應分別妥籌，並奏委大員監督。惟新開口岸，似不便派委候補道、府充當。而岳常澧道向駐澧州，能否兼顧，抑應如何辦理之處，均候卓裁。除咨行外，應請飭司妥速籌議，詳覆會核，咨達總署。祈即電示。再，以後岳州關事，似應請尊處主政爲妥，並祈酌示。漾。

致柏林呂欽差[一] 光緒二十四年三月二十四日子刻發

東電悉。十五生機，現無欵訂購，請作罷論。十二生機已成若干，起運若干，祈查明示覆。銅彈機并望隨時催促，至感。漾。

致宜昌凌道台[二] 光緒二十四年三月二十四日子刻發

前會辦野三關委員常濟，在局年久，病故省垣，家有八旬老親，棺歛無資，旅櫬難返，極爲可憫，亟宜照章給恤。可於罰欵內提銀三百兩，電匯馬臬司轉給該故員家屬。又前野關司事張其灝，仍令回局，轉飭該局瞿令酌派一事，并速電覆。漾。

致老河口光化梁令 光緒二十四年三月二十四日子刻發

箇電悉。河口分設四廠賑粥，日食一萬四千餘人，民饑可憫，亟應賑撫。所請就地籌捐，實收二百張，核奬銜翎，以濟急賑，已照准飭司札發。至土税局借撥千金，俟賑捐有欵，仍應撥還。漾。

致安陸電局飛遞唐心口隄工局惲道台、彭守 光緒二十四年三月二十四日辰刻發

惲道、彭守號電均悉。永慶、平安未完各工，務於月底完竣。中洪砌條石云云，未解，何以用條石，是否即係碎石坦坡。據彭守電，外幫被刷，計長六百餘丈，此時水既稍退，趕緊培補，不可稍延。漾。

[一] 録自抄本《張之洞電稿·致外洋電》。
[二] 以下三電録自抄本《張之洞電稿·致本省電》。

致日本厚生館徐鳳九〔一〕 沈丞致 光緒二十四年三月二十五日申刻發

槍每枝需子袋二件，小刀插一件，刀插袋一件，寬腰帶一件，表尺套一件，窄槍帶一條，共七件爲一套。須購二千套，每套價銀若干，至速何時到鄂，查明速覆，以便請購。錫周。徑。

致來鳳土藥局侯令〔二〕 光緒二十四年三月二十六日巳刻發

候選縣丞王仁溥，係來鳳人，人甚明白，熟悉道路情形。即於該局酌派一事，月薪三十金。速委，電覆。宥。

致上海盛京堂〔三〕 光緒二十四年三月二十六日巳刻發

鐵廠隄工，前撥湘賑計實銀三萬三千餘兩，除兩次解銀二萬兩外，其餘一萬三千一百餘兩，祈速解。再，頃據宗令稟，前項隄工約共需銀四萬七千兩。又據錫樂巴稟，添築小磯頭五座，約需銀三千兩，連前工合算，約共需銀五萬兩，除尊欵已解未解外，尚不敷銀一萬七千餘兩，請撥欵前來。鄂省賑欵早已匱竭，無可再籌，而此隄關繫全廠，務請由尊處勸集。鄂賑銀一萬七八千兩，作爲該隄不敷經費，並請酌墊速辦，以應急需，至感至禱。祈電覆。宥。

致荆州俞道台、舒守〔四〕 光緒二十四年三月二十七日子刻發

松滋王令、委員馬令會稟供摺已到，已批臬司飛飭松滋縣，將陳六黄、何永松、張澤茂、湯篤臣、陳光明五犯即行就地正法矣。該道、府即飛飭遵照。宥。

致長沙陳撫台〔五〕 光緒二十四年三月二十七日申刻發

湖南裁兵事，司詳遲遲始到，不可再緩，已於本月廿二日會尊處前銜具奏。因一切辦法皆係叠經商定，未及先送會稿，容即咨達。感。

致總署、户部 光緒二十四年三月二十八日戌刻發

昨奉大咨奏續借英金案内，將宜昌鹽釐、鄂岸鹽釐派赫税務司代徵撥付等因。查鄂省近年川、淮鹽釐正雜、新舊各欵，每年共收銀約一百四十餘萬兩，均有奏案。内川釐正課、加課約收八十五六萬兩，雜欵約六萬餘兩，淮鹽督銷局解來楚釐舊案每年約二十萬兩，緝私等費二萬數千兩。又川、淮江防加價，奏定槍礮局專欵共十七萬餘兩，又籌餉加價指還四國洋欵，川、楚共十二萬兩。除鹽課提解鹽釐京餉二十萬兩，固本京餉七萬兩，遇閏加五千兩，又撥解荆州滿營俸餉約三十萬兩，分解淮鹽督銷局加課約十三萬兩，下餘約三十餘萬兩，儘數撥歸善後局，湊撥餉需。西征洋欵改爲加放俸餉一項，鹽釐攤十萬兩，甘肅新餉鹽釐攤十

〔一〕録自抄本《張之洞電稿·致外洋電》。
〔二〕〔四〕録自抄本《張之洞電稿·致本省電》。
〔三〕録自抄本《張之洞電稿·致上海電》。
〔五〕録自《近代史資料》總一〇九號，中國社會科學出版社二〇〇四年版。

五萬兩，內務府經費一萬餘兩，尚餘銀十餘萬兩，添湊供支練兵防勇各軍月餉，及峽江救生紅船口糧。查鄂省收款惟貨釐、鹽釐兩大宗，鹽釐實居其半。近數年來水旱交乘，洋旗子税愈增愈多，貨釐日形短絀，年遜一年，若鹽釐歸赫德，全局俱困。督同司道等反覆籌商，均屬焦急無策。所有鹽釐京餉、固本兵餉已無款可提，惟有請予免解。加放俸餉、甘肅新餉亦屬無可湊撥，惟有請照鹽釐減收之數減解。其練兵防勇月餉，驟短十餘萬兩，鄂省兵額已奏定，分年裁減五成，若再行裁汰，難保不啟亂階，尚須另行籌辦。至荆州駐防俸餉，向來專指鹽釐，計口授食，到期支放，刻不容緩。上年奉撥四國洋款，款鉅期迫，早已羅掘罄盡，斷斷無從籌撥，豈有坐視旗營枵腹之理。荆州駐防一項，祇有仍在宜昌鹽釐內先行如數提出，再還借款，免致貽誤。擬俟税司到鄂，當與面商，設不允從，再當咨請改撥的款。他如奏定槍礮局經費之川淮江防加價十七萬餘兩，奉撥專還四國洋款之籌餉加價川、楚共十二萬餘兩，均屬最要急需，萬難短少。此兩項係因事抽捐，並非正款，鹽釐應仍由鄂徵收，擬即照此與税司妥商辦理。總之，一省驟少一百四十餘萬兩，實無點金之術。謹飛電奉達，伏祈裁酌，迅賜示覆，盼禱。洞、洵同肅。儉。

致天津王制台光緒二十四年三月二十九日亥刻發

杏翁鸆電悉。伍使已畫押，甚慰。美約必須速定。會電甚妥，請速轉署。鸆。

致東京湖北委員姚令光緒二十四年三月三十日巳刻發

儉電悉。工藝教習且緩。現專訪工師，須能製竹器者一，能以木皮造紙者一，能治骨角如假玳瑁器、明角燈等類者一。再詢織呢絨有省儉辦法否，如有，亦須一人。羽毛齒革皆楚産，故注意於此。鑛務固亟，擬就學於彼。卅。

致京督辦軍務處[一]光緒二十四年閏三月初一日子刻發

二月蕭電、三月箇電均敬悉。查湖北防勇，計馬隊兩營，每營官弁馬勇一百五十四員名，分紮襄陽各州縣，專爲緝私。步隊十三底營，每一底營係二百五十人，省城東門外洪山紮一底營，北門外塘角礮臺紮四底營，大較場紮兩底營，漢口洋街并各馬頭紮三底營，彈壓鐵山、煤鑛共一底營，沙市紮一底營，樊城紮一底營。田家鎮礮臺勇夫五百五十名，係三台官分管礮勇，餉較重。洋操隊三營，內馬、步、礮、工程共一千二百五十人。以上共官弁勇夫五千八百九十六員名，月共支銀二萬七千二百八十六兩零。又洋教習四員，月共支德金三千七百馬克。又荆江水師兩營，襄河水師五營，共礮船一百五十七隻，分紮兩千餘里，官弁水勇共二千一百三十七員名，月共支銀八千二百二十餘兩，皆係分紮彈壓，勢難裁減。又各標練軍九營，每營人數多寡不等，共官弁兵丁三千九百六十八員名，月共支銀七千三百九十餘兩，錢五千九

[一] 録自抄本《張之洞電稿·致北京電》。

百五十串零以上。全省水陸防勇暨練軍各營官弁教習兵勇，總共一萬一千九百八十八員名，皆足十成。礮船共一百五十七隻，統共月支銀四萬二千四百四十餘兩，錢五千九百五十串零。洋教習四員共月支德金三千七百馬克，照市價核給，銀數無定。惟各營營制餉章互有參差，電報難以縷陳。除另繕清單由郵政局咨呈外，先舉大概奉覆，祈鑒察。卅。

致江甯劉制台〔一〕 光緒二十四年閏三月初一日子刻發

户部電，七局代徵，閏三月十一日開辦，俟副税司將情形查覆，再交代等語。想係十一日以後，收數即歸赫德耳。尊處擬如何辦法，聞前已請緩期，允否，祈速示。卅。

致長沙陳撫台〔二〕 光緒二十四年閏三月初一日子刻發

浙江廖中丞電，廷寄按三百人發餉，果爾恐滋流弊。湘、鄂兩省如何辦理，乞電示等語。鄙人實無良策，尊處擬如何辦法，祈速示。洞。卅。

致蘭州陶制台、西安魏撫台、杭州廖撫台、長沙陳撫台 光緒二十四年閏三月初一日子刻發

陝浙箇、馬電均悉。每營發三百人餉，事實爲難。鄂省防勇皆係底營，每營只二百五十人，以節餉解部，更難辦矣。原奏之意不過徑裁營勇四成耳。鄂營本少，再裁勢不能支，且雖裁，亦無可解部之餉也。愚蒙，實無良策，請指示爲幸。卅。

致襄陽黎道台、王守、梅令〔三〕 光緒二十四年閏三月初一日子刻發

儉電悉。據稱飢民十餘萬，銀穀不敷賑給，請再撥府倉穀三千石，即照准。督、撫。東。

致上海盛京堂 光緒二十四年閏三月初一日子刻發

霰兩電悉。譚奏以蘇民力一語，可駭。入股乃聽人自便之事，何所謂蘇。此時招股，本可不急，即可招，亦必開工後始有人入股也，望台端設法電致當道爲要。比欵八條，刁難無理，恐難照辦。鄙意或竟與美國商之，總勝於法。祈熟籌示覆。請轉致夔帥。卅。

致安慶于藩台 光緒二十四年閏三月初一日子刻發

俄索金州城，再四辯駁，僅免議一城，距城五里駐紮俄營，兩國兵丁不准越界。外部又照會，租地北界從西岸亞當灣，北過亞當山脊，至東岸皮子窩，並附近水面各島，均俄享用等語。特奉聞。卅。

〔一〕録自抄本《張之洞電稿·致江蘇電》。
〔二〕以下二電録自《近代史資料》總一〇九號，中國社會科學出版社二〇〇四年版。
〔三〕録自抄本《張之洞電稿·致本省電》。

致江甯劉制台[一] 光緒二十四年閏三月初二日亥刻發

迴電悉。湖北籌濟淮、徐、海賑銀一萬兩，已電請貴省鄂捐局撥呈。力薄不能多濟，愧歉殊甚。前欵由各省奏報請銷，謹仿照辦理。洞、洵同覆。東。

致荆州俞道台光緒二十四年閏三月初三日午刻發

户部來電，七處釐金歸總税務司代徵，據稱定於閏三月十一日開辦，仍俟副税司等將各處情形查覆後，再定交代之日。未交代以前，現在釐局各員役仍照舊辦理。又准總署咨，宜昌鹽釐派宜昌税司稽查，另派副税司專管各等因。希即轉囑宜關税務司，即日附輪來省面商辦法。鹽務膠葛甚多，非面談不能妥協，勿遲，至要。並即電覆。江。

致江甯劉制台[二]光緒二十四年閏三月初三日亥刻發

冬電悉。湖北宜［施］灾象未減，京山、漢川隄工未竣，麻城、雲夢等處饑民衆多，紛紛搶穀，均未平糶，民情囂然不靖，即漢口尚有饑民麕聚。若再運米出洋，米價立時昂貴，民情必當惶懼，深恐激而生亂，實難通融方命，祈諒。若秋收豐稔，必當准其販運。洞、洵同覆。江。

致日本東京厚生館姚、張、徐[三] 光緒二十四年閏三月初四日巳刻發

奉旨進京陛見。速將士農工商各種學堂大略一看，即速回國。支。

致荆州俞道台[四] 光緒二十四年閏三月初五日酉刻發

宜關税司何日來省，已得覆電否，務再催速來，至要。即覆。歌。

致上海盛京堂光緒二十四年閏三月初六日申刻發

台函暨未電均悉。比、法串通，斷無可商。尊意俟與美商定，併辦蘆漢，即與比決裂，最妥。惟美現開戰，不知美約能無中變否，祈電詢伍使，並催其速商定，併辦蘆漢。蘇滬一路，昨錫樂巴來稟，海靖來電，欲力攬甯滬之路，意甚妬英。查前議德華承辦此路者，乃欲德不攬東路也，今既盡攬山東一省之路，則情形今昔不同。此時甯滬一路，或專與英議，或英、德合辦亦妥，請酌之。惟將來如何措詞謝海靖，免其饒舌之處，並祈籌酌。粤漢路勘路與招股無涉，昨署既遵旨電粤，當不致再有阻撓，祈飭粤員速開勘。湘員頃已電飭速來鄂矣。語。

致長沙陳撫台[五] 光緒二十四年閏三月初六日申刻發

微電悉。勘路委員曾牧，祈即飭迅速來鄂。語。

〔一〕〔二〕 録自抄本《張之洞電稿·致江蘇電》。

〔三〕 録自抄本《張之洞電稿·致外洋電》。

〔四〕 録自抄本《張之洞電稿·致本省電》。

〔五〕 録自《近代史資料》總一〇九號，中國社會科學出版社二〇〇四年版。

致上海盛京堂〔一〕 光緒二十四年閏三月初六日亥刻發

屢電悉。德王赴閩，乃看中國好説話，欲兼要三沙、金門耳，斷不捨膠以換閩也。接待之説可怪。此間緊要事太多，須二十外方能行。語電想已達。遇。

致荆州俞道台〔二〕 光緒二十四年閏三月初六日亥刻發

頃接總署咨，據總務司申，宜昌鹽釐，派代理宜關税務司、三等幫辦巴爾專爲經理，并派該關税務司稽查等語。宜昌税司是否巴爾一人，抑另有税司，前電來省是否即此人。務望速電巴爾即日來省，勿再遲延。本部堂不日進京，若該税司不趁早來省，將諸事面商妥協，將來必多窒礙難辦，希囑其切勿自誤也。即電覆。語。

致安陸電局飛遞唐心口隄工局惲道台、彭守 光緒二十四年閏三月初六日亥刻發

歌電悉。隄工告竣，汛漲穩固，甚慰。上搭腦石坡可省千串，即照辦。謝家埠隄工緊要，自應將最險之工先修。語。

致太原胡撫台、俞藩台 光緒二十四年閏三月初七日午刻發

湖北織布局前奏撥晋欵二十萬兩，係由粵轉借來鄂。截至二十二年止，兩省已解過息銀十三萬八千兩，計息銀已居本銀四分之三。弟原奏本擬分年歸還四萬兩，惟因歷年棉花歲歉價昂，錢價日增，又兼洋紗、洋布充斥，滬廠林立，獲利益難。上海紗布各廠，近兩年無不賠折，或數萬，或數十萬，遠近周知。鄂廠勉强支持，每年應付官息商息，入不敷出。前項晋欵如照原案每年分還四萬，實苦力有不逮，萬不得已，擬請止利還本，無拘銷路如何，每年湊還一萬兩，如銷暢利增，即每年湊還二萬兩。兹特商懇台端，惠念此項解過息銀已居本銀四分之三，慨允止利，每年還本一萬兩，俾可從容清結，實紉公誼，曷勝感禱。容即奏咨立案。祈電覆。陽。

胡撫台來電〔三〕 光緒二十四年閏三月十三日丑刻到

頃據司局議詳：此項息銀原係一萬八千兩，專備采辦鐵、絹、紙張及平定等州差費，為常年必不可緩之需。自光緒十六年減至四釐，每年短銀一萬兩，皆係司庫設法挪墊，若再停息，必致有誤要需。請轉懇台端，仍飭照常籌解。如定欲停止，即懇照原議每年還本四萬兩，以便另發生息，借資彌補。其二十二、三兩年欠解息銀一萬六千兩，請飭一并清解歸墊。查所議固屬實情，惟鄂省現既難籌解，自應彼此兼顧。擬請自本年三月起，止利歸本，仍照原議每年歸還四萬。如實力有未能，或三萬、兩萬亦可，惟不必限定一萬。至所欠兩年息銀，仍請飭局趕解，以清墊欵。即祈酌核電覆。聘。文。

〔一〕録自抄本《張之洞電稿·致上海電》。

〔二〕以下二電録自抄本《張之洞電稿·致本省電》。

〔三〕録自苑書義等主編《張之洞全集》第九册，第七五六六頁，河北人民出版社一九九八年版。

致柏林吕欽差、俄京許欽差〔一〕光緒二十四年閏三月初七日亥刻發

冬、魚兩電悉。冬電十五生機之五字是否二字之誤。魚電全機找價廿萬六千馬，是否連樣礮價在内，何時應付，能否俟全機到齊付給，此外尚有應找價銀否，祈速查覆。再，查去年三月佳電匯去三十萬八千馬，照許覆元電，除付鋼模、傢伙實價十九萬馬外，應餘十一萬八千馬，而十二月初四日來咨，稱佳電匯到九萬五千馬云云，差二萬三千馬，想有錯誤，併祈查覆。陽。

吕欽差來電〔二〕光緒二十四年閏三月十七日亥刻到

陽電謹悉。去電二誤為五，來電亦有誤，謹改用密紅。查貴省采購案，十二生機除付應找二十一萬六千馬，樣礮等應找二萬三千九百二十馬，壓銅機應找二萬六千馬，碾銅板機應找八萬四千六百五十馬，以上共三十五萬五百七十九馬。所云差二萬三千馬，查係德教習赴鄂備用川資九千馬，其餘一萬四千馬已入匯結欵内，咨鄂有案，并無錯誤。再，許任移交各案項下，除支電費，尚存三萬七千馬之譜。現在各廠各件，約三箇月均可告成，向來起運即應付欵，所有前項四項找價，望預籌酌匯為要。海。諫。

致上海盛京堂光緒二十四年閏三月初九日亥刻發

陽電悉。蘇滬一路德人承辦，固非所宜。英垂涎長江，復使獨攬此路，亦未爲得計，無已，祇可照原議英、德合辦，流弊較少，然究不若使美併辦蘆漢，令比改辦蘇滬爲最妥。比商力薄，此路較短，需欵止蘆漢之半，比人當可自辦，不必求助於法，即有法在内，在蘇滬一帶，亦無能爲患。祈酌示覆。佳電頃到，美可辦蘆漢，甚慰。佳。

致虎門何提台〔三〕光緒二十四年閏三月初十日辰刻發

語電悉。請催劉應禄速來。何日動身，祈示。蒸。

致長沙陳撫台光緒二十四年閏三月初十日辰刻發

擬奏請變科舉。第一場考時務策，專問西政西學。二場考中國史學、國朝政治。三場考四書文兩篇，五經文一篇。每場皆有去取，如府、縣考，假如鄉試頭場取一千人，二場取三四百人，三場中式如額，既可得通才，又不廢四書五經文。曾向伯嚴世兄詳談，當已轉達。又，擬附片奏請改武科。舊章本有兵生、兵童，今專令營兵營勇應考，中式者仍在本營當差。兵勇本應習槍礮之人，可免流弊，且可鼓勵兵勇。如尊意謂然，請再加斟酌，即擬稿送閲，會同台端暨譚中丞、南北兩學院具奏。祈卓裁，迅即電示。蒸。

致上海盛京堂光緒二十四年閏三月初十日午刻發

洋人常言，鐵軌兩條是一剪子，鐵路所到，即將其國剪破矣。

〔一〕録自抄本《張之洞電稿·致外洋電》。
〔二〕録自苑書義等主編《張之洞全集》第九册，第七五六七至七五六八頁，河北人民出版社一九九八年版。
〔三〕録自《近代史資料》總一〇九號，中國社會科學出版社二〇〇四年版。

近日洋人太很，英在蘇滬、長江利權太重，萬不可再使英獨辦甯滬路，似以比欵移甯滬爲妥〔一〕。務望熟籌慎思。熊虎豺狼，名異實同，無不噬人者。祈示覆。蒸。

致長沙黄臬台〔二〕光緒二十四年閏三月十一日戌刻發

初四電愧悚。此行不遇，備顧問耳。尊意有何救時良策，祈詳電指示，以便力陳，感禱。

致上海義昌成樊委員光緒二十四年閏三月十一日亥刻發

前派赴日本委員姚令、張游擊初六日由東回華，計可到滬，現已到否，即速覆。文。

致上海盛京堂光緒二十四年閏三月十二日申刻發

會榜題名想已見，祈飭電局轉來，至禱。洞。文。

致長沙陳撫台光緒二十四年閏三月十四日巳刻發

中興以來，勳臣之後無有不貴顯者，惟胡文忠嗣子以病廢無聞，良堪慨念。其文孫生員胡祖蔭，志趣大雅，才器開張，弟上年爲之報捐分部郎中，久擬會列台銜奏請送部引見，懇恩録用。稔知台端素來景仰文忠，並聞尊意擬將其父病廢之爵，查照例案，改令胡祖蔭承襲，厚誼尤爲可感。前擬具函奉商，因事冗未發，遲延至今。此時行期甚迫，作奏實來不及，擬請尊處主稿，並會敝處前銜拜發，實深佩感。是否可行，祈迅賜電覆。元。

陳撫台來電〔三〕光緒二十四年閏三月十五日申刻到

胡祖蔭承襲子爵，於上年十二月具奏，二月奉到硃批：該部議奏。擬俟胡祖蔭承襲奉准後，商請憲台挈銜奏懇。今承諭奏請送部引見，即當遵行，惟應塡何月、日，及可否請將文忠加恩追獎，伏乞示覆。箴叩。寒。

致荆州舒守〔四〕光緒二十四年閏三月十四日酉刻發

弟將北行，張懋勛在省無事，現仍飭其回館，祈照拂爲感。願。

致長沙陳撫台光緒二十四年閏三月十四日酉刻發

准總署咨：據總税務司申稱，岳州地方爲湘、鄂交界第一要埠，似宜專派關道駐紮，經理一切。擬令沙市關税務司聶務滿聽候調派，俟開辦有期，飭該員前往等語。查總税務司所擬辦法，

〔一〕底本此電「為妥」以下，脱「英無路必不甘。然既云無路，想是山西路未議准，莫如使英辦晋路、開晋鑛，英必大喜，且可藉分俄勢，最為上策。如晋路已歸他人，或令其自辦河南入陝之路，自金陵對岸入鄂之路，亦均有用」等語。據抄本《張之洞電稿》。

〔二〕以下三電録自《近代史資料》總一〇九號，中國社會科學出版社二〇〇四年版。

〔三〕録自苑書義等主編《張之洞全集》第九册，第七五七一頁，河北人民出版社一九九八年版。

〔四〕録自《近代史資料》總一〇九號，中國社會科學出版社二〇〇四年版。

尚爲周妥，咨行查照辦理，仍將籌辦情形隨時聲覆，以憑酌核等因。查前接尊處三月宥電，云關道似可以岳、常、澧往來兼顧，今總署既議准專派關道駐紮，似可即將岳、常、澧道移駐岳州，兼理關務，以免專設關道。或應另設關道，祈酌覆。願。

致上海盛京堂 光緒二十四年閏三月十五日卯刻發

寒電悉。勘路事敝處會南、北兩撫三銜，委陳道、汪牧辦理，俟羅國瑞到鄂，當飭陳道、曾牧等會同往勘。至尊意由武昌至長沙爲一段，廣州至韶州爲一段，長至韶在後，甚妥。弟擬十七日起程，惟官輪行遲，約二三四方能到滬。抵滬後，衹與閣下暢談兩次，即行北上，餘不應酬。咸。

致上海盛京堂〔一〕 光緒二十四年閏三月十五日卯刻發

鄂造郎陽電綫，多購七號綫十二噸，價規銀一千零五十八兩四分五釐；碗鈎一千五百副，價規銀三百六十兩，現存招商局堆棧。此項物料官無所用，擬存放招商局，請飭該局代爲銷售，其價即交善後局。至禱。咸二。

致户部〔二〕 光緒二十四年閏三月十五日辰刻發

歌電敬悉。荆州駐防俸餉，遵示匀撥。惟裁兵節餉，舊案約銀五萬三千餘兩，新案奏定五年分裁，每年一成，上年裁去一成銀二萬餘兩，尚應發恩餉一年，適足相抵。今年始可餘銀二萬餘兩，又停採米價運費七萬一千餘兩，共十四萬餘兩。除春季連閏已由鹽釐撥解外，計尚少七萬餘兩。此項俸餉必須先期解清，苟有的欵可指，自應預爲籌足，免致貽誤。兹查漕項南糧項下新撥本年東北邊防經費八萬兩，業已委解四萬，尚餘四萬。又鄂省文武各員應扣三成養廉充餉，每年約三萬兩。擬請一併截留，以資湊撥。明年已無鹽釐可撥，僅加新案裁兵二萬餘兩。至糧道庫奉撥東北邊防一項，今年八萬係將積年存欵湊足，明年常年之欵，止有約三萬兩以内，實尚不敷約六萬餘兩，惟有隨時設法籌畫奏咨。至所短練兵防勇月餉十四五萬兩，爲數本不爲多，彈壓地方緊要，外侮太急，内亂宜防，實不敢再行裁減。現奉新章加解丁漕錢價平餘，每年約可加五萬兩，擬即全數撥用，尚不敷八九萬兩，萬分爲難，擬在釐金應解各餉内分别緩急，酌撥湊用。至鹽釐項下應攤京、甘各餉，惟有懇請大部改撥的欵。祈示覆。洞、洵同啟。鹽。

户部來電并致撫台〔三〕 光緒二十四年閏三月二十三日午刻到

鹽電悉。荆州駐防俸餉，除撥抵外，尚少七萬餘兩，即將應扣三成養廉三萬截留，不敷四萬餘，准由勸辦昭信股票内湊足，不得截留邊防經費。又，練勇防餉十四萬，即將丁漕錢價平餘五萬撥用，不敷九萬，亦由股票欵内湊足。京、甘各餉均難改撥。户。箇。

〔一〕録自抄本《張之洞電稿·致上海電》。

〔二〕録自抄本《張之洞電稿·致北京電》。

〔三〕録自苑書義等主編《張之洞全集》第九册，第七五七五至七五七六頁，河北人民出版社一九九八年版。

致巴黎慶欽差[一] 光緒二十四年閏三月十五日午刻發

電注感愧。時局危急，此時歐洲真消息及各報論及鄙人者，亟願知其端倪。此非真通外情徧通西文者不能得，專盼閣下電示，以作指南，幸甚。即望電覆。咸。

致俄京許欽差光緒二十四年閏三月十五日午刻發

奉旨陛見，有面詢事。時局危迫，實深惶悚。歐洲真消息及要論之注重鄙人者，亟願知其確情，以備應付。傳言張家口有游騎，確否。閣下久知敵情，如有籌備良策，祈電示。啟行在即，台從回國有期否，盼禱。咸。

致長沙陳撫台光緒二十四年閏三月十五日戌刻發

寒電悉。胡祖蔭襲爵已蒙台端奏請，佩甚。請加恩追獎，情理極愜，無論允否，總當上陳耳。咸。

致上海盛京堂光緒二十四年閏三月十六日申刻發

錫樂巴屢有陳説，昨又譯送其所得海靖函，無非覬攬甯滬路，而語近要挾。膠事初起，海靖曾函來爲德華、匯豐説項，鄙人置未覆。嗣聞議造東路，曾浼錫介電於海，言如肯不辦東路，則願贊成南路相易。海覆云，現注重東路，無暇爲銀行計，事遂罷。嗣錫再以德、匯爲言，適商辦粵漢，兼謀枝路，時答以如不由國家擔保、華洋事權均、小本華洋合籌此三事允，尚可商諸閣下云云，未與定也。乃彼據此爲允辦，語不可不辦。況此時德華離匯豐謀獨攬，故極以厚英害長江，不如厚德可抵英之説誘我，我豈肯爲虎附翼，再厚於德，然又未便厚英而擯德。鄙意改用比欵最善，或並擯英、德而用美亦善，否則專用英恐招德咎。不得已，或仍舊議英、德合辦，尚可商。祈籌酌。事關重大，先電聞，餘面談。鈍。

致江甯劉制台光緒二十四年閏三月十六日亥刻發

咸電悉。既承電召過甯，當停輪領教。官輪行緩，到甯當在二十外，前一兩日當電達。鈍。

致太原胡撫台光緒二十四年閏三月十七日巳刻發

文電敬悉。止利歸本，每年還銀或三萬，或二萬，不必限定一萬，甚感。紗布如可暢銷，局中自必遵辦。惟近來各紗廠集漢上，低價求售，紗布之利從此恐須大減。前議每年籌還銀一萬，暢銷則籌還二萬，揣度現在情形，已屬竭蹶，若再將兩年欠息搭解，實難籌畫。與其將來失信，不如今日議明，請仍照原議辦理。現擬今年還本一萬兩，並帶還息八千兩，以後如果銷路暢旺，鄂花豐收，當令將本銀寬籌起解，早日清償，以副雅屬。諫。

致上海盛京堂[二] 光緒二十四年閏三月十七日巳刻發

鄂造鄖陽電綫，多購七號綫十二噸，價規銀一千零，自必相信也。祈酌覆，盼禱。篠。

[一] 録自抄本《張之洞電稿·致外洋電》。
[二] 以下四電録自抄本《張之洞電稿·致上海電》。

致上海盛京堂、長沙陳撫台光緒二十四年閏三月十七日巳刻發

湘鄂電綫僅六百里，工程甚短，所有保案，擬俟施南、鄖陽官電綫成後，一併請奬，較爲闊大得體。現在鄖陽電綫尚未完工，擬暫緩叙奏，將來擬南北兩省并盛督辦四銜會保，何如。再，鄖電工竣，擬交商局接管，祈杏翁酌覆。篠。

致上海鄭丞孝胥光緒二十四年閏三月十九日亥刻發

此次入都，擬請足下同行，庶隨時可領教益。務請與盛京卿商妥，即日束裝。鄙人約廿四五到滬，廿六七即北上。效。

致上海盛京堂光緒二十四年閏三月十九日亥刻發

此次進京，擬約鄭丞孝胥同行。務祈予假一兩月，令其趕緊整裝，候鄙人到滬，爲感。效。

致長沙陳撫台、黄臬台光緒二十四年閏三月二十一日午刻發

湘中人才極盛，進學極猛，年來風氣大開，實爲他省所不及。惟人才好奇，似亦間有流弊。湘學報中可議處已時有之，至近日新出湘報，其偏尤甚，近見刊有易鼐議論一篇，直是十分悖謬，見者人人駭怒。公政務殷繁，想未寓目，請速檢查一閲，便知其謬。此等文字遠近煽播，必致匪人邪士倡爲亂階，且海内譁然，有識之士必將起而指摘彈擊，亟宜諭導阻止，設法更正。公主持全湘，勵精圖治，忠國安民，海内仰望。事關學術人心，不敢不以奉聞，尤祈切囑公度隨時留心救正，至禱。妄言祈鑒。鄙人撰有勸學篇一卷，大意在正人心、開風氣兩義，日内送呈，並祈賜教。洽。

陳撫台來電光緒二十四年閏三月二十三日午刻到

奉洽電，眷愛勤至，感佩，歉疚匪可言喻。前覩易鼐所刻論，駭愕汗下，亟告秉三收回，復囑其著論救正。此外所刻亦常有矯激，迭經切實勸誡，近來始無大謬，然終慮難盡合轍。因屬公度商令此後删去報首議論，但采録古今有關世道名言，效陳詩諷諫之旨。公度抱恙，尚未遽行，兹得鈞電，當切屬公度極力維持，仰副盛指。寶箴叩。筒。

致長沙徐學台光緒二十四年閏三月二十一日戌刻發

去歲騶從過鄂時，鄙人力言湘學報多有不妥，恐於學術人心有妨，閣下主持風教，務請力杜流弊。承台端允許，謂到彼後必加匡正。嗣奉來函，復云某君已經力勸等語，是以遵命代爲傳播，轉發通省書院，息壤在彼，尚可覆按。乃近日由長沙寄來湘學報兩次，其中奇怪議論較去年更甚，或推尊摩西，或主張民權，或以公法比春秋。鄙人愚陋，竊所未解，或係閣下未經寓目耶。此間士林見者嘖有煩言，以後實不敢代爲傳播矣。所有以前報資，已飭善後局發給，以後請飭即日截止，毋庸續寄。另將湘學報不妥之處簽出，寄呈察閲。學術既不敢苟同，士論亦不敢强拂，伏祈鑒諒。洽。

致上海盛京堂光緒二十四年閏三月二十三日午刻自安慶發

諫電悉。英視長江爲囊中物，不遽然明分者，其欲不止此耳。北佔威海，南割十一省，獨不足以喪中國乎。漢口税司英人也屢勸以英將練兵，不止十餘次，其情可想。昨洋報已明言，南省練兵必須英人。故蘇滬一路，鄙意無論何國承辦，均無大礙，即英與他國合辦亦可。若予英專辦，獨占東南，其害亦不在俄、德以下。蘇滬爲公桑梓，望熟思之，勿貽後悔。大局存亡所關，不能盡以總署之言爲定準也。昨問税司，聞山西路有歸俄銀行辦之説，已定否。渠云未聞，想是總署未議准。若許英移辦晋路，兼開晋鑛，英必樂從，總予以鐵路一條，亦不至跳出公司，歸入交涉也，何不一商。千萬勿遽定議，叩禱叩禱。餘俟面罄。養。

致巴黎慶欽差〔一〕光緒二十四年閏三月二十三日未刻發

弟廿五六可到滬，覆電請趕寄上海，自當秘密。感盼。漾。

致總署〔二〕光緒二十四年閏三月二十六日發

二十申刻據道、府回禀：十八晚，沙埠招商局更夫因湘人在局前小便，用扁擔打傷，當經委員解勸調治。十九午前，湘人借口尋衅，在洋關驗貨廠門口小便，水手出攔不服，湘人倏即聚衆，登時放火，將税司洋房、關署、招商局及日本領事公寓住宅、扞手坐船同時放火，并阻水龍不許往救，遂致焚燒殆盡，并燒民房數間。變起倉猝，防不及防，幸領事等無恙。容即查究。

致武昌譚署制台、漢口江漢關瞿道台光緒二十四年閏三月二十七日卯刻自上海發

漾電悉。日本高雄艦來漢，本是游歷長江之船，非專爲沙案來，且船大不能到沙，可毋慮。别有愛宕小艦，將由彼國來，赴沙護領，尚在長崎候風來華。弟已託駐滬日領告彼外部，令勿赴沙，或可商允。惟日領言必須有明白武官，帶兵駐沙一年或半年，以護各商，方免外人藉口泊艦云云，必當照行。又永瀧領事受驚，盡失衣物，現寓漢，祈飭關道安撫之。蓋彼外部必以永瀧所言爲重輕，故慰永瀧是抽薪法也。宥。

致武昌兩湖書院梁太史，紡紗局王幹臣、陳叔伊、朱强甫三君光緒二十四年四月初八日未刻自漢口發

正學報請梁節菴太史總理，早經議定奉達。一切館内事宜，凡選刻各報及各人撰述文字，均須節翁核定，方可印行，切要。庚。

致總署光緒二十四年四月十三日未刻發

佳、文電均謹悉。連日與鄂撫詳商矢野所請五事，其一、二條，應如鈞電，結案時請旨。現報獲廿餘犯，已正法四犯，極力

〔一〕 録自抄本《張之洞電稿·致外洋電》。

〔二〕 録自苑書義等主編《張之洞全集》第九册，第七五八五頁，河北人民出版社一九九八年版。

從重。營官及失察之地方官，亦必分別參處。其三，賠銀。查沙市日領事公館本係中國造成出租，與彼原訂合同，有遇火延燒，彼不賠屋，我不賠物語。此次衅起招商局，非與洋人爲難，更非與日本爲難，止是延燒。然禍起匪徒，在我亦可稍認賠償，惟十萬五千之數太鉅。當查明遺失物件若干，並公館後陳列貨物所實在所值若干議賠。彼無所謂公館，無所謂馬頭，矢野所稱未合情事。其四，租界照杭章一節。查杭章係在未允專管以前所議，今沙市既允專管，與浙省情形迥異，其橋梁、道路、溝渠、馬頭係如何建造，何人經管，現在辦法亦未深悉，兹擬電詢杭州現辦章程。至鄂、浙情形不同，當就近比照漢口例，由客國自造，不關主國事。其五，添口岸是另事，不必牽涉沙案。所有第三、第四條，一面向駐沙日領永瀧細商，一面向杭州詢查，必有妥當辦法。永瀧現在漢口，可與面商，然上詢沙市，下詢杭州，往返需時，不能甚速，請告矢野勿急，亦斷不延宕。又，洞在滬時與日本總領事小田切詳談，極明白大局。現已派明白東情之委員赴滬商議，敢請鈞署切商矢野，由彼派小田切領事來鄂面議，此案必能周妥迅速。請向矢野切商。至禱。元一。

總署來電 光緒二十四年四月初九日到

日本矢野使照會沙市一案，該國政府電令要求五事。一、明降諭旨，將各國人身家財產一體優待保護，以後勿再有如此之事，諭旨須極周詳。二、速將此案匪徒從重治罪，並彈壓不力地方文武，從嚴議處。三、賠補關平銀拾萬伍千兩。四、沙市專管租界章程，以杭章為本。五、岳州、福州、三都澳均設日本專管租界，請迅速照辦等因。本署查一、二條，應俟尊處奏結此案，方可請旨明降。聞沙市勇營於燒房時，袖手旁觀，並不認真彈壓，應與失察之地方官分別參辦。三、賠欵較鉅。據稱，租界建置公館、江邊設立馬頭及領事以次遺失物件，均包在內，究應酌賠若干，此欵應由鄂籌發。四、租界前已議定否，應查照杭章酌辦。五、岳州、三都澳俟開辦時核議，福州已電詢之，業照此大意答覆。該使仍求剋期定議，望速核覆，以憑轉商。佳。

總署來電 光緒二十四年四月十二日到

佳電計達，日本使催商甚急，希速覆。文。

致總署 光緒二十四年四月十三日申刻發

駐沙日領永瀧，據彼國官場密告，其人粗疏不更事，沙案難保不輕事重報。駐滬總領小田切極以東方大局爲重，深願聯絡中國，在滬兩次與談頗洽，且彼能與其政府及外務省逕通消息，有此人從中商酌，必勝永瀧聳矢野一面之詞多矣。若日本要求曲從，英國必援例妄索，故特派一素與東人接洽之員往滬商議，冀抽彼政府之薪，然究不若洞與面談之尤爲切實，故有商矢野派小田切來鄂之請，亦非屏永瀧不與商，期面面周到。總之，此事必妥辦，於日本局面必過得去，但不可急。請諄告矢野。感幸。元二。

總署來電 光緒二十四年四月二十二日到

日本詢催沙市案，即將元電大意告知。矢野謂其政府飭辦之事，不得派領事辦理，必在總署商辦。告以事隸鄂省，須該省自行查明核酌。彼謂可令小田在漢晤商，作為私情，仍由欽差核辦。彼國議院責望政府，要索如不速定，於兩國大局有礙。所擬認賠之數幾何，務祈電知。至租界辦法，隨後商定。養。

總署來電光緒二十四年四月二十二日到

矢野照稱，外務電開，派駐滬小田切署總領事前往漢口，請電尊處轉飭關道會商漢口租界等語。希查照。養。

致上海盛京堂光緒二十四年四月十三日申刻發

請轉小田切總領事：在滬晤談，深佩關心東方大局。沙市案鄙人深爲抱歉，但此案是與招商局起衅，延及貴國駐沙公館，實非與貴國爲難，鄙人回鄂辦理此案，必當竭力妥辦。營官弁勇不能救護，可恨已極，必當從嚴參辦。今貴公使矢野君向總署索五欵，未免太過。方今我國與貴國正有無限互相取益之事，鄙人已籌有規模，刻日待辦，若再稍有意見，必辦不成。鄙人説話，他人亦必不信，豈非千古大可惜之事。鄙人深知貴總領事加意聯絡，故不日即派知府錢恂來滬，與貴領事商議辦法，想貴領事必願見錢君，傾心互商也。更先請貴總領事電告矢野公使，萬勿向總署催促此事，從容商辦必極妥，於貴國局面必好，且有無限好處，吾兩人均心照也。若一經催促，不能細商，便與東方大局有無形窒礙，此確非吾兩人所願也，貴總領事當以爲然。十三。

盛京堂來電〔一〕光緒二十四年四月十五日午刻到

頃晤小田，小云現處局外，錢守來滬無益，帥可徑電矢野申意。伊如得外部電覆，或可來漢面商，但不可決。宣叩。寒。

致荊州俞道台、札道台、蔡令光緒二十四年四月十三日申刻發

沙案衅起，辰州船幫亟宜乘此預防，方免後患。辰幫改泊竹架子上流，尚與關馬頭相近，究未妥，若能再向上游，改泊道中關之上觀音磯地方，方與關馬頭遠，或不拘觀音磯亦可，總以向上展距關遠爲宜。元。

致宜昌趙道台光緒二十四年四月十四日巳刻發

江電悉。税司意在代徵一節，想係由該道代收解交税司。若係如此，可即照辦。惟江南、皖、鄂兩岸，止交正課，不交加課，川鹽自可仿照。姑與該税司議，即照此解交，以後隨時再看情形，稟明酌辦可也。元。

致荊州俞道台、札道台光緒二十四年四月十六日辰刻發

寒電悉。辰船擬令歸併上米廠河一節，已悉。惟思此時沙案未結，勸令改泊，辰幫是否願遵，能否不至別生衅隙，該道等速即密飭龍守、劉令，查詢辰幫情形如何，移泊之説是否能行。如有不洽，從緩再議亦可。即電覆。諫。

致上海盛京堂〔二〕光緒二十四年四月十七日亥刻發

前接尊電，已面向朱守敦勸。接諫電，又復勸諭。據朱守稱，腰痛不能轉側，胃痛不進飲食，斷難勝此重事，懇求銷差等語。

〔一〕録自苑書義等主編《張之洞全集》第九册，第七五九〇頁，河北人民出版社一九九八年版。

〔二〕録自抄本《張之洞電稿·致上海電》。

詞意懇切，統請卓裁。至另派幹員一節，鄙意中實無可派之員，應請閣下委派。再，此事必須地方官出力，無論另委何員，總須添派漢陽府余守會辦，要緊要緊。此鄙人閱歷之言。比欵究竟如何，昨錫樂巴云比欵斷難有成，不知何所見而云然。并示覆。洽。

致長沙陳撫台光緒二十四年四月十八日子刻發

文電悉，厚望愧悚。沙市案雖已獲犯懲辦，英日兩國賠欵尚未議妥。近日武、漢謡言甚多，洋人甚爲驚懼，正在多方彈壓防護。此次回任，奉旨俟沙案完竣，地方一律安静，再行來京等因。目前地方情形如此，自未便遽請北上，且自顧迂庸孤陋，即入都一行，豈能有益時局，惟有聽其自然。在外所辦雖係一枝一節之事，然尚有一枝一節可辦耳。錢漕減收欵，據紳士公呈，奏充學堂經費，想須交部議，批摺數日可回，當咨達冰案。送學生往東事，此時尚有不便，稍緩具奏時，自當將湘省之五十名併案會奏。奏稿當商定。胡文忠事，會奏稿已讀悉，褒勛録嗣，詞義正大周詳，感佩敬謝。洽。

致上海盛京堂[一]光緒二十四年四月二十日辰刻發

嘯電悉。林佐應請尊處主稿，會銜札委，郵局寄鄂亦不遲。如再欲速，請即先行電知該令。前聞該令擬過知府班，似可即書三品銜湖北候補知府也。此外，沿途委員，弟實不敢贊一辭，司道亦無真知灼見，商亦無益。昨與瞿升道詢商，渠亦不敢妄舉，務請台端采訪酌定。再，據瞿升道面稟，漢口勸工局擬租用銀行空屋，他處難覓，鐵路公司旁可擴充之屋甚多等語。務懇准租，租價當飭酌加。哿。

盛京堂來電光緒二十四年四月二十一日辰刻到

余、林會札即寄鈐發。勸工局租屋即飭商局照辦。頃小田來云，已奉外部派赴漢，俟訓條即行。宣叩。廿。

致上海盛京堂光緒二十四年四月二十日未刻發

寒諫電悉。兹有要電，再請轉小田切：承示貴公使矢野大臣電，閱悉，本部堂亦懇代問候，並謝。貴國所索五條，一、明降上諭，保護外人身家財産。二、重辦匪徒，並將官員議處。三、賠銀十萬五千兩，作爲修領事公館及馬頭並賠損失各物之費。四、沙市租界章程照杭州。五、岳州、福州、三都澳設日本租界。今將鄙意開後，請再電貴公使。查第一條，總署必可請旨照辦。第二條，現正飭辦，已獲犯廿餘名，正法四名，餘犯當分别懲辦。武營文官彈壓不力，必分别參處。現已將沙市舊兵撤回，另换明妥官弁駐沙。此兩條爲案内應辦之事，不必特議，自然照辦。第三條，賠銀。查沙市領事公館，本係中國建造，租與貴國，原訂合同，有遇火延燒，日本不賠屋，中國不賠物之語，本可不賠。惟禍起匪徒，中國抱歉，仍擬賠償。曾詢永瀧，言所失不多，不勞費神，深佩其知大體。即公館後之貨物陳列所，其價值當亦不多，諸可在鄂商議。貴國在沙無所謂公館，無所謂江邊馬頭，即無所謂賠欵。現已飭在原處新造公館，仍照原式，量加擴充整潔，

[一] 以下二電録自苑書義等主編《張之洞全集》第九册，第七五九三頁，河北人民出版社一九九八年版。

租與貴國領事，租價多少不計，以便安居，以表歉忱。此次賠欵若止論貨物實價，則貴國睦誼顯然，即使照賠十萬金，亦無大用。兩國交誼須從大處著想，何爭此區區之銀，致貽誤彼此極大極要之事。第四條，租界照杭章。查杭章，道路、馬頭中國修，此在未定專管界以前所議。既定專管，沿江之隄界內之路，自不應歸中國修，乃各國租界通例。沙市章程雖未議定，亦有端倪。永瀧曾言道路可由日本自修。浙、鄂情形迥異，總宜就地定章。至地價酌減、華民雜居兩條，自可照辦。此外，如實有彼此互益之事，仍可詳商辦理，不必指定何章，此不必有沙案，亦鄂省應辦之事，似可不必牽涉。第五，開埠。查岳州、三都澳均已奉旨通商。福州如係舊日各國通商之處，論情理貴國自可一體均霑，總署想無不可允。至租界專管，亦有例可援，不必特提。此本兩國睦誼所有之利益，何必作爲沙案要索之條欵。然則此五條惟第四條是沙案事，餘皆與案無涉。沙案因招商局而起，毫非與貴國爲難。若貴國藉此旁議他事，轉似與中國爲難矣。自去冬神尾大佐來鄂之後，屢與貴國人談，均極明東方大局，欣佩盼切。即此次沙案，聞永瀧言貴國新報所載朝野有力者之論，亦謂宜顧大局，姑耐侮辱，況中國並無侮辱之心乎。故鄙意，沙案各條均不必向總署催問，儘可由外省妥議。至兩國修好，因戰事未久，頗不易言。京外專主此説者，鄙人而已。若因此案牽涉他事，近乎抑勒，即使我國總署曲從，京外聞者必存芥蔕，從此聯交之説，鄙人何敢深信，何敢再言，即言亦必爲他人阻攔。千古大局，因此微細事頓然罷輟，豈不可惜。此中關鍵，貴總領事無不周知，故鄙人五日前電總署，即商貴公使派貴總領事來鄂面商。今尤切盼台駕能來，則不但此案易結，即他項聯交事亦可趕商，不勝盼禱。鄙人現定湖北派五十人東渡學士官，湖南亦派五十人學士官，湖北另派二十人學下士官，又數十人學專門事，又須聘二十人來鄂教官教兵，目前正擬陸續舉行。似此大舉，實爲中國與他國所未見，豈非絶大聯交確據。必須貴國與中國實有親厚確據，方敢奏明辦理，方可望准。此固爲維持中國起見，亦大有益於東方大局。然日本若無親厚確據，通國如何肯信。鄙人並非爭此一二十萬金，實爲恐於聯交大局有礙，此關係千百年大局。敝省派員赴東遊歷，承貴國外務省諸公優待切摯，深所感佩。故此次不憚煩言，務祈轉電貴外務省，請其詳酌。鄙言是否切實，即希示覆，並請轉電矢野大臣見覆。惟派人赴東，聘募東方教習一節，尚未具奏，在北京請暫不必向人提及，恐各國聞知，招忌攔阻。沙案議結後，即當密達總署也。此次電費甚鉅，當由鄂省交付。即望示覆。湖廣總督張。二十日。等語。轉致後，並索覆電。電費請代墊。號。

致户部[一] 光緒二十四年四月二十二日申刻發

元、馬兩電均悉。鄂勇爲淮鹽緝私、武勝新營一整營，歲約共支淮餉銀二萬二千二百餘兩，由鄂造報。督標緝私練軍兩哨，按半年换防一次，每年共支津貼公費、夫價、帳棚價等項銀三千七百餘兩，由江南撥付。又有武功營勇一二百名不等，專駐省外，爲淮鹽緝北私，又襄樊馬隊兩營，爲淮鹽緝潞私，皆由鄂省支餉。此外，江南另有緝私步隊礮船，其餉自由江支。養。

[一] 録自抄本《張之洞電稿·致北京電》。

致上海盛京堂[一] 光緒二十四年四月二十二日申刻發

廿電悉。前託轉小田號電，仍請轉交。小田如有行期，望先電示。養。

致上海盛京堂 光緒二十四年四月二十五日巳刻發

浦口至信陽一路，祇可總公司自辦，若怡和以英股承辦，及容閎以洋股承辦，皆不可允。路在湖北境，鄙人斷不敢畫押會奏，萬望勿定草約。已經再三諫阻，將來勿責鄙人違拗也，切禱。望示覆。有。

致荆州俞道台 光緒二十四年四月二十五日亥刻發

箇電悉。前總署電日使索鉅欵賠修日領公館，太屬支離。可即就原租地方量加擴充，趕緊重修。須比原式寬敞整潔，免彼索欵自修，至要。即覆。有。

致總署 光緒二十四年四月二十六日戌刻發

漾、敬兩電謹悉。前鈞署佳電言沙案日本索岳州、福州、三都澳專管租界等因，並無吴淞字樣，此間與之電商，更無從添入吴淞字樣，矢野意存蒙混，可怪。至論及岳、福、三都三處專界事，但云當可一體均霑，何必作爲沙案要索之欵，不過空中議論之詞，且大意總以均霑爲主。此等事應由鈞署核定，外省豈能輒許。如各國皆許專界，日本自不能獨無。各國皆無，日本豈能獨許。賠欵一節，彼所謂馬頭，是否指沙市沿江隄岸，祈詢矢野明晰見覆，方能酌定。至學生前赴東洋學習可代支經費云云，所謂代支是否代出，抑係代墊。若云代出，似乎過厚。並望詢明電示，以見其友誼是否真切，方可酌此案辦法。再，此間只與電商，並未派人與商，並陳。宥。

總署來電 光緒二十四年四月二十三日到

前日本矢野使函稱，接政府電，擬向中國倍敦友誼，可選派學生前往該國學堂學習，代支經費，並准面稱輪流陸續派往，約以二百人為限等語。湖北自强學堂内，東文學生有無年少穎悟堪以派往之人，約若干名，希查明擬議章程，電覆核辦。漾。

總署來電 光緒二十四年四月二十四日到

頃矢野來署催辦沙案，據稱尊處派人商小田，以沙市租界大致議有頭緒，惟吴淞、三都口岸日本可立專租界，與署議不符。查赫德申稱，吴淞等自開之口與别口不同，應勿立租界，由中國派員另設巡捕、會審局。南洋深韙其言。本署告矢野，新開各口如各國立有租界，日本方可仿辦，切不可由外間輕許。矢野詢沙案賠欵，謂連築馬頭費在内，須十萬五千兩，若中國代築可減。尊處究擬賠若干，祈速核酌電覆。又，催小田速赴漢商辦，彼謂滬有經手事，難速往，似不令商辦沙案也。敬。

總署來電 光緒二十四年四月二十八日到

宥電悉。三都、岳州、吴淞、秦皇島係自開口岸，與各國所請有别，不能照通商租界辦法。日索沙市馬頭，矢野面談，指沿江隄岸。學生赴東洋就學，日允代支經費，來函未言代墊。抄咨備酌。勘。

[一] 録自抄本《張之洞電稿·致上海電》。

致總署光緒二十四年四月二十六日戌刻發

數月以來，紛傳山西平定至省城鐵路歸俄國道勝銀行辦，澤、潞煤鐵各鑛歸意國商人辦。山西京紳疊次公呈阻止，聞因洋商已費錢若干，不肯停辦。查此路歸俄、意兩國承辦，爲害甚鉅，而路害較鑛害爲尤鉅，去冬洞曾電致晋撫力阻。劉鶚、方孝傑皆著名荒謬，前年攬辦蘆漢鐵路，鈞署奏明發湖北考察。當經查係洋股，奏明斥退。此次攬辦晋路晋鑛，皆係洋商影射。該兩員孑然一身，如何能立公司，借洋欵。竊思平定一路，煤鐵極旺，此路接至正定，即與蘆漢幹路相連。其煤炭乃總公司幹路所必需，此路論理自應歸總公司併辦，方不致有乏煤之虞。如洋商以已用多金爲詞，儘可令總公司認還此項，且尚未開工，豈能多費，顯係飾詞。事關北省大局利害，且關蘆漢幹路煤炭要需，不敢不激切奉達。務祈鈞署力持，大局幸甚。宥二。

致柏林吕欽差[一]光緒二十四年四月二十七日辰刻發

諫電悉。應找各機價共三十五萬零五百七十九馬，兹匯去十六萬三千五百七十九馬，連存貴署之三萬七千馬，共計二十萬零五百七十九馬，祈先付給外，尚欠十五萬馬。惟鄂省財力支絀已極，實難全付，務懇查照十九、二十等年鄂省緩付力拂機價成案，切商各該廠緩期，一年或半年還清，年息或五釐或六釐，請由尊處酌定，電知照認，切禱。祈示覆。感。

致沙市俞道台光緒二十四年四月二十七日午刻發

宥電悉。署電倭索賠欵十萬五千兩，以修公館、修馬路、賠失物爲辭，爲數太鉅，故擬將公館修復較前更加寬敞整潔，以免藉口索鉅欵自修。該館右邊尚有民房，可買添建，此費萬不可惜。永瀧索犯供，可删潤妥順，交與一閱。感。

致俄京許欽差光緒二十四年四月二十七日午刻發

僕至滬，奉旨回鄂辦沙市案，此後想無須北上矣。台旆八年久役，深盼回華。聞總署奏派三使臣遊歷諸大國，聯絡邦交，無常駐地，有擬閣下者，但盼不確。尊處有所聞否，祈示。感。

致上海盛京堂轉小田[二]光緒二十四年四月二十七日午刻發

台駕何日來鄂。到後諸事易商，切盼。即示覆。廿七日。

致長沙陳撫台光緒二十四年四月二十七日亥刻發

英領事因沙案照請開辦湖南通商口岸，敝處覆以岳州原係奉准開埠，尚須體察情形，另行詳商辦理，已咨達。嗣又據照稱，不僅開辦湖南一帶，岳州立即辦，毋庸延緩。昨日又照稱，湖南每有滋鬧教會，謀害西人，惟有長沙最甚，而各府州縣以長沙省

[一] 録自抄本《張之洞電稿·致外洋電》。

[二] 即日本駐上海總領事小田切萬壽之助。録自抄本《張之洞電稿·致上海電》。

會地方尚且如此，以致均皆效尤。近來在長沙匿名揭帖遍粘滿壁，而岳州一口甚屬偏僻，即令開辦，亦不足以開湖南一省風氣。現在時勢必須首開長沙，次辦常德、湘潭口岸，庶幾湖南人民足以醒悟，不至再有滋鬧情事。設不如此辦理，嗣後不免仍出事故等語。在我正以風氣未開議緩辦，乃彼反以風氣未開議速辦，可謂横悍已極。似宜先行聯銜電奏，由總署與商緩。惟彼勢太横，不知總署能力拒否。並望一面密曉諭湘省紳民，從長計議，萬一彼必不肯緩，何以待之。此明明有意藉端挑衅，設有枝節，彼之要求不可問矣。除飛咨外，先電達。時事日棘，公有何良策，祈籌示。感。

致天津王制台〔一〕 光緒二十四年四月三十日辰刻發

前奉寄諭：旅順、大連灣購礮修臺，在湖北劃撥釐金銀十萬兩。至于應用槍礮，在鄂廠造用爲宜。等因。欽此。當經欽遵，將鄂廠能造十二生以下臺礮并陸路車礮，電商尊處，業承電覆在案。兹准大咨，催解鄂釐十萬兩，内云北洋現有應購礮位，亟需此欵移緩就急等因。查旅順情形雖變，礮械仍係必需。尊處現需何項槍礮及配彈若干，請分別估價電示，當遵旨由鄂廠代造。所有劃撥尊處之鄂釐十萬兩，可否就近撥交鄂廠，以備工料之需，隨後再爲結算。其價值可照外洋購價酌減二成，似乎彼此有益。祈示覆。卅。

王制台來電 光緒二十四年五月初一日申刻到

弟於二十七日奉召。二十九奉電旨，著於初四日請安。此行未知聖意所屬，然時局艱危，孱軀衰憊，前車之鑒，深用惴惴，何以教之。卅電謹悉，已飭局核議詳咨矣。詔。東。

致天津王制台 光緒二十四年四月三十日辰刻發

内贊樞廷，大喜，欣賀。豔。

致上海盛京堂 光緒二十四年四月三十日辰刻發

沁電悉。浦口至信陽一路，總公司借美欵自修爲上，容閎次之。容路雖是美股，勝於英股，又可絶其復達天津分蘆漢之利。若英欵自蘇滬接信陽，長江南北水陸路權全歸英有，禍不可言矣，務祈審酌示覆。蘇滬路何以必欲予英，浦津路何以必欲予容。究是何堂主見，可否密示。卅。

致柏林吕欽差〔二〕 光緒二十四年四月三十日巳刻發

壓鋼及輾銅板等機造成後，如運船未定，請交禮和洋行運鄂。祈電覆。卅。

致上海盛京堂〔三〕 光緒二十四年五月初一日酉刻發

陳道兆葵、曾牧慶溥日内即會同羅國瑞動身勘路。陳道鄂省本有薪水。汪牧亦有鐵路薪水。曾牧湘中原薪甚微，懇求加給薪水，尊意可加若干，速酌定示覆。至尊處前發給該員等川資五百

〔一〕以下三電録自抄本《張之洞電稿·致直隸電》。
〔二〕録自抄本《張之洞電稿·致外洋電》。
〔三〕録自抄本《張之洞電稿·致上海電》。

金，係各該員公用作夫馬各費，實用實銷。陳道又稟請帶佐雜兩員。長途盛暑，時日較多，陳道意恐不敷用。鄙人告以到湘後如川資用盡，再電稟尊處請示。是否如此，請斟酌速覆。錫欒巴來鄂遲早，請台端酌之可也。

致天津王制台、上海盛京堂光緒二十四年五月初二日戌刻發

比欵續約三十條、行車章程十條均悉。權利大加，交欵抑勒，可恨。然與比再商，恐難改讓，若與美另商，權利仍與此無異矣。惟法使決斷一節，萬不可許。鄙意似可先行畫押，接總署覆電後再具摺會奏。或日内由杏翁主稿擬一簡明會銜電奏，聲明詳細已電總署，何如。統請夔帥、杏翁酌度，以免遲延。沃。

致上海盛京堂[一]光緒二十四年五月初三日辰刻發

據陳道兆葵、曾牧慶溥稟稱：遲至四月初八日，羅委員國瑞始到，面稱有病，須請假十日就醫，嗣又稱須待月杪病方能愈。嗣又接該員回信，稱初二三准可登程，因擇定五月初四日起程，申報各憲，隨即發價雇夫，一面函催該員趕緊料理。詎昨晚忽接覆函，稱病尚未愈，須展至初十日登程，届時若再不能動身，即電稟督辦批示等語。職道奉檄月餘，卑職來鄂兩月，而該員因病稽延，屢愆時日，細繹來函，即初十日起程之説，尚未可定。茲當盛夏酷暑，即令勉强成行，竊慮沿途羈滯。應否俟交秋後該員調理全愈，再行就道，抑或請電盛京堂另派精於測繪之員來鄂會勘等語。羅種種稽延，不解其故。祈酌示。江。

致總署光緒二十四年五月初四日亥刻發

英領事照請開辦湖南通商口岸，當覆以岳州原係奉准開埠，尚須體察情形，另行詳商辦理。嗣又據照稱，不僅開辦湖南一帶，岳州立即開辦，毋庸延緩。旋又照稱，湖南每有滋鬧教會，謀害西人，惟有長沙最甚，而各府州縣以長沙省會地方尚且如此，以致均皆效尤。近來在長沙匿名揭帖遍粘滿壁，而岳州一口甚屬偏僻，即令開辦，亦不足以開風氣，必須首開長沙，次辦常德、湘潭口岸，庶幾湖南人民足以醒悟，不致再有滋鬧情事。設不如此辦理，嗣後不免出事等語。在我方以風氣未開議緩辦，乃彼反以風氣未開議速辦，可謂横悍已極。但湘人亦甚悍，岳州、長沙兩處貿然開埠，必滋事端。明係有意藉端挑釁，設有波瀾，彼之要求不可問矣。查沙市洋房究係延燒，非與洋人搆衅之案可比。沙案賠欵，疊催開失物單，該領事尚未開送，其語氣尚不甚多。長沙等處通商，彼國公使曾向鈞署議及，是否堅持。此意昨與南撫往復電商，據云，傳詢湘紳，長沙通商甚難。務祈鈞署設法推緩爲禱。支。

總署來電光緒二十四年五月初七日到

支電悉。英使初二因他事來署，順及沙市案，由領事與鄂商結，似不注重，並無長沙通商之説。該領事一再照會，當因湘中匿名帖太多，激而為此，亟應嚴禁，以免藉口。岳州奏准通商，英使催辦，本署仍照湘中覆電推緩。陽。

[一] 録自抄本《張之洞電稿·致上海電》。

致沙市俞道台光緒二十四年五月初七日丑刻發

講電悉。沙關下官地，現擬奏請將荆宜施道及江陵縣署移駐沙市，以資彈壓保護。道署即應設在江邊官地，並將沙防營營房即造在道署比鄰，中間但留一路通街內。合計道署、營房，已需盡用此九十餘丈之地，勢不能再給英領事。如英領索地修署，只可於靠裏隄外擇地予之。可即以此意婉覆永瀧，如永瀧必欲得地造署，只可於附近他處設法騰挪一地與日本，以爲稍作應酬之法。至所指九十八丈，係從何處起，至何處止，速再明晰電覆。語。

致上海盛京堂〔一〕光緒二十四年五月初七日丑刻發

小田究已動身來漢否，望速確詢示覆，切盼。語。

致上海盛京堂光緒二十四年五月初八日酉刻發

陽午電，庚申始到。既不指定法使判斷，且須由總公司函允，較爲妥善。蘆漢爲第一幹路，若比欵不成，再出他國干預，爲患不可勝言。時事日棘，夙夜焦灼，且總署亦盼比欵之成。鄙見可即畫押，以免再有反覆。并候總署、榮中堂核示可也。支兩電均悉。庚。

致天津榮中堂〔二〕光緒二十四年五月初八日酉刻發

正拜揆席，兼顧北洋，大喜，欣賀。連日盛京堂電蘆漢路比欵續議各節，計均入鑒。既不指定法使判斷，且須由總公司函允，較爲妥善。時事日棘，變故多端，且總署亦盼比欵之成，鄙見似可先行畫押，仍請卓裁示覆爲禱。庚。

榮中堂來電〔三〕光緒二十四年五月初十日午刻到

庚電敬悉。忝膺重任，辱賀彌慚。比欵事，頃接杏蓀電，已經總署核准畫押，想達尊聽。榮禄叩。青。

致長沙陳撫台光緒二十四年五月初八日亥刻發

陽電悉。變通科舉一事，現已叙奏稿，一切章程與勸學篇所擬辦法相同，惟添叙首尾及措詞處，於舊章加以斡旋之筆耳。日内即須具奏，不及送稿奉商。台端如願會銜，祈速電示，以便繕發。盼即電覆。庚。

陳撫台來電光緒二十四年五月初七日戌刻到

朝政方新，前示改科目議，似宜速上，敬盼撥冗為之。箴叩。陽。

致上海盛京堂〔四〕光緒二十四年五月初九日辰刻發

夔帥到京，想已早有恩旨，祈速示。佳。

致上海盛京堂光緒二十四年五月初九日巳刻發

近日電傳閣鈔極遲，要事太緩，而無關緊要之事却不甚緩，令人悶極。閣下能設法令京局擇要加急電傳否，盼覆。佳。

〔一〕〔四〕録自抄本《張之洞電稿·致上海電》。
〔二〕指榮禄。録自抄本《張之洞電稿·致直隸電》。
〔三〕録自苑書義等主編《張之洞全集》第九册，第七六一五頁，河北人民出版社一九九八年版。

盛京堂來電〔一〕光緒二十四年五月初十日酉刻到

閣鈔要事轉緩，甚奇。頃細考，或所過各局偷鈔之故，其不關緊要者不偷鈔也。因閣抄向列二等，至京、津轉展而南，愈轉愈遲。刻奉鈞電，酌擬擇要加急分遞之法，通飭各局，以後或可不誤。宣叩。蒸。

致總署光緒二十四年五月初九日戌刻發

支、齊兩電均悉。沙案各欵，第一條，索賠一萬八千兩一節。查日領住屋乃係我租與，並非彼屋，所失貨物不多，衆目共見，永瀧亦曾自言之。擬允給一萬兩，所有一切各項賠補均包在內。第二條，以八萬六千餘兩作沿江隄費，兩國各半一節，事屬可行，當照允。惟江隄甚長，若太短則所圍地甚少，無大益，一縱一横約在四五里，石工須堅固，隄面須寬平，上修石板路或馬路，工費約需銀十萬以外，非此不能穩固興旺。此彼此兩益之事，將來無論所費若干，總是兩國分認。興修時公同估計，公同監工。計修隄多，認斷不止八（千）〔萬〕金，所以願增此減彼者，隄工乃彼此受益，情理較協。失物本不甚多，故礙難多認，并非吝惜數千金也。若賠欵過多，則在我出之爲無理，而在彼索之爲無名，於兩國局面均有妨礙，故不願也。此意請婉達矢野。第三條，專界内道路免價豁租一節。道路不比行棧，彼無利息可生，其租可免，至地價未便不給，於通例有礙，隨意酌給可也。第四條，界内租地價酌行核減一節，可行，當照允，但商民業不能太苦，當與永瀧從容商辦。至鈞署四月佳電所言索三處專界一節，既經鈞署告以自開口岸，不能照通商租界辦法，彼現未提及，想已爲鈞署折服，已作罷論矣。再密陳者，看近日情形，矢野於沙案驟鬆言語，漸近情理，尚知顧全鄰誼，所索較初次開口時減讓甚多，必係奉到該國政府指示，意在聯絡邦交。蓋界内地租酌減，去年已允，道路免價，彼係援照杭章，沙案未出以前，即有此語。至隄工，去年久議未定，此間委員在荆面議，本擬酌認也。合併密陳。佳。

致總署光緒二十四年五月初十日巳刻發

昨佳電想達。第一條賠欵，雖減去八千兩，因所焚並非彼署，乃係我屋租與彼住者，租約内載明，如遇火災，彼不賠屋，我不賠屋内器具等語。今因事出意外，已飭關道於舊日原屋地方照式重造，較前更加整潔，仍借與永瀧住，不索租價，將來彼造成公署時，再退還我，此乃格外周到，以表抱歉之忱。計兩次造屋，豈不值數千金乎。此層昨電漏未叙及，特補陳。祈速轉告矢野爲禱。蒸。

致長沙陳撫台光緒二十四年五月初十日戌刻發

佳電極佩，透澈之至。即徑請廢八股，改爲四書義、五經義，其文體略如講義，經論經説，一切拘攣俗格、苛瑣禁忌，悉與删除云云。并請通籍以後，勿攷詩賦小楷。稿已具矣，惟頃接盛京卿電，有下科改試策論一語，想因康議而然，不知但將頭場改爲

〔一〕録自苑書義等主編《張之洞全集》第九冊，第七六一一六頁，河北人民出版社一九九八年版。

策論耶，抑三場均有改動耶。此奏此時尚宜發否，或待部議出後，再視其未周妥者補正之，或仍發，祈酌示。蒸。

陳撫台來電 光緒二十四年五月初十日午刻到

庚電謹悉。科舉如勸學篇所議，極善。惟愚意不廢八股，則學者難捐舊習，志意不專，若主試者仍有意偏重，則首二兩場皆為剩義。似宜用四書五經命題，革除排比詞藻，既可闡發聖賢精義，又足潛移揣摩，悦人心志，庶幾拔本塞源。如鈞意謂然，乞挈銜會奏。箴叩。佳。

陳撫台來電 光緒二十四年五月十二日丑刻到

蒸電謹悉。即令如盛電，三場皆有改動，然必如勸學篇所論節目，乃為盡善，況又有蒸電所云耶。及早奏請，或可悉如鈞論議行。應請飭繕速發，並挈賤銜為盼。箴叩。真。

致上海盛京堂〔一〕 光緒二十四年五月初十日戌刻發

佳電悉。下科改試策論，已見明發上諭否，僅將時文改策論耶，抑三場均有改動耶。請速將此旨照録電示，至禱。蒸。

致宜昌趙道台 光緒二十四年五月十二日戌刻發

初四日單稟并清摺均悉。陽電想經接閱。查漢口督銷局止交正釐，由局代徵移交，並未准其接辦局事，其各分局亦未允稅司查看，皖岸亦然。該道務須堅持止交正釐之義，與稅司辯論，務須堅持由局代徵正釐，實收實交，其餘加課及江防加價、籌餉加價、公費等項，湖北各有要需，均非正釐，該稅司不能過問。至該局係仿皖岸、鄂岸辦法，不必交付，應與淮鹽一律，至要至要。真。

致江甯劉制台 光緒二十四年五月十二日亥刻發

武道來傳述尊意，有合皖、鄂、宜昌暨浙東、淞、滬、九江各鹽局釐局，均認五百萬兩爲止之議，深佩藎籌。究應如何均勻分認解交，即祈由尊處裁酌示覆。文。

致柏林吕欽差〔二〕 光緒二十四年五月十三日戌刻發

江、文電悉。找欵十五萬五千馬，允緩一年清付，年息五釐，感甚，請即訂定。再，前因尊電云尚存使署德銀三萬七千馬，許使疊咨，合計則餘存德銀三萬九千九百七十馬零，感電係照尊電核算，匯欵時係照咨開存欵扣算，是以匯去只十六萬六百馬，祈查明示覆。元。

致宜昌趙道台 光緒二十四年五月十三日戌刻發

查該道來稟清摺内開稅司巴爾四月初五日來函，内有並奉總稅司札，飭速將專理川鹽之印信繪樣刊刻等語。查我局斷不能撤，川鹽除正釐擬由局徵收移交稅司外，其餘各欵不在允交之内，仍須由局徵收，以供本省要需，豈能由稅司專理。專字太不妥，將我局置於何地乎。且鹽釐之盈絀，視乎緝私之勤惰，全賴各地方文武督飭巡緝。該稅司如用專理印信，名實不符，商民斷難信服，

〔一〕録自抄本《張之洞電稿·致上海電》。
〔二〕録自抄本《張之洞電稿·致外洋電》。

各地方文武亦豈能受税司調度。該道速告税司，將其擬刊印信中之專理字樣，務須酌改，以昭妥慎。聞漢口税司刊刻督銷局關防，督銷局劉道並未允准，令其改刊。速電覆。元。

致上海盛京堂[一] 光緒二十四年五月十三日亥刻發

十一日電悉。詢據瞿升道稟，據林守覆稱，委因病體未痊，乞假就醫，稟繳關防，請改委接辦等情。瞿升道言，林守係真病，失血甚重等語，請由尊處酌選幹員改委。文。

致沙市俞道台、武防營蔣游擊，岳州張鎮台 光緒二十四年五月十六日午刻發

據漢陽余守、岳州英守稟，新隄現有紅教會匪傳教聚衆。查新隄現有教堂，萬不可稍滋事端。飭蔣游擊聲耀即派明幹哨官，帶勇一百名，即日雇船馳往新隄彈壓，晝夜防護。如沙市需人，新隄事定即行調回沙防，並請岳州張鎮台即日添派礮船二隻，速赴新隄，一體巡護，勿稍延誤。均即電覆。諫。

致荆州俞道台 光緒二十四年五月十七日亥刻發

總署來電，沙案昨就尊處佳、蒸兩電，告矢野電知日政府，允照議辦結，索照會完案。本署現予照覆，俟奏後咨達。咸。等語。此案矢野所索甚奢，本部堂與之議定各節，尚不受虧，詳細辦法當即續電知，並函告。至永瀧索地，萬不可許，官地九十八丈，無論或英或日，皆不能讓，無論我作何用，彼不能問。案已議結，彼無可要挾矣，但以後不可再生事耳。切要。洽。

致上海盛京堂[二] 光緒二十四年五月十八日戌刻發

聞路工買木料一萬根，實價每根錢一千五百文，尊處委員報銀二兩五錢，不知確否。此係風聞，祈密查，勿言鄙人說。嘯。

致上海盛京堂 光緒二十四年五月十八日戌刻發

望電悉。天氣酷熱，粵漢路暫緩勘無妨，惟羅國瑞病，倘秋涼仍不愈，奈何。此時似宜物色熟悉測量之員，以備替换爲要。嘯。

致上海盛京堂 光緒二十四年五月十八日戌刻發

接湘紳熊太史希齡等電稱：有自粵來湘遊歷法人四員，測量鐵路沿途，每遇山灣角度，測量尤細。聞永安州教案索欵，有由龍州修鐵路至桂林，再定所向等語，其陰謀圖湘無疑。果爾，湘路湘鑛盡歸法握，爲害非小。今盛京卿徒有鐵路之名，不集欵，不速辦，設不幸而湘有法案，法肆要索，政府恐未必能以粵漢虚名抵制，異日棄湘之咎，責有攸歸。齡意現在英商毛根在北京，願集資千萬承辦湘鑛，似可商之盛公，先借此欵速修長沙至永州鐵路，以遏法謀，即與法公司商訂鐵道尺寸，以備兩道銜接，亦無不可，庶幾我有自主之權，一面趕造粵漢鐵路，同時併舉。儻盛猶遲疑，湘人將以此情形赴京師呈請辦理，事急不能不自救也

〔一〕録自抄本《張之洞電稿·致上海電》。
〔二〕以下二電録自抄本《張之洞電稿·致上海電》。

等語。湘紳不知借欵之難，且未知美欵已定，局外苛責，無足深論，而所云法圖湘路湘鑛，不爲無見。但英人暗擅長江，正覬湘鑛，湘紳擬借毛根之欵，又欲與桂林法軌銜接，均有不妥。查美約原有如比欵不成，則美兼辦蘆漢之條。今比欵既成，與美豫定兼辦長永枝路，美必樂從。望即籌酌，如能定議，須電請總署立案，以備拒法。至龍州法軌若干寬，祈速查示。盼覆。嘯。

致長沙陳撫台 光緒二十四年五月十八日亥刻發

會奏請妥議科舉新章摺已發，悉如尊指。因諭旨只渾言策論，故請三場用四書義、五經義，其文體大略即如講義，經論經說，准引史事羣書，專用四書五經原文命題，以免廢棄經書，尊意想必謂然，餘俱如前電。稿即專呈。又有單銜請詳議武科章程一摺并咨，是否可采，請察酌。如尚有理，望另作一疏，可以助力，即有異同，亦不妨也。嘯。

致上海盛京堂〔一〕 光緒二十四年五月十九日酉刻發

宗得福稟稱，漢廠隄工告竣，續添暗磯石料暨斜坡加石四百餘方，培土高二三尺，並加貼草皮，除已領外，實應找發洋例銀三千九百六十餘兩，又洋二千一百二十餘元，各匠頭均留守候，急待開銷，請補發前來。查其細帳，尚屬核實。該隄已由湖北籌賑局給過長平銀五萬兩，此外不敷銀兩，前承允爲勸辦鄂賑湊足。茲銀、洋並計，共應找發銀五千數百兩。賑局一空如洗，請尊處迅即先行墊匯給領，仍於鄂賑捐數内扣除。即望電覆。效。

致總署〔二〕 光緒二十四年五月二十一日巳刻發

篠電謹悉。英領事前已約期商辦沙案，該領事以中暑改期，至今未愈，當再催之，面議後即奉達。箇。

致上海盛京堂〔三〕 光緒二十四年五月二十二日巳刻發

連日與耕甫實在爲難。能員本少，又皆不願辦此事。瞿思得一人，係丁憂沔陽州丁國楨，乃湖北最出色之員，循吏而兼能吏。經瞿婉商，據云，盛京堂向未識面，未知能否合式，惟素蒙鄙人優待，必欲派要差，不敢辭，惟半年後如准令回籍葬親，當供奔走等語。尊意如何，即示覆。購地事極難，昨漢陽府縣又力言之。鄙人斷不敢薦人，此乃耕甫所舉，務望台端詳詢耕甫。如不思變計，地終難買，仍是總公司喫虧也。養。

致總署 光緒二十四年五月二十三日辰刻發

箇電謹悉。中國商民自可准在日本專界内居住，請轉告矢野。蓋德界已准華民雜居，日界自無不可矣。漾。

總署來電 光緒二十四年二月初七日到

德使照稱，漢口租界擬照津界辦法，准華民在界内居住，本署已允照辦。陽。

總署來電 光緒二十四年五月二十一日到

日本前送照會第四欵第三條中國商民准在日本專界内居住等

〔一〕〔三〕 録自抄本《張之洞電稿·致上海電》。
〔二〕 録自抄本《張之洞電稿·致北京電》。

語。昨矢野來署催問，希酌辦電覆。箇。

致上海時務報館汪穰卿[一] 光緒二十四年五月二十五日巳刻發

六十五期尊撰必至之勢論，精確悚切，有功世道人心，海内自有報館以來，第一篇文字，敬佩。有。

致長沙陳撫台 光緒二十四年五月二十五日巳刻發

英使電令領事以沙案催開岳州口岸，詞甚堅鷙。與之商緩，領事云究竟幾時可以開辦，必有準期，若不早開口岸，即照總署新章，徑令洋輪駛往。看此情形，似非空言推展所能結案，亦斷不能待至兩年。台端體察情形，究竟擬在何時，望酌示。至長沙、衡州、常德三處，與之力辯，大約可不提矣。沙案日本已議妥，專待英國議定，即奏。有。

陳撫台來電 光緒二十四年五月二十六日酉刻到

岳州係自開商埠，遲速應聽總署核示。擬電總署，無論何時開埠，但須於定期四箇月前告知，當即遵辦，惟不劃租界，必須執前議耳。乞核示。箴叩。宥。

致廣州王道台存善 光緒二十四年五月二十六日辰刻發

聞廣西土匪滋事，容縣、陸川、鬱林均有警，梧州已戒嚴。目下實情若何，因何起衅，廣東派兵往否。張忠武國梁之子張蔭清現在何處，作何事，年若干歲，望代詢。敝處現擬派員出洋學習武備，張願往否。均即示覆。宥。

王道來電 光緒二十四年五月二十七日午刻到

西匪因買米起衅，容縣、陸川、北流、興業均陷，鬱林、博白被圍。督帥派營援剿，勇到，鬱、博圍解，容、北克復，匪漸趨潯、貴。忠武襲子蔭清去冬已故。存善稟。宥。

致上海盛京堂[二] 光緒二十四年五月二十六日巳刻發

朱守送來尊電已悉。購地與插標係兩事，一員不能兼之，插標并須伴送洋匠。該守遵舉文武二員，一係漢陽府余守族弟通判余宜，一係黄陂紳士守備曾壽昌，現已會委。朱守擬月薪，文五十兩，武四十兩，祈酌。俞貝令丁牧赴滬，已告瞿升道，以後請尊處徑電瞿促之較簡速。宥。

致荆州俞道台 光緒二十四年五月二十七日戌刻發

稟、圖均悉。漾電未甚明晰。現許永瀧者，想係專指太古下官地二十丈，其怡和、太古基後長百四十五丈，深八十丈之地，想已駁斷不與。如只此二十丈，而彼以移上減下了事，尚屬可行。查沙案已由本部堂電商總署，與日使諸事議妥完結，前已電告，並屬切飭各委員勿得輕許。日使矢野既經允結，彼已無可要挾，何以漾電忽稱並許太古下官地不收地價。殊不可解。地價只可酌減，未便全免，致多窒礙。總之，無論所索官地民地，均不能不

[一][二] 録自抄本《張之洞電稿·致上海電》。

收地價，此係官地，令其酌給，不與計較可也。如怡和、太古基後之長百四十五丈，深八十丈之地，萬萬不可與之。切囑切囑。即明晰電覆。此時沙案已結，以後彼若再有要求，一切均推以須請省城示，萬勿輕許一件，至要。感。

致上海盛京堂〔一〕光緒二十四年五月二十八日巳刻發

宥電悉。比欵續約會咨總署，回稿已印發，交郵政局寄。丁牧國楨今日搭商輪赴滬，并聞。儉。

致浙江廖撫台、惲藩台〔二〕光緒二十四年五月二十八日巳刻發

聞岳州民間私禁運米出境，并非官禁。尊處須電湖南陳中丞，覆允後敝處方可給護照前往，免致臨時阻攔。賣米係在長沙以上之易俗河一帶，非岳州也。至岳州，即可令大輪拖下耳。此間輪已派，祈速覆。儉。

致長沙陳撫台光緒二十四年五月二十八日午刻發

盛京堂宥電想已到。事體重大，尊意以爲如何，祈明示。儉。

致上海盛京堂光緒二十四年五月二十八日午刻發

宥電悉。借美欵修枝路并辦湘鑛，所慮甚當。惟鐵路公司欲分鑛利，恐湘人必不願，且看陳中丞覆電耳。儉。

致漢口江漢關瞿道台光緒二十四年五月二十八日午刻發

日本漢口租界一事，今日萬勿簽字，因德國不允日本租界之一百丈間隔其間。昨柯達士言，甚爲堅悍，若遽定議，將來必有波瀾，要緊。特此飛布。儉。

致長沙陳撫台〔三〕光緒二十四年五月三十日午刻發

據布局禀稱：商人朱民廣購布局紗十大捆，計二十件，已向江漢關完過正稅，有稅單及布局運單爲憑，局紗并有雙龍抱珠牌紙，與洋紗迥別。經過鄂、湘各卡均經驗放，惟衡州府東州卡百般留難，勒令加倍罰欵等情。查湖北布局所出布匹棉紗，奏明完過正稅，概免重征，歷經咨明通行有案。湖南運出各鑛及官煤，經過湖北關局，均免稅釐，湖北官局紗布運湘，事同一律。今朱民廣購辦之紗，不特有布局憑單，且有江漢關完稅單，何致誤爲假冒。請速飭放行，并將罰欵交還原人。此後如有湖北官局紗布運湘，并請分飭各局卡一體驗放，至禱。卅。

〔一〕録自抄本《張之洞電稿·致上海電》。

〔二〕以下二電録自《近代史資料》總一〇九號，中國社會科學出版社二〇〇四年版。

〔三〕録自《近代史資料》總一〇九號，中國社會科學出版社二〇〇四年版。

致户部〔一〕光緒二十四年六月初三日午刻發

豔電悉。新海防捐共存銀一萬五千餘兩，即日匯解。洞、洵同覆。江。

致兵部光緒二十四年六月初四日辰刻發

卅電悉。敝處遵旨詳議變通武科一摺，於五月十六日拜發，計日當已到京呈遞矣。江。

致上海盛京堂〔二〕光緒二十四年六月初六日亥刻發

初五電悉。比續約會奏稿，今日交郵局寄。至插標購地，應如何聯絡操縱，以後事體尚多，應請尊處酌量，電飭朱守、丁牧遵辦，并致瞿升道督催，敝處實不能兼顧。語。

致上海盛京堂光緒二十四年六月初七日亥刻發

魚電悉。會稿昨已交郵局。鄭令清廉，請即會委。甯藩、閩藩及所遺兩臬放何人，祈示。陽二。

致總署光緒二十四年六月初七日亥刻發

漢口日本租界已遵照鈞署來咨，在德界下劃給百丈，與日總領事小田議章簽字矣。惟日界在德界下，德極不願，數月前來照會，已咨鈞署，屢派員與德委員柯達士議論，彼必不容彼界之下、鐵路馬頭之總站上，中間插有日界。初甚堅悍，萬難空言折服。近來照會仍持前説，强責賠償。但日界已由鈞署議允，與商他處，小田堅不肯改，欲即刻回滬，勢將決裂。然不別籌一善全之策，德必借此生波。此事萬分爲難。末後想一辦法，議於德界後面最近鐵路之處，在鐵路總站與漢鎮分站之中腰添設一小分站，每次往來停輪數分鐘，以上下人貨，在德都城即有此例。蓋德所争者，在德界距鐵路馬頭上車處較近，其實彼界邊距馬頭尚約七八百丈，今於界後添設此站，則德界真是緊接車站，與緊靠馬頭無異矣。在鐵路公司目前不免稍費，而此後並無所損。大局所關，自可照辦。至德人則大受鐵路之利，較不開日界權利更優。柯以公司未必願意爲詞，告以公司誠非所願，然特以補償德國利益，此是國家厚意，柯始首肯稱善，雖仍以請命德使爲詞，默窺或可通融。此舉乃勉爲設法調停，冀圖兩全，望鈞署即以此辦法婉致德使定議，免生枝節爲禱。除電盛京卿外，謹奉達。陽一。

總署來電光緒二十四年六月二十日到

漢口德租界，前擬照尊議於德界後面最近鐵路處添一分站。嗣德使照會，以允定日本租界，有礙德國利益，頗有責言。當覆以添一鐵路分站，柯達士已經首肯，該使當無異詞。頃據德繙譯轉述，該使所索三條：一、自德租界至江邊鐵路總站，須修造通日本租界，以便來往。二、德租界内應准華人居住。三、德租界内應拆去舊有之城。查租界内准華人居住，自可允行，拆去舊城，該使前屢言及，能否酌予通融。修造日本租界鐵軌有無窒礙，希飭道與領事及柯達士妥商酌辦。該使藉日本租界為詞，多方要挾，

〔一〕以下二電録自抄本《張之洞電稿·致北京電》。

〔二〕以下二電録自《近代史資料》總一〇九號，中國社會科學出版社二〇〇四年版。

添一分站尚不足饜其慾，或於日本租界修鐵軌，即無庸另添分站，是在執事相機籌商。號。

致總署 光緒二十四年六月初七日亥刻發

英領事議沙案賠欵已有眉目，惟屢催岳州開埠，告以開導明白，即當照覆。昨來文甚急，謂我空言推宕，不但定期，尤須趕早。屢詢湖南，不肯定期，但云請鈞署示。查此埠乃我自開，遲早必辦，惟湖南民情，創開口岸實屬懸心。前閲各報，云鈞署原議各口岸有兩年内開辦之説，不知確否。果有此説，似可提前數月。但有定期，或可允從。敢祈裁酌速示，以便了結沙案。若空言推緩，勢不能行。即候示覆。陽二。

致沙市俞道台 光緒二十四年六月初七日亥刻發

沙市案，日本一面已議妥，英國一面亦有頭緒，不日將由外奏結矣。日本初由彼公使向總署索五欵，頗要挾。今議賠償領事等官所失物及商品陳列所貨價，共銀一萬兩。又向收租價之領事館，此後造成仍借日領居住，不收租值，以兩端了結此案。又順便議租界江邊隄工共約八萬六千兩，兩國各半，即估工加多，亦兩國分認。租界中道路溝渠等需用公地，不收歲租，然必須收地價，價可隨意酌給。其界内民地價酌量核減，華民准其雜居。至懲辦各犯、參處各官，是本案應有之義，奏時酌定，請降諭旨，由總署奏請。英國議賠欵大約略如日本之數，但催岳州速開口岸耳。此案如此了結，尚無大損，以後務須諄飭所屬，加意防護，切勿輕視易視，至要至盼。陽。

致上海盛道台[一] 光緒二十四年六月初七日發

小田切來議漢口租界，不得不照總署議，於德界下、鐵路總站上劃給百丈，議章簽字。然此事德豈甘心，來牘及議論詞極堅悍，責我賠償，萬不能以理解。初與柯達士商，無轉圜意，未得一答。議於總站及漢鎮分站中腰正靠德界后面添設一小站，汽車往來略停數分鐘，可上下人貨，在德都即有此例。柯謂公司未必願意，答以公司固不免多費，此是國家特補償德國利益處。柯言果爾甚善，雖仍以請命海靖爲詞，默揣當可通融。此於公司目前誠稍費，然亦非毫無利益，且可免因此於他事有牽涉阻撓之患。苦心調停，始思得此策，諒邀鑒及。已電署矣。

致上海盛京堂[二] 光緒二十四年六月初八日巳刻發

請轉小田切，西南界石已照章程移妥。錢恂。庚。等語。庚。

錢恂稟

日本界西南一石，栽時未合章程，蓋不與德石，而退出德石之東數十丈。船津來訴，恂病中與談，允函告委員改栽，改妥即電告。茲得瞿賡憲來函，本日已移妥，故擬電請代回，即發。

[一] 録自苑書義等主編《張之洞全集》第九册，第七六三八頁，河北人民出版社一九九八年版。

[二] 此電及稟録自《近代史資料》總一〇九號，中國社會科學出版社二〇〇四年版。

致俄京許欽差[一] 光緒二十四年六月初九日戌刻發

聞派京城大學堂總教習，還朝有日，欣慰。佳。

致上海蔡道台光緒二十四年六月初九日戌刻發

東電悉。聞四明事已了。究竟十六鋪已給法人否，抑别有抵換，速示。佳。

蔡道台來電光緒二十四年六月初二日申刻到

法租界四明義塚已立百年，法公董局强索租建學堂醫院，甯幫勿允。堅持半月，允法助費另覓地基，不願。繼勸甯衆遷葬給費，不遵。迭商法領緩辦，允而復翻。恐其倉卒搆釁，一發難收，乃預囑甯董傳諭甯衆，無論如何，静候商辦，不准聚鬧。法兵果於廿七早脅拆塚墻，甯衆乃出傳單，一律停止交易，祇軟困，不力争。法領見人心固結可畏，界内商務有關各國都有怨言，法有悔意，昨來函甚願通融辦理，駐防兵丁亦撤回兵船，所調駐閩兵艦同即電止，如能趁此商令舍義塚而另購别地，似可永杜覬覦。能否辦到，容再馳報。再，此次流氓從中生事，波累行旅，被洋兵槍斃十五人，傷廿五人，謹陳。鈞。東。

蔡道台來電光緒二十四年六月初二日申刻到

東電禀發後，續悉沈道敦和已電禀峴帥，請劃地三處歸法拓界，可保塚地。一、南市新馬路十六鋪至董家渡。一、西門外達徐家匯。一、浦東一片，如浦東不予，將董家渡展至南馬頭。圖已繪就，勢在必行等語。查沈道係奉峴帥委會同聶藩司商辦塚事，續因舉充四明董事，辭不奉委者。不特職道連日與各領調停，未能有此説，即使峴帥有此諭，亦應密告司道，由官設法轉圜。乃并不晤商，輒將國家土地由董事出面做人情，殊出意料之外。西人昨日密告，如甯衆再堅持三五日，更不容法人索寸土。現事機已鬆，甯人行將心涣，恐非許地不可保塚。鈞禀。

致上海蔡道台光緒二十四年六月初十日亥刻發

蒸電悉。稍慰。十六鋪萬不可許。若與法，上海城無出路矣。前功盡棄，更不待言。他項利益雖加增無妨。事關滬上大局，故敢越俎妄言，務望堅持。萬勿言鄙人所説，恐江南大吏不悦也。切禱。蒸。

蔡道台來電光緒二十四年六月初十日亥刻到

佳電敬悉。聶藩司連日會商法領，請四明塚地左近開一路，并在西門外八仙橋另給一地，尚可設法通融，惟仍索十六鋪，堅持未定。鈞。蒸。

致荆州道台[二] 光緒二十四年六月十一日戌刻發

總署來電：日本使照稱，沙市專界章程正在商議，五月間突有意外之事，功虧一簣，請電地方官與領事接議速結等語。意外之事何指，希速查覆催辦。蒸。等語。五月間有何意外之事，速

[一] 録自抄本《張之洞電稿·致外洋電》。

[二] 録自《近代史資料》總一〇九號，中國社會科學出版社二〇〇四年版。

詳實電覆。真。

致長沙陳撫台光緒二十四年六月十一日亥刻發

總署來電：陽電悉。岳州開口岸，前與英使面議，須兩年開辦，該使意未甚愜。今英領事議沙案賠欵，催早定期。湘撫電稱地方士民均經開導，須於定期四箇月以前告知。沙案宜速奏爲妥。應如尊議提前辦理，可允於來年正、二月間開辦，希會同湘撫預爲妥籌。不劃租界一節，必當力持。佳。等語。擬照署電，即許以明年二月開辦，祈即裁酌。如照此定議，請即預爲妥籌。至不劃租界一節，此因係我自開口岸，故與他口不同，前署咨業經聲明，俟開辦時領事來議再與面談，力持可也。望即示覆。真。

致長沙陳撫台、黄道台[一] 光緒二十四年六月十三日戌刻發

總署來電，奉旨：湖南鹽法長寶道黄遵憲、江蘇候補知府譚嗣同，前經諭令該督撫送部引見，著劉坤一、張之洞、陳寶箴即行飭令該二員迅速來京，毋稍遲延。欽此。文。等因。洞轉。元。

致上海盛京堂、鄭蘇龕光緒二十四年六月十五日酉刻發

總署來電，奉旨：張之洞奏覽悉。分省補用知府錢恂、江蘇候補同知鄭孝胥，著該督即飭該二員來京，預備召見。欽此。寒。特奉達。何日啟程北上，即候電覆。咸。

致上海日本總領事小田切光緒二十四年六月十六日巳刻發

電悉，感甚。函明日必寄，望少候。湖廣張。十六。

致上海鐵路總公司鄭蘇龕光緒二十四年六月十六日巳刻發

昨電想達。念劬云，閣下頃來鄂一行，以便給咨，同舟北上。望速來鄂爲幸。諫。

致上海盛京堂光緒二十四年六月十七日巳刻發

聞台駕將赴都，何日行，速示。洽。

致上海鐵路總公司鄭蘇龕光緒二十四年六月十七日巳刻發

電悉。敝處昨晚一電，想尚未入覽。閣下似須由敝處給咨，望速來鄂一行，有要語面談。盛京堂何日行，并示。洽。

致江甯劉制台光緒二十四年六月十七日戌刻發

鄂省農務學堂在美國采辦農具、書籍，共一百五十四箱，計值美金一千九百八十余元，裝利麥司船運滬，由新旗昌行經手轉運來鄂。係學堂需用官物，祈飭滬道照章免稅驗放爲感。洽。

[一] 以下七電録自《近代史資料》總一〇九號，中國社會科學出版社二〇〇四年版。

致總署光緒二十四年六月十九日巳刻發

岳州開埠事，英使屢催，當遵鈞署示，定以明年二月開辦，已函告英領事矣。惟此係奉旨自開通商口岸，未便牽入沙案，致令他事效尤，故於議結沙案照會不提此事，聲明此係另案，不與沙案相涉，另文告知，作爲我自行定期。再，沙案因英賠欵糾纏甫清，日内具奏。效。

致總署〔一〕光緒二十四年六月十九日巳刻發

奉旨催黄遵憲、譚嗣同兩員迅速來京。黄遵憲准於六月内交卸起程。譚嗣同正在鄂，已飭赴江甯領咨北上矣。謹奉達。應否具奏，請裁酌。之洞、寶箴同肅。效二。

致上海盛京堂、鄭蘇龕〔二〕光緒二十四年六月十九日午刻發

台駕赴津一行，自不可少，入京亦屬要義。蘇龕咨文即付錢守帶交可也，請轉告鄭。效。

致長沙陳撫台光緒二十四年六月十九日亥刻發

篠電悉。洋輪拖船帶貨章程，總署五月二十五日咨文内有之，已轉咨冰案。想總署亦必徑咨尊處矣。效。

號。

致蘭州陶制台〔三〕光緒二十四年六月二十日戌刻發

聞台端有條陳武科一摺，其各條大意，祈速摘要電示，盼禱。

致荊州俞道台、江陵劉令光緒二十四年六月二十一日亥刻發

電函均悉。日領事所請地價減一半，道路、溝渠地價認十分之一各節，只可照准。因地價酌減，道路隨意酌給兩條，總署已與該公使議明允許也。至官提公欵，先將各地買回，斷斷無此辦法。如謂民間受虧過鉅，尚須查核明確。此各項地本係荒灘，焉有高價，乃在荊委員、商富等屯買居多，本部堂久已深知。當此國家多事之時，豈能逞若輩牟利之計。況官欵先墊，更無此理。務趁此時將各家印契即日呈驗，實係買價若干，開單密行禀報存案，若不呈原契者及白契無印者，一概不算。俟彼逐段定購時，如日領給價浮於原價，儘可聽其獲利，如原價不敷之處，由官補給，尚屬可行。不令虧本則可，斷不能稍溢分毫。官地買價一併查開，該道切勿瞻徇，至要。江陵劉令萬不准稍有含混，倒填年月，補印地契，查出定干重咎。并即電覆。馬。

〔一〕録自抄本《張之洞電稿·致北京電》。

〔二〕以下二電録自《近代史資料》總一〇九號，中國社會科學出版社二〇〇四年版。

〔三〕録自《近代史資料》總一〇九號，中國社會科學出版社二〇〇四年版。

致長沙陳撫台、黃道台[一] 光緒二十四年六月二十五日辰刻發

總署來電，奉旨：前經降旨，電催黃遵憲來京，現在計已起程，無論行抵何處，着張之洞、陳寶箴催令趲程迅速來見。欽此。敬。等因。洞轉。即催電覆。有。

致上海趙竹君 光緒二十四年六月二十五日巳刻發

梁令堅不肯來鄂，必欲在滬，現派籌農工兩學堂、槍礮廠，保同知，豈不較勝洋文教習耶。屢囑其弟及錢、鄒函電勸之，不聽，不解其故。或盛欲顧招之耶，或别有含意未申之情耶。閣下必知其意，速電覆。

致荆州俞道台 光緒二十四年六月二十八日戌刻發

江漢關道，關係緊要，已委閣下調署。其荆宜施道委恭道釗接署。瞿臬司定於七月初七日交卸，閣下務即將經手事件料理，即日搭輪來省，萬勿候札，至要。會札已發，但將行矣。督、撫。勘。

致老河口土藥局馮令錫綬、李令增榮 光緒二十四年七月初二日午刻發

委修鄖陽電綫，現已修至何處，何日可竣工通報。如該令未能深悉，可發電至河南淅川廳電局問明，迅即電覆。沃。

致京盛京堂[二] 光緒二十四年七月初八日巳刻發

魚電悉。台對稱旨，天眷優渥，欣慰。路欵應手否，在津晤談融洽否，念甚，祈密示。晤夔帥代請安。洋欵派宜昌鹽釐一百萬，宜昌局正課、加課共止七十四萬，惟有儘數交出，其不敷之數無從籌足。頃有公電致户部，另籌有辦法，祈轉懇俯加鑒亮允准，至感。另有函，恐尚未達。切禱，祈示覆。何日出京。庚。

致京盛京堂 光緒二十四年七月初八日巳刻發

敬電云，總署電令知照比公司，無論華洋商人均可購買，以杜英人之口等語，實深惶惑。此事我正患俄人插入，幸得英人力阻，正宜藉英人之力，知照比公司，言明俄人不得干預，比或懾於英。加此一兩語，則我甚有益，何反留此隙以啟俄而杜英乎。竊所不解，望速覆。庚。

盛京堂來電 光緒二十四年七月十三日丑刻到

庚電謹悉。俄人不干預，比使已立憑據，俄使亦有覆函，均當咨達。宣叩。文。

致京盛京堂 光緒二十四年七月初八日午刻發

昨比領事電稱：敝國駐京公使來電，現考格利工廠奉盛京堂電，商合辦漢陽鐵廠一事，該廠即可派員商議等語。昨鄭丞來鄂，

[一] 以下四電録自《近代史資料》總一〇九號，中國社會科學出版社二〇〇四年版。

[二] 録自抄本《張之洞電稿·致北京電》。

詢悉台端現正與怡和商議此事。茲聞怡和已派人到廠閲看，並有人赴興國、大冶查驗鐵煤各鑛，云係商借二百萬，以鐵廠暨鐵煤各鑛地作押，並將廠務鑛地交怡和派人代辦等語。此事究係如何辦法，未承電示，惟總宜格外審慎。鐵廠可合辦，而鐵煤各鑛地萬不可押借欵項。祈速示覆。庚。

盛京堂來電光緒二十四年七月十四日亥刻到

鐵廠借欵，比、英雖議，未必能成，當俟來鄂面商。宣叩。寒。

致總署[一]光緒二十四年七月初八日午刻發

鄂省自强學堂俄文堂現止洋教習一人，不敷教授，必須添幫教一員。查有筆帖式福綿，爲塔克什納之子，夙承家學，並久在俄都，以充幫教，實堪勝任，在京並無要事，務請鈞署飭令來鄂，川資由鄂給。幸甚。庚。

致户部光緒二十四年七月初九日子刻發

前准大咨抵借洋欵案內，撥宜昌鹽釐銀一百萬兩。查宜昌鹽局每年收正課約銀六十一二萬兩，加課約銀二十六萬兩，除加課分解淮鹽局一半約銀十三萬兩外，實共約收正加課七十三四萬兩，合以百萬之數，尚不敷銀二十六七萬兩。至江防加價、籌餉加價，每年約各收銀十萬兩零，一係奏定槍礮廠經費，一係專供湊還四國洋欵，均屬刻不可緩之要需。此二項均係正釐以外近年續增商捐之欵，與正釐無涉，曾經電商貴部，覆准留支有案，是宜昌鹽釐經貴部全數提去，亦止此七十三四萬兩，實無百萬之欵。雖經貴部以四川、湖南之欵撥補，然川、湘五六十萬能否解足，斷無把握。近准大咨，又將前撥定湖南節餉銀八萬，改由河防節省撥補，更難指望。且洋欵指明鹽務，鹽務本無此欵，豈能代墊，而鄂省庫儲如洗，實亦無欵可墊。查前咨暨南洋電，僉云歷還洋欵，皆以規銀合鎊價，七處貨、鹽釐以五百萬兩一年計之，應餘銀三四十萬兩等因。鄂省不敷之二十六七萬，擬請即將此項平餘内撥出補足，抑或改撥他省之處，應聽貴部裁酌。宜局每年既止能抵銀七十三四萬兩，應請即於前撥欵內，川省昭信票項下照數減除。再，兩淮皖鄂各鹽局派數較少，且止交正項，未交加價、加抽，並加課亦不交，宜局將正、加課并交，已較他省多派多認，此項江防加價、籌餉加價，關繫要需，應請仍留鄂用，以昭平允，而免偏枯。總之，鄂省鹽釐止有此數，今將正課、加課全數交出，較之他省已屬竭力無餘。京協各餉，防練各餉，所短甚多。川湘撥補斷不可恃，現正萬分爲難。且洋欵所抵者鹽釐，若於鹽釐本無之數而責令憑空湊足，實無此策，雖將湖北督撫司道概行參處，亦屬無益，徒致貽誤洋欵。若謂川省撥補之欵皆係有著，似可即以撥補他省，豈不名實相符。謹此瀝陳，即候酌核示覆。洞、洵同啟。庚。

户部來電光緒二十四年七月十三日亥刻到

庚電悉。本部前將宜昌鹽釐撥抵洋欵一百萬兩，早已聲明加價及萬户沱收數均在其內，何得謂洋欵所抵者僅止鹽釐一項。至本部撥補該局一百萬兩，如果各省將來解不足數，自應另行撥補，

[一] 録自抄本《張之洞電稿·致北京電》。

現在亦無庸更議。户。文。

致長沙陳撫台 光緒二十四年七月初九日辰刻發

前接總署電，中國可派人赴日本學堂，該國政府代支經費。昨署東電，火食等費須自備，每人歲需三百元，日本只代出束脩。不知前後何以參差，豈前所謂代支者止束修耶。尊處派幾人，所學者何門，派何人帶往，何時行，祈示覆。佳。

總署來電 光緒二十四年七月初二日戌刻到

前奉旨令派學生遊學日本，已分電在案。本署與日本駐京使議商章程，茲據鈔送。其外部來電，該政府可將大學堂、中學堂酌行變通，除該學生等自備衣食筆墨等費，每年每人約需三百元外，所有特為該學生等派定教習束脩以及督責課業，日本政府無不極力擔承，以期造就等因。查所派學生必須年少聰穎，有志向上，諳習東文或英文，庶易受教而資造就。由各省在學堂内挑選，酌定人數，派妥員帶往，按名籌備銀元，隨時支用，先期電咨本署，以便轉達駐京日使知照。該省仍徑託新派出使日本黄大臣代為照料布置約束為要。東。

致長沙黄公度星使[一] 光緒二十四年七月初九日辰刻發

簡命大喜，欣賀。知定於初十日啟程，已派楚材奉候。佳。

致上海日本領事署 光緒二十四年七月初九日午刻發

錢君初六已動身，計今日可到滬。貴署如有要事，祈徑電武昌督院張可也。湖廣督署。

致管理大學堂孫中堂[二] 光緒二十四年七月初十日巳刻發

昨准總署電，奉旨：劉坤一電稱，康有爲電，奉旨改時務報爲官報，汪康年私改爲昌言報，抗旨不交等語。該報館是否創自汪康年，及現在應如何交收之處，著黄遵憲道經上海時查明原委，秉公核議電奏，毋任彼此各執意見，致曠報務。欽此。乃敝處同日接康有爲電，稱奉旨改時務報爲官報，汪康年私改爲昌言報，抗旨不交，望禁發報等語。又接兩江電，云康電請禁發報，故請總署示等語。查時務報乃汪康年募捐集貲所創開，未領官欵，天下皆知，事同商辦。茲奉旨交黄遵憲查明核議，自應聽候黄議。康主事輒電致兩江、湖廣各省，請禁發昌言報，殊堪詫異。康自辦官報，汪自辦商報，自應另立名目，何得誣爲抗旨。官報有開辦經費，有常年經費，皆係鉅欵，豈有奪商報之欵以辦官報之理。況時務報館並無存欵，且近日諭旨，令天津、上海、湖北、廣東各報俱送鈞處進呈，是朝廷正欲士民多設報館，以副明目達聰之聖諭，豈有轉行禁止之理。康主事所請禁發昌言報一節，礙難照辦。特奉達，即候核示。蒸。

孫中堂來電 光緒二十四年七月二十日申刻到

蒸電悉。公所言者公理，康所電者私心，弟所見正與公同，

[一] 以下二電録自《近代史資料》總一〇九號，中國社會科學出版社二〇〇四年版。

[二] 指孫家鼐。

並無禁發昌言之意，皆康自為之。公能主持公道，極欽佩。鼐。文。

致上海錢念劬太守住處問趙竹君〔一〕光緒二十四年七月初十日午刻發

密晤日本船津否。昨船津來電，云有要函要語已寄鄂等語。晤談後，速電告。住何處，并覆。蒸。

致長沙陳撫台、黄公度星使〔二〕光緒二十四年七月初十日午刻發

六月廿六日致總署電云：敬電謹悉。奉旨：飭催黄遵憲趲程迅速來京。等因。欽此。遵即傳諭飭催。惟黄道本擬月内起程，因本月二十日感冒請假，現實未能就道。俟月初稍愈，即催令力疾趲行。請代奏。之洞、寶箴同肅。等語。又初七日致署電云：黄遵憲病稍愈，已飭於初七日交卸道篆，初八力疾起程。請代奏。之洞、寶箴同肅。等語。特奉達。佳。

致長沙陳撫台、黄公度星使光緒二十四年七月十一日戌刻發

總署來電，轉出使黄大臣：裕使電稱，裕病足，不能步。昨訪晤大限，竟不能上樓。九月間日君壽，又大坂督大操，皆不能到，成何體等語。查裕使久病，確係實情。使臣在外以聯絡邦交爲重，非能卧治。希速即來京請訓，趕八月杪到東，勿遲爲要。卦。等因。轉。真。

致長沙陳撫台、黄公度星使〔三〕光緒二十四年七月十二日午刻發

總署來電，轉出使黄大臣。奉旨：前經有旨，電催黄遵憲來京請訓。兹據裕庚電稱，病難久待，恐誤使事等語。黄遵憲著迅速來京，限於八月内馳赴日本接任，毋得稽延。欽此。真。等因。洞轉。文。

致京盛京堂〔四〕光緒二十四年七月十二日亥刻發

庚三電想達，迄未奉覆，念甚。内均係要語，務請速覆，切禱。何日出京，并示。文。

致天津盛京堂光緒二十四年七月十三日巳刻發

文電悉。俄使函不干預，欣慰。此次到津，諸事想必融洽，至爲盼禱。元。

盛京堂來電光緒二十四年七月十八日子刻到

領欵事，仁和極關切，南海頗作梗。英德洋債剩存陸百餘萬，欲留撥洋利。此外，只有昭信欵已行查各省，恐亦無多。過津熟商仲相，十四發一公電，文曰：六月十八日會奏，請照原議將蘆漢未領部欵陸百萬即行續發，免啟比人藉口遲誤之端。奉硃批：該衙門知道。欽此。現查蘆保將次完竣，保定以南路工，按照比

〔一〕〔二〕〔三〕録自《近代史資料》總一〇九號，中國社會科學出版社二〇〇四年版。

〔四〕録自抄本《張之洞電稿·致北京電》。

約，須先用撥定之部欵，年内至少必需三百萬兩方能趕造，以免停待觀望。應請飭部迅速撥放，遲則冰凍，又難動工。乞代奏。禄、之洞、宣懷謹肅云。因十四忽促在津署擬發，未及先行電商，祈涵諒。宣叩。霰。

盛京堂來電光緒二十四年七月十八日丑刻到

請訓時，面奉諭，催粤漢須與蘆漢同時告成。未知陳道等何時赴湘勘路。仁和頗慮湘路為難，衡州尤甚。曾牧請暫避衡州，將來通粤西，繞遠可勿計較，未知台端與右帥鈞意如何。宣叩。霰。

致宜昌趙道台〔一〕光緒二十四年七月十三日巳刻發

文電悉。三道坪既多虧，以後究竟或停辦官鹽，或仍予免税，以何爲妥，即酌辦。速覆。元。

致上海虹口義昌成樊委員光緒二十四年七月十三日巳刻發

托製雙馬轎車一部，并車馬兩匹、騎馬兩匹，俱要極好者，價貴不妨。務於八月半前到鄂，式樣已函詳。此事萬分緊要，祈速辦。已訂定否，電覆。

致上海袁爽秋方伯光緒二十四年七月二十二日午刻發

嘯電悉。尊著時務條議，聞極蒙宸賞，交署速議，近已有采用施行者矣。欣盼。咢。

致廣東張藩台光緒二十四年七月二十二日戌刻發

鄂廠裝無烟火藥槍子機器全分，德國力拂廠，購價三萬五千馬克，用皮帶輪每點鐘裝彈千顆。造無烟藥機由德商禮和洋行經手，購自格魯松廠，連運保十五萬二千七百馬克，每十點鐘出藥三百卌磅。漾。

致長沙陳撫台光緒二十四年七月二十二日亥刻發

養電悉。裁汰事甚爲難。湖北並無管地方之同、通〔二〕。漢口同知，駐武穴之武黄同知，宜昌管灘之同知，鄖陽府上津通判，沙洋直隸州同，雖非正印，尚有分防彈壓地方之事。此外州判、縣丞亦有數處相類。尊處擬如何辦法，祈酌示大略，以資啟發。再，湖北候補官、道、府、州、縣佐雜共九百餘員，甄别裁汰一月辦竣，尤不易。蓋籌有何善策，并祈示，切盼。禡一。

致長沙陳撫台光緒二十四年七月二十二日亥刻發

屯衛官本無用，久擬裁汰。今詔裁冗員，擬請將湖北、湖南十一衛守備、千總全行裁汰，其屯田糧餉歸坐落之州、縣管轄徵收。擬會台端前銜具奏。如以爲然，祈示覆即奏，不必司詳，其

〔一〕以下四電録自《近代史資料》總一〇九號，中國社會科學出版社二〇〇四年版。

〔二〕光緒二十四年七月十四日上諭：「各省同通佐貳等官，有但兼水利、鹽捕並無地方之責者，均屬冗員，即著查明裁汰」。故云。

中緊要節目，請示知，當叙入。禡二。

致上海盛京堂 光緒二十四年七月二十二日亥刻發

霰、箇四電悉。部欵可憂，會電甚妥。陳、曾、羅前日行。衡、潭繁盛直捷，洋工司斷不肯繞避，已電陳告曾，兩路並勘。廣東宜催派員伴洋匠速勘爲妙。禡。

致上海蔡道台〔一〕 光緒二十四年七月二十四日午刻發

佳電悉。信義所運十二生快礮，係敝處所購，祈驗放。漾。

致總署 光緒二十四年七月二十五日午刻發

接日本總領事小田切自日本來電，云湖北與日本所商派學生赴東及聘各種教習來鄂各節，望速遣知府錢恂赴東一行，以便面商，並云此係外部令其發電，應即作爲外部之電等語。查錢恂已遵旨赴京，日内計已到。鄂省本與日本議定即派該守帶學生前往，今外部催其速往，可否於召見後即令該守速回鄂，以便赴東，至禱。應否代奏，請鈞署裁酌，并傳知該守。有。

致上海趙竹君〔二〕 光緒二十四年七月二十五日午刻發

廿四日已電滬道放進口矣，速告信義爲要。有。

致上海蔡道台 光緒二十四年七月二十五日午刻發

漾電想達。信義又催，務望速發護照交信義，將（十五）〔十二〕生快礮速運來鄂。至禱。盼示覆。有。

致京張玉叔 光緒二十四年七月二十五日午刻發

王照條陳何事，儷電權兒未覆，何也。譚嗣同召見作何語，江蘇道員志鈞召見後有何恩旨。均速覆。有。

致紹興程雨亭觀察 光緒二十四年七月二十五日午刻發

敬電悉。君子肯來，欣幸無已。望速來鄂布置大概。王道秉恩不日須入京，尤須晤面接洽，籌定即可開辦。太夫人葬期將屆，再回浙一行，或九月即回浙，亦無不可。盼示覆。有。

致京張君立 光緒二十四年七月二十五日午刻發

速轉交錢念劬太守恂。本日致總署電云，接日本云云，傳知該守等語。特奉達。有。即刻送往勿延。錢住何處，已晤否，并告。

致福州陳閣學 光緒二十四年七月二十五日午刻發

奉旨賜對，欣喜無可言喻。鄙人屢請不獲，今竟得之於義

〔一〕録自《近代史資料》總一〇九號，中國社會科學出版社二〇〇四年版。

〔二〕以下九電録自《近代史資料》總一〇九號，中國社會科學出版社二〇〇四年版。

甯[一]，快極。何日北上，務電示。有。

致上海日本領事署船津轉總領事小田切光緒二十四年七月二十六日辰刻發

函電均悉，諸費閣下清心，感謝之甚。深荷貴國政府外部、參謀本部篤念睦誼，實深銘感。錢太守恂現奉旨入京召見，八月内可回鄂，回時即當派令赴貴國面商一切。已與大原、牧野兩君詳談矣。閣下何時回滬，并電示。張之洞覆。七月二十六日。

致宜昌趙道台光緒二十四年七月二十七日亥刻發

有電税司所謂只有代收責任，無關於合同一節，未甚明晰。該税司意，是否不論合同派還洋欵若干，但論收存若干，即代解若干，抑别有辦法，速即明晰電覆。沁。

致京孫公園興勝寺錢念劬太守光緒二十四年七月二十八日丑刻發

何日召見。京師要事大概，速電示。鄭用道員譯署，尚能奏派赴東洋否，并詢示。感。

致福州陳閣學光緒二十四年七月二十八日巳刻發

函悉。公奉旨召對，乃聖上求治録賢之盛舉，豈有遲疑之理，無須再商他人。何日北上，以速爲佳。務望過鄂一行，有許多要語面談。盼即覆。儉。

致江甯劉制台光緒二十四年七月二十九日亥刻發

諭旨裁官，自應遵辦，惟此事甚爲難，尊意擬如何辦法。同通佐貳等官，其不同城而分防者，是否尚可酌留。雜職與佐貳不同，是否亦須酌裁。巡檢、主簿似亦有用處，教職尚可暫不議裁否。祈酌示大略，以資啟發。再，甄别裁汰一月辦竣，尤不易，藎籌有何善策，并祈示覆，切盼。豔。

致總署光緒二十四年七月二十九日亥刻發

宥電謹悉。當即電告盛大臣。鄭孝胥鐵路薪水遵照鈞署來示，仍照支矣。豔。

致宜昌趙道台光緒二十四年八月初一日亥刻發

豔電悉。昨電户部，已允將鄂收之加課一半併交税司。可即將正課并加課一半解交税司，解數若干，即分晰電覆。其應解淮之加課一半，務須解鹽庫暫存，聽候與户部、兩江商辦，切不可解交兩江加抽局。即覆。東。

致江甯劉制台[二]光緒二十四年八月初一日亥刻發

大咨福建船廠經費，在湘、鄂釐内各撥出銀二萬兩等因。鄂省於淮岸引地保護巡緝，疏淮敵私，不遺餘力。兹於川鹽釐抵還洋欵百萬，餉需萬難之時，撥去鄂釐二萬，似恐致懈衆心。此後

〔一〕「義甯」，指湖南巡撫陳寶箴。
〔二〕録自抄本《張之洞電稿·致江蘇電》。

引岸事宜，鄂省官吏效勞之處尚多。江省地大物博，且皖、鄂兩岸撥抵洋欵較少，此欵不難另籌，似不必減此向解之數。務請仍將鄂釐全數照解，實紉公誼。并祈示覆。東。

劉制台來電[一]光緒二十四年八月初二日到

東電祇悉。當即電飭運司核辦，俟覆到再行奏聞。坤。冬。

致京錢念劬光緒二十四年八月初三日辰刻發

聞黄[二]有留京入樞譯之説，故託病辭使。如黄不去，或云擬熊希齡，確否。袁如擬請召不才入京，務望力阻之。才具不勝，性情不宜，精神不支，萬萬不可。渠如以鄙人爲不謬，請遇有興革大事，亦電飭[鄙]人酌議，俾得效其管窺，以備朝廷采擇，則於時局尚可有益，而於鄂事不致廢弛，尚是盡職安分之道。切禱。江。

錢守來電光緒二十四年八月初二日午刻到

昨召見三刻，上詢鄂為詳。敷奏兵為先，蒙許可。議政局必設。黄有尚書銜，充頭等使説，然病稽滬。袁臬[三]明後見，欲請帥入樞。外致樞、譯、部電全分呈，或各堂未周知而已上達，上最喜。詢近旨均到鄂否，請嗣後凡新旨宜先電數語。上意東渡閲操，彼定北洋十員，鄂五，訂九月望行。恂稟。豔。

致長沙陳撫台光緒二十四年八月初五日未刻發

總署來電，廿九日上諭：軍機大臣等議覆袁昶條陳請清理屯田等語。屯衛之設，仿於明代，本所以養兵實邊。至國初，屯軍次第裁汰，惟有漕衛省分仍隸衛所，乃爲贍運之計。現在漕運既歸海運，衛所半屬虚懸，若改衛爲屯，徵租充餉，於國用不無裨益。著兩江、湖廣、浙江各督撫通飭所屬，澈底清查各衛所屯田地畝實在數目，詳定徵租章程，迅速奏明，請旨辦理。欽此。此電總署想未致尊處，因湖廣衛所有五衛屬湖南，故擬會台銜電奏。其文曰：豔電謹悉。廿九日奉上諭，飭查各衛所屯田地畝，詳定徵租章程等因。欽此。查湖廣共十一衛，武昌正、武昌左、襄陽、德安、黄州、蘄州六衛屬湖北，五衛屬湖南，而此五衛中，惟岳州一衛係湖南轄境，其餘若荆州三衛，沔陽衛，皆在湖北境内。衛所軍丁向完屯餉，解藩司庫。又完漕項雜欵，如幫津軍、三安家等名目，解糧道庫。地段零散，分在各縣。自明以來，歷年已久，其田皆已展轉易主，並多逃絶。屯田例不准賣，故但書典契，其實與賣無異。衛守備向係漕督委署，路遠地生，并不知地在何處，册籍全在書吏手中。其地之荒熟，户之完欠，但憑書吏所言，衛官茫然不知，惟索規費而已，是衛所一官，實屬無益有損。數十年來，湖廣漕糧全係改折，即采辦亦係海運，衛官一無事事。查户部則例載：湖北武昌衛屯坐宜城、襄陽、鍾祥、棗陽四縣，武左衛屯坐京山縣，蘄州衛屯坐江西省德化、瑞昌二縣，各田糧均改歸各縣，就近徵解，久有成案可循，是各衛遥領催徵，既不若州縣徵收之易，即軍丁詞訟，亦不若州縣就近判斷之便。今湖北、湖南兩糧道已裁，此十一衛應均行裁汰，其田糧徵收各事，統歸各縣就近徹底清查，按照民田科則，印契升科，將典契換給

[一] 録自苑書義等主編《張之洞全集》第九册，第七六五四頁，河北人民出版社一九九八年版。
[二] 指黄遵憲。
[三] 指直隸按察使袁世凱。

管業之契，與地丁一律徵收，統解藩庫，逃絶影射並無典契者，充公作學堂經費，最爲簡易妥善，必於正賦有益，似可無須另定徵租章程。請代奏。之洞、寶箴同肅。歌。等語。請酌核改定，速覆。歌。

致上海盛京堂 光緒二十四年八月初七日亥刻發

日來新政長篇上諭必多，電局太緩，望飛電京局，一見閣鈔，即刻摘要電告敝處，可照官報給費。如昨日滬電局傳來垂簾上諭，即甚簡要。切禱。尊處日内見聞，望即摘要電示，尤感。陽。

上海電局來電 光緒二十四年八月初七日丑刻到

本日上諭，太后垂簾聽政，並嚴拏康有為。魚。

盛京堂來電 光緒二十四年八月初十日戌刻到

昨楊深秀、徐致靖、劉光第、楊鋭、譚嗣同、林旭均拏問。聞康有為到滬，被英兵船挾去。康無足重輕，但於中英交際有礙。英甚慮俄惟所欲為，頗想先發。深宫似不可再有舉動，以防彼干預内政。補。蒸。

致孫中堂[一] 光緒二十四年八月初七日亥刻發

康已得罪，上海官報萬不可令梁啟超接辦。梁乃康死黨，爲害尤烈。方今朝野正論賴公主持，天下瞻仰，企禱企禱。竊思如有品學兼優之人接辦官報固好，否則不如暫停，從緩再議。至時務報本係捐欵，似應仍歸商辦，即令汪康年照舊接續辦理，不必改官報，較爲平允。官報另作一事，自有巨欵，豈藉區區捐湊餘資哉。伏惟鈞酌。陽。

致西安魏撫台 光緒二十四年八月初九日子刻發

歌電悉。湖北武備學堂去年借地試辦，章程未備，學生未馴，今春堂始建成，教習枝節太多，間斷太久，學生功夫太淺，實不能當教習，不敢欺公，無以應命，尚祈鑒原。必不得已，或向新建軍袁慰庭處索之，功夫亦未必深，或略具規模，漸開風氣耳。總之，若欲學武備，惟有派人赴日本一法，或延日本教習，方有實際。此鄙人閲歷之言，祈裁酌。庚。

致成都宋芸子 光緒二十四年八月初九日亥刻發

蜀學報第五册封列國以保中國論，又第八册五月學會講議，悖謬駭聞，亟宜删燬更正。此外，各報謬説尚多，不可枚舉。此後立言選報，務須斟酌，否則必招大禍，切宜儆戒。佳。

致上海盛京堂[二] 光緒二十四年八月初九日發

洋謡未聞，恐不可信。外洋事恐難仿照，實不敢贊一詞。請熟思妥酌爲要。

盛京堂來電[三] 光緒二十四年八月初八日到

近日滬上洋人謡言甚多，有謂能請聖上出洋，講求武備，如俄大彼得保故事，可期兩全。此誠危急存亡之秋，應出諸何人之

[一] 本年六月八日，奏准改上海《時務報》為官報，曾派康有為督辦其事。

[二] 録自抄本《張之洞電稿·致上海電》。

[三] 録自苑書義等主編《張之洞全集》第九册，第七六五八頁，河北人民出版社一九九八年版。

口乃妥。姑以密聞。

致江甯劉制台[一] 光緒二十四年八月初十日辰刻發

冬、支兩電均悉。據江運司電稱，如不減撥，無可再籌等語。惟查鄂鹽係因淮鹽行銷湖北，故有此欵。鹽由督銷局併徵分解，實則鄂省應收之項，非江南外省協餉可比，如必減撥，似於情理未協。且川鹽鹽正加課止收約七十四萬，部文竟撥抵洋欵百萬，已知二十五六萬元無出，若江南再將鄂鹽減少，是於部議之外，又多撥鄂省鹽鹽兩萬矣，似與本案亦不合。務祈俯念鄂省艱難情形，仍飭運司將鄂鹽全解，以濟緊要之需，實紉舟誼。并祈電覆。蒸。

致京湖北臬台瞿光緒二十四年八月十一日亥刻發

楊叔嶠鋭端正謹飭，素惡康學，確非康黨，平日論議痛詆康謬者不一而足，弟所深知，閣下所深知，海内端人名士亦無不深知。此次召見蒙恩，係由陳右銘中丞保，與康無涉，且入直僅十餘日，要事概未與聞。此次被逮，實係無辜受累。務祈迅賜切懇夔帥、壽帥，設法解救，以別良莠，天下善類，同感兩帥盛德，叩禱。盼即覆。真。

盛京堂來電[二] 光緒二十四年八月十二日到

真電所言楊叔嶠事，已轉電仁和，力懇保全。聖躬未愈，有旨征醫。宋伯魯革職，餘無所聞。

致長沙陳撫台光緒二十四年八月十二日亥刻發

語電悉。裁衛所一事，已照原擬奏稿會銜，於初七日電奏總署，尚無覆電。文。

致長沙陳撫台光緒二十四年八月二十一日辰刻發

通城縣禀稱：訪聞該縣南鄉有巴陵縣甘田地方人彭昌良，在刻字匠黎成先家請刻約期打洋人傳帖，八月二十四日在長沙動手等供。當將黎成先拏獲，並搜去傳帖原稿，彭昌良已遠颺。其傳帖稿語悖詞陋，字訛不通，僅一白紙草書，中無僞官銜姓，搜黎成先家，尚無刻印已成之件，亦無飄布、私信等物，並供有東勝、西勝、南勝、北勝、大勝五營名目等語。查閱彭昌良傳帖原稿，詞語狂悖，直是謀反，非僅攻洋。查刻單攻洋，乃近年匪徒煽惑慣技，雖尚未起事，然必有逆謀匪黨，自應查拏審究，以散邪謀，而防未然。除已由通城縣移巴陵縣拏解外，特此電達。望即密飭岳州府巴陵縣密拏訊明懲辦，以免生事。祈示覆。馬。

致荆州祥將軍光緒二十四年八月二十一日辰刻發

台函具悉。派學生赴日本遊學一事，初聞日本代支經費，故擬多派。兹詢明需由鄂省自備經費，欵鉅難籌，尊處學生只能選

[一] 録自抄本《張之洞電稿·致江蘇電》。

[二] 録自苑書義等主編《張之洞全集》第九册，第七六五九頁，河北人民出版社一九九八年版。

派五人。請選其聰明有志，性情和謹，文理通暢，年在二十以内者十餘人，咨送來省考驗，於其中挑取五人赴東，實難多派也。即祈電覆。馬。

致宜昌傅鎮台、額守光緒二十四年八月二十一日亥刻發

四川文護督院電云，大足縣余蠻子仇教糾黨，約於八月初十日出巢，恐越界生事，請一體飭屬防範等因。查余蠻子因仇教起見，未必遽敢遠出爲亂。惟恐匪徒句結，滋蔓燎原，亟應嚴加防禦，彈壓地方。傅鎮即毋庸赴東洋看操，速即將水陸營汛悉心布置，隨時偵探電聞。額守亦宜嚴飭所屬妥爲防範，勿稍疏懈。并即電覆。箇。

致長沙陳撫台、俞藩台、李臬台光緒二十四年八月二十二日戌刻發

總署來電，奉旨：湖南省城新設南學會、保衛局等名目，迹近植黨，應即一併裁撤，會中所有學約、界説、劄記、答問等書，一律銷燬，以絶根株。著張之洞迅即遵照辦理。欽此。自應欽遵裁撤銷燬。查南學會應即日停撤。保衛局詳細情形，未據湖南臬司詳晰稟報。該局意在仿照洋街巡捕，究竟有無植黨情事，近日紳民議論若何，每年實需經費若干，籌欵是否有著，今裁撤以後應否改歸保甲局，應如何另定章程，即請台端妥籌電示，并飭該司等妥籌速覆。至會中學約、界説、劄記等書，飭該司等務即密速查獲，所有版片印本迅即解送鄂省，不得遺漏一件，以便在鄂銷燬，俾昭核實，即候示覆。該司等并即會銜電覆。養。

陳撫台來電光緒二十四年八月二十四日酉刻到

養電恭悉。奉旨：湖南省城新設南學會、保衛局等名目，迹近植黨，應即一併裁撤等因。欽此。自應敬謹遵行。查湖南伏莽甚多，去冬膠澳事起，訛言繁興，匪徒愈以毁教攻洋，藉圖煽亂，士民亦多為所惑。除示諭外，令士紳廣為開導，諸人因議設學會，冀相講明，箴即於講堂宣講為倡。嗣因挐周漢，復講一次，皆申明此義，具登二月朔、三月廿一湘報，可以覆按。後因講者不能常在，又中外相安大旨粗已宣明，自以閲經史各書為主。至四月即已停講，惟聽人時往繙閲書籍。會中答問祇隨刻湘報，並無劄記、學約、界説等刊版，惟學堂有之，即飭司檢呈，此南學會本末也。省城痞匪繁聚，動輒滋事，每遇西人過境，府縣輒多方求懇，勸勿入城。上年德人諤爾福堅欲入城，幾肇大衅，英人蘇理文亦然。因思上海、天津商埠肅然不擾，皆由設有巡捕。曾遊歐美各洲者，多言外國政治均以設巡捕為根本，與周禮司救司市同義。湘省向設保甲總局，委道府正、佐各員及大小城紳數十人合同辦理，而統於臬司，幾糜金錢三萬餘串，久成虚設，痞匪盜賊充斥市廛。現在西人往來絡繹，儻被激成巨衅，必致貽誤大局。乃與署臬司黄遵憲議仿歐洲法，設創巡捕。該司久歷外洋，參酌中外情勢，竭數月之力，議定章程數百條，至為精密。惟以臬司事繁，萬難兼顧遽辦，及交卸回任，乃令以長寶道專辦此事，且預為岳州自行通商設立巡捕挑選備用之地。惟當積重難返、人情極玩之時，非改易觀聽，不能有功，乃盡汰易向辦員紳，改名保衛局，而謡謗起矣。所汰坐食委紳，多鉅紳族戚，騰謗愈遠，幾

格不行。箴力持，決令試行三四月，再定行止。開辦之日，痞匪竟聚衆鬨毁城外三局，亦堅不為動。布置既定，匪徒無可溷跡，相率散遁。逋一月，盤獲拐帶竊盗甚衆，交新設遷善所分別收管習藝。迄今三閱月，城市肅清，商民無不稱便。向來城中乞丐，日常數百，現在清查户口，擬由保衛局設法安置。統計保衛局、遷善所及教養乞丐，月須銀圓萬餘。城中商賈三萬户，其最上及上户約以萬家，最上户每月捐錢不及三元，計每日不滿百文，見此成效，當無一不樂從者。揣目前人情，除痞匪外，惟以停罷為慮。擬至九月再行奏咨，如衆情集費尚有為難，即行停止。事事稽查匪類，官紳會辦，隨時去留，似毫無植黨之嫌。所有章程即日呈核，惟裁鑒施行。寶箴申。漾。

致長沙陳撫台光緒二十四年八月二十二日亥刻發

前商派學生赴日本學習武備一節，尊意湖南擬派五十名，已選定否，委何員帶往，速示。緣伊藤數日内即到鄂，必有切實語告之也。湖北擬派武備學生五十名，各門學生十名。又擬派弁目五十名入教導團，此項視學堂功夫較淺較速，只備充哨官之用，人數尚未選定，大約須十月方能啟行，并聞。禡。

致成都文護制台[一]光緒二十四年八月二十二日亥刻發

效電悉。承示余蠻子仇教出巢滋擾，已電飭宜施文武防禦。惟余蠻子係因仇教而起，與土匪有別。鄙意此事似宜令官紳撫諭勸令，將洋教士送出，解散脅從，善爲了結，否則恐愚民仇教，易於煽動，不惟他匪乘機激成大變，兼恐害及洋人，轉難收拾。管窺之見，未識有合與否，想藎懷自有裁酌也。并望將詳細情形隨時電示。至感。養。

文護制台來電光緒二十四年八月二十五日丑刻到

養電敬悉。余匪借仇教為名，肆行焚掠，昨已派勇前往堵截矣。特聞。文光。敬。

致長沙陳撫台光緒二十四年八月二十四日巳刻發

賢喬梓忽遭絓誤，不勝駭歎。因何挑動，未喻其故，尊處知之否。湘省失此福星，鄙人失此德鄰，如何如何，以後湖南教案、開埠、鐵路三事，必然枝節叢生，三湘無安枕矣。鐵路如必不能辦，只可緩辦，教案、開埠，人豈容我緩哉。且路欵已借，亦不能緩。思之憂灼，夜不成寐。新令尹尚未知何人，先此奉慰。敬。

陳撫台來電光緒二十四年八月二十六日丑刻到

奉敬電，具蒙勤注，感刻零涕。湘中三年，幸叨廣蔭，獲免顛隮，而溺職辜恩，復以叢疚之身，辱當世之士，為可痛耳。保衛局足為商埠程式，即欲創行新政，如印花税等類，亦非此不行。其法用意精深，實為一切善政始基，棄之良可痛惜，願憲台派見信曉事人，與湘密察事實及商民向背，不行於湘，猶冀得行鄂漢，以間執讒慝之口，留他日維新一綫之機也。熱血乍冰，忍勿能已，輒為我公一傾吐之。箴叩覆。有。

[一] 指四川總督文光。

致長沙升任藩台俞、升任臬台李、署臬台夏光緒二十四年八月二十七日亥刻發

迥電悉，已由電覆奏，言兩事均即日裁撤矣。保衛局即是洋街巡捕，其詳章敝處未能深悉，廣詢湘人，均言近來頗有成效，尚無植黨情事。至兼辦遷善習藝，教養窮民等事，乃地方應辦之事，惟經費稍多，不易籌。竊謂若商民以爲有益，自願捐貲，似可仍用舊日保甲局之名，而力掃冗濫糜費、敷衍具文之積習，采取保衛局章，參考民情，斟酌妥善。如保衛局章有不妥之處，儘可酌改，或將捐數酌減。總之。此事似當以能否籌欵爲斷。明春岳州開埠，係我自設巡捕，此項章程留爲岳州開埠之用，亦甚有益。請詳酌示覆，當於覆奏摺内詳陳。至原定章程數百條，敝處并未得見，望速寄并轉達陳中丞爲感。感。

致長沙陳撫台光緒二十四年八月二十七日亥刻發

漾、有兩電悉。保衛局似不能有植黨情事，惟嚴旨令撤，不能不撤。已電飭兩司，改歸保甲局，籌酌欵項，參考民情，妥議章程，認真整頓，以副化莠安良之盛意。他日覆奏，當詳晰上陳。餘詳致新舊兩司電。感。

致上海盛京堂[一]光緒二十四年九月初三日發

八月豔電諒達覽。德界與鐵路總站通連行車一事，德領事所擬備車、行車辦法，似無窒礙。由總站至德界一段轉運之費能否概免，前電已詳詢，未接復示。兹德領事及柯達士來署催問甚急，據云總站須常養汽車一二輛，煤炭、人工并不多費等語。此事以早議結爲妥，若不稍遷就，恐枝節終不能净。惟人夫搬運，爲日久遠，有無多費，祈酌核辦法，或略予減省，或別有通融之法，即日電覆，以便轉覆德領事。盼切。

致上海盛京堂光緒二十四年九月初八日發

屢奉諭旨，裁營節餉。鄂省餉源大宗，鹽釐已去，貨釐驟減，而新派船政巨欵十五萬，較他省獨多，束手無策，情形頗險，度日如年，實亦不能不減。查大冶鐵山運哨、江夏馬鞍山煤井彈壓勇丁五百五十名，已經效勞兩年有餘，此時諸事就緒，商民相宜，只可將此營裁撤，酌派練軍五十名，分駐彈壓。大冶弁一人，練軍三十名，馬鞍山弁一人，練軍二十名。如尊意以爲不敷，其餘只可懇請台端自籌。事處萬難，并非有營不派，尚祈鑒諒，至禱。

致江甯劉制台、上海蔡道台光緒二十四年九月初十日亥刻發

頃見九月初五日新聞報國事駭聞二十六志載，康有爲自香港發來專函一則，狂悖凶很，令人髮指眥裂。康有爲造作逆謀，爲朝廷查知。其時人心惶擾，皇上懇請皇太后訓政，乃天下臣民之福。詎康有爲信口造言誣謗，斷非臣子所忍言。其意不過爲身負逆惡大罪，故以謗言登報，冀以摇惑人心，激怒朝廷，鼓煽奸民，挑動各國，使中國從此多事，擾亂不安，以洩其忿。居心凶毒，無以復加。此報流傳，爲害甚烈。望飛速電囑上海道，速與該報

[一] 以下二電録自抄本《張之洞電稿·致上海電》。

館並領事切商，告以康有爲斷非端正忠愛之人，囑其萬勿再爲傳播，並將此報迅速設法更正。該報館秉筆係華人，當亦念食毛踐土之恩。即開報館之洋人，既望中國自强，亦必願中國安静無事。儻謠言遠播，匪徒蜂起，中國大亂，即西人西商亦不得安居樂業，領事必能領會此理。至如何設法婉商更正，統望卓裁。大局安危所關，千萬盼禱。即望示覆。蒸。

劉制台來電光緒二十四年九月十二日午刻到

蒸電謹悉。康有為罔上不道，干紀亂名，託社稷之靈，奸謀敗露。新聞報登其香港來函，悖逆情狀，不啻供招，令人痛心疾首，當為中外所同憤。報館雖屬西商，主筆則係華人，臣子之誼，中外同昭，此等誣衊君后之詞，豈宜登報傳播，揆之泰西報律，例禁亦甚嚴明。已飭滬道趕速會商該國領事、該報館主，設法更正，嗣後並不得再為傳播。如果不允，即由道飭屬曉諭商民，不准閱看該報，郵局信局如代遞送，一併罰懲。如此遏其波流，横議或冀稍熄。合先電覆。坤。軫。

致上海盛京堂〔一〕光緒二十四年九月十二日發

沙案由商局肇衅，實爲所累甚巨，前經官紳公議，均謂宜全令商局賠出，鄙人飭商賠半，斟酌調停，似尚平允。至謂商局被累約三萬金，未據商禀，敝處無由得知，奏案何從聲叙，且聲叙亦無益。來示將税司賠欵七千五百兩，以余、魏兩軍水脚劃抵，已飭善後局照數劃撥矣。閣下曉諭衆商，顧全大局，佩甚。真。

致長沙陳撫台光緒二十四年九月十三日子刻發

湘省原擬派學生五十名，經費係動何欵。鄂省原擬將撫院、糧道兩署公費及雜項開支共三萬零五百兩，作爲出洋游學常年經費，充然有餘。今撫院議覆，糧道亦必不裁，此欵頓歸烏有，實無從再籌巨欵，現擬勉派二十名以了局面耳。湖南豈全不派乎，請酌示。伊藤來江、鄂、蘇、杭游歷，乃出自己意，非總署令來，但署電令優待耳。住兩日即行。并聞。文。

致上海盛京堂〔二〕光緒二十四年九月十六日發

增將軍來電：貴處鐵廠煉鋼，是否可作甲船鋼甲之用，每日出若干噸，乞示等語。敝處覆電云：漢陽鐵廠前年已奏交商辦，所煉之鋼，自當能作甲船之用，每日約出七八十噸，惟尊處若議定用鄂廠之鋼，尚須添設爐座。此不過論其大略，至詳細情形，容俟詢明盛京堂再覆等語。漢廠現在每日出鋼若干噸，能否作甲船之用，若閩省議定漢廠之鋼，尚須添設爐座否，均祈詳細示覆，以便轉覆閩省爲荷。

致施南魯守光緒二十四年九月二十一日巳刻發

法領事照稱，施南教士電禀，現在施南天主堂被匪毀搶，滋擾不堪，請查究彈壓保護等語。此事未據該府電禀，是否確有匪徒毀搶教堂，是何情形，係在城内，抑在四鄉，曾否拏獲正犯。務須加意防範，勿任滋擾。迅即電覆。箇。

〔一〕〔二〕録自抄本《張之洞電稿·致上海電》。

致長沙俞撫台〔一〕 光緒二十四年九月二十二日辰刻發

盛京堂來電：美工師已到，事甚妥。照合同須先勘估，再訂詳約。究竟能否入湘，乞示等語。現在湘省情形議論如何，尊意體察尚能辦否。合同已訂，屢奉諭旨，似不能不辦也。祈即示覆。養。

致上海盛京堂 光緒二十四年九月二十五日丑刻發

俞撫台來電：奉養電，周詢正紳，僉謂本省民情浮動，粵東多盜，深以開路失險爲恐。并議右帥但爲桑梓計，其云事關奉旨，不敢堅持不辦者僅十之三。然紳論雖爾，尚無足重輕，惟衡州以上，民情極蠻，邊隅尤甚，見異必拒，猝起難防，理論無濟，近事可徵，勘路周章，更易滋虞。如事在必行，自當盡力保護，有無意外，實無把握。至華員詣勘，自可無他，攙有洋人便不同矣。實情如此，諸惟察酌，請轉商盛京堂是禱。廉。等語。特照轉。敬。

致荊州祥將軍 光緒二十四年九月二十五日丑刻發

英將代我練兵一事，萬分爲難，隱患甚深。旋接總署電，令詳籌利害，弟當即電奏，力陳其害，大約兵不可多，官不可大，權不可專。總署覆電，令俟貝思福到鄂後與之詳議章程。除將總署與敝處來往電照録函達外，特先電聞。蓋籌以爲何如，有何良策，祈裁示。敬一。

總署來電〔二〕 光緒二十四年九月初七日戌刻到

奉旨：據英國議紳、水師提督貝思福以中國練兵為要，與總署王大臣面商，願薦將弁教練，先從南省辦起。著祥亨、張之洞早為預備，於駐防營挑選一千名、練軍各營挑選一千名，務期年力精壯，一律整齊。俟所薦洋將到鄂，再與詳議章程，派員會同督練，以觀後效。欽此。陽。

致荊州祥將軍 光緒二十四年九月二十五日丑刻發

初九日電并台函均敬悉。松佐領傳述尊意各節，查鄂省財力絀極，洋操餉重費多，若練二千人，除底餉外，似須加餉。至洋將薪水、住房及營房，添撥槍礮、衣韡等項一切經費，爲數太鉅，部中恐不肯撥欵，鄂省萬難籌措。尊意擬於駐防原有練兵之外，另挑備練，則全餉更無所出，似即以駐防原有練軍酌撥數百人，改交英將操練爲宜。至尊意欲將旗兵調省合練一層，尤多窒礙。駐防勁旅，仰賴麾下威德鎮撫，始能奉令維謹。省城防緑各營及省外調操各營，已甚淆雜，動輒滋事。且省城洋員洋匠及遊歷洋人甚多，如旗漢華洋雜處，更難相安無事，十分可慮，設有枝節，弟萬不敢當此重咎，總仍以在荊州操練爲妥。荊州添一枝勁旅，於防衛荊州亦屬有益。俟議定人數章程後，荊州需用若干，當奏請撥欵，不令尊處爲難。除將大意告松佐領轉達外，諸祈鑒察示覆。敬二。

致長沙俞撫台 光緒二十四年九月二十五日戌刻發

安鄉縣匪徒幸經撲滅，然情形過悍，夥黨過盛，首匪在逃，

〔一〕指湖南巡撫俞廉三。
〔二〕録自許同莘輯刊本《張文襄公電稿》卷三十二。

根株未絶。現擬會南、北兩省各派勇營，礮船前往，會同紳團查緝，不在多殺，只在專查匪首，飭團勸交，不准騷擾。鄂省擬派游擊蔣聲耀帶勇百名，并礮船四號。尊意若以爲然，請遴派將弁，酌帶勇丁、礮船前往安鄉、華容、公安、松滋一帶，會同清查勤緝，以靖伏莽，而安閭閻。尊意何如，祈示覆。有。

致施南魯守、施南協都司、利川蔡令施南飛送 光緒二十四年十月初九日丑刻發

初七日接冬電，悉利川匪黨鬧教，造言聚衆，民心驚恐，飭施南協速派妥幹員弁帶兵一百名，星夜馳往彈壓防護。楊副將現已赴利川，即飭該中軍都司遵辦。魯守酌發口糧，催令速行，并由蔡令自募勇數十名或百名，并勸諭鼓舞團練，以資防護，勿稍疏虞。庚。

致江甯劉制台光緒二十四年十月初十日亥刻發

蒸電悉。易道順鼎面述尊指，垂詢聯英之策，未甚詳晰。查前奉電旨：據英國議紳、水師提督貝思福以中國練兵爲要，與總署王大臣面商，願薦將弁教練，先從南省辦起。著祥亨、張之洞早爲預備，於駐防營挑選一千名、練軍各營挑選一千名，務期年力精壯，一律整齊。俟所薦洋將到鄂，再與詳議章程，派員會同督練，以觀後效。欽此。旋接總署電，令探其隱情，詳籌利害。當以明係干預我長江兵權，隱患甚鉅等語電奏。總署覆電，令妥議章程電聞。究竟尊處曾否亦奉此旨，尊意擬如何辦法，速電示。蒸。

劉制台來電光緒二十四年十月十二日戌刻到

蒸電悉。敝處未奉電旨。英既先與鄂商，則是荆襄上游已為插脚，江省亦難另籌辦法。英、俄互相猜忌，連衡本不易行。惟英人覬覦長江已非一日，設竟派兵據險，中國目前兵力恐難其敵。英既發端於南，俄必踵行於北，全局將不堪設想。似宜以鐵路商務酌予利益，密為聯屬，穩住英人，較為順手。第練兵一事，延英人為教習，尚無大礙，未可予以督練之權，致貽後患，公謂然否。貝到鄂，公自能相機妥商，尚祈預為電示，以便晤貝答覆為感。總署電令妥議章程，已覆并望示及。坤。文。

致日本東京厚生館張道台斯栒、方鎮台友升[一] 光緒二十四年十月十一日辰刻發

佳電悉。務往各學堂、營壘、工廠詳加遊覽考究。真。

致日本東京厚生館張道台斯栒、方鎮台友升光緒二十四年十月十一日亥刻發

看操時，日本備供應否，較之接待歐州各國人相同否，南、北洋委員共到幾人，李欽差已見否，日本外部參謀部何人待我最親切。該鎮道等擬住幾日，看幾處，如遊覽月餘，貲斧尚敷用否。速將大略電稟，一面詳速函稟。真。

[一] 以下二電録自抄本《張之洞電稿·致外洋電》。

致施南魯守、蔡令〔一〕光緒二十四年十月十七日丑刻發

頃據法領事照會，據利川教士禀，女嬰、司事等共百餘人，現在縣署避難，居食未便，意欲帶赴宜昌天主教堂居住，請飭付給川資，派兵護送。教士帶女嬰赴宜教堂，所給川資若干，容當奉還等語。該令務即酌給川資，派幹弁多帶兵役，沿途妥爲保護，勿任再生事端干咎。切切。辦理情形即速電覆。諫。

致江甯劉制台光緒二十四年十月二十三日亥刻發

文、號電均悉。英下議院紳員貝司福，係英商會派來察看東方商務，乘機遊説，力勸中國用英將練兵。初次來見，議論驕横，危詞聳聽，毋庸縷述。迨談及鄂省練兵，弟告以英員來鄂，須歸督撫統屬，與營務處商酌，且權須有限制，止能參謀教練，眼同發餉，不能自發，賞罰之權亦分輕重，重者仍歸華官。並詢以既爲保全中國起見，何不在北省保京城，而來南省舉辦，豈有所畏於俄耶。恐英在南練兵，俄即效尤於北，不過措詞激之，以觀其意，不料彼即錯愕無詞而去。次日來函，即謂必先在京城設軍務處，聘英將爲參謀，籌擬章程，整頓中國全國軍務，隨時隨同中國大員巡閱各省軍營，若僅在外省練兵，反招他國效尤，有損無益云云。當覆以弟在鄂止能言鄂，議練鄂兵則可，全國軍務不敢置議。昨又來電，再與言鄂省練兵章程，彼堅不肯議，請作罷論，祇申京城設軍務處聘英員參謀之説。即詢以外省練兵尚恐他國效尤，全國練兵豈不慮他國干預。彼云，昨接沙侯信，言中國若請英廷薦員練全國兵，英必竭力相助，不使受虧，亦知全國之事，外省不能越俎，但不知能將此意代達總署否等語。答以代達則可，行否仍須聽政府核奪，且尚須詢明不損中國權利方可，否則不敢，即將鄙意應有限制各條詳細詢之。一、中國請英國薦員練兵，非請英國代爲練兵，英員到華即是華官，不能藉勢要挾。一、京中英員歸王大臣統屬，止能參謀，籌擬章程，候王大臣核定咨行，英員不能行文自辦。一、外省洋員歸督撫統屬，與營務處商酌，兼用他國人員，以免猜忌，並不拘定均由彼薦舉。彼均欣然首肯，并謂與彼意一一吻合。即赴江南，并請尊處將此意轉達總署。今晚已行，究竟未知是否真情。果能如此，英將止參謀籌擬，不攬我權，外省洋員不拘定由彼薦舉，祇問得力與否，得力者，雖我自雇亦不更换，苟不得力，雖彼所薦，任我辭去，似尚無大弊，較之强來干預佔奪勝矣。中國不用洋員練兵則已，若用洋員，似亦止可如此。然英、俄互猜，不知總署肯有所厚薄否也。彼到時請將限制諸條逐一重申，細商裁奪示覆，至感。禡。

致天津裕制台〔二〕、江甯劉制台光緒二十四年十月二十五日亥刻發

總署敬電云，日本矢野使請中國南北洋、湖北三處，各派武備學生前往肄業等語，希即酌派數名，派員帶往等因。查總署四月漾電云以二百人爲限。兹矢野未言人數，而總署令酌派數人。尊處擬派若干名，祈電示，以便仿照。竊思若人數太少，恐無大

〔一〕 録自《近代史資料》總一〇九號，中國社會科學出版社二〇〇四年版。

〔二〕 指直隸總督兼北洋通商大臣裕禄。

益，請裁酌速示。再，學堂學生功夫較深，而成效較緩。若爲急需，尚另有一辦法，派弁目兵勇之出色者若干人，入其教導團，專學其粗淺營操，不入學堂，專備作弁目之用，一年半可成，此日本人所言。湖北擬於學生之外並派若干人入教導團，尊意如何，並示。宥。

袁京堂來電 光緒二十四年十月二十八日未刻到

宥電悉同莘按：此電稿失。派學生倭有索酬報之事，却未説破，故署電三督以少派為妥。漚叩。沁。

許侍郎來電 光緒二十四年十月二十九日亥刻到

多派慮俄生忌，復有強薦武員教練之索。乞酌。澄。儉。

致宜昌傅鎮台、額守，巴東恩令、王守備宜昌飛遞 光緒二十四年十月二十六日辰刻發

傅鎮、額守有電、恩令王守備敬電均悉。據稱野三關巡檢飛稟，探聞陽、樂〔一〕過來湖南匪徒四五百人，已燒教堂，教士避峒被圍等語。恩令、王守備即刻迅速馳往該處防護，將教士救出，切切。會同傅鎮所派王有勝彈壓妥辦，體察實情，究係何處匪徒，曾否傷人，務須嚴拏首要，解散脅從。如係外匪，并移會鄰近營邑，嚴密防範，以免滋事。傅鎮、額守迅即密飭各屬文武，於有教堂處所豫爲防護，勿稍疏虞，切要。均即電覆。宥。

恩令、王守備來電〔二〕 光緒二十四年十月二十九日申刻到

宥電悉。卑職等發敬電後當起行，二十六到野三關，謝巡檢帶人先去探，因長樂民教退婚，堂司事畢姓出抗，衆不服，殺畢焚堂，係十五日事。樂堂乃卑縣紅砂董教士兼管，樂教民群奔而來，匪亦聚衆起，至董教士被拘堂未死。匪約二三千人，首係樂、陽兩縣李、劉二姓。現聞該匪無多火器，卑縣母猪口有險可守，已集團二三千人防堵，諒難上竄。卑職佐、賢潤稟。儉。

致江甯劉制台 光緒二十四年十月二十六日亥刻發

聞法領事到金陵要挾無理，所索何事，現在若何情形，祈示。英議紳貝思福到後晤談幾次，意指若何，尊處與之商議有善策否，現已行否，并請速詳示。宥。

劉制台來電 光緒二十四年十月二十八日申刻到

禡、有、宥三電悉。二十六貝思福來見，次日在洋務局答拜，相會兩次，詞氣和平。其請調英員練華兵，仍歸王大臣及督撫節制，則與來電略同，并允代籌軍餉，於修約時加收關税一倍。鄙意頗為歆動，許即轉商譯署。第深犯俄忌，未審是否能行。貝思福於今日下駛，請酌看沿江礮臺兩三處，并閲自强、江勝兩軍大操，當開誠待之。武備學生派往日本肄業，誠如台示，人數太少恐無大益。此間擬派二十名，但學生尚未挑選，經費又無從出，刻難成行。至教導似太粗淺，姑從緩議。法領事於四明公所翻案啟衅，斃甬人數十人，不肯給恤，尚欲於該處開路遷塚，并借此

〔一〕底本原為「陽」、「羅」，據所附來電改為「陽」、「樂」，即長陽、長樂兩縣。

〔二〕録自苑書義等主編《張之洞全集》第九冊，第七六七八至七六七九頁，河北人民出版社一九九八年版。

請擴租界，所指之地，强我所難。初與印委各員在滬争持，隨坐兵船來甯要挾，將及一月之久，敝處始終未便放鬆。若至無可如何，祇合用拚字訣，即有朝命，當守便宜，我公以為然否。坤。勘。

上海曾委員來電光緒二十四年十一月初七日酉刻到

英政府前晚電飭駐華提督西茂，詳察駐華法水師舉動，除現泊江甯下關法艦外，儻再有法艦往甯逼劉制台，准該提督即帶海軍赴甯助劉敵法。昨早已有英中等巡艦至甯，恐現泊該處敵艦太小。又，駐京英公使電英政府，中國軍機大員上月二十四密議，仍欲株連維新，出於剛姓，擬先飭駐日本華公使，密拘康有為，如他國無詞，再將著名維新懲辦。英政府昨電飭該公使，勸我政府不得如此，恐他國必有為難。磐禀。

致重慶王藩台光緒二十四年十月二十六日亥刻發

函電均悉。聞法欲藉端生衅，余蠻事不宜久延，總以誘令速交教士爲要。彼紮營雖多，皆係團勇，事定以後，無餉安能久聚，無械又何足畏。此時似稍從權遷就爲宜。管見祈酌，速示。宥。

致宜昌傅鎮台、額守、巴東恩令光緒二十四年十月二十七日戌刻發

頃法領事照稱，據宜昌教士電報，巴東縣塞口與小麥田地方，又長樂縣宗溪地方，教堂、教民房屋物件統被匪徒毁搶罄盡。又比領事云，宜昌土匪捉去洋教士一名等語。教士被捉是否屬實，如有其事，務即迅速設法救出，是爲至要。搶毁教堂幾處，教民幾家，湖南匪徒從何處來，現往何處，即分別查覆，一面妥爲防護，一面添派兵團嚴拏各匪重辦，萬勿縱令蔓延爲亂。至巴東案是否即紅砂堡教堂，抑另一處，并查明電覆。額守迅將此電飛遞長樂。沁。

致宜昌傅鎮台、額守光緒二十四年十一月初一日申刻發

頃法領事照會云，據宜昌教堂電，距宜昌不遠之潭子山地方，被匪徒殺斃教士一名，殺斃教民甚多，請趕緊電飭該處地方文武迅派兵役前往救護，并查拏兇手，照例重懲等語。教案屢出，殊堪駭異。該鎮、該守務速緊確查，明白電覆，由該鎮酌派練軍或百名或數十名，前往彈壓，以壯該縣聲威。潭子山是否即長樂地方，此案是否即王守備恩令僉電所言捉去教士之事，畢教士、董教士是華是洋，均分別查明，并分別嚴飭各該營、縣督飭團練實力保護，彈壓防截，一面解散黨羽，勿任嘯聚蔓延干咎。即刻電覆。東。

致江甯劉制台光緒二十四年十一月初二日亥刻發

勘電悉。貝思福練兵，昨已由電覆奏。字數太多，當由郵局録寄台覽，尊處想亦已將大略情形電達總署，祈轉電一閱爲感。至加税一層亦曾與貝談及，惟加税洋人必要裁釐，恐所加僅償所失，且所加者必盡歸洋將練兵，所減之釐必致内地餉需全歸無著。況各國換約之期不一，一時斷難議定。貝云如中國用英將練兵，英廷必肯借巨欵，攤數十年還清，每年本利並還，祇須三釐。果

能如此，似較加税直捷切實。公以爲何如，祈即電覆。冬。

致宜昌傅鎮台、趙道台、額守光緒二十四年十一月初三日丑刻發

傅鎮東電悉。據稱魚關謡傳暨金主教、黄司鐸面禀，匪徒約期打教堂，犯宜昌，請招勇五百名等情。該鎮、該府等務須督飭文武嚴防彈壓，勿稍疏懈。准由傅鎮招精健樸實之勇五百名，訓練巡防，不得以疲弱油滑充數，務須選派勇幹之弁管帶。餉需准由春荒存欵内動支，如有不敷，由鹽局撥用。操防練軍，亦須整飭操練備用。至魚關及擔子山係何縣屬，各距郡城若干里，該匪有若干名，又前電詢有無殺斃教士之事，即刻併詳晰電覆。冬。

致宜昌傅鎮台、額守、巴東恩令光緒二十四年十一月初四日丑刻發

巴東、長樂教案，已派朱守滋澤馳往查辦，並調鄧提督正峯統帶所部三營勇丁乘輪赴宜，並帶小兵輪前往彈壓防緝，會同該鎮、該府妥辦。又該鎮現在實需洋槍若干枝。又巴、樂兩處宜多設偵探，隨時電禀，以便相機籌辦。此事總以救出教士，出示曉諭愚民勿得附和，解散匪黨爲最要。江。

致宜昌傅鎮台、額守、荆州水師前營張提督光緒二十四年十一月初四日巳刻發

魚關謡傳匪徒約期打擔子山教堂，直犯宜昌等語。聞魚關係長樂地方，陸路距宜昌一百八十里，水路距宜昌二百四十里。該匪即使犯宜，尚有大江相隔，如欲渡江，無論民船多少，止須礮船二三隻即可擊退，何用驚惶。該鎮、該府務須鎮静籌防，密查奸細，勿任造謡滋擾。該提督迅速整飭各礮船，於沿江要隘巡查，勿任偷渡，至要。質。

致施南楊副將、魯守，宜昌傅鎮台、額守、巴東恩令光緒二十四年十一月初五日子刻發

巴東、長陽一帶，匪徒滋擾教堂，已由宜昌鎮派練軍往捕，并由省派勇兩營乘輪前往，會營圍捕。惟野三關居宜、施之間，地勢適中，且爲土藥税釐局所駐，關繫緊要。聞該處居民有遷避者，誠恐因謡驚擾。宜郡進兵到此不易，該副將速派練軍百人馳往彈壓，會合宜昌兵、團兜拏，以免蔓延。施屬經費由魯守籌發。速行。即電覆。支。

致長沙俞撫台光緒二十四年十一月初七日巳刻發

七月三十日准總署來電，廿九日奉上諭：訪查各衛所屯田地畝，詳定徵租章程。等因。欽此。昨准户部咨議覆瑞學士洵片稱，衛弁、屯田裁併，改由地方官徵租一節，歷來論治者多持此議，誠宜及時舉辦，應令該督、撫遵照七月二十九日諭旨妥爲辦理等因。查湖廣共十一衛，武昌正、武昌左、襄陽、德安、黄州、蘄州六衛屬湖北，五衛屬湖南，而此五衛中惟岳州一衛係湖南轄境，其餘若荆州三衛，沔陽衛，皆在湖北境内。衛所軍丁向完屯餉，解藩司庫，又完漕項雜欵，如幫津軍、三安家等名目，解糧道庫，

地段零散，分在各縣，其田皆已展轉易主，並多逃絶。衛守備向係漕督委署，路遠地生，並不知地在何處，册籍全在書吏手中，其地之荒熟，户之完欠，但憑書吏所言，衛官茫然不知，惟索規費而已，是衛所一官，實爲無益有損。數十年來，湖廣漕糧全係改折，即采辦亦係海運，衛官一無事事。且各衛遥領催徵，既不若州縣徵收之易，即軍丁詞訟亦不若州縣就近判斷之便。若將田糧徵收各事統歸各縣就近澈底清查，按照民田科則印契升科，將典契换給管業之契，與民田丁漕一律徵收，仍解糧道，其逃絶影射並無典契者充公，最爲簡易妥善，必於正賦有益，似無須另定徵租章程。曾於八月初七日會同陳右帥電請總署代奏，未准電覆。兹准部咨，令遵照七月廿九日諭旨妥爲辦理，自應另摺具奏。兹擬會台銜具奏，尊意是否亦以爲然，即祈電覆。陽。

俞撫台來電光緒二十四年十一月初七日亥刻到

承示裁衛改徵各節，莫便於此，意所同然。蒙挈奏，荷甚。請先發，補書諾。廉。庚。

致宜昌傅鎮台、陳守、東湖縣光緒二十四年十一月初七日申刻發

英國霍領事電稱，頃接宜昌來電，云有匪人滋鬧情事，速請保護等語。玩其語氣，似指府城而言，非謂長樂、巴東之事。宜昌究竟有無匪人滋鬧，是何情形，或城内或城外，或係府屬附近州縣，迅即查明，妥爲保護。如無其事，必有匪黨造謡惑衆，務即隨時訪查拏究，并督飭營、縣嚴密防護，萬不可再生事端，致干嚴參。均即電覆。陽。

致長沙俞撫台光緒二十四年十一月初九日申刻發

十月佳、豔兩電悉。接護勘路，先派趙守、陶鎮，又添派蔣郎中，同送至粤界爲止，並令地方官各帶正紳親身保護，布置周密，甚佩藎籌。粤漢初因英、法覬覦，若援桂路，便歸入交涉案辦理，無可措手，故奏定借美款自辦，庶有範圍。總署亦因此案係旨派駐美使臣在美畫押，經兩國核准，既難中止，亦難改道。迭接總署支、號、宥電，屬於示内叙明奉旨辦理此路，或有百姓阻擾，惟該地方官是問云云，良有以也。前接佳電，所商或從緩勘，或改他途，經與美議，皆謂與原約不符，故與杏蓀商由鄂勘起，大約勘至粤後，示人以必造，英、法可絶望，而造路遲早，我可自主。若此時奏請緩勘改途，朝廷亦未必肯與洋人翻案，徒使士民聞風起鬨，仍不若竭力保護勘路，免致歧誤。尊意然否，祈示。佳。

致重慶王藩台光緒二十四年十一月初九日申刻發

鄂省藉余蠻子之勢，宜、施各屬匪徒四起，假其名號，焚掠教堂、教民，擄殺教士，宜昌大爲惶擾。現已派文武大員率兩營會合地方練軍民團，彈壓解散，相機攻撫，並與法領事言明，我自必以救出教士爲先，若該匪一定不放，藉此要挾，我惟有進兵攻剿，教士生死在所不顧，領事深以爲然。聞余蠻要挾無厭，索餉械過多，近日不知已就範否。若始終抗延，似可與法領事商明，或設華鐸受害，我當厚給撫恤，重誅匪徒，一面重賞密行購線，保護洋鐸，一面進兵攻剿，毫無瞻顧。彼見我一意進兵，無所顧惜，或竟不敢害洋鐸，以留爲剿敗贖罪之地，亦未可知，不知法

領事肯照辦否。但彼若允我進勦，必須令彼立約簽字方妥，不然遷就過甚，假以羽毛，以後此匪仍爲川省教堂之患，且各省效尤，將教士被擄之事日不絶書，教案直無辦法矣。管見備采，祈酌。佳。

致總署 光緒二十四年十一月初九日發

豔、陽兩電均謹悉。自川匪余蠻子鬧教以來，湖北接界之施南、宜昌兩府，訛言紛起，匪徒羣起與教堂爲難。疊接施、宜來電，前月二十九日施南屬利川縣教堂、育嬰堂被匪燬，并焚掠教民多家，係假託余蠻旗號，幸教士女嬰等經該縣救出厚撫，教民亦未被殺。兵勇拏獲匪徒七名，該縣漸安。又建始縣麻紮平教堂亦有警，未燬。十月十六日，宜昌屬長樂縣教堂亦被匪燬，殺斃教民一名。長樂堂係巴東縣洋教士董姓兼管，長樂教民羣奔赴巴，匪亦聚衆追往，將洋教士擄去，負嵎拒捕。旋聞比國洋教士已被害，又聞匪徒約期打長陽縣之擔子山教堂，教民畏懼，逃避赴宜。又該縣亦有匪數百屯聚，並謡傳匪衆一二三千，内多川匪、湘匪，將直撲宜昌，并與施南匪徒連合等語。宜昌爲上游商埠重鎮，向無勇營，游匪乘機造言煽惑，謂係余黨東擾，民教驚惶，洋人尤甚。當已疊電另飭各屬文武兵、團，慎防嚴拏，救出教士，力護教堂，務須鎮静民心，解散夥黨。據宜昌鎮電禀，已募五百名以資鎮懾。查宜昌各屬，平日教民恃符欺擾良民，怨恨已深，今藉川匪聲勢，匪徒鼓煽，紛紛報復，教民遷避，處處驚擾，山深地廣，防不勝防。大抵居民宜安定，奸民宜嚴懲，已起之匪徒尚易撲滅，將動之匪徒到處皆有，必須示以兵威，先令人心安，謡言息，則他匪不致紛起，自可從容緝拏撫定。惟查自川匪余蠻子挾鐸肆鬧，鄰省愚民痞匪以爲得計，紛紛效尤，必須破其狡計，方能措手。昨法領事來見，洞告以此風萬不可長。現謡傳教士被害，但無論教士生死，皆惟有進兵圍攻，不能顧忌。若匪徒畏我兵威，必不敢害，能將教士放出固好，即不放亦仍須極力攻擊。因有教堂處所尚多，儻皆擄教士爲護符，則匪燄益張，各省教案接踵，直無辦法，大局將不可問。領事亦深以爲然，謂此乃一定不易之理。昨已委文武大員帶勇兩隊，乘輪馳往彈壓，會商地方文武，體察情形，分別解散圍捕矣。再，余蠻子久撫不成，要挾無厭，可否由鈞署與法使商明，若遷就該匪過甚，資以羽翼，以後終爲四川教堂之患，且從此川省及他省處處效尤，教堂永不能保，教士永不能安。不如示以限制，抗則進勦。設華鐸被害，我當厚給撫恤，而多誅數匪以謝之。該匪既受懲創，足以示儆將來，以後教士可無擄捉之患。法使若允此事，庶有了期。附陳管見，伏候鑒裁。佳。

致宜昌電局黄守邦俊 光緒二十四年十一月初十日亥刻發

巴東、陽、樂一帶，匪徒滋擾教堂，野三關居宜、施之間，地勢適中，且爲土藥税釐局所駐，關繫緊要，亟宜設電局通消息。該守速派人前往接綫安機，刻日通電，勿稍延緩。該處距綫路幾里，約幾日可接通，此處有何扼要應行安綫之地，即先電覆。蒸。

致日本神户中國領事轉交湖北委員張道台斯栒[一] 光緒二十四年十一月初十日亥刻發

歌電悉。現湖北派學生赴東，日内即行。張道務在長崎，候湖北學生到東，帶赴東京，安置妥當，再行回華，方鎮等可先回。即電覆。蒸。

致荆州恭道台、舒守 光緒二十四年十一月十一日子刻發

荆江水師張提督添習電，現宜都之磨石有匪徒滋事，已派礮船於各處揀隘嚴防等語。查自川匪鬧教，宜、施一帶效尤，皆係仇教，並非謀反，實在匪徒無多，餘皆愚民附和，官兵一到，立即解散。各處務以鎮静爲主，然不早圖，又恐蔓延滋擾。望飛飭宜都縣並告該處都司，迅速酌帶兵役，親往該處督率民團，分別解散查拏，一面嚴禁造謡，以靖地方。該縣當有禀報，係何情形，即電覆。蒸。

致宜昌傅鎮台、額守、陳守、水師張提督，施南魯守、利川蔡令，巴東鮑游擊、王幫帶、王守備、恩令 光緒二十四年十一月十一日子刻發

疊電均悉。此次施、宜一帶匪徒滋擾教堂，謡傳聚有千數百人，其實認真匪徒僅百十人，其餘皆係地痞愚民，附和滋鬧，以圖乘機搶竊財物而已，官兵一到，當必立即解散。前據傅鎮等電禀，哨官吴俊生、世職周元楷帶兵僅五十名，到擔子山探匪，在馬家廟帶隊前去，羣黨即散，獲首要三名。又聞資坵有匪，亦即馳往，周元楷在資坵拏獲匪徒四名，起獲槍械等語。儻各員弁均如吴、周兩弁勇往直前，親到匪巢，地方不日即可平靖。乃鮑游擊帶兵百名，王守備帶兵五十，王幫帶帶四十，恩令自稱集團二三千，聞匪在小坯山下，該將、備等不敢帶隊前進，率團攻撲，而分守隘口，自謂截匪出路。山深地廣，匪若但在山中各縣各鄉滋擾，並不出山，該將備等便永不進兵耶，實屬怯懦無理。官愈大，兵愈多，膽愈怯，殊爲可恨。其各即刻分路進兵圍捕，一面令紳曉諭脅從者速釋回教民，准就撫，毋再鋪張粉飾，畏葸遷延，致干重咎。至各匪願乞撫者，自應一律准行，不必請示，不必候朱守。蒸一。

致宜昌傅鎮台、趙道台、額守、陳守、東湖縣，施南魯守、楊副將、利川蔡令 光緒二十四年十一月十一日子刻發

此次匪徒不過仇教，並非謀反，且數必不多，又無槍械，官兵一到，自然解散。一切謡言皆各處痞匪奸民故意添設捏造，意在摇動人心，鼓煽莠民、會匪乘機劫掠。看來鬧教之匪不足慮，造謡之匪乃可慮。山内已起之匪不足患，宜郡華洋官民自相驚恐，必引起各屬附和嘯聚之匪，乃真足患耳。現已由省派吴副將武愷軍兩營乘輪前往，若再不敷，當再派鄧提督之營前往，並派兵輪

[一] 録自抄本《張之洞電稿·致外洋電》。

兩艘，上安洋製大礮，另運後膛槍五百枝，來復槍五百枝馳往。該鎮已新募勇五百人，兵威已盛，務速示諭各屬軍民，務宜安定，切勿誤信謡言，自相驚擾。余蠻現已就撫，相隔甚遠，安能通氣。且有勁勇多營，槍礮精足，即使川匪東下，亦不足慮，況並無其事耶。此事本不必由省派營派輪，所以派往者，不過昭示兵威，爲鎮定宜郡人心起見。該鎮、道、府、縣等宜知此意，以查奸禁謡爲主。蒸二。

致宜昌傅鎮台、陳守、朱守、吴副將，荊州恭道台、舒守光緒二十四年十一月十九日未刻發

頃已派劉副將恩榮帶護軍中營，即日乘輪由沙市赴宜都探匪所在，督兵入山，迎頭勦捕。安鄉事聞已辦竣，並電飭蔣游擊聲耀，速率所部回沙，酌帶隊伍赴宜都，協同防勦。恭道即專差飛飭蔣游擊遵辦。均即電覆。效。

致巴黎慶欽差光緒二十四年十一月二十二日丑刻發

自川匪余蠻鬧教，鄰境之宜、施一帶痞匪效尤，利川縣燒去育嬰教堂一座，當經該縣馳往，救出教士女嬰，給食優待，並派兵勇將匪徒拏獲數名，格殺一名，驅散餘黨。巴東縣又燒教堂一座，殺洋教士一人，該縣亦即集團馳往圍捕，宜郡又派兵助勦。因山深地廣，匪徒散漫，一時未清，復已由省城派文武大員帶兵三營前往查拏勦辦。事起倉卒，遽不及防，害及教士教民，殊屬可惜，而事後保護拏犯，地方官實已不遺餘力。恐教士鋪張揑稟外部，特先將實情電達。前聞尊處曾與法政府議定，以後教案只能就案論案，不能牽涉要求，實爲扼要之著，不勝欽佩。此時可否將以上實情轉告外部，并告以凡有教案，敝處必實力嚴辦，斷不袒護，囑其勿爲教士所惑，幸甚。外部口氣並祈探示，至感。馬。

致宜昌傅鎮台、趙道台、凌道台、陳守，巴東朱守、吴副將朱守飛遞、劉副將荊州恭道台飛送光緒二十四年十一月二十六日寅刻發

厪電悉。兵進匪遁，亟宜長樂堵截，傅鎮速飭鮑游擊、王遊擊，朱守、陳守速飭長樂縣，合力截拏。該縣毫無防範，勿再縱匪干咎。吴副將宜速撥軍追勦。劉副將營日内當已到宜都，仍應酌派勇隊，迅速馳至長樂縣境迎勦。長樂匪不撲滅，必南擾湖南石門，西驚宜都。吴軍現至何處，擬勦何匪，並覆。勸農亭餘米准給吴軍作行糧，愷軍十二月餉由鹽、土兩局分發各半。營務提調關防即發。有。

致長沙俞撫台光緒二十四年十一月二十六日寅刻發

漾電悉。利川、巴東、長陽、長樂會匪鬧教，四出焚搶，擄殺洋教士一名，教民多名，各匪響應，宜郡大擾。昨派兵分路攻勦，一面撫散脅從，巴、陽之匪多逃散，悍匪已下竄長樂。現飭各軍由巴東、長陽、宜都三路追擊迎擊，恐竄石門，望飭各軍迅速截擊撲滅。此時匪止數百，無軍火，並無數千人。謡傳太甚，

不足信。尚未至漁洋關，患其據險，出竄則易擊矣。有。

致宜昌傅鎮台、陳守，荆州恭道台、劉副將，巴東朱守、吴副將光緒二十四年十一月二十六日寅刻發

馬、梗四電均悉。愷中由巴進，愷右由陽進，護軍由樂進，鮑、王直赴長樂城，圍守兵攻，甚中事機，與鄙意合，現即飭如此辦法。茲特委朱守總辦宜施勦辦會匪事宜，前敵省内省外各營兵勇，悉聽調度，諸事仍會商傅鎮，吴劉兩將辦理。札由驛遞遲緩，此電即作爲札，接此電後即遵辦，並覆。宥。

致荆州恭道台、宜都劉副將荆州飛遞光緒二十四年十一月二十七日巳刻發

據朱守滋澤電，匪黨逃竄，據白溢寨，離長樂城四十里，匪目多散，人數止百餘。已飛飭該縣並鮑、王兩游擊馳赴長樂截勦，愷軍亦由長陽追勦。該副將想已抵宜都，迅即進紮漁陽關，迎頭截擊，即可殲滅。匪蹤剽忽，山深地廣，若不到漁陽關，消息難通。總之，萬不可使擾至漁陽關。若匪下竄，惟該將是問。到關日期情形，速電稟。感。

致總署光緒二十四年十一月二十七日巳刻發

岳州開埠，前准鈞署咨，總税司擬派沙市署税司聶務滿前往，會同地方官劃分界址，籌備一切等因。查岳州爲湘鄂交界要口，風氣未開，民情强悍。開辦之始，必得老成練達明白和平之税務司，與地方官商辦，方臻周妥，而資勸理。疊據荆宜施道俞鍾穎稟稱，與之相處兩年，見其粗暴任性，喜怒無常。前年酒後，偕法人闖入荆州旗營，幾釀巨案。去年修造公館，强占官地，復慳吝恃横，虐待工匠，以致羣與爲難，幸關道善爲通融調護，始得解釋。本年洋關被燬，未始不由包庇水手積忿而起。敝處因其係洋關人員，囑關道格外優容，未爲轉達。此次沙案税關賠欵，較之英日兩國要求更多，絲毫不讓，種種刁難，不可理喻。前數月該税司來電，與之談及岳州開埠事，勸其屆時妥慎，詎彼答云易辦不怕，情形甚爲横悍。其視事太輕，人地實不相宜，將來斷不能與地方官和衷商辦，且必致任性生事，累及地方。現將届開辦之期，實不敢緘默，貽誤地方。務祈婉飭總税務司，另選妥員，以資相助爲禱。如總税務司不允，將來滋生事端，地方官不能任咎也。沁。

致宜昌傅鎮台、陳守、朱守、吴副將，長陽縣，荆州恭道台、舒守、劉副將、蔣游擊，宜都縣光緒二十四年十二月初三日亥刻發

匪入長樂擄官，凶悖髮指。吴軍僅到紅溢，實屬延緩。鮑、王兩游擊竟無消息，尤不可解。吴副將，鮑、王兩游擊，均先行記大過，嚴加申飭，迅速前進，直抵長樂，痛勦匪徒，救回印典、汛弁。劉副將此時計已到漁陽關，迅抵長樂城，會吴、鮑、王合擊，不准延宕。現已派鄧提督正峰一營，乘輪由宜都直趨長樂，爲劉軍之助。匪如下竄，蔣游擊務須相機迎擊，不得株守聶家河。

湖南已派兩營抵石門，已電催迅赴樂境會勦。匪衆不過數百，又無軍火，諸將務須奮往圖功，分路截勦，及早將此匪殲滅。如再延誤，以致蔓延，或又遠竄，定行嚴參。速諭匪黨，長樂縣已另委人，若放出官弁，或可酌予自新，否則全行勦洗。據朱守電，已赴資坵，此時資坵距匪已較遠，速即馳往前路，酌擇近匪而扼要易通各報之地駐紮，督催調度，不必拘定一處，并嚴察諸軍，不准擾民，違者嚴辦。吴軍之糧，責成長陽縣辦，劉軍、鄧軍之糧，責成宜都縣辦，不准貽誤干咎，並飭鶴峰州衛昌營，迅速嚴備堵截，防其西竄。此電速探交朱、吴、鮑、王、劉、蔣，並嚴飭長陽、宜都兩縣。江。

致長沙俞撫台光緒二十四年十二月初三日亥刻發

匪已入長樂城，擄知縣、典史、把總，此間已催各軍速進合勦。匪止數百，長樂城止如破寨。由山深路險雪大，故諸軍未趕到。請飛飭派出之賀、徐兩軍，迅由石門入樂境會勦，速殲此匪，不得稍分畛域。諸軍一到，匪即滅矣。山瘠運艱，似須裹數日糧，似累重，實簡易也。盼即覆。江一。

致長沙俞撫台光緒二十四年十二月初三日亥刻發

頃接法領事照會，據湖南教士禀，澧州北南坪石水田地方，教堂、教民被匪燬搶罄盡，目下匪徒四路出字，通知滋擾，教士教民無處安身。附抄匪徒示稿，請嚴拏究賠，派兵保護彈壓等語。查示稿係假託余蠻僞官銜，除咨達外，特先電聞。祈速嚴飭該州趕緊實力彈壓保護，並添派幹員兵勇，查明實在情形，嚴拏重懲，勿致滋蔓啟衅，切禱。祈電覆。江二。

致長沙俞撫台光緒二十四年十二月初五日子刻發

有電悉。余、熊均宿將，熊篤實勝於余，余猛鷙勝於熊。旨言精練勁旅，想是練洋操。惟精練洋操甚難，一人斷不能照管二千兵，似不如令熊、余各練一千，俟將來成效著，擇其最勝者，將二千併歸一人統之，較爲穩著。現署綏靖鎮崧副將煜，辦事認真，營伍力求整頓，甚爲難得，或於余、熊中酌派一人，練一千，派崧署鎮練一千，尤妥。綏靖瘠苦，可調來省署長沙協練兵重任，致函說明，亦必樂爲，否則派崧爲幫辦，蓋旗員於武事素多講求，必能得力。即以但道爲營務處，由閣下親自督率，如此具奏，當無窒礙。籌餉動加價，乃照案辦理甚妥，其所短少半如別有籌餉之法，似宜趁此奏明。管見如此，統請卓裁，並候覆。支。

致長沙俞撫台光緒二十四年十二月初五日亥刻發

勘電悉。洋務人才甚難，通曉者本不多，略通者心術多不正。弟所知平妥者數人，多爲總署留用，或充他省要差，恐難調，容細思再覆。爲湖南目前計，或有一策，可速選道、府、廳、州、縣及紳士中喜講求時務者，酌派數人分赴上海、甯波，考究開埠設通商場事宜。上海可詢訪上海道蔡道及邵小村中丞，請其將開埠要義分條指示數端，開一節略，勿僅口說，閣下須致函相懇。邵係同鄉，蔡甚圓通，必相告。此外，講洋務者不少，能設法納交於英律師担文尤好，即託上海道先容，送以禮物，訂明以後有疑難事，託其查考西例，代爲畫策，隨時通電，議定每年送銀若干，或有事酌送，視事體大小，臨時再議，然不如平日請定爲佳，但費稍多耳。甯波即係通商場，與他處租界不同，係我自設巡捕，修道路，正與岳州自開口岸章程相類。可詢訪浙海關道，亦委員持函前往。滬、甬兩處，委員約四五人，到彼住一箇月即可，回湘時采擇行之，薪費尚不甚多，察其人明白切實者，委充岳州幫辦或委員可也。道如蔡乃煌，紳如左孝同，似均可備派往之選。左在紳士中甚爲明白端正。蔡不深知，爲其係粤人，尚不甚隔膜耳。統請裁酌。總之，開埠大要四事：一、擇地須水深而避風者，地廣可開拓者爲佳，現擬倉地似微窄。一、籌欵造馬頭、磡岸，修馬路，設捕房，建關署、華洋屋，合計至省須銀十數萬。一、善處税務司，開埠一切辦法均由税司酌定安排，地亦須税司擇定，然委員須明練，方能與之商酌，不令硬來。一、撫諭紳民，須令安静，不阻撓生事。大略如此，續有所見再奉達。此電並望與兩司一閲。歌。

致日本神户中國領事轉交湖北委員張道斯栒、鄭縣丞國華[一] 光緒二十四年十二月初五日亥刻發

現須定製銀元票，鄭縣丞暫勿回鄂，留候諭函到日遵辦，并即覆。歌。

致荆州祥將軍 光緒二十四年十二月初九日巳刻發

初三日兩電均悉。承示近有蜀匪囑燒荆、宜教堂之謡，權派旗兵赴沙，幫同防護，深佩藎籌，感甚。惟匪黨皆借余蠻爲聲援，現據四川王藩司歌電稱，連日剪除余黨不少，昨調集各營四面合圍，兼用反間，周統領旋出，今日親督各軍進逼，彼欲求生路，數日内當獻司鐸，事可尅期告竣等語。是余蠻已蹙，匪黨自必失望。既承札行道、府、營、將督屬嚴防，教堂當可無恙。旗兵如尚未派出，擬請稍緩，緣前數年旗民有草市鬬毆巨案，誠恐痞匪藉端挑動前嫌，煽惑生衅，轉負麾下保衛地方之盛意。如旗兵已派出，則請飭協、佐暨劉令體察民情，能否相安，應否調回，静候酌辦。宜都爲荆沙門户，故派蔣遊擊截匪下竄，如事機得手，旬日後即當飭蔣遊擊回沙。統希鑒察示覆。佳。

致荆州恭道台、舒守，宜都蔣遊擊 舒守飛遞 光緒二十四年十二月初九日巳刻發

劉副將初六日電，探聞吴副將於初三日攻破白溢山寨，匪目四散等語。此信確否，蔣遊擊速探明電禀。現已電飭劉副將、鄧提督均直抵長樂進剿。又電飭湖南賀、徐、譚三營，越境直趨長樂會剿，兵力已厚。如果匪徒四散，蔣遊擊務即督團搜剿，悉數殲除，勿任縱逸下竄干咎。泰。

致日本東京厚生館張道台、鄭委員[二] 光緒二十四年十二月初十日丑刻發

三電悉。安抵東京，甚慰。厚琨何日入學堂，如買物辦事需用銀錢時，張道處代付，由鄂省匯還，萬不必與以現錢，切要。

[一][二] 録自抄本《張之洞電稿·致外洋電》。

再，各學生俱應謁見李星使否，如見時應行三叩禮，叩畢起立，不揖，亦不請安可也。佳。

張道、鄭縣丞來電〔一〕光緒二十四年十二月十一日戌刻到

即商近衛公爵，剛孫改進貴族大學堂，近日可進學，住教習家。栒、華叩。真。

致貴州王撫台轉致新授湖北撫台于中丞 光緒二十四年十二月十一日午刻發

電局十二月初七日邸鈔，上諭：于蔭霖著補授湖北巡撫，即行赴任，毋庸來京請訓。欽此。欣喜已極。此時台從計已入黔，祈速改轅來鄂。約何時可到岳州，當派輪迎迓。尊體想已大佳，并示。真。

致上海錢念劬 光緒二十四年十二月十二日子刻發

須與小田切詢商者數事。一、神尾練兵事，此時斷難具奏，可問小田，彼尚有何辦法，即使將來能奏，參謀二字亦必不許，只可名總教習。一、大原云，武備書須兩年方能譯成，如何能待。此時擬多延日本極好武官數人，來譯武備書，人多可以速成，即可隨時商酌武備事宜，將弁亦可時往請教，神尾亦肯來譯書否。一、小田在鄂面云，日本政府有覆電，已允設法諷令康赴美，此時不知已行否，能催詢之否，梁、王諸人亦有去志否。一、英議紳貝思福以鄂練兵二千爲未足，欲在京城設參謀，意在練中國全國之兵。總署不允其參謀，令照原議辦理。小田云，英必須聯日本。此次貝赴日本，不知日本政府與議若何，議及英來鄂練兵之事否，望確詢。總之，中東聯絡大局，全被康、梁攪壞，真可痛恨。以上諸事望速密商，有何辦法速覆，措詞務須妥酌。真。

錢守來電 光緒二十四年十二月十三日亥刻到

與小田談，神尾以譯書來可商，添請武譯員容易，可與神尾事合辦。貝思福到彼必談練兵事，外部意在以交誼諷緩，俾我可注意於東。彼政府得星海所臚康罪，益恍然，設法令去，已有成議，不出數禮拜，與梁、王同往美。恂稟。元。

致荆州祥將軍、兩都統 光緒二十四年十二月十二日亥刻發

旗民互鬭致成毆官重案，聞之實爲駭異。現已委道員札勒哈哩、知府吉爾哈春聯捷即日乘昌和輪赴荆，並帶仵作二名前往，會同荆州道府、理事同知秉公覆驗，查訊確情，通稟核辦，並將劉令調省，委李九江署理江陵縣。此案須查訊確實，商有辦法，方可會同具奏，台端萬勿遽行入奏，免致或有參差，將來難辦，切禱。文。

致長樂朱守、吴副將 白楊渡電局送宜都飛遞 光緒二十四年十二月十六日午刻發

虞、佳、真、文四電，吴單銜兩電均悉。愷軍連破紅溢、白

〔一〕録自苑書義等主編《張之洞全集》第九册，第七七〇二頁，河北人民出版社一九九八年版。

溢二寨，斃賊百餘名，救出令、典，查獲印信。山高路險，冒雪攻堅，吴將督率該軍不辭艱苦，奮勇破賊，深堪嘉慰。朱守現已到樂籌辦一切，自必周妥。山内嚴寒，兵勇衣糧勿使缺乏，前飭宜都縣購米接濟，轉運便否，念甚。惟據稱匪首南奔，餘匪逃散，務須督團截拏搜捕，懸賞將李澤清、李少白、向策安三名及著名各匪首拏獲，開單飛速知會鄰近各營各州縣，萬不可使一名漏網，最要。劉副將想亦到長樂會緝，現飭鄧提督進紮漁陽關，以防竄逸。如地廣路歧，兵尚不敷截拏，即由該守、該將酌量知會鄧提督約派數哨赴樂。善後各事，朱守等妥籌速辦。長樂既係偏境皆匪，務將會中頭目多拏數人嚴辦，以清伏莽，不得概予免究。惟山鄉窮苦，又遭匪亂，嚴飭諸軍萬勿擾民，要緊要緊。即覆。諫。

致漁陽關鄧提督、劉副將白楊渡電局送宜都飛遞

光緒二十四年十二月十六日午刻發

劉將卦電悉。愷軍破巢救官，惟各匪首未獲，現正督團搜截匪首及逃散餘匪。惟山徑紛歧，斷斷不敷分布，日久必致遠颺。鄧提督營迅即進紮漁陽關彈壓地方，防截竄逸，一面訪拏逃匪。劉副將營務即迅抵長樂，會同吴將搜捕，務獲著名各匪首，勿稍延宕。劉軍到漁關已久，距樂不遠。彼處山僻愚獷，會匪最多，從來不見官兵，若多有一兩營到樂，亦足令匪徒鄉民略見軍威。乃劉將總不遵示帶營親到樂城，殊屬不曉事體，大與本部堂之意不合。務即懍遵至宜都，轉運自可由該將酌辦。山鄉窮苦，嚴飭弁勇萬勿擾民，切切。並即電覆。諫。

致巴黎慶欽差[一]

光緒二十四年十二月十八日亥刻發

湖北農務學堂已募到美國農師兩人。現擬添蠶桑一門，聞法、意兩國人最精，請代覓一兩人，務須學問閲歷俱深，能辦蠶子病者。祈速電覆。嘯。

致長樂朱守、吴副將、劉副將、鄧提督、蔣游擊宜都縣飛遞

光緒二十四年十二月十九日戊刻發

愷軍冒險破寨，救出印官，擊散匪徒，誠爲奮勇出力，惟匪首未獲一人，究屬缺陷。朱守電稱匪首西竄，必因湖南有兵防截，該匪首尚不知余蠻就撫，華鐸獻出消息，故欲赴川投余蠻入夥耳。現據施南府、協等電稱，已將向策安拏獲，是李少白、李澤清二犯亦必在施南一帶，該匪首必有竄入鶴峰州深山者。匪首如不全獲，此時雖平，後必爲患。除電飭宜昌鎮、府，施南府、協，飛飭地方文武嚴拏外，吴將速選派明幹弁勇數十名，分途跴緝，匪首務獲，以竟全功。劉將、鄧提督、蔣游擊等軍雖到防先後遠近不同，惟自省遠派前往，均未著有勞績，未免徒虛此行，各宜酌派精幹弁勇數十名購綫，分途跴拏匪首，以覿後效。至愷軍久勞，實深懸念，俟劉將到樂後，吴將除派出各勇外，即率該營全數由宜都乘民船回省。蔣游擊於緝捕素熟，惟初九日荆州旗民械鬭，現雖暫平，恐痞匪乘機生事，該游擊除派出各勇外，即率全營回駐沙市原防。朱守須留辦巴、陽、樂善後事宜，並須到施南一行，

[一] 録自抄本《張之洞電稿·致外洋電》。

切勿速回。均各電覆。皓。

致總署 光緒二十四年十二月十九日發

卅電謹悉。近日各國見漢口創辦鐵路，紛紛請設請增租界，無非欲賤價奪我華民基業，爲將來圖利起見。他國商務興盛，藉詞要挾，華民已被抑不少。比國並無商人，鐵路公司各有住處，亦垂涎效尤，殊爲可怪。前比領事來議，當已駁斥，今比使又再瀆鈞聽，尤爲無謂，務祈嚴拒，以絶其望。效。

總署來電 光緒二十四年十二月初一日子刻到

比使以代辦蘆漢鐵路，工商麕集漢口，請於日本租界相連之處指撥地段租住。當以漢口地狹，比國貿易無多，礙難分撥答之。彼請之再三，但告以查詢地方官，查看如何。希酌覆。卅。

致巴黎慶欽差[一] 光緒二十四年十二月二十一日亥刻發

嘯電想達。現聞杭州延東洋人講究蠶桑，已著成效。鄂省擬亦就近延東人，尊處請不必代覓矣。馬。

致長樂朱守、吴副將、劉副將 光緒二十四年十二月二十五日寅刻發

諫、效、梗三電悉。會匪黨衆、吏役團首皆係入會，伏莽多年，釀成巨禍，非將首要悉數擒誅，不足示儆。此次重煩兵力，若再不痛懲，以後地方更難安枕。朱守務須會督各營、州、縣，飭令盡力訪拏，訊明嚴辦，千萬不可姑息。惟營勇查巡，總宜嚴禁騷擾，以免民間藉口。如長樂人心不靖，必須官軍聲威鎮懾。可由朱守體察情形，或將劉軍多留住一箇月或二十日，彈壓搜拏。即覆。有。

致天津裕制台 光緒二十四年十二月二十五日酉刻發

電悉。湖北文武官已繳昭信票銀共八萬兩，情願報效，不領票，請電榮中堂彙奏。至荆州將軍、副都統不在内，已另自行電覆。敬。

裕制台來電並致各省 光緒二十四年十二月二十日酉刻到

各省認領昭信股票，明年即屆付息之期，部庫支絀異常，殊費籌畫。昨榮相過津，談及京都王公以下大小各官認領銀兩，現擬奏請報効。直隸文武各員所認股款，敝處亦擬聲請報効，無論官階大小、實缺候補，凡屬官款，概不領票，藉以少紓公家之急。至紳商士民認繳股款，仍照部章辦理，以昭大信。惟各省是否一律，特先電商，如亦照直隸辦法，即祈將通省文武大小各官認領已繳之款，查明實數，詳細電覆。其滿營各官，已另行電詢。織造監督即統算在内，惟紳商士民之款，均剔出不計，以便轉至榮相，統由京都彙案籲請，各省即不必自奏。此事榮相擬趕年内上陳，務祈迅速電覆為盼。裕禄。效。

[一] 録自抄本《張之洞電稿·致外洋電》。

致成都奎制台、王藩台光緒二十四年十二月二十五日戌刻發

洽電悉。承示余蠻窮蹙，投誠獻鐸放周，具見藎籌明決，操縱精妙，慰甚佩甚。巴東、長陽、長樂三處匪徒鬧教，慘殺洋教士，焚殺教民，竟欲東趨川境，與余蠻合夥。巴東一股經地方文武驅散，陽、樂之匪以山深地險，負固滋擾，闖入長樂縣城，擄去縣令典史，踞寨守險，經敝處派省城將領帶勇數營前往分路勦辦，冒雪力攻，破寨復城，斃匪百數十名，救出各官。匪首向策安亦經施南府、協截獲，現正清餘匪，辦善後。其殺教士之首犯，已拏獲正法矣。謹奉聞。有。

致宜都朱守、漁陽關鄧提督，長樂劉副將、李令光緒二十四年十二月二十七日亥刻發

傅鎮、陳守有電云，頃長陽竇令致中軍羅游擊函稱，會黨極盛，匪首在逃，受創未深，難免復逞云云，暫緩凱撤等情。鄧提督迅即分兵三百人，遴派妥幹營官帶往長陽縣，擇要駐紮，藉此聲威，以資鎮懾。務須確探匪蹤，會同營、縣，選派兵役分途捕拏，並飭團保捆送，務盡根株。如有必需勇隊方能懾服之處，即酌派一二哨會同兵役前往，遥作聲勢，勒令團保將匪首交出。該勇路道不熟，口音各別，斷不可自行入村搜拏，免致別滋事端。窮山匪擾後，居民尤苦，須事事嚴加約束，不可稍有騷擾，致令鄉民藉口。該營官務宜妥慎辦理，俟一月後地方安靜，再行請示回省。劉副將可在長樂駐一月後再請示。感。

光緒二十五年

致白楊渡送宜都朱守、吴將、鄧提督〔一〕光緒二十五年正月初一日戌刻發

吴將率愷軍全到宜都否，來電未明晰。如到宜都，即分起坐民船回省，不可搭輪，太貴。鄧軍已分撥赴長陽否，似以鄧提督親帶往爲尤好。鄧軍已遠到漁關，駐關駐陽，總是一樣，不如鄧提督自到長陽一行，庶陽、樂山中紳民尚知鄧軍辛苦耳。鄧提督自行妥酌電覆。朱守到宜昌事多，且由宜赴施，沿途皆必有查緝飭辦之件，恐難速到施南。其匪首向策安既經府、協、縣屢訊録取詳供，即可懲辦，似不必待該守親往覆訊，以致稽誅，或有疎虞。魏令遠猷以病辭差，朱守可另舉同通州縣一員，電請本部堂飭派前往。各縣覆訊已獲各匪，就近懲辦。即電覆。元日。

致長陽竇令光緒二十五年正月初一日亥刻發

大股已撲滅，匪首雖未盡獲，現飭各營各縣搜捕餘匪，清查會黨，乘此軍威，將各處悍黨會中頭目捕治百十名，自可永久安定，逆燄豈能復熾。聞該縣匪徒傳播揭帖，聲言正月半糾衆報復，乃奸民妄談，斷不足信。現已派鄧提督帶一營，前往長陽駐紮彈

〔一〕録自抄本《張之洞電稿·致本省電》。

壓。惟山縣貧瘠，雖屢電嚴禁擾民，然官軍久駐，芻米夫役，究恐不免稍有煩擾。該令可詳加酌定，是否願此軍前往。如派往，宜駐幾時即可撤回。速電覆。元日。

致荆州恭道台光緒二十五年正月初三日巳刻發

風聞近日旗兵貼白，廿八日搶奎家，挾制札道。該委員等查辦此案，覆驗傷痕，多有遷就，勒令團保交出放槍民人，而於旗兵放槍之人並未查究等情。是否屬實，究竟係何情形，速即秉公確查，據實電覆，勿稍偏徇含胡。本部堂當另委員前往密查，如不能公允，一味偏縱，恐以後旗營將軍以下各衙門政令亦恐不行，民人亦必不服也。江此電同日并致沙市釐局周令以翰。

致白楊渡電局送宜都飛遞長樂李令〔二〕

光緒二十五年正月初三日巳刻發

該縣大股已撲滅，餘匪又經朱守等獲辦多名，該令既已到任，自募有勇，以後善後事宜，該縣飭紳督團清查，分別綑送安撫，想可裕如。長陽縣匪徒揭帖，聲言正月半糾衆報復，已派鄧提督帶一營前往長陽彈壓。此奸民妄談，斷不足信。前派劉副將帶營赴長樂搜捕餘匪，據報已到樂。惟清查訪緝乃地方官之事，非客軍所擅長，營勇駐彼恐無大益。且山縣貧瘠，雖屢電嚴禁擾民，然官軍久駐，芻米夫役究恐不免煩擾。該令可詳加審酌，是否須此軍多駐數日。如駐彼無益，當即撤回。現在地方情形如何，均速電覆。江。

致上海盛京堂光緒二十五年正月初三日酉刻發

張翼欲停蘆漢鐵路之議，已經竹筠侍郎駁止，奉聞。江。

盛京堂來電〔二〕光緒二十五年正月十一日子刻到

去秋與德使面議，本止允其德州接至正定，而不接天津。嗣德使與署商，必欲至天津，則蘆漢已成枯幹，止擬籌商鄭州至開封，并至西安，從正定至德州各枝路，以助還債。今山東至正定亦歸德國，如津鎮合同利權不興，如膠濟之失亦無分彼此，否則不如歸蘆漢枝路。鈞意如何，乞速示，以便電覆。宣叩。蒸。

致宜昌陳守〔三〕光緒二十五年正月初三日酉刻發

前據長陽竇令稟，拏解擒子山匪首袁敦五，相從熊應章、陳維禮等匪，係哨弁吴俊生送交，並先獲押回之匪徒尹一亭、劉懷洪、尹青亭、任玉亭等七名，解府提審等情。查湖北奏定懲辦會匪章程，凡係正副龍頭及開堂放飄，暨坐堂、刑堂、禮堂等名目，均係匪首，均應正法，並不論其曾否焚殺。該匪首袁敦五，據供曾入海湖會，共收徒弟一百餘人，意欲商同李清臣，帶有數十人，想燒天主堂等語。及被獲後，又有匪徒攔路劫奪，幸得官兵擊退等情。袁敦五既已結會百人，又復夥謀鬧教，確係極悍匪首，豈止放飄數人之比，必應正法，斷難稽誅。該府迅即復審，如供情與縣禀相符，即行電禀，聽候電批懲辦。其餘各匪，亦即研審明

〔一〕〔三〕録自抄本《張之洞電稿·致本省電》。

〔二〕録自苑書義等主編《張之洞全集》第九册，第七七一二頁，河北人民出版社一九九八年版。

確，分别輕重稟辦可也。即電覆。江。

致成都奎制台〔一〕光緒二十五年正月初五日酉刻發

宥電悉。昨詢據關道稟稱，去年臘月二十九日封關以前，并未據報有川省槍彈到漢阻止之事等語。正擬發電轉達，兹據關道初四日稟稱，今日戌刻，接四川駐滬委員孫鼎以奉川省札，上海向信義洋行購辦毛瑟彈三萬顆，手槍二桿、彈二百，先後運到漢，請發專照，查驗進口，起存漢陽槍礮廠，待四川派員來提，再報出口等情。除給照查驗外，請電覆尊處，本日始報關，以前并未阻止等語。特此奉達，祈速派員來提爲禱。歌。

致襄陽朱道台〔二〕光緒二十五年正月初八日酉刻發

均州賈中丞身後景況極苦，其世兄賈篤本號春農，係前公安縣訓導，世家禮法，學行素優，今年均州書院一席，即延賈訓導主講，當可勝任。祈即速函告均州照辦，并望電覆。庚。

致長沙俞撫台〔三〕光緒二十五年正月初八日亥刻發

湖北整頓書院，欽遵懿旨，講求實學。擬延邵陽縣拔貢姚炳奎號平吾者，分教經心、江漢兩書院輿地之學。兩院均每日上堂講授，兩院各約三點鐘，常年住院，每旬放假一日，伏天放暑假一月，臘月底放年假一月。每月脩金七十元，川資五十金，期於正月底來鄂。請將此電加函飛速排遞寶慶府，轉飭邵陽縣代爲敦請。姚明經住小東鄉渡頭橋，如肯來，詢其何日啟行。關聘到鄂補送，川資暫由該縣墊送，遇便給還，并催其速覆。費神，感禱。庚。

致上海盛京堂光緒二十五年正月十一日戌刻發

蒸電悉。蘆漢居中，爲中國命脈，造成則全盤皆活。津鎮沿海，造成於中國有損無益。然以獲利計，則津鎮路短而見利速，蘆漢路長而收效遲。我輩爲大局計，舍其易而取其難。總署本不應再造津鎮一路以困我，今已無可奈何，則無論其合同利權輕重，總不可更令其奪我枝路。請電竹筠侍郎力争，所有應辦各枝路亦祈一併及早酌定會奏，不然德奪於東，英奪於西，所有枝葉全爲外人翦去，真無發生之路矣。真。

致來鳳胡令〔四〕光緒二十五年正月十一日亥刻發

勘電悉。訪聞來鳳過境土藥每年約有三萬擔之多，查核收數相距懸絶。該令速即查明，每年過境容有土藥若干擔，該局所抽經費每擔實收銀若干，每百觔實收銀若干，並即確查電覆。真。

致宜昌趙道台光緒二十五年正月十一日亥刻發

閣下遽丁内艱，深爲驚惋。已委陳道兆葵接辦，未到局以前，暫委凌道兼辦，并飭凌道於鹽局閒欵内撥銀千兩，聊致賻助之意。專此奉唁，諸望節衛。真。

〔一〕〔三〕録自抄本《張之洞電稿·致各省電》。
〔二〕録自抄本《張之洞電稿·致本省電》。
〔四〕以下九電録自抄本《張之洞電稿·致本省電》。

致白楊渡電局飛遞宜都李令光緒二十五年正月十一日亥刻發

泰電悉。劉、鄧兩軍將來撤回時，即由該縣雇民船運送。至應由何路，聽該軍自酌。真。

致老河口萬鎮台本華光緒二十五年正月十一日亥刻發

初八日電悉。既經蘄帥電催，可即赴晉，再奏。真。

致宜昌陳守、朱守光緒二十五年正月十一日亥刻發

庚電悉。據稱，會訊長陽獲匪目袁敦五，訊認入會多年，管會内二百餘人，圖打彈子山〔一〕教堂，已經獲解，其黨拒兵截奪。又漁關獲匪首蔡道純，即蔡六，訊認入會充當匪目，糾黨赴縣勒放匪首，并截劫衛昌營火藥鉛彈。又周興太，訊係入會爲匪，夥劫漁關鋪户張錦興得財，起出原贓，質認不諱，請電批正法等情。袁敦五、蔡道純即蔡六、周興太三名，准即正法，仍補録供詞，彙申備案。又據稱熊應章、劉懷洪、陳維禮三名，供認入會入夥，各商打教堂，劉懷洪、尹一亭、尹青亭、任（畢）〔玉〕亭四名，各供認入夥商焚教堂，未至逃回等情，請發縣酌定年限監禁等語，均即照辦。再，電内有劉懷洪二名，一供係郭樹甲夥，一供係呂守蛟夥，是否姓名相同，抑電碼有誤，速即查覆。真。

致來鳳侯令光緒二十五年正月十一日亥刻發

廿八日電悉。該令所舉各員，或過老，或人地不宜，均難照准，已札委馬令如鑑接辦。該令速將局務欵目料理清楚，俟馬令到局，即行交卸。馬令未到局以前，仍責成該令督飭司巡兵勇，認真稽查抽收，勿稍鬆懈。如辦理稍有未妥，或有賣放情事，一經查出，定惟該令是問。速電覆。真。

致宜昌傅鎮台、凌道台光緒二十五年正月十一日亥刻發

傅鎮江電悉。趙道向來辦事認真，遽丁内艱，誠可惋惜，惟局務例差，未便奪情，已委陳道兆葵接辦。陳道赴湘勘路，到局需時，暫委凌道兼辦。趙道景況清苦，即由凌道於鹽局閒欵内撥銀一千兩，以助喪葬之費，並即電覆。真。

致施南額守飛遞利川蔡令光緒二十五年正月十二日戌刻發

川匪余蠻事已竣，巴、陽、樂會匪亦經剿平，地方毋需多勇，速將該縣所募勇裁去五十名，即行具報。餉需窘極，萬勿稍延。即電覆。文。

致宜昌陳守、朱守，施南額守、楊副將、黄令光緒二十五年正月十二日戌刻發

匪首向策安，既據額守、楊副將、黄令叠次會同審訊，供認屬實，應即正法，傳首犯事地方梟示，以免稽誅，毋庸候朱守前

〔一〕「彈子山」，前電有作「潭子山」、「擔子山」者，應係一地。

往覆訊，仍録詳供稟報備案。其餘各州縣應覆審各匪，魏令既因病不能前往宜昌，現有何員可委，即由陳守、朱守酌舉一員，電稟候示派往。均各電覆。文。

致長沙俞撫台光緒二十五年正月十三日子刻發

庚電悉。岳州開埠，籌欵實難，湘省情形尤未深悉。既承下問，姑妄擬備采。竊謂借洋欵必難邀准，且洋欵必須鉅數，若數十萬小欵亦不願議。岳州開埠止需二三十萬，或在内地陸續籌借，奏明指關税歸還，關税不敷，措他欵籌足。竊又思有一策，將來似可籌欵若干。岳州將來開埠之處，此時地價必不甚昂，若飭岳州府迅速將可開商埠之北倉一帶地方廣爲圈出，北倉沿江地雖不廣，後係小阜民田，似均可用，出示嚴禁民間買賣，不許税契，俟勘定通商場後，由官籌欵將地全行以平價購買，將來商務興盛，地價騰踴，自能獲利。此上海所謂買地皮也。即使無厚利，亦可將砌磡岸、築馬路一切工程費用攤入地價内，轉售商人。各處初開口岸，華洋奸商争先購地，將價抬高，及至真正洋商購地，殊難調處。岳州將來開埠之地，無論官購與否，此時總須及早飭府縣出示嚴禁轉售，以免將來難辦。尊意以爲如何，祈示覆。元。

致華盛頓伍欽差、倫敦羅欽差(一)、柏林吕欽差光緒二十五年正月十三日子刻發

湖北現譯武備書，爲學堂用，祈將英、美、德國陸師水師大學堂章程及所有讀本，除語言文字各書外，全數購齊，速寄鄂，價若干，示知照匯。元。

致天津裕制台、江甯劉制台光緒二十五年正月十三日丑刻發

疊奉諭旨，飭令天津、江南、湖北所造快槍，務須同歸一律。查湖北槍礮廠所造小口快槍，係仿德國小口毛瑟，口徑係七美里九。惟聞近年外洋各國愈出愈小，日本快槍口徑竟小至六美里，取其輕巧靈便，易於命中，長途携帶，兵勇省力，臨時上陣能多備彈也。且槍彈愈小，則每彈所用銅鋼、火藥等料亦必因而減省。假令天津、江南、湖北三處每年共出槍二萬枝，每枝配彈一千顆，每年造彈二千萬顆，每顆省物料錢五文，每年省錢十萬串，十年便省一百萬串，實屬不貲。鄙意中國亦宜及早將口徑改小，此時更改，尚無大礙，但每年酌造原式七美里九者百餘萬，或向德國購用。若再遲數年，則各廠出槍愈多，各營均已領用，更難再改矣。查各國口徑彼此互異，取其即爲敵人所獲，彈不合膛，不能用以反攻也。今中國造槍自宜酌中自改一口徑，與各國皆不同爲妥。現飭洋匠細酌，可改爲六美里二，器精價省，似尚有益。統請卓裁，鵠候示覆，以便會銜覆奏。元。

裕制台來電(二)光緒二十五年正月十五日亥刻到

元電敬悉。北洋現無造槍之廠，只能造槍彈。尊處擬將快槍口徑酌改為六美里二，北廠槍彈自當照造，以歸一律，將來敝處如有欵設廠造槍，亦即照此辦理。請會銜覆奏。禄。刪。

(一) 指中國駐英國公使羅豐禄。

(二) 以下二電録自苑書義等主編《張之洞全集》第九册，第七七一九、七七二〇頁，河北人民出版社一九九八年版。

劉制台來電光緒二十五年正月十九日午刻到

昨准北洋咨稱，擬以津局專造快礮，而以槍屬鄂、滬分造。若出槍不多，不但三省未能敷用，即榮相一軍，各省防營，亦無以應其求取，恐致貽誤軍實。應否設籌另行添購槍機，迅資製造，在津、在鄂、在滬，均無不可。再，滬局即派提調王世綬、洋匠柯尼斯同到鄂廠，互加考驗，祈將新式六美里二快槍賜給一桿及子彈少許，俾帶回改定仿造，以期鄂、滬兩廠均歸一律也。坤。巧。

致鄖陽許守、老河口土税局馮令，宜昌淩道台、陳守，施南額守、來鳳經費局侯令光緒二十五年正月十五日亥刻發

鄖陽、宜昌、施南三府，山僻民窮，所屬州、縣無不瘠苦。乃向來均有解繳本府公費，與者爲難，受者不安，實非察吏恤民之道。亟應一律裁除，另籌閒欵，發給各該府辦公經費。該府許守、陳守、額守即日查明所屬各州、縣向繳公費每年實解到各若干，或分季，或分節，或分月。此外有無到任禮、壽禮名目，以及門包小費，一體據實詳晰開報電禀，不得絲毫隱飾，亦不可稍有虚增。以後鄖陽府公費，即照向來數目，在老河口補税局防緝經費内撥發。宜昌府公費，即照數在宜昌土税局峽路經費内撥發。施南府公費，即照數在來鳳局峽路經費内撥發。向來小費一併准其照發，惟均須按月給領，不准預支。自光緒二十五年正月初一日爲始，所屬公費、小費一律裁革永禁，不准再受屬員餽送一錢。如已送到者，即日退還。儻再有私送私受，查出嚴行參處。該道府局員等即日電覆。咸。

致襄陽沈令[一]光緒二十五年正月十五日亥刻發

願電及禀均悉。李萬芳積案巨匪，豈容教堂干預。已飭臬司提省審辦矣。咸。

致老河口土藥局馮令光緒二十五年正月十六日巳刻發

支電悉。據稱，該局每年可減銀三千餘兩，錢三千餘串等語。究竟所減共幾項，某項減若干，速即分晰禀覆。除核減外，每年尚需銀若干兩，錢若干串，如能實減銀錢如來電之數，則裁勇五十名亦可，否則仍須裁百名。至所裁司事勇丁，准給薪餉一月，截餉自何日止，速電覆。諫。

致宜昌陳守、朱守光緒二十五年正月十六日巳刻發

寒電悉。據稱，會訊匪犯萬墨林，供認帶人薰斃野鷄峒教民多人，並燒搶任登漢家不諱，請電批正法等情。萬墨林應即正法梟示，仍録供禀報備案。諫二。

致宜昌陳守、朱守光緒二十五年正月十六日巳刻發

寒電悉。鶴峰匪徒，即飭該州解郡會審禀辦。諫三。

[一] 以下四電録自抄本《張之洞電稿·致本省電》。

致長沙俞撫台[一] 光緒二十五年正月十七日子刻發

鹽電悉。錫係實缺臬司，到湘後似應署藩，想台端必已籌及矣。蔡臬獲譴，已見邸鈔，公事必然停擱，此時即委員接署，自無不可。湍道署臬極妥，尊意所以令兼署者，或爲但將來卸藩署臬計耶。毓藩到湘無期，若湍署臬係長局，則兼署太久，恐有不便，若署臬係暫局，則臬署清苦，兼署甚妥，可免紛更。辱承下問，姑抒所見，統請卓裁是幸。諫。

致宜昌陳守、朱守[二] 光緒二十五年正月十七日子刻發

陽電悉。據稱，會訊灣潭總團首武生徐見龍，供認入會開堂，窩留向策安等，助資縱逃。又灣潭總團首武生萬步雲，供認開堂，同徐見龍窩留向匪等，助資縱逃。又向遠文，供認與向策安散飄收黨百餘人，各不諱，請電批正法，仍録供申繳備案等情。徐見龍、萬步雲、向遠文三匪，均係逆匪糾衆頭目，較尋常放飄尤重，均即正法梟示，仍録供稟報備案。至盧真益一名，朱守從前單稟曾附見其名，未言係何等人，是否團首亦未言，其所犯情節，此次來電夾叙於萬步雲供詞之中，閲之殊未明晰，可再將盧真益情節詳晰電稟，再批辦可也。諫一。

致宜昌鎮、府 光緒二十五年正月十八日丑刻發

樂、陽、巴會匪鬧教滋擾，入城劫官，疎防地方各員弁，文職由府，武職由鎮，查取職名，迅速議稟，勿稍延緩。霰。

致總署 光緒二十五年正月二十日丑刻發

歌電悉。前據襄陽縣電稟，有山西、河南鑛路義、英福公司，派人由河南到襄樊一帶查勘鑛山，請示辦理等語。因未奉明文，正在驚疑，適接鈞署咨，據英使函，英商義商福公司承辦山西、河南鑛務，請修鐵路五條，其一由山西、河南至襄陽河口，可以通達長江足駛輪船之處等語。查該公司係承辦山西、河南鑛務，既無湖北字樣，所勘之鑛應全在山西、河南境内，不得入湖北境内之襄樊查勘鑛山。又查由漢口經河南達京都，已有奉旨在前之蘆漢幹路。一省之内，斷斷不容兩路並行。該公司既係鑛務公司，即使爲運鑛起見須修造鐵路，亦止可在山西、河南境内。蘆漢鐵路公司不修鐵路之處，由鑛山造一最直最近枝路，與蘆漢幹路接通。今不通幹路，而直達襄陽河口，明明是與幹路並行，奪蘆漢、粤漢之利。並未奉到諭旨，萬萬不能照准。洞有督率辦理兩路之責，此時若不聲明，無以對兩公司商人。且比、美兩國聞之，亦必不允。以一鑛務公司攬辦兩省鑛務，已駭聽聞。又欲以通達長江一語，添湖北一省，且欲修造鐵路五條，其一横梗三省地方，實天下各國未有之事。究不知其原議若何，鐵路五條何處起止，原日何人與議。然既未奉旨，當可力争，務求將該公司所訂合同詳晰明示爲禱。再，該公司派人入境，並不商定在先，忽由滬來，忽由豫入，不止一起，應接不暇，保護亦恐未周。務祈切囑英使令其暫勿來鄂，以免枝節横生，爲感。即祈詳速電覆。號。

〔一〕 録自抄本《張之洞電稿·致各省電》。
〔二〕 以下二電録自抄本《張之洞電稿·致本省電》。

總署來電 光緒二十五年正月初五日丑刻到

福公司承辦晉、豫鑛務，派鑛路師往勘鑛苗，及築支路地址，聲明由沙市起程，經襄陽、澤州、懷慶、衛輝，順衛河至天津，希轉飭地方官沿途照料。歌。

總署來電 光緒二十五年正月二十四日酉刻到

號電悉。晉、豫開鑛合同，原僅准由鑛硐造支路接至幹路或河口，轉運鑛産。嗣因蘆漢幹路未商英使，先行批准，指為失信，另索鐵路五條，内九廣、蘇杭、浦信三路，本發端於盛京卿，津鎮一路提明另議，襄陽一路，英使亦謂先與盛京卿接洽，當經知照盛京卿在案，與晉、豫合同係屬兩事。晉、豫至襄陽鐵路，先未商辦經過地段，擬由澤州、懷慶交界之處，造至衛輝，與蘆漢幹路相接，再由汝、信一帶接造，西至襄陽。如此僅於蘆漢南北各添支路，與幹路無損，亦可相輔而成。已電盛與福公司相商，兩路均歸盛辦，當能統籌兼顧。至福公司開鑛止在晉、豫，不能侵及鄂境，應統由尊處電盛分晰辦理。敬。

致上海盛京堂 光緒二十五年正月二十日丑刻發

元電悉。比領事請界，幸所援條約第十二條無劃界字樣，已嚴詞駁斥矣。然彼族孜孜爲利，仍必煩瀆不休，祇可由路局轉圜，告以若止爲工人住處，路局可代設法，不必與地方官商辦。最好由路局買地造屋，租與工人居住，將來不在鐵路辦事，將屋退出，交還路局。其次，照尊議由路局買地，租與比人，自蓋房屋，將來估價由路局收回，惟估價不得過原價，不准轉租轉賣，將來由路局派護勇在該處巡查彈壓，不准自用巡捕，則地爲路局之地，界爲中國之界，始終由路局與議，切實聲明不與租界相涉，或尚可行。然恐將來亦難收回，即請相機與議爲禱。再，德國劃界，不准别國於界路中間再設租界，至今不了，日本情事必然相同。今比人雖在日界後，而非租界，將來亦恐兩國饒舌，須由尊處與兩國言明，得其應允字樣，明晰見示方可。敝處亦可據以知照德日兩國，不然一波未平，一波又起矣。即祈電覆。號。

致長沙俞撫台〔一〕 光緒二十五年正月二十一日丑刻發

嘯電悉。張道鴻順委署鹽道，二月初差旋，即令赴湘，將來但道回本任，均請照辦爲荷。號。

致上海蔡道台轉張道台鴻順〔二〕 光緒二十五年正月二十一日丑刻發

元電悉。岳事短局繙譯，鳳夔九薪水必多，久恐不支。鳳意是否長在湘，抑仍兼滬差，湘事竣即回滬，在滬薪若干，均明晰電覆，以便斟酌。鳳以兼滬差爲妥。霰。

致上海蔡道台轉張道台鴻順 光緒二十五年正月二十一日巳刻發

得湘電，擬委閣下署鹽道。望速赴甯波將章程查明，趕二月初回鄂。號。

〔一〕 録自抄本《張之洞電稿·致各省電》。

〔二〕 以下二電録自抄本《張之洞電稿·致上海電》。

早經就撫，司鐸亦經平安送出，已屢經四川奏報，奸民尚思假託，煽惑鄉愚，糊塗可恨。該道、府、縣等速出示各屬曉諭爲要。即電覆。陽。

致宜昌陳守、巴東恩令〔一〕光緒二十五年二月初七日子刻發

法領事云，巴東縣宗溪地方教民婦女朱必德之妻，高甯康之女，李大毫之女等三口被捉，在高甯壽、許其榮家内爲僕，請起出查辦等語。是否確實，該令務即密派幹役，前往高、許兩家查明，將婦女三口起出，并將擄人匪犯嚴拏懲辦。即電覆。語。

致總署 光緒二十五年二月初七日丑刻發

冬電謹悉。宜、施匪徒作亂，殺斃教士，燒毁教堂，業已由省派營前往，一律勦平。除陣斃匪徒百數十名外，首匪僞主帥向策安、殺教士之匪首楊大經、燒教堂殺教民之匪首吕守蛟及著名要匪數十名，已先後拏獲正法，均已奏報。前任長樂縣已參革，後任長樂縣現亦奏參。四縣地方已一律安静，現尚四處懸賞嚴緝其次匪首及知名夥黨，務獲懲辦。至揭帖僞示，皆係作亂以前之事，兹復嚴行查禁。惟領事索教士恤欵二萬五千兩，教堂賠欵四十萬兩，共四十二萬五千兩，太無情理。且湖北欵項奇絀，焉能有此巨欵。現正與領事磋磨，容俟商有端倪，再行奉達。謹先電覆。陽。

致鄖陽許守、宜昌陳守、施南額守、老河口補税局馮令、宜昌土税局凌道台、來鳳峽路經費局 光緒二十五年二月初八日子刻發

鄖陽、宜昌、施南三府公費暨常年到任填銜供支、常年供支等項，現就舊有數目酌量增加，定爲該府等辦公經費，每年三千兩，外小費五百兩，到任禮、門包、茶敬一切在内。常年各項供支每年銀五百兩，到任填銜各項供支每一次銀五百兩。鄖陽府在老河口補税局防緝經費内，宜昌府在宜昌土税局善後經費内，施南府在來鳳峽路經費内，各照撥給領。此較舊日數目均已加多，令其寬裕，乃係格外體恤。自本年正月爲始，所有各屬公費小費及首縣供支，一律永遠禁革，違者參處。除將詳細事宜札飭遵辦外。先此電飭知照。齊。

致上海日本總領事小田切 光緒二十五年二月初八日子刻發

清議報係康、梁諸人所作，專爲詆毁中國朝政，誣謗慈聖。種種捏造，變亂是非，信口狂吠，意在煽惑人心，必欲中國立時大亂而後已，險惡已極。所説各事皆是虚誣，貴國人想未之知耳。其種種飾辭，總言彼黨係忠於皇上，奉密詔求救援。其於夏秋間康有爲在朝任用之時，即稱大清國爲大濁國，又擬立譚嗣同爲伯理璽，又力詆中國爲不足與有爲，又於清議報内載有瓜分中國策。

〔一〕録自抄本《張之洞電稿·致本省電》。

致成都王藩台光緒二十五年二月二十六日子刻發

川省教案，洋人索賠欵若干，現已議妥否，洋教士傷斃幾名，各恤欵若干，教堂被毁幾座，每座賠欵若干，失物若干，賠款若干。祈將議辦情形示覆爲感。宥。

王藩司來電光緒二十五年五月二十二日午刻到

川省教案日與磋磨，彼初籠統索欵二百餘萬，並誅余、蔣諸犯。屢經稟商樂帥電署，推歸外議，飭各屬印委分報查勘。按約教民房屋財産止酌恤，不議賠。計鬧教三十餘州縣，焚毁教堂、醫館二十餘處，教民家分起與議，雖大費脣舌，而逐漸推敲，始能覈實。近已陸續議結，儘六月内可望一律結清。總計通省賠卹數在百萬，不及索欵之半。首犯余、蔣設法安置，餘匪已獲者酌辦，未獲者飭緝。前蒙電詢，謹縷稟陳。春叩。箇。

致長沙俞撫台[一]光緒二十五年二月二十六日丑刻發

有電悉。張道鴻順今日已啟行，乘小輪赴湘。自滬查來開埠章程圖説，近日吴淞奏案甚詳晰，到湘後面請裁示。惟張係署鹽法長寶道，若常住岳州不便，而開辦之始，斷非月餘所能籌定。可否即改委張道署岳常澧道，將陳道調署鹽道，於開埠事宜，可以一手經理，免致事權紛歧，具奏時措詞亦順。至文臬司到湘尚早，彼時岳埠已有眉目。如張道交卸岳常道篆後，即暫留在岳辦理商埠局，或張道回省管商埠總局，而令蔡道接辦岳州商埠局亦可。至鹽道較優，岳道較苦，陳道必無不願。昨以此意微示張道，據云不敢計較甘苦。再鹽道係管轄全省，張道之婿裕守慶現官衡州府，亦似有不便。統祈卓裁示覆。再，傳聞台端俟新藩司到任後尚須陛見，確否，并示知。有。

致來鳳經費局馬令[二]光緒二十五年二月二十七日丑刻發

巧電稱，俟令移交代解收捐生銀一千零，係屬何項捐鑛。至施、來設電養綫，去年批准由經費局每年撥銀二千四百。據俟令稟，已撥二千，何以來電尚稱僅借撥電局一千，尚需一千四百，又請示出結，係出何結，均不可解。電語甚不明晰，即詳細由驛稟核。宥。

致白楊渡轉宜都電綫委員朱文駿光緒二十五年二月二十八日午刻發

廿七來電悉。長陽至資邱電綫多四十里無妨，總是必辦，所需木、綫各料，速即設法添辦，勿延。儉。

致上海盛京堂光緒二十五年二月二十八日午刻發

漾電悉。查運費德領事業已願出，造路費德領事已説定不出，若照尊意令德界酌量津貼，彼斷不允。此時只可由敝處認出此費，方能早日了事，且可免他處效尤，公司破例。前日已飭關道與彼議定：若幹路路綫將來能移近德界，不拘何處，有一處與德界後邊界相切，則無庸添設枝路。若幹路與德界後界離開，則由敝處

[一] 録自抄本《張之洞電稿·致各省電》。

[二] 以下二電録自抄本《張之洞電稿·致本省電》。

籌欵，交由鐵路公司造一至短枝路，由幹路通至德界後邊界爲止。此因從前有添日界、許修路兩層，故敝處從中調停了事，他處及他國均不得援以爲例。至將來一切運費，德界認出，所有行車時刻車輛數目一切詳細章程，應由公司妥酌，務與公司章程有便而無礙等語，並已札關道照會德領事矣。但與德領事言，則造路之費全係敝處所出，以免公司受效尤之累。而密商辦法，則除地價自應由公司出外，其造路費公司與敝處各認一半。至公司將來如何於他處酌量補還鄂省利益之處，則從容商酌可也。祈將以上與德領事議定辦法飭知比工程司，庶與德領事商議，不致兩歧，爲禱。儉。

致宜昌土藥局凌道台〔一〕 光緒二十五年三月初二日亥刻發

該局上年冬季土税銀，迄今尚未報解，遲延太甚，務即迅速解交槍礮局查收。銀數若干，何日起解，均即電覆。冬。

致總署〔二〕 光緒二十五年三月初四日子刻發

號電謹悉。德藩來鄂，自宜較初到華不同。惟上海總領事來文稱之爲德主之弟、親王亨利，漢口德領事來見，云係作爲親王來鄂，不作爲提督，應照親王禮相待等語。現海使已照會鈞署否，其應如何接待及一切禮節，仍祈詳晰指示，俾有所遵循。至禱。講。

致襄陽朱道台〔三〕 光緒二十五年三月初四日子刻發

唐丞華國、汪倅樹瑜承修老龍石隄，隄止二十五丈，費至三千六百金，何以數月即潰，其工程自係草率偷減。實情如何，此次罰賠，會辦汪倅曾否經手工料銀錢，應否一併罰賠，即查明酌核，據實電覆。講。

致宜昌野三關朱守滋澤 光緒二十五年三月初四日未刻發

東電悉。該守用欵，尚不敷千金，准照數由土局發給，事竣核實開報。豪。

致宜昌野三關朱守滋澤 光緒二十五年三月初五日午刻發

豪電想已接到。頃接該守支電，云因病亟須回省調養等語。准即速回。歌。

致上海遞松江府濮太守〔四〕 光緒二十五年三月初五日亥刻發

去臘電懇轉請張閩遠孝廉錫恭分教兩湖，并託曹叔彦轉達，

〔一〕録自抄本《張之洞電稿·致本省電》。
〔二〕録自抄本《張之洞電稿·致北京電》。
〔三〕以下三電録自抄本《張之洞電稿·致本省電》。
〔四〕録自抄本《張之洞電稿·致上海電》。

此事將已結宜施教案全翻，添索十數萬金，并要挾多條。是該守等徑、宥電所言，不免虛飾，萬萬不可。究竟此事當時實情如何，教士買此房欲作何用，刻下已安静否，議有如何辦法，務速據實電禀，萬勿隱飾，至爲領事藉口。一面切實開導百姓，萬勿再滋事端，致干重咎。即電覆。諫。

致華盛頓伍欽差光緒二十五年四月十八日亥刻發

承惠寄美國軍營官書二十七種，規條嚴密，無微不至，將來譯出酌采頒行各營，使馬、步、礮以及工程、醫藥、轉運弁兵咸有定章可守，感荷實深。惟祇有軍營章程、弁勇操法，而無學堂言理讀本，於造就將材似尚闕然。若能再將工程、槍礮諸學以及行軍調度、戰守兵法各書，一併覓齊譯出，庶中國諸生有書可讀，將來將材蔚起，皆閣下之力也。祈再訪求補寄，并代致謝兵部，切盼電覆。嘯。

致上海盛京堂〔一〕光緒二十五年四月二十一日子刻發

廷寄已奉到。旨内係令弟詳細查明，知照閣下勿得輕許，致滋流弊。竊思此事咨詢尊處，查悉現辦情形，詳考案據，方能得其原委，與他項密查事件不同，兹特電詢一切。除咨達外，竊思此欵止一百二三十萬，若能另易他項名目抵押，自更易於解紛，望即籌示。再，招商局生意日旺，現在各項産業成本共值幾百萬，此次合同是否僅以洋涇浜各項産業作抵，抑以招商全局作抵，均祈速示知。此事明係萍鄉紳士不願煤利歸他人耳。號。

致長沙俞撫台〔二〕光緒二十五年四月二十二日酉刻發

函寄摺片均讀悉。惟開闢處所，須由税司酌定。張道回鄂，呈開埠地圖。據云税司意在城陵磯設埠處，並不淹水，而岳州北門外有墳一千八百餘塚，遷徙甚難等語。鄙意此次奏内，只可渾含言之，不必指定地方，俟税司勘定，續行奏陳，如地有不合，儘可與之駁辯。至請欵片稿，論及湖北支絀情形一段，擬於支用尤繁下，添叙自宜昌鹽釐抵還洋債，經部指欵撥補，其中無著之欵甚多，正在艱窘之際，斷難再爲湘省協籌，臣與督臣往返籌商云云，其餘均屬妥協，應請核定，從速繕發。此案本應弟會前銜具奏，惟其中曲折情形，已悉告張道詳陳，諒荷曲鑒。所有摺片均請單銜具奏，會弟後銜可也，切禱。至移駐岳常澧道一節，可另作一正摺，由弟處會台端前銜具奏。請示覆，當即日繕發。養。

致長沙俞撫台光緒二十五年四月二十二日戌刻發

錫藩司良於二十日在武昌啟行，約二十三日可到湘。在此面禀，渠意擬先到藩司本任，後再護院，諸事較有頭緒，切囑轉達等語。錫言似甚有理，鄙意亦以爲然，似須月餘後護院爲便。特禀達，祈酌裁。養。

致長沙俞撫台光緒二十五年四月二十二日戌刻發

據張道呈圖説，云城陵磯設埠，有高處廣一里餘，長二里餘，

〔一〕録自抄本《張之洞電稿·致上海電》。
〔二〕以下二電録自抄本《張之洞電稿·致各省電》。

並不淹水。岳州城外有礁石，北門外有墳墓，均不便行舟設關，税務司意必須在此。惟鄙人别有深意，有出乎張道所論之外者。從來設埠通商之地，必須離城較遠，城陵磯設埠，其利有三。一、距城遠，則不能撓我政治，地方事免彼干預，盜匪痞徒不至藉洋場爲逋逃藪，致難緝拏。二、通商後城外必立營壘，修礮臺，埠遠則可自主，防禦攻擊，一切惟我欲爲，近則華洋雜糅，多所牽制，不便設施，如武昌、漢口即受此弊，無可救藥。岳州爲湖南門户，豈可不守。三、距城既遠，地寬價賤，將來商埠繁盛，地價大漲，或官購、民購、商購，均有利益可圖，且其地利益仍在巴陵界内。如盧道員駐商埠遠隔府城郡城，商民鮮霑利益，可由洋場邊界築馬路一條達北門，兩刻可到。大約馬路寬者每里修費二千金，狹者千餘金，合計十餘里，所費有限，而便利甚多。開關以後，此十餘里隄路之内，悉成繁盛之區，仍是巴陵商民受益。今漢口商民求此一里空地而不可得也。然則岳關設在城陵磯，此我所求之不得者，遠勝於偪偪處城北，種種窒礙。今税司既願在此，豈不甚妙。請以此電傳示官紳，統祈詳酌裁示。至設關後洋旗船子口税日多，大礙兩省釐金，必須力圖挽救。已詳具函牘，派施守赴湘稟商台端，并告張道力從撙節，諸事請示辦理矣。養。

致江甯劉制台 光緒二十五年四月二十三日酉刻發

快槍改小口徑，則槍身輕，長途便於携帶，槍子小，臨陣可多帶備。口徑小則槍身比例較長，綫路較直，易於命中。子彈小則所用銅鋼火藥等料自省，約計每彈省錢五文，每年即可省十萬串。已於前電詳陳。曾經屢試，口徑愈小，其彈力愈猛，穿透鋼板愈深，斷無口小反不能擊斃敵人之事，謡傳斷不可信。外洋各國全國軍營已有一律口徑之槍，尚不惜鉅資，紛紛將口徑改小，其利益甚多，可想而知。鄂省新造七米立九之毛瑟，尚不甚多，各軍領用有限。據滬局委員云，滬局尚未購專機，祇用人工仿造小口毛瑟兩枝，彈子尚未十分合膛，仿造七米立九毛瑟與改造更小口徑無異等語，是中國趁此改小口徑，尚無窒礙，而有大利，若不急改，必貽後悔。況各國槍枝各自一口徑，中國何必仿德國毛瑟，以資敵國。德與華正在尋衅，豈可更用其同口徑之槍。前飭鄂廠洋匠將改口徑爲六米立七五，應辦各事趕緊籌算考定。茲據稟覆，細圖已繪成，若定議改造，趕換機上零件，兩月可出新槍。改機止用工匠三四十人，並無多費等語。惟前奉電旨，江南、湖北槍枝槍彈不得歧異等因，自應與尊處商定，一律照改，敝處方能配機改造。究竟可否照洋匠所議，將口徑改爲六米立七毫五絲之處，務祈速裁定電示，以便一面入奏，一面飭廠改造，至禱。漾。

劉制台來電 光緒二十五年四月二十六日子刻到

漾電悉。快槍改小口徑，前蒙詳示，仿照各國自行酌定，口徑以六米立七五為率，價省器精。現又經台端考校精詳，議即改造，自應照辦。惟滬局造槍本無專門機器，從前僅購林明敦槍機一部，以備修理舊槍。副劉故道麒祥就此機器添配更改，參以手工自製快利槍，尚為合用。去年奉旨，飭令各處一律用德式小口徑毛瑟槍。本擬另購此項新機，旋因欵鉅難籌，督飭局員再三計議，只得仍就舊槍機添配零件，改造七米立九口徑毛瑟槍。現在機件將次到齊，若又重行更改，竊恐機括不靈，徒勞無益。欲圖另購，財力實苦難支，惟有照七米立九口徑趕造濟用，期免貽誤。將來添購槍機，再照六米立七五口徑訂造，以歸一律，並應候尊處奏定後頒給新槍格式，俾資依仿。至滬局提調王牧世綬携赴鄂廠之槍，係用人工仿德式所造。據稱，以鄂造新彈試放，微有參差。復經林道與沈守將鄂、滬所造槍彈逐一面加考究，均稱合膛，並取購自德廠之槍彈互試亦準，是目前鄂、滬槍彈尚無歧異。統希鑒裁為禱。坤。有。

致荆州祥將軍〔一〕 光緒二十五年四月二十四日辰刻發

旗兵原擬添練千人，以新籌欵四萬，合減平一項二萬七千餘兩作餉，已叙稿矣。惟本年撥補宜昌鹽釐百萬，連日接到各省覆電，多係無著之欵，不能遵解，計共短七十餘萬兩，實深惶駭，焦灼萬分。此撥欵百萬内，即以旗餉三十萬爲大宗。現在情形，此項旗營正餉尚且無出，安能遽有減平。弟等與司道再四籌商，惟有仍請暫練五百人，即以新籌欵四萬作餉，軍火在内，尚有餘存，留待將來撥用，俟奏請飭部改撥補足鹽釐百萬，減平有項，再行添練千人。現在别無善策，只有請暫練五百，先行具奏。用特奉商，祈速電覆，以便叙奏送核爲盼。洞、霖同啟。敬。

致東京錢念劬 光緒二十五年四月二十八日午刻發

槍礮廠需皮件甚急，製革廠必須速設。日本人既不願來合夥開廠，可即與商覓工師及良匠數人來鄂，代我製造，議給薪水，但求製革濟用，盈虧不計。此爲軍實，不爲謀利。盼速電覆。儉。

致鄖陽許守、胡倅德立、胡令金鐙〔二〕 光緒二十五年四月二十九日辰刻發

院考想已完畢。胡倅已交卸否，交卸後迅即回省，有緊要差委，其甯鹽事另委胡令金鐙往查。均即電覆。豔。

〔一〕〔二〕 録自抄本《張之洞電稿·致本省電》。